徽州名人传

汪明洁 主编

中国科学技术大学出版社

内 容 简 介

本书遴选收录1949年以前徽州政治、经济、文化、教育、科技界有突出成就者共219人，并深度挖掘与探寻其成长经历、重大贡献与精神品格。分为政治军事、经济实业、社会科学、科学技术、文学艺术、武术杂艺六类，其中政治军事47人、经济实业33人、社会科学43人、科学技术25人、文学艺术64人、武术杂艺7人。是一部全面、系统、完整著录徽州人物的著作，对传承中华文脉、守护精神家园具有现实意义。

图书在版编目（CIP）数据

徽州名人传／汪明洁主编. -- 合肥：中国科学技术大学出版社，2024.12. -- ISBN 978-7-312-06067-0

Ⅰ. K820.854.2

中国国家版本馆CIP数据核字第2024AS3810号

徽州名人传
HUIZHOU MINGREN ZHUAN

出版	中国科学技术大学出版社 安徽省合肥市金寨路96号，230026 http://press.ustc.edu.cn https://zgkxjsdxcbs.tmall.com
印刷	合肥华苑印刷包装有限公司
发行	中国科学技术大学出版社
开本	787 mm×1092 mm 1/16
印张	43
字数	768千
版次	2024年12月第1版
印次	2024年12月第1次印刷
定价	198.00元

组织委员会

主　任
汪明洁

副主任
汪　峻　张　菱　胡　灵

委　员
黄娅蔚　倪姝娜　黄　晨　汪　刚

编写委员会

主　编
汪明洁

执行主编
翟屯建　陈　琪

副主编
汪　峻　张　菱　胡　灵

撰　稿（按姓氏笔画排序）
方有正　方光禄　方　静　毕新丁　汪顺生　张艳红
陈爱中　陈　琪　陈朝曙　倪　群　舒育玲　翟屯建

前言

徽州历史上人文荟萃,名人辈出。《辞海》单列条目中,徽州有51人。《中国人名大辞典》收集清代以前历代人物4万多人,徽州就有747人(不含侨居外地的徽州籍名人)。《中医大辞典》载有安徽籍名医118人,其中徽州84人,占71.2%。梁章钜《清代名人书画家辞典》收录清代擅书者1235人,徽州有17人,其中歙县11人,休宁县4人,未具名县属的2人。冯克诚《清代绘画史》共15章,涉及区域绘画流派的有5章,徽州专门有一章。同时,谈到其他地区绘画流派时,也经常提到徽州的画家。如"扬州八怪"中的汪士慎、罗聘是徽州人,"四大画僧"中的渐江是徽州人,"金陵四逸"中的程正揆是徽州人,"海上三杰"之一的虚谷是徽州人。谈到清代版画时专门提到"徽派版画"和歙县虬村黄氏刻工,谈到清代书画鉴赏家时提到的徽州人有詹景凤(休宁县人)、姚际恒(休宁县人)、胡积堂(黟县人)、吴其贞(歙县人)等。张予一等主编的《中国科学技术人物辞典》共收录明清时期科技人物382人,徽州有28人,其中歙县15人,婺源县6人,休宁县3人,祁门县2人,未具名县属的2人。

一

徽州之所以能出这么多的名人,重视教育是主要的因素,人的素质提高主要依赖于教育的普及。北方士族迁入徽州,带来发达的中原文化,教化乡里,礼授社会,习俗由此渐变。宋代罗愿《新安志》记载:"其人自昔特多以材力保捍乡土为称,其后浸有文士。黄巢之乱,中原衣冠避地保于此,后或去或留,俗益向文雅。宋兴,则名臣辈出。"尤其南宋新安理学的兴起,在朱熹的影响下,徽州读书之风盛行,"十家之村,无废诵读",宋元以来被称为"东南邹鲁",重视教育成为徽州千百年来的传统。

古代的教育体制分为官学和私学,教育机构主要有府(州)学、县学、社学、书院、义学、家塾等。其中府（州）学、县学、社学为官学，教官由朝廷委派。义学、村塾、家塾、学馆等为私学，主要是启蒙教育，故又称"蒙学"。徽州教育兴起于唐代，歙州州学就始建于唐代，也是全国较早的地方官学。唐代徽州民间私学也已纷纷出现，其办学形式主要有村塾（村民自愿组合，共同聘请和供奉塾师）、家塾（某户独资聘奉塾师在家教育子弟）、学馆（塾师在家设塾招生）、义塾（以氏族祠堂、庙宇地租收入或私人捐资办学，不收学费，家境贫寒子弟亦可入学）等。史书以"唐学盛矣"来说明当时徽州教育的发达。

进入宋代，人文郁起，名臣辈出，教育更加受到重视。尤其是南宋迁都临安（今浙江省杭州市），中原士族第三次大规模徙居徽州，使徽州经济文化在原有基础上又获得较大发展。为应科举及传播朱子理学思想的需求，学校教育发展更为迅速。各县县学相继设立，县学的学习内容主要是服务于科举的经义。蒙学教育是徽州教育重要的组成部分，也是徽州教育最具特色的一个方面。宋代，虽有官办小学社学，但仍以私家创办的蒙学教育机构为主，如家学、塾馆、塾学、家塾、义学、义塾。

元代是徽州蒙学教育最为繁荣的一个时期，为徽州各类人才的崛起奠定了坚实的基础。由宋入元，科举的中止迫使大量业儒者另谋出路，改变了社会人才流动的方向，很多儒生转向以讲学教书为业。元代学者赵汸对当时徽州的读书情景以一句典型的话描述："自井邑田野，以至于远山深谷民居之处，莫不有学、有师、有书史之藏。"后来《婺源县志》将这句话归纳成"十家之村，不废诵读"。由此可见元代徽州蒙学的发达。

明清时期，徽州教育进入鼎盛时期。社学遍及城镇及众多山村。据清代康熙《徽州府志》记载，当时徽州共有社学562所。少数社学的费用来自官方，大部分社学的经费均出自乡族捐助。同时，蒙馆、经馆、义塾、家塾等遍及四乡，直至民国时期仍大量存在。

在教育的带动下，徽州人的整体素质大大提高，成年后从事职业首选为科举入仕，成为廉吏能臣，为国效力，或者成为学者名儒，著书立说，教化世人；次选为经商，成为儒商大贾，以财济世；再其次成为名医、名匠，造福社会。诚所谓"穷则独善其身，达则兼善天下"，成就不少历史名人。明清时期，根据地方志的记载，徽州明代进士434人，清代进士411人。明代徽州状元有3人，而清代112名状元中，徽州本籍状元4人，寄籍状元15人，共19人，占总数的17%，居全国第一位（原被认为状元人数最多的苏州府共有状元24人，但其中有6人为徽州人）。留下父子宰相、叔侄状元、连科三殿撰、十里四翰林等大量科举佳话。

教育的发展以及进士及第人数的增多,对徽州从"尚武"向"文雅"跨越起到了决定性作用。五代以前,徽州还充满着"尚武"的风气,到了北宋时期,名臣文士辈出,完全改变了以往的"武劲"习气。清代康熙《徽州府志·人物志》记载五代以前的人物32人,其中勋烈2人、忠节2人、文苑2人、风节1人、宦业5人、武略16人、隐逸2人、风雅1人、孝友1人,尚武背景的有程灵洗、汪华(以上勋烈)、程文季、吴九郎(以上忠节)、梅铟、蔺亮、程富、吴仁欢、汪节、汪溃、王璧、郑传、汪武、戴荻、胡瞳、彭畚、程沄、程湘、程南节、詹必胜(以上武略)20人,几乎占三分之二;记载五代、北宋时期人物58人,其中经济7人、忠节3人、死事2人、文苑8人、风节5人、宦业17人、武略4人、隐逸3人、风雅1人、孝友7人、尚义1人,尚武背景的只有周继中、詹光国、钱岿、蒋果4人,均归"武略",其他人要么是名臣,要么是文士,或者是崇尚儒家孝义的平民,社会风气的转变可见一斑。

在徽州军政名人中,东汉方储是徽州在中央朝廷最早任职的官员,南北朝程灵洗是徽州正史入传的第一人,隋末汪华奉表归唐被封为越国公,南宋汪伯彦是徽州官至宰相的第一人,其他如许国、胡宗宪、汪由敦、曹文埴、潘世恩、程恩泽、王茂荫等在治国施政上都多有成就。

二

如果说教育是人才成长的基础,那么经济便是人才成长的保证。明清时期,随着徽商的兴起,其雄厚的资财,对促进家乡教育的繁荣发展起到了重要作用。在许多徽商内心深处,"爱商"更"爱儒",一旦经商稍富,就会毫不迟疑地将资金投入助学兴教、培育人才上。

明末清初,歙县新馆人鲍柏庭,起初家境贫寒,奉养父母,颇为拮据。后来到浙江经营盐业,生活逐渐富裕起来。他注重对儿子的教育,请名师,购书籍,不在乎花销。他曾说:"富而教不可缓也,徒积资财何益乎?"意思是说,致富后不可忽视教育,仅仅积累钱财有什么意义呢?鲍柏庭重视教育的理念,几乎成为徽州商人的共识。他们有的设立塾学,广请名师,以培养自己和宗族内的子弟;有的兴办义学,为贫寒子弟提供上学读书的机会;有的捐助县学、书院,将兴学立教之举从一家一族推及一县一府。

清乾隆、嘉庆年间,歙县盐商为修复歙县山间书院和紫阳书院,共捐银7万余两,其中两淮总商鲍肯园两次独捐银1.1万两。嘉庆八年(1803),盐商鲍漱芳重修歙县西畴书院。黟县商人舒大信修黟县东山书院、助建碧阳书院。绩溪县商人章必泰助建绩溪东山书院、县考棚。嘉庆年间,婺源县众商捐资复兴婺源紫阳书院。道光八年(1828),绩溪学者胡培翚倡设东山书院,墨商胡余德一次捐银1000多两。另外,歙县商人罗永孙曾建屋数十间,买田百亩,设义塾,惠及贫民。婺源人潘开祥为"振兴合族文社,捐租六百秤",作为文社的经费。赵之俊业茶起家后,曾捐输千金筑书斋、置学田,培养人才。正因如此,徽州自宋以来,社学、塾学、义学、县学、书院一直保持着相对稳定的运行,使徽州成为文风昌盛之地。

徽商是一个具有相当文化程度的商人集团,很多人先读书后经商;有的则是经商致富以后又去读书;有的身为商人,同时又是著名诗人、画家和文学家。明代歙县人汪道昆在《太函集》中评述:徽州四个人里头三个商人一个读书人,却被称为"文献之邦",是读书人的天下。这是因为经商只是为了获取厚利,读书可以获得很高的名声。人们如果读书没有明显成效,便放弃读书去经商。以后等赚到了钱,又要为子孙考虑,便又主张子孙放弃经商去读书。时而读书,时而经商,交相为用。在这里,汪道昆深刻揭示了贾与儒之间相互作用的关系。统观历史上的徽商,从其业贾的经历来看,他们或是先读书后经商,或是边经商边读书,或是先经商后读书。可无论哪一种形式,读书与经商总是结合在一起的,充分体现了商人儒化的特点。

明代歙县岩寺(今属安徽省黄山市徽州区)人程大约,少时家中不富裕,长大以后靠经营典当钱庄放高利贷致富,累资巨万。既富,转而习儒,于嘉靖四十三年(1564)入国子监学习,并投戚元佐门下学习诗文,渐有文名,以太学生充任鸿胪寺序班。祁门大盐商马曰琯,是一位很有名的诗人,曾被推举参加博学鸿词特别考试。徽州历史上的很多名人,无论是名儒显宦还是文士,都有着商人家庭的背景,有些商人本身就是文学家、艺术家。例如名宦、文学家汪道昆,便是出身于盐商家庭,其祖父汪守义为盐策祭酒,父亲汪良彬继承祖业。到汪道昆这一代,堂兄弟中仍有十多人从事商业。许国也是一位有着商人血统的名宦,其父年轻时就在苏州一带经商,并且家族中长辈大多是商人。潘之恒则是一位出身商人家庭的专业作家。

很多徽商本身就是理学鸿儒、诗人、画家、金石篆刻家、书法家、戏曲家和收藏家。如书商胡正言,精究六书,以篆籀名世。所刻《十竹斋画谱》《十竹斋笺谱》采用饾版、拱花等刻版印刷技法,奠定了我国民族版画创作的基础。既是盐商又是书商的汪廷讷,爱好诗词歌赋,尤善于填词。曾投师戏曲作家沈璟,与汤显祖、王穉登、李贽等友善,著有《环翠堂集》《人镜阳秋》《环翠堂乐府》等戏曲文集。歙县盐商鲍漱芳酷爱书画,所居斋名"安素轩",藏有很多宋元书籍、法帖、名墨、佳砚、珍药、古器物等。毕生搜集唐宋元明诸贤书法墨迹,经鉴定评跋,选其精者,汇为《安素轩法帖》。

很多徽商在经济领域实力雄厚。乾隆下江南,曾于金山行宫召见歙县盐商江春(盐号广达),亲解御佩荷囊相赐,四次驻跸其扬州净香园,两次亲临其别墅康山草堂,赐金玉古玩,题写"怡性堂"匾额。江春任两淮首总期间,朝廷任命盐运使,在赴任职前,例有向皇帝请训之举,乾隆面谕:"江广达老成,可与咨商。"绩溪商人胡雪岩更因襄助左宗棠西征有功,经多次保举,先后赏加盐运转使、按察使衔,赏穿黄马褂。黄马褂一般是立有军功才能得到的赏赐,商人胡雪岩能得到,实属殊荣。在近代经济的转型中,徽商同样叱咤风云,吴懋鼎在天津开办实业,推动天津向现代化发展的进程,给中国近代实业带来工业文明。

三

发达的教育,让徽州有了浓郁的学术氛围,造就无数的学术名人。南宋以来,中国哲学史上程朱理学、乾嘉学派、新学思潮三座高峰,都在徽州留下深刻的印记,形成具有徽州特色的新安理学、朴学和近代徽州学术高潮。

新安理学是朱熹理学的重要分支学派,该学派由徽州籍理学家为主干组成,奉祖籍徽州婺源(今属江西)的朱熹为开山宗师,以维护继承、发扬光大朱熹理学为基本宗旨。新安理学在近700年的发展、演变过程中,大致经历了四个时期:第一个时期是南宋形成时期。这一时期的主要代表人物有朱熹、程大昌、吴儆、汪莘、李缯、程永奇、吴昶等。他们环护在朱熹周围,精研性理之学,著书立说,确立了学派以朱子学为宗旨的基本原则。第二个时期是宋元之交与元代的发展时期。这一时期的主要代表人物有程若庸、胡方平、胡一桂、许月卿、陈栎、胡炳文、倪士毅、汪克宽等。他们针对朱熹之后"异说"纷起的学术界状况,致力于维护朱子之学的纯洁性,将排斥"异论"、发明朱熹理学本旨作为学术研究的重心。同时,元代新安理学家崇尚"气节",不仕元朝,将精力集中于讲学授徒,培养了一批有一定建树和影响力的新安理学学者。此时期的新安理学出现了人才辈出、学术研究深化和普及读物大量出现等新气象。第三个时期是元明之际与明代的盛极复衰时期。这一时期的主要代表人物有郑玉、朱升、赵汸、朱同、范准、程敏政、汪道昆、洪垣等。明代前期的郑玉、朱升、赵汸等人在批评元代理学家墨守门户、死抱师门成说之弊的基础上,先后提出了求"本领"、求"真知"、求"实理"的新的治经主张,并据此指导思想进行学术研究,形成了或"旁注诸经"发明朱子之学,或"和会朱陆"弘扬本门宗旨的不同学术风格。从学术研究的成就和特色来看,这是新安理学发展史上丰富灿烂的时期。明代中后期的新安理学学者因受"心学"影响,阐释朱子之学不力,整个学派出现萎靡不振的衰落迹象。但心学则是欣欣向荣,思想活跃,讲学与思辨之风盛行,出现朱子之学与阳明心学融合的趋势。第四个时期是清代终结时期。这一时期的主要代表人物有江永、戴震、程瑶田等。他们在清初学风的影响下,倡导汉学,培养了一批以考据见长的经学家,最终实现了徽州地方学术从新安理学到徽派朴学的转变。新安理学从南宋到清代的演变过程,正是12世纪以后中国哲学史和学术思想史的缩影。它对中国封建社会后期历史的发展,特别是对明清时期徽州社会的发展产生了巨大的影响。

朴学又称考据学,针对理学的空疏而言。朴学主张学问重史实,解经由文字入手,以音韵通训诂,以训诂通义理。徽派朴学兴起于明末清初,盛兴于清雍正、乾隆时期,嘉庆、道光时渐趋式微。徽派朴学以古文经学为中坚,在音韵、训诂、礼学、地理、天文历算、哲学等方面都有着显赫的学术成就,是清代学术的中坚力量。徽派朴学的传承和发展过程,大致可分为三个阶段。第一个阶段是奠基时期,时间在明末至清康熙、雍正时期。明末清初,歙县黄生由训诂入手治学,开徽派朴学先河。比黄生稍晚的歙县姚际恒,被梁启超称为"疑古的急先锋",不但为清代学者的辨伪工作开启了先河,而且对近代"疑古派史学"的产生有着重大影响。比姚际恒又晚一些的婺源学者江永,一生潜心著述与教学,学识渊博,注重实学,海内学者咸为叹服。第二个阶段是成熟时期,时间在乾隆至嘉庆时期。这一时期以戴震为代表的徽派朴学家群体,以他们卓越的学术成就,把徽派朴学研究推向极致。成熟时期的徽派朴学家主要有戴震、程瑶田、金榜、洪榜、凌廷堪、江有诰、胡培翚等一大批学者。其中戴震不仅是徽派朴学的杰出代表,而且是清代乾嘉学派的宗师。第三个阶段是转型与变革时期,时间在道光至宣统时期。其中俞正燮主张学习西方先进技术,富国强兵,先后写了许多文章,介绍西方先进技术,是这一时期的代表人物。邵作舟对君主专制制度、官僚制度批判入木三分,所著《公理凡》熔各类学科于一炉,中西互证,堪称中国哲学史上的一部奇书。在东方向西方学习的潮流下,休宁戈鲲化却显得特别,他是第一个走进哈佛大学专门讲授中国传统文化的东方人,成为中国文化输出的先行者。

民国时期,以胡适为代表的徽州学术向新学思潮转型,由提倡"民主"和"科学"走向新民主主义。在新文化运动中,胡适倡导和领导文学革命,成为新文化运动的干将,同时也是中国近现代学术史上重要的领军人物。他融合中国传统儒学以及西方学术的精髓，形成了中西兼容的治学方法，即"大胆假设，小心求证"。他开创白话文学，倡导文学革命。吴承仕则是中国较早以历史唯物主义的观点研究经学和古代历史的学者。他最突出的成就是对古代名物制度的探索，将自己"小学"研究的成果作为工具，广采浩繁典籍资料作参证，深刻探求中国历代典章制度的特点与规律。陶行知是近代中国最伟大的教育家，提出了"社会即教育""生活即教育""教学做合一"的生活教育理论。

四

文学艺术是人类生活、情感真实的流露，它所体现出来的文化影响力，最直接，也最具感染力。而艺术家，也是具有一定社会影响力的群体。

唐代吴少微是有记载以来最早享誉全国的徽州籍文人，他所开创的"吴富体"，对其后的古文运动影响至深。南宋胡仔是中国文学史上著名的文艺理论家，所编《苕溪渔隐丛话》具有丰富的文献价值和珍贵的诗学意义，对后人的诗学研究裨益匪浅。诗人方岳受杨万里、范成大影响，以疏朗淡远见长。洪焱祖说他"诗文与四六，不用古律，以意为之，语或天出"，为当时人所称道。方回编著的《瀛奎律髓》一书，在理论上标榜"江西诗派"的主张，并对"江西诗派"进行了全面系统化的总结，首倡"一祖三宗"论，以杜甫为一祖，黄庭坚、陈师道、陈与义为三宗，在中国诗学史上占有重要位置。明代重要的文学家程敏政，主张诗歌创作应以自然为宗，他的诗歌作品重在表现自我内心深沉真挚的感情，对人的欲望加以肯定。汪道昆是明隆庆、万历年间的文人领袖，为文简而有法，作诗风骨俱佳，所作杂剧清新俊逸、诙谐多姿，影响很大。郑之珍戏曲作品《新编目连救母劝善戏文》，融入民间情趣和习俗，唱、念、做、打融为一体，致使"目连戏"成为戏曲大家庭中一个独特的种类名称。汪廷讷、潘之恒、方成培等在戏曲创作上也颇有成就。吴继灼所编《虞初志》为明代传奇、志怪小说选集，其后《续虞初志》《广虞初志》《虞初新志》等相继出版，形成我国古代文言古典小说中的"虞初系列"，而《虞初志》为"虞初系列"之祖，对之后作品产生很大的影响。近代音乐家张曙、文艺理论家叶以群、表演艺术家舒绣文在全国均具影响。

明末，书画家不断涌现，丁云鹏、詹景凤、李流芳等在江南都很有知名度。清初以后，新安画派形成，以渐江、查士标、孙逸、汪之瑞"新安四家"为代表。在"新安四家"周围凝聚了当时徽州的一大批画家，与四家以友谊相称的有程邃、郑旼、程士唐、程正揆、戴本孝、吴山涛、汪洪度、方式玉、汪家珍、饶憬等，向四家执弟子礼的有江注、黄吕、吴定、戴思望、姚宋、祝昌、汪朴等。无论是师是友，或亦师亦友，他们同有一个结合在一起的目标，那就是描绘新安大好山水。其他一些著名的画家，如"扬州八怪"中的汪士慎、罗聘，浙派中的奚冈，海派中的虚谷，也都是新安人，他们的根在徽州，或多或少也都曾受到新安画派的影响，只不过是他们已经别具风格，自成一家。到了近代，黄宾虹、汪采白、张鹏翎等艺术家弘扬新安画派风格，又有创新。其中黄宾虹构图宏博，笔法超迈，墨韵苍逸。作品意韵幽曲雄奇，气度雄浑磅礴，更是将新安画派道脉、薪火相传到一个崭新的阶段，开中国山水画一代新风。

明清时期，徽州还产生了中国文人篆刻史上最早实行篆、刻合一的篆刻流派——徽派篆刻。徽派篆刻兴起于明嘉靖、万历年间，发展于清代，振兴于民国时期。代表人物有何震、苏宣、朱简、汪关、程邃、汪肇隆、巴慰祖、胡唐、黄士陵等。何震以刻工"指节通灵"之妙，以刀代笔，再现秦汉印章中的凿、铸、镂、琢之美，气韵流畅，成为明末印坛上的领袖，是当时印坛万人景仰的对象，被誉为"海内推第一"的人物。与何震同时期的徽州人苏宣、朱简、汪关，在明末印坛上，也是赫赫有名的人物。苏宣师古而不泥古，创新求变，所刻作品气势雄健，布局严整。朱简开创的短刀碎切技法，为后来的丁敬所吸收，形成了浙派篆刻主要刀法之一。汪关治印亦沉稳安详，篆法精严，饶有雍容华贵气象。程邃、汪肇隆、巴慰祖、胡唐被誉为"歙四家"，是清代早中期徽州印坛上的中坚力量。晚清黄士陵刻印刀法，以薄刃冲刀为主，多种手法结合，达到随心所欲的境地。风格光洁挺劲，动静自然，方刚朴茂，人称"黟山派"。

武术杂艺方面的人物也都各具专长，各有绝技，如武术家程冲斗、吴志青，琵琶国手查鼐，围棋国手程兰如、过旭初等。

五

徽州科技领域同样人才济济，医学尤为发达，形成在中国医学史上占有重要位置的地域性流派——新安医学。有史料可查的名医就有668人，有225人撰、辑了461部医学著作。新安医著涉及经典著作的注释整理，临床整治经验的总结，古医著的辑复，类书与丛书的编纂，医学普及读本的撰写，以及各种医案、医话、内、外、妇、儿、喉、眼、伤、疡、针灸、推拿等临床各科专著，还有脉学、诊断、治法等理论专著。重要的新安医学代表人物有汪机、徐春圃、孙一奎、方有执、汪昂、郑宏纲等。

数学领域，休宁程大位的《直指算法统宗》，将珠算的加、减、乘、除、开方运算的口诀系统化、完整化，使之简便易行，详细介绍了用珠算开平方和开立方的方法，完成了由筹算到珠算的彻底转变。婺源江永精研梅文鼎的数学书籍，参考西洋算法，加以研究，成《翼梅》八卷，其中涉及数学的《数学补论》《中西合法拟草》《方圆幂积比例补》《正弧三角疏义》等，多有发明。戴震在基础数学理论方面的研究也毫不逊色，著有《勾股割圜记》《策算》等，成为"古今算法大全之范"。歙县汪莱所著《衡斋算学》《衡斋遗书》等书，论述球面三角形、勾股形、组合数与级数、高次方程、弧矢关系、代数方程式等数学理论，是中国历史上颇具创见的数学家。歙县罗士琳著有《算学启蒙》《四元玉鉴细草》，《算学启蒙》是一部通俗数学著作，《四元玉鉴细草》是对《四元玉鉴》一书所作的校正、注疏。

天文领域，歙县程瑶田在天文历法领域，分别论述了回归年、朔望月、闰年法、岁差、日月食和四季日出时刻差异等天文知识，为了解释一年中二分二至日出时间的不同，他还绘制了四幅精致的天文图。歙县凌廷堪以精通天文历算而知名，在《气朔盈虚辨》中以科学道理批判了宋代学者蔡沈《书传》中在天文学方面的错误认识，阐述自己独立见解。黟县俞正燮则在《癸巳类稿》《癸巳存稿》中研究和分析了中国古代盖天说、昼夜说，考察过恒星七曜和古代历法，对以前的古代天文历法多有考订，还对宋代沈括所使用的十二气纯太阳历的构思提出过理论支持。

农学领域，婺源县汪应蛟代任天津巡抚时，在葛沽、白塘口一带荒废的盐碱地上，采用筑堤围田，利用淡水洗碱，垦田种稻5000余亩（1亩约合666.67平方米），其中四成为水田，在盐碱地改造和农田水利建设方面作出了突出贡献。婺源县齐彦槐重视农田水利建设，曾自制并试用龙尾车，他写的《龙尾车歌》较详细地记述了龙尾车的构造、运转等情况，描绘了试车的壮观场面，是中国清代农具技术革新的一次成功尝试。

生物学领域，罗愿的《尔雅翼》是一部传统的生物学专著，黟县邱浚的《牡丹荣辱志》是花卉植物学著作。汪灏的《广群芳谱》一百卷，由天时、谷、桑麻、蔬、茶、花、果、木、竹、卉、药共十一谱组成，介绍植物性状和栽培技术，广征博引，堪称我国古代的植物大全。吴菘首次将画家雪庄所绘黄山三十五种奇花异卉加以笺注，一一定名，描述其色香、形态、特征和生长环境，编成《笺卉》一卷，是黄山第一部植物志。汪畹腴著《培植兰菊法》，详细介绍了兰花、菊花的栽培技术方法和注意事项。陈石麟根据抄自内府的本子，又搜取民间所藏，撰成《鹌鹑谱》一卷，详细叙述了鹌鹑的形态、习性和饲养方法，有些内容对现代鹌鹑饲养业仍有参考价值。

物理学领域,程大昌的《演繁露》对色散本质和虹的解释,处于全国领先水平。郑复光不仅成功地做过削冰取火的实验,而且在《镜镜詅痴》中详细地记述了"窥筒远镜""观象远镜""游览远镜"三类望远镜的制作方法和使用方法,对天文仪器双反射八分仪也有研究并作出贡献。他还是中国近代研究火轮船的开拓者,著有一部科普作品《费隐与知录》。最大贡献在于亲自制造了我国第一台可昼夜使用的幻灯机和用于观测月球的望远镜。

六

关于徽州名人,已经有《新安人物志》和《徽州人物志》两本图书出版问世。《新安人物志》不仅收录人物不多,内容也简略。《徽州人物志》收录人物虽多,但没有重点,基本是词条性质,一些人物介绍只有十几个字。很多想从徽州名人入手了解徽州文化的读者,读了这两本书以后,总觉得意犹未尽,或不得要领。鉴于此,我们决定编纂这本《徽州名人传》,力争读者通过阅读本书,了解徽州文化各个领域中的代表人物,并通过代表人物的事迹成就,了解徽州文化在各个领域的发展过程和主要贡献。

根据国际人物职业分类标准(政治军事类、宗教信仰类、经济实业类、自然科学类、社会科学类、人文科学类、工程技术类、体育运动类、艺术媒体类、特殊人物类),参照徽州名人的实际,将入传人物分为政治军事、经济实业、社会科学、科学技术、文学艺术、武术杂艺六类。入传标准如下:

(1) 对徽州历史进程起过一定发展作用者;

(2) 在全国有一定影响者;

(3) 文化、教育、科技、经济界人物,在某个领域或行业中,有突出成就者。

人物主要活动时间在1949年以前。编排原则是先分类,类别之下按生年排序。鉴于很多徽州名人成就跨学科领域,人物成就按照其所归类别重点介绍。如戴震是思想家,科技领域也很有成就,则侧重介绍其哲学领域的贡献。人物传记基本要素包括生卒年、字号、祖籍地、出生地(或寓居地)、生平事迹、主要著述、成就。限于篇幅,选择219人入传,每人2000字左右。考虑到当前的行政区划,《徽州名人传》既包括原徽州府六县名人,也收录原太平县(今安徽省黄山市黄山区)的历史名人,原太平县已经被国家文化和旅游部纳入徽州文化生态保护区。

目 录

前言　　i

第一编　政治军事

东汉良臣方储	003	"理学真儒"汪应蛟	075
正史入传第一人程灵洗	006	抗清义军首领金声	078
徽州地方神汪华	009	视死如归的抗清英雄江天一	081
新安琅琊王氏始祖王璧	012	治世能臣赵吉士	084
北宋名臣谢泌	015	乾隆重臣汪由敦	087
南宋丞相汪伯彦	018	清廉好施程景伊	090
南宋名臣胡舜陟	021	为官持正曹文埴	093
忠义守节朱弁	024	历仕三朝曹振镛	096
农民起义领袖方腊	027	状元宰相潘世恩	099
"贤哲太守"汪勃	030	闽浙总督程祖洛	102
四朝元老程叔达	033	扶掖后进程恩泽	105
南宋名宦汪纲	036	理财专家王茂荫	108
南宋少师程珌	039	直良功顺潘祖荫	111
刚正不阿程元凤	042	驻美大使崔国因	114
朱元璋开国谋士朱升	045	晚清名臣汪鸣銮	117
"真才子"詹同	048	状元外交官洪钧	120
师夷制葡汪鋐	051	海防功臣杜冠英	123
"鼎镬不避"谏官周怡	054	心怀民族救亡使命的胡传	126
文韬武略胡宗宪	057	五四运动点火者汪大燮	129
"齿德并优"尚书毕锵	060	政治活动家徐谦	132
铁面冰心方弘静	063	辛亥革命先驱程家柽	135
明代廉吏江一麟	066	爱国实业家金慰农	138
廉慎自守内阁次辅许国	069	会展巨擘程振钧	141
"知行合一"范涞	072		

第二编　经济实业

海上贸易王直	147	"祁红"创始人余干臣	198
亦儒亦贾方承训	150	祁红鼻祖胡元龙	201
制墨名家程大约	153	"黄山毛峰"创始人谢正安	204
乌衣侨胗方于鲁	156	歙县出南门首富吴炽甫	207
儒商典范方用彬	159	沪上名典商余之芹	210
风雅任侠汪然明	162	津门买办吴懋鼎	213
清代徽墨"四大家"之首曹素功	165	太平猴魁创制者王魁成	216
良钢精作剪刀王张小泉	168	近代徽商巨子汪宽也	219
百年老店"王致和"创始人王之和	171	茶医并进汪惕予	222
罗经大师吴鲁衡	174	著名茶商吴荣寿	225
文雅儒商江春	177	颜料大王周宗良	228
积而能散的富商胡学梓	180	近代革命家、实业家康达	231
胡开文墨业创始人胡天注	183	照相器材大王詹福熙	234
两淮总商鲍志道	186	"地皮大王"程霖生	237
徽商巨贾胡雪岩	189	金融专家程振基	240
江南巨富李宗煝	192	"茶叶大王"郑鉴源	243
"百万之家"苏成美	195		

第三编　社会科学

新安理学家程大昌	249	著作等身的学者汪绂	294
宋代理学集大成者朱熹	252	经学诗人程晋芳	297
方志与博物学家罗愿	255	乾嘉学者篆刻家汪肇隆	300
以"风节"著称的许月卿	258	近代启蒙主义思想家戴震	303
理学大家陈栎	261	皖学儒宗程瑶田	306
"和会朱陆"的理学家郑玉	264	不疏园主汪梧凤	309
理学名贤汪克宽	267	世衍书香鲍廷博	312
"以积思为本领"的学者赵汸	270	经学大师金榜	315
"清白有声"状元唐皋	273	经学与音韵学者洪榜	318
理学卫士程瞳	276	经学家凌廷堪	321
"甘泉学派"传人洪垣	279	"经师人表"俞正燮	324
文史兼才谢陛	282	《仪礼》研究的集大成者胡培翚	327
徽派朴学先驱黄生	285	史籍考据学者汤球	330
"疑古"学者姚际恒	288	古泉祭酒鲍康	333
徽派朴学奠基者江永	291	集学者幕僚于一身的程鸿诏	336

第一位走上美国讲台的中国人戈鲲化	339	现代出版家汪孟邹	360
整理佛学经典杨文会	342	清华老校长周诒春	363
综贯六艺汪宗沂	345	用唯物辩证法研究经学的吴承仕	366
晚清思想家邵作舟	348	万世师表陶行知	369
人民教育家胡晋接	351	新文化运动领袖胡适	372
文史学者许承尧	354	社会学家吴景超	375
近代教育家江谦	357		

第四编　科学技术

诊脉如神张扩	381	新安名医程国彭	420
医史专家张杲	384	医典之祖吴谦	423
王道神医汪机	387	以易入医吴澄	426
中医药学家陈嘉谟	390	成功治愈白喉第一人郑梅涧	429
开医案先河的江瓘	393	著名数学家汪莱	432
鸿世之士徐春甫	396	金匮"青天"齐彦槐	435
"温补"妙手孙一奎	399	物理学家郑复光	438
错简鼻祖方有执	402	"中国铁路之父"詹天佑	441
珠算鼻祖程大位	405	跨界翻译家俞忽	444
针药兼施吴崑	408	珠算改革先行者余介石	447
引发中西历法之争的杨光先	411	动物形态学家崔之兰	450
医学普及启蒙派代表汪昂	414	现代医家程门雪	453
温病学派宗师叶天士	417		

第五编　文学艺术

左台显祖吴少微	459	"徽派篆刻"鼻祖何震	495
文学家汪藻	462	白描圣手丁云鹏	498
壮志难酬朱松	465	篆刻"泗水派"创始人苏宣	501
诗歌理论家胡仔	468	"虞初"体小说之祖吴继灼	504
布衣诗人汪莘	471	戏曲评论家潘之恒	507
著名诗人方岳	474	新安画派先驱程嘉燧	510
元代诗论家方回	477	环翠堂主汪廷讷	513
"云山一懒翁"姚琏	480	篆刻家朱简	516
文史学家程敏政	483	诗画书印四绝李流芳	519
戏剧家郑之珍	486	篆刻"娄东派"创始人汪关	522
文韬武略汪道昆	489	篆刻与版刻艺术家胡正言	525
千字书圣詹景凤	492	篆刻"歙四子"之首程邃	528

师法自然的渐江	531	诗书印三绝胡唐	588
新安画派"海阳四家"代表查士标	534	乾嘉时期女诗人汪嫈	591
"三风太守"与"红豆词人"吴绮	537	"海上三杰"之一虚谷	594
"前休子"戴本孝	540	诗人、戏曲家郑由熙	597
出使琉球汪楫	543	晚清奇士程秉钊	600
博学明辨徐乾学	546	开宗立派篆刻家黄士陵	603
遗民诗人、篆刻家吴廖	549	集词成奇书的汪渊、程淑伉俪	606
黄山诗画僧雪庄	552	沪上女画家吴淑娟	609
著名刻书家张潮	555	一代宗师黄宾虹	612
画梅圣手汪士慎	558	"新安三雄"之一张翰飞	615
"扬州二马"马曰琯、马曰璐	561	新安画派殿军汪采白	618
艺苑后劲方士庶	564	"新剧健将"汪优游	621
印坛奇才项怀述	567	古籍标点第一人汪原放	624
印癖先生汪启淑	570	文学才女苏雪林	627
一剧出名方成培	573	文学才子章衣萍	630
画鬼奇才罗聘	576	农学教授曹诚英	633
篆刻家巴慰祖	579	"湖畔诗人"汪静之	636
篆刻书画双大师奚冈	582	文化战线猛将张曙	639
方志大家洪亮吉	585	国画大师江兆申	642

第六编　武术杂艺

南宋武状元程鸣凤	647	琵琶宗师汪昱庭	658
琵琶国手查鼐	649	近代武术名家吴志青	661
武术名家程冲斗	652	围棋神童过旭初	664
围棋国手程兰如	655		

后记　　667

第一编

政治军事

徽州名人传

东汉良臣方储

方储(44—93),字圣明(敬称圣公),号颐真,祖父方纮避王莽篡位之乱迁居歙县。早年丧父,事母极孝。精通西汉兰陵人孟喜《易》学,深谙图谶占候,据说能预知未来之事,做事如有神助。

建初四年(79),因丹阳太守周歆举荐为孝廉茂才。对策考天下第一,得官郎中。章帝一日临朝,命文郎居左,使武郎居右,方储居中,并令宦官拿来几捆乱丝交给他们理顺。方储认为反经任势,临事宜然,只见他立即拔出佩刀,斩断乱丝,其刚毅果断深得章帝赏识。不久外放句章(治今宁波市江北区王家坝)令。春耕时节,农夫暮归,藏余粟一石于田边,并用草盖严实。第二天,农夫来到田边,结果发现余粟被人盗走,怀疑是邻家所为,因此告到县衙。方储早已知功曹才是偷盗之人,就派小吏把功曹喊来,并问他怎么把别人家余粟藏到自家茭白堆中。功曹感到大为惊讶,不得不如实供述,众人以为神算姜子牙再世。

后历任阜陵(今安徽省全椒县十字镇百子村)令、阳翟(今河南省禹州市朱阁镇八里营)令,不久因为母亲去世而弃官行礼,亲自负土成坟于迈山,手植柏树千株,致青鸾栖林、紫芝生台、白兔游墓之瑞。因为过于哀恸,守丧期满仍不忍脱去丧服。郡守派遣属吏请方储节哀,并按照礼制换下丧服。

元和元年(84),太尉郑弘、司徒桓虞、司空第五伦奉敕举荐贤良方正,大鸿胪韦彪上疏"国以简贤为要,贤以孝行为先,故求忠臣必于孝子之门,议贡举必以才行为本"。方储被举荐为贤良方正,公车诣京师,对策复考天下第一,官博士,不久升为议郎,纠弹贵戚,不畏强权。章帝奇其能,特授官洛阳令。外戚窦宪指使洛阳功曹窦德杀人,将断头装袋中连夜置厕门下,以构陷方储。断头被发现后,方储边摩死者耳朵边问死者凶手是何人,过了一会儿站起来告诉众人死者说他是被窦德杀害的。方储预知窦德拒不认罪,因为早就预知窦德家人口数,令三十二人戎衣怀绳,各缚窦德家一人。窦德惶恐,度不可脱,叩头认罪,请求免除老母连坐之罪,获允。京师人士皆称神明,道不拾遗,夭不作奸。

章和元年(87),章帝依司空第五伦之奏,为方储加官太常卿,凡祠祭礼皆由其负责。永元五年(93),和帝诏问南郊祀天象。方储以卜日巳时有变,急风暴雨,请更择日。和帝坚意如期,出发时天清气朗,露廓烟澄,方储称病不参加。和帝祭祀完毕,遣使责怪方储虽博学稽古但不以忠信奉天子,而以欺诈待君,方储认为受先师圣术推步萌兆,天降有咎不敢不言,告诉使者天灾即将降临,请和帝乘舆急返。使者离去,方储认为自己抱忠君之忧而受欺国之谤,宁殉忠而殉节,不苟存而苟亡,珠玉可碎而不可夺其真,兰蕙可焚而不可移其馥,于是饮鸩明志。和帝返程途中,"果有大风暴雨,洛阳昼暝"(三国东吴山阴人谢承《后汉书》),始服其先见之明,因此深感内疚,遣快马急召方储。知方储已经亡故,痛恨不与此人同生而共治天下,追赠尚书令,加封黟县侯,诏其后裔荫袭其职,令庙食歙县霞坑昌山[唐天宝六年(747)六月十七日唐玄宗诏改柳亭山]。敕护其棺柩以圣人礼归葬江南,其棺柩初至钱塘,拟葬绍兴匡山,忽大风吹船,上至建德。又拟葬东阳,大风复起。吹至歙东,大风方才停止,于是葬龙山下。世人传言方储飞而升天,公私所祈,无不灵应,因此民立仙翁庙(北宋政和七年四月十八日敕赐真应庙额)祭祀。因此,方储被崇奉为古代徽州地区第一位地方神。民事仙翁如事父母,从他县徙仙翁庙旁定居者千余家,东汉建安十三年(208)因析歙东之叶乡为始新县(今浙江省淳安县)。

方储诞辰纪念活动如今存有淳安县东源港庙会,忌辰怀念活动现今存有淳安县进贤渡庙会。不仅方储受到世人爱戴,而且其十个子侄亦受到后世崇奉,其序列按长及次排定,长子方仪为一郎君,尊为五龙大王,方佾(方储兄)长子方纶为二郎君,方俨(方储弟)长子方崇为三郎君,次子方岛为四郎君,方佾次子方纹为五郎君,三子方绶为六郎君,方储次子方觌为七郎君,尊为安石将军,三子方洪为八郎君,封为关内侯,方俨三子方嵒为九郎君,方佾四子方绦为十郎君。

方储其容其像广受王侯将相称颂,文献记载尤多,如南宋乾道元年(1165)八月十二日孝宗御赞《汉洛阳令黟县侯方储像》"以一身而钟天地之秀,以一心而涵造化之功。郎而就之,煦然春风,天高海阔,莫规其穷";淳祐十年(1250)九月初六理宗御赞《汉黟侯方储像》"冲退之姿,幽兰璞玉,充实之学,布帛菽粟,可以见其为人矣"。

中国徽州文化博物馆藏清代纸本设色容像,上题《御赞尚书令汉黟侯方储》"天生良弼,冠世之雄,伊吕德侔,萧曹功同,裁成辅相,四海春融,图汝之像,焕耀宗风"。单人立像,形神逼真,气宇轩昂,两手捧握,指甲修长,栩栩如生,熠熠生辉。宽袖大红袍,圆形金项圈,黑面白底靴。颜料天然优质,故而能够鲜亮如初、光泽如新。

方储其人其事屡屡见诸历代文人墨客笔端,歌之咏之,赞之颂之,名垂千古,流芳万世,如唐代高骈《杂歌谣辞·步虚词》"青溪道士人不识,上天下天鹤一只",宋代僧思觉《如来广孝十种报恩道场仪》"方储感白兔之祥,蔡邕有连理之瑞",钱时《真应庙》"浪夸骑鹤上清都,滴露研朱自壮图",吴淑《丝赋》"嫘氏涑之而有法,方储断之而得宜",陆宗亮《题方仙翁点易图》"曲肱道士清溪水,心在羲皇未画前",方有开《方仙翁祠》"紫芝白兔灵如昨,石碣丹湖事不刊",宋末元初方回《送方复大宣城学录》"歙溪真应仙翁墓,严濑玄英处士祠"、《秀山霜晴晚眺与赵宾旸黄惟月联句》"仙忝真应宗,诗愧玄英属",元代钱惟善《题方仙翁手卷(仙翁即青溪道士)》"史官自昔遗名氏,仙迹从今入画图",元末明初蓝仁《寄武夷张郭二山人》"青溪道士骑黄鹤,白发老翁歌紫芝",明代张瀚《庭柏赋》"曼倩谑浪于鹊立,方储孝感乎鸾栖",明末清初张习孔《方仙翁》"忠君爱国致诚明,汉室千秋具见卿。大义当前不恤死,芳名垂后尚余生",清初毛奇龄《蔡石舟生日》"况曾友浮丘,间道随方储"。

方储后裔遍布海内外,名人辈出,如唐代箕邦儒宗方智、宋代骈文大家方岳、元代江西诗派殿军方回、明代天下读书种子方孝孺、清代桐城派古文初祖方苞等。

正史入传第一人程灵洗

程灵洗(514—568),字玄涤,歙县篁墩(今属安徽省黄山市屯溪区屯光镇)人。

程灵洗年少时就勇猛有力、擅于游骑,一日能行二百余里,一向为乡里人所畏服。梁朝末年,海宁、黟、歙等县及附近鄱阳、宣城多有盗贼,民众颇受侵扰。因此,地方官员常让他招募当地青年参与搜捕盗贼,以安定地方社会。

梁太清二年(548),原是东魏叛将的侯景,以清君侧名义在寿阳(今安徽省寿县)起兵叛乱,次年攻占梁朝都城建康(今江苏省南京市),将梁武帝活活饿死,控制了军政大权,并四处扩充势力范围。在这大乱时节,程灵洗召集黟县、歙县乡勇,保护境内安全。不久,侯景叛军攻入新安郡始新县(今浙江省淳安县),新安太守、湘西乡侯萧隐不敌,退入新安江上游的黟县、歙县,依附程灵洗。程灵洗乃奉其为主盟,主持抵抗活动。梁元帝萧绎在荆州承制后,程灵洗派遣使者从小路到荆州,上表表示归附。不久,刘神茂在浙江东阳竖起义旗,牵制了叛军后路。程灵洗乘机收复新安郡城,与刘神茂相呼应。梁元帝授程灵洗持节、通直散骑常侍、都督新安郡诸军事、谯州刺史职衔,出任新安太守,封巴丘县侯,食邑五百户。

很快,侯景部将吕子荣再次进攻新安郡,攻势猛烈,程灵洗退守黟县、歙县一带,凭借山区有利地形坚守。侯景的无道,招致各地反对,随后在逃跑途中被杀,吕子荣也退走。程灵洗乘机收复新安郡治,并进军下游的建德,抓获叛将赵桑乾。因战功,程灵洗再次被授持节、散骑常侍、都督青冀二州诸军事、青州刺史,增食邑至一千户。

侯景之乱初平,梁元帝令程灵洗率军协助大将王僧辩驻防扬州。后调他任吴兴太守。未及到任,西魏进攻荆州,王僧辩即令其随侯瑱西援荆州。但尚在途中,荆州就已陷落,只得返回都城。当时,梁朝国力衰弱,内部也不团结。因王僧辩屈服于北齐的威胁,拥立萧渊明为帝,遭到原先战友陈霸先反对。承圣四年(555)冬,陈霸先废黜萧渊明,改立萧方智为帝,俘获王僧辩,并以阴谋篡逆为由将其处死。程灵洗作为王僧辩的部将,起兵报仇,进攻建康城西门。尽管战斗惨烈,却进展不顺。陈霸先素来赏识程灵洗的忠诚与勇猛,乃遣使招降他。程灵洗思虑良久,最后选择了归顺。程灵洗被授持节、信武将军、兰陵太守、常侍,率军助防京口。不久,北齐将领徐嗣徽等率军进攻建康,被击败。程灵洗立有战功,受命担任南丹阳太守,封遂安县侯,再增食邑至一千五百户,镇守采石。

永定元年(557),陈霸先代南梁而自立,建立陈朝。原梁朝将领王琳拥立永嘉王萧庄为帝,在北齐支持下起兵对抗陈霸先。程灵洗受命跟随出身于新安郡寿昌县贫寒之家的大将周文育西征王琳,不料在沌口(今武汉市汉阳区东南)大败,被王琳俘获。次年,他与侯安都越狱逃归,任丹阳尹,又为高唐、太原二郡太守,仍镇守兰陵。不久,调任太子左卫率。陈霸先去世,王琳趁机率军沿江东下。程灵洗大败王琳,俘虏兵士众多,又缴获青龙战船十余条,再次因功被授持节、都督南豫州缘江诸军事、信武将军、南豫州刺史。后王琳再败于栅口,程灵洗乘胜追击,攻克鲁山,被征为左卫将军。

天嘉四年(563),陈宝应与留异勾结,遣周迪再次进攻临川。陈文帝派程灵洗为都督、程文季为前军,从鄱阳的小路进击。所向克捷,周迪败走。天嘉五年(564),迁中护军,出为持节、都督郢巴武三州诸军事、宣毅将军、郢州刺史。光大元年(567),进号云麾将军。

陈废帝即位后,其叔安成王陈顼独揽朝纲,剪除旧臣。湘州刺史华皎极为不满,密谋反叛,派遣使者招诱程灵洗。程灵洗怒斩来使,上书揭发。陈废帝深嘉其忠,增守备,赐鼓吹一部,命其子程文季领水军助防。北周派遣拓跋定率步骑两万,协助华皎围攻程灵洗。程灵洗据城固守,待华皎战败,程灵洗率军出击。拓跋定未能渡江,率众投降。程灵洗乘胜追击,攻克沔州(今湖北省汉川市东南),生擒刺史裴宽。此次大捷,程灵洗功绩卓著,朝廷再授其为安西将军,改封重安县公,食邑增至两千户。

程灵洗性格粗犷刚烈,遇事有些急躁。治兵整肃,管理严苛,士卒偶有过失,必定按军法惩治,甚至一时冲动会用鞭子甚或棍子抽打。但他为人正直,爱憎分明,又能与士卒同甘共苦,也不爱蓄积私财,战争所获和朝廷赏赐,他都大方地散发给部下。因此,部属对他既畏又敬,也愿意听从其号令,依顺归附。他的军队战斗力也比较强。

作为在偏僻山乡成长起来的朝廷高级将领,程灵洗有着浓厚的农民情结。他喜欢耕作,在家乡乃至从军后,只要环境许可,他都亲自栽种粮麻,乐此不疲。甚至在水旱作物适应性、田间管理要求、收获时令把握方面,当地老农都不如他在行。他对家人也要求甚严,妻妾等人无人游手好闲,都按其要求纺纱织麻。

光大二年(568),程灵洗在郢州(今武汉市武昌区)逝世,时年55岁。朝廷追赠他为镇西将军、开府仪同三司,谥号"忠壮"。太建四年(572),配享陈高祖庙堂。《陈书》《南史》皆有他的传记。相传他有子22人,尤其是儿子程文季,从小就习练骑马射箭,富有才略,继承了程灵洗果敢决断的作风,年仅20岁就随父出征,英勇善战,北齐将士对其颇为忌惮,称其为"程虎"。程灵洗去世后,他统帅了全部兵马。后因战败被北周拘禁,在狱中去世。

在程灵洗的家乡篁墩,也留下大量与程灵洗有关的古迹和传说。如射蜃湖,乃因程灵洗在此射杀吕湖蜃而得名。相传蜃妖常来捣乱,湖神托梦程灵洗,请他帮忙除去蜃妖。于是程灵洗携带弓箭,率众守在湖边。不久,云雾隐暗,湖中波浪翻滚,两头水牛在湖中大战。程灵洗挽弓搭箭,射中一牛。顿时,云开雾散,湖水回归平静。次日,人们在湖滩上发现死去的蜃妖,此地即"蜃滩"。其后若干年,人们还可见到湖中木栅,即"射蜃栅"。程灵洗射杀吕湖蜃的传说,宗谱和方志皆有记载。或许在这神奇故事的背后,隐藏的是程灵洗率众制服水患、垦殖沃土的艰难历程。

徽州地方神汪华

汪华(586—649),本名世华,字国辅,号英发,绩溪县登源间坑人。汪华出身于官宦之家,祖父汪勋明南陈武帝时为会稽令,父亲汪僧莹为海宁令,又为稷州长史。汪僧莹生三子,世华、世英、世荣。汪华年幼丧父,小时从母依舅在歙西外公家生活,常与乡邻少年习武,拜南山和尚罗玄为师,苦练刀枪弓箭,武艺超群。大业之乱时,他参加郡府招募的官军,英武智勇,在平婺源寇、开拓箬岭山道中立战功,深得将士拥护,升为将领。

隋大业年间,隋炀帝无道,天下大乱。窦建德、王世充、李密等豪杰烽起,可谓南北汤沸,东西割据,烽火连天,百姓遭殃。汪华为保境安民,率兵起事,筑城建国,称"吴王",相继统领了歙、宣、杭、睦、婺、饶六州,兵力增至十万余人,迁郡治于休宁万安万岁山。义宁年间,移治于歙县乌聊山。汪华在群雄争霸、战火纷飞的年代能镇守一隅,为政宽容,广施仁政,开仓赈济百姓,维持正常生产、经商、读书及过节之娱乐,百姓安居乐业。以两位堂弟汪天瑶、汪铁佛为左右丞相,在他们和程富、任贵等人得力辅佐下,经过努力,六州经济发展,社会进步,缓和了山越土著和中原移民之间的矛盾,加速了南迁中原移民本土化的文化融合,百姓面对外界武力威胁时能够共同迎敌抵抗。这在隋末唐初的风云时代是非常难得的。

唐武德元年(618),唐高祖李渊建唐称帝后,汪华审时度势,为使六州黎民百姓免受战争灾难,顺应历史潮流,说服文臣武将,主动放弃王位,于武德四年(621)派宣城长史汪铁佛奉表率土归唐。这一举动客观上加速了大唐一统进程。唐高祖李渊赞其维护国家统一义举,嘉其治理六州有功,招使持节、总管六州军事,授歙州刺史,封上柱国、越国公。贞观二年(628),汪华奉召晋京,任左卫白渠府统军,参掌宫廷禁军。贞观十七年(643),改忠武将军行右卫积炷府折冲都尉。贞观十八年(644),唐太宗征辽,诏为九宫副监,与右丞相房玄龄共理朝政,位极人臣。由于汪华勤于政事,忠心耿耿,事必躬亲,唐太宗凯旋,下诏嘉其忠勤,正如宋代歙县人罗愿《纳歙考》所言:"及贞观之间,典宿卫者二十余年,太宗远伐,委之箧钥,非夙嘉其节而深信其心,何以及此!"贞观二十三年(649)三月初三,汪华积劳成疾、病逝于长安,谥号"忠烈"。永徽二年(651),汪华灵柩在官军和众子孙的护卫下,由长安运回故乡歙州。次年十月二十六日葬于歙县云岚山,乡人建汪公祠于乌聊山。

汪华逝后,受到唐太宗及宋、元、明九位皇帝多次追封,被誉为"生为忠臣,死为明神",尤其是明洪武四年(1371),明太祖朱元璋顺应潮流,对汪华的册封进行了升级,改封为"汪公圣主洞渊大帝",汪华正式成为"徽州土主",歙、宣等六州各地均立庙祭祀,尊为"新安之神",敬称"太阳菩萨""汪公老爷""汪王大帝"。其子孙、部将等40多人累计受加封百余次,先后延续了近千年。历朝在为汪华上封号时,对其九子也有不同的封号,民间尊称为"一、二、三太子,四、五、六诸侯,七、八、九相公"。

由于汪华生前、逝后受到唐以来历代皇帝的多次封冕和百姓的爱戴,汪华后代子孙兴旺发达,祭祀汪华的汪公祠、汪公庙、太子庙等遍布徽州等六州各地,民间祈愿、求雨、消灾、喜庆等各种祭祀活动经久不衰,香火鼎盛。但凡求雨防旱、求子祈福、消病减灾、五谷丰登等民间庙会活动,都少不了抬汪公、祭汪华、拜太子,汪王会、太子会、花朝会、游太阳等大型庙会活动此起彼伏,形成独有的汪华崇拜。这对"忠孝节义"风俗演绎与徽州地域文化形成产生了巨大影响,人们称此为汪华文化现象。

每年汪华诞辰之日,歙县、休宁县、绩溪县等地都要举行大规模的游神赛神活动。如绩溪余村的"抬汪公看稻""接汪公求雨",半茶的"安苗节接汪公",扬溪的"抬太子破寒山",上庄"五朋"的"太子会"等各具特色的活动。绩溪县规模最大的祭祀汪华庙会是花朝会,由登源十二社轮流举办,十二年一轮回。轮值的村社要准备数年,组织严密、仪式隆重、热闹非凡。花朝会的祭祀仪式是先到汪公庙祭拜,宣读祭文,按辈分次序敬香跪拜,然后请出汪公坐像,十六人合抬,在村街和田野道路上巡游。巡游队伍中旌旗猎猎,锣鼓喧天,鞭炮、土铳齐鸣。巡游结束后,将汪公坐像供奉在村里祠堂中,祭祀仪仗排列两边,各种供品呈献在像前。贡品蜡烛"大如断柱",牛、羊、猪、鸡、鸭、鹅、鱼要公养数年,以求其肥大、壮实。其南北果品、山珍海鲜、蔬菜面点,莫不雕龙镂凤,极其精致。用来盛装清茶、美酒、果品、菜肴的盘、碟、碗、盏,全是名贵瓷器。菜肴、果品由汪氏居住各地的族裔挑选名厨制作,进贡到庙会上,一般不少于108碗,号称"赛琼碗"。各种盆栽花卉、古树盆景,都送来陈列,争奇斗秀。

花朝会期间还要搭台演戏,一般都要搭两座"花台",聘请两家戏班唱"对台戏",以比高低,烘托气氛。从正月十八日起,一直演到二月十五日,日夜兼场,连续不断,热闹非凡。有记载可查的大规模花朝会有两次:一是清人沈复在《浮生六记》中描述的清乾隆五十二年(1787)绩溪仁里花朝会盛况;二是民国十五年(1926)汪村、南川村举办的花朝会。

这些形形色色的祭祀汪华民俗活动,彰显汪华信仰、英雄崇拜在徽州已根深蒂固,深入民心,汪华的忠君、爱国、爱民思想世代传扬,汪华祭祀文化源远流长,汪华由人升为神的过程及民间对汪华绵延不断的祭祀,对徽州文化重要元素符号的定格产生了难以估量的影响。对徽菜的演化、徽戏的推动、徽俗的发酵、徽艺的形成都产生了巨大的影响。

新安琅琊王氏始祖王璧

王璧(845—912),字大献,东晋名相王导之后、唐肃宗时宰相王玙曾孙。年少即胸怀大志,刻苦读书,兼习武艺,颇具文韬武略,为人豪侠尚义。

唐末时,王璧"由杭迁居祁门北隅",此际正值黄巢起兵,各路豪强亦纷纷呼应,天下大乱,动荡不堪。祁门虽地处群山之中,然亦时常有各种势力往来其间,兵荒马乱,地方不靖,百姓不堪其扰。王璧遂挺身而出,与其婿郑传一道"相与倡义,集众保境"。王璧具有很强的号召力,郑氏亦为祁西一带豪强大族,因此他们很快组织起一支武装,保卫地方平安。

王璧智勇双全,率部迭经大战,战无不胜,在保障乡间的过程中展现出杰出的军事才能。据刘昫《唐检校兵部尚书王公墓志铭》中记述,他曾多次以弱胜强,以少胜多。如乾符四年(877)时,黄巢率领三十万大军,从宁国入泾县直逼祁门,声势浩大,所向披靡。官兵早已望风而逃,王璧沉着应对,充分利用山道崎岖的条件据险力阻,他率部设下鹿角栈道进行防御,黄巢军队久攻不下,只得退走,祁门地方"卒免害"。不久有"胡曹进犯婺源,寻寇本县",王璧率部与之大战,"力却之"。此后又有赵领部五千余人,驻扎在祁门西乡一带,四下抢劫掠夺,百姓深受其害。王璧见敌众我寡,遂定下智取计谋,派士卒数人夜深时悄悄潜入敌营,先将自己的军旗插在敌人营房当中,然后突然号令士卒"大鸣金鼓",并"飞火箭于中"。敌军在梦中惊醒,见营房之中不但到处着火,而且遍插着王璧的军旗,皆"惊骇不知所措,自相杀戮殆尽"。中和四年(884),刘殛从建德经过槠根岭,准备进犯祁门,王璧率部经过激战"力破之"。光启年间,又有"李仲霸入寇",王璧"率领劲卒千余人迎击木亭,败之"。乾宁年间,夏章率领五千人进占祁门,势头凶猛,气焰嚣张。王璧再一次设下密计,以奇兵突然"冲破敌营,纵兵击之,生擒五百余人,俘获甚众",大获全胜。其后又有陈旭率部"从浮梁来寇高塘",王璧得知消息后,在沿途险要的峡山之上和雷湖村等处,选择好伏击地点,预先设下精兵,准备大量的弓箭与石块,待敌军到时,突然发起攻击,"矢石齐发",杀得敌军猝不及防,死伤无数,"大溃,遁去池州界"。杨行密为宣歙观察御史时,任命陶雅为歙州刺史。陶雅见王璧保境安民能征善战,便多次上书为其请功,王璧得以"历补军职",遂跟随杨行密征战。乾宁初,王璧之兄王抟被朝廷任命为同中书门下平章事,又将其功绩上奏给朝廷。

乾宁二年(895),义胜军节度使董昌在越州(今浙江省绍兴市)自立为帝。朝廷加封王抟为右仆射,命其赴浙东浙西等地宣抚以平息叛乱,王抟于是命王璧给董昌手下大将镇海节度使钱镠去信,请其不要助纣为虐追随董昌叛乱,而要共同为朝廷平叛。钱镠响应号召,很快就将董昌抓住斩杀,而此时王抟尚未动身赴浙。此事过后,钱镠请王璧加入其部参与军事,任命他为镇东节度判官。

王抟因功被唐昭宗封为鲁国公,光化三年(900),因遭到崔胤的诬陷,被贬为工部侍郎,后又贬为崖州司户参军事,最终被赐死于蓝田驿。王璧闻讯愤怒不已,对崔胤痛恨异常,便去劝说钱镠准备起兵问罪,然而此时正值两浙发生兵变,钱镠自顾不暇,王璧只得恨恨作罢。不久杨行密手下大将田頵猛悍难制,欲趁乱夺取杭州,未经杨行密同意便率部围攻杭州。钱镠固守内城,见形势危急,便让顾全武出使广陵,向杨行密告急求援。杨行密乃遣使强令田頵撤军,田頵不肯善罢甘休,除了向钱镠索要二百万缗犒军钱外,还要钱镠送一个儿子过去当人质。钱镠被迫答应条件,让王璧护送其子钱传瓘至田頵处为质子。田頵撤回宣州后,对杨行密大为怨恨,便大肆募兵,于天复三年(903)八月举兵叛乱。杨行密派部将台蒙迎战,大败田頵,并于当年十一月间斩杀之。

杨行密平定两浙一带的叛乱后,见王璧为"宣歙旧人,留为牙将"。王璧于是派小儿子王思谦护送钱传瓘回到杭州钱镠处,自己则在杨行密帐下征战,先跟随杨行密部将"李神福西讨杜洪,又从王茂章南击安全义",骁勇善战,屡立战功。深受杨行密倚重,一路晋升,杨行密加封吴王后,王璧累拜至银青光禄大夫、检校兵部尚书、加紫金光禄大夫。

天祐二年(905),杨行密去世,其长子杨渥继承王位,其人沉湎于饮酒玩乐,荒淫无度,对待功臣刻薄寡恩,让王璧去当祁门县令。此时王璧已年逾花甲,便以年老祈归,定居在祁门县内"西北百余里苦竹港(今地不可考,一般认为在今闪里镇铜锣湾畈附近)",八年后寿终正寝。

王璧生有九子,皆仕于南唐和吴越。九子共有二十三孙,瓜瓞绵绵,分徙各地,如安徽之祁门、歙县、绩溪、黟县、休宁、宣城,江西之婺源、九江、彭泽、湖口,浙江之建德,以及江苏之南京、泰州、高邮等地,号称"一百三十六房",皆奉王璧为始祖,为江南王氏之大族。因王璧乃琅琊王氏后裔,故称他为新安琅琊王氏始祖。

王璧墓坐落在"湾坦",该地四面环山,形成锣形,后人因而易名为铜锣畈。新安琅琊王氏后人集资对墓冢进行修复,古墓规模壮观,现为黄山市重点文物保护单位。

北宋名臣谢泌

谢泌(950—1012),字宗源,歙县人。少年时就非常好学,胸怀大志,读书乌聊山。得到宣州知州贾黄中的赏识,曾对人说:"此子材器不群,异日当显名于时。"北宋太平兴国五年(980)进士,授大理寺评事,任四川清川县知县,改彰明县知县。后迁著作佐郎。宋太宗端拱年间,升任殿中丞,献所著文及《古今类要》三十卷。召试中书,入直史馆。奏请依唐制分图书为经、史、子、集四库,由史馆分典四部。

当时上书奏事的人很多,朝廷诏令阁门官有选择地上报,因此言路受到堵塞。谢泌上疏认为不能这样做,一再上言时政得失。谢泌奉诏主持国学举子的考试,由于黜落甚众,群言沸沸,甚至有人身怀揣砖头,等着谢泌出来,想对他不利。谢泌知道后,暗地从其他道路回到史馆,并在史馆住了好几天不敢出来。太宗听闻以后,笑着对左右大臣说:"谢泌的职责是在考察举子的学业,怎么会滥收?这些学生不检查自己的不足,反而埋怨主考。"并问:"什么官职的仪仗威严,人们都畏惧回避?"有人回答:"御史台院知杂事侍御史出行便是如此。"于是太宗授予谢泌虞部员外郎兼知杂事侍御史之职。上元节太宗邀众官员观灯,也特别预召谢泌随行,由此可见太宗对谢泌的宠遇。后转任金部员外郎,任三司勾院盐铁副使。不久,魏羽任三司勾院盐铁正使,魏羽是谢泌的外舅,以亲避嫌,改任掌管全国财赋统计和支调的度支副使。

淳化二年(991),大理评事王禹偁上奏:"从今往后下层官员拜访宰相,应必须于散朝后在政事堂,枢密使列座接见,这样可以杜绝私请。"太宗发诏准奏。谢泌上奏说:"不许宰相、枢密使见宾客,这分明是怀疑大臣有私心。现在陛下,任用杰出人才,朝廷没有靠花言巧语获利的人,地方也没有得过且过的大臣,为何要猜疑宰相?王禹偁不识大体,胡乱提建议。"太宗看完奏章后,就追回先前发出的诏令。适逢修建正殿,使用了许多彩绘,谢泌又上疏批评。皇帝急令改为丹垩,并且赞扬了他的忠直敢言。

一次皇帝在便殿召见谢泌,太宗称赞他正直敢提意见,谢泌说:"陛下善于倾听意见,所以臣才能竭尽忠诚。从前唐末孟昌图,早上上疏进谏,傍晚就被免职,谁还敢提意见?"太宗听后非常感动。当时群臣上殿言事,如果得到批准,可以直接去找有关部门,有奸巧作伪的空间。谢泌请求从今后凡属政事都送中书省,机密事送枢密院,钱财粮食之事送三司。得到太宗的同意。

太宗郊祀祭天,同时赏赐军队,有大臣上奏,请示赏给之数。太宗说:"我珍惜金帛,就是准备拿来犒劳军队的,犒赏必须优厚。"谢泌说:"唐德宗时期发生的兵变朱泚之乱,唐庄宗时期发生的马射之祸,都是因为犒赏军队不足。如今陛下对自己很节俭,赏赐军队特优,是历代皇帝中少有的。"

太宗为了改变官吏清浊混淆、莫能甄别的状况,于淳化三年(992)十月始置京朝幕职州县官考课院,命户部侍郎王沔、度支副使谢泌、秘书丞王仲华同知京朝官考课,吏部侍郎张宏、户部副使高象先、膳部员外郎范正辞同知幕职州县官考课,号曰磨勘院。在王沔、谢泌等人的主持下,对官员们进行认真的考核,罢黜了御史弋子元、郎吏张绅等不称职的官员。淳化四年(993)二月,谢泌指出:"磨勘之名非典训也。"于是太宗将磨勘京朝官院改为审官院,幕职州县官院改为考课院。

咸平元年(998)改主客郎中,知虢州。咸平二年(999),徙知同州。任满以后,回京执掌鼓司、登闻院,士民有事可击鼓申诉,受理百姓申诉投状。咸平五年(1002),与工部郎中、大名府知府陈恕共同负责向朝廷荐举人才。复掌管通进银台司,负责接受银台司所领天下章奏案牍及文武近臣奏疏进呈,以及颁布之事。加刑部,出为两浙转运使。景德元年(1004)四月,以刑部郎中自两浙运使移知福州。

宋代制度,文武官员告老都要升官阶。谢泌说:"请从现在起七十岁以上请求退职的,许可退休;因病及历次任职期间犯有贪污罪的,听随自便。"诏令同意。他被调任为福州知州,任满还京,百姓怀念爱戴他,就刻石立碑纪念。转任兵部郎中,复知审官院,直昭文馆,知荆南府,改襄州,迁太常少卿、右谏议大夫,判吏部铨。大中祥符五年(1012),谢泌病重,他穿上道士服装,端坐而死,享年63岁。卒后葬于歙县问政山兴道观之左。

谢泌是北宋太宗、真宗两朝名臣,长期担任中央及地方官员,针对时弊提出过很多建议和意见,其选任人才、进谏纳谏、理民及军事外交思想对北宋历史产生过重大的影响。谢泌深知人才对治理国家、安定社会的作用,非常重视人才的选拔和推荐。谢泌知人善任,对人很少赞许,平生推荐不过数人,后都至卿相,位居宰辅的王旦就是谢泌所荐。谢泌任襄州知州时,邓城县令张逸有善政,邓城县离襄州十余里,谢泌空暇日乘小车,带着数个随从渡汉水至邓城县界,以观风谣。或载酒邀张逸野饮,吟啸终日而去。后经谢泌推荐,张逸官至枢密直学士,亦为北宋名臣。谢泌长期担任地方官,先后在清川县、彰明县、虢州、同州、福州、襄州等县州主政,不张权,不恃威,不扰民,这也是谢泌为官治民的基本理念。在军事、外交政策上,主张"屈己以宁天下"。谢泌受道教影响很深,宋释文莹撰《玉壶野史》卷四记载:"公深慕虚玄,朴素恬简。病革,盥沐,衣羽服(道士服),焚香,端坐而逝,首不少欹。"道家思想对他的从政、治国思想有一定的影响。

谢泌亦能诗,所书《福州即景》:"一别无诸岁月长,遥闻此景画难能。湖田播种重收谷,道路逢人半是僧。城里三山千簇寺,夜间七塔万枝灯。常年六月东山里,地涌寒泉漱齿冰。"至今在福州广为流传。

南宋丞相汪伯彦

汪伯彦(1069—1141),字廷俊,祁门县城北人,居住在昼绣坊一带。出身贫寒,为人聪颖出众,性宽厚,嗜诗书,未尝一日去书不观。年轻时便有文名,在家读书备考时,被祁门知县王本看中,特筑"英才馆"聘汪伯彦为塾师,并把两个外甥秦桧、秦迪从婺源接到祁门,师从汪伯彦。

北宋崇宁二年(1103),汪伯彦考中进士,初授成安(今属河北)主簿,后以功升任宣教郎、中奉大夫。汪伯彦文才极佳,擅于写时策类文章,此间吕惠卿为武昌节度使,知大名府(今河北省大名县),见其文赞赏不已,遂向中书侍郎梁子美推荐。梁子美知定州(今河北省定州市)后,即调汪伯彦前去负责机要文字。梁子美移大名府,汪伯彦亦随往。此后十来年间,大名府换了三任统帅,均留汪伯彦相助。到后来梁子美再次就任大名府统帅时,皇帝下诏让他大力扩充守备,汪伯彦在其中出力甚多,不出数年,即将大名府建成了陪都。梁子美特地为汪伯彦请功,将其由宣教郎晋升为中奉大夫。

宣和二年(1120),宋徽宗赵佶召对伯彦。他为人机敏圆滑,善于揣摩心思,应答得体,受到徽宗称赞,被提拔为开封府司仪曹事,迁任军器将作少监,后提任为尚书虞部郎。靖康元年(1126),被宋钦宗赵桓召见,他献上《河北边防十策》,因切合帝意,被提升为龙图阁直学士,知相州(今河南省安阳市),钦宗称赞他说:"如今北方兵事不断,士大夫们都想方设法往南方去,只有你请求去北边,真是一个体国之臣啊!"汪伯彦颇有才能,在相州任上大修城墙,整顿军队,积聚粮草,军声大振。同年十一月间,康王赵构奉命出使金军大营,到达磁州(今河北省磁县),被金国数百名骑兵一路追踪。汪伯彦马上用帛书请赵构回相州,并调兵遣将,亲自迎接,使赵构顺利脱险,由此深得赵构信任,赵构大受感动地对他说:"等我见到皇上,一定首先推荐你做京兆尹。"

靖康元年(1126),赵构奉旨设置天下兵马大元帅府,任命汪伯彦为副将。赵构率兵渡河,谋划将去哪里,随行人员意见不一,只有汪伯彦提出应该出北城门渡过子城。赵构认为他说得对,于是依其言从北城门渡过子城,由大名经过郓州(治所今山东省郓城县东)、济州(今山东省巨野县),抵达南京(今河南省商丘市南)。此间赵构所部之人都是些乌合之众,屡遭危险,均依赖汪伯彦一路调动护卫才得保全,因此他一回京,就奏请朝廷擢升伯彦担任集英殿修撰。同年十月间,金兵攻陷真定(今河北省正定县),宋钦宗下诏迁真定帅府于相州,由汪伯彦统领。金兵逼近京城汴梁(今河南省开封市)时,副元帅宗泽主张以赵构所部迎战,遭到汪伯彦等人的阻挠,宋钦宗也认为现金人正想议和,康王赵构之兵不可轻举妄动。结果错失时机,很快汴梁被攻破,金人俘虏宋徽宗、宋钦宗北去,张邦昌僭位称帝,赵构听到此事后痛哭流涕。

靖康二年(1127)春,赵构任命汪伯彦为显谟阁待制,不久,升任为元帅、直学士。同年五月,赵构即位,是为宋高宗,升汪伯彦为同知枢密院事。六月,又升任为知枢密院事。其时,是还都东京(今河南省开封市)抗金,还是放弃中原南迁,主战与主和两派斗争激烈,汪伯彦与黄潜善等人主和,反对抗金,促请宋高宗于当年十月间南迁扬州(今江苏省扬州市),继迁镇江、杭州。十一月间,金兵俘虏了汪伯彦的儿子军器监丞汪似、女婿都水监梁汝霖,威胁汪伯彦让宋朝割地换人。金兵围困相州,相州守臣赵不试坚守城池,金人就把汪似、梁汝霖带到金国,拘禁在汤阴县的营寨中,一年后二人才得以逃脱回来。高宗知道后,特地下诏慰问,汪伯彦称:"二帝未还,不敢顾及自己的私事,我已经叫他俩直接回家乡了。"同年,汪伯彦向朝廷请命,将其祖父修建的祁门霄汉资圣院,敕改为忠国显亲下院,并在寺中建祠,设置祖宗画像,以便四时祭祀。

建炎二年(1128)十二月,高宗任黄潜善与汪伯彦为左、右仆射,也就是丞相职务。二人专权放任,不能提出任何施政方针,反而变本加厉地推行投降卖国路线。引起朝野上下的强烈不满,大家竞相弹劾他们。次年二月,金兵攻陷扬州,二人均被罢相。汪伯彦先被降为观文殿大学士、洪州知州,后改为提举崇福宫。五月,又被撤职居住在永州(今湖南省永州市零陵区)。

绍兴元年(1131),汪伯彦恢复官职,任池州(今安徽省池州市贵池区)知州、江东安抚大使。台谏官认为不能这样安排汪伯彦,于是诏命其仍以旧职去管理宫观。次年十一月,改任广东经略使兼广州知州。适逢当时虔州(今江西省赣州市一带)的强盗谢宝率领数千人攻打博罗县,汪伯彦于是派遣官兵招募土豪与之大战,各有胜负。汪伯彦遂将谢宝招安,遣散其部众,授之以宝承信郎之职。其时广东沿海又有柳聪为盗,有数十艘船只数百海盗,往来广州、福州、雷州、琼州、钦州、高州、南恩州诸州境上,很是猖獗。汪伯彦又派人前往招安,奏请朝廷封柳聪为承信郎充经略司,负责海上捉捕盗贼。经过汪伯彦的多方招安,广东内地和沿海治安逐步得到稳定。

绍兴四年(1134),宋高宗追褒陈东、欧阳澈,舍人王居正不停地论奏汪伯彦、黄潜善二人误国,于是汪伯彦再度被革职。绍兴七年(1137),宋高宗回忆起往事,遂对辅臣说:"当年我元帅府的旧僚属,大多都谢世了,只剩汪伯彦与我是共渡难关的,应该恢复汪伯彦的官职。"秦桧、张俊回答说:"我们已商议在郊外祭天的时候取得圣旨,再得到上天对汪伯彦过去功劳的证明,这样就能平息反对之人的意见。"汪伯彦是秦桧的老师,而张俊也是其推荐的,所以他们一起替汪伯彦说好话。就这样,绍兴九年(1139)时,汪伯彦又被任命为宣州(今安徽省宣城市)知州。宋高宗解释此事说:"汪伯彦是康王府的旧僚,离开京城七年。汉高祖、光武帝不忘丰、沛、南阳的故旧,这都是人之常情。"汪伯彦献上所写《中兴日历》五卷,被任命为检校少傅、保信军节度使。

绍兴十年(1140),汪伯彦因年迈而渐生去意,遂上奏请求任管祠观的闲职,得到宋高宗的准许。次年致仕返乡,筑昼绣堂以居,五月间病逝于家中,奉敕葬于鄱阳下喻里尧山之阳。

汪伯彦颇有才学,文章、诗词、书画俱佳,著有《中兴日历》五卷,《春秋大义》十卷,《汪伯彦文集》二十五卷、续编一卷,又集三传(《春秋公羊传》《春秋谷梁传》《春秋左氏传》)本末三十卷。

南宋名臣胡舜陟

胡舜陟(1083—1143),字汝明,号三山老人,绩溪县城东胡家巷人。出身于仕宦之家,北宋大观三年(1109)进士,任山阴主簿。政和元年(1111),奉调京师。政和七年(1117),升通直郎秀州教授。宣和元年(1119),改奉议郎、睦亲宅宗子博士。宣和五年(1123),由御史台检法官迁朝奉郎、监察御史。同年,母亲阎氏去世,服丧。宣和七年(1125),服丧满,再为监察御史。在任履行言官职责,先后弹劾蔡攸、朱勔、唐恪、聂昌等人。

北宋末年,金兵南下,生灵涂炭,屡次上疏朝廷,力主抗击女真贵族,反对屈辱求和。靖康元年(1126)闰十一月二十五日,宋军派郭京指挥作战,郭京大开宣化门,金兵一拥而入,京城陷落。宋钦宗先是派宰相何㮚与济王赵栩出使金营,奉上降表。随即金人俘虏了天子,大肆索要金银财帛和马匹,命梅执礼、胡舜陟等负责向民间搜刮,此时民不聊生,城中无粟,百姓濒临饿死,何来金银财帛?梅执礼、胡舜陟等人当面向金人首领抗言,胡舜陟被打个半死。

南宋建炎元年(1127),宋高宗即位,因朝廷党争,得罪权贵,离开京城,出知庐州(今安徽省合肥市)。当时淮西一带,兵荒马乱,盗贼猖獗,百姓惶恐不安。到任后,修葺城池,准备战甲,鼓励生产,安定人心,稳定局势。建炎三年(1129)二月,冀州孙琪聚兵为盗,乘维扬之变朝廷诸军溃败,率队至庐州攻城,胡舜陟坚守拒敌。孙琪表示如果提供粮草便退兵,胡舜陟不答应。部下怕引起战端,庐州城不保,劝胡舜陟答应给孙琪粮草,让他们退兵。胡舜陟说:"吾非有所爱,顾贼心无厌,与之则示弱,彼无能为也。"并时常出兵打击劫掠者,坚守六日,孙琪退兵。胡舜陟又率兵阻击,缴获大量辎重。

接着招降民间武装刘文舜,刘文舜原是济南开元寺僧人,北宋末年金兵南下,东京民众组织义军抗金。朝廷南渡之后,刘文舜带领部下一万多人盘踞在庐州境内,胡舜陟担任庐州知州后,刘文舜退居舒州投子山,纵兵剽掠。朝廷以此为患,派兵镇压捉拿,不料大败。胡舜陟献策招安成功,并借刘文舜之力击败围困光州、蕲州、寿州的寇贼丁进、李胜。另有盗贼首领张遇,率部自濠州攻至梁县,胡舜陟令人毁竹里桥,伏兵河西,伺其渡河至一半时,全力出击,将其击败。又主动请缨率部抗金守护江北,保护行宫。高宗欣赏他的忠心,擢徽猷阁待制,充淮西制置使。正是胡舜陟的顽强抵抗,屡次设伏大败敌军,加强淮浙一带防守力量,才使本欲南渡的金兵始终不敢有所动作。此时的胡舜陟矢志不忘抗金大业,又多次向朝廷请缨率部抗金,未被宋高宗采纳,只是任命他出知建康府兼沿江都制置使。第二年,又改知临安府,兼京畿数路宣抚使。不久,迁庐、寿镇抚使,改淮西安抚使。

秦桧任宰相以后,主张与金讲和,胡舜陟反对和议,遭秦桧忌恨。绍兴五年(1135),担任静江知府,次年任广西经略使。在广西任职期间,接替此前负责买马的提举买马官李预,主持广西市马,获得显著成效,改善宋军战马不利的局面。并严格治军,减免各种税捐,平反错案冤狱,招集流民,发展生产,深受当地百姓称颂。由于政绩显著,绍兴七年(1137)敕封绩溪开国男并进封子爵。

绍兴十一年(1141),宋高宗、秦桧等主和派准备与金签订和约,解除韩世忠、张俊、岳飞等主战派的兵权。秦桧又指使人诬告岳飞谋反,逮捕岳飞及其子岳云、部将张宪下狱。胡舜陟与岳飞同属主战阵营,挺身而出,仗义执言,上疏为岳飞辩护,触怒秦桧。同年,余䶮时任吉州防御使,派往邕州,在胡舜陟手下管理马市。余䶮时因贪赃,被广西转运副使吕源揭发,牵连到胡舜陟。吕源上奏称胡舜陟过生日,曾收受余䶮时百金,还盗卖官马800匹。私下又写信给秦桧,说胡舜陟经常非议朝政。秦桧本来就与胡舜陟交恶,于是便罗织了一个"讪笑朝政"的罪名,将其下狱,迫害致死,终年61岁。百姓闻讯,莫不痛哭,群情激愤,朝野不服,其妻江氏申诉于朝廷。宋高宗派德庆府通判洪元英核查,洪元英核查后上奏:"舜陟受金盗马,事涉暧昧,其得人心,虽古循吏无以过。"认为胡舜陟受贿盗马不实,并对胡舜陟的政绩予以肯定。高宗下旨:"舜陟从官,又罪不至死,勘官不可不惩。"于是,将查办胡舜陟一案的官员移送吏部处置,并下诏赠封胡舜陟为少师,遗体赐葬湖州归安县谢勘村,遣官致祭,命名当地为胡家坞。

涉及胡舜陟与秦桧的关系,历史上有一段公案。据《宋史·高登传》记载,高登在担任古县县令时,因秦桧的父亲曾经在古县当过县令,胡舜陟为了巴结秦桧,想为秦父建祠堂,遭到高登的拒绝,称:"秦桧当宰相胡作非为,此祠不可建!"胡舜陟大怒,调别人来代理高登职务,高登也因母病请假离职。之后,胡舜陟便顺利地建起了秦祠,还亲自写记。但《宋史·胡舜陟传》又称秦桧厌恶胡舜陟,将其构陷致死,两者矛盾。清代,其裔孙胡培系列出四条理由,认为胡舜陟巴结秦桧,为秦桧父亲立祠完全不可能。第一,胡舜陟与秦桧互不相容,所以不可能为秦桧父亲立祠;第二,高登提出不可立祠,胡舜陟便勃然大怒,要报复高登,过于夸张;第三,高登与秦桧恐有故交;第四,胡舜陟逢迎秦桧却遭秦桧所杀,高登不肯依附秦桧,却得以生存,于情理不合。清代全祖望《跋宋史胡舜陟》列传,也对此事提出了异议。另外,古县在山西境内,与胡舜陟的仕宦履历没有交集,称胡舜陟为秦桧的父亲建祠,不符合常理。

胡舜陟著有《奏议文集》《论语义》《师律阵图》《咏古诗》等,均散佚不存,今存其裔孙胡培翚整理的《少师总集六卷》。散文作品以奏议文为主,多写于靖康之变前夕,文章以对时务条分缕析见长。具有逻辑严密、说理晓畅、语言中正、用词恰切、文辞质朴、情感敦厚等特征。诗歌数量不多,但都是情感真切之作,清淡自然,不事雕琢,擅长叠词。

忠义守节朱弁

朱弁(1085—1144),字少章,号观如居士。婺源县松岩里(今江西省婺源县紫阳镇)人。为朱熹叔祖。朱弁自幼聪颖灵悟,日读书数千言,10岁就能写文章。青年进入太学,晁说之见其诗作,惊叹他的才学,特将家住新郑的兄长之女嫁给他为妻。新郑位于汴梁(今河南省开封市)与洛阳之间,多世家大族遗留的风俗,朱弁在这里增长不少阅历,文章也大有长进。

北宋靖康元年(1126)十一月,金兵南侵,攻陷北宋都城汴京(开封),将宋徽宗赵佶、宋钦宗赵桓二帝俘虏北去,北宋灭亡。当时,康王赵构(徽宗第九子,钦宗之弟)正受命任河北兵马大元帅,拥兵万人在外。于是,宋朝的旧将臣便拥戴他为帝。翌年五月初一,赵构在南京应天府(今河南省商丘市睢阳区)即帝位,庙号高宗,改元"建炎",史称"南宋"。这年冬天,高宗赵构计议派遣使者前往金国,探望被羁押在金国的徽宗、钦宗二帝并与金谈和。当时,金军仍在不断南侵,连克州府,刚刚建立的南宋王朝岌岌可危。显然,在这种形势下到金国去谈和,凶多吉少,故而满朝文武百官,愿意前往之人寥寥。就在此刻,太学生朱弁挺身自荐,主动请缨。高宗旋即诏授朱弁为候补修武郎、右武大夫、吉州团练使职,充当河东大金军前通问副使赴金。

建炎二年(1128)正月,朱弁随通问使王伦同赴金朝,在云中(今山西省大同市)向金朝西路军统帅粘罕说明来意。粘罕对于朱弁等"释放二帝、停止南侵、与宋修好"的恳切要求,非但置之不理,反而将南宋使者全部拘禁起来。朱弁大义凛然,不断呈书力言用兵与讲和的利害关系。绍兴二年(1132),金国派人来说可考虑与宋议和,允许被扣留的使者派一人回奏南宋朝廷,要王伦和朱弁自己决定去留。朱弁推让正使王伦返朝,毅然表示:"我既然志愿来到金国,原本就已准备以死报效朝廷,哪里还曾心存侥幸,指望先行回去？现在既然有此机会,但愿正使回去禀告天子,只要能缔结两国的友好关系,那么即使我的尸骨显曝在外,也永远感到像活着一样。"在他的坚决推让下,王伦同意先行返回南宋。

王伦临行前,朱弁要求他把印信留下,并坦诚地说:"自古以来,使者以朝廷符节作为凭证,今日你持节还朝,希望能把印信留在我身边,无节而有印,印信也是凭据。我身在异邦,若有意外之辱,愿抱印以守节,死也瞑目。"王伦含泪授印。朱弁视印为生命,把它藏在怀里,日夜不离。

当时,南宋许多官员投降变节,叛臣刘豫降金后,被金朝统治者扶植为伪齐政权傀儡皇帝。王伦走后,金人威逼朱弁去做刘豫的官员,并引诱他说:"这是你南归的第一步。"朱弁坚决拒绝,严词斥责道:"刘豫是卖国贼！我恨不得吃他的肉。向他称臣,我宁愿死。"金人恼羞成怒,竟以中断食物供应来逼他就范。朱弁立志为南宋朝廷尽节,甘愿忍饥待毙,誓不屈从。他宁死不屈的铮铮铁骨,金人也为之感动。过了一段时间,金人又来诱逼朱弁到金朝去做官。朱弁正气凛然道:"自古两国交兵,使者处在中间,使者的话可以听也可以不听,甚至可以关押他或者杀掉他,何必让他变为官呢？我受命于大宋朝廷,如果要我变节,今日就只有一死而已。"他当即写信向续任正使洪皓诀别:"我如遭不幸,也是命中注定,一定舍生以全义。"随后,朱弁备下酒菜,召集与他一起被拘禁的官员共饮,席间朱弁说:"我已看好近郊寺庙旁的一块墓地,一旦我毙命报国,烦请诸位就把我埋在那个地方,墓碑只要题上'有宋通问副使朱公之墓'就行了。"众人低头暗暗流泪,他却谈笑自如,说:"这是为臣者应该做到的,大家何必伤悲呢？"金人见朱弁始终忠贞不渝,无可奈何,也就彻底放弃了逼他归降的念头。

朱弁被拘金朝期间,富贵不移其心、威武不屈其志,时时不忘为国效忠。有人将他和宇文叔通的文章合为一集,并以"云馆二星"作为书名。时宇文叔通已做了金朝的官,朱弁对他嗤之以鼻,特意在书后作诗曰:"绝域山川饱所经,客蓬岁晚任飘零。词源未得窥三峡,使节何容比'二星'。萝茑施松惭弱质,蒹葭倚玉怪殊形。齐名李杜吾安敢,千载公言有汗青。"还写上"叔通受官,而少章以死自守,耻与叔通见比,故此诗以不敢齐名自托"。署名时特别强调他乃"江东朱弁",表明自己永远是宋朝之臣。绍兴七年(1137)十一月,朱弁得知金朝的粘罕等相继死去,便将探得的相关情报密奏南宋朝廷,并说这是不可错失的好时机。但是由于主和派秦桧的阻挠,高宗赵构没有利用这次本可北伐的大好机会。

绍兴十三年(1143)秋,在南宋和金朝签订《绍兴和议》之后的第三个年头,被金扣留了十六年的朱弁,方与洪皓、张邵等官员得以获释归宋。在赵构召见他们时,朱弁仍忧心忡忡地对皇帝说:"陛下今虽然已经与金人讲和,但金人诡诈之心不能不多加提防。如果时机成熟,盼望陛下还是要尽早规划收复山河的大计。"说完还将自己在金朝得到的六朝御容、宣和御集书画,一起献给朝廷。同时,上书陈述忠臣义士朱昭、史抗、张忠辅、高景平、孙益、孙谷、傅伟文、李舟、五台僧宝真、妇人丁氏和晏氏、小校阎进、朱绩等死节的事迹,提请朝廷予以褒录,并疾呼:"忠臣报国之志获得伸张,则死者光荣,为国效忠的正气也必然上升。"

为表彰朱弁坚贞守节,高宗颁布诏书,称朱弁"奉使岁久,忠义守节",并特赐券金千缗。秦桧见高宗赵构有进用朱弁之意,便恶言中伤他,并安排其为右宣教郎、直秘阁主管佑神观。不少官员为朱弁抱不平,说朱弁在金国十六年功不可没,应该得到更高的官职。但秦桧专权,最终还是仅授奉议郎了事。

《宋史》称朱弁"文慕陆宣公,援据精博,曲尽事理。诗学李义山,词气雍容,不蹈其险怪奇涩之弊"。著作有《聘游集》四十二卷、《曲洧旧闻》三卷、《风月堂诗话》三卷、《书解》十卷和《续骫骳说》《杂书》《新郑旧诗》《南归诗文》各一卷等。其中《曲洧旧闻》,为朱弁在金期间撰写,主要记述北宋历代帝王和名臣的言行轶事,《四库全书总目提要》称此书"意在申明北宋一代兴衰治乱之由,深于史事,有补实"。书中还不时回忆故国家乡景物,以寄托自己的思乡之情。他写道:"新安郡婺源境中产一种草茎,叶柔弱而不长,叶类似甘菊叶,俗呼'蔗',今讹为'遮'字。吃起来有苦又有甘甜味。性温、行血,尤宜产妇。煮熟揉去苦汁,产后多服之无害,因此又叫'苦益茶'。这里的医家无一人知道。"朱弁在金所作诗歌,元好问《中州集》收入三十八首,感情真挚深沉,风格婉曲缠绵,颇能动人。

农民起义领袖方腊

方腊(？—1121),祖籍歙县,居住在睦州青溪县(今浙江省淳安县)堨村。北宋末年江南地区声势浩大的农民起义的领袖。

关于方腊的出身,向来有两种不同记载。《宋九朝编年备要》《青溪寇轨》记载他家有漆园,日子过得较为宽裕。《桂林方氏宗谱》辑有元朝人所撰《忠义彦通方公(庚)传》,则说他是方有常、方庚父子家的"佣工"。

北宋末年,宋徽宗重用蔡京、童贯等人,为满足骄奢淫逸的生活,贪得无厌,赋役极为繁重,民怨沸腾。人不堪命,遂皆去而为盗。青溪县帮源一带虽为山区,但也有漆、桐、竹、木之饶,又有新安江外运之便,本来百姓日子过得尚可,但在官府的横征暴敛之下,生活变得十分艰难。

当时,江南民间流传着地下宗教摩尼教(食菜事魔),方腊借助该教义中追求光明、善良、俭朴、友爱的道德观念,主张"是法平等,无有高下",提倡大家聚财帮助贫穷教友,得到贫困农民的信赖,团结了方肥、方七佛、方五佛等一批骨干力量,开始了反抗官府的秘密组织工作。

宣和二年(1120)十月初,方腊自称"得天符牒",又散布民谣:"粮食登场官府抢,石塔露水腊为王。"在帮源,他集会誓师,控诉官府的罪行:朝廷除声色、犬马、土木、祷祠、甲兵、花石靡费之外,每年支付西、北二虏银绢百万。"赋役繁重,官吏侵渔,农桑不足以供应。"普通百姓"终岁勤动,妻子冻馁,求一日饱食不可得"。他希望大家"仗义而起",则"四方必闻风响应",然后"划江而守,轻徭薄赋","十年之间,终当混一矣",不然只会死于贪官污吏的压迫。在方腊的号召下,青溪县远近农民迅速聚集了上万人。

很快,此事被帮源里正方有常之子方世熊向县衙告发。青溪县知县陈光命方有常关禁方腊。十月初九,方腊率众杀死方有常及其家族40余人,斗争公开化。十一月初,方腊自号"圣公",改元"永乐",置将帅分为六等,扎各色头巾作为标志,正式建立农民政权。青溪知县陈光派出500名官兵前来镇压,被方腊军队全歼于箭门岭。起义队伍乘胜一举攻占万年镇(今浙江省淳安县威坪镇附近)。十一月二十二日,两浙路兵马都监蔡遵、颜坦率5000名官兵前来镇压,又被方腊全歼于息坑(今浙江省淳安县西)。二十九日,农民军乘胜进攻青溪县城,知县陈光弃城而逃,县尉翁开被俘。从此,这支有近10万之众的农民军,在方腊率领下拉开了浩浩荡荡转战东南各地的序幕。

十二月初四,方腊军队攻破睦州府城(今浙江省建德市东),知府张徽言和通判叶居中弃城逃走,建德尉曹夫被捉。接着,方七佛率部沿江而进,先后攻克寿昌、桐庐、分水、遂安,睦州全境为起义军占领。随后又连下新城、富阳、於潜、临安、余杭。十八日,方腊率西路军攻克休宁,二十日攻占歙州,知州李恪逃跑。不久,黟县、祁门、婺源、开化也先后为起义军攻克。是时,起义军已有数十万人,声势大振。二十九日,方腊的西路军与方七佛会师,攻下两浙路首府杭州,杀死两浙路制置使陈建、廉访使赵约,知州赵霆逃走。积怨已久的群众,纷纷举起"永乐"旗号,捕捉官吏,诛杀土豪,开仓散粮,四起响应,东南大震。

宣和三年(1121)正月,朝廷任命童贯为江淮荆浙宣抚使,遣谭稹、王禀统率西北禁军劲旅15万人南下镇压。一路指向杭州,一路指向歙州。同月,方腊在杭州做出分兵"尽下东南郡县"的部署:方七佛率军6万攻秀州(今浙江省嘉兴市),以图北上金陵;郑魔王回师睦州,向婺州、衢州挺进;方腊自己率师开辟南部战场。有人向方腊建议,应当乘胜直取金陵,得到金陵,东南诸路郡县便可传檄而定。这一建议未为方腊所采纳。此后,总的形势开始逆转。

正月中旬,方七佛以10万之师攻破崇德。在秀州城下,遭到童贯率官军殊死抵抗,方七佛腹背受敌,血战4天,伤亡士卒9000人而折回杭州。同时,方腊、郑魔王在南线攻下婺州、衢州和常山、江山,在取信州(今江西省上饶市)途中,遭到信州守将王愈阻击追打而撤回衢州。二月,方腊起义军洪载部取道松阳攻克处州,在分兵攻打龙泉、青田、遂昌中失利而退回处州。后洪载被处州新上任的婺州通判诱降,所部40万起义军主力被瓦解。二月十三日,童贯统率各路官军包围杭州,方腊奋战6个昼夜,直到粮尽援绝,于十八日烧毁官舍、学宫、府库、开化寺、六和塔等,向睦州方向突围转移。是役,起义军折兵2万余,而官军也伤亡过半。

杭州被官军攻陷后,刘镇、杨可世两路官军攻陷旌德、宁国、歙州。八大王所率西部义军撤退到帮源后侧。方腊被童贯一路追打,自富阳、新城、桐庐,边战边撤,于三月二十四日撤退到睦州。二十七日放弃睦州。四月十五日经白沙渡激战后撤至青溪,退守帮源。同时,朝廷又增派刘世光、张思正、姚平仲,分路扫荡衢州、婺州、信州、台州、越州。四月二十三日。王禀、刘镇对帮源实现合围,各路官军也基本镇压了各地义军,切断援救帮源的道路。二十四日黎明,集结在帮源周围的20万官军发起总攻。当时退守到帮源的起义军只剩下20万。帮源地形复杂险要,易守难攻。起初,官军数次进攻,均未得手,后由熟悉当地情况的方有常之子方庚引导,才杀入山中。二十五日,王禀下令搜山,方腊及妻邵氏、子方亳、丞相方肥、方七佛等53人终于被偏将韩世忠率敢死队俘获。七月二十六日,方腊等人被押送到都城汴京。八月二十四日,方腊夫妻、子方亳和38位起义军将领慷慨就义。

方腊虽然遇难,但他的义举为后人世代传颂。至今,休宁县齐云山上"方腊寨"的古迹、徽州民间"方腊桶"的传说,都反映了百姓对他的敬重和怀念。

"贤哲太守"汪勃

汪勃(1088—1171),字彦及,黟县怀远乡黄陂(今碧山村)人。18岁被州以第一名举荐,出仕辟雍太学,他锋锐机敏,同僚们都很敬服,尊之为兄长。南宋绍兴二年(1132),汪勃登进士第,先后任严州建德主簿、池州建德县丞,继而被京口制置使、沿江安抚使征聘为僚属。汪勃办事果断明敏,深得太守董棻器重。绍兴十三年(1143),汪勃进京,任太常寺主簿,入御史台检法,任监察御史。

这时,宋高宗早就厌倦战争,一心想休养生息,已经定下"睦邻息兵",双方都各自停止军事活动。可是,朝中主战派都提出父兄之仇还没有报,不应当休兵停战。宋高宗忧患这件事,却让朝中主和派的谏官共同讨论国事。

一天,汪勃有事进奏,恰遇高宗在手书《孝经》,汪勃借此机会上前奏道:"显仁后(显仁皇后韦氏,宋徽宗赵佶的妃嫔,宋高宗赵构生母)自北归来,体现了陛下的孝心之大,求允许诸州将陛下手书的《孝经》刊刻于石,然后摹拓下来赐予群臣、诸生,以昭告天下,彰显陛下的孝义。"同时,委婉地劝谏宋高宗一定要千方百计举兵北伐,迎回二帝,以尽孝悌之义。不久,蔡京之子蔡攸带领全家人来到临安。汪勃上疏,一条一条地陈述"靖康之祸变"的缘由、经过及后果损失,朝堂群臣都不忍心听下去,高宗更是悲愤不已,当即下令蔡攸全家即刻返回所贬之州,对蔡京子孙一律不用赦令使之内迁。此后相当一段时间,朝廷主战派居于主流。

不久,汪勃任侍御史,他上奏高宗说:"陛下近来认为各郡县地情风俗不同,各有做法，其各种度量衡标准不一，应该下令监司下达诏书，发布于州县，向全国推广，使百姓都知晓，同时要揭发违反规定而延误的人。"高宗认为汪勃知晓大体，深明治理之道，便擢升他为谏议大夫兼侍讲。

当时内侍省押班赵辙，凭借得宠，在京师扬威作势，恣意霸占别人房屋，汪勃上奏高宗，赵辙被斥责并驱逐出宫。高宗说："驱逐一个内侍而使与他一类的人都受到震慑，人们便知道敬畏律法。"于是，更加认为汪勃可以大用，不久升迁为御史中丞。绍兴十八年（1148），汪勃调升签书枢密院兼权参知政事，封新安郡侯。参知政事段拂被罢后，汪勃又以端明殿学士之事时有发生兼摄东府事。

秦桧得志后，开始在朝中结党营私，排除异己。原来按等级次第升迁的制度逐渐被废除，刚刚签署任命的官员，转眼便又被贬官放逐之事时有发生。汪勃所任官职并非秦桧所引，两人上下朝也仅是点头之交，他与秦桧之间始终保持一定距离。这样，相持有一年多的时间，秦桧见汪勃不能为己所用，便嫉恨在心。汪勃看到秦桧嫉贤妒能，想对政事有所建议及陈述，以报答君王的知遇与恩惠，但秦桧常常在中间阻挠，使他的政见主张不能够呈送至高宗案前。汪勃叹息说："这难道不是陪伴他人吃饭吗？"

有一次，秦桧得到高宗赏赐的一条犀角腰带，他问手下仆从："枢密有吗？"仆从说："一共有两条犀角腰带，其中一条给了枢密。"秦桧怅然若失地说："皇上果然器重汪勃啊！"于是心中更为不平。汪勃得知此事，慨然而说："这是我可以离开的时候了！"于是，他上疏说："陛下，非常荣幸您同情臣下母亲年老多病，请允许我辞职回到乡里。"高宗知道汪勃因与秦桧不和而辞官，便以保留原有职级抚慰他，使之享用宫观祠禄待遇。正因为有高宗的庇护，秦桧最终没能对汪勃施以迫害。

绍兴二十五年（1155），秦桧病死，汪勃复起知湖州。任职期间，他极为廉俭，不浪费公家一钱；施政以慈爱为主，民众打官司，他尽力调解，言辞十分恳切深厚。当事人听了都很感动愉悦，一般都是相互致歉，重归于好。湖州百姓称汪勃是"贤哲太守"，遇事都相互说："小事不要去麻烦这位佛将老。"高宗始终想念汪勃，下旨"超秩三等"，圣旨写道："为民借留。"即为地方百姓要求留用政绩卓著、深得民心的官吏。

孝宗即位，汪勃已年近八旬，没多久便以年迈为由辞去官回到家乡黟县黄陂。回乡后的汪勃为人真挚深厚，无论小孩老人，都不欺无妄，起居简朴，举止安详。他时常行走在田间地头，与农夫盘膝而坐，共话桑麻，亲热如同一家人。当青黄不接时，他每每以低价售卖稻谷。一些大姓富户都说，枢密尚且减价售稻，我等怎么敢寻求赢利呢？所以域内米市买卖都很平稳，黟县人都认为汪勃是活佛。

南宋洪迈的《容斋随笔》记有一段故事：一天，汪勃从外面回来，看见一个头发蓬乱的老汉从自己家门中出来，他上前询问，得知老汉因为卖柴进入内宅，遭到欺负被摘去了头巾。汪勃脸色突然不愉，说："你这样子，怎么回去见自己家人？"于是，脱下自己的帽子给老汉戴上，自己竟不戴帽子回家。回到家里，家人很奇怪，问他原因，汪勃不应答，也不再戴帽子，家人恳求了好几天，汪勃才恢复如往常，对家人说："你们去掉他人的头巾，就如同摘掉我的头巾！"

乾道七年（1171）四月，汪勃卒于黟县黄陂村家中，享年84岁。孝宗追赐汪勃为龙图阁学士。汪勃生有四子：长子汪作砺，通议大夫、兴化知军、湖北提点刑狱；次子汪作舟，奉直大夫、院判、监行都茶场；三子汪作霖，宣教郎、江西安抚司干官；四子汪作楫，从政郎、信州玉山县丞。

四朝元老程叔达

程叔达(1120—1197),字符诚,南宋黟县怀远乡南山(今南屏村)人。绍兴十二年(1142),程叔达登进士榜,先后任兴国军、光化军教授。不久,改宣教郎、除湖州教授。

时宋金不和,朝廷议论不一。程叔达致书时任参知政事陈康伯,主张秣马厉兵守淮汉,枕戈待旦募义军,同时遣派间谍,整理财用。陈康伯看后大喜,认为很是鼓舞士气,于是授程叔达临安府通判。起初,临安知府赵子肃对程叔达很不放心,凡委派他办事,总是站在屏风后偷偷观察,后见他分析、处理公务剖决如流,于是大为放心,并将他视为知己。后程叔达又任通州知府,再荐为御史台主簿;未满三月,再升任监察御史。

乾道二年(1166),两浙(两浙东路、两浙西路)发生大饥荒,宋孝宗担忧,于是遣派郎官御史赴各地监察赈济情况,其中程叔达负责临安所属诸邑。按以往惯例,上司监察都是先从州府治开始,程叔达却上奏道:"赈济百姓的政令,不能只触及州府一级而不下达县乡基层,请监察衡均一些。"孝宗一听非常高兴,对左右掌管政事的大臣们说:"你们谁能够为我如此尽心?"

程叔达监察诸郡县赈济情况后,回到京都,孝宗亲自出外迎接慰劳说:"卿振民良苦。"程叔达趁孝宗高兴的时候,进而上奏说:"丰收与灾荒在于上天,而对于外界事物的感受和体验在于人们,冀望我们要更加修身自省,以达到天、地、人祥瑞和谐。至于本朝开国初期,如景祐元年进士、'铁面御史'赵抃治理会稽;皇祐元年进士、'布衣宰相'范纯仁治理襄邑,这两者都是可以参照而行的。当务之急,希望下诏监司与帅臣等官员监察他们所部之官吏,罢免才能低下不能胜任者,惩罚表面奉行而实际不回复者,这二者不可以缓慢啊。"孝宗非常赞同,当即授命程叔达为中书省属官右正言,再升迁左司谏。

程叔达在谏省四个月,得到了母亲病重的消息,他连续四次请假回乡探亲,孝宗都是再三挽留,说:"我正打算重用你呢!"不久,程叔达母亲去世了,孝宗只得让他离职,回乡服丧守孝。

乾道四年(1168)二月,程叔达服丧期满,授直敷文阁、知池州;为避嫌,改知衢州。辞行时向孝宗进言:"陛下励精图治,未尝不想要大有作为。然而,有志向不可不培养,(养志)不可不周密筹划。耗费于平庸之事则容易懈怠,急速于眼前实用则容易沮丧。希望您不要沉溺于安逸生活,也不要急功近利。"孝宗指着"养志"二字说:"这话说得极好。"

乾道八年(1172)五月,程叔达出任江南西路转运副使;十月,改江南东路转运副使。当时,徽州属江南东路管辖,所承担的赋重税杂,包括本司耗米、和籴本钱、去秋苗钱、宣城砦木钱等。程叔达到任后,皆予以捐除。驿料豆钱,多取了八十缗,他也上奏捐减。同时,他还上奏指出:"徽绢铢两,昔轻而今重,民以益困。"不久圣旨颁下,徽州得以裁减十二万匹绢赋的四分之一。程叔达高兴地对人说:"君主真是仁义呀!一举革除了徽州二百年的弊病。"

淳熙元年(1174)十月,程叔达升任浙西提点刑狱,赴任辞行时,孝宗挽留他说:"朕打算要你留下,不可说要离去!"于是,任命程叔达为宗正少卿、太子左庶子,继而兼崇政殿说书。

程叔达为孝宗讲读帝王之学,所以治国平天下之道;讲求前代贤圣事业,而施之今之天下。论理透彻,切中时弊。程叔达说:"今州县官员知利而不知义,收田租之粟则多至加倍,处理讼狱之案件则专务罚金,甚至罗织罪状,陷人于罪而没入产业资财。大则多收各种附加税,结交权臣贵族;小则私下盗取公物,贪财随意挥霍,百姓生活日益困苦,不可不严惩。"孝宗说:"不但要严惩,而且应当极力革除。"当时,右史萧公燧在旁边听到程叔达如此讲读,感慨万分,来到殿外,对众人大声说:"讲读官能得到此人,朝廷真是可喜可贺。"不久,程叔达兼直学士院。淳熙三年(1176)四月,又兼中书舍人;八月,再兼权给事中。

这时,程叔达认为自己兼官过多,力求免去,并上书说"以为亲年高,恐迎侍非便"。而再三恳请外放。于是,授拜直龙图阁、提举武夷山冲佑观。淳熙四年(1177),程叔达因父亲去世而离职服丧。淳熙七年(1180),程叔达授湖南转运副使;淳熙九年(1182)七月,再除浙西提点刑狱;八月,除秘阁修撰,知隆兴府(今江西省南昌市);十二月,进集英殿修撰。此时,程叔达已过花甲之年,他恪守公职,上能理解圣上旨意,下能体恤百姓疾苦,爱惜官府公财甚于自家私有财物。程叔达治理隆兴5年时间,前后捐除百姓捐赋缗钱二十三万有余,米斛十一万余。当时,有民歌流传曰:"公来江西熟,公去江西旱。"淳熙十三年(1186),孝宗以程叔达隆兴之政甚美,赐进敷文阁待制。次年,程叔达再次提出辞官,于是特转提举江州太平兴国宫。程叔达离开的时候如同刚来时一样两袖清风,他在职时候别人馈赠的礼物,累计八千余缗,全部充入公库。

淳熙十六年(1189),光宗登基。因程叔达曾为东宫讲官,遂授以显谟阁待制。宁宗继位,庆元二年(1196),特授华文阁学士。庆元三年(1197)七月十四日,程叔达"忽命左右扶掖端坐于正寝,奄然而逝",享年78岁。程叔达终官宣奉大夫,爵新安郡开国侯,谥壮节。

程叔达一生嗜学,至老手不释卷,凡六经诸史,皆探其根柢。生平著有《玉堂制草》《玉堂备草》《台省论谏存稿》《歌诗书启记序杂文》等书,共六十八卷。程叔达为官数十载,历经四代帝君,著有《四朝遗老传》,自述宦海生涯。与程叔达同时期的著名诗人杨万里,闻知程叔达噩耗,恸哭曰:"已矣,世无此知我者矣!"并为之写下了数千言的《宋故华文阁直学士宣奉大夫致仕新安郡开国侯、食邑一千一百户、赠特进程公叔达墓志铭》。

南宋名官汪纲

汪纲（？—1228），字仲举，号恕斋，黟县怀远乡黄陂（今碧山村）人。曾祖为宋签书枢密院汪勃，祖父汪作砺是湖北提点刑狱；父亲汪义和为侍御史。汪纲以祖荫入官。

南宋淳熙十四年（1187），汪纲通过考试选拔，任镇江府司户参军。时马大同镇守京口，有议政之人建议两淮的铁钱、交子在沿江地区推行，朝廷也决定让马大同率先试行。汪纲给马大同写信说："边境实行铁钱，恐怕铜就会流失到境外，私下铸钱的风气就会盛行。"他向马大同分析了铁钱、交子流通的利弊，马大同这才领悟，由此避免了流通弊病。

不久，汪纲调知桂阳军平阳县（今属湖南省）。平阳县多有溪峒蛮蜑等少数民族，汪纲一律对他们施以恩德信义。平阳县产银矿，桂阳军每年要上交贡银两万九千余两，而平阳县便要负担其中三分之二。汪纲了解到百姓无力承担，力请减免岁贡银两。后改金坛知县，因避亲嫌，更换知弋阳县。后又调知兰溪县（今浙江省兰溪市），时值岁旱民饥，汪纲设常平钱为粜本，使能够和粜循环接济灾民。同时，汪纲又亲自动员富户人家出钱浚筑塘堰，大兴水利，以工代赈，使饥者得食其力，以此救活了许多人。后相继调任太平知县，主管两浙转运司文字未赴，转为监行在左藏西库、提辖东西库、干办诸司审计司等职，每到一地都有政声，后在高邮军担任知军。

他考虑到从高邮湖可以进入淮河,特意招水军五千人,打造战船百余艘,设立水寨三座,以备战事紧要。当年,范仲淹筑堰以防止盐碱地扩大,郡守毛泽民置石趺、涵管,以疏导运河水势,皆因年久废圮,汪纲便进行整修。部使者(监司官员)将这些情况报告给朝廷,汪纲得以升迁一级,提举淮东常平。

南宋禁止两淮米越过江南,汪纲想到两淮百姓在有边境警报时连房屋都保不住,遇到灾年就四处流浪没有归处;丰年还可以稍微缓解一下,但朝廷又以严格的禁令分划出界线。于是,他奏请下金陵买进三十万石粮食,使淮西的粮运畅通;又到京口买进五十万石粮食,使淮东的粮运畅通。他认为,两淮贮积粮食不可太多,也不可过少。平江贮积粮食太多,都是累年积压的,久之便色红腐烂。应当视收贮时间的长短,分别转运到各部门、各军中。沿江地区每年应往京城运的粮食,贮藏在京口、金陵,再漕运到京城。两淮、中都都各有粮仓,也应该多买粮以补充数量。

制置使向汪纲询问,储粮与守御应该孰先孰后。汪纲回答:"两淮地区自古是财政税收聚集地区,西面有炼铁之地,东面是鱼米之乡,财政上足以自给。淮右地区多山,淮左地区多水,防御足可以稳固。假如真能够合两淮为一家,兵力财物相通,气势威力合一,即使不借助江浙后方的力量也是完全可以的。当年先祖盛世,边境郡府所积储的收入,足够十年开销了。"

淮东产盐,其产量和收益本来占全国的一半,但年头久了,就滋生了各种弊端,导致煮盐的本钱日益增多,而国家府库却逐渐空竭,欠两总司五十多万缗,亭户二十八万缗,向朝廷借拨五十万缗。又赶上饷所恢复使用盐钞,旧制规定不许商人预支贴钞钱,盐司因此窘困不能支付。汪纲发现其中隐蔽潜伏的问题,凡是虚报数额、诈称出纳、移挪账款等,都制定完善的防范制度,堵塞监管漏洞。尽收回原来所欠的账款,还有了三十万缗的盈余,收入库中存积,用来防备盐本之缺。汪纲还添置了新的煮盐处所五十个,各盐场都按乾道时的旧额三百九十万石,总共收入一千三百万缗,以考核官吏的政绩。汪纲严于律己,给属下做表率,他拒绝台郡官员的相互馈赠,而唯独增加盐场官吏的俸禄,以培养他们的廉洁之风。不久,汪纲升为户部员外郎,总领淮东军马财赋。

当时,边境很多"生券军",山东归附者每月钱饷,以缗计增加了三十三万缗,米以石计,增加了六万石。真、楚等州又新招了近万名弩手,其给养全靠总所,而浙西煮盐的收益还积欠七十多万缗,各州的漕运物资也不能按时到达。汪纲考核名实,警告拖延迟慢,各自给予处分,月饷钱粮得以不缺乏。

嘉定十四年(1221),汪纲升为直焕章阁、绍兴府知府、主管浙东安抚司公事兼提点刑狱。任职期间,汪纲政绩显著,他访察百姓疾苦,罢去的弊政特别切实。绍兴有古运河,西通钱塘,东达台、明二州,有三十多里的浅滩,船走到那儿就搁浅。汪纲疏导水路八千多丈,又建江口的水闸,使淤泥不能进来,河水不能流出,沿途以砖砌成一直到城门外的曲城。十里盖一屋,名叫"施水",负责河道。于是水路、陆路的船和车,不管昼夜寒暑,行驶都十分便利,人们高兴得都忘了劳苦。属下各县临海,而诸暨十六乡临湖,水资源用于灌溉,获利十分丰富。豪强大族一般都在岸边私自围田,形成埂岸,湖流被截围,水流不出去,雨稍多就流到民居内,房屋、土地都被淹没。临海地区本来是修筑塘坝防止水患的,但堤岸易坏,盐碱损害庄稼,每年损失达数十万亩,免除租税也以万计。宁宗采纳汪纲上奏建议,下诏提举常平司挖开豪族私围的田,杜绝私田情况,使湖田恢复原状。郡府准备钱三万缗,专门用来修堤岸,这样海田得以牢固。同时,扩建贡院、校场、军营,重修府城及城门,全面整修府署。又大规模地整修府城道路,首次用青石板铺就,使有"天下绍兴路"美誉。

嘉定十五年(1222),汪纲在越国"越王台"原地重建"越王台",高约十丈,形势雄伟,气象开豁,目极千里。宝庆元年(1225),理宗即位,汪纲被召为右文殿修撰,加集英殿修撰,又加宝谟阁待制,继而升任户部侍郎。绍定元年(1228),汪纲上章辞归,理宗特地给他升两级的待遇,守户部侍郎,乃赐金带。卒,追赠宣奉大夫。

汪纲为政颇有善绩,为学多闻博记,精通兵、农、医、卜卦、阴阳、律历。汪纲喜刻书,为宋代七大刻书私家之一。一生主要刻有陈敷《农书》三卷、秦观《蚕书》一卷、叶适《习学记言》五十卷、东汉赵晔《吴越春秋》十卷、东汉袁康和吴平《越绝书》十五卷、后蜀彭晓《周易参同契分章通真义》三卷、《明镜通诀》一卷等,还将重刻原分刻于会稽和鄱阳两地的洪迈《万首唐人绝句》前四十六卷和后五十五卷合而为一,使之终成完璧。著有《恕斋集》《左帑志》《漫存志》等。

南宋少师程珌

程珌(1163—1242),字怀古,号洺水遗民,休宁县汊口人。程珌父亲程文夷,官承务郎,后累赠宣奉大夫。程珌的舅父黄何则为休宁县五城人,官至朝议大夫被封休宁县开国男。黄何对自幼聪明好学的外甥程珌非常喜爱。程珌10岁时曾作《咏冰》诗,其中有"莫言此物浑无用,曾向滹沱渡汉兵"句,表面意思是说,不要以为冰这东西没有一点用处,汉兵曾凭它渡过滹沱河,袭击敌人;实则寄寓南宋政府把握时机挥师北上,讨伐中原,收复被金兵占领的大宋河山之意。黄何观后大为惊叹:"此儿高见,后必成大器。"于是,便将程珌带在自己身边读书学习,勤加教导。

黄何少时曾先后师从吴儆、程大昌等徽州名儒,对易理道学颇为精通,程珌深受舅父影响,几乎终日沉浸其中,以至于所作诗文几乎无不沾染浓郁的易理道学气息。南宋绍熙四年(1193)程珌参加南宫考试,诗文并茂,主持考试的时任丞相赵汝愚阅后,赞叹他为天下奇才,准备将他拔为第一名状元,只因有人质疑其诗文的道学气息,才被列为本经第二。

初授迪功郎,任临安府开化县主簿。开化县介于万山之中,士风不振。程珌上任后,笃意经理,对邑中学子亲如父兄子侄,悉心开导调教,"由是捧乡书预廷对者相望"。邑中凡有诉讼案件久拖不决者,大都请示台郡委托程珌办理,程珌均能妥帖处理,能声籍甚。庆元二年(1196),程珌做官后第一次回故里汊口探亲,并在离家不远的汪潭驻留,见百里来龙山在此而止,潭水清幽无底,不禁发出"龙止水亦止,清潭窈无底。宝剑秋空横,秀峰春笋峙"的慨叹。

怀着父兄美好的期冀,程珌回衙署后更是日夕在公。不料,在昌化主簿任期将满之际,传来父亲去世的噩耗,他又不得不按古礼"丁外艰"回家庐墓守孝三年。想起当年陪父兄在汉口踏青,日暮时父亲在汪潭驻足不肯走的情形,程珌与兄弟们便将父亲葬在了汪潭。守孝期满,程珌准备再试词科,丞相谢深甫劝阻道:"君廊庙材也,何必如此。"

嘉泰元年(1201)十一月,除建康府教授,掌管京师学校科举事宜。时值掌管军政大权的枢密使丘崈留守陪都,非常器重程珌,将程珌待为国士。开禧二年(1206),丘崈出任江淮宣抚使,掌管一方军事大权,便让从事文教的程珌到他身边当幕僚,程珌由此开始接触带兵打仗之类的安邦定国之事。在丘崈的督府中,程珌被赋予募兵的职责和权力。程珌便"循江而上,所选皆精悍",并同军官一起训练这些精兵。他训练的士兵不仅单兵素质好,而且整体攻防也有模有样。

在以武威震强敌的同时,程珌也深知以柔克刚的功效,推行德政,以文教感化人。嘉定二年(1209),程珌改任富阳知县,前任将当地一些蛮横霸道、奸猾狡诈之徒的名单交给他,他却束之高阁,当众说:"我不想知道他们的名字,假使他们听说这事而改过自新就足够了!"任期满后,他打开那张"黑名单"来看,其中居然没有一人因犯罪而被押送公堂,人们无不佩服他的教化有方。监察御史吕午在写他的行状时禁不住赞叹:"公先教后政,感人动物率若是。"

此后,程珌相继被任命为枢密院编修兼代理右司郎官、秘书丞等职。后回故里服丧,期满复职。在这期间,他感到常年在京城不了解下情,曾多次请求放外任,宁宗舍不得他离开,就对宰相说:"程珌,岂可容其补外任呢!"

程珌在繁忙的公务之余,还不时以诗文抒发性情,他与辛弃疾是要好的诗友。他很是羡慕赞赏那些在地方任职干出一番事业的同道。他在应休宁乃至徽州同乡之请,为台州临海人、嘉泰二年(1202)进士、曾任徽州知府的谢采伯写《徽州谢守生祠记》时,就对谢采伯为任一方、勤政廉政、保境安民的政声大加褒扬。嘉定十七年(1224),理宗赵昀继位,程珌在相继兼侍读学士,升礼部尚书,权吏部尚书,转翰林学士后,在绍定元年(1228)再次请求补放外任,终于获得朝廷恩准,任命他为焕章阁学士,知建宁府。建宁府地处今福建省北部,府治在今建瓯市。程珌于当年七月到达府治,为了防范盗贼,确保地方安宁,还创建了翼虎、飞熊二军。

程珌学识渊博,富有文韬武略,加之为人沉稳干练,仕途可谓顺风顺水。但也有不尽如人意的时候,尤其父母、姐姐等亲人接二连三去世,对他的打击相当之大。

宝庆三年(1227),程珌长子离世更令其悲痛不已,加上官场受到时任宰相史弥远打压,程珌便萌生退意。在理宗继位之初,程珌尚能与史弥远共同掌握权柄,但由于杨太后对程珌的信任与赏赐,引起了史弥远的猜忌。后来,史弥远行事愈加独断专横,排斥异己,程珌与之渐行渐远。程珌感到抱负难以施展,便请求告老还乡,理宗却不允许,极力挽留。接着一连请示了四五次,都没被批准。直至绍定三年(1230)三月,理宗才准许程珌以焕章阁学士、提举隆兴府玉隆万寿宫的身份,奉祠在家休闲。程珌终于一身轻松回到汊口故里,在云溪之畔的万松山上营造海棠洞天,读书著述。正如吕午为其写的《行状》所说:"公还故山,日徜徉于泉石,手不释卷,每以未老得闲为乐。"

他的长子和次子英年早逝,幼子程若愚官德兴县丞,后来为其《洺水集》付梓出力甚多。两个侄子,一个名程若庸,受程珌影响,也精通易经儒学,成为徽州大儒;一个名程若川,受教于程珌的拳术,成为南宋武状元,曾奉命出使金朝而不辱使命。淳祐二年(1242),居家终日纵情山水、以诗书自娱的端明殿学士程珌,以80岁高龄离开人世。著有《洺水集》六十卷、《内外制类稿》三十卷及《书录解题》等。

刚正不阿程元凤

程元凤(1199—1268),字申甫,号讷斋,歙县槐塘人。程元凤出身于书香人家,宋代,其家族除了程元凤考中进士为榜眼,其后有程元岳为释褐状元,另有进士程扬祖、程念祖。

程元凤自幼受家庭环境熏陶,耳濡目染,嗜学喜读,博览群书,酷爱诗文,10岁就能诗善文。南宋嘉定年间,少年时期的程元凤前往黄山云谷源头边的方岩窦潜心读书。优美的环境,聪慧的天资,加之多年心无旁骛、专心致志地刻苦攻读,此时的程元凤,不仅"气貌冲粹",风流倜傥,玉树临风,而且满腹经纶,学问精深,学识渊博,襟度宽夷,待人遇物,春风蔼如,胸中泾渭分明,满腔正气。

绍定元年(1228)春,程元凤赴京参加会试和殿试,考中进士第二名,为榜眼,授江陵(今湖北省江陵县)文学掾、校文。端平元年(1234),35岁的程元凤晋升为江西转运司干办公事,处理本司重要事务。因母亲去世,程元凤归里守孝。

淳祐元年(1241),程元凤升任礼、兵二部架阁库官员,因为父年老不忍离去。后改任太学正,又因避祖父程子正讳推辞不任,改任国子监学录,在皇家太学掌理学规,偶尔为学子讲授课文。后升任太学博士,教习太学生。不久,改任宗学博士,以儒学教习皇室子弟。之后,程元凤被派往荣王府,为荣王讲授《诗经》《礼记》。程元凤精心讲授,谆谆善诱,并"旁讽曲喻,随事规正"。荣王也很虚心地求教,随时改正自己的不规言行。

在官员轮流奏对时，程元凤透彻地论述世间盛衰消长的时机以及君王应该效法天道的道理。理宗看了以后说："程元凤有古人正直的气节。"淳祐六年(1246)，因荣王的美誉，程元凤升任秘书丞兼刑部郎中。此时的程元凤成为既掌管皇家图书典籍，又兼办刑部要案的五品官员。淳祐七年(1247)，程元凤兼权右司郎官，迁著作郎仍权右司郎官，这一年，程元凤自请外放，调任饶州府(今江西省鄱阳县)太守，执掌一府军政大权。

程元凤在饶州太守任上，饶州正遭受特大洪涝灾害。程元凤跋山涉水，深入各地，微服私访，了解民间百姓疾苦，日夜计划济贫解困，帮助百姓维持正常的日常生活。推出一系列施政举措：修理城垛，以防外侵；设置义仓，赈济灾民；审理多年的积案、冤案，宽刑省狱。并将每年多余的资金用来补充历年百姓所拖欠的税赋，饶州民众称其为"平民太守"。

程元凤则说："只要五谷丰登，平民百姓就理应享受朝廷恩惠。我奉朝廷圣命而来饶州为官，仅仅为百姓谋些恩惠，这是不足为道的，还应该为民造福一方，这才对得起自己的良心。"

当时，北方金兵南下，南宋王朝屡遭金兵侵扰，国势日益衰微。理宗诏命程元凤入京问对。程元凤当面上奏理宗："当今讲学，要讲实学，只有实学，才能实用；当今讲人才，要讲实才，只有实才，才能为政；当今讲吏治，要讲清吏，只有清吏，才能清政。吏不清，政何清？"

理宗听了程元凤的奏论，认为程元凤言之有理，切中时弊，于国大有益处。不久下谕旨升任程元凤为监察御史兼崇政殿说书。此后，程元凤职位提高，而责任更大，任务更艰，不但要监察百官之过失，还要为皇帝进读书史，讲释经义，顾问应对。因此，程元凤成为皇上的侍从之官。

其时，郑清之恃仗拥立之功，升任为宰相。因年迈而使朝政为妻儿把持，渐趋腐败，久握国柄而又不任事。御史台官潘凯、吴燧联合上奏章检举。郑清之欲改换潘凯、吴燧两人的官职。程元凤上疏严厉斥责郑清之的罪责，替两位御史抱不平。理宗觉得程元凤之言有理有据，将潘凯、吴燧两位御史召回，恢复原职。

淳祐十年(1250)，程元凤因正直的名声，被升为右正言，兼侍讲学士，成为可以直接向皇上进谏的朝官。宝祐元年(1253)，经过长期考察，程元凤向皇上推荐了二十多位名士。因荐贤有功，程元凤从而进任吏部侍郎兼中书舍人、同修国史、实录院同修撰，仍兼侍读一职。

宝祐三年(1255)，程元凤升任工部尚书，成为朝廷的二品大员。程元凤深感自己掌管工部能力欠缺，主动上疏，请求担任他职。于是改任为端明殿学士，同签书枢密院事，为朝廷掌管机密之事。

宝祐四年（1256），四川战事很急，朝廷选择重臣镇守长江上游。程元凤立即上疏，请求调荆南之兵援助四川，以解危急，并进呈了十大方略。四川解危后，程元凤因功晋升为右丞相兼枢密使。程元凤深感自己职责重大，经过深思熟虑，上疏奏论"正心、待臣、进贤、爱民、备边、守法、谨微、审法"等八项改革办法，而以"进贤臣"为最急。于是，向理宗推荐了自己从各地选拔出来的五位有德、有才、有威望的才学之士，这些人被破格予以重用。

程元凤担任饶州太守时，丁大全为其属下浮梁县知县。丁大全为人奸黠刻薄，投机钻营，想篡夺相位。宝祐六年（1258），丁大全如愿以偿，当上了右丞相兼枢密使。程元凤见状，羞与为伍，挺身而出，上疏皇上，力请辞官。理宗诏令程元凤出判福州、兼福建安抚大使。程元凤仍坚力请辞，遂改进封程元凤为新安郡公，提举洞霄宫。

开庆元年（1259），战事兴起，程元凤呈上亲笔书写的奏章，论述"收人心，重赏罚，团兵民"等大计，为理宗所重视，并采纳其建议。不久，朝廷起任程元凤为平江府通判兼淮、浙发运使。程元凤四次上奏章请辞。景定三年（1262），理宗御笔催促程元凤就职，加拜特进，仍任前职，充任醴泉观使兼侍读。

景定五年（1264）十月，理宗病故。25岁的度宗登基，宰相贾似道大权独揽，党同伐异，官场更趋腐败，一些有识之士挂冠而去。度宗见朝臣皆辞官而去，便于咸淳三年（1267）三月重新起用程元凤，晋升程元凤为少保、少傅、右丞相兼枢密使，封吉国公。程元凤再次执掌国柄，受到奸相贾似道的排挤打压和弹劾。次年，程元凤以少保和观文殿大学士的身份被迫致仕归里。此年冬，病逝于黄山。

程元凤去世以后，临终表文送到朝廷，度宗悲痛万分，停止早朝两日，以此悼念表彰程元凤的忠君爱国之心，并特下诏书，赠程元凤为"少师"，谥"文清"，谕葬古城关（今安徽省歙县徽州古城关），并建昭孝积庆寺崇奉。程元凤著作有《讷斋文集》《经筵讲义》《讷斋奏稿》《内外判》等。

朱元璋开国谋士朱升

朱升(1299—1370),字允升,号枫林,元末明初休宁县回溪台子上人。因出生于太阳东升之际,故名朱升。自幼苦读诗书,迷恋星象之术。8岁时,拜回溪开馆讲学的江敏求为启蒙老师;12岁后,又拜在休宁县城开馆的金斋谕门下。金斋谕是同县海宁人,年高德劭,是个远近闻名的好老师,朱升在他门下苦读两年后,因先生年迈不能正常教学这才依依不舍离开。14岁时,父亲朱秀去世,他按传统丧礼在家守孝,只能一边在家自学,一边帮母亲做些家务。

守孝三年期满,17岁的他即拜邻村陈村人陈栎为师。19岁,经陈栎推荐,考上秀才。他在家乡开馆讲学,同时也没有丢下农活。讲学之余,他游走乡间,遍访能者为师,其足迹遍及休宁、岩寺、歙城、黄山等地。后来,又与龙源赵汸一起赴江西溢浦(今属江西省九江市)从学于黄楚望。受陈栎与黄楚望两位恩师影响,他读书治学格外勤奋刻苦。平日总带着书笔纸墨,拜望老师,交结朋友,读书听语,下至里巷山野、樵渔妇孺,一言一行,只要于己有补都当即记在本上,年深日久,积成厚厚一叠,装订成册,自题为《墨庄率意录》。

朱升善于算卜。一次他拜会一位朋友,桌上放着四个盒子,友人见朱升来访,便想以"射覆"试他一试。友人笑着问朱升:"先生您能猜中盒子里面写的是什么吗?猜中,这东西就是您的。"朱升二话没说,即叫友人拿来一盒,写上"射语",放入盒中盖好,叮嘱道:"等一等再打开。"正在这时,有个人来借马,友人却吩咐仆人到后山牵了一头驴借给来人。来人牵驴走后,朱升这才叫友人把所有的盒子都打开,友人的四个盒子里面写的全是鱼。朱升盒子里的"射语"云:"一味鱼、两味鱼,其余都是鱼。前门来借马,后山去牵驴。"一切都不出朱升所料,友人连声叹服,四座为之倾倒。

20岁那年,奉母亲汪氏之命,朱升娶歙县石门里人陈氏为妻。先生一子名朱异,幼年病死。41岁时再得一子名朱同。朱升虽然很有学问,但科第之路并不顺利,年至30余岁还是一个穷秀才,只能靠教书授徒为生。离家不远的霞瀛、珰溪(今安徽省休宁县月潭湖镇小珰村)、地近屯溪的临河(今属安徽省黄山市徽州区),以及江西鄱阳等地,都曾留下他释疑解惑、开启智慧的萍踪。台子上村的房首屋后,还有他耕耘的山田,他的"春来雨足长青草,数亩山田自可耕"诗句,正是对这种闲云野鹤般的隐居生活的真实写照。

元至正四年(1344),46岁的他终于得中举人,在四年之后被礼部授任池州路学正。学正虽然只是九品官,但毕竟是礼部所封,掌有督学之权。他53岁这年到任,住在池州儒学的尊经阁(相当于现在的图书馆)。当时,池州儒学腐败,官侵校产,师生一天只能吃到一餐饭。朱升上任后,进行整治,收回校产,制定校规,学校有了收入,师生上课有了规矩,均对朱升钦佩不已。一时朱升名声大振,大江南北学子慕名纷纷登门拜他为师。可这时的元朝气数将尽,精通数术的他,当了四年学正,就于至正十二年(1352)池州兵乱之际辞官归里,而后将妻儿一起接出来,在歙县石门隐居,专事讲学著述,登门拜师者络绎不绝,人称枫林先生。

至正十六年(1356),元枢密院判官婺源人汪同在休宁县浯田村创建商山书院,朱升与师弟赵汸一起受聘任山长。次年,朱元璋率部攻入徽州,听闻朱升的名声,微服亲临其室,访问大计。师弟赵汸避而不见,而朱升则当仁不让,向朱元璋进献了著名的"高筑墙、广积粮、缓称王"九字策。这九字策,从战略上提出创基立国的方略,甚得朱元璋赞许,当即拜朱升为中顺大夫。朱升也很高兴,事后,他和时任休宁县尹唐子华的诗中说:"西风箛鼓东南来,国本应须老手裁。净洗甲兵过练水,早随冠冕上云台。传宣马系门前柳,作颂人磨石上苔。机会到时须勇进,天边莫待羽书催。"朱升在这首诗里,叙述了朱元璋来访的时令、方向、马匹等,以及自己应时而动、顺势而为的喜悦心情。至正十八年(1358),朱升置田盖楼,朱元璋得知,亲笔题额"梅花初月"。一时间,徽州大地传为美谈。同年十一月,明军进攻婺源,日久不克,朱升劝朱元璋亲征。朱元璋亲率胡大海等部十万兵将,很快攻破城池。又听朱升劝诫,不滥杀一人,并广贴文告,安抚民众,百姓担酒牵羊,夹道相迎。随后,朱元璋部队攻打饶州受挫,朱升凭借自己在当地的声望,调集民兵千余人,由儿子朱同率往救援,终于取得饶州大捷。由此,朱升越发受到朱元璋器重。

10年后,朱元璋基本扫除了敌对势力,选址建都摆上了议程。朱升以为君临天下者要以天下为方隅,都址应在"居要驭轻之地"。朱元璋以此为准则,最终定都于南京。其新建的宫殿落成后,朱升特作"日月光天德,山河壮帝居"的对联祝贺。朱元璋登基后,一连封给朱升侍讲学士、知制诰、同修国史、翰林学士等头衔。在诰词中,朱元璋对朱升大加赞赏:"眷我同宗之老,实为耆哲之英。"并特免进谒,以示礼遇。但面对朱元璋的礼遇,朱升却不敢有丝毫的陶醉。想到前几年奉命率乐舞生奏乐,误将"宫音为徵音"而遭朱元璋指责之事,心中的阴影总是驱之不去。他发现朱元璋的性格过于猜忌多疑,伴君如伴虎。功成名就,该当急流勇退了。于是,明洪武二年(1369),朱升以年迈和"祭扫祖茔"为由,回家养老,次年冬病重,自感来日不多。临终之前,特作诗一首以谢世:"留心垂半世,藏体付千年。海内风尘息,城南灯火偏。亲朋何用哭,含笑赴黄泉。"多年之后,在户部上奏各处应贡土产的名录中,朱元璋特意将徽州应贡的连心菜、马蹄鳖、清水鳗鲡等一笔勾销,并对左右大臣说:"使朱升乡里,世世沾皇恩也。"

作为学者,朱升自幼即以"列圣传心为主,践履致用为工",尤致力于经学,于诸经皆有旁注,其《书传辑》《书传补正》《老子旁注》《孙子旁注》及小学、名数、医家诸书,今皆散佚,仅《前图》二卷、《枫林集》十卷存世。作为政治家,他不仅辅佐了一代开国之君,而且启迪了数百年后的一位开国领袖。他的三项策略曾被毛泽东点化为"深挖洞、广积粮、不称霸",指导着社会主义中国从容应对当时复杂多变的国际政治风云。

"真才子"詹同

詹同(1303—?),字同文,初名书,号天衢子,又号华盖山人。婺源县孝悌里(今浙源乡庐坑村)人。自小聪颖,学习勤奋。元至正年间,被乡里举荐为"茂才异等",任湖南郴州学正。著名文人虞集称赞他是"真才子",并将自己的侄女许配给他为妻。不久遭兵乱,返乡道路受阻,便移居黄州(今湖北省黄冈市),在自立为帝的陈友谅红巾军中,任翰林学士承旨兼御史。

至正二十三年(1363),朱元璋在鄱阳湖击败陈友谅,次年攻下武昌,詹同归附。当时战事尚紧,他原名"书"和"输"同音,朱元璋说不吉利,赐他单名"同",自此就改名詹同。

詹同学识渊博,才思敏锐,朱元璋先是命他担任国子监博士。那时不少文官武将的子弟都在内府学习,但是内府的博士对经学不尽通贯。而詹同在国子监讲《易》《春秋》等经书,旁征博引,贯通古今,受到大家的赞赏,说他"尤独超诣,听者豁然"。应诸王之命和诗作文,才思如泉涌,一时无人能与他并立。不久升任考功郎中,继任起居注,其间,还与侍讲学士宋濂一起,根据礼仪拟定了天子宗庙祭礼的仪式,以完善祭祀制度,朱元璋准奏执行。朱元璋还派詹同到全国各地,寻访并推荐有用之才为朝廷服务。詹同的才干很快得到朱元璋的赏识,巡视回京便升任翰林院直学士,进而又改任侍读学士。

明洪武四年(1371),任吏部尚书。朱元璋驭下严厉,朱元璋曾对侍臣说:"声色之害甚于鸩毒,前代人君以此败亡者不少,尤不可不谨。"御史中丞刘基说:"古时公卿有罪,用盘盛水把剑加在上面,到请罪之室自杀谢罪,用来鼓励廉洁知晓耻辱,保全国家的体统。"詹同当时正好在皇帝身边侍立,他对朱元璋吏治的重要性有非常清醒的认识,于是趁势举商汤不近声色,为后代留下业绩的事来进谏。

后来,又兼学士承旨,与徽籍学士乐韶凤共同制定了学校祭奠先圣先师典礼的乐章。詹同还提出要编纂渡江征讨平定的历史,他说这些事迹虽有介绍,但没有系统全面的记载。于是建议以时间为序,用"日历"的体裁,逐日逐件编纂整理这一段历史,以传后世。朱元璋同意他的建议,命詹同与宋濂担任总裁官,礼部员外郎吴伯宗等为纂修官,组成专班来编纂。詹同说:"国史贵在直笔,是非善恶都要如实记叙。"洪武七年(1374),《大明日历》纂修告竣。该书共一百卷,从朱元璋起兵临濠至洪武六年(1373)冬这一时期的征讨次第、礼乐沿革、刑政设施、群臣功过及四夷朝贡等史实都一一记载。书成后,由朝廷藏书阁收藏,副本藏于秘书监。詹同考虑《大明日历》深藏秘府,一般人根本无法看到,于是他又仿照唐代《贞观政要》的形式,分为四十类,编成五卷,定名《皇明宝训》。并要求以后凡有圣政要事,史官再逐日如实记录,随时按类编入,成为公文"大事记"文体的首创者。

当年五月,詹同因年迈准备致仕时,朱元璋赐他翰林学士承旨,说他"以文学之美",尽职尽责效忠朝廷。说他历任职官,特别是主管吏部期间,"辨人才之贤否,审职任之轻重,咸得其宜"。还说他虽已年迈,却仍诚心效力,没有一刻懈怠。褒扬之意溢于言表。没过多久他又被朱元璋重新起用,直至在任上去世。

詹同的一生,被誉为"操行耿介,始终清白"。文如其人,他的文章也被评价是"务求通道术,达时务""不取浮藻浅薄"。语言朴实无华,通畅明白。诗也颇有特色,后人说其诗"始端宗旨,继承规格,终流神韵"。如收入《明诗别裁集》的古风《出猎图》,描绘围猎场面开阔气势雄壮,可为典范。诗开头先写地区和天气特点:"朔风凛凛吹龙沙,年年马上长为家。阴山大漠百草死,踏遍青海濒天涯";再写围猎:"旌旗裂尽霜华湿,万骑貔狐似云集。苍鹰歘起若飞电,四尽神獒作人立";围猎中"直将勇气饱所欲,寝虎之皮食虎肉。生擒山下九青兕,射杀岩前双白鹿";围猎后"日暮归来雪洗箭,血洒腥风满河曲。穹庐散野如繁星,凉月萧萧照平陆",凄凉悲壮。最后结尾出人意料,他认为这样大规模的屠杀生灵是"暴殄天物焚咸丘""使我忽忆比蒲菟"。宋濂称其诗赋"体物浏亮,铿铿作金石声,萃美凤之彩毛,撷天花之奇馨"。还有一些题咏景物的诗,写景精致,境界高远,如《江上闻笙》写道:"黄鹤楼前江月清,何人楼上夜吹笙。秋江客听不知处,误道云间有凤声。"只用几笔就勾勒出一幅秋高气爽、江清月明的美好景色，同时借景抒情，表达自己融入大自然的感受。

著作有《詹同文集》三卷，《天衢舒啸集》两卷，《天衢子》二十八卷，《海涓集》六卷。宋濂在为《詹同文集》撰写的序言中，称詹同"公生有颖异，龆龀有大志。五岁随伯父太常博士应麟学日记数千言，读书槐华，堂声琅琅，闻于外。好学笃志，如饥渴之慕饮食，人咸誉之"。对他推崇备至。

 师夷制葡汪鋐

　　汪鋐(1466—1536),字宣之,号诚斋,婺源县大畈人。其父汪俨曾任江西德兴县教谕,任满居乡村二十余年,教导乡间,广布教泽,孜孜不倦,常以修桥补路为事,性格严毅,有《北山言行录》《春秋粹旨》行世。汪鋐6岁入学,10岁随父在学宫读书。明弘治二年(1489),应天府乡试,以《春秋》中举人。弘治十五年(1502)中进士,授南京户部贵州清吏司主事,进秩承德郎。拜左少宰吴文定为师,吴文定有意提携他,去找太宰马端肃,由于马端肃对吴文定不满,见其十分器重汪鋐,结果在任职时对汪鋐不升反降。

　　正德六年(1511),汪鋐任广东提刑按察司佥事,正德九年(1514)升本司副使,次年奉敕巡视广东海道,驻扎南头海道,处理广东海疆边防事务,立《要策十二事》,进秩中宪大夫。其时广东海防局势紧张,正德十三年(1518),佛郎机驻满剌加总督派安达拉率军舰前往中国,侵入屯门港,劫夺财货,掠买人口,并在屯门等地营建据点,树碑立石,以图永久占据。佛郎机一边进京谋求通商,一边却在屯门等地营建据点,干着海盗的勾当。正德十五年(1520),朝廷任命汪鋐为广东提刑按察使。次年(1521)三月,武宗病故,世宗继位,是为嘉靖帝。嘉靖对佛郎机采取抵抗政策,令汪鋐率军驱逐屯门佛郎机入侵者。汪鋐接到朝廷的命令后,在南头设立海防前线指挥部,具体部署与佛郎机进行决战。由此爆发了我国抗击西方殖民主义入侵的首次战争——"屯门之役",汪鋐参与和指挥了这次战争,表现出杰出的军事指挥

才能。

当时佛郎机势力强悍,船坚炮利,战船船体庞大坚固。船体采用夹板,长10丈(1丈约合3.33米),宽3丈,两边置火铳30余管,船底尖而面平,不畏风浪。人立之处,用板遮蔽,不畏矢石,每船200人撑驾,橹多而人众,无风都可以快速行驶。火铳齐放,弹落如雨,所向无敌,人称"蜈蚣船"。佛郎机火铳的铳管用钢铸造,大的1000余斤(1斤合0.5千克),中等的500余斤,小的也有150斤。炮弹内用铁外用铅,大的8斤,其火药制法与中国不同。汪鋐封锁屯门澳,晓谕佛郎机离开。佛郎机根本不予理睬,仗其船坚炮利及岸上坚固的军事堡垒,据险抵抗,明军失利。

第一战失利,汪鋐认识到必须以先进的武器装备部队,师夷制夷。他秘密派人以卖米酒为由接近佛郎机,联系在蜈蚣船上的中国人杨三、戴明,将他们带回军营。汪鋐听了杨三、戴明对佛郎机船和铳的具体描述后,让他们尝试仿制并取得成功。是年七八月,汪鋐亲临南头,这时仿制的佛郎机铳和小蜈蚣船源源不绝地运到军中,明军的战斗力大大加强。当时佛郎机的十多艘蜈蚣战船泊于屯门澳,另在岸上设有军事营垒,居于明军以北。等到秋天南风起,汪鋐乘此向佛郎机发动进攻。先命仿造的佛郎机火炮向佛郎机开火,然后用火舟冲击,火借风势,直扑佛郎机蜈蚣战船,敌船大乱,汪鋐一声令下,明军小蜈蚣船纷纷冲入敌阵,陆上明军也同时发动猛攻。水陆夹攻,敌军大部分被歼,岸上营垒尽被摧毁,残存余寇逃往外海,明军大胜。汪鋐攻伐屯门佛郎机取胜,朝野震动。为表彰其功绩,朝廷于正德十六年(1521)十二月,特敕加汪鋐一级,使食一品俸。汪鋐仍留驻南头,命令明军舰队巡视珠江口,将佛郎机彻底驱逐。屯门海战有效地抑制了佛郎机对中国进行扩张的野心,保卫与维护了国家的安全与尊严。

嘉靖元年(1522),汪鋐回到广州,将缴获的佛郎机铳进献朝廷,并上章要求辞去一品俸及级位,朝廷不允。同年九月,佛郎机首领别都卢率其所属千人准备劫掠新会县(今广东省江门市新会区)茜草湾,汪鋐得报,令明军舰队迅速出击,把敌军打得落花流水,生擒别都卢。是年朝廷治行考核,名列第一,由广东提刑按察司按察使,擢升广东布政司右布政使。嘉靖八年(1529)三月,回京任都察院右副都御史,从此一直在京任职。

其时北方蒙古族经常入侵,烽烟紧急。为国家边防大计,汪鋐于嘉靖八年(1529)、九年(1530)和十一年(1532)三次上疏明世宗,推荐佛郎机铳。根据汪鋐的建议,朝廷将原在广东专门负责督造佛郎机铳和蜈蚣船的东莞县(今广东省东莞市)白沙巡检何儒升任上元县(今属江苏省南京市)主簿,在操江衙门督造铳炮,为汪铉大规模推广使用佛郎机铳担当大任。佛郎机铳的大规模应用,对于中国的西北边防具有重要的战略意义,这也是有朝廷支持、首次大规模学习西方先进的科学技术,汪铉也成为中国"师夷长技以制夷"的第一人。

嘉靖十一年(1532)九月,任太子太保吏部尚书。嘉靖十三年(1534),进勋柱国,敕太子太保吏部尚书兼兵部尚书。自明太祖朱元璋罢中书丞相府,朝廷大政归六卿,而六卿之中又以吏、兵二部最重要。一人担任两部尚书,相同于内阁辅臣,地位与宰相相当,可见嘉靖对汪铉的信任。

汪铉抗葡卫国的事迹,受到南头人民的钦佩,当地《重建汪公生祠记》载:"公以儒发身戎务,若非素习,一旦挺身行阵,摧数百年未睹之强寇,岂偶然者哉!公生平忠义自许,赐历中外,始终一节。"嘉靖八年(1529),汪铉进京为官,南头人民为其立生祠,将旧废乡校维修为"都宪汪公遗爱祠"。万历元年(1573),分东莞立新安县,知县吴大训重修"都宪汪公遗爱祠"并易名为"汪刘二公祠"。该祠前殿于抗日战争时期为日寇拆毁,现仅存后殿,1988年成为深圳市文物保护单位。现在深圳南山区古城博物馆内有汪铉大战葡萄牙佛郎机的故事展示,中山公园内有汪铉雕像。

汪铉故乡婺源县直到民国期间,还保存有不少纪念汪铉的建筑,县城有汪铉府第、大柱国第、少保天官第、昭恩楼、四忠坊(特赐尚书汪铉忠诚、忠尽、忠爱、忠弼)、四世一品坊(宫保汪墙、汪焕、汪俨、汪铉)、少保天官坊等。汪铉的家乡大畈乡也有大方伯第、都宪第、尚书第、少保天官第、四世天官第,牌坊有四世一品坊、青宫少保坊等。

"鼎镬不避"谏官周怡

周怡(1505—1569),字顺之,号都峰,后改号讷溪,太平县仙源周家(今属安徽省黄山市黄山区)人。童年时期的周怡天资聪颖,显得极其早熟,其志向和趣味均卓,同龄人不可同日而语。一则关于他童年时的故事,在太平县几乎家喻户晓。故事说的是童年周怡与小朋友一起玩游戏,游戏的内容是县官审案,年龄大一点的孩子扮演县令和衙役,小一点的孩子扮演被审的犯人。周怡年龄最小,自然要他演犯人,但他坚决不从,无论如何劝说,他就是不干,问其原因,他冒出的一句话则是:"要演就要演县令,不演犯人。"大家都觉得好奇,就让周怡扮演县令,结果他扮演县令的神态、言语以及威严,真像那么回事。

明嘉靖元年(1522),18岁,考中秀才,嘉靖十三年(1534)中举,嘉靖十七年(1538)登进士第。初被任命河北顺德(今河北省邢台市)推官,嘉靖二十一年(1542)担任吏科给事中。其时,严嵩入阁主政,大肆受贿许官,独断专行,弄得朝野上下一片混乱。周怡上任尹始,即弹劾尚书李如圭、张瓒、刘天和。不久又弹劾湖广巡抚陆杰、工部尚书甘为霖、兵部尚书樊继祖等,一时朝野震动。

嘉靖二十二年(1543)六月二十七日,周怡上《劾内外大臣不和疏》。在奏疏中,周怡指出:如今陛下每日祷祀,但四方水旱灾害并没有消除;近年增加赋税,而国库并没有得到充实;多次颁布免租令,而百姓的生活并未得到好转;经常下令选将练兵,而边境并未得到安宁。这究竟是什么原因呢?尽管陛下劳心焦虑于上,但下面没有听心用命之臣,这就是根本所在。周怡接着说,内阁大学士翟銮、严嵩凭借皇帝的恩宠,徇私厚己,播弄威福,卖恩施惠,离间修怨。而且两人早已违言失色,在陛下面前各有私陈,相互诋毁。两人如此不和,怎能指望他们同寅协恭,和衷共济?尤其是严嵩,嚣张气焰,凌逼百官,招权揽威,凡是要向陛下陈述大事的官员,都不敢直接向陛下陈述,必先奔走于他的门下,领会他的意图,得到他的同意,而后才能见于陛下。朝廷内外之臣不畏惧陛下,只知畏惧严嵩。而翟銮萎靡不振,气势之弱,不足以让别人来依附他,虽排名在严嵩之前,却不能制约严嵩。吏部尚书许赞小心谨慎,畏惧害怕,过分柔弱,不能以正直之气来消除权贵贪求之心,无法阻挡严嵩对官员选用的干预。为此周怡向皇帝提出:严嵩一手遮天,这样的内阁大臣,一日不去,怎服众人?

尽管此疏说的是大臣不和的问题,弹劾严嵩,但是皇帝也从中看出奏疏的行文中也指出了皇帝身上的问题,一是指责皇帝"日事祷祀"不勤政务,二是指责皇帝"不知先务和德于上",把大臣不和的根源归结到皇帝身上。于是周怡厄运降临,被推出午门,脱下裤子,廷杖四十大棍,打得皮开肉绽,然后拖入锦衣卫东厂镇抚司大牢,戴上枷锁,等候监斩。他在监狱中被关五年,皇帝才下令释放周怡。从此周怡贬居在家达19年之久。他用自己的人生践行了"鼎镬不避,沟壑不忘"至高境界。

嘉靖四十五年(1566)十二月十四日,在位整45年的嘉靖皇帝世宗朱厚熜驾崩。十二月二十六日,朱载坖继位,是为穆宗皇帝,年号为隆庆。隆庆元年(1567)正月,皇帝下令恢复吏科给事中周怡、礼科给事中沈束原职。此时,周怡已经63岁了,接到皇帝的诏令,欣然赴命。三月,周怡还在赴北京的途中,又接到皇帝旨令,升周怡为南京太常寺少卿。太常寺是掌管一年之中举办各种祭祀活动的机构,是一个重要的部门,太常寺卿属九卿之列,少卿即副职二把手。官员升职,例向皇帝感恩,周怡到北京后,就向隆庆皇帝呈上《感恩图报疏》,在此疏中,提出了五条规谏:第一,定君志以修德业;第二,畏天命以消灾异;第三,敬大臣以尊师道;第四,择左右以慎近习;第五,勤朝政以敕臣工。这五点规谏,正是他"以直而事人"表现,他虽然历尽磨难,但谏官本色,初心不改,他把这看成是对皇帝、对国家的效忠。可想而知,向皇帝提出这样的规谏,肯定会让皇帝不高兴的,果然,隆庆皇帝一道旨令,将周怡贬为山东按察司登、莱兵备佥事。

隆庆二年(1568)六月,改任南京国子监司业。次年五月,再次得到皇帝重用,担任北京太常寺少卿、提督四夷馆(相当于外国语学校,培养翻译人才)。到北京赴任途中病重而返回,到十月份,卧床不起,十六日夜不能语,十七日申时瞑目而逝,享年65岁。其二弟周恪、弟子吴达可、沈懋学收其遗作编纂成《讷溪文集》二十七卷,其中奏疏一卷、文录十卷、诗录九卷、尺牍四卷、杂录三卷。奏疏一卷,又称《讷溪奏疏》,收入四库全书。

周怡是一位刚正不阿、敢于犯颜直谏的勇士,他以"鼎镬不避"的勇气和"沟壑不忘"的是非观,弹劾朝中贪赃枉法的高官;冒着生命危险,弹劾大奸大猾的奸相严嵩。他以"奸佞不除,枉为人臣"的信念,对国家耿耿以尽忠,是一位真正的忠臣。虽屡遭打击,命系牢狱,却矢志不悔,受到社会的尊重和敬仰。他与监察御史杨爵和刑部主事刘魁,因反对皇帝日事祈祷、不问朝政而廷杖下狱,被称为"嘉靖天下三君子"。他是太平县唯一被写入《明史》的人物,他的奏疏被收入清代编纂的四库全书。死后谥号恭节,敕建恭节公祠(即周公祠,仙源镇政府现已复建该祠)。

周怡还是一位出色的教育家,一生从事阳明心学研究,在阳明学派中占据重要地位,提出了"异业同道、学政合一、万物一体"的思想观点,此观点是对阳明心学的继承和发展,促进了阳明学派的兴盛。他在遭贬家居的二十余年中,到处讲学,培养了一大批优秀弟子。如宣城的沈懋学,是万历时期的状元;宜兴的吴达可,是万历时期的进士。他的警句格言:"常将有日思无日,莫待无时思有时。"收录进明代人编撰的儿童启蒙读物《今古贤文》中,广为传播。在当代,他的《勉谕儿辈》一文,被列为中国十大古训之一,被编入各地的中小学教材之中,可谓传播广泛,影响深远。

文韬武略胡宗宪

胡宗宪(1512—1565),字汝贞,号梅林。明正德七年(1512)九月二十六日生于绩溪县龙川村。自幼养成不甘人后、拼搏进取的倔强性格。嘉靖七年(1528),补为县学庠生。嘉靖十三年(1534),中举。嘉靖十七年(1538),考中进士。被安排在刑部观政见习,熟悉政务。拜国子监祭酒、理学大师邹守益为师,研习理学,深得邹守益赏识。嘉靖十九年(1540)春,授任山东青州府益都县(今山东省青州市)县令,颇有政绩。嘉靖二十一年(1542)、二十三年(1544),父母相继病逝,居家守丧。嘉靖二十五年(1546),居丧期满,出任浙江余姚县令。嘉靖二十七年(1548),擢升为湖广道试御史。

嘉靖二十八年(1549)十二月,蒙古(鞑靼)俺答部入侵,北国边疆战事吃紧。胡宗宪临危受命,出任巡按宣、大监察御史,专司北国边防监军纪功之职。设计击溃"白莲教"教首萧芹、李道玄勾结俺答对大同的进犯。嘉靖二十九年(1550)四月,向朝廷上《陈愚见以裨边务事疏》,系统提出整饬明军、振作士气的八条建议(又被称作《安边八议疏》),得到明世宗的批准。经过胡宗宪和众官的苦心整饬,宣府、大同二镇的防御体系得到重构和巩固,驻防官兵的军纪和战斗力得到改善和提高。当年十一月,调任北直隶巡按监察御史。深入边地调查走访,针砭边防弊政,向明世宗上《献愚忠以裨国计事疏》(又称《筹边八议疏》)。在此疏中,纵论古今边疆防御得失,着眼"自治自强"的战略角度,系统提出加强和整顿明朝边防的八项建议和主张。《筹边八议疏》切合当时明军边防实际,很快得到朝廷的赞许、认可和实施,对稳固北国边防产生重要作用。次年四月,出任湖广巡按监察御史,协助湖广、川、黔总督张岳等平息"苗乱"。因平苗有功,被明世宗赏赐彩缎二袭。

其时,东南沿海因反对海禁引起的武装走私动乱,其中有不少日本人参与其中,史称"倭患"。嘉靖三十三年(1554)四月,奉调任巡按浙江等地监察御史,出按浙江,专司平乱战争的监军纪功之职。就任后,了解战情,有针对性地制定战略战术。同时,严明赏罚制度,大力整饬军纪。次年,敌兵进攻浙江,胡宗宪协助总督张经指挥明军奋勇反击,先后以毒酒计巧破嘉兴之围,取得王江泾、平望、横泾、陆泾坝、凫山和清风岭等战役的胜利。六月,擢升为都察院右佥都御史,并出任浙江巡抚,兼管福建福州、兴化、建宁、漳州和泉州海道事务,提督军务。转变过去单纯以武力剿灭走私集团的方略,采取以抚为主、以剿为辅、剿抚并举的战略。嘉靖三十五年(1556)二月二十九日,升任兵部左侍郎兼都察院左佥都御史,总督浙江、南直隶和福建等处军务。为了早日平息动乱,胡宗宪一方面遣使招抚走私集团首领,一方面招徕各方英豪,将名将戚继光、俞大猷、卢镗、汤克宽等和著名军事理论家、文学家唐顺之、徐渭、茅坤以及军事地理学者郑若曾等人延揽至自己麾下,为平乱出谋献策。同时,加强对所征调客兵的训练,并鼓励浙直总兵俞大猷、浙江台州知府谭纶、浙江都司参将戚继光等积极操练乡兵。其中,戚继光以浙江义乌乡勇和处州矿夫为主体训练而成的"戚家军"最为有名,先后九战皆捷,成为名副其实的精锐之师。嘉靖三十九年(1560)二月初八,诏加太子太保、左都御史、兵部右侍郎并兼总督如故。同年五月初十,擢升为兵部尚书(南京)兼都察院右都御史。胡宗宪指挥的明军在浙江所取得的节节胜利,使走私集团不敢再轻易染指此地,遂流窜南直隶的江北地区和福建、广东、江西等地。胡宗宪调兵遣将,先后在淮安、扬州地区屡败走私集团,取得淮、扬大捷;又遣戚继光、俞大猷、张臬、刘显、谭纶等将官先后在江西万年的上坊、广东三饶、广东潮州程乡、福建平海卫等地大败流寇、山贼,赣、闽、粤动乱以次渐平。嘉靖四十年(1561)九月十五日,胡宗宪因功被晋加太子少保衔。

嘉靖四十一年(1562)十一月初七,南京给事中陆凤仪上疏弹劾胡宗宪为严嵩党羽及欺横贪淫十大罪状,被免去所有职务,遣押至京发问。后被裁定非严嵩党羽,释放闲住。次年,胡宗宪回到绩溪龙川故里,准备在此安享晚年。嘉靖四十四年(1565)三月,直隶巡按御史王汝正对严嵩党羽罗龙文(歙县人)进行抄家时,发现胡宗宪被弹劾时写给罗龙文贿求严世蕃为内援的信札,信中还有自拟圣旨一道。明世宗见状,大为震怒,降旨将胡宗宪拿京诘问,同时将世袭锦衣卫千户胡松奇(胡宗宪次子)革职为民。同年十月二十三日,胡宗宪被押赴北京。在狱中,满腔冤屈、愤懑之情,引刃自杀,终年54岁。

隆庆六年(1572)四月,明穆宗对胡案进行平反。万历十七年(1589),明神宗亲颁《祭文》和《谥文》,恢复胡宗宪的所有职衔,而且追谥胡宗宪为"襄懋"。

胡宗宪是一位武将,但文采出众,擅长诗文,先后著有《文稿》两卷、《诗稿》一卷、《书稿》七卷、《三巡奏稿》三卷、《条约》三卷、《审录驳词》三卷、《督抚奏稿》十六卷、《公移》四卷,并对幕僚郑若曾所著的《筹海图编》十三卷、《万里海防图论》两卷进行审核、集定。

"齿德并优"尚书毕锵

毕锵(1516—1608),字延鸣,号松坡,石埭县广阳(今属安徽省黄山市黄山区太平湖镇)人。祖父毕贵、父亲毕永高,曾被赠为资政大夫;其子毕士涯、毕似范和其孙毕汝梗等都曾受到朝廷的器重。幼年时的毕锵,天资聪颖,好学通理,青少年时期喜读《春秋》,并善于通览诸子百家,不唯一家所言。明嘉靖二十二年(1543),考中举人,次年中进士,名列第五,被授予刑部主事。之后历任户部郎中、浙江按察司提学副使、广西布政右参政、浙江右布政使、湖广左布政使等职。

隆庆元年(1567),明穆宗即位,毕锵被召回京城担任太仆寺卿,其后转任应天府尹。其间,毕锵与江南巡抚海瑞等人关系密切。海瑞很赏识毕锵的为人和才能,特向朝廷推荐毕锵担任南京户部右侍郎。随后,又转任刑部右侍郎,接着升任南京户部尚书。明朝政府由于政治上的腐败,内部出现了严重的经济空虚。为巩固地位,拯救统治危机,开始施行赋役制度改革。主要是在毕锵、海瑞任职的江南地区实行量地计丁,以亩征银,把赋和役及杂税等合并征收,并规定由政府统一以银两收取,再由政府分解使用,以简化税制。这一制度的改革,使我国从有史以来的实物税开始改为货币税,征收的形式也初由百姓自理转变为官府办理。这一改革中,海瑞、毕锵等功不可没。

万历元年(1573),政治家张居正出任首辅,一切朝政归其调度,并开始将"一条鞭法"赋税制正式向全国推行。毕锵因与张居正政见不一,便辞去官职,暂时在家闲居。万历四年(1576)，毕锵了解到明朝政府国库日渐空虚，心感忧虑，急忙上书朝廷，建议尽快增贮太仓老库银两，以备后患。他说："太仓旧有老库、外库之名。老库关门不放，外库支放。但查嘉靖二十三年(1544)老库银除动支八十八万九千两外，尚贮银一百一十三万六千四百三十两。至隆庆三年(1569)查兑，则仅贮银一百万八千七百六十九两。国家财赋岁入有定额，或遇灾伤不得不减；岁出亦有常数，或遇兵荒不得不增。今以万历三年(1575)旧贮、新收合计得银七百零三万四千二百八十七两六钱有奇。宜将老库增银一百万两，编号封贮，积之数年。使外库渐盈，老库益实，此为亿万年无疆之利。但今外库止剩三百九十余万两，而各边主客兵年例、修城、赏赉、京官俸薪、商人料价、官军布花等费，皆取给其中。而各钞关轮年征折本色少银十五六万两；停止开纳事例又减银三十余万两。故须痛加节省，以绝后顾之忧。"神宗读过毕锵折疏后，赞赏其议极为有理。万历十年(1582)，张居正去世，明神宗立即召见毕锵，要他重新入朝，处理政务。毕锵重返朝廷后，先后担任南京工部尚书、吏部尚书，北京户部尚书，一时成为明朝政府里"四部尚书""三朝元老"，名副其实的一代宠臣。

毕锵虽逐渐成为朝廷重臣，但一向推崇"励廉戒贪""廉洁爱民"的思想。《明史》说他"立朝多大节"。传说有一年，毕锵告假回家，正值家乡水灾，百姓苦不堪言，但交纳的赋税徭役依然繁重。回到京城后，毕锵心事重重。正逢世宗举行寿诞，文武百官都纷纷前来晋献金银珠宝、玉器珍玩，或山珍海味、名贵特产等。轮到毕锵，他双膝跪地，将所献礼品双手托起，举过头顶，连声高呼："吾皇万岁、万岁、万万岁！"世宗催促说："毕爱卿快快平身，把你那礼品打开，让朕早睹为快。"毕锵一声"遵旨"，便解开红绸丝带，打开他的黄绫包裹，里面竟是几把芒花帚把和一捆松明。顿时，金銮殿里静寂如水，满朝文武个个目瞪口呆，非常惊愕。世宗本人也丈二和尚摸不着头脑。半晌，毕锵才诚惶诚恐而又郑重其事地说："这芒花帚把，俗名'满天飞'，满天飞者，皇恩浩荡也；这松明又叫'山蜡烛'，是臣家乡父老乡亲黑夜照明的常用之物。照亮黑夜的是山蜡烛，照亮百姓日子的是皇上的圣明啊！这两种礼物结合起来说的意思就是：圣明天纵贯日月，皇恩浩荡满天飞。这是臣家乡父老乡亲敬献给皇上寿诞之日的寿联啊！"世宗听后，眉头始舒，龙颜渐悦，继续追问毕锵："毕爱卿，你家乡父老乡亲的这番心意，朕领了。只是，你今日如此做派，必有隐情在其中，据实奏来！"毕锵见时机已到，递上一份早就准备好的灾情奏折。世宗接过奏折，浏览一遍，不免心情沉重起来："毕爱卿家乡，地处穷乡僻壤，一向地瘠民贫；今年又遇上特大水灾，雪上加霜，穷困益甚。尚有哪位爱卿之家乡，也如毕爱卿家乡遭灾穷困的？如有，快快奏来。"此时，满堂文武，一片寂静，没有第二个人递上类似的奏折。或许，除了毕锵以外，谁也没这个准备，更没这个胆子。沉寂片刻后，世宗便开金口："所喜其他爱卿家乡物阜民丰，乐业安居，俾朕无虞。扶危济困，救民水火，乃治国安邦的根本。朕特许毕爱卿家乡，赋税徭役全免，以济时艰，庶恤民贫！"毕锵终于松了口气，再次跪倒在地："谢主隆恩！"这就是后来民间广泛流传的"山蜡烛"和"满天飞"的故事。

毕锵对黎民百姓常施真爱之心，解民于艰难困苦之中，但对朝廷内不平之事和官场里的弊病深恶痛绝。他曾上疏朝廷，痛陈时弊，提出了除弊布利意见九条："节财力、核边费、停召买、定催征、清滥冗、正风俗、戒纷更、崇道德、尚俭勤。"万历十四年（1586），毕锵71岁，自感年老多病，羸弱不堪，心有余而力不足，便向明神宗辞官返里、以度晚年。起初，神宗并不答应，后来见毕锵上朝不慎失足跌倒，也就只好同意了，并赐毕锵在故里建立府第，即人们所说的广阳"毕府"。万历二十三年（1595），毕锵年及八十，受神宗嘉奖，加太子少保。

万历三十六年（1608），毕锵去世，享年93岁，安葬于陵阳山中峰下。著有《偃生集》传世。三年后，神宗再次下诏并遣使赴广阳悼念毕锵，称毕锵是"尽瘁半生，卓有勋勚伟绩"，并赐毕锵为太子太保，谥号恭介。史书上也多称毕锵"齿德并优，名身俱泰"。

铁面冰心方弘静

方弘静(1517—1611),又名主静,字定之,号补斋,别号采山,歙县岩寺镇(今属安徽省黄山市徽州区)人,属徽州方氏环岩派中川门。

方弘静生有奇质,抱性幽闲温秀。从学于长兄方敦静(敬称中川公),文名大振。明嘉靖九年(1530),补弟子员,再试居诸生之冠,前后学使无不赏识。嘉靖二十一年(1542),与王寅、江瓘、程浩、陈有守、吴胤节等人组织诗社于黄山天都峰下(后划入安徽省黄山市黄山区)。嘉靖二十五年(1546),中乡试。嘉靖二十九年(1550),以《易经》登进士第,内阁首辅严嵩雅慕其才,欲擢首甲。严嵩嘱长子严世蕃通过方弘静族人邀其一见,然方弘静婉言谢绝。严嵩甚感失望,于是将其改置二甲,并让其去繁杂难治的兖州府东平州(今山东省东平县)任知州,以便其政绩平平。不久方弘静因大病请求辞去知州之职而改任学官。上官皆不应允,为遣他官代其治事,待其痊愈后仍赴原任。当地巨猾李某善于逃避赋税,历任知州皆不敢过问。方弘静派人将其逮捕归案,要其缴清赋税,李某马上应承。东平州人闻知此事,长期拖欠赋税的纷纷前来缴清。土地册籍编订一直不公平,方弘静多次验证后裁断,人皆以为公允。每见诉讼之人,方弘静辄谆谆劝谕,以失业为诫,讼事因此渐少。监督地方司法状况的官员来到东平州,经查验后发现并无可平反之犯人,叹服而去。天灾导致当地饥荒严重,盗乘乱起,方弘静下令"持锄者非盗,擒盗献者非盗,且有赏"。此令行后,盗尽绝迹。太宰应帝之召路过东平,方弘静待之无加礼,严格按照常规执行。

居东州平三载,任满迁南京户部云南司员外郎。太宰因为方弘静之前不投靠到他门下,于是另任一人取代方弘静。方弘静绝不肯依附,毅然辞官,里居四载。不久起用为南京户部湖广司员外郎,过了很长时间才升郎中,然于钱粮事务处理甚为得当。后升四川佥事,治水利尤长。代理别处州道政务时,盗扰所辖地界甚嚣尘上,方弘静檄书州郡"盗,鼠也,应捕为猫,但责猫,何忧鼠"。州郡如檄办理,盗尽绝迹。知县请祭祀前尉于儒学宫,方弘静问其缘故,知县回复前尉是太宰之先。方弘静认为奉祀奸佞小人会破坏社会风气,断然不允。

升山东参议,分守济南,纠正错案,督办淹狱,宽减轻系,平反尤多。有个囚犯依法不当斩,而刑狱官胡乱将他判为死罪。方弘静此时将向朝廷述职,于是压此案三日,白其冤乃行。一署粮道,缘纳为出,无一钱入藏,杜绝贪污之弊。

后升江西按察副使,备兵饶州。矿工聚众闹事,方弘静大张旗鼓集结重兵,似乎即将出兵征剿,却暗中派遣两个小卒持檄书往谕"解则不汝诛,慎毋负固以待戮",乌合之众一夕作鸟兽散去。

改任广西学政,以敦行务学训士为己任,谢绝请托。有同榜位居高官,方弘静却按照实际成绩将其子评为劣等,这样做并非因为两人之间有嫌隙,而是以公平之心对待所有学子。

后升任江西参政,某卫指挥使贫穷至极,贪污严嵩银数千两,但不枉法。台使急于治其罪,方弘静为其辩白。台使大怒,方弘静守之自如。严嵩死后,人莫敢视,方弘静却不避嫌,让袁州知府具衣冠营葬,时人自叹不可及。政绩考评时,吏部不能易其属下一人,太宰杨博(谥号襄毅)以此知方弘静为官之大道。

改任湖广按察使,每坐堂上,呈吏抱牍屏息不敢出一语,纲纪肃然。后任江西右布政使,不久遇岁饥,中丞议闭粜,方弘静驳道"皆王民也,何秦越视",且弛其禁。驳回豪强驱赶典当商人之请,避免豪强独享其利。转任广东左布政使,有仓粮听民输金而官为粜之议,御史恐扰,方弘静认为官扰可以法绳,民扰则不堪,终行其议。

后升任太仆寺卿,尚未成行,即以右副都御史抚浙。浙自军兴后,在事者多以节省为名而压缩兵备开支,方弘静上疏,认为节省以去冗而冗滋甚,兵不习舟则兵冗,舟不习水则舟冗,请求核舟与兵之实,增费以去冗,以不节为节,朝廷采纳其建议。方弘静面对倭寇时常侵扰沿海,果断下令"御倭必于海,纵至岸者以失事论"。不久海上大捷,消灭倭寇百人,击沉倭船九艘。论功当晋升官职,因奸臣从中作梗,方弘静仅仅获赐金币而未被重用。御史弹劾方弘静,令归听勘。三省(尚书、中书、门下省)官员讼其冤,事才得明,起抚治郧阳(治今湖北省郧县)。其政取简易安静,官不得扰民,游客山人不得扰官,境内大治。中州(河南古称)饥民数万人往西涌入郧阳求食,地方深以为忧。方弘静毅然开仓放粮,秋收时备办干粮发送饥民,让他们能够返回故里,最终无患。升南京户部右侍郎,总督仓场。仓库管理员因吏卒争吵而遭军士侮辱,有人欲交郎署处理。方弘静认为事起仓卒,不可治罪,如果治吏卒罪,辄军士滋骄,于是杖吏卒而移兵部治其军士,人以为很得体。代理工曹清吏司事务时,军士苦于黄船役。虽然黄船役已经减半,有人意欲全免。方弘静认为"蠲之诚得军心,顾此辈饱厚稭而不受役,非法也",议者根本无法反驳。

万历二年(1574),自浙江返回故里,令子孙修葺素园,日卧其中,益无所事事。不久以年老辞官,接连上疏五次才获应允。辞官后,侨居南京五载方才返回故里。持躬范俗,秉于礼法,乡里尊崇。矿使至徽州,因为方弘静居此,所以不敢放肆。方弘静免除均输苛税,民赖以不扰。与二三大夫创办崇礼会,稍仿真率之意。尤喜后生辈交谈辞章,每每见到必定热情相迎。

所为诗文多与潘之恒相订赏,而意局气格独辟蹊径,自成一家,袁宏道称"有长庆之实,无其俗;有濂、洛之理,无其腐",王寅称"若'流水不知处,幽禽相与飞''不知春色减,忽见林花飞''永日空山寂,幽蝉时自吟''春色惊人早,云山与世违''旧业微蝉翼,穷途信马蹄',宛然王孟遗响也"。其论学则服膺朱熹,以《太极图》《西铭》《通书》《定性书》为六经羽翼,深恶世之好为异说以搷击儒先者,认为其罪大于西汉扬雄僭经。至谭空说幻之徒,尤所不喜,作《千一录》驳斥,以示道极。其议论操修,盖可谓粹然一出于正。著有《素园存稿》,初刻十六卷,后增两卷,继又增两卷。

九十高龄时,极力谢绝官府为其树坊旌表其门的做法。目明耳聪,能月下穿针,辨蝇头小字,步履稳健,甚至超过少壮之时。其于汪道昆深所不满,而从未对其进行半点口诛笔伐,盖其为长者如此。

卒后,御赐祭葬歙县丰隆岭,追赠南京工部尚书,方以晋请内阁首辅叶向高撰墓志铭。

明代廉吏江一麟

　　江一麟(1520—1580)，字仲文，号新源，婺源县江湾(今江湾镇)人。幼随祖父江骥习《易经》，读书刻苦，明嘉靖三十二年(1553)中进士，授职安吉州知州。

　　安吉出产铁矿，但明代中期矿税过重，官府又层层加派税银，矿工不堪重负。刚到安吉上任，恰遇矿工集结抗税，官府准备派兵镇压。江一麟亲自问案，释放因抗税囚押的矿工，撤回兵丁，平抚了境内即将酿成的动乱。又因安吉城岁久城圮，濠亦湮塞，亟须对城池进行加固。在江一麟的主持下，城墙加高三尺，内土岸以石甃之。随后又主持对州治进行重修。在他的努力下，新建了射圃、安吉营教场，对永安铺也进行重建。任内重视教育，崇尚教化。嘉靖三十四年(1555)，建造文昌阁，重修崇圣祠，为学子们营造良好的受教环境。继而又重修乡贤祠，鼓励民众举荐对本州有德业的官员，向上请示，重修名宦祠，进行纪念。同年，还重建了土地祠和敬一亭。主持编写《安吉州志》，亲自为州志撰稿。在安吉期间，诚心为民办事，官声清越。升任工部郎中时，当地民众携老扶幼泣泪为其送行。

　　嘉靖三十七年(1558)，刑部给事中吴时来因上疏弹劾严嵩入狱，江一麟冒死上书，最终使吴时来获救。后调任广平府(今河北省邯郸市永年区)知府。当时北方大旱，田地龟裂，蝗虫成灾。徒步各地，一边祈祷求雨，一边组织人力抗旱。旱魔驱逐之后，蝗虫尽死，百姓对其感恩戴德，无不称颂。隆庆元年(1567)，朝廷考察官员政绩，广平府被誉为"天下第一"。

万历二年（1574），任广东监军副使。那年倭寇侵占海丰岛后，即以1200余人来攻电白县（今广东省茂名市电白区），江一麟督军迎战，在电白附近选择有利地形，预设埋伏，待倭寇来到后，前后夹击，当场斩杀倭寇500多人，逃入山中的余寇随之也被围歼。因战功升任右副都御史、南赣州巡抚等职。万历三年（1575）在南赣州，安远县叶楷造反。发兵四路，令参将郭千统领官兵3000余人，由东路劳田堡进兵；安远县知县陈行可督率该县精兵并附城乡兵1800名，从西路太平堡进兵；定南县典史张尚礼统领乡兵2000名，从南路大小石堡进兵；赣州县（今江西省赣州市）通判徐廷辅，卫户孙韬、李宾统领鸟枪手400名协同双桥、石溪等堡乡兵，从本堡便路进兵。并令各路派兵把守要隘，以防其逃，自统大队官兵直逼叶楷腹地——溪尾村。彼时叶楷部将梁正环、陈俊、赖琪等先后被招安，并带兵进攻叶楷本部。叶楷部下渐次瓦解，势孤力单，不得不率领余部遁匿叶家法堂"赖舍庙"。旋即官兵云集，纵火烧庙，叶楷及其妻林氏被大火烧死庙中。翌年，该地从安远县分出建立长宁县。

万历五年（1577）十二月，升任户部右侍郎兼佥都御史赴任淮安，督办漕运。在北上赴任前，由于路途遥远，出于安全考虑，江一麟决定将有些破旧的官船整修一下。按理说官船的整修可以由公家出钱，但他自己拿出十两俸银，请当地的百姓赵锷修船。启程时，江一麟偕同夫人登舟，看到船被大修了一番，禁不住吃了一惊，就问赵锷花了多少银子。赵锷回答说："花了十两。"江一麟不信，认为十两银子不够，便暗中查问各类工匠的费用，结果发现赵锷实际上花了二十两银子。随即拿出俸银六两，又将扇子三十把、墨二斤，折银四两多，以此补足修船的费用。但是，江夫人说："你既然知道他贴了十两银子，就该照数补给他，再另外拿扇子和墨酬谢他的辛劳，何必这样吝啬呢？"听了夫人的话，江一麟不禁脸红，连声说："夫人说得极是。"赶紧又补了四两银子，赵锷更加推让，怎么都不愿意收下这四两银子。江一麟只好沉下脸来，生气地说："你难道要我连一个妇人都不如吗？"听江一麟这么一说，赵锷只好含泪收下十两银子及扇、墨，感慨地说："大人真是世上少有的清官！"

督办漕运期间，崔镇黄河决口，淮河高堰湖大堤被冲毁，淮扬、高邮、宝应之间到处为水所浸泡。江一麟目睹百姓遭受水灾流离失所，十分痛心。为此，几次上奏请求减免灾区赋税，使遭水灾的泗州、兴化等七州县免征一年税赋，重灾区免征两年，共免夏秋税粮二十九万余石、银一万两。在此期间，江一麟一边赈灾一边谋划治理黄河的方案。与右都御史兼工部左侍郎潘季驯一起，勘察黄河、淮河水势之后，提出"筑堤束水，借水攻砂"的方案，并上书朝廷提出"治黄"的六条建议，神宗权衡利弊，最后同意按他们的方案办理。治理黄、淮二水工程开工后，江一麟兢兢业业、刻苦任事、全身心扑在治水工地上。经过一年多的紧张施工，黄、淮二水工程于万历七年(1579)冬完成。

治河成功后，为表彰江一麟治河功绩，神宗特赐玺书、蟒袍和银币，晋升江一麟为右都御史兼户部侍郎，督理漕务。但是，此时的江一麟因劳累过度，一病不起，不久即死于治水任上。临终前，他仍惦念着漕务大事，语不及私，观者为之动容。病逝后，神宗甚为痛惜，特派遣徽州知府高时到江湾吊唁，在江湾举行隆重谕祭葬礼。其墓位于如今的江湾中学背后攸山脊脚下，当地人称"御葬坟"。

江一麟一生自律甚严，清正廉洁，不蓄私财。每次升官或有功劳，朝廷赏赐的银币布帛，不买田不建府宅，除济助家乡贫困老人之外，私蓄全部捐建江湾村萧江祠堂永思堂，还亲自为萧江祠堂撰写了《祠规》。要求族众孝顺父母、尊敬长上、和睦乡里、教训子孙、各安生理、毋作非为，强调要厚风俗、尊礼教、育人才等。所撰《祠规》碑刻，现存于婺源县江湾村萧江宗祠左侧庑廊的墙壁上，共两块，高1.98米、宽0.95米。后人在江湾镇江湾景区建有江一麟纪念馆，馆内有一副楹联"往事昭昭万世长存宇内，精忠耿耿百年犹在人间"，这是对江一麟的最好评价和纪念。

著述有《易说》《尚书约旨》等。

廉慎自守内阁次辅许国

许国（1527—1596），字维桢，号颍阳。歙县东关人。

许氏虽为徽州名族，但到明朝时，东关一支已基本沦为寒门。许国之父许鈇，曾在无锡一带经商，许国少年时代先后在歙县斗山书院、黄山祥符寺、齐云山朗灵书院读书，也曾随父在浙江生活过一段时间，对商界的经营活动也有所了解。18岁考中秀才，然后往灵金山（今安徽省黄山市徽州区呈坎乡灵金山）石山精舍开馆讲学。嘉靖二十五（1546），赴应天府（今江苏省南京市）参加乡试，未中。此后又五次参加乡试，均告失利。嘉靖四十年（1561）第六次应考，喜中第一名举人（解元）。嘉靖四十四年（1565）中进士，按例授翰林院庶吉士。

嘉靖四十五年（1566）十一月，嘉靖帝病故，奉首辅徐阶之命，作《世宗肃皇帝神功圣德碑》，很得徐阶赏识。十二月，隆庆帝登位，又奉命作《圣主登极颂》，昭告天下，很得隆庆帝赞赏。因文章出众，被授为翰林院检讨，掌修国史。

隆庆元年（1567）夏，许国与兵部给事中魏时亮作为正副使，各受赐织金衣一袭及钞数百锭，奉命出使朝鲜。不料刚到达嘉山郡，就收到朝鲜明宗大王薨逝的官文。明宗的世子早夭，又无其他子嗣，对此复杂局面，该如何完成出使任务，成为许、魏担心的问题。在得知领议政李浚庆是贤相后，他俩派员先行一步去汉城，名为吊丧，实为探听政情。同时将情况与处置措施报告朝廷。许、魏到达汉城后颁布诏书，祭奠明宗大王。在各种外交场合，许国"从容"，魏时亮"严正"，均"举止有法度",深得朝鲜朝野好评。尤其是此前明朝使臣随从及太监"例多需索",而此次朝鲜官员发现许、魏谢绝馈赠各种礼物,竟然"囊中萧然",因而赞赏不已:"许、魏两使,前后诏使之来东者,无出其右。"回到京师,许国升任翰林院编修。

隆庆五年(1571),许国奉令充任会试考官,初选考生文章。当年夏天,到益州(今四川省成都市)调查藩王禄粮收入。不久,转道徽州,调解徽州赋税,向当地驻军提出减轻徽州百姓税赋负担的建议。未中进士前,许国家中很穷,经常受到休宁大木商程爵资助,故对程爵一直很感恩。此次回乡,专门拜望程爵,并推荐17岁的董其昌教授其子程梦阳读书。又到严州(今浙江省建德市)调查财赋之事。次年初,升任为日讲官兼司经局校书,为皇太子朱翊钧讲学。同年五月,隆庆帝因病突然逝世。六月,太子继位,年号万历。

万历元年(1573),许国由翰林院编修升任右春坊右赞善,充日讲官,继续为万历帝讲学。次年三月,御笔"责难陈善"四个大字赐给许国。"责难"即规劝纠错,"陈善"即陈述善策。这是历代日讲官少有之殊荣。其后,他受命参与编修两朝实录,书成,因功调任南京国子监祭酒。万历八年(1580),万历帝眷念许国,调其任太常寺卿,领国子监祭酒、詹事府詹事兼侍讲学士,仍为万历帝讲学。万历九年(1581)春,升任礼部右侍郎后转左侍郎兼翰林院侍讲学士,仍为万历帝讲学。万历十年(1582)六月,首辅张居正病故。临终前上报九人名单,均以"可大用"向万历帝举荐,许国居第四。

万历十一年(1583),许国升礼部尚书兼东阁大学士,参与机务,成为内阁重臣。次年六月,云南发生边乱,酋长反叛,首辅申时行主张宽法以待,拨款安抚,许国主张用兵平叛。万历帝采纳了许国意见,结果多年边乱得以解决。万历帝很是高兴。九月,加封许国为少保兼太子太保、武英殿大学士,成为仅次于首辅的内阁第二重臣。同年,万历特批许国在家乡营建记载功绩石坊一座,并两次驳回他自请免赏的上疏,加批"毋得固辞"四字,以表彰他"协忠运筹,茂著劳绩",于是便有了今天仍存的歙县许国石坊。

万历十四年(1586),许国被加封少傅兼太子太傅。同年,他举荐程爵为光禄寺丞,并在榆村口建一牌坊,题名"义佑国家"。万历十八年(1590)六月,青海发生叛乱,申时行试图安抚,许国仍主张用兵,万历帝又采纳了许国意见。万历十九年(1591),申时行遭弹劾,告假在家休养。同年,许国也告老回家,时年65岁。

许国一生历嘉靖、隆庆、万历三朝,尽管气量稍小、性格倔强、脾气急躁,但廉慎自守、忠诚练达,虽屡遭言官攻击,终不能被披以污名,颇受帝王宠信。为解决优待宗藩导致财政负担过重问题,许国呈上《宗藩禄粮议》,提出皇族宗藩按亲疏区分等级,统一设定优待标准,允许五世后代自由选择职业,审慎选任、严格考核各宗藩长史,谕令巡按严加纠察等具体措施。针对私盐屡禁不止问题,呈递《盐法议》,主张官盐、私盐同时生产,放开私盐流通,多收的盐税用于边防。面对边防驻军耗资巨大难题,他提交《屯田议》,主张边防军一边练兵,一边垦荒,减轻国家负担。明末,来自北方胡人的军事压力依然严峻,为消除边防废弛隐患,他呈上《防边议》,主张要给予边镇将领足够的经费支持与管理权限,情急之时可"悬金招募",名利并行的重赏轻罚,招募间谍深入胡地刺探情报,放宽文吏对边镇官兵礼法方面的约束,取消本为权宜之计的各边镇轮流驻防蓟镇的惯例。在《兵食议》中,许国主张兵无事不可集中,集中不可无事。十人要有六人屯田、三人值班,一人留守,轮流交替。即兵食足,士气也不骄。另外,他还提出宁夏垦荒、辽东通海运、苏州增纺织、广东增兵、治河治水等多项建议。这些建议或许未必完全妥帖,但都是针对有关时弊尽他所能提出的解决方案。

许国一生廉慎自省。告老还乡后,隐居在歙县城阳山许宣平祠里。他身着民服,或讲学,或读书,或畅游山水。攀过天都峰,游过齐云山,写下大量诗作。万历二十四年(1596)病逝。万历谥其为"文穆"。天启二年(1622),追赠太傅,这是一般文官难以企及的荣誉。

许国诗文造诣较高,作品浑厚典雅,文坛泰斗王世祯对其作品评价很高。子孙与学生为其刊刻了《许文穆公集》行世。

"知行合一"范涞

范涞(1538—1614),字原易,号晞阳,休宁林塘(今安徽省黄山市屯溪区弈棋乡林塘村)人。年少有志,年十一从学于休宁约山汪思舟。

明万历二年(1574),范涞考中进士,授江西南城知县。范涞在任期间,劝农兴学,倡行节俭,善政毕举。当时益王府中有人在大街上白日行凶,致人毙命而逃匿。范涞不畏权贵,勒令王府交出凶手,以正法典。在任六年,获得"治行为天下第一"的评价。万历十五年(1587),范涞为澹台祠书院(友教书院)撰写《重修澹台先贤祠记》。

范涞任满,迁南京刑部主事,调户部员外郎,出任南昌知府。他一如既往,荐贤任能,力行惠政。在南昌担任知府期间,每月两次召集郡学诸生讲求名理,勉励以躬行,并且还努力向朝廷举荐一些有识之士,比如邓元锡、章潢、刘元卿三士,在当时成为佳话。当时南昌一度天灾大旱,人们吃草根树皮,远近郊野被洗劫一空。范涞请监司开仓放粮,亲自为贫困的灾民发放粮食,还在偏远的城郊搭设粥棚,让灾民免于饥饿,又设药局,让生病的人有药可治,捐施墓地,让死去的人可埋葬。对于路途遥远不能救济的,必然亲自前往赈恤。大力推广种植,省却劳役,减少驿递经费,在官五年,以民为命,民亦倚靠范涞而生存。南昌有长河官港,官府每年获利四百金,当地豪强包揽官府税金,转而利用官港牟取暴利。范涞奏告朝廷,以其税收入相抵,免除长河港税,夺去豪强暴利,便于商民往来,人人称善。

万历二十二年(1594),范涞就任浙江按察司副使,后官至福建右布政使,"素持清节,不乏担当,历任中外,孤介寡合,翩翩自成一家"。

范涞曾前往抗金民族英雄岳飞墓地瞻仰,见前李隆所铸秦桧、王氏与万俟芮三塑像俱被游人愤情击碎,便命人以生铁重铸,范涞又认为张俊首先附和秦桧,请求解除岳飞兵权,后来又与秦桧为伍,制造伪证,陷害岳飞,虽有早年功绩,但难以抵偿后来误国大罪。因此,决定加铸张俊的跪像。四个跪像铸成后,杭州百姓对范涞之举无不赞道。万历三十年(1602),范涞升任浙江布政使,重返杭州,见王氏、张俊跪像又被击碎,范涞自取薪俸,再次重铸跪像。

嘉靖年间,倭寇累犯两浙,沿海郡县受扰最深。胡宗宪作《筹海图编》后,续之者有《海防考》《海防类考》诸书,而沿革不常,每有阙略。万历二十九年(1601),范涞官海道副使,因取诸书复加增广,故名曰《续编》。前有史继辰序,并《类考》旧序二首。凡四图,四十一目,于兵卫、巡防、饷额各事宜,颇为详备。

万历三十八年(1610)五月,范涞作《重建屯溪桥亭记》,称桥创于嘉靖五年(1526),居民戴时亮等首义鸠工,逾八年桥成,即置茶亭于上,以憩往来人。其高耸映水面类文峰。年久亭圮。今以概邑故,欲重建之,不烦官帑,先捐赀于首义诸裔,戴二逢、吴恩孝诸君有乐助。其意为屯溪桥始创于嘉靖五年(1526),是戴时亮捐建的,花了八年时间,桥中的茶亭高耸水面,犹如文峰塔。由于年久失修,桥亭先坏,万历三十七年(1609),戴二逢、吴恩孝等捐资重建而成。但从族谱等各种文献资料来看,嘉靖五年(1526)的捐建者中并没有戴时亮。

范涞致仕返回故里,着手管理宗族事务,创祠置田,制定家规家法。范涞十分重视修谱工作,万历二十五年(1597)纂修的《休宁范氏族谱》中,制定族谱例义九则,谱叙、谱原、谱系、谱居、谱茔、谱祠、谱表、谱传、谱考,完善了范氏族谱的体裁体例。强调"求祠制之伦教,以积功树德,不颓家声,如宗规所载者,谱之心也。人心萃于祭祀祖考之精神,格于爱敬,爱敬尽乎族人,世世相承,一本无间,亦如一元之气之流形,则于先观察为有光矣。此之谓谱,谱吾祖宗之所望于子孙者,其在斯乎"。将族谱记载祠制、宗规作为族谱的灵魂,以达到尊祖敬宗的目的。

范涞所订立的墓祭分不同时间举行。休宁范氏是七族会祭祖墓,规定范传正等四位祖先在清明前三日,七族照原额出银至统宗祠聚齐,前往祭祀,祭仪、餕仪一如旧规。还规定二世至八世祖七处祖墓在清明前四日进行,族众先在祖宅会合,然后墓祭,祭后回祖宅会餕。自万历二十二年(1594)起永为定规。可见范氏墓祭原有旧规,万历二十一年(1593)重新制定祭规,祖宅、统宗祠是族众进行墓祭活动的部分场所。接着是长支、中支、小支、林塘支等在清明前一日会祭祖墓,然后是林塘通奉大夫房等在清明前卜日会祭。祭祖各处墓祭的祝文、仪节俱照朱熹《家礼》仪节祝文。墓祭的制度化,还表现在范氏编撰了《瑶村祖墓志》《膳荧簿》等宗族文献。

范涞注重民间先辈文献,除了整理老师汪思舟遗作,还曾于万历四十四年(1616)暮春,过榆村,偕同程氏姻亲行三十里抵石门,会朱升裔孙时新、时登、时臣,获展朱升遗像,阅其所藏谱画图籍。其时,御书梅花初月还在,不幸朱升各书刊版或朽或失,为之叹息。其后,时新搜集朱升与朱同书稿寄给范涞,此年秋,范涞为之撰序。

范涞"学宗程朱,期以实践",生性嗜学,亦热衷于讲学,闲暇之余,到徽州六邑讲学,教诲开导后生,平生以传道授业为乐。范涞平生著作颇多,在南昌任知府期间,主持纂修了《万历南昌府志》。所编著的《休宁理学先贤传》,于宋取程大昌、吴敬、程若庸,于元取陈栎、倪士毅,于明取朱升、赵汸、范准、汪循等共九人分别立传,以述其卫道之功,被称作一部"综核严正"的著作。又著有《范子咙言》《晞阳文集》《朱子语类纂述》《两浙海防考续编》等行于世。

 ## "理学真儒"汪应蛟

汪应蛟(1550—1628),字潜夫,号登原。婺源县段莘乡段莘村人。少能诗,读书刻苦。明万历二年(1574)中进士,授任南京兵部主事,又任南京礼部郎中。经考核入京,时吏部侍郎陆光祖与御史江东之等相互攻讦,汪应蛟因支持江东之,得罪陆光祖遭报复被罢官。后重新起用,担任四川督学,大力兴办学校。转任山东参政时,恰遇大灾之年,调动多方力量积极赈灾,救活灾民无数。随着升任山西按察使,在易州(今河北省易县)统兵;曾上书弹劾矿税使王虎贪婪横行,请求免派税使。《明史》称其"亮直有守,视国如家"。

万历二十六年(1598),倭将平秀吉兵围朝鲜,危及明朝安全,朝廷派天津巡抚万世德领兵赴朝鲜镇抚,命汪应蛟为都察院右佥都御史代天津巡抚,在登莱屯兵驻防,保卫海疆。由于连年征战,军队后勤供应十分紧张,百姓不堪重负。汪应蛟在日常巡查中,发现天津葛沽、白塘一带的土地,一片荒芜,苇茎丛生。他想,这一带水源充足,若能将此荒废之地开垦为水田,不仅能改善军队粮食供应,同时还能促进当地经济发展。为此他找来当地老人,询问这片土地荒芜的原因。老人告诉他,这是一片盐碱地,没法耕种。汪应蛟经过调查分析,得出"地无水则碱,得水则润,若营作水田,当必有利"的结论。于是,他力排盐碱地不能耕种的"风土论"观点,决心一试。

万历二十八年(1600),汪应蛟下令驻防兵丁2300余人进驻葛沽、白塘一带,筑

堤围田，开浚河渠，灌水洗碱，开始屯垦。他借鉴闽浙沿海治理盐碱地的经验，采取"一面滨河，三面开渠，与河水相通"的办法，四面筑堤以防水涝，开挖深渠利于排涝，利用海河一日两潮引水灌溉，排出盐碱。第一期垦田5000亩，其中水田2000亩，每亩产粮四五石；旱田3000亩，每亩产薯豆一二石，一年收获稻谷两万多石。汪应蛟首次屯垦种植水稻获得成功，为当地大规模开发改造盐碱地提供了宝贵经验。在他的积极倡导和大力推动下，天津"田利大兴"，大片的盐碱地被开发成良田。屯田范围逐步扩大到何家围、吴家嘴、双港、辛庄、盘沽、贺家围、东泥沽、西泥沽等地，分别以"求、仁、诚、足、愚、食、力、古、所、贵"十字编次其围田，人称"十字围"。开田数量达到18万亩，积谷无数，每年获利饷银6万两，使天津财力大增，军粮供给、百姓生活均得到改善，并造就了津门著名的水利设施，福及子孙后代。

朝鲜战事平定后，汪应蛟移调保定巡抚。在保定任职期间，汪应蛟看到保定一带也是荒地无边、野草无际，对此他认为唯有屯田方可足食。于是上奏朝廷，建议开渠筑堰、规划造田，并说如果垦地7000顷、每顷年收获粮食300石左右，天津的军饷就足够了。此方案得到朝廷的批准，实施之后效果显著。随后，针对保定水旱灾害频发状况，为根本解决河北水利问题，汪应蛟又奏请广泛兴建水利。提出保定辖区的各条河流均可利用，如易水可以灌溉金台，滹水可以灌溉恒山，溏水可以灌溉中山，滏水可以灌溉襄国。漳水来自邺下，西门豹曾利用过它；瀛海在众河下游，与江南水乡相比没有差别。其他山中泉、地下水，到处都有，都能引来灌田。请求开渠筑坝，酌情征调士兵、民夫，完全按照南方耕种水田的标准来兴修水利。可惜这一建议最终未能推行。

不久，汪应蛟奉召入京，被任命为工部右侍郎，未上任告假回乡探亲。后来又被任命为兵部左侍郎，以奉养父母理由仍未上任。在居家的19年里，他曾捐俸置义田50亩，建"正经堂"为乡人子弟读书处；又修三贤祠，讲学于蚺城紫阳书院、中云福山书院和清华富教堂，并撰写了许多诠释理学经典的论著。光宗即位，复起任南京户部尚书。天启元年(1621)，改调北京户部尚书。在赴京途中，得知后金进攻辽东，占领辽阳、沈阳等主要城市，辽东大部沦陷，朝廷骤加赋税几百万。因此紧急上疏指出：汉初萧何办理军粮，先安抚百姓，所以能使汉兴楚灭。现在国家灾难多、经费不足，但如果不爱惜保养百姓的财力，只图收尽民财，则财尽民穷，变乱必然发生。于是列出爱民养民十八事，得到熹宗的赞许与采纳。后来，辽东经略使熊廷弼提出加征军饷1200万两，用作布防策略开支，也被汪应蛟上疏阻止。

汪应蛟为人刚直守节，视国如家。他谨慎理财、杜绝浪费，努力为朝廷解救财政危机。熹宗乳母客氏对墓地要求超出规定,他坚持不给。泰昌元年(1620),在廷议震动朝野的"红丸案"时,他刚正不阿,直言弹劾鸿胪寺丞李可灼、内侍崔文升之罪,请求将李、崔二人绳之以法,贬斥内阁首辅方从哲。天启四年(1624),汪应蛟以年老体弱,七次上书辞官,朝廷才同意他告老还乡,并加封他为太子少保。辞别熹宗时,他上疏陈述圣人学说,并引宋代大儒训语,劝告戒备宦官和宫中女官,显然对当时太监擅权等危害明王朝的种种弊政,忧虑重重。

为学主张诚敬,所著《中诠》一书皆其讲学之语,详于儒释之辨。当时诸儒各立门户,学说纷杂,汪应蛟想要无所偏倚,故以"中诠"名之。《中诠》提出天命之性是性,气质之性不是性。坚持性善一元论,主张躬行实践的养性论。他的人性论是对朱熹性二元论的改造,一方面是因为汪应蛟基本继承了朱熹性二元论理论方法和内容,虽然说法不同,本质上仍无大的变易;另一方面是因为汪应蛟并不是固守性二元论,而是在此基础上作了新的发挥,增添了对人性问题新的看法。汪应蛟的人性论在徽州学者人性论的发展过程中起到了承上启下的作用,为后来戴震颠覆性二元论埋下伏笔。

平生著作甚富,有《诗礼学略》《诗礼品节》《学诗略》《中诠》《读庸寱言》《理学经济汇编》《九问密语》《独言》《古今彝语》《海防奏疏》《津门疏》《抚畿奏疏》《计部奏疏》《蜀语》《病吟诗草》《乡约记》等百余卷。卒后,思宗追叙他生前功绩,旨赐其"理学真儒,经济实用"评语。

抗清义军首领金声

金声(1598—1645),字正希、子骏,号赤壁,休宁瓯山人(今万安镇瓯山村)。由进士入仕,授翰林院庶吉士,历官兵部右侍郎兼都察院右都御史。清兵攻陷南京后,起兵抗清,为抗清义军首领。

明万历二十六年(1598),金声出生于瓯山。瓯山金氏是休宁望族,金声按世系算起来是第十二世。父兄在湖北做生意,金声在瓯山翰林第度过愉快的童年后,11岁便随父到湖北嘉鱼县投师受教。崇祯元年(1628)中进士,官翰林院庶吉士。次年,宫廷召对时,以《廷试策》得到崇祯皇帝激赏,升任御史、监军。清军初犯北京时,金声上书建议破格用人御敌,未被采纳,于是托病辞职返乡,广集乡勇,在城西凤山一带习射演武,在万安还古书院读书、练剑、讲学,并在横悬空中的"练心石"上站立,锻炼"琴心剑胆"。徐光启荐他修历书,他坚辞不就。崇祯十五年(1642)冬,李自成农民起义军横扫大江南北。次年三月,李闯王队伍由祁门进入徽州,徽州子弟响应金声号召,纷纷拿起刀枪保卫乡土。不久,母亲去世,金声悲痛欲绝,正按制守孝。不料,崇祯十七年(1644),清军攻陷陪都南京,金声泣告郡县士大夫和父老乡亲,悬高皇帝(指朱元璋)像于明伦堂,率士绅父老子弟哭拜,控告清军不共戴天之仇,誓言:"杀虏者昌,降虏者亡。"大多数人听罢金声的鼓动,都义愤填膺,可恨的是,有一小部分官绅却散布流言蜚语,说什么"投降则生,拒之则祸及三族",致使不少人丧失斗志。

清顺治二年(1645)初夏,清军迫近徽州,一些见风使舵的人,要么挂冠而去(指辞去官职),要么争进投降表。金声强忍悲愤,召集意志坚定者八百余人,变卖自己衣饰器具获得两千金充作军饷,一心要重振高皇帝三百年之纲常。只是义军人数太少,难以成事。正在这时,从北边逃回徽州的人说,清兵奸杀淫掠,无恶不作。金声认为这些说法正好可利用来鼓励徽州乡人同仇敌忾,于是檄文征召乡人厚集兵饷,广纳人才,固守新安,以渐图恢复大业。他委任举人汪观当饷事,派胞弟金经、金维遴选兵士,力请各地士绅分守各地山岭要道,而丛山关迫近宁国,道路平坦无险可守,担心清军骑兵突袭,便与门生江天一亲自把守。随即,在绩溪县斩杀清军信使,委派胞弟金辂统兵进攻宁国,同时由副总兵黄赓(休宁龙湾武状元)与知县胡鸣复等统兵两千协同进取,并委派福星领兵一千镇守宁国县(今安徽省宁国市)以为后援。以此积蓄力量,希冀大克敌军,驱除强虏。不料,泾县战事告急,随即增派金经、金维领兵两千五百人收复泾县。是年,唐王朱聿键在福州称帝,封他为兵部右侍郎兼都察院右都御史。金声总督诸路义军,连克旌德、宁国、宣城和泾县等地,一时声威大震。

顺治二年元年(1645)八月,清军分三路围攻徽州,金声与江天一等,依凭丛山关险隘,固守绩溪,清兵久攻不克。叛徒黄澍伪装束发,服明衣冠,诈称率兵来援。金声不及细查,放他入关。清军乘机里应外合,攻占绩溪。当时,门生江天一在金声身旁,金声说:"尔有老母,可无死!"江天一回答:"天一同公起兵,可不同公殉义乎!"这时,清军将领张天禄、卜从善领兵万余,由向导带路抄小道进入冠山坦,与义军短兵相接,众寡悬殊,义军不敌。金经、金维、范云龙、汪永青、方武成五位将领在战斗中阵亡。金声闻讯,领亲兵五百驰援。八月二十日,清军各路兵马直冲港口,金声义军奋勇死战,杀死清军将领胡祥,斩敌首级无数。可是,清兵不断涌来,自己兄弟及其将领死伤过半,兵士伤亡殆尽。金声见状,知道大势已去,独木难支,担心城破百万生灵尽遭杀戮,于是丢掉甲胄宽衣缓骑,远远朝着清兵队伍喊道:"我是金翰林!"清兵随即围上来,拥着金声来到清兵军帐中。金声坐下呼叫张天禄说:"你前来听我一言,聚众欲杀你们这些强盗的是我一人,督兵抵抗你们的大多是我兄弟,与百姓无干!你们都是中华人,慎毋妄杀百姓!"接着,金声详述起义抗清缘由,并畅言君臣大义。张天禄听罢很受感动,对金声双手一拱,叹道:"谨奉教。我辈岂真犬羊,奈时势逼迫,奉洪内院(指已投降清军的明将洪承畴)令至此。"金声心想,洪承畴毕竟是我大明朝名臣,受先帝厚恩,良心或许没有完全泯灭,于是暂且隐忍,不立即求死。十月初六,他与学生江天一同被押往南京。金声对江天一说:"我见洪承畴，当与他说，你就是亨九（亨九是洪承畴的号）吗？亨九与虏战阵亡讣闻至京师，先帝（崇祯）素服临郊祭以九坛。岂有受恩如亨九而甘心从虏者，我窃疑其伪装，以此阴动其心或图反正，未可知也。"途经芜湖，徽州同乡迎送于路旁，有人说："先生回来时我们一定再来路旁恭候。"金声笑着回答："再回来我就一文不值了。"

到南京后，洪承畴果真以同年进士身份劝他归降，遭其痛斥，金声双目圆睁，大声怒斥："岂有受恩如尔而降者！"江天一则朗诵崇祯帝祭文以辱之，说要学习洪亨九先生。洪承畴说我就是洪亨九。金声说："呸！谁不知道洪先生已经殉国了！先帝恸哭辍朝，赐祭九坛，封妻荫子，你竟敢假冒洪经略？"洪承畴被气得无言以对。清豫王多铎看重金声，洪承畴杀金声有顾虑，就暗示金声出家为僧。金声说："何以为忠臣？"洪承畴谓其"火性未除"，遂杀金声。十二月初五，金声在南京雨花台慷慨就义。江天一从死，临刑前大呼："流芳百世，遗臭万年，此一息也！"临刑前，金声遥拜明孝陵后端坐饮刃，时年48岁。遗著有《金太史文章》《尚志堂集》等。

视死如归的抗清英雄江天一

江天一(1602—1645),初名涵颖,字文石、淳初,号止庵,人称寒江先生。歙县江村人。其父江士润为崇德县(今浙江省桐乡市崇福镇)皂林驿驿丞,后任湖广武昌府金牛镇巡检,因拒贼城陷,自沉于江,人称其忠贞。从小失去父亲,侍奉母亲和扶养弟弟的责任,便落在江天一的身上。他自幼读书就很刻苦,文章有大气。曾随祖父到华亭县(今甘肃省华亭市)读书,16岁时返回歙县参加童子试,没有考取。以后多次考府县学,始终不中。歙县县令傅岩却认为他有才学,非常看中他,县试中取他为第一名。36岁时,他终于考中生员。

江天一家里很穷,房屋残破不堪,只好自己动手用畚箕挑土筑墙而住。屋上盖的瓦片不齐全,大热天就暴晒在酷热的太阳中;下雨天,全身被雨淋得蜷缩在破伞下。家里的人又埋怨又叹息,江天一却捧着书本朗读,和平常一样。江天一居破屋读书的事迹被记入《治学典故》中,与范仲淹、柳宗元一样,成为读书人的典范。

江天一非常好学,安于贫贱,为人耿直,崇尚气节。他主张立品为文,曾经对人说:"士不立品者,必无文章;读书不救世,必无气节。"明崇祯时,翰林院庶吉士金坛(今江苏省常州市金坛区)人周钟擅长八股文,所作文章被称作科举制义范文,颇负盛名。江天一很仰慕周钟,于是前往金坛拜周钟为师。回到歙县后,对好友闵遵古说:"周钟不是一个人品高尚的人。"崇祯十七年(1644),李自成攻陷京师,周钟出降,为李自成登基起草诏书,成为没有气节的文人典型。

周钟以教书为生,在淮安坐馆期间,淮安有一孝妇,对公婆极为孝顺,曾以割肝活姑感动世人。文人雅士为此写了很多诗文赞扬孝妇,江天一也被孝妇的事迹感动,亲自上门拜望孝妇,并拿出自己教书所得,将文人雅士赞美孝妇的诗文刻书传世。他对闵遵古谈起孝妇事迹,说:"我辈立身处世就如同处女,处女失节,没有贤愚之分,同视为低贱。如果读书人见异思迁,到了生死关头便失去操守,比处女失节更为不堪。"

交游广泛,经常与文友结社,赋诗作文。天启元年(1621),与汪觉先、汪济淳、汪沐日、吴斌维等结"古在社";天启二年(1622),与汪沐日、程苋臣、程朗生等结"同言社"。其后,又与吴束三、方式玉等再结"十三子社"。崇祯五年(1632),江天一、洪常伯等结"选社",后改名为"行社",成员有洪常德、吴尊古、汪济淳、汪沐日、方式玉等。这些文社大多由江天一主持,但成员之间也相互辅助,共敦社事,他们因志趣相投而聚在一起切磋文章、相互共勉。同时,还参加了张溥聚集全国各地文社,在吴江创立的"复社",规模浩大,一时声动朝野。江天一参与结社的目的,除了以文会友以外,在国难当头的明末,更有关心时事的内涵。他在《六水集序》一文中就说道:"士则修其身,读书穷义,由家及国,考古今治乱兴亡得失之机,察天理人情经权常变之数,上思以安社稷,下思以抚人民,在一日则思尽一日之人,在天下则天下恃其有人,非仅如富贵无忘缓急相庇之志,又恐一人不足以济,故合同此志也而盟之。"

江天一曾游黄山,在始信峰留有"寒江子独坐"石刻。并作有《朱砂庵》诗,诗云:"曲磴千盘尽,何曾任凿穿。本来超色相,不假幻因缘。翠滴松稍雨,岚开嶂外天。此中饶静解,何事问栖禅。古刹犹金碧,乾坤等劫灰。息机原在悟,彼岸本无媒。转梵猿常下,传经鸟自来。他年返初服,结庐向丹台。"

江天一以文知名当时,性格深沉,足智多谋,受到同郡金声的赏识,成为金声的学生。明末徽州一带盗匪很多,江天一辅助金声,团结乡里的年轻人组成乡兵,作好防守的打算。崇祯十六年(1643),黔兵一路烧杀抢掠将要到达徽州时,徽州人非常震惊恐惧。江天一佩腰刀,裹头巾,黑夜里骑着马,率领一批勇士奔跑了几十里,与黔兵在祁门进行激战,杀死了一大半黔兵,夺取了他们所有的牛马和兵器,徽州府城依赖这次战役而得以平安。黔兵是凤阳总督马士英的部下,他非常恼怒,向朝廷上奏章,称徽州人拦杀官军,想致金声于死地。江天一为此写了申辩金声无罪的奏章,递呈朝廷;又写了《吁天说》,向掌权大臣申诉,这件事情才得以弄清楚。自从清兵与明王朝开战以来,金声前后训练乡兵三年,江天一都在金声的幕府中。当时,幕府中众多侠义之士号称精通兵法的有上百人,而金声只推重江天一,凡对内对外的机密大事,都与江天一共同商量。

清顺治二年(1645),夏五月,江南已被清兵攻破,各州县见势纷纷归附清朝,但徽州人还在为明王朝坚守抵抗。六月,明宗室唐王朱聿键在福州称帝,听说江天一的名声,便委任他为监纪推官。在此之前,江天一对金声说:"徽州山势险峻,各县都有险要可守,只是绩溪为交通要道,地势平坦,应该在那里建关隘,派兵驻守,以便和其他县互为犄角。"于是在绩溪筑起丛山关。不久,清兵攻打绩溪,江天一日夜手持兵器登城防守,丝毫不松懈。有时出城迎战,双方死伤不相上下。于是清兵用少数骑兵在绩溪牵制住江天一,而另外从新岭进攻。守岭的人先败逃,绩溪城终于沦陷。

清军占领徽州以后,悬赏捉拿金声、江天一等抗清义士。先是金声被捕,江天一知道后,立即回家,拜别祖母、母亲和祖庙,把祖母和母亲托付给弟弟江天表。然后追上清军,大声地说:"我是金翰林的参军江天一!"于是被捕。清军中有人对江天一非常佩服,想偷偷地释放他。江天一说:"你以为我怕死吗?我不死,将祸及全族。"在营门口遇见金声,金声看着他说:"文石,你还有老母亲在,你不能死。"江天一笑着回答:"哪有与你共事,遇到危难却自己逃避的呢?"到了南京,总督洪承畴想劝降他,江天一昂起头来说:"我为你考虑,还是把我杀了的好;我不死,必定还要起兵!"于是把他押到通济门刑场。到了那里,江天一高呼"高皇帝"三遍,向南面一拜再拜,拜完,坐下来受刑。围观的人没有一个不感叹流泪的。其友闵遵古收殓尸体,将他安葬。而金声也在同一天被杀害。

遗著有《止庵集》八卷,由其门人洪祚永整理后行世,前七卷是江天一本人的著述,第八卷《附录》是后人所作的传和题跋。卷一是序;卷二主要有记录、疏、辩、论;卷三是传;卷四是书;卷五包括寿序和祭文;卷六主要是杂著;卷七有引、说、铭、篇、题跋。其中的传记、序文和书信,不仅记录了江天一的所见所感,而且反映了他的创作思想和文学观念,最能体现他忠孝节义、激劝天下的思想。

治世能臣赵吉士

赵吉士(1628—1706),字天羽,又字渐岸,号恒夫,休宁县万安旧市人,出生于杭州。清顺治八年(1651),他以杭州府学身份参加浙江乡试中举,此后几次会试均未及第,遂于康熙七年(1668)参加吏部谒选,补为山西交城县知县,于当年三月二十八日到任,至康熙十一年(1672)十月卸任。

在知县任内,他率领百姓开渠、植树、修路、筑城、葺署、挖湖、均徭、劝农。尤其是兴修水利,凿山通龙门渠,灌溉农田十万顷;恢复南堡村木厂,增修粮仓,平反冤狱,在一定程度上改善了当地百姓的生活。还兴修县志,扩建书院等,颇有政声,可谓治世之能臣。他居官清廉,在交城任内,重修衙署捐银860两,修北门城垣捐银512两,重修靖安营捐银534两,开凿甘泉渠捐银1000两。"家计半为官赔",如没有勤政爱民之志之心是难以做到的。

交城地处雁北山区,地势险要,向为流民啸聚之地。明末农民大起义时,当地发生过饥民起义。顺治六年(1649),大同镇将姜瓖反清兵变战败被杀,其残部逃往交城山中,与当地流民、饥民、土匪相混杂,常打家劫舍,对抗官府,成为地方治安的心腹之患。加之,当时苛捐杂税,民不聊生,交城不少穷困百姓被迫抗赋逃税,甚至铤而走险,聚众为盗。赵吉士到任后,认为"不先抚无以携其党,不终剿无以绝其根",设计进捕,提出剿抚兼施的政策,多次深入交山腹地,前往"盗匪"集聚的山中向他们晓以大义,苦口婆心规劝民众要力耕勿盗,众人在赵吉士恩威并施的劝说下逐渐离散。日暮时赵吉士睡在陶穴中听到有人在窃窃私语，隐约感知身边有众多贼党，却表面装作不知道，次日深入，察其形势。最险者曰三坐崖，东西两座像葫芦样的山川绕其下。如果在葫芦口之处设防，则官军不得登。赵吉士默默记住便回去了。见官府迟迟没动静，交山贼杨芳林、杨芳清等又时出肆掠，四境不得安宁。

康熙九年(1670)春，赵吉士入山劝农，安抚姜瓖旧卒惠崇德，询得杨芳林、杨芳清这两位头目所在，命士卒火速擒至，杖而系之。之后，又降伏捉拿了一批匪首，交城山区很快恢复平静生活。四年之后，赵吉士在向上级汇报情况时，曾不无得意地写道："卑职令交四载，招抚者二，踏荒者一，曾深入穷山数百里，相其险阻，察其情形，又时召民之老于山中者细心访问，绘成图势。后屡据各处关提亲拿，计缉擒康如、江四名于关头寺，擒杨芳清、杨芳林于惠家庄，擒李宗盛于雕窠，擒赵应龙于史家谷，擒闫六于静乐之青简皮，擒袁世虎于中西都之左演沟石崖窟。皆诱以酒食，按图势指示，究问其出入，乃知此山实天生贼窟，此山之安与乱非特一郡一邑之利与害也。"他还曾吟诗一首，自纪其功："古岸摩碑画土疆，书生拥盾事戎行。胡芦川指新屯寨，乳子河怜旧战场。军吏论功无刃血，村翁破涕进壶浆。由来不杀称神武，此后何人更陆梁。"

因剿匪安民之功，康熙十一年(1672)冬调入京师擢升户部山西清吏司主事。后历任河南司、四川司主事。康熙二十年(1681)，奉使征扬州关钞，又调通州中南仓主管，纂修盐漕二书。康熙二十五年(1686)受康熙帝面试，擢户科给事中。后受命勘河，因支持漕运总督靳辅有关治理黄河的正确主张，得罪了占上风的反对派而罢官。其后，复补国子监学正这类闲职，却已厌弃官场，绝意仕进，闲居京师宣武门外寄园和休宁故里十八年，康熙四十五年(1706)在万安旧市老家去世，留下《续表忠记》《寄园寄所寄》《寄园丛钞》《交山平寇录》《杨忠公列传》《林卧遥集》《万青阁集》《录音韵正伪》《牧爱堂编艺文》等十余种诗文集。

赵吉士对家乡文献、逸事非常关心，读书时只要见到与徽州有关的资料，都注意收集抄录。康熙二十三年(1684)任会典馆纂修，得见大量国家典籍，其中记载的徽州人物极为丰富，非常感慨，下决心退休以后，回到家乡，广增博采，编一本志书。康熙二十七年(1688)致仕，于是回归故里，广询父老，征集逸事，着手志书编写。康熙三十二年(1693)，尚未完稿，又被征召入都。次年，他的学生明史、会典两馆纂修官丁廷楗出任徽州知府，拜望老师，并向老师咨询徽州的乡土民风及施政方法。赵吉士告诉他："这些在志书中都记得清清楚楚，可惜的是自从明嘉靖以后，志书没有再修，我一直想补此缺遗，你以史官任知府，希望能帮助我完成心愿。"丁廷楗到任以后,收集图籍、纪乘、簿书,寄往京城。赵吉士收到这些资料以后,补充自己的未完之稿,并与同在京城的徽州人吴苑等人商研体例,完成志书编纂,康熙三十八年(1699)刊行。该志共18卷,以9个专志为纲,层次分明。记叙方法以府志为经,以邑志为纬,删繁就简。内容尤详明嘉靖以后的人和事。赵吉士强调,修志务必真实,众目未见,众耳未闻者,宁缺勿载;志中人物事迹,尤其要精严可信。

乾隆重臣汪由敦

汪由敦(1692—1758),初名良金,字师茗,号谨堂,又号松泉,休宁上溪口人。汪由敦祖上曾出过户部主事、布政使司参议、监察御史、太仆寺少卿等高官。父亲汪品佳贾而好儒,常年寓居江苏常州,并在此生下四子一女。汪由敦排行老大,从小颖异绝伦。5岁便拜师读书。8岁时,其父每诵以前代世系年号,汪由敦即能一一复述。10岁时,随父母回上溪口读书学习,过了一段快乐的少年时光。

19岁随父亲客游钱塘而循例以商籍就试于钱塘,被浙江巡抚徐元梦赏识。后随徐进京,又得以与何羲门、秦南沙、吴文简、陈时初等大家相交,被推荐充任明史馆纂修官。清雍正二年(1724)三月,参加顺天府乡试中举,八月参加会试和廷试,中二甲第一名进士,人称金殿传胪。因优于文章书法,被选入翰林院庶常馆,授编修。后由左赞善迁四译馆少卿。乾隆元年(1736)充山东乡试考官,不久入值南书房辅佐太子,授内阁学士。乾隆六年(1741)充文颖馆副总裁,迁礼部右侍郎、兵部左侍郎,又任顺天府乡试考官。次年,担任会试副考官,与主考官鄂文端等精心选得金甡等319位进士,其三弟汪鼎金也以回避卷被钦取为进士。次年充经筵讲官。不久,授工部尚书,又转刑部尚书。接着,又兼署都察院左都御史。因办事甚合圣意,得赐御书"松泉"二字,便以此自号,以示不忘皇恩。

乾隆十三年(1748),平定金川用兵,羽书频传、战事紧急,乾隆亲自坐镇指挥,汪由敦与湖南陈文肃相互草拟圣旨,皆合旨意。乾隆十四年(1749)二月,金川告捷,得议叙军功加三级,旋加太子少师。当年冬天,恩师张廷玉致仕将归,未能及时进谢而惹恼乾隆降旨诘责,汪由敦诚惶诚恐,连忙行免冠叩首大礼,请求乾隆收回成命,以替恩师求个始终矜全。次日,张廷玉一早入朝,乾隆即责怪汪由敦漏言,徇师生私恩,遂降旨革去其协办大学士和尚书衔。一个月后,乾隆竟又将圆明园内原属张廷玉的澄怀园赐给汪由敦。不久,又恢复尚书任。不料乾隆十五年(1750)八月又因四川学政朱荃(系汪由敦保举)犯罪受累而被吏部夺职,乾隆念他谨慎和长于学问,从宽降为兵部右侍郎。

乾隆十七年(1752)秋,汪由敦与金德瑛主持创办京师休宁会馆,并撰碑记志其事。会馆内常常乡音满屋、灯火通明。同年初冬,乾隆垂问汪由敦家世,并赐御临快雪时晴帖,后跋中有"时晴快雪对时晴"之句,汪由敦即以"时晴"二字命其斋名为时晴斋。乾隆二十年(1755)复任刑部尚书,并以平定准噶尔乱又加军功三级。次年春,调工部尚书,十一月代理吏部尚书。乾隆二十二年(1757)正月实授吏部尚书,再次扈从南巡,赐一年俸银;二月随驾抵扬州,获御赐"六典持衡"匾额。几番起降,尽显汪由敦勤勉持重、宠辱不惊的大家风范。

当年三月,汪由敦随从乾隆南巡到杭州,半途蒙恩给假携时任户部员外郎长子汪承沆归故里溪口。恰巧当时汪由敦的另外两个儿子均因回籍就试而滞留家中,女儿也因嫁于歙县吴氏(丈夫吴恩诏在京任职)而近在咫尺。于是,欣欣然举家得以在溪口故里团圆。

汪由敦到家后即率四弟汪元芝(援例捐州同知)及三个儿子,按宗族仪规恭恭敬敬地将先祖灵位请入汪氏宗祠。追先人音容不复得见,禁不住声泪俱下;忆二弟、三弟英年早逝,心中格外伤痛。倒是乡党族人、四乡邻里争相参拜和奔走相庆的场面让汪由敦心中掠过一丝衣锦还乡的欣慰之情。短短的几天时间,他上门拜望前辈,慰问贫困乡亲,还将平日俸禄及皇上赏赐所余千金捐入宗祠,仿范仲淹"义田遗爱",置良田百亩以帮扶后辈,并亲定条规资助婚嫁死丧,托宗族中德高望重者掌管。

乾隆二十三年(1758)次年正月初四,汪由敦侍驾至圆明园,初八值班,次日凌晨倍感疲倦,便假寐了一会儿,醒来自觉中了风寒,翌日便呕吐不止。乾隆知悉后即传旨"勿要随侍,善自调养",并派御医上药侍候。十四日,乾隆听傅相国奏报汪由敦病情加剧,既惊又惜,急遣太医院堂官孙埏柱前往诊视;尽管军国重务缠身,每日仍派人问疾三四次,赐消化食物一两次。十八日,太医起奏汪由敦病危,乾隆又特遣内侍总管前去慰谕,并赐陀罗经被一床;同时传旨给汪承沆先不要让其父知晓,到万一不行时再用它入殓。二十日后汪由敦就不能进汤药,迷糊中还总是念叨着军国大事,到了半夜,忽闻逆贼阿睦尔撒纳已死,沙俄还将其尸体交还的消息,欣喜若狂,在床褥上连连顿首说:"得及闻此信,臣无恨矣。"弥留之际还呼汪承沆帮忙进衣履想起来谢恩,实在无法起身,只得口授遗疏大意。二十二日申时,寂然而逝。乾隆闻讯急忙赶到,汪承沆惊惶无措,急捧恩赐陀罗经被盖在父亲身上。乾隆一入门就大哭失声,并亲揭陀罗经被,审视良久,西向坐三奠茶酹。君对臣行如此大礼,在场者皆悲痛不已。乾隆还宫即降谕旨,拨内府银两千两厚葬汪由敦,并加赠太子太师,赐谥文端,入祀贤良祠。又以汪由敦擅长书法而命馆臣集其书为《时晴斋法帖》十卷,勒石皇宫之中。墓葬位于休宁县溪口故里木干村林金坑,其墓石刻被列为第八批全国重点文物保护单位。

汪由敦不仅以政绩和军功显赫,同时还以书法和诗词文章见称。他一生除在翰林院和馆阁中参与、主持编纂了《大清一统志》等大量有价值的历史文献,担任过《平定金川方略》《平定准噶尔方略》的纂修副总裁、总裁外,还创作了大量诗词文章,承韩欧之风,存有《松泉文集》二十卷、《松泉诗集》二十六卷。休宁县博物馆藏有其早年的小楷《孝经》手卷。与此同时,汪由敦又是一位能识千里马的伯乐,他除了在充当乡试、会试和殿试的重要职务中拔取了数不胜数的栋梁之才,还在日常交往中,提拔、奖掖后进。

清廉好施程景伊

程景伊(1712—1780),字聘三,号莘田,歙县云雾川人,侨居武进(今江苏省常州市武进区)。父程彦,清康熙四十五年(1706)进士,任灵台县,不以鞭扑立威,百姓感化,诉讼日少,闲暇招诸生讲论经史。后以受累罢官,羁留西陲十余年。

程景伊幼而颖异,有神童之誉。8岁,终年在私塾诵读,无休暇之时,百戏过门,漠然不闻。中秋夜晚,其舅孙时宜命对"月色对灯灯对月",程景伊应声答道:"天河连海海连天。"颇让人惊叹。雍正十三年(1735)中举,乾隆四年(1739)中进士,改庶吉士,散馆授编修。

程景伊为乾隆讲经筵及奏对,必有关风教,凡有好的想法与计策,皆面奏,不写奏稿之上,而所作的奏稿,皆见责难陈善之心。如程景伊为乾隆讲说《易经》,则择《比卦》九五爻,进劝君王以中正治国,舍逆取顺,正大光明,老百姓对君王无戒备之心,国家才能长治久安。说《泰卦》,以为君临天下,有如万物交泰,吉祥亨通,而此时应戒以骄矜,否则"谗谄面谀接踵而至,小人进而君子退矣"!并作《保泰箴》以劝惩。乾隆深为嘉赏,命将此《箴》书于屏上。《益卦》则劝君王把惠及百姓放首位,要"损上益下""天下家给人足,俗易风移"。而《丰卦》言正当丰隆之时,即为衰减之际,"消息盈虚,相为倚伏,治乱之道,循环无端",其时,"芽糵之衅往往潜伏于其中",当"危言示警"。讲解《尚书》时,则劝乾隆要纳用怀才抱德之隐士;勤于治国,不得安乐,以开惰窳之习;君王作为天下榜样,必须持身谨严,对百姓要时时抚养休息。

程景伊通过所著经筵文章，表达其忠爱拳拳，无丝毫为己之心，无愧大臣格心之道。程景伊夙兴夜寐，勤于公务，处理事务，持以公道；平居则接四方之客，询问地方民生利病，考历代治国方策以备询问，深为乾隆倚重。程景伊虽然有着浓厚的封建君主思想，不可否定的是只有国家安稳，君王心系苍生，百姓才能过上幸福的生活。乾隆三十六年（1771）二月，调吏部尚书，乾隆三十九年（1774）十月充四库全书馆总裁。

当年十二月，程景伊复勘各省乡试卷。此年，四川乡试头场首题为"又日新，《康诰》曰"六字。"又日新"出自《礼记·大学》第三章："汤之《盘铭》曰：'苟日新，日日新，又日新。'"为古代帝王成汤的座右铭。《康诰》则为《尚书》中的一篇，是周公封康叔于殷地时，在康叔上任之前所作的训词。

程景伊觉得此类考试命题上下句之间，全无义理，割裂严重，不足以见考生的学问，而稍微知其中的机妙者，可侥幸通过考试。这种行为，如果不加以禁止，以后仿效成风，不利于科举之路。于是上奏乾隆，如以后再有投机用巧命题者，要求礼部据实参查议处，让命题既正而文风亦醇。乾隆称赞程景伊对考试命题的看法，将此事下到礼部进行讨论，并对四川考官进行了剥夺俸禄的惩罚。

乾隆四十年（1775），程景伊任教习庶吉士。当时，每科殿试后选取庶吉士，按定例三年后散馆。对于成绩上等者留馆授职，中等者分配到吏、户、礼、兵、刑、工六部，然后经过改官补官授以官职，或以知县即用，对于成绩最下等的庶吉士则重归于进士原班铨选知县。程景伊认为既然已经选为庶吉士，又经过三年学习，还要分到原班铨选知县，苦苦等待吏部的安排官职，遥遥无期，岁月悠长，精华销铄，壮者已老，老者就衰，进不能为，退无以立，还不如没被选为庶吉士时，考中进士后便能立即取用。程景伊上奏乾隆，希望庶吉士第三等在引见时发送到各直省督抚，以知县留心试用，这样"国家用人，既不至用于前而弃于后，而在被用之员，益当感激思奋，踊跃于功名矣"！

乾隆四十四年（1779），程景伊充文渊阁大学士。乾隆四十五年（1780）正月，乾隆南巡，命程景伊留京办事。三月，程景伊教习庶吉士。五月，乾隆回銮召见程景伊，见其病后衰弱，让他安心调理，不要勉强行走。七月，程景伊病卒，年69岁。乾隆赐挽句"执笏无惭真宰相，盖棺犹是老书生"，给予高度肯定，并下谕旨："大学士程景伊品行端醇，老成练达，历膺部务，懋著勤劳。简任纶扉，正质倚畀，昨因抱恙未痊，特命加以调摄，并屡次存问，方冀速痊，今闻溘逝，深为轸恤。着派散秩大臣带同侍卫十员前往奠酹,应得恤典该部察例具奏,赐祭一坛,谥文恭。"

程景伊执掌吏部前后十余年,为政清廉,杜绝请托,不讲私情,善拔人才。居内阁,力持大体,所作谋略,多关于民生大计。屡充国史馆、三通馆、四库全书馆总裁。所为诗文温雅流逸,王昶撰《蒲褐山房诗话》载:"文恭赡于词章,兼精吏牍。初不以道学名,而濂洛五子之教,素所服膺,故肫诚朴质,颇知大体。其见于诗者冲和真淡,虽非风骚正则,不愧有德之言。"著《云塘书屋诗稿》十五卷、《文集》十二卷、《代言存草》两卷。

程景伊在京四十多年,热衷乡梓公益,对北京歙县会馆的重修、增置馆舍等极为用心,为之撰记立碑,表彰义士。在京有歙县石榴庄,用以安厝旅榇,明代与会馆同建,其后,会馆之事由在京官宦主持,而石榴庄事由茶行商人主持。程景伊认为在京官员不习于会计,且踪迹不定,对庄园之事又借辞不管不问,分离时日久长,两者俱失,非长久之计,倡议合二为一。乾隆四十二年(1777)三月,程景伊又倡议重刻歙县会馆规条,认为在京城为官与上京城谒选官员者,以及茶商等,要各自量力捐输,作为馆中的经费;而石榴庄岁时公用费用,数十年来,司事有人,出入有籍,永无废坠,是京师其他会馆所不能做到的,只是天下事有其始,必当善其终,希望歙县董事者"和衷相济,尽心经理,俾益臻于尽美尽善,而永为桑梓之所倚",使得会馆、石榴庄的规条更趋完善,期以久长。

程景伊为人好施予,创家庙,置义田,以故俸禄所获随手辄尽。所撰《管见偶笔》记载,西汉名臣疏广年老回到乡里后,不买田宅,每日以所赐之金与族人故旧宾客相燕乐,有人劝疏广要为子孙考虑。疏广认为子孙贤而多财者则损其志,愚而多财则益增其过。后来士大夫罢官家居,有的为子孙忧愁,求田问舍,孜孜不已。有的非常富有,而兄弟姐妹、族人故旧却不能得到一点好处,甚至有为了利益而互相打斗者,这难道是缙绅先生所应该有的样子吗?程景伊并非只是笔上谈说,而是身体力行。官至内阁,家无尺田,无一椽之屋宇。乾隆深为叹惜,尝温和地劝道:"久作公卿,岂可尚无居止乎?"程景伊因此买了一幢房子,其大小亦仅够掉转马头而已。

为官持正曹文埴

曹文埴(1735—1798),字近薇,号竹虚,歙县雄村人。

曹文埴出身于盐商之家,早年接受了严谨高质的启蒙教育和举业训练,清乾隆二十五年(1760)考中进士二甲第一名(传胪),入选翰林院为庶吉士,后入值皇帝读书的懋勤殿。累迁翰林院侍读学士、南书房行走、詹事府詹事。

父曹景宸去世,曹文埴归里服丧。乾隆四十二年(1777),乾隆之母崇庆皇太后病逝,他回京祭奠。服丧期满,仍在南书房行走。不久,被授左副都御史。之后,历任刑、兵、工、户诸部侍郎。他还兼顺天府府尹。顺天府是京师最高地方行政机关,不仅事务繁杂,更有权贵之间的纠葛。府尹为正三品,地位显赫,常由尚书、侍郎级大臣兼管。曹文埴在此期间妥善审查了海升殴妻案。乾隆五十年(1785),军机处章京、员外郎海升殴杀其妻吴雅氏,谎报为自杀。吴雅氏之弟贵宁指认海升说谎,朝廷派左都御史纪昀验尸,认定为自杀。贵宁不服,认为海升与大学士阿桂关系密切,纪昀有作弊嫌疑。曹文埴奉命与侍郎伊龄阿复验后,认定为殴杀,据实上奏。乾隆表扬他们"不徇隐,公正得大臣体"。阿桂因祖护海升被罚俸五年,革职留用;纪昀被交部议处,其余涉事官员如刑部侍郎景禄、杜玉林及郎中王士棻等被遣戍。不久,曹文埴被擢升为户部尚书。

漕运是明清满足国家正常行政开支和皇室消费的经济命脉,尽管设有漕运总督、河道总督两套直属中央的管理机构,但因天气、水文等自然因素和管理纠葛,仍会出现漕运不通畅的现象。曹文埴任户部尚书后,遭遇通州粮船滞卸问题。依惯例,南方各地漕粮运抵通州时限为山东、河南三月朔,江北四月朔,江南五月朔,江西、浙江、湖广六月朔。各省粮船抵通州后,均限三月内完粮,十日内回空。凡逾限者,均照章纠劾。为此,曹文埴受命与伊龄阿赴通州督查漕政。他们经过调研,找到问题症结,及时采取有效措施,漕船得以较早返回。乾隆得报,颇为欣慰,诏令对曹文埴等交部核议,给予加级、记录等奖励。

乾隆五十一年(1786)四月,浙江学政窦光鼐上奏称,浙江不少州县仓库多有亏缺,嘉兴、海盐、平阳三县亏空竟有十余万。郡县官员采买仓储,都折收银两,以便挪移。倘若属实,不仅民众遭受过多盘剥,而且使官员有更多的贪墨之机。乾隆命曹文埴、侍郎姜晟,会同浙江巡抚伊龄阿及浙江学政窦光鼐实地严查覆奏。次月,又加派大学士阿桂赴浙,会同曹文埴等查办亏空一案。

窦光鼐为人正直,没有官场习见的阿谀奉承、袒护包庇之气。他上疏弹劾平阳知县黄梅借弥亏苛敛的恶行。称黄梅在任期间,粮仓亏缺折合两万一千余两。又以弥补亏空为名,大肆加派勒索,中饱私囊超二十万两。乾隆令正在浙江的大学士阿桂、曹文埴复查核实。阿桂与黄梅有旧,派属吏调查后报称窦光鼐弹劾不实。窦光鼐不服,再次亲赴平阳县覆察,访问士民,坚持己见。浙江巡抚伊龄阿则上疏指责窦光鼐在平阳县"刑迫求佐证"。乾隆认为窦光鼐过于乖张,下令免职,交刑部治罪。窦光鼐乃将获取的各类单据呈递以自辩。乾隆觉得其中或有隐情,令已回京的阿桂再到浙江秉公按治,又命江苏巡抚闵鹗元会谳,与窦光鼐质证。在事实面前,黄梅一案得到清查。黄梅被斩,家产没收,其子被发配新疆充军。涉案的浙江巡抚福崧、布政使盛住、温处道张裕谷等人也受到处罚。负责清查的阿桂、曹文埴、侍郎姜晟以及伊龄阿,也因稽查不实的失职行为,被交部议。曹文埴因非主责,部议为降二级留用。乾隆念及他办事尚为可靠,最终宽恕了他,并未执行部议。

浙江长江口以南至甬江口以北约六百公里,是海潮为害的重点区域,不仅大量土地沦入海中,不少村镇也被海潮吞没。历代以来,兴修与加固海塘都是重要工程。修筑海塘或以土(以柴为基),或以石,工程浩大,需朝廷财政支持。挡潮大堤之外,常垒土为坡作为缓冲,称"坦水"。也在当年,浙江巡抚福崧上疏请求朝廷拨款维修海塘。乾隆为慎重起见,令曹文埴等人就地勘察情形并上奏,以便朝廷决策。曹文埴实地踏勘后,很快复奏,肯定地方所请,朝廷乃允准如议。

当时,和珅权势日盛,嫉妒阿桂不仅功高,且排位在其之上。见曹文埴在海升殴妻案中敢于得罪阿桂,便试图拉拢。为官正直的曹文埴乃于乾隆五十二年

(1787)以母亲年老为由请求归养。乾隆准允,加其太子太保衔,并向其母赐御书。

乾隆五十四年(1789),皇帝特告他次年不要赴京庆贺八十寿辰。曹文埴上疏表示:"母健在,明年当诣京师祝嘏。至时如未能远离,当自审度。上体圣意,下顺亲心,诸事皆从实。"乾隆回复御札:"卿能来,朕诚喜,但毋稍勉强。"次年,曹文埴进京,乾隆赐其母大缎、貂皮。乾隆五十六年(1791),御试翰林和詹事,曹文埴之子曹振镛位列三等。乾隆以可造之才,又是大臣子,特擢升为侍讲,并寄赐曹文埴御制文勒石拓本。乾隆六十年(1795),曹文埴再进京敬贺乾隆即位60周年,蒙赐御书、文绮、貂皮。

居家的曹文埴关心家乡教育。亲自主持竹山书院,聘饱学之士任教讲学,并作楹联:"竹解心虚,学然后知不足;山由篑进,为则必求其成。"也曾捐资重修府学、县学房舍,增设郡之考棚。又倡导鲍志道等商绅捐资重建古紫阳书院。民国《歙县志》称赞他"六邑人文蔚起,倡率之力为多"。他对后学也多有提携。邓石如时名犹未显,乃一介寒士,鬻书为生,经程瑶田、金榜介绍而相见。他认为邓石如"四体书国朝第一",不仅延请其观赏所藏名家字画碑帖,还趁进京为乾隆祝寿之便,邀其同往,并在京公卿大臣间多有揄扬。

嘉庆三年(1798),曹文埴卒于家。嘉庆五年(1800),嘉庆特旨赐祭葬,谥文敏。曹文埴主要著述有《直庐集》八卷、《石鼓砚斋试帖》两卷、《石鼓砚斋文钞》二十卷、《石鼓砚斋诗钞》三十二卷、《带星草堂诗钞》一卷等。

历仕三朝曹振镛

曹振镛(1755—1835),字俪笙,号怿嘉,歙县雄村人,曹文埴子。是历仕乾隆、嘉庆、道光三朝深受皇帝器重的大臣。

曹振镛出身于官宦之家,自小接受良好教育,科举之路顺畅。乾隆四十六年(1781),年方27岁即中进士,入选庶吉士,六年后散馆授翰林院编修。因父曹文埴为尚书,深得乾隆器重,曹振镛很快升为侍读,再升侍读学士。嘉庆三年(1798)为少詹事,遭父忧回乡,服阙,授通政使。

作为经学家、大学士翁方纲的门生,曹振镛学问渊博,先出任浙江乡试副考官,再任河南、广东、江西三省学政,为改善地方教育基础、推进学风多有举措。江西省万载县不仅棚民人数较多,且土著与客籍矛盾历史悠久,焦点之一是县考录取名额之争。雍正二年(1724)准许棚民报考,雍正九年(1731)准其另额取进。乾隆二十八年(1763)改为土、棚两籍合并。嘉庆元年(1796),再次出现严重的土、客之争。嘉庆十年(1805),新任江西学政的曹振镛,协助江西巡抚秦承恩在清理棚民户口以杜绝冒名报考之弊的同时,奏请土、棚两籍合考,录取名额增加四名,局面得以暂时稳定。嘉庆批谕:"所办甚是。"其后,他四任会试主考官。注重以真才实学取士,不喜浮夸之文,强调文字准确,严格批阅,找出瑕疵和忌讳文字,一时成为风气。

嘉庆十一年(1806),嘉庆召宴词臣,曹振镛赋诗获高评,受赐笔札,并被擢升为工部尚书,成为朝中大员。其后,他任实录馆、文颖馆总裁,奉命编纂《高宗实录》,

完成任务后加太子少保,调户部尚书兼翰林院掌院学士。嘉庆十八年(1813),再调吏部任尚书,为协办大学士,不久再拜体仁阁大学士,管理工部,晋太子太保。次年十月,得赐御书寿匾"纶阁延晖"。从这年至嘉庆二十五年(1820),嘉庆六次谒陵、五次秋猎木兰,均命其留京处理国家要务,表明嘉庆对其高度信任。

嘉庆二十五年(1820),嘉庆在避暑山庄突然病故。道光皇帝继位,曹振镛发现军机大臣撰拟遗诏中有"高宗降生于避暑山庄"之误,便向道光指出了这一错误,道光怒而罢黜托津、戴均元(祖籍休宁隆阜)等人军机大臣之职,命曹振镛在军机处行走。道光元年(1821)三月,曹振镛受命题嘉庆神主,晋太子太傅。不久,拜武英殿大学士,成为军机大臣,曹振镛由此进入朝廷决策核心圈。

道光虽入继大统时已38岁,嘉庆也曾赞赏他"忠孝兼备",且个人品质颇佳,既律己节俭,也不好声色,但思想上因循守旧,个性上循规蹈矩,遵循皇家家法。曹振镛因与道光有颇为相似的思想与个性而被视为心腹,不仅赏赐不断,且日渐位高权重。道光三年(1823)万寿节,道光在万寿山玉澜堂设御宴赏赐15位老臣,曹振镛虽年岁最小(69岁),也得与歙人程祖洛同赴。道光四年(1824)七月,曹振镛充任上书房总师傅,受赐宅第于内城三转桥。十月,得赐御书寿匾"调元笃祜"、寿联"秉钧日赞资良弼,杖国时康引大年"。道光六年(1826),又入值南书房。南书房是康熙开始设立的机关,能出旨行令,素来被视为清要之地,大臣以入之为荣。次年,清军克复在新疆叛乱的张格尔借英国、浩罕国支持而攻占的喀什、英吉沙尔、莎车、和阗四城,曹振镛因决策有力被晋升为太子太师。道光八年(1828)正月,张格尔被擒,西北叛乱的隐患彻底解除,曹振镛再次受晋为太傅。四月,得赐图像紫光阁。曹振镛多次具疏固辞,道光为此下诏:凡军机大臣,别绘一图,以遂让功之心而彰辅弼之效。并为曹振镛御制一赞:"亲政之始,先进正人。密勿之地,心腹之臣。学问渊博,献替精纯。克勤克慎,首掌丝纶。"又亲笔书写以赐,这可说是皇帝对大臣的最高评价。道光十一年(1831),道光皇帝再次在万寿庆典赐曹振镛双眼花翎。道光十四年(1834)正月,得赐紫禁城内乘轿。三月,道光谒西陵,又命其留京处理政务。十月,得赐御书寿匾"领袖耆英"、寿联"紫阁图勋嘉辅弼,玉澜锡庆介期颐"。

曹振镛待人谦和,端方正直,不避嫌怨,恪守典章制度。为官以谨小慎微、遇事持重著称。勤于政事,凡所综理,事必躬亲,每收谕旨及衙门奏章、翰苑呈文,无不反复阅视,点画讹误必加改正,不喜他人轻率。他也体恤民生,数次奏请停罢可有可无的土木工程,以节费用。个人生活也知足而止,曾告知家人:"吾才不能致君为尧舜,唯当导君于节俭。"门人陶澍任两江总督,欲废除积弊极深的纲盐制,改行票盐法。因担心两淮盐业根深蒂固的徽商及其相关势力阻扰,乃先以私书请示曹振镛。曹家乃盐商世家,施行此项改革,其利益根基将被彻底清除。曹振镛以社稷利益为重,劝说家族营盐人士大局着眼,不要为难,陶澍盐政改革才得以推行。当然,在清朝中后期诸多社会矛盾日渐突出、经济和社会发展困难日多的时代,曹振镛事事不逾旧制的施政理念,仅仅以为君分忧为旨归的处事理路,一定程度上恶化了朝廷上下的政治生态。

道光十五年(1835)曹振镛临终,亲自缮写遗疏,附奏章十余件,陈述国事之己见。去世后,道光亲临吊丧,并下诏褒恤:曹振镛"禀灵纯懿,含和中正,仪标人伦,忠形百世。自掌纶薇阁,登翼槐廷,弼亮三朝,式敷六典,天下蒸庶,咸以康宁"。特赐祭葬,入祀京师贤良祠,诏谥"文正"。按照谥法,"道德博闻曰文,靖共其位曰正"。能被赐予"文正"的官员,生前不仅德才兼备,且要恪尽职守、忠君爱民。这是对大臣非常高的评价。有清一朝,得此谥号者不过七八人。曹振镛次子曹恩溁也被擢升为四品卿。

曹振镛一生为官,政事之余也多有著述。翁方纲评价他于诗文"自其家学,已探粹密",待入翰林,"益进而窥古作者之原委"。四十余年,力学之诚,敬业之勤,"恂恂如寒素,几案间无代笔之门客"。所著有《纶阁延晖集》《话云轩咏史诗》,主持合纂《高宗实录》《仁宗实录》《全唐文》。

状元宰相潘世恩

潘世恩(1770—1854),原名世辅,字槐堂,号芝轩,五世祖潘景文(字其蔚,杭州商籍)始迁吴县(今江苏省苏州市),原籍歙县大阜。与堂兄潘世璜、孙潘祖荫并称"苏州三杰",与门生穆彰阿、宝兴、卓秉恬并称道光朝"满汉四相",被李鸿章称为"祖孙父子叔侄兄弟翰林之家"。

清乾隆四十八年(1783),肄业平江书院,始改名世恩。乾隆四十九年(1784),参加县试。清江杨懋珩应吴县知县李逢春之请阅卷,复试时令潘世恩背诵诸经古文。潘世恩交卷后,杨懋珩面加批阅,尤赏其诗赋诸作,以"范文正天下为任"嘱其对下联,潘世恩应声答道"韩昌黎百世之师"。杨懋珩大喜,认为异日必以文章名世,《思补斋笔记》收录此事。苏州知府胡世铨见其院试卷,大加赞赏,复试评其卷有"昔吕文穆见王沂公咏梅诗,以为此子早安排作状元宰相矣,吾于作者亦云"语,预言果然成真。

乾隆五十七年(1792)秋,潘世恩应试金陵,以第五十三名中举。乾隆五十八年(1793)正月,会试京师,中第八十六名贡士,复试二等第五名。四月,殿试一甲第一名,状元及第,授翰林院修撰。九月,乞假归娶。与德清县蔡之定(号生甫)、开化县戴敦元(号吉旋)、休宁县吴云(号玉松)三同年结伴南返,休宁县汪梅鼎(号澥云)同年为写《秋帆归兴图》赠行,英和、纪昀、吴省钦、吴树萱、赵怀玉、张问陶等名公题咏,徐熊飞题跋。

乾隆五十九年（1794）三月，至歙县大阜潘氏宗祠进主，祭祖谒墓，晤告养在籍的曹文埴。四月，挈眷由水路北上，入京师充《八旗通志》纂修。乾隆六十年（1795），充武英殿纂修、国史馆协修。

嘉庆二年（1797），大考第二，升侍读。大学士和珅以其青年登第负重望，且试馆职又高等，更有意拉拢。潘世恩婉拒，誓不依附。正好学士职位有缺，潘世恩依照常规应当升职，然而和珅压下题本六个月仍不上递。嘉庆亲政，得其情状，立即将其升为侍讲学士，转侍读学士，不久荐升少詹事、詹事、内阁学士，一年中自五品骤登二品。嘉庆三年（1798）起，历任武英殿提调、詹事府左春坊左庶子、日讲起居注官、会试同考官、实录馆纂修、詹事府少詹事、詹事府詹事。

嘉庆四年（1799）八月二十四日，官云南学政。嘉庆五年（1800）十月，按试楚雄、大理、永昌、景东。查得云南书吏无俸禄，唯取新生红案银作为工食，遂出示禁革，只准收取新生初覆、再覆卷费各五钱，咨明督抚存案，严饬提调稽查，士子心悦诚服。因丽江县（今云南省丽江市）额进16人，以8人拨府，府学向有选拔，县学则无，未免向隅，因而奏请府县各拨1人，得旨允准。嘉庆六年（1801）起，历任礼部右侍郎，兵部左、右侍郎，户部左侍郎，续办四库全书总裁，文颖馆总裁，江西学政，工部尚书，户部尚书，吏部尚书，经筵讲官，武英殿总裁，庶吉士散馆阅卷大臣，国史馆总裁。嘉庆二十一年（1816），守母丧期满，以其父年老不忍远离而居家具疏乞养，嘉庆鉴其孝思，但以其来京往返不过月余，反惮于跋涉，轻率陈情，殊乖人臣之义，因而将其降为侍郎，然允其所请。嘉庆二十二年（1817），以尚书归养。

道光二年（1822）正月初四，积雪深过二尺。应状元石韫玉之邀，与状元吴廷琛、吴信中（原籍休宁长丰）集鹤寿山堂，留下四元唱和佳话。道光七年（1827）正月，守父丧期满，补吏部左侍郎，迁都察院左都御史。同年，以分授田2500亩建为丰豫义庄，岁收其租，于青黄不接之时减价平粜，以济艰于生计之邻里乡党。粜得之钱再行置产积谷，以待来年之用。遇天灾导致饥荒之年，则以其钱再籴再粜，以钱尽为度。道光八年（1828），赐紫禁城骑马。道光十年（1830），升工部尚书。道光十二年（1832），奉派重修地坛望灯杆。道光十三年（1833），奉派重修泰陵宝城，竣工后拜体仁阁大学士、文渊阁领阁事，兼管户部，不久即调兵部。道光十四年（1834），充军机大臣，受赏海淀娘娘庙官房一所，开内廷大臣得赐第圆明园先河。道光十五年（1835），充翰林院掌院学士，调管工部，进东阁大学士，复调户部。道光十六年（1836），充上书房总师傅。道光十七年（1837），加太子太保衔。

道光十八年（1838）闰五月，晋武英殿大学士，赏戴花翎。十二月二十一日七十寿辰，得赐御书寿匾"熙载延祺"和寿联"弼亮宣猷襄密勿，靖共介福锡康强"。道光十九年（1839）、二十四年（1844），道光离京恭谒东陵，均命其留京代朝。道光二十四年（1844）二月，与户部尚书敬征等联名上疏，请开垦甘肃、乌鲁木齐荒地，筹划水利，劝垦升科，日久储蓄充盈，以本地之利，供本处之用，既可减调饷银，更可节省采买，并以额征所余津贴八旗支款，实为经久有益之举。

道光二十八年（1848）正月，加太子太傅衔。十二月二十一日八十寿辰，得赐御书寿匾"三朝耆硕"和寿联"望重三公资燮理，祥开八耋衍期颐"。道光二十九年（1849），引疾乞休奏请三次，仅解退军机大臣职任。道光三十年（1850）三月，因林则徐累迁封疆，有体有用，所居民乐，所去民思，于是上疏奏请征召林则徐来京，以备简用。六月，复以久病未痊愈具折辞官奏请三次才获准，食全俸。

咸丰二年（1852）四月，重遇鹿鸣筵宴，咸丰以其年高诏准就近与顺天府筵宴。十二月，咸丰先期颁赐御书"琼林人瑞"以示宠荣。咸丰三年（1853），应邀参加礼部琼林筵宴，而当年会试主考官是其孙潘祖荫，真乃少有之科场盛事。为此赋诗志喜记盛，其中有"却喜新荫桃李盛，小门生认老同年"之句，一时被传为科场佳话。清代状元宰相中，生加太傅且重宴琼林，潘世恩为第一人。

潘世恩善书法，学赵孟頫，圆润秀发，具灵性之态，间仿乾隆承平富丽之风，晚年落笔随意大度，渐趋豪放，学使胡希吕称其书法似状元宰相王杰。

其诗文敦厚温柔，深得唐人三昧，卓然成家。为学一本程朱，而不为门户之见。著有《读史镜古编》三十二卷、《熙朝宰辅录》两卷、《思补斋笔记》八卷、《正学编》八卷、《思补斋笔记续编》一卷、《思补斋折稿偶存》一卷、《思补斋奏稿》一卷、《消暑随笔》四卷、《有真意斋文集》两卷、《思补斋诗集》六卷、《思补老人自定年谱》一卷、《使滇日记》一卷、《潘世恩日记》等。

咸丰四年（1854）卒于京师，邸无积余，以致借钱归丧江南。咸丰惊闻潘世恩溘逝，悼惜实深，加恩赏给陀罗经被，派怡亲王载垣率侍卫十员即日前往奠醊，恤典视例有加，并入祀贤良祠，谥文恭，不久葬元和（苏州旧县）贵字圩谭经浜，冯桂芳撰墓志铭。故居名为留余堂，在长洲（苏州旧县）钮家巷。

潘世恩

闽浙总督程祖洛

程祖洛(？—1848),字问源,号梓庭,歙县县城荷池人。清嘉庆四年(1799)进士,官至闽浙总督,谥简敬。力除漕弊,革贪惩奸,雷厉风行,吏不敢欺。他为官勤勉慎重,尤其在治水、吏治等方面,颇著政绩。

程祖洛之父程道锐,字峻山,号退斋,坐馆昌溪吴大致家,襄治歙南团务柯华国、举人柯华辅、进士许球、马克思《资本论》中唯一提到的中国人王茂荫、举人洪凤诏、岁贡生杨铎等皆为其门生。其后重修府衙、纂修府志、重建龙井山禹王阁等,皆赖程道锐出谋倡首。程祖洛出生时,吴大致前往祝贺,说:"此英物也。"即以女为聘。其后,又将程祖洛带到家中读书,直到成为进士。

程祖洛于道光二年(1822)五月升陕西巡抚,七月,因卫河水患之事,被道光帝选调河南巡抚,处理河道之事。河南卫河下游称南运河,与京杭大运河相连通,俗称官道水。因卫河水浅,漕运受阻,在宋元时期,就曾引漳水入卫河。明清时期,随着漕运的发展,引漳水入卫河,是为国家大政。虽然增强了河道的通航能力,但是因汇流使得河州县的田庐财产、百姓安全受到严重的威胁。

道光二年(1822)五月中旬至六月中旬,河南省安阳县内漳河首先冲缺口门,杨家堂、合河口民埝、冯宿村民埝、大堤口卫河东岸民堰、原武县新筑原阳越堤等相继被毁,村庄被淹浸,百姓仓促无所栖止。又武陟县沁河因积雨连旬,黄河同时并涨,拍岸盈堤,夺溜南趋,造成坍塌。如不能很好地处理,不仅南北两岸百姓无法生活,漕运也会因淤积浅阻而停止,实关系国家民生大计。

程祖洛到任,对河流情况做了细致的勘察,并总结历史经验,在樊马坊、冯马坊、陈家村、湘河、河干各处北岸支流,筑造柴坝堵截。其中堤埝溃决,由修筑不力而引起,对责任人怀庆府知府周光绪所支的银两除核减外,还要照数赔缴。道光四年(1824)五月,漫水全部归于正道,复请于田家营添筑大柴坝,使溜势尽走南流。

道光四年(1824)十一月,河南省东南归德府属虞城、夏邑、永城等县以及相连的萧县、砀山二县滨河村庄连岁被淹,家田失业,上奏请分别拨项即时疏浚。道光帝以关系两省水利民生,命其实心经理,以收实效。这年,江南高堰湖堤漫口,道光帝命尚书文孚等驰往勘办,降旨动拨帑银酌留漕米。十二月,程祖洛上奏自己所管辖的河南省附近大河各州计可拨米十万石,并派人预购秸麻三百万斤,筹拨库银约计四十万两。道光帝以其"尽心国事,不分畛域"嘉奖。

道光十二年(1832)二月,程祖洛以江苏巡抚升迁闽浙总督。清代到了道光年间,吏治民风已败坏到了极点,官逼民反,引发的矛盾事端越来越多。如六月,有人参奏绍兴差役、幕友、绅士皆为库吏、书吏的羽翼,已革库书潘鸣皋、徐燮堂尤为罪魁,其亲戚侄辈三四十人充当各房书吏及各班头役杂役,逼索赃银等。道光帝要求程祖洛严行惩办,以除民害而挽浇风。其后,程祖洛以温州镇总兵李恩元捕务废弛,奏请革职留缉;又劾福建海坛镇总兵万超诸事不能振作,请旨革职,枷号示惩。又浙江盐务日敝,库款虚悬。即官吏亏损,不如实上报,等到朝廷调用,又无银两上交。程祖洛经过调查,上奏按照前浙江抚臣帅瀛清理盐务成案行事,请将道光十一年(1831)秋冬、十二年(1832)春秋两季正引并作一纲,全行统销,以纾商力而裕库款,并严定《裁汰浮费章程》。

道光十二年(1832)闰九月二十四日,嘉义县(今台湾省嘉义市)有庄民因强牵牛只起衅,匪徒造谣煽惑,陈办、黄凤、张丙、詹通等乘机纠众作乱,并劫毁各庄,攻占县城。道光帝认为"台湾府城,尤为根本重地",令程祖洛"迅速渡台,并添调兵丁,在后策应"。程祖洛到台湾后,招集流亡,安抚难民,抚恤阵亡将士,并建祠以祀。将战守无方的都司周进龙革职遣戍,守备陈福陇、外委黄廷凤等革职。台湾地方得以安定,道光帝给予程祖洛嘉奖,并赏顶戴花翎。

道光十五年(1835)三月,程祖洛规定到台湾换防的弁兵,一概用水师营哨船渡载,不准勒坐商船,以杜扰累而资习练。其后,程祖洛通过终核分析,认为漳州府属之南澳、铜山为藩篱,泉州府属之厦门、金门为门户,福州府兴化府所属之海坛为省城右翼扼要,闽安为省会咽喉,福宁府属铜山为后户,巡缉守御,全资塞城炮台,于是确勘形势,分别缓急,在最要处修建炮台共44处。又以福建内地各郡产谷不敷民食,捐廉银三万两于省城内修建义仓,买谷二万石以为之倡,示谕绅民有愿捐者,各听量力出输,以期接济。

对于福建省吏治民风,程祖洛认为安顿百姓,莫过于先止息官吏的贪污;处理官员的违法行为,要据实惩办,不要私心回护;当官的本身不清白,百姓也就作伪欺骗。官员称百姓刁民,百姓称官吏贪虐,互相传播,渐失其真。总之,"闽省大弊在于官不执法,幕不守法,因而愚民犯法,书役弄法,讼棍玩法,必得将不肯执法之官严惩一二,使有所儆,各知治其犯法、弄法、玩法之人,则法立令行,而闾阎庶可安枕矣"。

程祖洛在任,对于振兴人才尤为看重。嘉庆十五年(1810)典试湖南,乡试中取中者多为知名人士。其后任湖南布政使,清理岳城书院膏火、食米积弊,未久去任。逾年,复任湖南巡抚,力除漕弊,诸所兴革,风行雷厉,吏役无敢作奸。不过月余,即调任江西巡抚。临行前日,亲自到岳城两院阅课,奖银二百两,资助膏火,士林德之。程祖洛任河南巡抚期间,檄令各州县劝设义学,并改僧寺为学舍,撤佛像,供奉孔子神位。武安知县张丰奉令施行,各村皆设立义学,改佛寺为学舍,将庙产收为义学经费,为武安义学最盛之际。

程祖洛父祖两代皆为私塾先生,尤重家庭教育。程祖洛曾经书写"无多事,无废事,庶几无事;不徇情,不矫情,乃能得情"作为大堂楹联,训诫子孙。道光十六年(1836),程祖洛因父丧回籍,撰训族诗以规劝族人,尤其是对吸鸦片者,撰《养生格言》以言鸦片之害,对吸鸦片成疾者,开出十全大补汤和烟灰服用的药方。郡城河西太平桥又称河西桥,为休宁、婺源、祁门、黟四县往来徽州府通道。道光十七年(1837)、二十二年(1842)连续为洪水所毁。歙县令傅继勋署任徽州府事,请程祖洛与曹振镛女婿黟县胡元熙各出资以兴作。道光二十八年(1848),程祖洛卒,其四子承继父业,历时七年,大功告竣。河西桥费用除移用典商海捐余银及六县乐输银外,不足者为两家所捐。

扶掖后进程恩泽

程恩泽(1785—1837),字云芬,号春海,歙县绍濂人。祖父程矩,郡学生员。父程昌期,号兰翘,天赋极高,4岁入私塾,见书即爱不释手。

程昌期晚年生子程恩泽。程恩泽幼颖异,好读古书,遇疑义,必考问释然而后快。同乡户部尚书曹文埴、状元金榜皆对程昌期说:"此子逾冠,所学不可量矣!"惜程昌期卒时,程恩泽才11岁。当时,乾隆特地拣选歙县人身居清要者前往山东视学,以便妥善处理程昌期后事。雄村曹诚为张佩芳于乾隆三十五年(1770)分校南闱时举人,后考中进士,官至詹事府詹事。张佩芳之子张敦颐就在京城从曹诚、程昌期游,至是,曹诚出任山东司校事,张敦颐随同前往,为其整理家务,并亲自为程恩泽送行。张敦颐每入都会试,必问询程恩泽情况。

程恩泽之母项氏,为总兵檖木之女。其后,程恩泽从外祖学骑射,能挽强弓。又从同乡凌廷堪游,得其学,凌廷堪鼓励道:"学必天人并至,博而能精,将来所成者大也!"嘉庆九年(1804)考中举人,居京师,益勤于学,天算、地志、六书、训诂、金石,皆精研究。

嘉庆十六年(1811),程恩泽与张敦颐同时考中进士,授翰林院庶吉士,散馆官翰林院编修。嘉庆二十三年(1818),张敦颐在前往就任福建乡试正考官的途中病卒,其四子张穆才14岁,继母携至京城,聘请萧山师爷教读。程恩泽对张穆礼遇甚深,亲自督课训导,犹如张佩芳赏识其父程昌期。

道光元年（1821），程恩泽在南书房行走，与祁隽藻同被道光召，谕程恩泽云："汝父兰翘先生品学，朕昔年最敬；汝之声名，朕亦皆知，宜更守素行。"旋奉敕校刻《养正书屋集》，充四川乡试主考官。道光二年（1822），补春坊中允，奉敕校刻《御制诗文初集》。道光三年（1823），外放贵州学政，补翰林院侍讲，转侍读。在任，与布政使吴荣光劝励士民以橡叶养蚕，作《橡茧十咏并序》，又有《橡茧歌》，认为贵州橡树随处可植，三年枝叶茂蔚，即可饲蚕，饲后休养一年。老干则当薪炭，新枝仍可饲蚕，有百世利而无一日税，民享其利。刊刻岳飞后人岳珂辑校的《五经》以训士。道光五年（1825），补春坊右庶子，冬补侍讲学士。程恩泽督学贵州，择优选出郑珍为贡生，然而，郑珍却未能考中进士。道光六年（1826），程恩泽调湖南学政，招郑珍为幕僚，与之同往。程恩泽学识超于时俗，六艺九流，皆好学深思，心知其意，本工篆法，益熟精汉代许慎文字之学，遂指导郑珍说："为学不先识字，何以读三代两汉之书？"勉励以黔北汉代经学大师尹珍为楷模，赐字子尹，并指导郑珍读许慎、郑玄之书，习宋代诗艺。郑珍后成为清代西南巨儒，著《巢经巢诗钞》，光大其诗学，开晚清诗学巢经巢一大宗派，实导源于程恩泽。

道光八年（1828），程恩泽回京后，奉诏纂修《春秋左氏传》，与祁文恭公商议，推本贾逵、服虔，不专守杜预一家之学。补国子监祭酒。道光十一年（1831），程恩泽主讲南京钟山书院，循循善诱，有叩必鸣，士皆奉为泰山北斗，时称"当代经师"。道光十二年（1832），以候补祭酒未与考差特外放广东乡试主考官。程恩泽听说曾钊之名声，必欲取为举人。发榜后，程恩泽大失所望，原来曾钊守丧在家，并未参与考试。所取多知名士，其中就有钟逢庆，为当地名士。程恩泽考试结束后，与学海堂学长吴兰修等名士数十人同游白云山，绘《蒲涧赏秋图》以记其事。作有《粤东杂感》七律数首，认为鸦片危害超过战争劫难，如不禁烟，后患无穷。十二月，奉命在上书房行走，给惠亲王上课，讲学为诗、古文、书法，宣宗帝赞其为人"和而不同"。道光十三年（1833），超擢内阁学士兼礼部侍郎。同年冬，充文渊阁直阁事。道光十四年（1834），改工部右侍郎，兼管钱法堂。

道光十五年（1835），程恩泽调户部右侍郎，道光十七年（1837），充经筵讲官。此年张穆学成归山西应乡试，程恩泽"置酒相饯，漏过午，拳拳不放别"，作有《送张石州归里》五言古四首，其中有云："君祖授我严，奖诲若子姓。君严我同谱，欣契挫其敬。交谊六十载，诧君独也正。"写出了两家六十年三代情同一家的交往。不久，程恩泽因中暑而病倒，久不痊愈，知时日不多，仍惦记着张穆乡试之事，不料在七月二十九日因病离世。次日，疏入，道光帝叹惜久之，谕赐其子程德威恩赏举人，服阕后准其一体会试。

张穆后来成为地理学家、诗人、书法家、思想家,曾上书言事,联络在京友人举行纪念顾炎武活动,为张扬国威,抵御沙俄侵略,深入边疆考察,所著《蒙古游牧记》为中外研究蒙古史权威性著作。这与程恩泽的教导是分不开的。

程恩泽卒后,太傅阮元亲自过问其著述,约何绍基等同集龙泉寺,检看程恩泽遗书。程德威将《战国策地名考》交给程镇北送到龙泉寺。阮元看后,认为与胡渭《禹贡锥指》、全望祖《地理志稽疑》并为不朽之业。

次年,张穆特地绕道京师哭奠。程恩泽之子程德威将父亲遗稿交给张穆。张穆见遗稿潦草,且首尾多不完整,或篇题不全,且道光五年(1825)之前没有一字,心疑定有清本藏在别处,只是没有发现而已,于是建议搜集完整再整理刊刻。之后,程德威以事赴广东,卒于刘嶐昌署中。刘嶐昌为程恩泽视学贵州时所拔贡生,有师生之谊,遂将幼女配给程德威之子,又娶程德威之女为妇,将程德威全家迎入贵州。道光二十五年(1845),张穆恐程恩泽所剩残稿亦将零落不存,遂与程恩泽门人何绍基编排成赋一卷,诗四卷,稿草失题与词、试帖等合一卷,碑志哀诔、骈文杂著五卷,书名为《程侍郎遗集》,刊刻出版。

《清史稿·列传》评价程恩泽:"恩泽博闻强识,于六艺九流皆深思,心知其意,天象、地舆、壬遁、太乙、《脉经》莫不穷究。谓近人治算,由《九章》以通四元,可谓发明绝学,而仪器则罕传,欲修复古仪器而未果。诗、古文辞皆深雅。时乾、嘉宿儒多徂谢,唯大学士阮元为士林尊仰,恩泽名位亚于元,为足继之。所欲著书多未成,唯《国策地名考》二十卷、《诗文集》十卷传于世。"

程恩泽著作除《诗文集》十卷与《国策地名考》二十卷传于世外,今北京图书馆藏程恩泽书札写本两册,及贵州省博物馆藏程恩泽批校郑珍撰《说文新附考》三卷。程恩泽著述之外,培养人才不遗余力,除郑珍、张穆外,何绍基为近代宋诗派代表人物,草书有"清代第一人"之誉。贵州巨儒莫友芝与郑珍为好友,曾拜访程恩泽,在碑刻书法方面给予启导。

理财专家王茂荫

王茂荫(1798—1865),字椿年,号子怀,歙县杞梓里村人。

王茂荫出身于茶商家庭,祖父王槐康在北京潞河(今属通州区)创办了森盛茶庄。王茂荫4岁丧母,父亲王应矩常年经商在外,是由祖母方氏照拂长大。年幼时入私塾读书,虽身体羸弱,但很用功。后又在歙南岔口、雄村师从吴柳山、潘让斋等就学。所撰之文深得紫阳书院主讲钱宝琛好评。王茂荫多次参加乡试,均告失利。人到中年,科举无望,家庭负担加重,考虑到茶庄需要照应,家人便让他弃儒经商。清道光十年(1830),王茂荫赴潞河管理茶庄店务。

潞河在北京东郊,有运河连接京、津,交通便利。王茂荫尽管身在商界,但科举梦并未破灭。道光十一年(1831),恰逢北闱恩科取士,他以监生资格应京兆试,考中举人,次年会试中进士。被授主事,签分户部广西司行走,从此走上政坛。但直至道光二十七年(1847)升补为户部贵州司员外郎的十余年间,王茂荫除参与赴盛京查估工程、会试充任收卷官外,似乎并无多少可圈可点的政绩。

道光二十八年(1848)二月,他刚被记名以御史用,不料三月接父亲病重的消息。待他抵达家门,父亲已去世。三年守孝期满回京,咸丰已继位。从咸丰元年至八年(1851—1858),王茂荫历任陕西道、福建道、山西道、湖广道监察御史,太常寺少卿,太仆寺卿,户部右侍郎兼管钱法堂事务,兵部右侍郎等职,一度深受咸丰器重。也就在此期间,王茂荫呈递了大量奏折,涉及钞法、筹饷、捐纳、通商、剿捻、兵防、夷务、人才选用、省城改置、安民、难民安置、地方区划等事项,内容广泛,建议也很具体。因当时朝廷内有太平天国战乱,外有英法等国入侵,形势日渐艰难,王茂荫日夕筹思,肝气上冲,心烦难寐,腰足作痛,不得不在咸丰八年(1858)七月奏请开缺调理并获准。养病期间,曾受聘在潞河书院担任主讲。

同治元年(1862)四月,王茂荫销假复出,署理都察院左副都御史,后补授工部右侍郎。次年调吏部右侍郎,顷接继母讣音,请假后奔赴继母躲避战乱的江西吴城。同治四年(1865)四月,历经波折的王茂荫扶继母灵柩回到歙县,因杞梓里已成一片废墟,于是在新安江边义成村买下朱姓旧屋定居。六月中旬,旧病复发,延医诊治无效病故,遗折由李鸿章代奏。

在王茂荫诸多任职中,最重要的是咸丰三年(1853)十一月被擢升为户部右侍郎兼管钱法堂事务。这不仅使他一度成为清廷主管财政货币事务要员之一,更因此提出一系列财政、货币政策主张。

王茂荫早年在户部任职多年,十分在意国家的财政问题。鸦片战争后,白银外流,银价飞涨,清朝国库空虚,财政拮据,他历时十余年考察我国历代货币发行利弊得失。咸丰元年(1851)九月,他给咸丰上了《条议钞法折》,正式提出改革币制、缓和危机的主张,建议有限制地发行可兑换的钞币。他因此受到赏识,被提升为户部右侍郎兼管钱法堂事务。但他的行钞方案强调防止通货膨胀,与清政府搜刮民财的方针相悖,不能被政府完全采纳。咸丰三年(1853)五月发行的"户部官票"和同年底发行的"大清宝钞",用的都是不兑现的纸币。

担任户部右侍郎兼管钱法堂事务不久,针对惠亲王绵愉等人奏请添铸当百、当五百、当千大钱建议,他呈递了《论行大钱折》,批驳国家权力任意决定货币价值的偏见,历数历史上铸大钱所导致的私铸繁兴、物价涌贵、亏国病民的不良后果。但咸丰听不进劝谏,仍准添铸当百、当千大钱颁行。本来,不兑现的"户部官票"发行后,民间就已出现混乱,再加上不兑现的"大清宝钞"和各类大钱滥发,通货膨胀愈演愈烈。目睹这种局面,王茂荫焦虑不安,苦苦思量补救之策。咸丰四年(1854)三月初五,他向咸丰上了《再议钞法折》,这是他关于改革币制、缓和危机的第二方案,主张将不兑现的官票、宝钞改为可兑现的钞票,制止通货膨胀,挽回纸币信用。当时清政府财源枯竭,银根奇紧,根本无力准允纸币兑现。咸丰看了奏折,大发雷霆,指斥王茂荫专受商人指使,提议施行不便于国家而有利商人的意见,并降旨恭亲王奕䜣、定郡王载铨审议。三月初八,亲王、大臣在审议中也都对王茂荫提出指责。马克思在《资本论》第一卷第一编第三章一附注中所说"清朝户部右侍郎王茂荫向天子上了一个奏折,主张暗将官票宝钞改为可兑现的钞票。在1854年4月的大臣审议报告中,他受到严厉申斥",指的就是这件事。王茂荫对遭遇这种后果早有预料,所以在奏折最后表示:虽然目前施行的官票、宝钞之法并非他原拟之法,但主张发行官钞乃由其始。鉴于兵丁"怨臣"、商民"恨臣"、视官钞为患害者"归咎于臣"、迫欲官钞畅行者"责望于臣",他请旨"将臣交部严加议处,以谢天下而慰人心"。哪怕"臣虽废黜",也"未敢怨悔"。十二日,王茂荫被调补兵部右侍郎。

王茂荫具有直言敢谏、积极言事的品格。咸丰五年(1855)二月,他上《请暂缓临幸御园折》,认为时势艰危,请咸丰暂缓临幸圆明园,再次触怒皇帝,被"交部议处"。咸丰八年(1858),英法联军进犯天津,王茂荫连上四道奏折条陈夷警事宜。他批评投降派"谓夷情务在主讲(和谈)"。而认为"我不为备,则明启戎心""我诚有备,则隐戢贪谋"。清朝与英、法等国签订《天津条约》后,王茂荫认为,"抚虽已就,而难实未已"。他建议咸丰"重为刊行"魏源《海国图志》,"使亲王大臣家置一编,并令宗室、八旗以是教,以是学,以是知夷难御,而非竟无法之可御"。

王茂荫一生极其俭朴,过着粗衣粝食的生活。在京为官数十年,大多数时间住在歙县会馆。他对亲友却很慷慨。淳安王子香是其启蒙老师,后家贫零落,他每届年终必邮金资助。对同僚中的孤苦者亦按时资助。凡亲友借贷,他都竭力帮忙。家乡葺祠宇、通道路、修堤、造桥诸事,无不量力资助。他为杞梓里"承庆祠"撰写过一副楹联:"一脉本同源,强毋凌弱,众毋暴寡,贵毋忘贱,但人人痛痒相关,急难相扶,即是敬宗尊祖;四民虽异业,仕必登名,农必积粟,工必作巧,商必盈资,苟日日侈游不事,匪癖不由,便为孝子贤孙。"

王茂荫对儿孙辈管教甚严。次子王铭慎曾一再北上省视,王茂荫辄令其下帷读书,不准其干预外事。他告诫儿孙:"莫看眼前吃亏。能吃亏者是大便宜,此语一生守之用不尽。"还说:"我以书籍传子孙,胜过良田百万;我以德名留后人,胜过黄金万镒。自己不要什么,两袖清风足矣。"显示出其为人、为官的高风亮节。

直良功顺潘祖荫

潘祖荫(1830—1890),字东镛,号伯寅,又号郑庵,七世祖潘景文(字其蔚,杭州商籍)始迁吴县(今属江苏省苏州市),原籍歙县大阜,潘世恩孙。生于清道光十年(1830)十月初六,卒于光绪十六年(1890)十月三十日。

咸丰二年(1852),殿试一甲第三名,探花及第,以出风疹先向礼部具呈胪唱未到。朝考一等第四名,得授翰林院编修,累迁国史馆协修、实录馆纂修、功臣馆纂修、会试同考官、咸安宫总裁、南书房入直、文渊阁校理、日讲起居注官、侍读学士、国子监祭酒、大理寺少卿、宗人府府丞。咸丰三年(1853)四月,朝鲜李尚迪来京。潘祖荫询之以彼土金石文字及郑麟趾、申叔舟书,李尚迪因举箧中所携陈真兴王北狩碑、唐平百济碑及《桂苑笔耕》以赠。咸丰四年(1854)正月,李尚迪弟子吴庆锡来京,赠唐平百济碑、刘仁愿纪功碑、红流洞石刻六种、真鉴禅师碑、兴化寺碑、文殊院记,皆海东古刻。潘祖荫由是广搜拓本,发愤为《海东金石录》,逾年而成二十四卷,自为序。

咸丰十年(1860)闰三月,举人左宗棠襄理湖南巡抚骆秉章戎幕,援救江西、湖北、广西、贵州,所向克捷,仍遭忌恨者弹劾,以致召京审问,罪将不测。潘祖荫连上三疏密保,认为"是国家不可一日无湖南,即湖南不可一日无宗棠",左宗棠终以四品京堂复起,襄理曾国藩军务,后独领一军,为同治朝中兴名臣。咸丰十一年(1861),上疏密陈"勤圣学、求人才、整军务、裕仓储、通钱法",嗣又疏请免各省之钱粮,以纾民困;汰厘捐之名目,以纾民力;严行军之纪律,以拯民生;广乡会(试)之中额,以收士心。认为在廷大小诸臣,各抒所见,各举所知,广开言路,毋拘常例。果有学识超群、名实兼副者,破格录用。秉性直爽,敢于直谏,飙举锋发,不计祸福,先后弹劾钦差、巡抚、提督、总督、总兵等不称职官吏十余人,直声大震。

同治元年(1862)正月,补光禄寺卿。四月,以《治平宝鉴》书成,得赐绸、缎各一匹。同治二年(1863),上疏奏请酌减江苏赋额,恰值江苏巡抚李鸿章亦以减赋入奏,部议苏(州)松(江)太(仓)三分减一,常(州)镇(江)十分减一。得旨允行,千载积痛,一朝而解,三吴四郡额手称庆,欢声如雷。后累迁工部、礼部、刑部、户部右侍郎。同治八年(1869)九月十五日,奉派重修阜成门城墙。同治九年(1870)十一月,得赐御书匾"直良功顺"、联"钟镛律应钧天奏,黼黻文章复旦华"。同治十二年(1873),因户部行印遗失而被革职留任。

光绪元年(1875)后,累迁大理寺卿、玉牒馆总裁、武会试主考官、实录馆副总裁、都察院左都御史、工部尚书、刑部尚书。光绪六年(1880),奉命协助惇亲王、醇亲王、翁同龢交涉中俄事务。光绪七年(1881)正月,充国史馆总裁。同年,中俄签订《伊犁条约》,潘祖荫等条陈练兵、简器、开矿、造船、筹饷等善后五策。后累迁礼部尚书、军机大臣、兵部尚书、会典馆副总裁、管理八旗官学大臣、工部尚书兼顺天府府尹,加太子少保衔。光绪十三年(1887)六月,奏减大婚彩绸三分之一,奉旨依议。光绪十五年(1889)九月,奉派重修祈年殿。十月,得赐御书寿匾"霄汉松乔"、寿联"金坡侍直承恩眷,玉笈书贤介寿祺"。光绪十六年(1890)六月,顺天府属五州十九县遭受水灾,偕顺天府尹陈彝筹办义赈,设立卧佛寺、玉清观、功德林、普济堂粥厂,又疏请增设黄村、孙河、庞各庄、定福庄、采育镇、芦沟桥粥厂,奉旨得允。八月,奏陈"顺(天府)属灾区太广,饥民众多,转瞬严寒,生路更窘,请再赏给米石",奉旨允拨京仓粳籼米十万石。十月,拖着病躯忙于救灾,并疏请拨银以备灾民越冬。不久,因病情加重请假,仅仅三天遽然长逝。光绪皇帝闻讯震惊痛悼,即下诏追赠太子太傅衔,赐银两千两治丧,并命贝勒带领侍卫十人即日前往祭奠,谥号文勤。京都上自王公大臣,下至舆隶小民,咸叹息出涕,惜其遽逝,而所施设之未竟。当时畿辅遭大灾,饥民流转京城数万人,皆仰视于潘祖荫,闻耗后无不痛哭,声震郊野。光绪十八年(1892)三月十九日葬吴县西跨塘茭白荡,李慈铭为撰《潘文勤公墓志铭》,顺天府属宝坻士民集资建祠以祀。

多次典乡试覆阅卷,会试覆试、朝考、散馆阅卷,殿试读卷,考试试差、优贡朝考阅卷,考试御史阅卷,考试孝廉方正阅卷,考试誊录阅卷,并多次任武科主考官。类别之全，次数之多，在历代官吏中实属罕见。爱才甚于惜命，有一技之长，终身言之不去口。取士独具慧眼，其主文务得魁奇、沉博之士。

担任国史馆协修、实录馆纂修、功臣馆纂修、咸安堂总裁、文渊阁校理、日讲起居注官、国子监祭酒、会典馆总裁等文官，主持纂修《治平宝鉴》《艺文备览》《穆宗毅皇帝全集》《穆宗毅皇帝实录圣训》等书。

精于鉴别，所藏善本、金石、碑版之富甲吴下。所得西周大盂鼎、大克鼎藏竹山堂（民国八年（1919）改称宝山楼，在今苏州市平江路南石子街8号），民国二十六年（1937）日军侵占苏州前夕，潘氏后人将二鼎深埋地下得到保护，1951年献给国家。刻书近百种，藏书室有攀古楼、近光楼、滂喜斋、佞宋斋、澄怀堂、八求精舍、芬陀利室、小脉望馆、二十钟山房等，宋本有《金石录》《白氏文集》《后村先生集》《葛归愚集》《淮海居士长短句》《公羊春秋何氏注》等，藏书印有"分廛百宋""移架千元""八求精舍""龙威洞天""翰林供奉""伯寅经眼""金石录十卷人家"等。

潘祖荫

辑有《攀古楼彝器款识》《滂喜斋宋元本书目》《滂喜斋读书记》《滂喜斋丛书》《功顺堂丛书》等。

驻美大使崔国因

崔国因(1831—1909),字惠人,自号宣叟,太平县甘棠(今属安徽省黄山市黄山区)人。幼年家贫,族人资助,先后在雾山龙王殿、黄山狮子林读书,刻苦攻读,好学不倦。及长,外出谋生,进入李鸿章府中任塾师,深得李鸿章赏识。清同治九年(1870)中举,翌年登进士。同治十三年(1874)授翰林院编修。

光绪九年(1883),崔国因上书朝廷,请求变法图强以《奏为国体不立后患方深请鉴前车速筹布置恭折》。在这份奏折中,崔国因首先陈说边疆危机对中国的威胁,中国正处在虎狼环伺之下,西方列强表面上讲的是公理、国际公法,实际上是恃强凌弱,论实力而不讲道理。他指出,中国如不迅速向西方学习进行改革,必将厄运难逃。他提出了十一项自强之道:"储人才,兴国利,练精兵,设武备院,筑炮台,修铁路,精水师,精制器,设议院,讲洋务,增兵船。"这十一项自强之道涵盖了经济、军事、外交、教育、政治等方面。但在众多的项目之中,他明确指出振兴洋务为第一端,设议院是自强的关键。

在中国近现代史上,在崔国因之前,从来没有人如此向清廷明确提出设立议院的问题,因此,他被人们称为"中国倡设议院第一人"。在设议院这项条陈中,崔国因指出了设立议院的重要性、可行性,以及实行的方案。他说:"议院设而后人才辈出,增饷增兵之制可以次第举行也。"他还指出,面对当前的时局,有必要使广大群众参与政治,共同为国分忧。

在崔国因看来,议院是沟通上下之情的最好方式,他提出国会设上下两院,上院由王公大臣组成,下院由民选的代表组成。他们上传下达,使朝廷和庶民上下一心,联为一气,这样,一切大事都容易办成。他这篇8000多字的奏折,呈递上去以后,没有下文。崔国因设立议院之说提出15年后,才有戊戌变法中的开议院的口号,可见崔国因先见之明。

提出奏折的六年之后,崔国因的远见卓识,获得奖赏。光绪十五年(1889),清廷派他出使美国、日斯巴尼亚(今西班牙)、秘鲁三国。他以一个七品官员的身份一跃而成为中国第五任驻美大使,此前的四任驻美大使均是四品以上的大员。

出任大使期间,他写下《出使美日秘三国日记》,详细记录了他驻美时期的中美交涉,以及三国的政治、经济、文化、外交等各个方面的见闻,留下了他对西方世界的认识和见解,从而成为研究近代中外关系的宝贵资料。

在美期间,崔国因多次应邀参加众议院和参议院的会议,对美国议会的议事程序有了具体的了解,他用生动而又简练的文字在日记中记录道:"院式圆,空其中,环而坐,各有案,纸笔均备。有所见,则书于纸,刊于报,示至公也。无酬应之烦,嚣杂之习,拘束之劳。宽其礼数,而实事求是,华盛顿诚人杰哉!"赞扬美国议会办事认真快捷,不拘于形式,议员能畅所欲言,实事求是。崔国因介绍了美国的三权分立、权力制衡的原则。总统、议院、最高法院掌握了美国政治的三大权力。他尤其推崇作为最高立法机构的议院,人数最多,具有代表性;办事公正,为公不为私,为民不为己;每一项法规都由其制定。

崔国因任驻美大使期间,正是美国排华升级之时,此前一年,美国通过了排华的《斯科特法案》,在美华人生命财产遭到重大的威胁。崔国因到任以后,立即采取各种措施保护华人。首先,他在美国律师的帮助下,通过正常外交途径,照会美国政府,据理力争,救援了不少被拘捕、被迫害的华人,维护了华人在美的合法权益。联络美国一些主持正义的议员、官员、牧师、"保护华人会"等个人和民间组织,广泛制造反对美国排华的社会舆论,迫使美国严重的种族歧视政策的嚣张气焰有所收敛;用口头或书面形式强烈抗议美国苛待华人,违背中美条约;保护华人的生命财产安全,为在美的华工、华侨的合法权益尽了自己的努力。光绪十九年(1893)七月,崔国因任满回国。回国后,将日记交朝廷出版,自己则弃官从商,回芜湖经营实业,数年后业资即达百万。

历史上对崔国因的个人性格和办事作风非议颇多,事无大小,他都不肯假手于人,事必躬亲,这样的办事风格使得他工作主次不分,分散精力,也影响人事关系。

甚至有人说他"性情拘谨""为人悭吝"。李鸿章曾写信严厉地批评他,说他治财过于吝惜,对使馆人员节制过于严苛,引起使馆人员的不满。然而,对于别人的非议,崔国因却有他自己的看法,他在总结自己60年的经历时,写道:"因阅世六十年,未敢以有用之锱铢,为无用之损耗,自奉俭矣……勤俭二字非有定识,不知其当行;非有定力,亦不能必行也。"他在京城做官时,经常施粥施药给穷人,在家乡接济、资助宗族、亲戚中的贫困者,捐钱建家庙祠堂、义仓、义学。他说:"节衣啬食所余者,用之于此,是自奉虽俭,而自奉之外殊不能俭也。"也就是说,他对自己俭啬,但帮助别人,做公益事业,就不能俭啬。

　　崔国因学识渊博,多才多艺。他不仅通经史,懂经济,谙熟外交,而且工于书法,善诗文,精研中医。一次,他经法国去西班牙时,驻法随员有一人名潘承烈,患病已三个月,洋医无可医治,病势一日比一日严重,崔国因诊视以后,开了药方,令服十剂,再改丸药。半个月后,他回到美国就接到潘承烈的来信,说病渐愈,求寄丸药,并说若不是崔国因的诊治,命几不保。崔国因精于医道,由此可见一斑。

晚清名臣汪鸣銮

汪鸣銮(1839—1907),字柳门,号郎亭、得士。休宁县万安镇瓯山汪村人,寓居苏州。清乾隆、嘉庆年间,汪鸣銮的祖父汪本秩在苏州经商,从休宁县迁居苏州元和县霞津桥。汪本秩之子汪承炘、汪承爔、汪承熶三房仍居休宁县,汪云栋一房迁苏州阊门外南濠信心巷。汪云栋为汪鸣銮之父。

汪鸣銮从小就很聪明,7岁能通小篆,从小学习就很勤奋。其外祖父韩崇性嗜金石,藏有大量金石图书,其母韩氏经常带汪鸣銮到外祖父家归省,使年幼的汪鸣銮得以饱览金石法帖,写得一手好字。中进士时,给考官翁同龢的印象即为“书最佳”“写作最佳”。张鸣珂称他所补钱謦石《冷斋勘书图》:“秀润天成,超然尘埃之表,洵名笔也。”

咸丰十年(1860)四月,苏州被太平军攻破,汪鸣銮一家避居上海。次年三月,与吴大澂胞妹成婚。同治元年(1862),参加顺天乡试,没有考取。应吴县彭蕴章之聘,与吴大澂、顾肇熙等同肄业于北京金台书院。同治三年(1864)八月,再应顺天乡试。翁同龢在苏州同乡彭祖贤处读到吴大澂、汪鸣銮、彭伯衡三人的场作,认为均可中举。次年,汪鸣銮中进士,授庶吉士,分隶至翁同龢门下,于是正式成为翁同龢的门生。同治七年(1868),由庶吉士参加朝考,授任编修。同治九年(1870),奉命视学陕甘。次年九月,母亲去世,丁忧回苏州。

光绪二年(1876),汪鸣銮主持河南乡试,途经汉代许慎故里河南召陵郎里,遂以郋亭自号。次年,晋豫遭遇灾荒,很多州县冒领赈灾银两,汪鸣銮数次上疏弹劾,朝廷派人查办,赈务才有起色。光绪四年(1878),任国子监司业。次年,补右中允,任江西乡试正考官,即留视学。这一年汪鸣銮最受光绪帝眷顾,先后晋升洗马、侍讲等职。次年,父亲去世,丁忧。光绪八年(1882),再起补原官,转侍读,经三次迁升至内阁学士兼礼部侍郎衔。后奉命先后担任山东、广东学政。光绪十四年(1888),任工部右侍郎,次年转工部左侍郎兼署刑部右侍郎。在工部六年,与尚书潘祖荫齐心戮力,兴利革弊,各举其职。光绪十七年(1891),主持山东乡试,发现巨野魏生是人才,于是在折扇上绘了三株香橼,送给魏生作奖励,传为佳话。

光绪二十年(1894),与翁同龢同日奉旨在总理衙门行走,充五城团防大臣,后调吏部右侍郎。此后,更受朝廷倚重,光绪帝曾数十次召见他。次年,《马关条约》签订,日本侵略者坚持索要台湾、澎湖,他力陈海疆重地不可弃。时光绪亲政,数召朝臣,其奏对尤为直率,并且反对后党掣肘,力主光绪独掌朝政。十二月,被慈禧加以"离间两宫"之罪革职永不叙用。

汪鸣銮革职后,于光绪二十二年(1896)七月十九日离开北京,返回苏州,临行之前,翁同龢亲自到东安门送别。南归后,卜居苏州葑门内十梓街西小桥,主讲杭州诂经精舍、敷文书院。光绪二十四年(1898)四月二十七日,翁同龢被罢免,五月十九日回到常熟。翁同龢在常熟期间,与汪鸣銮时常交往,联系密切。吴大澂与汪鸣銮是姨表兄弟,他们的外祖父为藏书家韩崇,二人还有郎舅关系。咸丰十一年(1861)三月,汪鸣銮与吴大澂胞妹成婚。同治十三年(1874),又娶吴大澂三叔吴滨之女为继室。帮办军务的吴大澂因在辽南的对日作战失利,被免职,不久返回家乡苏州,两人经常相聚。

汪鸣銮学问渊博,经学造诣非常深厚。朝廷多次委任他执掌教事,他不仅担任陕甘、江西、山东、广东学政,还曾主持河南、江西、山东等省的乡试。光绪二十年(1894),甲午战事爆发,时局动荡不安,汪鸣銮奉旨与李鸿藻、翁同龢、潘祖荫、李文田等名臣共同主持礼部考试。李鸿藻为主考官,汪鸣銮为副主考官,李鸿藻其实并不主事,很多事情都是由汪鸣銮定夺,为朝廷选拔了大批人才,文廷式、张謇等名士都是其参与选拔的。

随着帝国主义对中国侵略的加深,民族危机日益加重,晚清统治阶层内部出现了在政治主张整肃朝纲、改革积弊的"清流派"。这部分人大多是翁同龢的门生,并多由其擢拔任用,如汪鸣銮、文廷式、志锐、张謇、徐致靖和沈鹏等人,而这六人被称为"翁门六子"。汪鸣銮位列"翁门六子"之首。翁同龢是光绪的老师,汪鸣銮是翁同龢门生，亦师亦友，属于"帝党"，被迫卷入帝后党争及清流派与顽固守旧派斗争之中。汪鸣銮深得翁同龢的信任和器重，是其"反对条约、反对割台、拒和再战"主张的具体实施者，经常接触康有为、梁启超等维新派人物，接受进步思想。清末著名小说家《孽海花》的作者曾朴，就是汪鸣銮的女婿。也正是在汪鸣銮的引荐下，曾朴得与翁同龢交好，受其影响日后一直致力于谴责小说创作并积极投身资产阶级的民主革命。翁同龢去世时，汪鸣銮送挽联："黄扉归去白云身，翰墨流传自有神；千秋是非君莫问，即论八法亦传人。"

革职南归后，汪鸣銮专心致力于金石目录之学，其晚年与朋僚的书信中也大多论及碑版之学。早在山东学政任上，就收集各种汉魏六朝石刻拓本，如《武氏祠堂画像》《琅玡刻石》《泰山老君庙题名碑》等。汪鸣銮藏有东汉《鲁峻碑》拓片，翁同龢也非常喜爱碑版之学，很想见识《鲁峻碑》，于是派专人送《鲁峻碑》拓片到常熟给翁同龢鉴赏。

汪鸣銮好藏书，晚年收藏益富，名所居曰"万宜楼"，取黄庭坚诗句"万卷藏书可教子"之意。汪鸣銮喜欢藏书是受外祖父韩崇的影响，后来韩崇宝铁斋藏书和金石器物为汪鸣銮所得。在汪鸣銮任山东学政时，收有陈鳣"向山阁"的旧藏和孔氏"微波榭"的抄本数十种。光绪年间苏州知府吴云卒后，其两罍轩部分藏书亦归汪鸣銮所得。根据藏书家徐积馀手抄本《汪鸣銮侍郎万宜楼善本书目》所载，汪鸣銮万宜楼藏有宋本13种，元本12种，明本116种，批校本67种，抄本188种，共计396种，近3800册，皆为善本。汪鸣銮去世后，其子汪春伯陆续将其所藏书籍、字画售出。汪鸣銮藏书散出之后，部分为浙江兴业银行创办人蒋汝藻所得，蒋氏在上海范园宅后造了一幢藏书楼，取名"凡将草堂"，藏书15万卷，大多是汪氏万宜楼旧藏。

状元外交官洪钧

洪钧(1840—1893),字陶士,号文卿,父洪坦由歙县桂林迁居吴县(今江苏省苏州市),出自桂林洪氏孟门五分支祠。生于清道光十九年十二月初八(1840年1月12日),卒于光绪十九年(1893)八月二十三日。洪钧是历代状元中唯一的外交官,颇有外交才能,处处捍卫国家与民族尊严,尽心尽职,民国《吴县志》称其"机牙四应,建威销萌。每建一议,据理达情,执约不挠,远人慑服。居海外三载,须发尽白"。宁肯让土布袜磨破脚,也不愿意换上洋袜(绒线袜)。

因家道中落,父洪坦令其弃儒从商,洪钧慨然有当世之志,不愿习贾,长跽涕泣请读书,卒事于学,在太湖中洞庭西山岛宝山坞显庆寺发愤苦读,中状元后为此寺题"大云堂"匾额及楹联。不久,入吴县学,为附监生。

同治三年(1864),江南乡试中举。同治七年(1868),殿试一甲第一名进士,状元及第,得授翰林院修撰。同治九年(1870),未散馆即任湖北学政,感激知遇之恩,锐志报国,简阅精审,唯恐失人。光绪元年(1875),充顺天乡试同考官。光绪二年(1876),任陕西乡试主考官,甄拔多知名士。光绪三年(1877),因与修《穆宗实录》告成,获赏戴花翎加四品衔,历任侍讲、侍读、左右春坊庶子、侍讲学士、侍读学士、詹事府詹事。光绪五年(1879),充任功臣馆纂修,任山东乡试主考官,得人尤盛,为各省冠。光绪六年(1880)二月,任江西学政,访查枪替重名诸弊,创行交谈审查法,终日堂皇,侥幸蒙混过关情形由是绝迹。俗有溺死女婴之风,檄令各地学官与诸生收容赈济,并手书联额奖其勤,很多女婴因此获救。光绪八年(1882),奏定南昌经训书院规制,与诸生讲经世济民之学,多所成就。去任之日,诸生祷祝于书院。

光绪九年(1883)七月,升内阁学士,兼礼部侍郎衔。同年,黄河决口山东,工部侍郎游百川奉命驰往筹度,议开徒骇、马颊二河泄洪。洪钧奏其未谙河务,且陈治河当因时制宜,黄河宜合不宜分,止可宽展重堤,不可别谋分泄,认为如果开引河通二渠,此数百里土性松浮,一旦溃堤,北趋将威胁京城附近,并条上治河事宜。按察司潘骏文熟悉河务,刚遭贬谪,无人敢举荐。洪钧力言其可用,疏入不久命游百川回京,起用潘骏文,治河果有成效,缘自其功。法越战事之际,洪钧条陈海防事宜,复蒙采纳。不久,洪钧因母病疏请开缺终养。光绪十年(1884),丁母忧。光绪十二年(1886),守母丧期满,起复原职。光绪十三年(1887),在潘祖荫、翁同龢等人的力荐下,充任出使俄、德、奥、和(今荷兰)四国外交大臣。出国期间,洪钧认真考察外国政治、经济、文化,特别是通过对欧洲各国形势的研究分析,预测欧洲即将爆发战争,于是向朝廷建议应抓紧时机修明政事,讲究戒备。果不其然,20余年后第一次世界大战爆发,验证洪钧对战争预测的正确性。

由于中外之间要事交涉频繁,多以电报往复。外国电报用三码,而中国电报多一码,费用是外国的五倍。洪钧创干支代一、十、百、千字法,即可改成三码电报,所省巨万,其慧心巧思类如此。

光绪十六年(1890)回国,升兵部左侍郎,不久充任总理各国事务衙门大臣,力持大体,勇于任事,无所瞻避。与封疆大吏论公事,下笔辄千余言,洋洋洒洒。值军国重事,辄获赐面见光绪,近身奏对陈述。沿江教案系因西方人不法而起,但有谤书语牵涉湖南道员,将置之法,当路亦思重惩,以儆效尤。洪钧以为有伤国体,力持不可,此议乃止,其人卒得保全。

使俄时,得亚美尼亚人拉施特《蒙古全史》,皆回纥文,无能通读,只有俄国、英国有译本传世。洪钧欣慰这本书能补《元史》疏漏之处,于是遍访俄国通人暨各国驻俄使臣,更译为汉文,载西北用兵始末颇为翔实。又考证元朝官书、私书及涉《元史》诸记载,亲自编纂辑补,使得缺漏之处得以补足,疏略,成《元史译文证补》三十卷(其中十卷有目无文)。搜异域之佚闻,订中国之惇史,详尽考证元宪宗之前史实,为译介外国文献进行元史研究开山之作。洪钧的亲家陆润庠于光绪二十六年(1900)为校写付梓。

光绪十九年(1893),俄国入侵中国西北边境七八百里,引起国界之争,因与洪钧从俄国所购《中俄国界图》有牵连,因此洪钧受到光绪的责备,这使洪钧遭受了一定的打击。而他先前出使归国,道经红海,受到暑湿,留下了病根,一旦触发,便一病不起。不久病逝于京邸,光绪痛切哀悼,有"才猷练达,学问优长,尽心职守,办理妥协"之褒,谕赐祭葬,赏延后嗣,饰终之典视常例有加。同官临吊,无不痛哭失声。初葬吴县(今江苏省苏州市)西津桥,分巡台湾兵备道、吴县顾肇熙撰《清授光禄大夫赐进士及第兵部左侍郎洪公墓志铭》,国史馆协修、吴县吴郁生书丹,管理户部三库事务大臣、原籍休宁万安汪村汪鸣銮篆盖。后迁葬大兖山,国史馆协修、武进费念慈撰《清故光禄大夫兵部左侍郎洪公墓志铭》,并书丹、篆盖。

洪钧对故乡情结很浓,如歙县桂林洪氏修宗祠,需费银万两,议按丁出钱,以盈其数。洪钧毫不犹豫,毅然捐银五千两,以免贫族无财力捐资。

洪钧工书,早年学苏轼、米芾、钟繇,小楷娟秀清丽;晚年专攻碑刻之学,喜作擘窠大字,字字入碑意,苍润雄劲,朴质高古,为世人所重。苏州博物馆所藏匾额"鹤与琴书之宝",乃其手笔。编有《经训书院文集》十卷,撰有《洪钧日记》[同治九年(1870)至光绪十九年(1893),稿本藏苏州市博物馆]。

配何氏,侧室杨氏(未生育)、陆氏、傅彩云(即赛金花)。子一,洪洛,嫡出,县学廪生,以二品荫生考授通判,改工部郎中,服阕后遇缺即补。女一,洪德官,庶出。故居桂荫堂在长洲(苏州旧县)临顿里悬桥巷,1998年被列为苏州市重点文物保护单位。

海防功臣杜冠英

杜冠英(1840—1890),字芸生,号徽三,太平县永丰乡杜家村(今属安徽省黄山市黄山区)人。早年随同乡浙江候补道苏式敬往浙江,因督办军饷和天津海运有功,保授知府衔。

清光绪三年(1877)任浙江玉环同知。同年,受浙江巡抚杨昌浚委任至镇海,协同海防事务。一上任,他就细观地理形势,充分利用镇海"天险",建立起威远、靖远、镇远等炮台十余座,购置克虏伯炮巩固海防,并置木为桩,沉舟堵塞海口,以御外侮。光绪九年(1883),法国侵略越南,沿海告警。浙江巡抚刘秉璋委任杜冠英宁镇营务处总办,成为刘秉璋派往镇海第一线的代表。多年经办浙江海防的杜冠英立即投入了紧张的备战之中。他根据当时的局势,迅速向刘秉璋请示布防事宜,提出"防守海口,盖防敌船进港溯流而上,侵我之内地也;亦防敌船停泊于海,轰击我近海之城邑也"的正确防御思想,并在具体勘察镇海口水情山势后,建议采取两重拦阻的防御措施。这一扬长避短、因地制宜的防御手段,是积极而切合实际的,为刘秉璋所接受,并实施到镇海口的防御中。为了抵御外敌,他积极实施了一系列防敌措施:其一,提出并实施了堵塞甬江口、拆除灯塔航标等工程,以利战守;其二,架设宁波至镇海的通信线路。这一现代化的设施保证了中法之战上下、左右情况的通联,协调了南北岸和炮台、水师及统领之间的行动。镇海之战中,为确保电函迅速传达,杜冠英往往从清晨工作至深夜。通信的顺畅在保证作战指挥的顺利实施中发挥了巨大的作用。

光绪九年(1883)十二月,侵越法军悍然进攻应越南政府邀请而驻扎北圻的清军,企图借武力压服清政府,实现在中法谈判中未能达到的目的,中法战争就此爆发。法国陆续投入海陆战场的军力,包括各类舰艇35艘和陆战部队约6000人侵扰中国沿海。法军舰队有两项任务:首先确保对台湾的封锁,切断清军对台增援;其次是继续北上骚扰旅顺等处,对北京形成直接压力。因此,浙东海防局势异常紧张。光绪十一年(1885)三月初一,法国远东舰队司令孤拔率法舰进犯镇海,镇海军民在刘秉璋的决策指挥下,海陆联防,官兵一致,军民合力,同仇敌忾,组成了一道团结抗敌的钢铁长城。正是由于镇海的防务部署周密和守军抗击得力,法舰侵略屡攻不克,反而遭到不小的损失。前后延续103天,直至中法天津新约签订后三天即六月初十,法舰才宣布完全解除封锁。尽管法舰队正副司令亲临指挥,始终都无法突破雷池,陷入了欲进不能、欲退不甘、空耗时日、损兵折艇的狼狈境地。镇海抗法保卫战是中法战争史上一次重要战役,也是我近代抗击外侵海战中取得完全胜利的战役,它与镇南关、谅山大捷一起,合奏了一曲中国军民抗法战争的凯歌,谱写了近代反侵略战争的光辉一页。

光绪十一年(1885)夏,中法战争的硝烟散去,但念及当时邦国多难、海衅迭起,杜冠英仍继续筹办镇海防务,力图寻求一个对浙防"永臻稳固"的万全之策。同年底,他再次率人实地勘探招宝山、小金鸡山、安远炮台及小港口笠山等处,在原有海防设施的基础上,补罅添缺,重新规划设计了镇海口的防御体系。从台址的选择、大炮的采购与配置到工程的实施,皆由杜冠英一手经营,全面负责,历经四年而成,为浙东海防建设作出了历史性的贡献。

镇海之役,杜冠英不仅积极进行临战部署,亲驻炮台指挥作战,而且在第一线承上启下协调各部矛盾。当时,驻守镇海的清军分属湘、淮两军,提督欧阳利见属湘军嫡系,巡抚刘秉璋是淮军将领,两人素存芥蒂,矛盾重重。杜冠英以大局为重,力劝双方,协调文武将领之间的关系。欧阳利见等人有好的建议时,他都及时向刘秉璋上报;对刘秉璋的指令,他亦耐心地向欧阳利见等人解释开导,尽力协调他们之间的矛盾。参将郑鸿章、守备吴杰分属提督和巡抚,平时有矛盾,甚至闹得要"列队开枪决斗",杜冠英劝勉吴杰"勿恃功逞忿",要顾全大局,以大义为重。因杜冠英苦心调护,浙东前线文武将领皆能保持良好的协作关系,共同战斗,使中法之战成为中国近代军事史上反抗外侵的成功战例之一。因杜冠英致力海防有功,光绪十一年(1885)三月二十日,清廷御赐杜冠英"奋勇可嘉"匾额悬于宗祠中,功加三品衔,升道员补用。光绪十六年(1890)四月,由于长期辛劳,带病工作,杜冠英积劳成疾,不幸病逝于任,年仅51岁。临终时,他仍念念不忘海防防务。

杜冠英一生宦绩三十余载,是一位恪尽职守、正直笃厚、政声显著的清官。在浙江任职期间,他兢兢业业,清理积案,编排户籍,兴修水利,并开垦岛田三万余亩,做了大量的基础性工作。同时,他缉拿海盗,安抚民众,振兴文教,创玉海书院,使百姓安居乐业。他不仅治理有方,而且体察民情。正因为如此,他一直为后人所追思、敬仰。

心怀民族救亡使命的胡传

胡传(1841—1895),原名守珊,字铁花(华),号钝夫。绩溪县上庄村人。清代爱国人士,绩溪三奇士之一。

胡传出身于茶商家庭,父亲胡奎熙在上海川沙等地开茶叶店,经常往返于上海、绩溪之间。胡传从小和母亲在绩溪老家,跟随族叔胡阶平在私塾读书。胡传少年时身体壮硕,个性强悍,平生以畏难苟安为耻。课读之外,每到茶市繁忙季节,便协助父亲入山收购春茶。16岁时,随父运茶至上海,帮忙打理店务,父亲想将他培养成经商人才,继承家业。但伯父胡奎照认为胡传头脑聪颖,有读书的天分,不应该在小茶叶店里埋没,主张让他专心读书。胡奎熙听了胡奎照的劝说,让胡传到川沙读书,拜在庠生庄周道门下学习诗文制艺。但闲暇之时,仍然照管店务。每年春季,父亲返乡收购新茶时,店中商务便由胡传独自管理。

清咸丰十年(1860),胡传回绩溪老家与冯氏结婚。未及半月,太平天国军队攻陷绩溪县城,胡传带着家人亲友20余人逃到山里避难。同治二年(1863),原配冯氏在逃难中身亡。太平天国运动后期,胡传全家积蓄已尽,日子过得非常艰难。为了渡过难关,春茶上市后,胡传通过借贷,收购新茶到屯溪售卖。回来时,用卖茶叶的钱买米到上庄出售,赚取差价。其父原在歙县东乡竦川一带收购茶叶,很有信誉。胡传凭借其父的信誉,在竦川用两成的预付资金收购了3000余斤茶叶。又通过先赊账运输,待出货后再付运费的办法,将3000余斤茶叶售出,可见胡传的经商手段娴熟。

太平天国运动后,胡传参加县试、府试,同治四年(1865)考取秀才。同年,娶邻村旺川曹氏为继妻。曹氏为胡传生了三儿三女,光绪三年(1877)死于肺结核。胡传考取秀才后,五次参加乡试不中。觉得自己的学业被战乱耽误了,决定到上海进修。同治七年(1868),被上海龙门书院甄试录取。在书院,胡传每天都要完成两份作业:一份"日程",一篇"日记"。"日程"记载学习进度,"日记"记录学习心得和疑虑。龙门书院的教学,不仅教授四书五经,还教学生放眼看世界,让他们关心与国计民生有关的经世之学。因列强环伺,同学之间互相激励,研讨世界地理蔚然成风,胡传的兴趣也由科举考试转向对边疆地理的研究。

龙门书院肄业后,胡传返回上庄,主持管理宗族事务,重建胡氏宗祠,续修胡氏宗谱,因当时有80多人交不起丁工捐,曾发生一起冲突,甚至有人持刀威胁胡传。胡传得知情况,令人为自己和妻子准备了两口棺材,以不折不饶、宁死不退的精神,坚持不交丁工捐则其家祖考神主不准入祠的原则不动摇。在族老的劝解之下,除了个别族人因贫实在无法缴纳以外,其余族众都交了丁工捐。光绪二年(1876),祠堂重建工程耗资13300银圆,由此可见,族中贫者实在是无力承担丁工捐。

胡传是一位有志气、有理想、有抱负的读书人,一生深受其业师、扬州硕儒刘熙载的影响,笃信宋儒,崇奉程颐、程颢及朱熹的"道心、人心"的理论。19世纪70年代,沙俄在中国新疆地区大动干戈,先是侵占北疆的伊犁,继而又勾结阿古柏欲图吞并南疆。乡居期间,胡传感慨外患日增,他敏锐地指出:"中国患在西北,而发端必始东北。"因感东北地区的图志资料缺乏,准备考察东三省的山川地理形势,以备沙俄入侵时需要。他将家事托付四弟胡玠,并向在南京开绸缎店的族兄胡嘉言告贷,得二百金,留百金于家,只身前往东北。在历时一年多的考察中,他考证修正了东北舆图之谬误,撰写了东北地理形势之文章。

光绪七年(1881),经兵部主事胡宝铎推荐,胡传前往东北吉林宁古塔钦差吴大澂处当幕僚,后被专折特保为知县。不久,授五常府同知。中俄《北京条约》签订后,沙俄并不因割占乌苏里江以东中国40万平方公里领土而停止侵略活动,而是继续侵吞蚕食中国的领土。其中珲春的黑顶子是中俄边界中国一侧的战略要地,俄兵若由黑顶子偷渡图门江,北可抄珲春之后,南可掏朝鲜之背。珲春一旦被占,朝鲜亦难幸免,如此不仅东三省危险,就是直隶、山东、江浙沿海也不能安宁。

光绪九年(1883)正月,胡传奉檄由瑚布图河防老松岭赴珲春与俄国官员廓米萨尔会勘边界,途中遭遇大雪,失道误入深山老林中迷失三日,最终循山涧而下,方才脱险。经过不懈努力，光绪十一年(1885)黑顶子地区终于被收回。吴大澂在边界立了五座铜柱，并篆铭其上："疆域有表国有维，此柱可立不可移。"胡传以寸土必争的精神，阻止了沙俄对中国领土的蚕食。光绪十二年(1886)，胡传因母丧返里，告别东北。

在家居丧期间，胡传受两广总督张之洞之托，勘察人迹罕至的海南山区地理，在直穿黎心以达崖州的旅途中染瘴毒困于凌水，几乎丧命。光绪十四年(1888)，黄河郑州一带决口。吴大澂奉调任河道总督，召胡传赴郑州襄赞治河。胡传亲临工地，日夜操劳，精打细算，使大堤及时完工，且节约了一半费用。由于治河的劳绩，吴大澂保举胡传以直隶州候补知州、知府，分发各省候缺任用。

光绪十五年(1889)，胡传自郑州返里探亲，迎娶年仅17岁的冯氏为续弦。次年赴北京，签分江苏候补。光绪十七年(1891)，任淞沪厘卡总巡。是年，儿子胡适在上海出世。光绪十八年(1892)，随台湾巡抚邵友濂调台湾任全台营务处总巡。上任后，考察全台防务设施及训练情形，在六个月内将全岛巡视一遍，南到恒春，北至沪尾(淡水)，深入后山台东、花莲、宜兰，远达外岛澎湖。接着，办理台南盐务，使得积弊一清，盐务大有起色。光绪十九年(1893)，奉委代理台东直隶州知州，兼镇海后军各营统领，大力扫除军中鸦片，加强后山防务。胡传在台任职三年六个月，直到光绪二十年(1894)中日战争爆发，他拒受撤退内渡诏令，愤然写下"青山白骨有余荣"的诗句，遣妻儿归家，留台坚守抗日。光绪二十一年(1895)，因心力交瘁，脚气病转剧，病卒于厦门，年55岁。

台湾光复后，台东父老为了纪念这位清代州官，把火车站前的光复路改为"铁花路"，并将鲤鱼山忠烈祠旁日本遗留的"忠魂碑"改为"胡传纪念碑"，碑文尽载其事迹。

五四运动点火者汪大燮

汪大燮(1859—1929)，原名尧俞，字伯唐，一字伯棠，黟县宏村人，出生于杭州。先世由黟县宏村迁钱塘，世有名德之人。先祖汪宪为清乾隆十年(1745)进士，著名藏书家，创建"振绮堂"藏书万卷。故宏村汪氏迁杭州支派，亦称为钱塘振绮堂派。

汪大燮于光绪十五年(1889)中举，屡试礼部不第，即以捐班任内阁中书叙会典馆。不久，升翰林院侍读、户部郎中。后考上总理各国事务衙门章京，经总理衙门大臣张荫桓保荐，先后任外务部员外郎、右丞、仓场侍郎等职。

光绪二十七年(1901)，《辛丑条约》初有头绪，沙俄另提出要求，想在山东享有特权，并以决裂为恫吓，改修条约十一款，威迫清朝驻俄国公使杨儒限期画押。汪大燮洞察形势，上书陈述利害，提出不可在和约之外，另订专约的意见。清廷采纳了汪大燮的意见，拒绝沙俄无理要求。之后议订交收东三省，恢复中国主权，都是出于汪大燮上书的意见，汪大燮也以熟悉外情而崭露头角。

光绪二十八年(1902)十一月，汪大燮出任日本留学生总监督专使。次年，任外务部左参议、日斯巴尼亚贺婚大臣。光绪三十一年(1905)，任驻英公使，获赏二品顶戴。其间，他与载泽、尚其亨、李盛铎等三位考察英国政治的清末重臣、改革派、立宪派重要人物一道，共同提出"施行立宪政体"建议，包括宣示立宪宗旨，实施地方自治，制定集会、言论、出版法律，又提出改用金币、兴复海军、禁止鸦片等建议。光绪三十二年(1906)，转任外交部右侍郎；光绪三十三年(1907)，奉派考察英国宪政大臣；光绪三十四年（1908），转任邮传部左侍郎。宣统二年（1910），任驻日公使。同年六月，向朝廷敬献考察英国宪政编辑各书。汪大燮素来淡泊功名利禄，矜贫救厄，在英、日期间，倾尽所有来帮助留外学生，归国时已身无余资。

随着辛亥革命的爆发，清廷退位，中华民国成立，汪大燮回国时已是民国二年（1913年）。是年9月，汪大燮担任熊希龄内阁的教育总长，民国三年（1914）2月，随着熊希龄因涉嫌热河行宫盗宝案被迫辞职，汪大燮也辞去教育总长之职；3月，担任平政院院长；5月，担任参政院副院长。民国五年（1916）6月，汪大燮出任段祺瑞内阁的交通总长。民国六年（1917），担任遣日特派大使；是年7月，张勋复辟失败，汪大燮出任段祺瑞内阁外交总长。民国七年（1918），徐世昌担任中华民国大总统，聘任汪大燮为外交委员会委员长。民国八年（1919）2月，汪大燮创议组织"国民外交协会"，即"国际联盟同志会"，并于当年在北京大学召开成立大会，推梁启超为理事长，蔡元培、王宠惠、熊希龄、张謇等为理事。当时，梁启超正漫游欧洲，由汪大燮代理理事长。

当初，汪大燮任外交委员会委员长时，曾参与审议巴黎和会有关中国外交事件。时欧美各国对德宣战，敦促中国参加，国民议会却坚持不参战。汪大燮力排众议，决定加入，从而提高中国的国际地位。于是，中国后来终于能够在巴黎和会、国际联盟、华盛顿会议上得一席位。

民国八年（1919）初，汪大燮为委员长的外交委员会拟定了巴黎和会的五大外交纲领，其中包括撤销列强在华的领事裁判权，实现关税自主等重要内容。同时，帝国主义在巴黎和会上无理拒绝了中国政府的要求，并决定日本继承战前德国在山东的特权；北洋政府竟屈于帝国主义势力，密令中国代表在"和约"上签字。汪大燮知道这一消息后，勃然大怒，同时他也很清楚仅凭一己之力是无法挽救国家主权的。于是，一方面让同僚赶紧联系身在巴黎的梁启超，由梁启超通知巴黎的中国留学生在签约当天包围中国代表团下榻的酒店阻扰其签约；一方面立即召开紧急会议，向参加巴黎和会的中国代表团发出电报，"如不能争回国权，宁退出和会不得签字"。随后，来到北京大学校长蔡元培家中，告知了蔡元培这一消息，并商讨对策。5月3日晚上，蔡元培召开学生代表会，揭露政府密令，于是群情激愤。5月4日，北京13所高校举行群众集会游行，一场中国人民反帝反封建的伟大革命就此爆发。当天，外交委员会对北洋军警抓捕学生的行为提出了强烈的抗议。汪大燮与王宠惠、林长民联名向北京警察厅总监呈请保释被捕青年学生。为了对北洋政府施加政治压力，5月6日，汪大燮向北洋政府递交辞呈，同时解散了外交委员会。最终，迫于全国人民的压力,北洋政府释放了被捕学生,罢免曹汝霖(亲日派,时任交通银行总裁,兼任交通总长和财政总长)等人的职务,并拒绝在巴黎和约上签字。

民国十年(1921)8月,汪大燮与钱能训、熊希龄、孙宝琦等人,发起组织华盛顿会议中国后援会,并任理事。次年,任外交部华盛顿会议善后委员会副会长;11月29日,任黎元洪内阁的国务总理兼财政总长;因派系难容,于翌日通电辞职;经黎元洪总统挽留,应允维持十日为限,签署收回被德国强租和日本强占的胶州湾(包括青岛)的命令。

此后,汪大燮相继出任全国防灾委员会委员长、外交委员会委员长、故宫博物院董事、平政院院长兼文官高等惩戒委员会会长等职。民国十七年(1928),张作霖撤兵出关时,汪大燮与王士珍(曾任冯国璋内阁的总理,后任京师临时治安会长、京师救济联合会会长)等组织北平临时治安维持会,维持北平秩序。

晚年,汪大燮弃政致力于平民教育,创办北京平民大学,自任董事长兼校长。同时,他还致力于红十字会等社会慈善事业。民国十八年(1929)1月5日去世,终年71岁。

汪大燮在中国政界,资望甚高,同孙宝琦、钱能训合称"三老",编著有《英国宪政丛书》《分类编辑不平等条约》等。

政治活动家徐谦

徐谦(1871—1940),字季龙,别号黄山樵客。歙县徐村人,出生于江西南昌。

徐谦年方4岁,父亲去世。5岁时,跟从九叔认字。9岁后随母亲胡氏先后到扬州、嘉兴、杭州、北京,投奔八叔、九叔、舅舅生活并读书。清光绪十七年(1891),与其兄徐巽护送父亲灵柩从南昌回歙县老家安葬,守墓三个月后返回杭州。路上兄弟酬唱颇多,后编成诗集《于役集》。次年参加顺天乡试落第。之后十年,先就学,后在泰州、兴化、扬州等地任教。光绪二十八年(1902),应南京乡试考中举人,次年中进士,入仕学馆攻读法律、政治各科。当时,新式教育在北京开始举办,各省旅京绅商纷纷开办服务本省子弟的新式学堂,光绪三十年(1904),徐谦兼任皖学堂教务主任,并在豫学堂兼任数学教员。光绪三十三年(1907)散馆,授翰林院编修。起初在邮传部任职,因得法部尚书戴鸿慈赏识,调任法部参事,主持法律编查馆,参与拟订司法制度改革条例。再任北京地方审判厅厅丞,处理大量积案。次年升任北京高等检察长。宣统二年(1910)四月,作为中国特使,徐谦赴华盛顿参加第八届国际刑法与监狱会议,会后,到柏林、罗马、巴黎、伦敦、莫斯科等地考察西欧各国司法制度。

民国元年(1912)初,徐谦与伍廷芳、王宠惠、许世英等人在天津成立"国民共进会",以"完成健全共和政体"为宗旨,并以国民共进会名义发表《共和联邦折中制商榷书》,主张在中国成立"联邦共和国",立法、司法采郡县制(集权于中央),行政则采联邦制(分权到地方)。3月,出任唐绍仪内阁司法部次长。但在发现袁世凯有独裁野心后,辞去了任期仅4个月的次长一职。8月,国民共进会与同盟会、国民公党及其他几个小团体联合组成国民党,徐谦当选为党本部参议。

宋教仁被刺杀后,徐谦在《民权报》发表《布告国民》,号召国民奋起组织武装反袁斗争。二次革命失败后,他在上海开业当律师。民国五年(1916)9月,出任段祺瑞内阁司法部次长,并联络国会中国民党籍议员。同年,接受基督教中华圣公会洗礼。次年,中国基督教徒和天主教徒联合成立信教自由总会,徐谦任会长,争取享有宗教信仰自由权利。最终,信教自由被列入宪法,并获国会通过。

民国六年(1917),张勋复辟,遭到全国人民声讨。孙中山南下广州护法,徐谦也南下出任广州军政府秘书长、司法部部长。次年,孙中山遭排挤离粤赴沪,徐谦受命作为其全权代表参加军政府政务会议,任务是维护当时仅有的革命军事力量(陈炯明部);坚持护法,反对与北方政府议和。

民国八年(1919)1月,孙中山派徐谦和陈友仁以南方代表顾问身份奔赴巴黎,开展外交活动。在巴黎,徐谦反对和会对山东问题的处理结果,反对在和约上签字。回国后,因不满岑春煊把持广州军政府,应邀去天津任《益世报》主编。民国九年(1920),孙中山重组军政府,徐谦被任命为司法部部长。次年,司法部取消,成立大理院,徐谦为大理院长,兼评政院长。其间,他主持修改了多项法律,均以保护劳动者为出发点。

民国十一年(1922),徐谦接受孙中山安排赴河南拜访冯玉祥与吴佩孚。陈炯明叛变革命后,徐谦应国务总理王宠惠之邀,出任北京政府司法部部长。一个月后,随王宠惠辞职。次年,孙中山回广州再次组织海陆军大元帅大本营,徐谦和胡汉民等人被孙中山派驻上海,为办理和平统一代表,多次北上南下参加南北议和。同年夏,因与孙中山就议和问题发生分歧,徐谦离开政府机构,接受岭南大学邀请,担任文学系主任。在此期间,著成《宗教文学》《诗词学》两书。

中国国民党一大召开后,确定联俄、联共、扶助农工政策,徐谦应孙中山之邀加入改组后的国民党,任特务宣传员,北上向冯玉祥等宣传国民党的主张。民国十三年(1924)10月,冯玉祥发动北京政变,徐谦受冯玉祥邀请来北京,力劝冯玉祥邀请孙中山北上共商国是。其间,徐谦还与李大钊等共产党员建立了联系。

孙中山在北京病故后,徐谦参加了其治丧委员会,除协助处理其国葬外,还多次在京演讲孙中山革命和创建民国的意义,激发民众的革命热情,继承孙中山的未竟事业。上海发生"五卅"惨案,北京学生成立"五卅"惨案后援会,徐谦参与领导工作,帮助冯玉祥创办今是学校,收容因参加学生运动被开除的学生,并从中选拔优秀分子加入冯玉祥部队。

在民国十五年(1926)国民党二大上,徐谦当选为中央执行委员,任北京政治分会主席。3月18日,段祺瑞政府枪杀请愿学生,制造"三一八惨案",徐谦也遭到北洋政府通缉。4月,他跟随冯玉祥离开北京去苏联考察。其间,与苏联中山大学校长拉狄克两次辩论,冯玉祥事后表示:"我于此事极佩服季龙先生,真不愧为爱国家、爱真理的有心人。他对问题严肃认真的精神,真是少见的。"7月回国后,在广州任国民政府常务委员、司法部部长。随着北伐战争初期的胜利,国民政府由广州迁武汉,成立"中国国民党中央执行委员国民政府委员临时联席会议",徐谦被推选为主席,他与蒋介石的矛盾也日益尖锐。因受到汪蒋两派排挤,民国十六年(1927)11月,他在上海发表声明,宣布退出政坛。随后几年,在上海著述、卖字、当律师维持生计。

徐谦具有强烈的爱国心。民国二十一年(1932),日军在上海发动"一·二八"事变,徐谦义愤填膺,在上海组织革命军民抗日联合会。次年,参加福建事变,参加陈铭枢、蒋光鼐、李济深等人成立的福建人民革命政府,任最高法院院长。事变失败后,避居香港。抗日战争全面爆发后,他怀着一腔救国热情回到内地,任国防会议参议员、国民参政会参政员。民国二十九年(1940)9月26日病逝于香港。毛泽东送了挽联:"存亡攸关,抗战赖持久,而今正是新阶段;死生同慨,团结须进步,岂能再抄旧文章。"

徐谦不仅是政治活动家,也是近代法学家、学者。著有《民约总论》《刑法丛编》《劳资合一》等书。

辛亥革命先驱程家柽

程家柽(1874—1914),字韵荪,又字豫荪、润生、下斋,休宁县汊口人。程家柽父亲程承瀚是清光绪学部大臣孙家鼐的得意门生。受父影响,自幼苦读诗书。少时随学者胡卓峰读书,十几岁便考中秀才。

光绪二十三年(1897),程家柽考入湖广总督张之洞在武昌创办的两湖书院;光绪二十五年(1899)被选送赴日本官费留学,入东京帝国大学农科。半年后,经郑可平介绍,结识孙中山,对孙中山的革命主张颇为赞同,加入兴中会。次年,为唤起在日留学的一万余名中国留学生的革命意志,他协助秦力山、沈翔云等先后成立励志社、恳亲会、青年会等组织,在东京创办《译书汇编》《国民报》等刊物,宣传反清革命思想。光绪二十八年(1902)四月二十六日,赞助章太炎等在东京发起"支那亡国二百四十二年纪念会",以纪念明朝灭亡为名,提出"勿忘郑成功"的口号,公开反清。次年参加发起"拒俄义勇队"(后改名为"军国民教育会"),登坛演说,愤慨陈词,听众无不动容。次年一度回国,先后到南京、合肥、武汉等地进行革命串联,策动武装起义。清廷发觉后,始以高官厚禄收买,继以"逆竖倡乱"罪名,饬令两湖书院开除其学籍,取消其官费留学资格,并悬赏通缉。在清廷高压下,程家柽再次东渡日本,协助孙中山工作。

光绪三十一年(1905),协助宋教仁创办革命刊物,任编辑长,专司事务工作。同年八月二十日,他参与约集各省革命志士70余人,在东京聚会,在孙中山亲自主持下正式成立中国同盟会,大家共同宣誓加入同盟会。随后,他与孙中山、黄兴等七人被推为同盟会章程起草人;同时,《二十世纪支那》杂志更名为《民报》,作为同盟会的机关报。随后程家柽被选为同盟会执行部外务科负责人。清廷颁布《取缔清朝留日学生规则》后,他曾出面组织"学界调停会",以调解留日学生中"联合会"与"维持留学界同志会"之间的矛盾。

光绪三十二年(1906)二月归国,任京师大学堂农科教授和邮传部主事等职。曾利用担任肃亲王善耆家庭教师的机会,一边秘密宣传革命,一边多方掩护和营救过胡瑛、张难先等革命党人。次年再赴日本,设法为《民报》筹集经费。清廷妄图以重金收买他,遭到严词拒绝。后买通日本浪人袭击他,他险遭暗害。光绪三十三年(1907),袁世凯任军机大臣兼外务尚书,迭下手谕缉捕程家柽,他闻讯避往日本,袁仍不肯放过,暗遣刘麟尾追至日本图谋行刺。黄兴、宋教仁对刘麟晓明大义,才使程家柽免于罹难。在日本期间,他曾冒着生命危险,营救被日警追捕的同盟会员张继,助其逃往法国。身居日本,仍积极参与策动国内镇南关、河口等地的起义。宣统元年(1909),袁世凯失势,程家柽应陆军部之聘,回国任陆军教材编辑,再次以合法身份从事革命活动。辛亥革命成功,清廷政要善耆、良弼、铁良等人,欲以万金收买日本人刺杀程家柽,他得信潜往南京。民国元年(1912),南京临时政府北迁,程家柽任安徽省军政府高等顾问,同年往上海,与爱国诗人柳亚子交往甚密,加入南社。

不久,袁世凯复辟帝制,暗杀宋教仁于上海车站。程家柽义愤填膺,决定刺杀袁世凯。民国元年(1912)1月16日,他率暗杀队员,在袁世凯出入必经之地东华门安放炸弹,炸伤了袁世凯乘马两匹,炸死袁世凯的护卫统带(卫士长)袁金标和卫兵七人,可惜袁世凯本人因躲避及时而未丧命。事后,他被悬赏缉拿,并两次险被袁氏走狗暗杀。次年孙中山二次革命讨袁失败后,程家柽在其主办的《国风日报》上发表《袁世凯黄粱梦》一文,檄讨袁的阴谋和卖国行径,并再次潜回北京,与熊世贞等组织"铁血团"共谋反袁活动,不幸事泄被捕下狱。虽身遭酷刑,仍坚贞不屈,在法庭上历数袁的种种罪行,法官理屈词穷,匆忙宣判死刑。民国三年(1914)9月23日程家柽在北京菜市口刑场英勇就义,年仅41岁。

程家柽在日本留学期间,认定孙中山的革命学说是正确的,但对其具体内容不甚清楚。在与孙中山会面后,他受到很大启迪,当即表示要终身为实现孙中山所倡导的革命主张而奋斗;他与秦力山等人创办了《国民报》,宣扬革命学说,产生较大影响。

光绪三十一年(1905)七月二十日,中国同盟会在东京召开大会,推举孙中山为总理,黄兴为庶务科科长,程家柽为外务科科长;在辅佐孙中山创建中国同盟会的过程中,他呕心沥血、殚精竭虑,建立了重要的历史功勋。中国同盟会的元老张继曾经这样评述:"孙中山是革命的倡导者,黄兴是革命的实行者,程家柽是革命的组织者。"

程家柽被聘为京师大学堂农科教授后,认为这是深入龙潭虎穴、实现自己抱负的良好时机。他以革命大局为重,不顾个人安危,以大学堂为阵地,开展革命活动:一方面,他以各种巧妙的方法,诚如宋教仁所说的"时于言外及之"的方法,讲述孙中山的三民主义,向学生灌输革命思想;另一方面,他利用在日本留学时曾经为某些访日的清廷高级官吏做翻译、同其比较熟识的便利条件,设法接近握有实权的人物;他以出众的学识和高超的应变能力,周旋于清廷上层,获得一些权贵的信任和重视,权贵们想推荐重用他。但是,他志在革命,岂肯接受清廷委任的官职,所以,他在北京数年为布衣,终日教书育人。

在北京期间,程家柽利用接近清廷权贵的机会,多次营救革命党人,贡献是卓越的,是历史性的,所营救的革命党人在辛亥革命前后都发挥了重要作用。抗日战争期间,为纪念先烈,激励抗击敌人的斗志,国民政府在南京成立忠烈祠,所奉祀对象涵盖自辛亥革命以来,北伐、抗日等抗敌烈士,作为辛亥革命先行者和英勇牺牲的烈士,程家柽的照片被陈列其中,他的灵柩则由胞弟程家鸣运回休宁故里,墓葬今东临溪镇林竹村。1982年,休宁县人民政府重新立碑,供人凭吊瞻仰。

爱国实业家金慰农

金慰农(1882—1955)，原名猷澍，晚号眇翁，休宁县瓯山人。金慰农一生追求真理，嫉恶如仇，积极向上，闹革命、编报刊、办实业，努力报效家国，是一位在徽州颇具传奇色彩且很有影响的爱国民主人士，也是一个热衷乡邦建设的实业家。

金慰农出身于官宦与商贾结合的家庭。祖上以清乾隆元年(1736)状元金德瑛为代表的金氏子弟多为学而优则仕的朝廷命官。光绪二十四年(1898)，其父金鸿楷(一作阶)候补河北唐山知县，虽不是什么大官，但也算由商而仕在当地颇负名望的乡绅。受家庭熏陶，金慰农自幼饱读诗书，17岁即中秀才，次年进保定高等师范学堂学习，与安庆桐城人吴樾等爱国志士相识，广阅革命书籍，思想变得颇为激进，加入军国民教育会，创办《直隶白话报》，宣传反清思想。并随吴樾加入革命组织北方暗杀团，准备暗杀清廷官员，曾与马鸿亮、杨积厚去东北买武器，密谋起事，未成。改往东北速成武备学堂任教，担任化学教习。

光绪二十九年(1903)，转赴美国留学，先入阿迈士高中、渥士特工业大学攻读，后在威斯康星州立大学工学院毕业，被授予电机工程师。在美留学期间，加入中国同盟会，并积极参加相关革命活动。宣统三年(1911)十月回国到上海，为同盟会机关报刊撰稿，后任《英文大陆报》《神州编译社》主编。也曾任过殖边银行上海分行、东三省分行经理，华义商业银行总经理。在段祺瑞执政期间担任国务院秘书等职。

北伐胜利后，金慰农回到安徽。任安庆市市政筹备处处长时，主持建造"吴樾街",以示缅怀先烈。任安徽省建设厅技正时,因主张"皖人治皖",被军阀陈调元借端扣押10个月。后又历任湖北电政管理局局长、芜湖工务局局长、芜屯路督修专员、黄山建设委员会驻山办事处主任等职,为开发徽州、建设黄山做过不懈的努力。

民国十六年(1927)至民国十八年(1929)3月,金慰农坐镇设于新潭朱家庄的工程指挥部,主持修建了休宁至屯溪18公里的砂石公路,即休屯公路,这是休宁县也是徽州最早建成的公路。公路开通后,他从杭州购进一个美制"福特"牌汽车底盘,从新安江水运到屯溪,改装成简易木箱型客车,聘请杭州盛炳堂为驾驶员,于民国十八年(1929)3月5日在屯溪黟县会馆(今军分区址)门前举行剪彩通车典礼。这是徽州历史上第一辆客车在公路上运行。由此,金慰农可谓连续创造徽州历史上两个"第一"。之后,他研制的动力浅水艇,在新安江试航时,获得陶行知和一些知名学者的好评。他深入考察横江、率水丰沛的水利资源后,最早提出建设新安江水电站的建议。看见自古以来就是徽州名胜的古城岩日渐破败,他又筹集资金,修复了不少古城岩胜迹。

抗日战争时期,国共第二次合作,他先后出任皖南动员委员会副主任委员、第三战区党政分会委员、皖南食盐调剂处主任。他坚持团结抗日,与共产党人友好相处。抗日战争胜利后,被选为安徽省参议员,多次为民请命,对其他议员的"反共"提案,愤然拒绝附署。

由于金慰农资深望重,正直敢言,甚得民心,震慑了一些地方官吏。金慰农之子结婚,行署专员石国柱派人送上200银圆作贺礼,他如数退回,斥责道:"不贪赃,哪来这么多钱?"县长俞蔚然虐待抓来的壮丁,金慰农在县政府"公生明亭"前,指着刻有"尔俸尔禄,民脂民膏,下民易虐,上天难欺"的碑文,予以痛斥。见县内征集田粮,弊端丛生,即撰稿登报揭露。劣绅酷吏对他既恨又怕,背后称他"金疯子"。

他长年奔波于徽州各地,深知徽州乡村的利弊,因而晚年尤其致力于乡村建设。20世纪40年代初,他组织故里瓯山生产消费合作社,主编《安乐乡讯》,支持创建金鸡峰合作林场(今属博村林场东关林区)。还特别着力创办了有容煤矿股份有限公司(原休宁县建材厂前身)。

民国二十九年(1940),抗日战争进入战略相持阶段,地处皖南山区腹地的徽州成为战略大后方,国民政府中央机构众多公职人员、大专院校众多师生纷纷涌入山城休宁、屯溪等地,休宁、屯溪等地一时空前繁荣,各方需求大增,土木建材更是供不应求。金慰农觉得这是大好商机,见休宁西乡距县城25公里的宇川源(今齐云山镇大源村)有丰富的石煤资源,被三股势力占据而不能充分发挥作用,甚是可惜。

于是,金慰农不顾年迈和腿脚不便,深入宇川源拜访这三股势力:一股是光绪元年(1875)来宇川源建窑采石煤炼石灰的江西乐平人孙可成兄弟后人,占据中窑;一股是后来的浙江开化人和皖北人,占据里窑;还有一股是徽州本地歙县和黟县人,占据外窑。三股势力各自为政,相互看不顺眼,每每因为地盘边界和一些利益相互争斗。金慰农详细了解情况后,动之以情,晓之以理,让大家都心悦诚服地接受地下矿藏属国家所有的法规和政令,并让三方摒弃前嫌,互相包容。同时,他又力邀休宁吴蝶卿、程管侯等知名乡绅,凑集60万股份,股金3000万元(法币),于当年11月成立"有容煤矿股份有限公司",既采石煤、石灰石,又生产煤灰。年产量最高为2010吨,是当时休宁县内最大的建材企业。

金慰农倾向人民革命,拥护中国共产党的主张。他创办的有容煤矿股份有限公司为中共游击队活动多次提供方便,曾将大量食盐、电池、布匹、医药等物资,转手支援山区游击队。中华人民共和国成立前夕,他参与策动屯溪守备司令方师岳率部起义,促成屯溪的和平解放,并主动提出让人民政府接收办理有容煤矿股份有限公司的请求。1951年,有容煤矿股份有限公司改名为"休宁县公私合营有容煤矿公司",继续为新社会效力。

会展巨擘程振钧

程振钧(1888—1932),字弢甫。婺源县西培里人。程振钧出身于木商之家,其父程家骐在无锡经营木业。清光绪三十一年(1905),程振钧进入(安庆)安徽高等学堂求学。毕业时应留学试,获选入日本早稻田大学肄业一年。宣统元年(1909),考取英国格拉斯哥大学,攻读土木工程科;卒业又到苏格兰铁路公司实习了一年。民国六年(1917),学成回国的程振钧,任教于北京大学,担任数学系主任,同时兼任北京高等师范学校、交通大学等校教授,与李四光、丁绪贤等共事。

民国十年(1921),程振钧应安徽省省长许世英之聘,出任安徽省道局长,对全省公路进行全盘规划设计。随后完成的《安徽省道计划书》(1925年),在安徽公路建设经费来源、公路标准、干线支线规划等诸多方面,均做了详细规划。翌年,主持启动安徽第一条官办公路——怀(宁)集(贤关)路的兴筑。然而不久,随着省长许世英的去职,程振钧亦返回北京大学。

民国十六年(1927),程振钧经吴稚晖引荐至浙江省政府主席张人杰处,担任浙江省政府委员兼建设厅厅长(后曾兼省府秘书长、民政厅厅长)。到任后,他抓紧落实修筑浙江省公路之事。此事早在民国五年(1916)10月,时任浙江省省长吕公望就根据孙中山在《道路为建设着手的第一开端》演讲中,有关浙江应当努力修筑道路的勉励,提出修建浙赣、浙闽正线、浙闽副线、浙皖正线、浙皖副线、浙苏6条省道干线公路的方案。但因政局不稳,加上资金短缺,方案一直未能实施。直到民国十二年(1923),公路建设始被提到议事日程上来。程振钧到任时,以杭州为起点的6条省道干线公路建设已经启动。他从实际出发,亲自参与规划设计,首先推进杭徽公路(即浙皖正线)的建设。该路从杭州经余杭、临安、於潜、昌化至歙县,全长225公里。经过7年的努力,杭徽公路终于民国二十二年(1933)10月修筑完竣,全线通车。为纪程振钧兴办建设和筑路之功,张人杰曾在民国二十二年(1933)刊发的《时事新报》的《新浙江号建设特刊》中撰文称赞:"程君前功不可没!"

程振钧在浙江省建设厅长任上,办得最有影响之事就是组织筹办首届"西湖博览会"。民国十七年(1928)初,随着实业救国与振兴民族经济观念的滋生,为"生竞争、促物产""展示实业发展成就以激励民众、提倡国货以保护民族工业",浙江省建设厅向省府提出《筹设西湖博览会提案》。对于浙江省建设厅呈报在杭州西子湖畔举办博览会的提案,省政府主席张人杰马上首肯了,并经10月3日浙江省政府委员会第163次会议通过;同时,张人杰任命程振钧为筹备委员会主任,全权负责西湖博览会筹备工作的一切事宜。

筹办西湖博览会是一项繁杂的工作。按照程振钧绘就的系统图,即通过"会议之部"管理财务、工务、场务、征集、游艺、交际、警卫、编审、运输、宣传10组;通过"执行之部"运作展览8馆(革命纪念馆、博物馆、艺术馆、农业馆、教育馆、卫生馆、丝绸馆、工业馆)2所(特种陈列所、参考陈列所)3处(铁路陈列处、交通部电信所陈列处、航空陈列处)。浙江省下属76个县也成立筹备分会,配合工作。为了办好博览会,程振钧殚精竭虑努力工作,仅筹委会自民国十七年(1928)10月27日至民国十八年(1929)5月13日间,就召开筹备会议14次,凡重要问题均在会上解决。当时,浙江省财政并不宽裕,首次筹委会会议上,程振钧报告了省库支绌、年度预算已超支100万元,而此次博览会预算只有15万元的实情,要求大家必须尽智竭力。针对资金严重匮乏之况,程振钧电请中央和各省支持,军政部、陕、豫、闽、皖、察、鲁、鄂、湘、粤、桂、甘、苏、沪、北平等复电同意赞助;报请铁道部展会期间沪杭铁路20%收入划归西湖博览会,报请省政府优惠展会电价,均获同意。展品不足,各省及南洋均有征品支援,武汉中华国货展览会也将大量展品运来参会。程振钧还通过发行游览奖券、减免展场地租、免征税费、提供8折往返车票、颁布《各县征集展品团体奖励规则》,进一步吸引沪、苏、浙省厂家参展,解决了展品难题。

西湖博览会展区的馆、所、处,主要分布在里西湖四周和孤山,面积约5平方千米。多数展馆,利用现成的湖边场所,包括祠堂、庙宇、私人别墅和庄园等,仅新建了小部分房舍。展示空间和场地的布局错落有致,展馆间彼此借景,层层依托。

山、林、路交融,粉墙、青瓦、回廊、亭阁、花木相融相映。

筹备工作结束后,西湖博览会设会长与副会长各1人,会长由张人杰兼任,程振钧任副会长,实为总揽会务的操作者。民国十八年(1929)6月6日,经过近一年紧张筹备的西湖博览会隆重开幕。参加典礼的有国民政府代表孔祥熙、国民党中央党部代表朱家骅、中监委委员林森、中央候补委员褚民谊、监察院院长蔡元培、行政院代表蒋梦麟、交通部长王伯群、农矿部长易培基、海军部长杨树庄、外交部长王正廷、训练总监何应钦、上海特别市市长张群等数百人,观众有10余万。开幕式上,程振钧向与会者报告了西湖博览会筹备经过。博览会期间,他在商务印书馆举办的宣传日活动,针对商务印书馆"辅助教育、提倡国货"参会宗旨,作了题为《本会与商务印书馆宣传日的意义》的演讲。10月20日,历时137天的西湖博览会闭幕,参观人数总计有2000余万人次。

程振钧

博览会闭幕后,建立会务结束委员会,仍由程振钧担任主任,负责会展结束后的人员、财务、房屋、财产、工务、材料、展品(共计14.76万件)、商品、奖品等一切事项的处理;对博览会出过力的团体或个人,制定赠送感谢章的标准、范围;组织人员编撰《西湖博览会总报告书》(5册)、《西湖博览会纪念册》;整理博览会前后所编印的30余种各色宣传出版物。一直到民国十九年(1930)10月,即从西湖博览会开始筹备至最后完结,程振钧整整忙了两年。

民国十九年(1930)底,程振钧赴欧美国家考察实业,回国后撰写了《实业合理化》一书,并在南京国民政府担任实业部工业司司长,随后又兼中央工业试验所所长。民国二十一年(1932)4月,调任安徽省政府委员兼建设厅厅长,再次为安徽省公路建设服务。为修筑(南)京芜(湖)、宣(城)(长)兴、芜(湖)屯(溪)、安(庆)合(肥)、合(肥)六(安)公路,他四处奔走,八方筹资。当年7月,去上海筹款时他劳累过度,在自上海回安庆的第二天,即8月8日夜不幸突发脑出血去世。安徽省政府为彰其呕心沥血修路之功,拨专款在安庆菱湖公园南大门西首为其建纪念塔。

第二编 经济实业

徽州名人传

海上贸易王直

王直(？—1559),本名锃,号五峰。歙县人。有学者认为他在海上贸易时用母姓"汪"而自称为"汪直"。

据明万历《歙县志》记载,相传王直在出生时,天有异象,其母汪氏曾梦见有大星从天上陨入怀中,星旁有一峨冠者,见状,惊诧地说道:"此弧星也,当耀于胡而亦没于胡。"乡人曰:"天星入怀,非凡胎也。"不久,大雪纷飞,草木皆结冰。

王直少时落魄,及壮年,多智略,善施与,以故人宗信之。嘉靖十九年(1540),王直和同乡徐惟学与福建漳州叶宗满、谢和、方廷助一同赴广东,建造巨舰,方一百二十步,能载2000人,"置硝黄丝绵等违禁货物,抵日本、暹罗、西洋诸国,往来贸易"。他曾抵达日本的五岛群岛中的福江岛,受到大名宇久盛定的欢迎。王直在海上航行时看到五座山峰,便自号"五峰",日本人也受他的影响将值贺岛改名五岛。

嘉靖二十一年(1542),王直受到宇久盛定的引荐,接受日本大名松浦隆信的邀约,以九州外海属肥前国的平户岛(今长崎县)及日本肥前国的松浦津为基地,从事海上贸易。松浦氏为其建造住宅,以供王直长期居住。

此年,有3名葡萄牙人搭乘王直的船只,从暹罗前往中国宁波双屿岛。因途中遭遇风浪而偏离航向,只好继续向东行,结果抵达日本的种子岛(今鹿儿岛县),此岛与附近的一些岛屿产有黄金、白银和其他一些财宝。王直自称"儒生五峰",作为翻译与当地的武士进行笔谈。种子岛上的日本人看到葡萄牙人携带的物品有铁炮,并对葡萄牙人展示的铁炮威力产生很大的兴趣,种子岛岛主时尧花重金将铁炮买下来,并命家臣篠川小四郎、铁匠八板金兵卫分别学习火药与铁炮的制法,最终仿造成功。此次偶遇,使得火铳传入了日本。

嘉靖二十四年(1545),王直加入同乡许栋在双屿港的东亚最大贸易集团,担任掌柜,"往来浙海,泊双屿港,私通贸易"。

嘉靖三十一年(1552),王直移巢烈港,在浙江海道副使的默许下,进行贸易自由。王直主动配合官府,十分卖力,并平定了陈思盼等多股烧杀掠夺的海盗,维持沿海秩序。与官府中人交游甚密,逐渐确立了自己"海上霸主"地位,并试图在舟山沥港重建双屿港的繁华。王直部下分为几大船团,在苏州、杭州等地的大街上与百姓进行买卖,百姓则争相把子女送到王直的船队中。

与此同时,福建的萧显、邓文俊、林碧川、沈门,广东的何亚八等,以及一部分王直的部下如徐海却引导倭寇袭击沿海。嘉靖三十一年(1552)五月,王直受明海道副使李文进邀请,和明军把总张四维击破一股倭寇,俘获倭寇海船两艘,然后就带领人马主持开市。七月,因为王直无法剿灭海盗,又无法约束自己的部下,因此王直反而被认为是主使和策划了这些"入寇"事件。

嘉靖三十二年(1553)闰三月的一个深夜,总督王忬派遣总兵俞大猷率官军偷袭沥港围歼王直。王直败走日本,双屿港与沥港的相继覆灭,让浙江的国际海上贸易网络遭受重创。

王直在离开中国沿海后自称徽王。据田汝成《汪直传》载,王直"据萨摩洲之松津浦,僭号曰宋,自称曰徽王,部署官属,咸有名号。控制要害,而三十六岛之夷皆其指使"。萨摩洲之松津浦,实际上便是肥前国平户岛的误传。

嘉靖三十三年(1554)四月,胡宗宪出任浙江巡按监察御史,负责东南沿海的抗倭重任。为招降王直,胡宗宪先将王直的老母妻儿放出监狱,优裕供养。后使蒋洲和陈可愿至日本与王直养子王滶交涉,见到王直,晓之以理,动之以情。当王直得知亲人无恙,不禁喜极而泣,面对朝廷通商互市的承诺,更加无法抗拒。王直表示愿意听从命令,将蒋洲留在日本,为表示诚意,命毛海峰护送陈可愿回国面见胡宗宪,具体商量招抚和通商互市事宜。

胡宗宪厚抚毛海峰,使王直消除了疑虑。嘉靖三十六年(1557),蒋洲在王直的帮助下,和日本山口、丰后二国的国主源义长、源义镇达成了协议,日本归还被掠人口,并备方物入贡。胡宗宪以此事上奏朝廷,得到了支持,圣旨诏胡宗宪厚赀其使,使之还。十月,王直率领部分人马和贸易船队,日本政府则派出使者善妙等人与蒋洲一同从五岛出发前往浙江。

因为途中遭遇台风,蒋洲的船只先行到达,遭到官方的怀疑,因此将蒋洲逮捕。后来到达的王直等船队得知这一消息后,在舟山停滞不前,被明军水师团团包围。在胡宗宪劝慰下,王直亲自来到定海关投降。

胡宗宪劝王直至杭州拜谒巡按王本固。嘉靖三十七年(1558)二月初五,王直在杭州西湖游玩期间,被王本固诱捕,交付按察司狱。王直向明廷恳请,把允许广东开放通商口岸设立海关收取关税的做法推广到浙江沿海,并且恢复日本的朝贡贸易关系,那么,东南沿海的所谓"倭患"就可以得到解决。历数自己剿贼的功劳后,王直仍然祈求明廷开放海禁,并承诺"效犬马微劳驰驱",愿为朝廷平定海疆。

然而明廷不为所动,决定处死王直。在此期间,明廷命令对舟山的毛海峰、大友家朝贡船队发起攻击。毛海峰据山而守,明军屡攻不克。毛海峰和大友船队趁机打破包围,扬帆而去。此后毛海峰和谢和(谢老)等率领王直的旧部多次进犯福建沿海。

嘉靖三十八年(1559)王直被斩首于杭州府官巷口,临刑前见儿子最后一面,父子抱持而泣,王直拿出一根髻金簪交给儿子,叹曰:"不意典刑兹土!"伸颈受刃,至死不挠。

王直被处死后,由于群龙无首,倭寇之患又严重起来。据《国榷》卷六十二载,谈迁云:"胡宗宪许王直以不死,其后议论汹汹,遂不敢坚请。假宥王直便宜制海上,则岑港、柯梅之师可无经岁,而闽、广、江北亦不至顿甲苦战也。"王直死前所说的"死吾一人,恐苦两浙百姓"一语成谶,很快"新倭复大至",闽广遂成倭患的重灾区。

万表在《海寇议后》说:王直"多智略,善施与,以故人宗信之"。王世祯也认为王直少时落魄,有任侠气,及壮多智略,善施与,以故人宗之。乡中有徭役讼事,常为主办。徐光启说,王直向居海岛未尝亲身入犯,招之使来,量与一职,使之尽除海寇以自效。

明代在日本平户市镜川町277号有王直建造的中国式宅邸遗迹。日本平户港交流广场连接松浦史料博物馆的道路被称为"历史之道",沿路排列着与平户有因缘的名人雕像,其中就有王直像。

亦儒亦贾方承训

  方承训（约1525—1556），号郊邺，歙县瀹潭村人。方承训出身于徽商世家，父兄以经商为业，他们希望方承训能够成为一名读书人。方承训从小就进入私塾学习，他本人对读书也颇感兴趣。13岁开始学习科举制艺，经常通宵达旦用功。15岁学习《左传》《史记》，对《诗经》《离骚》也能窥其大义。家庭的培养和自身的努力，使得他很快崭露头角，20岁时便入籍诸生，成为士林中的一员。可以说是少年得意，雄心勃勃，立志以韩愈、柳宗元、欧阳修、苏轼为榜样，期待能在科举和文学上都有所成就。

  可惜造化弄人，科考坎坷，方承训此后多次参加科举考试，始终未能上榜。明万历元年（1573），他再次参加科考，又无功而返。而且赶考过程中母亲去世，也未能在身边尽孝，让他痛心不已。于是写下《释业告先考文》，告别读书赶考生涯，重操祖业经商。促使方承训放弃科考入仕一途的另一原因，是家业中衰。父兄在时，倚靠父兄在外经营，方承训无后顾之忧，专心读书。父兄去世以后，家业无人掌管，自己只好承担起责任。经商对方承训来说，并不陌生，在商人家庭的熏陶之下，他也曾从事过放贷业务。但自幼读书，从读书赶考为主业转化到依靠经商为生，并不是一件容易的事情。他先是短暂地从事过一段时间的棉布贸易，后来专门转为经营渔业。

  万历八年（1580），方承训跟随族人方应到淮安涟湖从事渔业经营，涟湖渔业资源十分丰富,贩卖鱼类产品的生意十分兴旺。方承训虽然从事商贾,但他仍然保持着徽商"贾而好儒"的本色。虽在涟湖从事渔业,但心中始终惦记着诗文。他目睹涟湖风光,写下《涟湖歌》《涟湖赋》《冬日思涟湖》等一批诗篇。偶尔在特殊的环境下,能在湖面上看到因光的折射而形成的"蜃楼"现象,方承训称之为"涟湖华沾",并题诗云:"湖荡沿传古治栖,膏腴沧海每兴悲。楼台隐隐朝涵影,箫管阴阴夕觉吹。烟境还初精已见,鱼波欲凋兆先知。不然蜃气嘘成彩,误认尘寰露物奇。"

方承训与徽籍名人许国、游震得、汪道昆、胡宗宪等都有交往。万历初,许国担任詹事府詹事时,他先后写有《涟城闻祭酒许翁迁詹事喜成四十韵》《奉赠许祭酒翁》《寄许詹事翁十韵》《送祭酒许颍阳翁赴北大宗师序》等诗篇,记述他与许国的交往。其中《涟城闻祭酒许翁迁詹事喜成四十韵》400字长诗,表达对许国升迁的祝贺。游震得曾任福建巡抚,去世后方承训作《星源游侍郎公传》,详细记述了游震得的生平。与汪道昆、胡宗宪亦有诗酬唱。

方承训虽自幼习儒,而且20岁便成为诸生,但多次参加科考都名落孙山,对他很是打击。中年以后弃儒从商,不改读书写作的习惯。一生写了1897首诗歌,281篇散文,汇成《复初集》三十六卷。在文学理论上,主张复古,效法秦汉魏晋时期的作品,注重诗歌外在的格式声律,强调诗歌的审美特征和艺术技巧。对诗文中运用口语、俚语的现象提出批评,对流于挥洒性情而忽略外在形式的唐诗表示不满。

方承训虽然与一些名人有交往,但他的主要人生经历是在基层,对现实社会和下层平民生活非常熟悉,因此他的目光也主要集中在描写自然风光和风土人情上。他将日常生活写入自己的诗文,具有鲜明的徽州地域色彩。所著《复初集》,收录有很多赞美新安大好山水和充满生活情趣的诗歌。如《新安谣》记述了新安江险峻的地理形势:"新安江行难,三百六十滩。一滩增一丈,徽郡迥天上。石险水迅,尺万仞。篙师肩倒,柂老足悬。摧舟折樯,归客仓皇。涨流顺水,瞬息千里。"

《复初集》还对当时徽州的社会状况、民风民俗做了真实的描述,关注民生、同情百姓的情感跃然纸上。他在《六茶叹》中写道:"高冢茶柯漫荆棘,平原茗所尽稼穑。郡邑备贡仍旧贯,富者倾产贫匍匐。何以致之行县刻,先时不戒空默默。当期迫促略无恻,哀哀六安民菜色。"为了上交贡茶,官吏们不惜毁坏农田来种植茶树,并且不断地盘剥百姓,丝毫不顾百姓的死活。百姓中富者已经是倾家荡产,而贫穷者更是走投无路。目睹百姓的惨状,方承训对此无能为力,只能以诗歌来抒发自己的同情。

商人家庭出身,并且有数十年经商经历的方承训,对商旅生活的描述别有一番真实与自然。在《新安歌三首》中，他以民间歌谣的形式感慨商旅生活的艰辛："徽郡歙休商山高，逐末江湖掀波涛。辞家万里轻其远，云贵蜀广日策攘。多钱善贾暴客惊，无钱单客负担行。黄河水冻守孤舟，斗米不济窘口谋。江汉乘风舟且覆，侥幸能生十罕六。君不见，下塘亿万富家翁，坐获子钱何伟雄！"徽州商人离家万里行走江湖，多是迫于生计不得已而为之。一些本钱小的徽商，仅靠一人一担跋涉于山水之间，辛劳更是可想而知。特别是遇到冬天黄河封冻的时节，只能够枯守一舟，过着极其窘迫的生活。此外，长途贩运可能还会遭到舟覆人亡的惨剧。所以，这些行商不由羡慕起放贷的大商人能够坐获利息。

明中叶以来，随着商品经济的发展，商贾逐渐成为经济生活的重要角色。一向被视为末流的商人在那个时代获得巨大的成功，他们的社会地位也获得前所未有的提升。作为一种新兴的社会阶层，他们迫切需要通过文化包装来提高自己的地位。富裕起来的徽商广泛结交文人士子，并培养下一代进入主流社会。方承训出身于商人家庭，先儒后贾，自然而然成为这种新兴社会阶层的代言人。他以士人和商人两重身份的视角为商人立传，写商人的内心感受，成为方承训诗文的一大特征。

方承训对自己的诗文颇为自得，多次在诗文中提到自己要超越韩愈、柳宗元、欧阳修、苏轼，达到与李白、杜甫相伯仲的境界。"裁诗日十首，海内殊无双。赋慕离骚体，歌窥汉魏腔。"反映出他对自己诗文的自信。但是他的创作谨守格调的藩篱，成就并不高。

制墨名家程大约

程大约(1541—?),原名士芳,字幼博,别字君房,号筱野,别号墨隐道人,曾使用守玄居士、玄玄氏、玄玄子等号,室名还朴斋,肆号宝墨斋,歙县岩镇(今属安徽省黄山市徽州区)人。

程大约14岁跟随父亲到南昌经商,后游历京师、会稽等地做生意。程大约撰《宝墨斋记》载:"余惟先世遗产不逮中人,比余修业息之,幸累万金。"可见,程大约小时候家境并不富有,经商后家道才逐渐殷实起来。

在徽州人看来,尽管家有万金,"锦绣充于箧笥,玩好溢于斋阁",自比陶朱猗顿之富,但仍然会被文人士大夫"以铜臭目之"。所以程大约在家境富有后,急需改变自己商人的身份。明嘉靖四十三年(1564),他捐资获得了太学生的身份。万历二十年(1592)科举无望的程大约再次捐资获得鸿胪寺序班从九品的小官,却因性格耿直而得罪同僚,不到一年便罢职回乡,最终放弃功名之念,潜心墨业。

程大约在《墨苑自叙》中说他从小嗜好古玩,尤其沉迷于古墨,"余自总角时癖嗜古玩,而尤耽玄墨"。嘉靖四十三年(1564),在程大约北京的住处,有些出售古玩者得知他是个墨痴,常用假古董来充数博利。程大约从小钻研墨,只要一闻味道、一看颜色就能分辨是不是以假乱真。只要是真古墨,不管它是"色漆而貌尘者""磨残过半者"还是"阕裂而无完形者",都会"高价回收"。程大约在《程氏墨苑》写道:"扣其中,则色臭非时有者,余善其古而偿。"是因为得知此墨非当时所有,爱墨之古而购买。

程大约在参研古人制墨方法的过程中逐渐形成独到的制墨理念。程氏提出"墨所贵者,黝泽已尔",认为"方圆修椭之诡制、词章藻缋之异饰"等都"无用于黝泽",皆为不当,批评当时的墨业乱象"伪家炫玉贾石,日取款识纷更之。既又博求鸿巨评赏,虚高价,直以燏乱视听"。现存可知程氏最早的有确切纪年的墨品为《太朴》墨,取意"君子居其实,不居其华",体现了程氏追求质朴的制墨理念,流露出所推崇的道家思想。

程大约制墨不受陈法约束,博取众家之长,讲究配方、用料、墨模,首创超漆烟墨制法。其墨光洁细腻,款式花纹变化多端,深得文人士大夫喜爱。当时与程大约齐名的制墨名家还有方于鲁,世称"方程"。实际上程、方两家都是雇墨工制造,自己加以督帅。由于讲究制造方法,选料配方考究,所以墨品极为精良,受到使用者的称许。程、方两家相互竞争,各有千秋,可谓是墨坛伯仲。

徽墨传统手艺制作工艺过程,有取烟、和胶、捣杵、压模、晾晒、描金……如果说前三个环节的技术关系墨的实用效果,墨模的制作则是墨的文艺性的重要表征,通常是找画家先完成画作,再由刻工雕刻成型。制墨过程中将墨坯压进墨模,就会在墨的表面形成各种图案。于是墨家对其外饰的追求逐渐达到了前所未有的高度,徽墨制作的商业化竞争也越来越激烈。

程大约和方于鲁之间的竞争最终促成了《程氏墨苑》的问世。程大约不惜工本,延请当时著名画家丁云鹏、吴廷羽为其绘制插图,名刻工黄镰等为其刻版,万历二十九年(1601)前后,辑刻出《程氏墨苑》。全书共十二卷,收录墨样图500多式,分玄工、舆图、人官、物华、儒藏、缁黄6类。

为造声势,程大约约请了当时诸多名流作序,除其本人写于万历二十二年(1594)的自序外,尚有申时行、董其昌、利玛窦等17篇序文。程大约《程氏墨苑》将中国的版画艺术推向了高峰。他的墨模设计极为考究,形制极为别致,定名也极为古雅,且具有社会性,这对后来制墨有着很大的影响,到清代还有很多制墨家沿袭他制定的模式和名称。

程大约墨肆还朴斋所制之墨以"玄元灵气"为第一名品,其形制不一,通体漆衣晶莹如玉,墨模雕镂精细,墨面精湛无与伦比。其次是"寥天一"墨,通体镂秋葵,花叶相互纠结,环绕凸起,棱角处破觚为圆,别具风格,为人称颂。今北京故宫博物院收藏程大约墨较多。

从家庭出身和人生经历来看,程大约并不是典型的传统文人,但其赋予墨业以传承文化的社会功能,他具有当时文人的三教合一的思想。《程氏墨苑》收录多种道家题材墨样,程大约还撰写有《日初升赋》《二十八宿图墨赞》《庄生化蝶》等多篇文章。在《玄工序》中,程大约写道:"墨,天地之大章乎哉?日月以照临,风雷以鼓散,雨露霜雪以滋,固其用大矣。云玄而雾青,霞灿而岚碧,造物者无所用之矣……余苑墨而瞻穹隆,浥玄德,经纬变化,无不胪列,用大用小,天下之能事,毕口以穷高极远。"程大约明确提出"玄德"为其制墨的宗旨。在《物华序》中,程大约进一步以道家思想谈论墨道:"万物皆备墨道,满天下矣要以物乎,物而不物于物,斯其为太上者,有玄神在乎?"

在程大约看来,道家"玄神"所具有的"物而不物于物"为至上功德,据此以"无华之华其华至"为墨色的最高标准。"玄德"是程大约评价墨材的标准,在《程氏墨苑》中说道:"当宁既勤用玄德,黝为贵,万邦怀应,中外以孚;亦既用玄德,汉典隃糜,万邦允怀。"又将制墨与君王治国相联系,上升到了治国平天下的境界。

明代著名学者翁正春评价程大约:"即谓幼博圣于墨也,亦宜。何者?彼其神固有所寄也,夫幼博奚以寄神于墨?墨者,默也。其质黑,其用玄。维玄维默,道之极也。"在翁正春看来,程大约之所以"圣于墨",其原因在于"寄神于墨",此之"神"即是"维玄维默"的道家精神,进而盛赞道:"百世而下有幼博之精神在,幼博之精神在则不朽之事业在也。"这是对于程氏制墨的极高评价。

程大约被誉为李廷珪后第一人,所著《程氏墨苑》位列徽州四大墨谱之一,郑振铎在《西谛书话》称之为"国宝",所施资雕刻的版画《观世音菩萨三十二相大悲心忏》"精美更胜《墨苑》"。万历刻本雕版今收藏于安徽省博物院,为国家一级文物,善本收藏于安徽省图书馆,撰有诗文集《园中草》。

程氏墨品以"玄元灵气"墨和"寥天一"墨最为精典,广为称颂。明代书法家邢侗评价云:"五色云起风池之上,坚而有润,黝而有光……舐笔不胶,入纸不晕。"董其昌则称"百年以后无君房而有君房之墨,千年以后无君房之墨而有君房之名"。

乌衣侨肸方于鲁

方于鲁(1541—1608),谱名大澂(《四库全书总目提要》卷一一六误为大激),别名遂初,字于鲁,后以"于鲁"铭款墨进献朝廷,博得皇帝赞赏,因而更以"于鲁"为名,改字建元,别号受光生。上代由歙县联墅迁居岩镇(今属安徽省黄山市徽州区),属徽州方氏联临派。生于明嘉靖二十年(1541)五月初八荆州商铺,卒于万历三十六年(1608)正月二十二日。与歙县岩镇程大约、呈坎罗小华、休宁县邵格之并称"明代制墨四大家",且居四大家之首,明代朱多炡将其墨比作"汉室隃麋香,魏台石螺色",胡应麟称"粲烂双螺出魏台,奚(廷珪)潘(谷)遗法俨重裁",屠隆称"建元又善制墨,妙入神品,前无李廷珪,后无罗秘书(即小华),词林宝之,不啻圭璧",邢侗誉为"乌衣侨肸(郑国大夫公孙侨、晋国大夫羊舌肸的合称,指代哲人贤士)",沈德符称"新安人例工制墨,方于鲁名最著";明末清初黄宗羲称其墨"擅名歙州,当以色泽、规模取胜,磨之若糯,有香气无墨气";清代姚燮将其比作"宋唐和遇(唐之张遇,宋之常和)"。

方于鲁生有异质,慧性天妙,识玄洞微,综览经史,广闻博识,辨龙鲊之色,认海凫之毛,尤精物理。15岁时,慕汉代禽庆、向平,唐代贺监(即贺知章)、李白避世遨游天下,于是西入楚蜀,登长江中游南岸高唐山,观巫山云气,寻找荆王、宋玉留痕,游邛崃山(即邛崃山),出夜郎故国,凭吊碧鸡、金马古迹;北上齐鲁燕赵,盘桓邯郸鸣瑟冶游处,驻马蓟丘,登黄金台,慨然叹昭王不作,豪士沦于草莽,抵卢龙塞(后称喜峰口),吟啸太白酒楼,取一杯南向酹地,直欲呼古人而与之激昂千古,纵横奔放于边远之地。感事吊古,形之篇咏。诸名士延入社中,请其上座。饮酒长啸,大醉而归,鼾卧数日。醒来后即伸纸挥毫多奇语,见者更为惊异。好从少年短衣楚制,驰马试剑,打猎满载而归。救人之厄,赈人不赡,所带盘缠挥斥殆尽,且身患病,于是返回歙县,妻已产子。一切家政听妻操持,不复孰何,第研精于诗,喜读屈宋骚赋、汉魏六朝李唐诸家诗,取材于古而不以模拟伤质,缘情于今而不以率易病格,遁世之致,愤世之怀,递相为用,而独见其长。

姻亲汪道昆招入丰干社,见其家道中落,便建议其投身徽墨制作业,解决经济拮据的困境。方于鲁听从其言,命其子按南唐李廷珪父子、宋代潘谷和郭圯、元代朱万初、同代程大约等名家墨法选烟和胶。其取象与名,本六经,综百氏,通三才,极万有,典雅奇绝。其制则请之汪道昆、李维桢等,其书则请之文嘉、周天球、莫是龙、朱多炡、潘纬、刘然等,其画则请之丁云鹏(字南羽)、吴廷羽(字左干)、俞康仲等,因此清代姚燮《天香方于鲁墨》称"南羽林峦,左干花鸟,细入太玄陶铸"。不为厚利而为名高,故举室务专攻而不二价。尊之宫禁,远之夷裔,得其方寸如获至宝。手制九玄三极墨,自谓前无古人。因此遭人忌恨,仇家百计务出其上,始终不得,无所发愤,则诬以狱,几陷其于不测。财势所使,无如之何,方于鲁不得不避走京师。虽处困境,吟咏不辍,识者益服其雅量,久之事解,于是重返歙县。不久仇家落入法网,人心大快。

方于鲁所制名墨有非烟、七香、大国香、古狻猊、寥天一、金茎露、九玄三极、五岳藏书、瑞元极品、大紫重玄等。晚年所造墨益精,汪道会(字仲嘉)称其所制青麟髓墨为上上品。歙县知县方承郁(字伯文)、休宁知县李乔岱(字宗甫)誉不容口,两位父母官不只知其墨,又知其诗与其人。方于鲁所造云笺贝叶,不止成都十样笺。

方于鲁虽放达不羁,而行先惇伦、乐善好施,如以资产之半偕宗人侍御创建联墅方氏宗祠。父祖以上久未归于土,卜兆而厝之。与妻白首无反目,愁其兄无后,晚年纳妾生子过继给兄长,取名"继伯"。事嫂潘氏二十余载,葬祭备物皆如礼。

万历十六年(1588),撰成并刊刻《方氏墨谱》六卷,上自符玺、圭璧,下至杂佩,总共收录385式,分为国宝71式、国华69式、博古78式、博物86式、法宝59式、鸿宝22式,并交高官上呈神宗御览。作引、作序、作诗、作赋、绘图、题词皆名人,如汪道昆、汪道贯、汪道会、王世祯、王世懋、王稚登、潘之恒、李维桢、莫是龙、朱多炡等;休宁县丁云鹏、歙县吴廷羽分别绘图,备极精巧,颇为奇绝,堪供燕闲清赏。

后来方于鲁佳日楼不戒于火,所藏书皆化为灰烬,唯《佳日楼集》十二卷、《续集师心草》一卷、《佳日楼词》一卷及《方氏墨谱》六卷幸存。

工诗词,语剖灵窍,理入玄机,意象双冥,神情两诣,以百花香露和墨自作长歌,梅守箕(字季豹)称其诗有唐风,屠隆(字纬真)称其尊函叟(敬称汪道昆)而诗不禀函叟。李维桢游歙县时,汪道昆与胞弟汪道贯(字仲淹)、从弟汪道会(字仲嘉)交口称赞方于鲁,携之过其馆中论诗,其诗大有致,而是时方于鲁墨名满天下,惜其诗为墨名所掩。既与久交,而知其人亦以墨与诗掩。屠隆闻方于鲁大名十载后,应汪道昆、龙膺白榆社招,一抵歙县即与其把臂入林,洋洋洒洒,益逾昔闻。

万历三十六年(1608),方于鲁不幸身患疟疾,发作三日后即溘然长逝,屠隆为撰《方建元传》。遗训"益者三友,善交在久。美者自美,丑者自丑。誉且不虞,毁于何有",其襟期夷旷,识趣高明,略可一征。

万历三十八年(1610),子方嘉树(字子封)手持户部程坤舆、李宗甫所为行状请求翰林李维桢撰墓志铭。李维桢见程坤舆、李宗甫均以外史敬称方于鲁,因而名为《方外史墓志铭》,铭文曰:"魏韦仲将有墨方,一点如漆何精良。其人能书能文章,大儿北海孔文举,贻书甫休深见许。老蚌产珠保家主,方建元墨诞齐名。翰林主人子墨卿,墨沈淋漓笔花生。文敏笃诚性贞实,以韦方方颧画一。孔氏之言史今述,铭之于石瘗之茔。维诗有神墨有精,与尔精神高九京。"足见李维桢对其评价之高。

方于鲁墨妙品被各大博物馆珍藏,如北京故宫博物院皇图九锡墨、天禄永昌墨、鱼在在藻墨、文犀照水墨、文彩双鸳鸯墨,天津市艺术博物馆妙香宝轮墨(以上六锭为髹彩墨),台北故宫博物院青麟髓墨,上海市博物馆摽有梅墨,徐州市博物馆龙九子墨,苏州市博物馆夒龙尊墨,安徽省博物院仙桃核形墨等。方于鲁墨妙品亦见于拍卖市场,如2012年北京保利拍卖会太平有象图墨以126.5万元成交,2016年中贸圣佳秋季拍卖会石榴诗文圆形墨以48.3万元落槌。

儒商典范方用彬

方用彬(1542—1608),字元素,别字思玄,号黟江、兰皋,歙县岩镇(今属安徽省黄山市徽州区)上街先生巷人,属徽州方氏环岩派仲里门。明嘉靖二十一年(1542)八月二十六日生,万历三十六年(1608)四月二十八日卒。

经营文房、古玩等,涉足借贷、抵当。恣意山水,历览名胜,放情诗酒,广交英俊,如李英《丙子早春送方元素还歙》称"未许辞枫陛,黄山作外臣",黎民表《送方元素还新安》"双飞龙剑去江湖,文采英英在玉壶",张正蒙《秋日承恩寺送元素丈游豫章谒黎大夫》"前路依江郡,还将下榻迎",方万山《金陵奉送元素宗兄游豫章》"薇省交游旧,应知下榻迎",方弘静《送元素侄北游》"问礼儒林秀,裁诗艺苑优"。结社题咏及往来书翰辄珍藏于箧,永以为宝。通尺牍、名刺且有据可考的计480余人,诚不愧古人结客,其中有许国、汪道昆、詹景凤等徽州乡贤150人(其中官员47人),有方大治、方于鲁、方弘静等宗亲53人,有徽州知府崔孔昕、推官龙膺、歙县知县彭好古、县学训导田艺蘅等徽州地方官25人,有朱多炡、朱多照、朱多烺等宗室6人,有王世祯、吴国伦、李维桢、胡应麟、沈懋学、申时行等文士,有魏之璜、璛之璞、管稚圭等书画家,友人遍及南北,相对集中于南京、宣城。方用彬担心时日既久,纸品会遭蠹鱼残食,于是兴怀感事,并有意识地加以检点分类校定,视若家珍而流传后世。字妙文美之柬牍诗词、简约精绝之短刺手札分别装为数帙,至夫礼请辞谢之帖,皆名公高士之惠,犹不可弃,亦编成集,其重交谊、宝翰墨之谆切可窥一斑。

胸藏今古,博学能文,撰有《松萝灵秀铭》"地胜钟英,茗柯肇萌。松萝冬茂,笋乳春荣。龙团初拭,雀舌齐鸣。酪奴投献,旗枪纵横。和烟细碾,带雨盈烹。陶樽当注,瓷盏须倾。高贤宜啜,醒梦应清。将垂青史,永擅芳名",对松萝茶称道有加。

工诗能词,与谢陛、陈筌、程本中、族兄方策和方简、族叔方宇并称"丰干社七君子",被胡仁广称为"新都词社之宗"。七君子中,方宇、方用彬为岩镇上街后路先生巷人,方策、方简为岩镇下街人。一日,汪道贯、汪道会、程本中同谢陛集方宇、方用彬所,则有方用彬从兄某善谑且戆,乃取李白诗一句改后三字而道"三山半落先生巷",盖指汪道贯、汪道会松明山,程本中托山,谢陛黄山。程本中应声答道"一洞中分后路街",众为哄坐,某亦拂袖不报。

能书善画,绘《茂林烟雨图》并题诗"骤雨迷幽谷,彤云覆深竹。遥传戛玉声,何如振林木"。隶书尤长,兼工篆刻,书画印有"五石瓠""思玄生""别字思玄""兰皋外史""方用彬印""方元素氏""方用彬字元素""方元素图书记""清音阁印"等,亦喜搜集书法佳作。万历元年(1573)冬,方用彬捐资纳粟而得入北京国子监,取得监生资格。万历十七年(1589),方用彬以砚笔赠乌程(治今浙江省湖州市)寒士姚舜牧,力助其编纂《四书疑问》于岩镇南山观,此即姚舜牧著书处。方用彬家本富饶,而以游贫,晚年家境日益衰落,离开故里移居海陵(今属江苏省泰州市),卒葬岩镇上荫山。

清光绪十一年(1885),原先方用彬亲自整理保存的手札入藏日本铃木云宝乐山堂文库,钤"铃木氏""铃木烟云藏书之记"等藏书印,时间跨度为嘉靖四十三年(1564)至万历二十六年(1598)。1955年12月3日,入藏美国哈佛大学哈佛燕京图书馆,该馆也成为收藏明人手札最多的图书馆,馆藏目录名为《明稿本诸名家尺牍》。这批手札共733通,均系原件,分为日、月、金、木、水、火、土等7册。这批手札中,最多为金册,达161通,次之为火册,达119通(另有账单1件),再次为月册,达116通,余之为日册106通、土册尺牍97通(另有名刺190通)、木册72通、水册62通,其中收信人明确为方用彬的有360通。土册为短刺及礼请辞谢之帖,方用彬整理的诗词不存。不仅数量相当可观,而且内涵极其丰富,涉及明末变革时期社会、经济、文化、艺术等方面,带有鲜明的时代、地区、个人的特点,文物价值、史料价值极高。中国社会科学院历史研究所陈智超教授对这批利用难度极大的手札进行全面考释,推翻刘畅认为收信人是金华府兰溪县(今浙江省兰溪市)方太古(字元素)的论断,著成《美国哈佛大学哈佛燕京图书馆藏明代徽州方氏亲友手札七百通考释》一书,2001年出版,成为研究明代后期徽商与文士交往的重要工具书。

明代王穉登、王世懋、汪道昆、潘之恒等82人赠方用彬诗凡104首,此诗文往来册页今藏荷兰莱顿大学东亚图书馆高罗佩特藏室,馆藏目录名为《方元素荣归纪念册》,时间跨度至少从隆庆三年(1569)至万历十六年(1588)。册页以"左司马汪道昆跋"起首,分为燕台骧首诗、咏竹里馆诗、壮游赠别诗、庆贺酬答诗四类,另外尚有尺牍、书画供货清单各一份,赠诗及尺牍的接受人均为方用彬,是研究明代徽商与文士交往的重要文献。

方用彬

风雅任侠汪然明

汪然明(1577—1655),原名汝谦,字然明,以字行世。自号"松溪道人",又称"湖山主人",歙县丛睦坊人,寓居杭州。汪然明的祖辈以经商起家,积累了大量财富,富甲一方。祖父汪珣捐资,谋得一个"周府审理"的官职。父亲汪可觉亦贾亦儒,明万历四年(1576)考中举人,为人讲道义。3岁时,父亲去世,汪然明在兄长的照顾下长大。汪家在浙江经营盐业,富裕的家庭,使他从小就受到良好的教育,他自己也很爱读书,颇有文采。少年时代经常往返于扬州、苏州、上海、南京、杭州之间,与众多名流雅士相互酬唱,在扬州、南京停留最久。

作为一名商人,汪然明不仅有一定的经商才能,更有深厚的文学修养。万历年间,杭州的文人经常在西湖进行雅集酬唱,并在西湖四周建楼台山庄,作为定居和雅集的场所。因慕西湖山水,汪然明在西湖边上的缸儿巷定居下来。西湖雅集以冯梦祯、徐桂、黄汝亨等人为主,尤其冯梦祯的"快雪堂"更是延纳名流雅士、高僧羽客的聚会之所,汪然明也积极参与其中。万历三十八年(1610),汪然明与其伯兄汪汝淳等人在西湖边上南屏山净慈寺旁建阁"香岩社",延请元净大师居住于此,黄汝亨专门写有《香岩社记》。此后,又为黄汝亨在雷峰塔旁建"云岫堂",作为黄汝亨的居室。又相继在岣嵝山上建"翠雨阁",在灵鹫山上建"准提阁"。

尤为独特的是天启三年(1623)汪然明所造的一艘大画舫,画舫六丈多长,一丈多宽,里外布局合理,紧凑而巧妙。船上有廊有台,台上张挂布幔,用来隔绝外界的视线。船舱中可以摆下两桌宴席,另外专门有藏酒和收放书墨的空间,还辟有睡卧的斗室和安置家僮与歌伎的空间。著名文学家、画家陈继儒为他的画舫题名为"不系园",意思是画舫像一座流动的园林。人在船中坐,船在西湖行。能有幸登上这艘画舫的,都是当时名重一时的文人墨客,名优美姬,为时人所羡。

"不系园"建成以后,黄汝亨、韩敬、张遂辰、陈继儒、吴孔嘉等名流雅士纷纷前来游赏酬唱。汪然明《作不系园》诗云:"年来寄迹在湖山,野衲名流日往还。弦管有时频共载,春风何处不开颜。情痴半向花前醉,懒癖应知悟后闲。种种尘缘都谢却,老耽一舸水云间。"形象地表现了"不系园"上怡然自得的生活乐趣。崇祯元年(1628),汪然明又建造了一艘画舫"随喜庵"。"随喜庵"建成后,董其昌与陈继儒率先前来游赏酬唱,此后朱治悯、朱之俊、张遂辰、吴孔嘉、崔世召、王道焜、邹之麟等名流雅士、韵客公卿均来此集会唱和。

在诗酒欢娱、吟风弄月之外,汪然明还与名流公卿一起,修葺西湖遗迹,整治西湖环境。先后与韩敬修葺了湖心亭、放鹤亭、水仙王庙,与王尹愚建造了白苏阁等。然而,此时的晚明已是多事之秋,烽烟四起,王朝摇摇欲坠,人心动荡,西湖雅集盛况也难以为继。崇祯十一年(1638),汪然明前往扬州、南京探望故旧,并拜访在佘山隐居的陈继儒。崇祯十四年(1641),前往福建寻访红颜知己林天素,在建溪得到了林天素深情款待。在福建,游山玩水、诗酒欢娱数月,并拜访了方慕庵、孙凤林、曹学佺、徐火勃、夏彝仲等当地名流诗人,次年五月归杭。

入清以后,汪然明在西子湖畔补种桃柳,题画作诗,观涛放灯,与李明睿、冯鹓雏、顾林调、张遂辰订孤山五老会,逐渐恢复西湖雅集。顺治九年(1652)初冬,汪然明游嘉兴,时值饥荒,到处都是饥民,他卖掉自己的21亩田,用来赈济饥民。此时的汪然明已是耄耋老人,但侠骨风情仍不减当年。顺治十二年(1655),汪继昌得以请假归省,并带来洪承畴赐予汪然明的"风雅典型"牌匾。这年的七月,汪然明溘然长逝,结束了风雅任侠的一生。

在与众多的诗人画家的交往中,汪然明最为关注名媛才女。其中最为人所熟知的,便是与名妓柳如是的交往。崇祯十一年(1638)秋,柳如是到杭州拜访汪然明,借寓在汪然明西湖横山别墅中。汪然明推崇柳如是的才华,认为她是女中豪杰,经常邀请柳如是参加西湖名流的文宴雅集。生活上更是将柳如是照顾得无微不至,柳如是的《尺牍》《湖上草》也是汪然明代为出资刊刻。柳如是对汪然明非常信任,将自己的终身大事托付给汪然明,请其代为物色夫婿。是年末,钱谦益途经杭州,经汪然明牵线,钱谦益与柳如是泛舟西湖,煮酒论诗,分外尽兴,后来两人终于喜结连理。

除了柳如是以外,才女林天素、王修微、杨云友、黄媛介等都曾得到过汪然明的帮助。林天素因受到豪绅迫害而被迫离开福建,先流浪到苏州,后来到杭州,依附汪然明。汪然明极爱林天素,汪氏《梦草》《闽游诗纪》几乎围绕林天素而作。在《武夷游记》中,更见对林天素的情意浓浓。王修微父母双亡,7岁被族人卖入青楼,诗才卓绝,明代文学家钟惺将她与李清照、朱淑真并称。王修微看破红尘,决意远离尘嚣,自号"草衣道人",汪然明出资为她在西湖断桥之东修建"净居"。杨云友因父亲早逝,堕入风尘,工诗、书、画,被董其昌、陈继儒等大家赞赏。自相识起,汪然明时时探望、周济杨云友,但杨云友红颜薄命,二十来岁便早早离世。汪然明出资将她葬在西子湖畔,还在坟前为她盖了一间梅花环绕的亭子"云龛"。黄媛介是柳如是的闺中密友,因家贫,丈夫又无生财之道,被迫卖诗卖画,养家糊口。清顺治二年(1645),清军南下,攻破南京,黄媛介在乱中被清军掳走,一年后放还。但家人亲朋都疑其名节被清军玷污,不再接纳她,黄媛介被迫离家。汪然明得知后,多次请她参加"不系园"的雅集,又时时予以周济。

　　汪然明还是一位诗人,著有《春星堂诗集》《松溪集》《不系园集》《随喜庵集》《绮咏》《绮咏续集》《西湖韵事》《梦草》《听雪轩集》《游草》《闽游诗纪》等传世。毛际可《松溪集序》称:"五七言古,奔逸豪放,超然尘表;而近体则竦隽遒逸,有一唱三叹之风。"总结了汪然明诗歌的艺术风格与特征。

清代徽墨"四大家"之首曹素功

曹素功(1615—1689),原名孺昌,易名圣臣,字素功,号昌言,又号荩庵,以字行世,后作为店号名。歙县岩寺(今属安徽省黄山市徽州区)人。孩提时代就酷好收藏名家墨品,以观看制墨和收集各种墨锭为乐趣。曹家与同镇程大约为世交,藏程大约墨最多。30岁时开始经营墨业,最初借用休宁县吴叔大"玄粟斋"墨名、墨模设店制墨,并开店营业。以后墨质和工艺造型日渐精良,名声渐渐远扬。

岩寺制墨业很多,曹素功的家人刚开始对以制墨为生计不以为然,只盼着他能考取功名,光宗耀祖。明亡清兴,顺治在全国选拔儒生,曹素功在家人的劝说下,暂时割断对墨的迷恋,将自己关在书斋里苦读诗书,大概也是考运不佳,直到顺治十二年(1655),已是不惑之年的他才考中秀才。又过了五年,46岁的曹素功才以"明经进士"成为贡生。"明经进士"就是照顾那些考不上举人的秀才,给他们一些名额到国子监去学习,为考取举业争取机会。但他一直没有考取举人,渐觉心灰意冷,于是返乡继续以制墨为业。

为避讳康熙帝玄烨的"玄"字,曹素功将店号改为"艺粟斋"。曹氏制墨对烟、胶选料一丝不苟,非松烟不取,非上色胶、澄净水不用,对墨模雕刻力求工细精微。所制墨品有紫玉光、天琛、苍龙珠、青麟、豹囊丛赏等十八种。其墨造型精工,墨色乌亮,不胶不腻。除了在质量上严格把关,曹素功还很懂宣传效应。得知康熙南巡,他携带得意之作进献,深得康熙赞赏,蒙赐"紫玉光"之名。有了御赐墨名,曹素功趁热打铁,用此名制成"漱金紫玉光"墨。"紫玉光"为集锦墨,计三十六锭,每锭图案为黄山一峰,拼合则成一幅完整的黄山图,成为曹氏墨的代表作。销量节节攀升,墨店也随之声名鹊起。乾隆年间,店肆传到第四代传人曹素功的曾孙曹士悦、曹士恂手上时,"艺粟斋"曹家墨已成为朝廷贡品,乾隆甚至以曹家墨品作为赏赐官员的恩惠。乾隆《歙县志》中就提到曹素功紫玉光屡充贡品。

为了拓宽业务范围,曹素功还想出了定制墨锭的点子。历代文人墨客都很讲究文房四宝的选用,曹素功交游广阔,结识不少文人显贵,也了解他们对墨的爱好与趣味,以及他们崇尚个性的心理,开始着手为达官权贵和社会名流定版制墨。曹素功了解文人喜好,加上他承袭古法,注重质量精良,善于经营,被上层人士誉为:"天下之墨推歙州,歙州之墨推曹氏。"为了更好地宣传自己的商品,曹素功汇集当时社会名流为其投赠的诗文,编撰《曹氏墨林》以扩大自己的影响。后人把他和汪近圣、汪节庵、胡开文并称为清代制墨四大名家,而曹素功居首位。

子孙世守其业,绵延300余年,并长期包揽贡烟生意。创制了不少名品,除"紫玉光"外,"天瑞""千秋光""薇露浣"等也都号称珍品。曹素功在世时,其长子曹永锡就协助他管理墨庄,但以曹永锡名款的墨品极少,主要是曹素功在世的缘故。曹素功去世后,只过了六年,曹永锡便也去世了。"艺粟斋"的第三代传人是曹定远,字西侯,号班亭,是曹永锡的长子,年轻时与胞弟曹霖远以监生的资格到北京顺天府乡试,但都没有被录取,便在国子监读书,准备以此入仕。以后吏部考试虽然录取,但需要以州同知候补,当官的机会并不多,兄弟俩又一同回乡。接着不久曹永锡去世,曹定远承袭父业,经营"艺粟斋"前后四十余年,以制作贡墨出名。

清光绪、宣统年间,九世孙曹端友在上海老城区南京小东门附近,开了一爿墨店,以店带坊,继续制墨。"徽歙曹素功墨庄"的店号招牌,为谭延闿手笔。当时的上海万商云集,工商业和文化都很发达。在这样一个环境里,曹氏子孙秉承祖上的制墨配方和经营特点,从职工中选拔谙熟经营之道的经理人才,努力开拓市场,墨肆逐渐扩大,跻身上海文房四宝名店之列,并迁到文化用品商店比较集中的河南中路。曹素功墨庄重视制墨质量,常根据客户要求,为名家定制墨锭,不少书画家和喜爱书画的名流,都和曹素功墨庄有交往。国民党元老于右任曾向曹素功墨庄定制"鸳鸯七志斋"墨。曹素功墨庄在民国三年(1914)参加日本东京博览会,曾获得金质奖章,民国十五年(1926)参加美国费城万国博览会亦获得奖状。上海墨厂的产品,亦多次获得优质奖。中华人民共和国成立前夕,上海物价一日数涨,市场不景气,墨庄生意清淡,老板与职工苦力支撑。新中国的成立,为百业振兴开拓了美好的前景,墨庄在恢复生产的当年,产量就有13500多千克,形成了20年制墨业的最高纪录。1957年,曹素功墨庄恢复高级墨生产,几百年来一直受人们欢迎的"紫玉光""苍龙珠"等名墨,又出现在市场上。

曹素功

良钢精作剪刀王张小泉

张小泉,生卒年不详,明末清初黟县会昌乡三都人。其父亲张思家,在"三刀"闻名的芜湖学艺后回到黟县,在城郊开了个"张大隆"剪刀铺。张小泉打小就跟随父亲在铺里学习制造剪刀工艺,在父亲的悉心指导和自己细心琢磨下,学得一手锻制剪刀的好手艺。张小泉对剪刀的锻打、出样、泥磨、装钉、抛光各道工序,都非常熟练,很快能承接上父亲,在黟县颇有名气。

明崇祯末年,灾害频繁,烽烟四起,社会混乱,百姓生活苦不堪言。张小泉带领儿子张近高逃难来到杭州,在城隍山(今吴山)北麓大井巷觅地一块,搭棚设灶,开设锻制剪刀铺,其招牌仍沿用在黟县所用的"张大隆"。在杭州,他潜心于制剪工艺的革新,借鉴龙泉宝剑的铸造工艺,选用浙江制造龙泉、云和的优质钢镶嵌于剪刀刃口,首创剪刀"镶钢锻打"工艺。

他在实践中还摸索出一套镶钢剪刀锻打淬火的新方法,既能提高刃口钢的硬度,又可以使剪体、剪背的铁柔韧而容易锻打成形,使镶钢工艺达到珠联璧合之效果。他还用镇江特产的泥砖作为磨具,非常注意刃口要磨出恰到好处的弧度。因此,张小泉锻制的剪刀,刃口极其锋利,并且经久耐用。由于张小泉制作认真,质量上乘,加上清河坊一带,又是杭州商业中心,故而生意兴隆,利市十倍。于是,同行们为争夺盈利,也纷纷打出"张大隆"招牌,一时间,杭州城到处都是"张大隆"剪刀店。

清康熙二年(1663),为防别家冒用"张大隆"招牌出售剪刀而坏了自己名声,张小泉将招牌改为自己名字"张小泉",并将"张小泉"字样烙在剪刀上。不久,张小泉过世,儿子张近高继承了父业。为维护自家剪刀利益和信誉,张近高又在剪刀的"张小泉"三字之下,再加上了"近记"两字,以方便顾客识别。即使如此,但仍然无法制止别人冒牌仿照。

传说乾隆皇帝南巡至杭州。据说乾隆皇帝微服私访,混入香客之中,信步上山游览。游兴正浓时,天公却不作美,突然下起雨来,只好下山寻屋避雨,匆忙中走进一间挂着"祖传张小泉剪刀"招牌的作坊。乾隆好奇,顺手拿来一把剪刀一看,只见寒光闪烁,锋利无比,便买了几把带回宫去,供嫔妃使用。嫔妃们对张小泉剪刀都非常喜爱,口碑极好。于是责成浙江专办贡品的织造衙门,进贡张小泉剪刀,并亲笔题写"张小泉"三字,以示褒奖。从此,张小泉剪刀名声更是大振,生意愈加红火。此时,"张小泉"剪刀的传人是张近高之子张树庭。此后,张小泉剪刀相继传张载勋,再传张利川。同治年间,钱塘人范祖述著《杭俗遗风》一书,将张小泉剪刀列为"驰名类"产品,与杭扇、杭线、杭粉、杭烟一起,并称为杭州"五杭"。

张小泉剪刀越是出名,冒牌也越是猖獗。张利川在光绪二年(1876)去世时,子张永年尚幼,店铺全由其母孙氏掌管。她为了"张小泉"剪刀的利益,曾于光绪二年(1876)趁钱塘县(今浙江省杭州市钱塘区)正束允泰上城隍山进香下来时拦轿告状,控告别人冒牌。得到官府批准,在招牌上加上"泉近"两字,钱塘县知县还出布告"永禁冒用"并且刻石立碑于店门。

宣统元年(1909),张小泉剪刀传至张祖盈,至此,张小泉锻制剪刀技术在杭州已相传八代。张祖盈以"海云浴日"商标,送至知县衙门,并报农商部注册,商标上还加上"泉近"字样。这应该是我国第一批经正式注册使用的商标。张小泉剪刀的锻制工艺,在杭州代代相传,产品质量与款式均越来越完美。宣统二年(1910),张小泉剪刀在南洋第一次"劝业会"上获得银质奖。民国四年(1915),又在巴拿马万国博览会上荣获二等奖。民国六年(1917),张祖盈将剪刀表面加工改为抛光镀镍,更受顾客欢迎。民国十八年(1929),张小泉剪刀又在首届西博会获得特等奖。从此,张小泉剪刀蜚声国内外,誉满全球。

张小泉剪刀产品,有"信花、山郎、五虎、圆头、长头"五款,主要以镶钢均匀、钢铁分明、磨工精细、刃口锋利、销钉牢固、开合和顺、式样精巧、刻花新颖、经久耐用、物美价廉等十大特点称雄制剪业。

新中国成立以后,组建"杭州张小泉剪刀厂"。1979年,国务院颁发嘉奖令,表彰杭州张小泉剪刀厂在社会主义建设中取得优异成绩。在轻工部组织的1965年、1966年、1979年、1980年、1988年五次全国民用剪刀质量评比中，张小泉剪刀荣获五连冠殊荣，至今已获得部级以上各种荣誉50次。1993年，张小泉剪刀博物馆在杭州张小泉集团有限公司内建成，馆内张贴有毛泽东语录"张小泉的剪刀，一万年也不要搞掉"。1997年4月9日，"张小泉"商标被中华人民共和国工商行政管理局商标局认定为"中国驰名商标"。2006年5月20日，张小泉剪刀锻制技艺被列入第一批国家级非物质文化遗产名录。张小泉为后人立下的"良钢精作"祖训，经一代又一代传人的恪守奉遵，业已形成一种特有的工匠精神。

百年老店"王致和"创始人王之和

　　王之和,生卒年不详,原籍歙县,迁居太平县仙源镇(今属安徽省黄山市黄山区)。从小家境贫寒,父亲以做豆腐艰难谋生。王之和自幼聪明懂事,勤奋好学。清康熙四年(1665)考中举人,因家庭困难,无钱去北京参加会试,最终靠族人帮衬,第二年到北京参加了全国会试。谁知会试落榜。他还想继续参加考试,为节省来去的盘缠,他只得住在北京,准备参加康熙八年(1669)的全国会试,但此次会试他仍没有考中。住在北京的数年,他依靠从小就学会的做豆腐手艺维持生计。

　　他在所住的北京前门外延寿寺街羊肉胡同安徽会馆内,用手推的小磨,每日磨豆子做成豆腐沿街销售。可当天豆腐卖不完的会变质,又时值夏季,他想起家乡有用豆腐制成酱豆腐乳的一道菜,但具体不知怎么做。于是试着将豆腐切成小块,加盐及花椒封在坛里,到秋凉之后,才想起这些豆腐块来。他打开坛盖,仔细一看,豆腐已呈绿色了。他好奇地入口试尝,味道却很美,送邻里人品尝,也得到一致称赞。

　　王之和考运不济,屡试不中。康熙十七年(1678),他索性在延寿寺街西路建作坊,以自己的名字"王之和"的谐音立招牌"王致和南酱园",雇师招徒,以经营豆腐乳为主,兼营酱豆腐、豆腐干及各种酱菜。

　　豆腐乳虽是皖南山区农家的家常菜,制作却十分讲究。从原料的选择、制作工艺到作料的调配都有严格的要求。制作豆腐的黄豆,选用当年的"六月黄""八月白"等优质原料,磨出的浆水好,无异味,还散发出黄豆清香。操作的每一道工序,都十分讲究。如采用盐卤点浆,绝不以石膏冲浆;豆花要捣得碎,才能榨干杂水,豆腐压得结实。这样制出的豆腐洁白光滑,柔韧适度,不易破碎。豆腐制成后,切成3厘米见方、厚1.5厘米的豆腐乳坯。豆腐乳坯霉长得好,是保证豆腐乳质量的关键,一般选在阴历八月中旬至十二月底这段时间加工为佳,既无蚊蝇叮爬,保持食品卫生,又能使豆腐乳坯霉长得好。豆腐乳坯霉好以后,放入大缸中腌制。腌制的时间长短,需根据不同的天气、温度等具体情况而定,以腌得透、均匀、咸淡适中为宜。经过腌制的豆腐乳坯装坛时,加进调配好的作料和料酒。作料有花椒、辣椒粉等,料酒以粮食白酒和封缸糯米酒按比例兑制。最后,用干荷叶、糊泥封口。只有如此,才能保证豆腐乳形、色、味俱佳,保质期长。装坛后两三个月即可食用,而且可以存放两三年,不但不会变质,反而具有别具一格的鲜味。王致和在家乡制作豆腐乳技术的基础上,还根据南北口味的不同,大胆实践创新,经过无数次的艰苦尝试,摸索、研制出适合不同地域和不同层次消费者需求的产品。不久,王致和豆腐乳的销路扩大到东北、西北、华北各地。

生意做大以后,王致和在自己家的店门上贴了一副对联:"可与松花相比美,也同虾酱作竞争。"一个出格的横批,叫"臭名远扬"。还作了一首诗:"明言臭豆腐,名实正相当。自古不钓誉,于今无伪装。扑鼻生奇臭,入口发异香。素醇饶回味,黑臭蕴芬芳。"

随着王致和豆腐乳的名声越来越大,连康熙都知道了,据传说康熙微服私访,亲自到王致和南酱园来品尝豆腐乳,尝过以后赞不绝口,亲笔给王致和写了"青方"两个字。康熙回宫后要求御膳房每日三餐,必有王致和豆腐乳。王致和豆腐乳就这样走进了皇宫,成了北京城的名牌。连后来的慈禧太后也要每餐必有王致和豆腐乳。状元孙家鼐知道了王致和豆腐乳后,不惜跑很远的路来品尝,还写了一副鹤顶格(又名凤顶格)嵌字联赠给王致和:"致君美味传千里,和我天机养寸心。"就这样有皇家恩典,名流赞扬,百姓喜欢,王致和豆腐乳成了远近闻名的食品。

光绪年间,在宣武门外、延寿寺街等地相继开设了王政和、王芝和、致中和等酱园。1956年公私合营,1958年,王致和、王政和、王芝和、致中和四家私营作坊合并成立国营田村酿造厂。现定名为北京王致和腐乳厂,成为地道的"中华老字号"。

《宁国府志》也记载了王致和当年的一些事迹。他刚10岁的时候,父亲害病,他就懂得日夜守在父亲床前。后来父亲死了,他在坟边搭草棚守孝三年。后来在北京生意做大,仙源城里修孔庙,他花钱买了贵重的金龙木材捐献。家乡人遭灾,他及时救济;穷人去世无钱安葬,他出钱办后事,还安置后人。现在,王致和豆腐乳已走出国门,远销海外。

罗经大师吴鲁衡

吴鲁衡(1702—1762),本名国柱,字鲁衡,休宁县万安镇人。他出身于"樵耕世家",祖居歙县十七都五图黟坑(今安徽省黄山市徽州区潜口附近),与休宁的琅源山仅一岭之隔,族人以山居砍樵为业,明万历后期(1600年前后),其先祖吴富携家外迁定居于休宁县三都二图十甲阴干村(今属海阳镇),改事农桑,耕作度日,后又迁水陆码头万安街。吴鲁衡为该支吴氏第六代,天资聪颖,心灵手巧,十二三岁便被父亲送进当时垄断万安镇罗盘业的"方秀水罗经店"当学徒。罗盘制作严密,方氏祖上规定,技艺不得外传。制作罗盘有六道工序,最后一道"安装磁针",为最关键工序,往往"传媳不传女",一般都是由店主自己安装。其他五道工序都各有一位技术娴熟的师傅专司其职。这些师傅都是终身受聘,年少进店,老死出店,终身掌握不了罗盘制作全套技术。

吴鲁衡不愿像这些师傅一样终老一生都不会罗盘制作的全套工序,便处处留心,时时注意学习。他肯动脑筋,善于吃苦,在罗盘制作的玄妙世界里,技艺进步很快。他凭着嘴甜、手足勤快,又是邻家之子,不但博得各位师傅的喜爱,而且深得店主的信任,以至于能在店中自由走动,因此,他比旁人学到了更多的东西。几年下来,他已成长为一名颇受店主青睐的年轻技师。长期的耳濡目染,精明的他不仅非常精通自己承担工序的技术,而且也逐渐掌握了其他工序的一些技艺要领,甚至对安装磁针的关键工艺也有所了解。

学艺、做工近二十年,年近三十,吴鲁衡离开了"方秀水罗经店",创立了"吴鲁衡罗经店",两店仅距数十步。他尽管技术娴熟,但独立门户并非易事。凭着与方家的情谊,创业之初,其生产的"吴鲁衡罗盘"打上了"方秀水罗经店监制"的牌号,好产品加上名牌号,吴鲁衡罗盘很快就为市场所接受。产销成功后,吴鲁衡又着手打造自己的品牌。制作上,他在秉承古法的基础上,钻研新技术,使用新工艺,不断推陈出新,提高精确度,开发新品种,发展了日晷、月晷和指南针盘等产品。其店不但规格全、品种多,而且创新销售模式,既保持顾客上门的直接销售模式,又开办了函购业务,扩大了市场,产品不仅畅销国内各地,还远销朝鲜、日本和东南亚各国,打破了"方秀水"罗经店在罗经业一家独大的局面,很快成为与其并称的名店大号。

清乾隆中叶,吴鲁衡辞世后,"吴鲁衡罗经店"代代相传。二代传人是吴鲁衡次子,名光煜,字涵辉,生于乾隆九年(1744),卒于嘉庆十一年(1806),他承继父业,启用"毓记""涵记"标识,之后吴鲁衡品牌便分为"毓记""涵记"两支,"涵记"后来又由外姓詹氏沿用牌号和租赁经营。"毓记""涵记"互为促进,相映生辉。三代传人有吴光煜长子和三子,长子吴洪礼(1785—1830),三子吴洪信(1791—1849)。四代传人为吴肇瑞(1817—1861)和吴肇坤(1810—1863),为兄弟共同经营,继续沿用"涵记"标识。五代传人吴毓贤为吴肇瑞长子(1851—1922),他将罗经店迁至万安上街70号新址,采用徽州传统典铺模式,前店后坊,仓库齐全,建筑面积近300平方米,启用"毓记"标志,继续沿用吴鲁衡品牌,选用徽州稀有的虎骨树为坯料,车圆、磨光、分格、写盘面、上油和安装磁针六道工序,均有严格的操作要求,力求精确无误。其产品工艺精巧,外形美观,功能齐全实用,比之祖父辈,产品更上一层楼,深受顾客欢迎。民国四年(1915),"毓记"吴鲁衡日晷获巴拿马万国博览会金牌奖;同年,又荣获国民政府农商部二等奖和南京南洋劝业会优等奖,创造了万安罗经业的新辉煌。

六代传人吴慰苍(1900—1961),自幼随父吴毓贤学习罗盘制作,承前启后,奋发努力,一直将罗盘制作维持到20世纪60年代。1960年2月,吴慰苍被选为中国人民政治协商会议第二届休宁县委员会委员,还曾到屯溪县(今安徽省黄山市屯溪区)工艺品厂生产罗盘。

七代传人吴水森,与共和国同龄。20世纪60年代初,他在休宁县中学读初中期间,正遇国家困难时期,老一辈罗盘制作大师因年迈相继谢世,万安罗盘处于奄奄一息的危境中,幸亏其母将偷学的罗盘制作技艺传于吴水森,才使罗盘工艺不致失传。20世纪80年代初,吴水森乘改革开放东风,恢复罗盘制作,在继承传统基础上,又开发了金龟形、莲花八卦形、双龙戏珠形、首饰杯形等装饰工艺罗盘,深受市场青睐。2006年,万安罗盘制作技艺被列入国家级非物质文化遗产名录,吴水森在被评为国家级非物质文化遗产代表性传承人后去世,其子吴兆光为八代传人。如今,"吴鲁衡"已不只是一个人名,而是成为一个具有国际影响的知名品牌。

文雅儒商江春

江春(1720—1789),字颖长,号鹤亭,歙县江村人。出身于盐商世家,祖父江演幼年随父至扬州,以才智理盐策,数年积小而高大,成为两淮盐商的中坚人物;父江承瑜从事盐业经营,为两淮总商之一。

江春自幼接受良好的教育,曾拜王步青和程梦星为师业儒,以图走上仕途,取得功名,为家族扬名。22岁参加乡试,名落孙山。后弃文从商,协助父亲经营盐业,父亲去世不久,江春接任两淮总商,其侄江昉协助其经商。

江春长身玉立,角犀丰盈,体貌丰泽,晚年须白如银,仙风道骨。他仪表堂堂,谈吐不俗,而且"练达明敏,熟悉盐法,才略雄骏,举重若轻,四十余年,规划深远",成为盐商众望所归的领袖。

江春行盐旗号为"广达",名以旗称,故包括乾隆帝在内的人们又称其为江广达。江春为皇家办差,不吝金银。乾隆六次南巡,几次对边疆用兵,庆祝皇太后万寿节典礼,以及许多大工程和大灾的赈济,朝廷军政费用支出浩繁,每次配合朝廷筹措经费,江春都尽心尽力。从清乾隆十六年(1751),乾隆首次南巡,驾临扬州,至乾隆四十九年(1784),江春与他人"急公报效""输将巨款"达白银1120万两之多。

在担任"两淮盐业总商"的40年中,盐商事务纷繁,遇到矛盾众人商量对策时,江春总是"神解独超",关键时说一句话,便是一锤定音,群商"张目拱手",对他服服帖帖。江春充分发挥了自己的才华,成为清代著名的客居江苏扬州业盐的徽商巨富,为乾隆时期"两淮八大总商"之首。

乾隆帝欣赏江春的办事能力,每当新的两淮巡盐御史上任前,乾隆总要对巡盐御史说:"江广达人老成,可与咨商。"江春成了当时联系朝廷与两淮盐商的不可或缺的重要人物。

乾隆六下江南,均由江春筹划张罗接待,即所谓"江春大接驾"。乾隆好游乐,喜欢逛园子、听戏。江春亦投其所好,建园林,养戏班,献美食。

江春在扬州构筑了八处园林建筑。如乾隆二十二年(1757),江春筹资在天宁寺兴建行宫,并将瘦西湖北边的江园献为官园迎驾,乾隆临幸江园,并赐名净香园。其他园林如水南花墅、东乡别墅、深庄、退园、秋集好声寨、江氏东园、西庄、康山草堂等,最著名的则是康山草堂。乾隆曾两次亲临江春的别墅康山草堂,赐金玉古玩,题写怡性堂匾额。

乾隆三十年(1765),乾隆帝下江南路过扬州之时,两江总督尹继善、巡盐御史高恒、苏州织造普福等均曾多次献食,在这些献食者的行列中,出现了江春的名字,而且他还参与了每一次的接驾并获得乾隆的厚评与褒奖。

扬州还流传着"一夜堆盐造白塔"的传说。说是一次乾隆在瘦西湖中游览,船到五亭桥畔,忽然对扬州陪同官员说:"这里多像京城北海的琼岛春阴,只可惜差一座白塔。"第二天清晨,乾隆开轩一看,只见五亭桥旁一座白塔巍然耸立。身旁太监连忙跪奏道:"是盐商大贾为弥补圣上游西湖之憾,连夜赶制而成的。"尽管只可远视,不可近攀,但乾隆不无感慨地说:"人道扬州盐商富甲天下,果然名不虚传。"据说,这塔就是当时八大盐商之一的江春用万金贿赂乾隆左右,请画成图,然后一夜之间用盐堆成的。

江春得到乾隆恩宠,赐予内务府奉宸苑卿的官衔,赏赐顶戴花翎,这是当时盐商中绝无仅有的。江春被乾隆召见于镇江金山行宫,先后被赐御书、福字、貂皮、荷包、数珠、鼻烟壶、玉器、藏香、拄杖等物不计其数。乾隆二十七年(1762),江春又因捕获销毁宫内金册而逃逸的太监张凤,被乾隆赐予布政使衔。

江春最为风光的要数参加千叟会。乾隆五十年(1785),江春等盐商献银100万两,贺乾隆登基五十年大典,江春受邀赴宴于京城乾清宫举行的千叟会,并与乾隆共同与宴,受锡杖。"千叟会"是中国历史上最著名的宫廷盛宴,是清宫中规模最大、与宴者最多的御宴。可见江春所得恩宠在盐商里可谓登峰造极。

乾隆三十三年(1768),发生了引起朝野震动的两淮盐引案,这是盐商勾结盐务衙门官员的经济贪污大案。此案牵连甚众,不少二品、三品大员人头落地,而江春也牵涉其中最终免于治罪,仅是革去职衔。赦免的理由据袁枚记载,是皇帝说他"临危不乱,有长者风"。

江春虽受此打击,但乾隆仍对他信任有加。乾隆三十六年(1771),因江春"家产消乏",乾隆赏借30万两皇帑,以资助营运盐业。乾隆五十年(1785),乾隆又一次赏借25万两皇帑给江春,按一分起息。江春死后的嘉庆六年(1801),嘉庆又因江春之子江振鸿资本未充,赏借5万两白银作其运营盐业资本。乾隆和嘉庆对一介商人如此关怀备至,在历史上实属罕见。

江春是一位兼具商人和文士双重身份的儒商,在文学艺术方面,有较高的鉴赏能力。家中有随月读书楼,江春白天做生意,晚上来此读书。他还请人选时文付梓行世,名《随月读书楼时文》,相当于当时的高考试卷佳作汇刊。闲暇时,他还从事诗文创作,著有《随月读书楼诗集》三卷、《黄海游录》一卷,另有《水南花墅吟稿》等著作。

江春还是一位品位极高的戏曲鉴赏家,他酷爱戏曲,招引戏曲人才,组建戏曲家班,与艺人为友。家有德音、春台两个戏班,在他招待四面八方官僚、文人和社会名流的宴席上演出。常常是"曲剧三四部,同日分亭馆宴客,客至以数百计"。清人黄钧宰《金壶浪墨》中载:德音、春台两戏班,仅供商人家宴,而岁需三万金。德音班唱的是昆腔戏,春台班唱的是花部戏,也就是乱弹戏。当时苏州的杨八官、安庆的郝天秀、四川的魏三儿名声最响。传说郝天秀的表演柔媚动人,直令观众销魂,人称"坑死人"。为了自立门户,扩大影响,江春花费重金征聘这些名角,"一出戏,赠银千两"。

乾隆五十五年(1790),江春家养的戏班子春台班与三庆班、四喜班、和春班一道,奉旨入京为乾隆帝八十大寿祝寿演出,即历史上著名的"四大徽班进京"。

江春喜欢以文会友,凡士大夫路过扬州,多住宿于江春的康山草堂。家中常常奇士云集,盛极一时。陈撰70岁后在其家里作客十年,方贞观、吴献可在秋声馆作客二十年,在诗、书、画、印方面贡献甚多,就连名满天下的金兆燕也长期在其门下作客。

积而能散的富商胡学梓

胡学梓(1733—1794),字贯三,号敬亭,黟县西递村人,清乾隆年间著名徽商。性孝友,乐善施,捐书院、造桥梁、筑道路、置义渡、义冢、舍棺、助瘗、散药、施茶,历经数十年而不倦怠。

胡学梓是西递明经胡氏壬派二十四世祖,在西递村,人们多以字贯三称呼之。胡学梓出身于徽商之家,祖父胡丙培曾远在江西鄱阳一带经商,回乡"以千金修石山至西递路,五百金助建凤凰桥(横冈桥),又移建学宫;岁饥捐赈,多襄义举"(《明经胡氏壬派宗谱》)。父亲胡应海,继续在江西经商,他"生平慷慨能施予",与弟弟胡应鸿在西递村口重建"梧赓桥"(今西递景区入口的必经之桥);重建"敦化堂"支祠的门坊石刻"司城第";"输赀赁屋,俾贫丁得以移居";捐资修葺"种德堂"支祠等。

胡学梓从小才智出众,聪明慧颖。他与众多徽商后代一样,6岁进入村中"燃黎书馆"启蒙读书,14岁随本家外出"做学生"。没多久,母亲患眼疾,胡学梓回到家中日夜守候在身旁,甚至按医嘱舐之,后来母亲眼疾痊愈而复明。因此,胡学梓以敬孝而闻名乡里。

西递胡氏为婺源明经胡氏壬派五世祖胡仕良后裔,其族繁衍西递、严岭、考桑等地,各支族每年轮流将祖像抬到本支祭祀,仪仗鼓乐吹吹打打,相互攀比夸耀。胡学梓认为这样做不符合礼法,很不恰当。于是,他便会同全族父老商议,领头出资建造胡氏宗祠"本始堂",又名明经祠,得到全族人的赞许。

胡学梓善经营,日俭勤,继承父业后,二十余年便成为江南豪富之一。他在江西鄱阳、九江、景德镇及安徽休宁万安等地开有多家当铺、钱庄、布店、作坊等,曾号称拥有"三十六典""七条半街"。

清末民国初期,黟县艾坑村"沪上闻人、商界翘楚"的著名徽商余之芹(字鲁卿),在《经历志略》一书中,讲述了胡学梓不见于史志谱牒的以往故事。胡学梓与宰相曹振镛(歙县人)为儿女亲家,克勤克俭,乐善好施,徽州的造桥、修路,大半都由他出资。修路经由之处,胡学梓事先都要非常正式地拜访地方上的绅士和有声望的人,商讨请求对方准许让自己来造桥修路。胡学梓所开设的店铺,从徽州至江西,沿途都有。他到江西去,都是住在店内,从不住旅店。他虽资产丰厚,但出门都是步行,向来不坐轿子,随身总是带着雨伞一把、布褡裢一个;布褡裢一头放着二百文钱,一头放着一包锅巴。中途走到茶亭之中,拿出一文钱,买一碗开水泡锅巴,边喝边吃;既可以当茶,又可以当饭。晚上便住在自己家开的店内,从西递村到江西的盘缠还不到二百文。

有一日,胡学梓在茶亭中遇见了同行一路人,互相通报了姓氏、住址。那人得知了胡学梓家住西递村,便问:"胡学梓是你什么人?"胡学梓说:"本家。"那人又问:"他家究竟有多少钱?"胡学梓回答:"三十六万。"那人进一步询问说:"胡学梓开的当铺,就已经有数百万,怎么说是三十六万呢?"胡学梓对他说:"店铺并不是胡学梓所有,他造桥、修路用去了三十六万,这才是他真的家产。"

胡学梓常年经商,自己读书不多,但极重视教育。起初,时任知县胡珵因县人倡议修建碧阳书院,许久未能就绪。胡学梓得知此事,找到知县说:"如果一定要建造碧阳书院,我愿意捐出白银五千两相助。"不久,胡珵因丁忧而服丧离去,胡学梓也因病而逝,修建书院之事也就没有结果。直到嘉庆十三年(1808),江苏沭阳人吴甸华来黟县任知县,再次提起修建碧阳书院一事,大家都踊跃助工,实际还是以胡学梓捐输的五千两白银作为根本基础。胡学梓长子胡尚熷遵照父亲遗愿,并以祖父胡应海和弟弟胡尚焘的名义捐银六千六百两,自己又独捐银八千三百两,并亲自担任监理,终于使得碧阳书院建成。

胡学梓精心计,重然诺,性喜济人,积而能散。荒年歉收,他前后赈济族党稻米计六千余石;修建桥梁有齐云山麓的登封桥、霭峰山麓的八都霭冈桥,又襄造渔亭永济桥;甃石铺路,包括黟县、歙县、休宁、祁门大道九处,前后费用超过白银八万两;修建祠堂有倡立专祠"本始堂",捐资白银四千多两,独力建造家祠"追慕堂"。胡学梓去世后,被诰封正四品中宪大夫。嘉庆十三年(1808),又诰赠正三品通议大夫。

　　胡学梓生有三子。长子胡尚熷,字如川,一字崐泉,候补道,如父乐善好施;父子捐建的碧阳书院竣工后,胡尚熷又捐建城中东岳庙、潭口癸酉桥,襄助建考棚,修缮学宫,修治歙、休宁、祁门、黟县道路,捐助州府紫阳书院膏火等。二子胡尚焘,字如兰,号芬圃,候选知府。三子胡元熙,字叔咸,又字篸农,英武殿大学士曹振镛婿;初任光禄署正,不久荐兵部郎中;出守浙江,历署衢州、湖州、嘉兴等府,补严州府改处州府,终任杭州知府兼获粮漕道;归乡途经歙县府城,捐建府城河西太平桥。

胡开文墨业创始人胡天注

胡天注(1742—1808),名在丰,字柱臣,绩溪县上庄村人。为徽州胡开文墨业的创始人。

胡天注出身于商贾之家,清乾隆十九年(1754)经人介绍来到墨号林立的屯溪,在程正路墨店当学徒。一年后的乾隆二十年(1755),经程正路介绍转入休宁海阳汪启茂墨室当学徒。由于胡天注为人忠实,办事干练,吃苦耐劳,受到汪启茂的赏识,次年就将自己的独生女许配给他。乾隆二十五年(1760),胡天注学徒出师后,就去屯溪租了采章墨店,自己独立经营墨业。该墨店的前身是程正路经营的"悟雪斋"墨店,是康熙年间的名坊之一,乾隆年间被休宁人汪采章接替执掌。

此期间,汪启茂在墨业竞争中失利,将墨店盘给了叶姓。乾隆三十年(1765),这时的胡天注从十三四岁学徒算起来从事墨业也有十多年的时间。在此期间,由于他聪明能干,勤奋好学,很有开拓精神,不仅掌握了制墨的技术、市场的情况和经营管理之道,还积累了一定的资金,为自己开店创下了有利的条件,这一年他收购已为叶姓所有的采章墨店。这时,胡天注虽然年仅24岁,但颇有心计,感到继续租开"采章墨店"不比改营岳父的名坊汪启茂墨室更为有利可图,于是便承继了汪启茂墨室。该墨店位于休宁县海阳镇西街,系前店后坊结构,店南面朝街,较为规整。胡天注承继这家墨店后,将墨店更名为"胡开文墨店"。

关于胡开文店名的由来,现在有三种传说:第一种说法是,胡天注在租屯溪采章墨店时,就准备以后自己开墨店,一次他去南京售墨,见贡院考场中悬挂有一块"天开文运"的匾额,他认为"天开文运"与自己的制墨业有渊源,"文需墨,墨助文","开文运即开墨运",决定用"开文"二字加上自己的姓氏,作为墨店的招牌。第二种说法是,一次他去徽州府(今安徽省歙县),看见文庙上悬挂有"天开文运"的匾额,便取"开文"为店号。第三种说法是,胡天注往返于休宁和屯溪之间居安村有一石亭,石亭的门楣上有"宏开文运"四字,他便取"开文"为店号。从乾隆四十八年(1783),胡开文墨店生产了"天开文运"墨来看,前两种说法可能性较大。

胡天注在创立之初的经济并不宽裕,他充分利用汪启茂墨室的原有资源品牌,以进行资本的原始积累。为了有别于岳父的"汪启茂墨室"品牌,他在"汪启茂墨室"原有墨模的横头或空白处添加刻制阳题款"胡开文制"或"胡开文墨",以示是新店胡开文墨业标记。因此,在胡开文墨业正式开业之初的过渡时期,出现了有"胡开文"和"汪启茂"双款识的"大国香"圆柱墨和"松萝玉液"墨等。如"大国香"圆柱墨,侧面题款为"徽州休宁汪启茂墨""苍佩室",墨顶题款则为"胡开文墨"。

胡天注接手汪启茂墨室后,为创制出高质量产品,不惜斥巨资购买上等原料,聘请良师名工精制墨模,大胆创新,制造集锦墨。如"棉花图"(全套16笏)、"十二生肖图"(全套12笏)、"御园图"(全套64笏)。胡天注还沿用汪启茂墨室原有的标记"苍佩室"。由于胡开文墨业用料考究,制作精细,形式新颖,受到广大用户的欢迎。乾隆四十年(1775)胡天注承顶了采章墨店,将其更名为胡开文墨业(屯溪店),只销售不生产,墨品由休宁县的胡开文墨业供应,并且派其长子胡恒德主持,次子胡余德随父经营墨业。

胡天注在墨业的市场竞争中独占鳌头,获得厚利。继而开设茶号、枣庄,并置田产,成为乡里巨富。胡天注事业有成,起堂名为"思齐堂",教育子孙要"见贤思齐",祈望胡开文墨业世世代代持续发展,兴旺发达。嘉庆十三年(1808)胡天注逝世,安葬在绩溪上庄水圳上。逝世前立有《天注公分析阄书》。

胡天注有八个儿子,《天注公分析阄书》总的原则是"分产不分业",遵守"诸子均分"的传统,守业原则上坚持"不分业"和"分店不起桌(制墨),起桌要更名"。胡天注订立的阄书对"分家"的具体规定总结如下:"将祖遗及手创田地、山塘、屋宇并海阳、屯溪两店资本,除坐膳、坐酬劳外,品搭八股均分,编成'道、以、德、宏、身、由、业、广'八阄,八子各拈一阄执业。""不分业"的具体规定:"休城墨店坐次房余德,屯溪墨店坐七房颂德,听其永远开张,派下不得争夺……屯店本不起桌,所卖之墨向系休城店制成发下……屯店起桌自造,更换'胡开运'招牌,不得用'胡开文'字样。"

也即休城和屯溪老店各由二房余德和七房颂德继承后,永为这两房的后代开张,他房子嗣不得争夺。并且只允许休城店制墨,屯溪店不得起桌制墨,而是作为销售分支;倘若自造,则不允许再用"胡开文"的招牌。分店不制墨和招牌控制实际上是对家族商誉的保证措施。

胡开文墨业虽为胡天注始创,但它的发展实际上是在次子胡馀德之手。胡馀德主持店事之中晚期即道光年间,是胡开文墨业史上的第一个大发展时期。在胡天注所订"祖训"的指导下,加之良好的声誉,上乘的质量和有效的经营管理,胡开文墨业得以完整地传承下来,并在不同时期有所发展。

同时由于人丁兴旺,一些子嗣在祖制的基础上有所变通,从而使"胡开文"字号愈加响亮,不断繁衍出新枝,由最初的休城、屯溪两店逐渐扩展到芜湖、汉口、九江、南京、安庆、上海、北京、天津、杭州、沈阳、重庆、成都、长沙、苏州、扬州等全国多个城市。胡天注的二、七、六、八房子孙将"胡开文"品牌推向全国,创造了"胡开文"品牌的辉煌。民国二十四年(1935)前后,当时的《中国经济志》记载了各有墨店皆标榜自己为"徽州胡开文"的盛况。1995年出版的《安徽省志·商业志》中称:"'胡开文'几乎成了'徽墨'的象征。"

胡天注经营成功以后,捐获九品衔官,晚年乐善好施,主动投入公益事业,据《上川明经胡氏宗谱》记载,他"独修观澜阁下至杨林桥大路,建竦岭半岭亭"。

两淮总商鲍志道

鲍志道(1743—1801),原名廷道,字诚一,自号肯园,为歙县棠樾鲍氏二十四世。

鲍志道7岁时在村中私塾读书,后因家境困窘,11岁时不得不离家外出从商,在江西鄱阳一家小商铺当会计。因为他手脚勤快,悟性很高,深得店主欣赏。会计簿记直接反映着商户的经营流程和资金进出,从中自然也可领会到一些为商之道。

清乾隆二十八年(1763),鲍志道来到东南都会扬州,正巧遇上大盐商歙县西溪南吴尊德招考管家,鲍志道以其特有的精明被录用。因鲍志道诚实守信,又善于管理,降低成本,所获利润非常丰厚。而鲍志道也完成了他最初的资本积累。清代行纲盐制度,盐商例分两类:一曰场商,主收盐;一曰运商,主行盐。行盐的商人又有总商和散商之分。总商人选初由富商轮流充任,后来直接由官府指派。康熙十六年(1677),巡盐御史郝浴在两淮盐商中公取资重引多之人共二十四名,任为总商。到了乾隆年间,总商人数减少,有"八大总商"之说。总商总领盐引,率一般运盐商人行盐并向官府纳课。普通运商称"散商",须向总商购买窝单,经由总商具保,方可承引纳课并购盐贩运。鲍志道在几年行盐过程中对于盐业利润之源十分清楚。在稍有积累之后,就购买盐引,开始自主运销食盐。不辞辛劳,加上原来建立起来的个人信誉,行盐的数量越来越大,区域也愈来愈广。经过十余年的努力,所获颇丰,积累家财,鲍志道逐渐成为扬州声名显赫的大盐商。

乾隆五十年（1785），两淮盐政使鉴于鲍志道资重引多，又颇具声望，选任其为总商，与徽籍"以布衣上交天子"的江春并为盐商首领。总商虽是商人身份，但享有官府授予的垄断特权，在盐政及地方事务中都有重要影响力。在管理散商之余，还需要承揽朝廷及地方的诸多事务。因此，总商虽然位高权重，坐收百万，但是对于个人之应对能力的要求也是非常高的。鲍志道在担任总商后，一方面积极沟通官商，协助整顿盐政；另一方面则承揽公私琐役，力图有所兴革。

当时清朝行盐划区而立，行盐不得跨区。乾隆末年，福建行盐至江西与淮盐竞争，淮盐受到冲击。鲍志道与其他总商积极与两淮盐政及福建地方交涉，维护淮盐利益。按现在的标准讲，食盐划区而销本就不合理，跨区经营是很正常的事情，但在当时条件下，是违反朝廷政策的，鲍志道的行为也得到了两淮盐商的支持。

当时淮盐要经淮河、运河、黄河、长江水运到各个引岸，每年有一些装载食盐的船只可能遇到沉船或是被抢之类的天灾人祸。在没有商业保险机制的古代，经商者都可能碰到这种偶然性的商业风险而面临破产。鲍志道倡议"一舟溺，众舟助"，这样以众帮一，不致使遭受沉船或是被抢之类的天灾人祸的盐商面临破产风险。此议立即得到众盐商的响应，两淮盐商称此为"津贴"，这也开创了现代商业保险制度的先河。为维护众盐商的利益起到积极的作用，使得鲍志道深受众盐商的拥护。

鲍志道对于朝廷及地方的事务尽心尽力。凡转饷、捐赈、兴工等事，无不率领众商大力捐输。盐商因享有朝廷制定的专卖特权，利润极高，但其特权之有无，却全然取决于朝廷及盐政的决断。清代的捐输政策虽是面向全体臣民，但因盐商更为富裕，自然是重要的纳输对象。总商为盐商之首，更是责无旁贷。清代扬州盐商捐输数目惊人。鲍志道与徽籍大盐商江春、洪箴远、黄应泰等人，数次捐输，动辄几十万两白银。据嘉庆《两淮盐法志》统计，从康熙十年（1671）到嘉庆九年（1804）的一百余年中，两淮盐商前后捐输给朝廷的银两就有三千九百三十万两之巨。鲍志道任总商计有二十余年，很受朝廷重视。

盐商是扬州城内最为富裕的群体，其生活也最为奢侈。盐商所赚得的巨额利润，在应付官府捐课之后，并无其他的投资路径。于是，盐商转而将大笔银钱用于回故乡盖筑亭院，或者拿来组养戏班，或者用来收藏金石字画。而鲍志道在扬州城大名鼎鼎，说到财富更是无人能及。但他在生活方面，与一般盐商迥然有别。

《扬州画舫录》中记载，鲍家虽是巨富之家，但是家里并没有雇请多少仆人，家中杂务，多由妻子儿女自己打理。家里既不养门客，也不养戏班，门风俭朴，独树一帜。鲍志道的妻子汪氏也是一生节俭，但她把自己的积蓄拿出来专门在老家的祠堂宣忠堂后建了八间房屋，以为堆贮农具之用，方便族人耕作。后来又念及同宗女眷的生活艰难，特意捐资购田百亩，取名"节俭户"，专门用来接济族中家境贫困的妇女。

鲍志道在扬州经商大富之后，在兴学、救济、河工等方面就毫不吝啬。集合众商，创立扬州十二门义学，惠及当地。襄助扬州的恤嫠会、兴化的育婴堂，以救济社会。歙县有两座著名的书院，分别为城内的紫阳书院与紫阳山紫阳书院，均年久失修。乾隆五十五年（1790），曹文埴倡建古紫阳书院，鲍志道率先捐资，倡导淮扬徽商捐资重建。乾隆五十九年（1794），鲍志道捐银八千两，呈徽州府转详两淮运宪，由运库饬交淮商，按月一分起息，每年应缴息银九百六十两，遇闰月加增八十两，由府学教授按年分两次具文赴司请领，作为紫阳山紫阳书院生员的膏火费。

扬之水由郡东北与布射、富资两水汇合，环郡之西，迤太平桥之北岸而入新安江。岁久，水徙而西，远与丰乐合流，北岸沙涨，水流几乎中断。嘉庆三年（1798），鲍志道于西南岸筑水射以障之，刷其淤沙，使水尽复故道。鲍志道还出资请工人修通棠樾至古虹桥、郑村、沙溪等处的山道，总计五十余里，在交通极其不便的山区，这极大地方便了老百姓生活。另外，鲍志道还出资建起鲍氏世孝祠，增置族田。族田所产收益一方面用于维护祠堂开支，开展宗族活动；另一方面则用于救济族中贫困家庭，开设族中义学等事务。

鲍志道从不名一文的穷少年到富可敌国的大盐商，实现了无数徽州人向往的经商之梦，也成为徽商的杰出代表。鲍志道的一生可谓是商海沉浮，笑看风云，最后选择在扬州终老。嘉庆九年（1804），嘉庆准安徽巡抚王汝璧奏请，将鲍志道牌位供奉乡贤祠，礼部尚书纪昀为其作传，并撰写墓表，一时备受颂扬。

徽商巨贾胡雪岩

胡雪岩(1814—1885),幼名顺官,字雪岩,谱名光墉(广墉),绩溪湖里村人。胡雪岩幼时读过几年私塾,父亲胡洪铖早逝,家庭陷入贫困,以帮人放牛为生。稍长,由族人荐往杭州于姓钱肆当学徒,得肆主赏识,擢为跑街。清咸丰十年(1860),因肆主无后,临终前,以钱庄赠之,乃自开阜康钱庄,并与官场中人往来,成为杭城一大商绅。

胡雪岩从事钱庄生意,得益于两个重要官场人物的影响:王有龄和左宗棠。胡雪岩在做钱庄生意时结识了落魄书生王有龄。在胡雪岩的资助下王有龄捐官补实,很快在杭州海运局当上了粮台坐办,不久又升任湖州知府、浙江巡抚。身在官场的王有龄投桃报李,将收来的税银存入胡雪岩的阜康钱庄。后来,凡浙江的粮草军火,都交由胡雪岩经办,而官军的饷银公款也一律通过阜康钱庄汇兑,胡雪岩一跃成为杭州富贾。

咸丰十一年(1861)十一月,太平军攻破杭州,王有龄自缢身亡。清廷派左宗棠接替浙江巡抚,在杭州被围时,胡雪岩前来献粮,迅速取得了左宗棠的赏识和信任,遂委胡雪岩为总管,主持杭州解围的善后事宜及浙江全省钱粮军饷,左宗棠成为他后来事业发展的重要支柱。同治二年(1863)五月,左宗棠擢为闽浙总督,仍兼浙江巡抚。三年后,左宗棠调任陕甘总督,奉命西征。为助左宗棠西征,胡雪岩主持上海采运局局务,多次向洋人借款,累计金额为一千八百七十万两白银,筹供军饷和订购军火。

凭借左宗棠的支持和上海采办转运局委员的身份,胡雪岩不断扩充自己的经济势力。在苏州、镇江、宁波、福建、汉口、北京、天津等地遍设阜康钱庄分号,用钱庄来吸引官僚存款。至同治十一年(1872)阜康钱庄支店有20多处,布及大江南北。胡雪岩还以雄厚的资金为优势,积极从事各种贸易活动,在市镇设立商号,利润颇丰,并活跃于对外贸易市场。凭借着天时地利,财丰货足,操纵江浙商业市场,垄断金融。在19世纪六七十年代全国商埠开设的21家银号中,胡雪岩独资经营的就有6家。短短几年,聚资金两千万两,积田地万亩。资产相当于1880年前后清政府财政收入的一半,真可谓"富可敌国"。

钱庄生意提供给胡雪岩与各类洋行以及洋行的中方买办人物结识的机会。左宗棠也给了精通华洋事务的胡雪岩以用武之地。在胡雪岩的帮助下,左宗棠引进西方先进技术,积极推动和实践洋务运动。为加强海防力量,胡雪岩协助左宗棠创办了福州船政局,在马尾兴办船厂造船。左宗棠曾经这样评价胡雪岩:"一切工料及延洋匠、雇华工、开艺局,责成胡光墉一手经理。缘胡光墉才长心细,熟谙洋务,为船局断不可少之人,且为洋人所素信也。"胡雪岩又积极引进西方技术开发大西北,创建了甘肃兰州织呢总局。帮助左宗棠引进德国机器、雇用德国技师,使民族工业有了起步。在平凉开挖泾河,在肃州(今甘肃省酒泉市肃州区)文殊山采矿,进行了大面积的西部农业开垦,稳固了国防边疆。

同治四年(1865),中亚的浩罕国将领阿古柏趁新疆发生反清起义率兵侵占了新疆,而英俄两国都想通过阿古柏政权把新疆从我国割裂出去。俄军乘机占领伊犁,西北边疆出现了严重的领土危机。慈禧太后命令主战的左宗棠出兵平叛。左宗棠将筹措西征的粮饷军需之事交给了胡雪岩。胡雪岩以自己的钱庄做担保,向外国银行贷了一笔巨款,购买西方先进武器,装备"左军",帮助左宗棠平定陕甘,从俄国人手里收复了新疆,彰显了一个商人的爱国情怀。胡雪岩也得到了许多政治回报,先是被清廷陆续赏加江西候补道用、盐运转使、布政使衔、按察使衔,后又获赏浙江、江苏、江西、福建四省税收代理大权。光绪四年(1878),慈禧太后赏他穿黄马褂。

胡雪岩很早就介入了国药业。起初,他将生产的胡氏辟瘟丹、八宝红丹等药品赠给曾国藩、左宗棠的军营。胡雪岩觉得开药店是既可行善扬名,又可给子孙留下基业。同治十三年(1874),胡雪岩在杭州吴山脚下创建"胡庆余堂国药号"。这是胡雪岩从金融涉足实业的第一步。光绪二年(1876),又投资十八万两白银,在杭州涌金门外购地十余亩建成胶厂。

胡雪岩深知药店经理人选之重要,他重金聘松江"余天成药号"余修初为胡庆余堂经理。以宋代皇家药典《太平惠民和济药局方》为基础,收集各种古方、验方和秘方,继承祖传验方和传统制药技术,结合临床经验,精心调制选配出丸、散、膏、丹、胶、露、油、药酒方验方四百余种,又重金聘请浙江名医、药工,精制成药,便于携带和服用,并著《胡庆余堂雪记丸散全集》传世,为传统中医药留下了一份宝贵遗产。

胡雪岩告诫职工"药业关系性命,尤为万不可欺",亲书"是乃仁术""戒欺""真不二价"字匾,强调"采办务真,修制务精"。对配药选料,尤为严格,缺味宁愿不制,不作凑合而欺世。为制作急救药品"紫雪丹",胡雪岩曾不惜工本,耗金133克、白银1835克特地锻制了银锅和金铲。他生产"大补全鹿丸",需用梅花鹿身上30多种珍贵药材。为了保证原料质量,胡雪岩辟设鹿园,专养东北梅花鹿,在众目睽睽之下宰杀,以示取材之真。他成功地推出十全大补丸、人参再造丸、神香苏合丹、琥珀多寐丸、安宫牛黄丸、六味地黄丸等一大批名牌药品。

他秉承"以仁立业"理念,治病救人的规矩,雇人穿着"胡庆余堂"字号马甲,伫立杭州水陆码头、街巷,施药治病,获得声誉。在短短数年内即积丰厚利润,对中国医药业发展起了积极的推动作用。胡庆余堂被誉称"江南药王",与北京"同仁堂"齐名。

光绪八年(1882),胡雪岩在上海开办蚕丝厂,耗银两千万两,由于华商各自为战,洋人掌控了生丝定价权。因为不满洋人对中国蚕农的盘剥,想垄断丝业贸易,高价尽收新丝数百万担,惹怒外商。次年夏,由于意大利蚕丝告丰及中法战争爆发,金融市面巨变,加上海关海运操于外人之手,不能直接外运。蚕丝被迫贱卖,亏耗一千万两,家资去半。十一月,各地商号倒闭,家产变卖,宣告破产。接着,清廷下令革职查抄,严追治罪。胡雪岩遣散姬妾仆从,于光绪十一年(1885)十一月郁郁而终。

胡雪岩一生,秉持洋务实业救国理念,善于抓住商机,以义取利,以诚经商,是一个极具远见的、有爱国情怀的杰出商人。创办经营胡庆余堂药号,为中华医药业发展留下了十分宝贵的遗产。接手胡庆余堂的债权人文煜,保留了胡庆余堂"雪记"名号,给了胡雪岩三房男丁18股招牌股。这成为胡雪岩子孙之后聊以度日的主要生活来源。民国七年(1918)杭州元宝街胡家芝园发生一场大火,暂住芝园的胡氏大家庭溃散。抗日战争爆发后,子孙逃难,散居杭州、余杭、上海等地。

江南巨富李宗煝

李宗煝（1827—1891），一名金榜，字辉亭，晚年号爱得，黟县五都南屏村人，晚清时期江南著名徽商。幼年丧父，家境贫困，全靠四处替人打短工、做粗活糊口。年纪稍长，便由外祖母家的宗亲带到铜陵大通镇去当学徒。

临出门时，家中仅存一块银圆，妻子还说米肆中所贷米的钱尚未偿还。于是，李宗煝将一块银圆换成铜钱，留下一半嘱咐妻子暂且偿还一些，另一半便带着上路。途中遇到大雨，没有雨具，他看见路边有盖粪缸的破斗笠，便取来戴上，同行者都在一旁偷偷讥笑，李宗煝神情晏如平常。初到大通镇，李宗煝在荷叶洲的黟县同乡舒祖谟店铺中帮工，由于能吃苦，勤干活，很得店主赏识。稍积累些资金，便另立门面，开了一爿小店。

李宗煝处事机灵，心地善良，诚信待客，经数年经营，在铜陵大通镇一带开设十余家店铺，渐渐发展起来。清咸丰、同治年间，太平军与清兵在江淮和江南展开拉锯战，使原来利润极丰的淮盐经营无法进行。此时，两江总督曾国藩主管盐政，改纲为票，四处招徕商人运营。李宗煝抓住时机，集资掣得十三票，从曾国藩手中获得淮盐南运的许多特许权利。太平天国战乱平定后，淮盐畅行，利润数倍上涨。在其后的淮盐销售中，他将食盐购销与以粮、木、茶等换引结合起来，拓宽了市场。接着，又办船运、开钱庄、设当铺，综合经营，成为一代巨商。

李宗煝乐善好施，是公益事业的建设者。光绪年间，铜陵县（今安徽省铜陵市）

的仁丰圩因年久失修,致使这一带农田十年九荒。他捐助白银一万八千两,使长达20公里的水利工程得以顺利完成。通河两岸自有轮船经营航运之初,仍是用木船接送上下,极为不便,若遇风浪,更是危险。他出资首倡建立招商局码头,设趸船靠轮,给上下旅客及货物提供了方便与安全。当时从大通镇到青阳县有一段5公里长的险道,他出资改建成石板大道。晋豫饥荒时,他向朝廷捐输赈灾银数万两。苏皖粤等地水灾,他又捐输白银数万两。至于乡里的孀妇与贫寒士子,月致钱米,年馈膏火,更为常事。光绪四年(1878),朝廷以李宗煝山西河南输赈有功,议叙授江苏补用道,加三级,并赠三代二品封典。故李宗煝曾祖文耀、祖世埠、父高琳,皆以获赠通奉大夫。

李宗煝深知没有文化的弊端,乃折节读书,渐知文义。幼时少学,深感读书受教之重要,他尊师重教,奖励文人学士,凡学子登其门,只要能写出一首诗或一篇赋,就赠以银两;凡赴省城、京师参加科考的家乡举子有过访其店铺者,他都要赠送来回盘缠。他在家乡南屏捐资兴办教育,办起三所免费私塾,如其中之一的"抱一书屋"书斋正中为敬贤堂,中间挂有孔夫子画像,画像两边对联是"行止无愧天地,褒贬自有春秋"。旁边两副木制楹联分别是"少壮不经勤学苦,老来方恨读书迟""宝剑锋从磨砺出,梅花香自苦寒来"。院落中有廊有亭,植有金桂、银桂,富意"金榜题名、蟾宫折桂"。院内石缸中有睡莲,寓意"出淤泥而不染",怡心亭下几株方竹,寓做人要堂堂正正,刚直不阿之意。

李宗煝曾出重金访求刻印徽州前哲遗书,光绪年间先后刻有宋罗愿《新安志》《尔雅翼》《罗鄂州小集》《罗郢遗文》,金声《金正希集》,汪宗沂《孟子释疑》,王有光《批檀弓》,俞正燮《癸巳存稿》,曹文埴《香山诗选》,吴定《紫石泉山房文集》《诗钞》,徐铉《徐骑省集》三十卷《补遗》一卷,《校勘记》一卷,汪文台《七家后汉书》等,其中尤以校勘宋初文学家徐铉的《徐骑省集》最为善本,使他成为晚清时期徽州重要刻书家之一。李宗煝所印之书,多以赠人。他还捐置各省书籍给国子监南学和焦山书藏。晚年时,李宗煝喜欢读《汉书》,经常请人讲述其中之深义;凡书中忠孝之事,他又常常讲与他人,总是娓娓不倦。在造福桑梓方面,除资助孀妇与贫寒士子外,更重要的是建祠堂,设家塾,捐千金帮助修复黟县碧阳书院。

光绪十四年(1888),李宗煝请得由清翰林院编修、国子监祭酒、著名学者王先谦撰文,清国子监修撰、国史馆协修、著名学者陈冕手书,北京杨梅竹斜街龙光斋精刻的"李爱得生圹志铭"。该碑刻辗转运至家乡黟县南屏村时,李宗煝已近暮年,一篇铭文就是对他一生的总结,其中有曰:"以商成业,入资得官江苏补用道,虽迩荣利,处已弥约,力于种德,不私其财,行事多远,绝可称诵。"

李宗煝去世后,他的好友黟县石村人、著名汉学家朱孔彰作《李辉亭观察传》一文,称赞他:"分人以财谓之惠,教人以善谓之忠,李君虽不仕,盖合于惠忠之道矣。助国养民而不市,德钟离子之俦欤,叶阳子之俦欤!"

 "百万之家"苏成美

苏成美(1827—1894),字怀之,号迈周,太平县泾阳乡人(今安徽省黄山市黄山区永丰乡)。因家中兄弟众多,自小就外出谋生,在屯溪开设豆腐作坊和贩卖黄烟的小店。清咸丰年间,太平军进入徽州,屯溪饱受战乱之苦。苏成美经营豆腐作坊,利润微薄。一年的辛苦劳作,所得报酬也只能让一家人勉强度日。

苏成美有个堂兄叫苏式敬,担任浙江省盐运使,是浙江省管理盐业的最高行政长官。战争期间,朝廷对盐的专卖控制并不是很严格,苏成美于是便打起了贩卖盐的生意。在屯溪成立了"苏茂源"盐行。背靠堂兄苏式敬这棵大树,他在运盐的船上插上标有"岭下苏"三个大字的旗帜。于是,苏成美的贩盐船队一路畅通,沿途关卡甚至不敢怠慢他们。船队顺利到达屯溪镇上之后,盐很快销售告罄,尽管是大量批发出去的,但由于战争期间食盐宝贵,利润是平常别的店家经营盐业的数倍。

战争还在继续,也不知道何时才能结束,官府无法解决民生问题,只得依赖民间的冒险精神。对苏成美来说,冒险所带来的巨额利润,使他似乎在一夜之间就富裕了起来。尝到甜头,岂能浅尝辄止,再大的风险也要将这个生意进行到底。于是,他开始一次又一次往返于浙江、安徽之间,很快就在徽州各地建立了庞大的销售网络,开办盐行十余处。他在歙县的朱家村开办苏德泰总栈,然后开办了歙县渔梁苏隆泰盐行、泰源遐记盐行、深渡苏裕泰盐行、街口苏裕泰行、休宁王村苏德泰盐行、龙湾苏同夫盐行、上溪口苏同泰盐行、绩溪临溪苏德隆盐行、黟县渔亭苏德泰盐

行,屯溪苏德源盐行。各盐行以经营食盐为主,同时兼营食品、糕点、煤油、表芯纸、锡箔等货物。苏成美做生意一贯讲究信用,货真价实,不克扣斤两,真正做到薄利多销,因业务量大,盈利也相当可观。

随着太平天国运动的结束,官府对盐业的管理重新规范起来,盐业市场又一次被官府掌控。苏成美徽州盐业界建立起来的垄断地位随即被打破,利润率明显下降。在战争中,由风险而带来的高额利润,使苏成美胃口大涨,再也难以满足于管理规范下的一点微利,他盘算着开展新的生意来赚钱。

现在朝廷已经打败太平军,南方各省损失惨重,下一步必将大兴建设,百废待举。但是老百姓手里没有钱,如果在这个时候开一家当铺,让老百姓把物变成钱,去发展生产,重建家园,必将有利可图。而且,未来一段时间,当铺业必将要兴盛起来。苏成美来到安庆,在朋友的引荐下,与李鸿章的四弟李蕴章合伙开设当铺。李鸿章四兄弟,有三个都因为镇压太平军有功而在官场上处于显赫的地位,李蕴章在家管理产业,人称李四太爷。

安庆在长江的边上,是安徽省府,沿江重镇。这里比偏僻的徽州山区的小天地要大得多,它将给苏成美提供更加广阔的人生舞台。在安庆的第一家当铺开业以后,他虽然是经理,但每日坐镇柜台,虚心向聘来的当铺先生学习经验和技术,既然经营这一行当,就必须要掌握这一行当的诀窍和奥秘。晚上打烊后,他就到沿街的各个商店去做市场调查,摸清各种货物的行情,掌握价格规律。果然,当铺开业不久,生意就火爆起来,门庭若市,呈现出一派旺盛景象,送到当铺里来的各种当物堆积如山,因为对市场的掌握,对所当的货物定价合理,交易公平,而大受顾客欢迎。

在安庆的经营红火起来以后,苏成美就开始考虑向外地拓展,扩大经营规模。不久就在长江沿岸的另一重镇芜湖开设"汇源"和"汇和"两家当铺。接着,在安庆附近的大通、贵池、屯溪、青阳、宿松等地都开设了当铺。三年以后,他手中所拥有的当铺已发展到七家。他的生意还在进一步扩大,几年以后,在南京、苏州、杭州、武汉、长沙等大中城市均有苏记当铺。

同治时期,在曾国藩、李鸿章等一批大臣的引导下,积极开展战后重建,发展实业,一大批经营商贸业的商人也纷纷向实业进军。善于捕捉信息和机遇的苏成美在这一时期,及时在铜陵的大通和繁昌的荻港开办"日新锅铺"和"日盛冶坊"两家企业。利用长江水上交通的便利,从武汉购进生铁原料,产品销往沿江各大城市。同一时期,苏成美还倡办了一批实业,如大通的日新纱号,荻港的日昌油坊等。随着经营规模的不断扩大,大宗贸易的增多,苏成美经营的触角逐渐伸入了南京、上海这些大城市,经营范围包括盐行、当铺、茶叶、铁锅、食油、纱号、日用百货等。

光绪二十年(1894),苏成美去世,他从经营盐业开始,到开办当铺进行二次创业,转而创办实业,扩大企业规模,直到最后,挤占南京、上海这些大城市的商业市场。他用三十多年的时间,建立起了一个庞大的商业王国,资产有70多万银圆之巨。对外号称百万之家,人们也称呼他为"苏百万"。

苏成美

"祁红"创始人余干臣

余干臣,生卒年不详,名昌恺,晚清时期黟县立川村人,著名徽州茶商,"祁红"创始人。生于清咸丰以前,为农商世家,主要经营茶叶。幼时的余干臣与众多徽州孩童一样,启蒙读书,追求功名,出门做学生,经商做生意,直至咸丰年间。

咸丰年间,余干臣在经商方面已经十分成熟,他一直活跃在江南茶叶产区,利用英商所提供的资金,或自筹资金,设立茶栈,进山收茶,组织货源,外运出口。咸丰十一年(1861),余干臣来到祁门县程村碣,以宝顺洋行(宝顺洋行,又名颠地洋行,是19世纪中叶在华最主要的英资洋行,主营业务是鸦片、生丝和茶叶。中国近代史上的著名人物徐润、郑观应曾先后充任宝顺洋行买办)名义租设栈房,采买茶叶。也许是购买茶叶的量太多,又或许是未交厘捐,惊动了刚刚上任的祁门知县史怪悠。八月二十四日,他亲自率领衙役来到程村碣,查抄了栈房,不仅按茶量全收厘捐,还拘押了余干臣等人,并且还威逼他另外捐输了一万两白银。九月十九日,英国驻九江领事官佛礼赐得到消息,立即照会时任护江西九江道的蔡锦青,要求祁门县令史怪悠将滞押的英商宝顺洋行银货,限定时期返还,并说"倘有疏虞,决不甘休"。蔡锦青接到英领事馆照会,立即上报给当时统管两江地区通商事务的两江总督协办大学士曾国藩。接到蔡锦青的禀报,曾国藩除分别命皖南道员姚体备、祁门知县史怪悠彻查并报结果外,为缓和气氛,避免纷争,还答应英国人如果经查,余干臣等黟县茶商所输捐的银两是洋行英商所有,便将银两退还给英商。当时,太平天国江南战事激烈,曾国藩湘军军饷短缺,根本没管该银两到底是谁的,早就纳为军饷。最后,也没确定这些银两到底是英国洋商的,还是余干臣等黟商自己的,不但没有返还,而且还将黟县茶商余干臣等以假托洋商开设栈号,狡赖捐项之名顶罪。

此后,余干臣消失了十五年。有人猜测他是赴福建当官,又得罪小人而被罢官,或是因丁内艰未服丧守孝而罢官;也有人猜测他继续贩茶赚钱,或继续给宝顺洋行打工,以归还所欠英商万两白银。

光绪元年(1875),余干臣由闽粤开始北归,他一路走一路继续经营茶叶生意。在闽粤这么多年,他目睹了福建"闽红"在南方市场的畅销,尤其远销海外获利颇丰,遂在建德县(今安徽省东至县)尧渡街设立了红茶庄,参照"闽红"试制红茶并获得成功。第一批红茶制出,入口醇香,回味悠长。余干臣即派得力学徒把这批红茶送到福州公义堂。果然,他的红茶不仅被高价收购,而且也震撼了闽粤的红茶行家。光绪二年(1876),余干臣到祁门县历口设茶庄,他利用历口土质肥、山花多、茶质好等条件,不断改进制茶技术,所制红茶,具有一种苹果、兰花之香味,因而远销海外,被誉为"祁门香"。民国二十六年(1937)出版的《祁红复兴计划》载:"1876年(光绪二年),有自至德茶商余某(余干臣)来祁设分庄于历口,以高价诱园户制造红茶,翌年复设红茶庄于闪里。时复有同春荣茶栈来祁放汇,红茶风气因此渐开。"

胡元龙后裔胡益谦回忆:"清同治十年(1871),余干臣自福建被罢官归来,赁居在祁门县城三里街。余氏见祁门产茶,乃根据闽人经验,建议祁人改制红茶。但祁人由于久居山区,消息闭塞,思想保守,无人敢应议改制,独胡氏元龙敢付诸实施,乃接受余氏建议,在自办的培桂山茶场着手改制红茶。光绪元年(1875),专从江西修水请来茶师舒基立,学习宁红经验制成红茶。"从中可见,胡、余二人从认识到实践,均经历了曲折而艰难的过程,最后二人殊途同归,均为当之无愧的祁红奠基人。

19世纪,中国"祁红"茶叶外销英国人经营的东印度公司。英王查理二世的王妃凯瑟琳从该公司购买了221磅红茶,将饮茶作为最新的宫廷乐趣,带入查理二世宫廷。从此,英国上层人士、社会名流均仿效国王、王妃饮用红茶,饮茶之风遂逐渐在民间流行。尤其是年迈者,常把"祁红"加上牛奶、砂糖作为"午后茶"饮用,视为珍品,将其赞美为"群芳最"。有人还将"祁红"作为贡献王室的礼品。民国四年

(1915),"祁红"在巴拿马万国博览会上展出,荣获金质奖章和奖状。

光绪二十二年(1896),余干臣之子余伯陶,在屯溪长干塝开设"福和昌"茶号,他在钻研精制红茶技术的基础上,改进绿茶制作技术,在"珍眉"中提取"抽芯"进行精制,首创"抽芯珍眉"绿茶,远销上海,得到茶界好评。从此,"抽芯珍眉"成为"屯绿"中珍品。

祁红鼻祖胡元龙

胡元龙(1835—1924),原名昌期,字仰儒,号云谷,祁门南乡贵溪村人。出身于耕读世家,其父胡上祥开明通达,精于实业,在村中开有茶号、油榨等生意,亦农亦商,家境殷实。

胡元龙自幼读书,又喜习拳练武,文武双全。十多岁时就协助其父经营山场,历练得眼界开阔,见识出众,加之其为人热情,性格豪爽,处事任侠仗义,好扶危济困,在祁南一带乡里颇有名声。太平天国起事后,很快席卷大半个中国,清廷靠官军无力抵挡。咸丰三年(1853),朝廷鼓励各地民间组建武装,以抵抗太平军,徽州一带团练兴起。祁门南乡的团练组织叫作"一心局",其时胡元龙虽年仅19岁,但已是骨干成员,其后他在与太平军数次交战中冲锋陷阵,英勇无畏,立下战功而被以团防保举为把总,加六品顶戴。咸丰十年(1860)六月,湘军统帅曾国藩率部进驻祁门,为统一指挥而将各地团练武装裁撤,闻胡元龙年轻有为、号召力强,遂委其牵头负责在祁邑为湘军征收茶叶厘金,募集军款。胡元龙履职尽责,奔波发动,很快就征募到巨额军费,其本人也带头捐款甚多。为此受到曾国藩褒奖,特地上奏封胡元龙为诰授朝议大夫,赐赠中宪大夫,钦加同知衔,赏戴花翎,且荣封三代。后来,胡元龙在贵溪的新宅建成,遂名之为"大夫第",据说曾国藩为表祝贺还特赠其楹联一副:"祁山阊江俱有灵,其秀气必钟英哲;圣贤豪杰都无种,在儒生自识指归。"

虽说胡元龙只是受封赏而不是授实职,但也为其打开了步入官场的大门,飞黄腾达似乎指日可待。不料他为人耿直，看不惯官场上的尔虞我诈，根本就无意仕途，而是推崇实业救国，认为"书可读，官不可做"。才20岁出头之际，就做出了影响一生的重大抉择，他辞去把总一职，专心开山种茶，务农经商。为此，他特地撰联以铭心志："做一等人忠臣孝子，为两件事耕田读书。"

贵溪四周皆山，田地不足，村民收入短绌，胡元龙倡导村人垦荒种茶。村子周围的荒野山林本属祠堂公有，必须打破封禁，才能开垦。在其父胡上祥等人的支持下，他召集村中族众，订立祠会签下公约，提出不论谁家山场，只要荒弃三年以上，交完山租国税，就可以弯刀锄头为界，谁开谁得，谁种谁收，永为个人己业。咸丰后期，他带头筹资雇工在李村坞（亦称棚坞）垦荒千余亩，兴植茶树、油茶、杉、竹等，其中仅茶树就种了200多亩10万余棵，茶园遗址今犹尚存。他当年还在坞内建起房屋五间，在门前种有桂花树四株，取名为"培桂山房"，并亲撰门联曰："垦荒山千亩，遍植茶竹松杉而备国家之用；筑土屋五间，广藏诗书耒耜以供儿孙读耕。"几年后，茶叶便可采摘，油茶子也可收采。他便自建茶厂和油榨厂各一个，年产干茶50担左右，效益可观。

咸丰末至同治时，国际茶叶市场上红茶兴起，绿茶销售不旺。而那时的祁门只生产绿茶与安茶，当时绿茶销路不好，外销仅占出口量的10%左右。红茶畅销，市价高于绿茶。茶叶外销面临的严峻形势迫使祁门茶区做出改变、寻求出路，胆识过人的胡元龙就是先行探索者之一，为打开祁茶销路，他在父亲的大力支持下，于光绪元年（1875）专门请来江西宁州茶师舒基立，按照制作宁红的方法改制红茶成功，名满天下的祁红由此诞生。

民国四年（1915），政府农商部为奖励实业，促进经济发展，颁布《农商部奖章规则》，对创办经营各种实业，或其必需之辅助事业确有成效者，及办理实业行政之官吏成绩优异者，给予奖励。12月间，农商部在给袁世凯上的《安徽茶商胡元龙改制红茶成绩卓著请给予本部奖章折》中报告说："安徽改制红茶，权舆于祁、建，而祁、建有红茶，实肇始于胡元龙。胡元龙为祁门南乡贵溪人，于咸丰年间即在贵溪开辟荒山五千余亩，兴植茶树。光绪元、二年间，因绿茶销路不旺，特考察制造红茶之法，首先筹集资本六万元，建设日顺茶厂，改制红茶，亲往各乡教导园户，至今四十余年，孜孜不倦。"从中可知，胡元龙被当时官方认定为祁红创制人。

据说最先制出的那批红茶运到九江销售，并未引起注意。胡元龙并不灰心，他在贵溪村中开设"日顺"茶号继续试制，终于制出一批品质上乘的红茶，于光绪八年（1882）运销汉口，一炮打响，引起茶商争购。他由此信心倍增，扩大规模生产红茶，又开设"义顺"茶号,专门产销"胡义顺"牌祁门红茶。并利用自身影响四处推广,遂使祁门红茶生产渐成风气,成为国际市场上的茶中英豪、群芳最。进入民国后,胡元龙声望日隆,被推举为祁门茶商公会会董,为祁红的发展作出了不朽贡献,正因为如此,他被今人誉为"祁红鼻祖"。

此外,胡元龙还对祁门瓷土业发展贡献良多。同治四年(1865),他曾循矿脉在祁门东乡的庄岭发现瓷土矿,所出瓷土洁白、细腻,质硬性黏,特别耐烧。相传此时,景德镇御窑接受了为慈禧太后烧制御用瓷床的任务,因床器太大,试用了多处瓷土均未达到质量要求,后来采用了庄岭的瓷土才一举成功,祁门瓷土更加声誉鹊起。此后景德镇御窑就将这里定为御用专矿,不准一般民窑购用,故称作"太后坑"(民间亦作太和坑)。因当年从祁门运输瓷土往景德镇均走水路,御窑厂特意颁给胡元龙一面小黄旗,插在运输太后坑瓷土的船头,经过关卡不需查看,显示了作为御用专矿的特权荣耀。

胡元龙急公好义,热心公益,造福乡梓,事迹很多。清末新学兴起,但祁门地处山区,风气闭塞,无人出面倡导。胡元龙乃邀南乡仁人志士,于光绪三十一年(1905)在平里首创梅南高等小学堂,开祁门新式学堂之先河,对祁门教育影响深远。他为人正直敢言,不避权势,经常为村民排忧解难,化解纠纷,维护村族秩序。贵溪村大人多,族中人良莠不齐,有些村民吸食大烟或赌博,背信弃义乃至讹诈盗窃之事频发。胡元龙睹此心忧不已,为匡正乡俗,他毅然出面召集村民立约禁戒,并报准政府,勒石立于村中广场。又牵头与族中长辈商定公约数条,写于规牌,悬挂入祠,俾众周知,共同遵守。村民慑于法纲,不敢违背,烟赌之风,一时遏伏。

"黄山毛峰"创始人谢正安

谢正安(1838—1910),乳名闰年,字静和,歙县漕溪(今属安徽省黄山市徽州区富溪乡)人。18岁跟随岳父在江北一带做茶叶生意。清咸丰中叶,太平军与清军在徽州激战,谢家家业在战争中荡尽。逃难的双亲又遭瘟疫,亲房叔伯大半死亡。谢正安只好率家人到离家十数里的深山"充头源"租山垦荒,种粮兴茶度日。

太平天国战乱结束以后,商业复兴,"五口通商"后,上海逐步取代广州,成为我国茶叶外销的第一大口岸。上海外贸的兴起,在地理空间上为徽商的振兴提供了条件。过去徽商的茶叶出口须经广州输出,而徽州到广州行程千里,产品从屯溪运至广州,历时近两个月,而从徽州到上海,只不过几天工夫,减少了损耗,加速了资金周转,使徽州茶叶在市场上更有竞争力。徽州茶的销量不断攀升,有力地促进了徽州地区的茶叶生产。外销"洋庄"茶叶生意由低谷发展到高潮,茶叶外销生意红火。谢正安抓住时机,在漕溪重新挂秤收茶,每年在漕溪挂秤收购春茶,略经加工,肩挑至皖东运漕、柘皋设店销售。因亲叔谢光荪在靖江县(今江苏省靖江市)新沟司衙内任职,又将茶叶从长江水路运到靖江,再到上海闯市场。大做"京庄"茶(即外贸茶叶)经营。当时,上海市场茶庄林立,各庄普遍都有名茶、名品,普通茶竞争相当激烈。谢正安用敏锐的商业眼光看到了徽茶的不足,当时徽茶大宗是炒青"屯绿",销量一直居全国绿茶领先地位。但一些地方名茶如西湖龙井、庐山云雾、云南普洱等争相入市,并且上市早、外形美、香味清醇,为达官贵人所器重,为内外茶商所青睐,因而价格高、利润大。

谢正安认识到,在上海市场开茶庄既要有好招牌,更要有好品牌。他集商务实践和20多年种、制茶叶的经验,又受叔父多方谋划指点,决定自创品牌。光绪元年(1875),漕溪"谢裕大茶号"开张。"谢"为姓氏,"裕大"取"光前裕后"的"裕"字,"大展宏图"的"大"字,寓意光大门闾、光宗耀祖、造福子孙、光前裕后、大展宏图。当年清明至谷雨期间,谢正安带领两户家人,先在漕溪本村茶山采摘新鲜芽叶回家加工;然后前往碣石村,邀请当地谢大顺到碣石茶山采茶并回村加工;最后到双坑口村,邀请当地汪鹤龄到该村阴山有人常居山棚边的茶山,进行现采现制。终因三地属低山茶,产品质量不尽如人意。经过深思,谢正安觉得"高山出好茶"是前提。于是召集当时茶叶采制名人蒋观(新屋下村人)、蒋万龙(充头源村人)、谢大顺(碣石村人)、汪鹤龄(双坑口村人)共同到充头源蒋万龙家,在充分听取意见的基础上,选登麻袋头、金鸡坞、毛坪三处高山名园,采摘肥壮、多毫、嫩绿及微黄的芽叶回村,通过反复试验,精心操作,探索出"斗锅炒(杀青)、轻滚转(圆揉)、烘生胚(毛火)、盖上圆匾复老烘(足火)"的工艺流程,终于制成"白毫披身,牙尖似峰,色如象牙,香气馥郁"的优质新茶。其外形似雀舌均齐壮实,锋显毫露,色为象牙,鱼叶金黄。冲泡后,清香高长,汤色清澈,滋味鲜浓,醇厚、甘甜。叶底嫩黄,肥壮成朵。由于该茶"白毫披身,芽尖似峰",加上麻袋头、金鸡坞、毛坪三处高山名园都西朝黄山,谢正安遂给它取名为"黄山毛峰"。因数量极少,先运至上海新挂牌的"谢裕大茶庄"面市。英国茶商品尝后,连声称赞,从此"黄山毛峰"名扬上海。"黄山毛峰"品牌打响以后,谢正安又在休宁县屯溪镇(今安徽省黄山市屯溪区)和歙县琳村挂牌收购加工茶叶,并在上海和东北营口挂出谢裕大茶行招牌,对外对内从事茶叶交易。次年,除在漕溪设"谢裕大"总店,在屯溪设分店,还在皖北运漕新街设有"谢永馨茶叶店",在皖北柘皋北门设有"天成茶叶店"和"隆泰和"杂货纸糕店等。

谢裕大茶行门楼对联为"诚招天下客,誉满谢公楼",揭示茶行的经营理念。茶行外售茶叶,均经过严格手续,并印制"和"字记号信誉单,聘请上海著名律师,维护茶行声誉。同时,利用长期与英国怡和洋行的合作平台,向西欧售茶,并将经营品种扩大至屯绿等。谢裕大茶行以家族经营为载体,谢正安总管统筹大事,其四个儿子均以茶为业,长子在家乡收茶并加工;次子在屯溪主事谢裕大茶行,负责毛茶调入,精制屯绿;三子精通英语,常驻上海,从事外销;四子在歙县琳村主管茶事。营口、柘皋、运漕等地产业,由亲友承包经营,整个谢裕大茶行管理有条不紊,各得其所。茶行几十年奉行"积善存仁"和"谨身节用、持己良图"经营理念,到光绪后期,跻身徽州六大茶庄之列。于是在漕溪和屯溪等地大量购置田地房产，置下丰厚产业。致富后，谢正安捐了个四品候补官衔，诰封奉正大夫，成为"红顶商人"。

宣统二年(1910)，谢正安去世，四个儿子共继父业。当时由于印度、锡兰等国大面积引种茶叶成功，开始冲击中国茶叶在国际市场上的销售，茶务大受影响。谢裕大茶行的经营由盛转衰。随着时光流逝，谢正安的后代现在家乡恢复其曾祖创办的谢裕大茶行，并更新推出"漕溪牌"黄山毛峰，开始走向新的征程。

歙县出南门首富吴炽甫

吴炽甫(1847—1929),字世昌,歙县昌溪人。六世祖吴永平于清乾隆年间在北京创办吴德丰茶庄,捐费助建北京会馆,捐置义冢。高祖吴大章以孝著,四世同居,到了曾祖吴广厚,得以发扬光大,积累大量的财富,生有五子:吴锡樱、吴锡棋、吴锡彬、吴锡棓、吴锡梓,皆事业有成,分别在昌溪建成福安堂、德裕堂、明德堂、德望堂、金义堂、济德堂等大屋。

吴广厚及其子孙在北京经营茶业。次子吴锡棋生子吴亦炜。吴亦炜在张家口设吴德祥茶庄,在宣化设吴德裕茶庄,在北京西单设吴恒瑞、吴祥瑞茶庄等。当时王茂荫在京城任职,曾将三百两银子以定活两便、月利率八厘存在吴亦炜的德丰茶庄,作为下代读书储备资金。吴亦炜生六子:长子吴世昌字炽甫;次子早殇;三子吴世玺字传甫,继伯父为嗣,其曾孙吴焕章;四子吴世型字仁甫;五子吴世墅字行甫,无子,同族后人吴成洛来继;六子吴世垂字绅甫。同治九年(1870),吴亦炜过世,由在昌溪的妻子王善娣主持分家,除留四千两银子与一爿店用于自己生活和祭祀外,余者均分给四个儿子。

吴亦炜32岁才得子,对吴炽甫宠爱有加。吴炽甫年少从父经商,积累经验,其父回乡养老后,他在京经营店铺,以勤俭为宗旨。其后子孙凡经商者,皆以学徒起步,扛大包、熏制茶、站柜台,与普通学徒无两样。吴炽甫继承父业,拓展业务,逐步形成茶叶收购、加工、窨制、批发、销售一条龙。了解到关外人喜喝砖茶,于是大量经营砖茶,销往内蒙古各地,收益颇丰。在徽州歙县琳村设立吴介号、休宁县设立泰昌号茶厂,收购黄山毛峰、老竹大方、街源烘青、屯绿等名茶。琳村窨制花茶虽然质量上乘,但成本太高,遂将大部分花茶运往福州同德茶厂加工,然后运至天津、营口茶庄批发,以北京为内销茶基地。在北京设有西单北大街恒瑞号、祥瑞号,东四北大街星聚号,西四北大街源成号,菜市口大街德润号,地安门外肇祥号;张家口设有德祥号;宣化设有德裕号等茶号,经营范围遍及皖、浙、赣、苏、闽、鄂、冀、辽、京、津、宁诸省市。

吴炽甫茶号内吴肇祥号以经营茉莉花茶为主。茶庄每年在茶叶上市时,专门派人到南方收货,并在汉口、徽州、杭州和福建派人坐庄,收购并用茉莉花窨制茶叶。南方采运的茶叶成本低,质量高。吴肇祥茶号窨制花茶用伏天茉莉花,先用珠兰花打底,然后用茉莉花,这样加工的茶叶,泡后颜色淡黄清亮,味道浓。吴炽甫在经营中从来不卖陈货,以销订购,避免积压。每年新茶上市,茶庄就把旧茶换下,绿茶削价销售,花茶发往南方随新茶重新加工。清末户部文选司郎中巴鲁特崇彝《道咸以来朝野杂记》载:"北京饮茶最重香片,皆南茶之重加茉莉花熏制者。茶店首推西华门北拐角之景春号,宫中日用皆取之。景春茶色极纯洁,而香味不浓。以香味而论,当数齐化门北小街之富春茶庄,及鼓楼前之吴肇祥为上……景春、富春皆久已歇业,唯肇祥独存耳。"可见吴肇祥茶号所售花茶质好味香,属京中之最。

吴炽甫接手父亲的茶庄后,用账本记载了茶叶收购、加工、出售的情况。今黄山市档案馆通过民间征集进馆的吴炽甫账本从同治五年(1866)开始至民国十年(1921)共177册,分属于吴炽甫所开设的十几个茶业商号。通过这些账本,吴炽甫的商业运行情况一目了然。比如吴介号茶庄的收售情况,宣统三年(1911),元茶收购每斤大洋2角左右;民国元年(1912),元茶每斤出售价格大洋1元。宣统三年(1911),副元茶每斤出售价格4分左右;民国七年(1918),副元茶每斤出售价格4角8分左右。可见茶叶收购与出售的价格相差5~10倍。在那个劳动力低廉的时期,利润就特别丰厚。因此,吴炽甫在获得高红利之后,在各地开设茶号,并向其他的行业进行投资。如清末,吴炽甫在汉口投资10万银两经营福像里、太和里、松荫里三处房产,雇4人收租;同时开办牙刷厂、百货公司。民国初年,在扬州投资约120万银圆开办协和祥、利通号盐栈。20世纪20年代,吴炽甫的资产约200万银圆,人称歙县出南门首富。

吴炽甫慷慨仗义,热心家乡公益事业。曾捐资4万银圆重修昌溪泰昌石桥。在昌溪置田地100亩,以地租资助族内贫乏。每次回乡皆携带万金油、午时茶、化痰丸等药品,任村民取用,分文不取。又开办尚实小学校,推行新式教育。其孙女吴红艳即回昌溪就读,所取得"第一等第一名"成绩试卷现存休宁县状元博物馆。民国十五年(1926),吴炽甫最后一次回乡,本欲终老昌溪,后因故回北京,于民国十八年(1929)去世,殁后葬于北京福田公墓。育有六子:吴云镖、吴季麟、吴云俩、吴云钜、吴云辣、吴诚麟。其孙辈仅吴云镖长子吴成灏在京经营吴肇祥茶庄,经过公私合营,一直延续至今。

吴炽甫家族人才辈出,曾孙吴葆朴曾担任北京航空航天大学组织部部长、校纪委书记。吴葆桢为著名的妇产科专家林巧稚得意门生,1991年获卫生部科技专家称号及享受国务院政府特殊津贴;其夫人杜近芳为著名京剧演员,由周恩来总理做主婚人。曾孙女吴奇光毕业于北京大学医学院并留校任教,1993年享受国务院政府特殊津贴。吴瑾光在分子光谱稀土络合物、高分子复合材料、生物医学方面发表论文百余篇,获多项专利;其丈夫徐瑞夫为中国工程院院士、第十届全国人大代表。

王振忠主编《徽州民间珍稀文献集成》收录了鲍义来收藏的《清末民国歙县茶商吴炽甫家族往来通信》,这批信件共有数百封,大多为吴炽甫生前最后30年家族成员之间及与商家的往来信件,反映了吴炽甫因经营门类过多、战线太长,成员复杂、家族矛盾日益突出的状况。不仅是研究吴炽甫家族及其商业运作的重要文献资料,对具有共性的徽商家族研究同样有着重要的意义。

吴炽甫素有胆识,康有为、梁启超变法失败,"戊戌六君子"惨遭杀害,武林高手"大刀王五"因与维新派有关联,被朝廷追杀,潜入北京吴炽甫府内,被吴炽甫收留,教习三弟吴世玺、四弟吴世型武艺。吴世玺后来在京开办武馆,其子吴云钥与吴世型之子吴济川均练就一身好武艺。吴世型在京城经营老字号德丰茶庄,时值清末战乱,交通中断,与其子吴济川仗着武艺奔走各地,到歙县街口收购茶叶,运往福建窨花,复运到北京,销往各地。

沪上名典商余之芹

余之芹（1849—?），字鲁卿，黟县艾溪村人。出身于徽商世家，太平天国期间，其父余国谨担任渔亭镇公局董事，是黟县著名的绅商。15岁时随父到上海。先是在浦东邬家桥油车厂当学徒，后因嫌其从业环境太脏，辞去工作，前往上海京货布号当学徒。因做事勤快，店堂执事对他非常欣赏，但他平时并不喜欢与执事交谈。一次父亲从黟县来上海，住在京货布号，见此情形，便问缘故。他回答："只要勤做，何必周旋他？"为此受到父亲的训斥，责备其性格太过高傲，对他说："与人交易，善于周旋，则交易可冀成就。尔能周旋世人，一生吃着不尽，性傲则一世必苦。"父亲教导余之芹在外经商应善与他人周旋，这样方能在商界如鱼得水。

父亲余国谨与他人合股在上海新闸开一典铺，后回籍，嘱余之芹时常前往照应。25岁时，余之芹接手经理小南门外的万安典，升任经理。后来，在老闸地方新创万康典。经营中擅长于居间斡旋，处理各类难题。席子珊与黄春圃在上海合开"晋元典""源盛典"，但双方因合股意见不一，屡次委托其调停，黄春圃得"源盛"，席子珊得"晋元"。不久，"晋元""协来"二典亏空，典铺老板席子珊、庞御槎恳求余之芹为之整顿，并恳请代为兼管。余之芹负责经理之后，晋元、协来经营顺利，再也没有出过事故，而且都颇有获利。晋元典委托余之芹兼管时仅有资本三万串，后来增加到十七万串。余之芹还曾经受委托集股开设"仁大典"，因三位股东相继作古，其后人经济状况迥异于前，意见不一，其中一姓子弟破产，遂将典铺盘顶与另外二人，改牌"万昌",但仍委任余之芹作为经理。

典业经常办理放贷业务,一些店铺也经常将闲钱通过典当行放贷来赚取利息,一旦市面紧急,庄家必然上门取讨。如遇倒账,还需要用强硬手段。余之芹经理"仁大典",大股东是黄静园,他虽有运筹调度之权,但钱庄投用汇票,需要黄静园面谈接洽。黄静园倒账之时,庄家开始不来取讨,后来受黄静园的唆使,强来索取。大概黄静园知道余之芹同时经理其他三处典当行(黄静园没有股份),有银两存放。庄家伙计来讨债时,说余有银两存庄,必须划出付给他们。余之芹回答:"譬如我是两江总督,江苏公用,不能划安徽藩库之银。我将东家房产交与汝等,立据收去。"庄家伙计不肯,硬要现银,继则拍案,行将动武。"仁大典"的典司懂拳术,抓住庄家伙计的手,不准其动武,其他店员也前来制止。庄家伙计见此情形,只得跳柜而逃。后蒙钱业董事谢纶辉出面协调,才解决问题。

"晋泰典"的倒闭事件,也让余之芹颇感竭蹶困窘。当时,"晋泰典"因东家家道中落,以致倒账。典中货物尚值数万元,内有公款,而债户数十人吵闹不休。作为典董,余之芹只好出面处理,花费了一年多的时间,禀官出示招替并为保险。并邀集各债户在典业公所商议,但因筹得的资金远远不足,被各债户关在典业公所内。当时正是他七秩寿辰,子孙辈隔晚在家设宴为他祝寿,结果余之芹竟不能回家。后来才被朋友救出,并帮助他将欠债处理清楚,从而平息了讼端。

其中还有一段与胡雪岩的交涉往事。顾氏在南浔有"乾裕典",在塘栖有"春源典",各有资本三四十万,委托余之芹经理。因塘栖胡雪岩设一典,与"春源典"邻近;硖谷镇胡雪岩又设一典,亦与顾氏邻近。为了免除彼此之间的竞争,遂有各自垄断一镇的设想。当时,顾氏一方就是由余之芹作为代表前去交涉,只是功败垂成。

民国初期,是西方资本主义经营方式对中国传统经商模式进行激烈冲击的时期,对于近代新形势下的典业发展,余之芹有着相当清醒的认识。当时因国家自铸铜圆,其成本每枚四文几毫,其时的洋价每元八百数十文。他判断典业会因此而亏耗,恐有歇业之忧。其中,公泰典东家各处资本200万串,后竟亏耗60万串,以致"公泰典"收歇。于是,邀集同业会议,倡议改为洋码。当时典质70家,绝大部分因循守旧,答应改洋码的只有9家。看到这种情况,余之芹毅然对众人说:"议事规则以多数为议决,然此事有存亡关系,唯有各逃性命,我定要改洋码。"他所经理的四典资本70万串,改洋码后核计10余万串。相形之下,同业不改洋码者,全上海亏七八十万串,而其他县亏耗破家者则比比皆是。

余之芹

由于典业经验丰富,上海典业以及徽宁会馆都推举余之芹为董事。民国时期出版的《徽宁思恭堂征信录》所载的司总中,就有余之芹的名字。另外,他还曾襄办典质业学校,兼任徽宁养病寄宿所的总理。后来,典业又推举他为总商会典质业代表委员,继由总商会会员举为会董。清代,曾先后保举知县、三品衔花翎等。民国七年(1918)正月初七,与沪上闻人、商界翘楚朱葆三、余鲁卿、周维翘、谢纶辉、杨信之、陈润夫、周金箴、陈瑞海、干兰屏在大世界聚会餐叙。朱葆三曾任英商平和洋行买办,历任中国通商银行总董、浙江银行总经理、上海商务总会协理、宁波旅沪同乡会会长等,其他几位也都有相当的身份,由此可见余之芹当时在上海商界的地位。

余之芹寓居上海60年,凡遇公益、灾赈事等善事,孜孜不倦,不但力任其劳,而且勉助其费。至于为友朋排难解纷,提挈族亲孤寒无依者,更不可枚举。光绪三十四年(1908)五月二十五日的徽州水灾,波及境内五个县,当地士绅及流寓各地的徽州人迅即反应,抗洪救灾,事后刊有《徽属义赈征信录》,其中提到余之芹捐赠的棉衣17件、面粉362包、英洋1000元。宣统二年(1910),黟县绅商倡议创办粮仓,各地黟商纷纷捐款,其中列于上海首位的即为余之芹。除了日常的积贮防灾之外,一旦发生水旱灾害,他总是慷慨解囊。安徽同乡曾邀他兴办安徽旅沪学会,聘请同乡教员,设立旅沪学校。对桑梓的公益事业,更是不遗余力,不辞劳苦,仗义疏财。发起徽宁贫病寄宿所,贫苦同乡不幸染疾,医药乏资,赖其医治获全,难以缕指。其他如襄助红十字会、妇孺救济会、慈善团、会馆、医院,以及各慈善机构,能力助者,必勉力为之。民国元年(1912)9月29日中国红十字会第一次会员大会在上海工部局议事厅召开,余之芹被推举为红十字会常议员。

津门买办吴懋鼎

吴懋鼎(1850—1928),又名荫柏,字调卿。婺源县浙源乡花桥村(今属休宁县)人。因父吴宗禄在苏州经商,于清咸丰七年(1857)举家移居苏州。到苏州后,吴懋鼎读了几年私塾,遂进入"二妙堂墨庄"当学徒,学做生意。随着西方现代书写工具的输入,中国传统的书写工具笔、墨、纸、砚,逐步为钢笔、铅笔所替代,二妙堂墨庄的生意亦趋清淡,于是他父亲托熟人将其介绍到上海充当外轮跑舱。在此期间,吴懋鼎因经常同一些买办打交道,为此得以与上海汇丰银行买办席立功相识。

同治六年(1867),他通过席立功的推荐介绍,进入英商汇丰银行担任职员。由于工作勤恳、办事精细,加上头脑聪明,他自学了一口流畅的英语,故而颇受银行主持人的赏识,于同治十年(1871)升为上海汇丰银行副买办。光绪六年(1880),吴懋鼎受命前往天津,与汇丰银行代理人博维斯(F.D.Boris)共同筹设"汇丰银行天津分行",开始定居天津。在吴懋鼎的运作之下,次年天津汇丰银行开业,他出任第一任买办。其后,又兼任英商"仁记洋行"买办。

天津是清政府北洋通商大臣和直隶总督行辕所在地。吴懋鼎在任天津汇丰银行买办期间,因清政府财政窘迫,常向汇丰银行借款,他遂与直隶总督李鸿章攀上了安徽同乡关系,两人往来频繁、关系密切。李鸿章对这个擅长和洋人谈笑风生的小老乡颇为倚重,遇到重要的外交文件翻译,都派差官请吴懋鼎到直隶府帮忙翻译。李鸿章向汇丰银行借款兴办铁路和通过英商"谦顺洋行"替淮军购买军火时,也都以吴懋鼎为中间人；李鸿章还请他充任淮军银钱所总办，甚至把个人存款都交由汇丰银行保管。中法战争爆发后，法国侵略军封锁台湾，刘铭传部被困于台北，粮饷枪弹将绝，多次告急；李鸿章指派吴懋鼎向英商"怡和洋行"租用商船6艘，把军火粮饷运抵台湾，使形势转危为安。在李鸿章的保荐下，吴懋鼎捐得"直隶候补道"官衔；后来还经李鸿章的引荐，被召至北京觐见了慈禧太后。

光绪十三年（1887），李鸿章在天津、唐山间建造铁路时，指定天津汇丰银行为收款银行，吴懋鼎以候补道员出任总办。光绪二十年（1894），吴懋鼎又被清政府任命为北洋官铁路局总办，任职三年以"办事干练"称之。中国铁路事业的发展，急需培养大批铁路建设人才。光绪二十二年（1896），中国第一所铁路学堂——山海关北洋铁路官学堂（今西南交通大学前身）创立，吴懋鼎以北洋官铁路局总办的身份，兼任铁路学堂第一任总办（校长）；他受命后认真规划、积极筹办，不仅亲自制定建校《铁路学堂章程》20条，同时拟定招生简章《铁路学堂告白》，在《申报》《新闻报》刊登开始招生。其后，吴懋鼎又以出任河工赈务与电报差务，赏给三品京堂。

光绪二十四年（1898）六月十一日，光绪皇帝颁布《明定国是》诏，宣布变法维新。在康有为、梁启超、谭嗣同和杨锐等维新派首要分子的倡导下，维新派人士和一部分知识分子纷纷响应。吴懋鼎也在汇丰银行博维斯的支持下上书光绪帝，由李鸿章代奏陈条10项，建议在全国各大城市筹设商会、开办农业科学教育、成立农业中学堂、创建农学总会、创办农学专业报纸、建立植物院、引进国外农业机械、改良丝茶业等。在戊戌变法"百日维新"期间，他被清廷任命为京师农工商总局三督理之一，与端方、徐建寅平列。九月二十一日，慈禧太后发动宫廷政变，废除新法，重新临朝"训政"，随即捕杀了谭嗣同等"戊戌六君子"，康有为、梁启超遭通缉出逃日本。吴懋鼎也属通缉拿办之列，由于得到英国公使馆的保护躲在北京汇丰银行，事后又经李鸿章力保，这才免被缉拿。袁世凯出任直隶总督期间，吴懋鼎曾任天津商务局总办。

吴懋鼎是天津著名的买办资本家，与津门英商"怡和洋行"买办梁炎卿、"太古洋行"买办郑翼之、德商"泰来洋行"兼"华俄道胜银行"买办王铭槐合称为"天津四大买办"。作为天津民族工业的开拓者，吴懋鼎早在19世纪80年代中期，便开始兴办实业。他先后独资或与他人合资开办的厂矿（公司）有：光绪十三年（1887），伙同北洋武备学堂总办杨宗濂、盛军统领周盛波，集资白银一万八千两开办天津自来火公司，生产"老龙头"牌圆筒火柴；光绪十四年（1888），被在天津的英、美、德、法、丹麦商人推为发起人，共同投资开办天津汽灯公司；光绪十七年（1891），与司达赛（A.

D.Starsatt)等四名英、俄商人,合资白银四万五千两创设华北贸易公司,吴懋鼎任总办,司达赛为稽查;光绪二十三年(1897),独资以银三十五万两创办天津织布局(织绒厂),生产上等毛毯、呢绒及其他毛织品;光绪二十四年(1898),独资以银七十六万两创办天津北洋机器硝皮厂,包办清廷禁卫军及新军装备所需之产品;光绪二十五年(1899),与德商"兴隆洋行"合办天津打包公司;光绪三十一年(1905),独资创办天津电灯公司和自来水公司,聘英商"仁记洋行"经理任经理;光绪三十三年(1907),与英商麦边各出资本银五十万两合办宛平通兴煤矿公司,并出任董事长。此外,他还投资入股新记地产公司和中国投资公司,并为上海、香港等地一些英商公司的股东。

光绪三十一年(1905),在商界奋斗数十载的吴懋鼎,终于辞去汇丰银行天津分行和仁记洋行买办职务,养老于天津英租界达文波路寓所。同年十二月,清政府委任其为商部三等顾问官,赏给二品顶戴。他在晚年虽然仍与清政府官僚、北洋军阀政客密切往来,但不愿再出仕了。如在宣统元年(1909)和民国二年(1913),清廷和袁世凯曾拟派他任山西巡抚、财政总长,他均推辞未就。

民国十七年(1928)1月,吴懋鼎病逝于天津,终年79岁。死后遗有财产约五百万两白银。

太平猴魁创制者王魁成

王魁成(1861—1909),家中排行老二,人称"王老二"。太平县新明乡猴坑(今属安徽省黄山市黄山区)人。早年,猴坑没有村庄,只有一间山棚,陈家坞地主陈茂泉雇佣的长工常年住在这茅草搭盖的山棚里,为地主管理附近一带的茶山。清末,庐江县王、廖、韦、贾等姓居民为躲避战乱,相继迁居于此。当地也有三户叶姓居民,迁移到猴坑居住,形成了一个自然村,计有10多户人家50多口人,过着类似于刀耕火种的生活。王魁成这一户来得最早,清咸丰年间,王魁成的父亲为躲避太平天国战乱,从庐江县县长冲乡迁居猴坑,靠种茶维持生计。

猴坑属黄山余脉,峰峦逶迤,直逼云霄。三座高峰分别叫作凤凰尖、狮形尖、鸡公尖,终年雾气蒸腾,参天大树密布于深山大壑之中,遮风蔽日,阴气森森,常有猿猴出没。此山土质肥沃,系变质页岩风化后形成的乌沙土,有机成分高,透气、透水性能好。猴坑盛产茶叶,所产茶叶销往芜湖、南京、扬州等长江下游各埠。当时,细嫩尖茶产量很少,茶园开采后,大多是"一棵清""一次清"。成茶质量参差不齐,售价低廉,且常年滞销,茶农、茶商皆无利可图。

清末,太平县人在南京开设"江南春"号茶叶店,每年采茶季节在猴坑下面的三门滩村设收购点,请人从已经制好的成茶中挑拣出尖芽分别加工包装,称为"奎尖",运至南京高价销售,获利颇丰。身为茶农的王魁成从中受到了一些启发,心想,与其在烘干后的成茶中挑选,不如在采摘时就进行挑选,再进行精心制作,岂不更好？光绪二十六年（1900）春天，王魁成选择地处海拔700米的凤凰尖浮水宕茶园，试行分期采、分批制的做法，选其粗壮均匀的一芽二叶的枝头，经精细加工，成茶质量超群，色、香、味、形俱佳，受到茶庄赞赏，价格高于其他奎尖一倍，被称为"王老二奎尖"。此后几年里，王魁成继续用这种新方式采制奎尖，并使工艺流程进一步优化并定型，成品质量进一步得到提升。宣统元年（1909），王魁成病逝，茶业由长子王文志继承，沿用王魁成采制法加工"王老二奎尖"。

王魁成墓距猴坑不远，只隔一道山梁，坟墓朝东北方向，没有墓碑，王魁成夫妇和他的父母以及他的两个儿子、儿媳都葬于此处。土坟的周围茶树长得格外茂盛，树冠如伞盖，郁郁葱葱。王魁成生前就是用这一块茶园中采摘的茶叶第一次制作出名茶太平猴魁的，死后依然与这一园茶树做伴。

民国元年（1912），三门茶商刘敬之，购"王老二奎尖"数斤，取产地猴坑的"猴"字与"魁"字合成"太平猴魁"为名，送往南京南洋劝业会和农商部陈列，获得优奖。翌年，太平猴魁正式挂牌收购，价格倍增。民国四年（1915）太平猴魁被送往美国参加巴拿马万国赛会，获得头等金牌奖。翌年，在江苏省参赛，又获金牌和奖状，太平猴魁从此蜚声中外。

王魁成生有两个儿子，王文志和王文质，王文志无后代，王文质有两个儿子，次子王德水于1950年参加抗美援朝志愿军，抗美援朝战争结束后，王德水荣归故里，于1990年病故，归葬于黄山夫子峰下龙裔公墓。王德水有两个儿子，大儿子王念平在黄山区开设了两个茶庄，专门经营正宗的太平猴魁。以辈分算来，王念平系王魁成的曾孙，地地道道的猴魁的传人。

经过几代茶农的摸索，太平猴魁的采制逐步形成了一整套固定的传统工艺流程：采摘时按照"四拣八不要"的规则进行，炒制按照"杀青、头烘、二烘、拖老烘"等一系列流程进行，非经验丰富的老茶农不能胜其任。制成后的成茶颜色墨绿，枝头扁平、挺拔笔直，不卷不翘，质地厚重，撒在白铁皮桶盖上叮咚有声。冲泡后，两叶一芽徐缓张开，叶尖朝上，称"两刀一枪"；枝枝一样，呈鹅黄色，状若兰花，此又被称为"刀枪云集"。饮之，其味甘甜如琼浆玉液，其香气高雅，透人肺腑，沁人心脾，令人精神为之一振。

2003年，太平猴魁获得了国家原产地域产品保护标志。这就使太平猴魁走出了猴坑原产地的限制，走上了在黄山区（太平）范围内大面积种植加工的道路。太平猴魁的种植面积，已从核心产区向周边辐射到十几个乡镇几十个行政村。凡符合猴魁场地要求的区域农户，严格按照太平猴魁国家标准要求，精细加工制作。

2003年,太平猴魁的年产量达到12600千克,成为太平猴魁飞速发展的标志年。

2006年注册了"太平猴魁"地理标志,对太平猴魁茶叶的品质、产区进行了严格的划分,制定了管理的办法和章程,对太平猴魁的生产、制作、销售进行规范,以保护太平猴魁茶叶的优良品质,并积极参加世界地理标志大会、世博会等活动。地理标志的注册使太平猴魁茶产业取得了快速健康发展,当地的茶农不仅通过地理标志的注册获得了丰厚的收入,太平猴魁也因此扬名。

近代徽商巨子汪宽也

汪宽也(1866—1925),原名汪声洪,字子宽,休宁县城北人。出身于徽商世家,14岁便到上海祥泰布庄当学徒。祥泰布庄的店员和学员,三分之二来自浦东川沙、浦南松江,还有青浦和嘉定,他们用上海本地方言交谈时,汪宽也一句也听不懂,好在还有三分之一的店员,以及管事和账房都是徽州人,与这些徽州老乡交流倒是毫无障碍。

在祥泰布庄,徒弟要学的就是收布、验布和卖布的技艺。汪宽也的师傅严锦贤是布庄技艺最好的师傅。在他手下当学徒一年下来,汪宽也不但出色完成了师傅分配给他的杂活和力气活,而且初步掌握了布匹经营的技巧,在门市上能独当一面,收买布匹、看货听价、收集其他布庄的行情和种种商机信息。同时,汪宽也还弄清了布庄中"配布""看布""会计""中班""学生"这些不同的分工和职责。不久他便做了祥泰布庄的零布师傅(为看布师傅中的最低级别),每天都和络绎不绝的卖布乡民、布贩打交道。

就这样,入祥泰布庄仅仅四五年时间,汪宽也各方面业务水平得以提升,尤其是看布本领,不但得到师父严锦贤的认可,也得到了管事的赏识。六七年之后,他的经营能力和人品,不但得到管事、账房的认可,而且也得到老东家汪厚庄的由衷赞赏,老东家除了逐年给他增加薪水,到年底还给他一个红包。生活非常俭朴的汪宽也,除去吃饭穿衣和买点书、纸、笔墨的开销,剩余的钱全部让人捎回休宁补贴家用。

清光绪十九年(1893),汪宽也已在祥泰布庄度过十三个春秋。这十多年来,汪宽也凭借吃苦耐劳、恪尽职守的敬业精神,得到了管事胡永坤的信任和器重,胡永坤不仅让汪宽也重点把好看布关,而且将布庄经营的许多重要事务和与外面交涉的大笔业务委派给他。由此,汪宽也打心底感激和敬重胡管事。可是谁也没有想到,光绪二十三年(1897)春天,对一宗洋布生意的取舍,由于汪宽也坚持做生意的质量信用,拒收已被海水打湿过的渍水洋布,而与经理(即原管事)胡永坤发生争执。汪厚庄问清了事情缘由后,认定汪宽也拒收这批浸过海水的洋布是正确的,并郑重决定由汪宽也代替胡永坤,担任祥泰布庄的经理。这一年,汪宽也刚刚32岁。

汪宽也正式接任祥泰布庄经理后,祥泰布庄的生意就奇迹般兴旺起来,这年底,账房结算,一年经营所得利润就超过前一年的三倍有余。能有这样的好成绩,关键在于汪宽也走马上任后连续打了一套组合拳。首先是对上海地区土布生产和销售状况进行周详的调查研究,而后做出正确的分析和判断,再采取相应措施。通过调查研究,汪宽也更加清楚了土布生产和销售中的潜规则,而且让他重新对织布农民的命运产生了深切的同情。他决心要帮助织户改善土布机具和土布织造品质,而后随之提高土布收购价格,让织户感觉辛苦织布有所值,自愿千方百计织出更好的布,以提高土布的竞争力。汪宽也在上海郊区还试行了合同销布,织户和祥泰布庄签订产销合同之后,织户就可以放心织布。对于资金周转困难的织户,祥泰布庄还给他们提供低息借贷,使得织户信心倍增。

在汪宽也的奋力打造下,短短三年时间,祥泰布庄便成为上海滩赫赫有名的大布庄,吞吐量大,验布标准公平,价格合理,得到广大农村织户的拥戴。但汪宽也并不满足于现状,他需要创立打造一个过硬的民族品牌。而要做到这一点,除了土布的织造质量要继续提高外,土布印染质量也要同步提高。织户织造的大量优质白坯土布,还需要过硬的染坊给土布加色,才能创造属于自己的品牌。很快,他开设祥泰布庄自己的染坊,再经过无数次配料试验和无数次失败,终于在光绪三十年(1904)夏天,成功推出"祥泰毛蓝"布。"祥泰毛蓝"布色泽鲜艳,洗涤暴晒均不易褪色,穿着吸汗、凉爽、舒适,其质量大大超过了当时上海赫赫有名的信孚洋行190号"阴丹士林"布。光绪三十四年(1908),"祥泰毛蓝"和"祥泰牌"头巾、被单、青花蓝布等系列产品,不但在上海打出了招牌,而且以质优价廉畅销全国,最终走出国门,出口到东南亚和欧洲,可谓名播海内外。

宣统三年(1911)初,经全体会董成员认真酝酿和提名,并经投票表决,一致通过汪宽也继任上海布业公所总董。汪宽也出任上海布业公所总董之后,没有辜负同行的信任,他对上海土布业的经营与管理尽心竭力地进行规划和调整,不但任劳任怨地亲自处理诸多布业要事,即使是微不足道的小事,只要事关大家的利益,他都一样一样地亲自办理妥当。汪宽也脾气温和,找他办的事情再多再复杂,从来不嫌麻烦;找他办事的人身份和地位再低下,都照章热心办理,绝不看人行事。时间一长,各大布行的经理对这位新总董无不钦佩之至。

除了烦琐的日常事务,汪宽也还重点清理和整顿了布业牌谱,对上海布业界的诸多商标进行整治和修订,统一报部注册,为此他付出的精力良多。汪宽也干的另一件大事,也是他一生最突出的贡献,就是民国五年(1916)春夏之交,在上海县知事沈宝昌的大力支持下,上书国民政府农商部,据理力争为土布商和农民织户减免了不少苛捐杂税,并打掉自清末以来一直征收的"厘金"。与此同时,也为休宁故里公益事业做了许多事。民国三年(1914)休宁夹溪桥水毁工程重修缺银,他发动上海同乡共捐近2万银圆;民国七年(1918),休宁遭受百年未遇洪灾,他紧急采购西贡大米千担,运回休宁平价出售,以赈济灾民。还曾为建造城北观音阁、重修林塘桥捐资等,不一而足。

汪宽也

由于工作繁重,加之岁数逐年趋大,汪宽也不幸患了哮喘之疾,常常夜里无法入睡,身体状况急转直下,迫不得已,他决定离开上海回休宁故里休养。民国十二年(1923)腊月初九,汪宽也偕夫人孙雅秀及全家老小,经南京、芜湖,车船奔波五日后,终于回到故乡休宁。民国十四年(1925)1月16日晚10点,汪宽也溘然长逝。

茶医并进汪惕予

汪惕予（1869—1941），本名自新，行名志学，小字觚哉，号蜷翁。绩溪县余川村人，出生于上海。为著名徽商汪裕泰茶号创办人汪立政次子。少时随多位名塾师就读，打下了良好的国学基础。因厌弃科举仕途，15岁的汪惕予投师学习中医，师从上海奉贤著名中医夏景垣，历时四年医术卓然，19岁时便在上海英租界旺弄开设中医诊所，悬壶济世。光绪十五年（1889），汪惕予接受清廷委派，前往北方济赈水灾，因成绩显著被清廷赐赏顶戴花翎加四品衔，候补直隶州同知，汪惕予坚辞不就。

光绪二十一年（1895），父亲汪立政不幸病逝，汪自新继承父亲茶庄生意，光绪二十三年（1897）又在上海英租界的广西路开设诊所，聘请日本医士上原宇佐郎为西医助医，浙江余杭中医名家葛霈弟子为中医助医，开沪上中西医结合之先河。因治好时任两江总督端方的风疾，在医学界声名鹊起，不仅一般市民，就连政界、商界、文艺界的社会名流也找他看病。光绪二十五年（1899），21岁的汪惕予怀着"博通中外医学"之大志，赴日本筱崎医校学习西医，光绪二十九年（1903）学成回国。

为了传播和推广现代医学知识和技术，光绪三十年（1904），汪惕予个人出资2万银圆，在伍廷芳、端方、瑞澄等各界人士的支持下筹得4.4万银圆资金，在上海爱文义路之"观渡庐"洋楼，创办自新医科学校及附属医院。因聘用从外国医校毕业的学生及多名日籍护士，成医界一新气象。自新医科学校成立的第一年，招收了23名学生，收治各科病人6757人，得到各界一致好评。后医院迁移到泥城桥堍，又添置了当时最先进的医疗器械,就诊者日益增多,疗效也十分显著,因此声名鹊起。光绪三十四年(1908),自新医科学校添设了医学补习夜科,以便中西医士业余进修。远近来学习进修的有180多人。每期六个月,连续举办了三届,参加学习的共有935人,后因医院业务繁忙,不得已于宣统元年(1909)七月停办。之后,汪惕予投资兴办名为"亚东制药会社"的制药公司。

宣统元年(1909)在上海创办中国女子看护学校,招收青年女子学习最新护理知识,培养妇产科医学人才,是国内首创的护理学校。民国二年(1913)1月,又在上海创办中华女子产科学校,招收各省有中学文化程度的女子,学习最新助产学。同时又在上海开办学制四年的协爱医科专门学校,各省"赤十字社"的护士多是该校的毕业生。

为了更快地把新医学知识传播到全国各地,光绪三十四年(1908)6月汪惕予耗巨资出版发行医刊、医书和教科书,出版了《医学世界》杂志。宣统三年(1911)汪惕予为发行医著医报及医学译著,又创办医学世界社,据不完全统计,先后翻译编著发行各种医书(含教科书)17种,包括他自己的译著《动物催眠术》《白喉血清疗法》等。

武昌起义后,汪惕予在上海组织了中国赤十字社,并率先捐出5000银圆,社会各界纷起响应,继又捐出15000银圆,在南京、苏州、镇江及长沙、武汉等处设立分社,置办器械药物,招募有志青年200余人,普及各种救护伤兵的方法和战场的卫生常识,又在前方设看护学校,抽派护士前往战场从事救护,到战事结束时总计救治伤病员5000多人。

由于汪惕予在医疗和医学教育及慈善领域做出的杰出成就,民国二年(1913)4月被选为全国医界联合会会长,全国慈善改进会副会长。

汪惕予接管汪裕泰茶号店务,但此时他正在学习中医,就把茶庄委托给有经营管理才能的同乡打理,着力组建一支术有专攻、深谙经营管理和擅长茶叶采购制作营销的专业队伍,为此不惜重金聘用顶尖人才。生意也做得风生水起。宣统元年(1909)后相继在福州路增设汪裕泰第三号茶庄,在南京路增设汪裕泰第四号茶庄。后又于福煦路开设了汪裕泰的第五号茶庄,内设总茶栈,并以高薪聘请曾供职于海关、深谙经营管理、具有内外销经理能力的宁波人方镇和为总经理,另招聘了一批学有专长、懂管理、通财务、有制茶能力的人组成一套制、管、销、财俱全的班子经营总栈业务。

他亦医亦商,精心经营,与时俱进,不断开拓市场,开发新品种,改进包装,为茶叶注册了"金叶"商标,这些经营策略,使汪裕泰茶号在众多茶商中脱颖而出,从父亲汪立政逝世至宣统元年(1909)前这十四年间,汪惕予一直是在医茶领域跨界经营,汪裕泰茶号最兴旺时代是宣统三年(1911)至民国二十八年(1939),共有茶庄8处,茶厂3处,另在奉贤、苏州、无锡等地开设分店4家。国外则在日本、美国、摩洛哥及东南亚国家设有代理处。茶叶业务已居上海之首,被茶界誉为"茶叶大王"。

汪惕予和所有徽商一样,情系乡梓,对家乡的教育、公益事业十分热心。为了改善家乡的教育状况,于民国五年(1916)捐资1000银圆作为余川燃藜小学的筹办经费,并允诺以后十年内,每年再捐助500~1000银圆,凡本村内儿童入学,免收学费。汪惕予还为余川村口古老的"环秀桥"的修建捐献了巨资。

汪惕予50岁后,一心寄意山水,归于平淡,医校、茶庄分别交予长子汪振时、次子汪振寰管理。汪惕予斥巨资在西湖畔兴建"汪庄别墅",于民国十六年(1927)建成。别墅内设茶叶门市部,营销各种名茶,并设"品茗斋"供客商品茶,设"众仙楼"作为与政、文、商界名士聚首交谊之场所。还在"汪庄别墅"外的竹斋街开设了汪裕泰茶栈,经营茶叶的购销业务。民国二十六年(1937)7月抗日战争爆发,12月杭州沦陷,汪惕予回到上海,从此闭门谢客,终日郁郁寡欢,于民国三十年(1941)1月去世,走完了他传奇的一生,给后人留下了无尽的遐想。

著名茶商吴荣寿

吴荣寿(1873—1934),字永柏,号俊德,歙县岔口乡人,近现代著名茶商。童年时代随同父亲来到屯溪,学习茶叶经营,以精通制茶工艺和善于鉴别毛茶著称。

吴荣寿11岁进茶号,先在屯溪阳湖一户广东人开的茶号帮佣,从为师傅送茶、运茶学起,他刻苦钻研,很快就精通了毛茶的鉴别和各道操作工艺。吴荣寿因东家回粤,将号屋、生财半卖半送给自己,才开始经营茶叶,但是刚开始规模很小。当时习俗,茶号招牌由茶行缮送,如茶号大门两边贴上"进昌茶号,大来茶行",就表示进昌茶叶精制的茶叶由大来茶行联系出售。可吴荣寿的茶号由于规模太小,无人赠送招牌,直到后来得到致祥钱庄程贡兰的支持,才开始真正经营起自己的茶号。

清中叶以后,徽州及毗邻地区出产的炒青绿茶大多集中在屯溪精制外销,于是被命名为"屯绿"。当时屯溪每到茶季,茶行、茶号林立,故有"未见屯溪面,十里闻茶香。踏进茶号门,神怡忘故乡"的民谣广为传播。"屯绿"以叶绿、汤清、香醇、味厚构成"四绝"。"屯绿"加工工序非常精细,并且全靠手工操作。毛茶要经过蛤炒、风扇、分筛、簸选、拣剔等工序,才能做成"屯绿"的各花色品种。操作工的经验水平对屯绿的出茶率和质量具有非常重要的影响。

光绪二十七年(1901),吴荣寿父亲病故,之后他便大胆拓展业务,在屯溪阳湖外边溪开办吴怡和茶号,专门制作外销高档茶。他非常重视技术和工艺改进,重金聘请婺源制茶高手汪汉梁为洋庄总管,将婺、歙两地"屯绿"制作工艺技术结合起来,形成了自己的优势,所制成的色香味焕然一新的"抽芯珍眉"和"特贡"等茶,在上海一举夺得绿茶评比魁首。

吴荣寿还向雇佣的工人亲自传授操作技术,并形成了一些约定俗成的做法,如父母使用的茶锅、拣板,可以传给其子女使用,称为子孙锅、子孙板,既保证了工人工作稳定无忧,又体现了商家延续有继。有《茶庄竹枝词》这样评道:"争明论暗肆咆哮,坐了编成莫混淆。还是旧年原板好,学他燕子各归巢。"

由于吴荣寿经营茶叶注重质量,又讲求信誉,生意越做越大,洋庄越开越多,先后在屯溪阳湖开设了吴怡春、吴永源、华胜、公胜等18家洋庄茶号;每年雇佣工人有1000余人;每年加工销售"屯绿"二三万箱,占"屯绿"总产量的三分之一以上。巨大的规模使他成为徽州外销茶商中的巨擘,吴荣寿被理所当然地推举为休宁县商会首任会长。

当时厂家为了使"屯绿"茶色均匀有光泽,普遍使用蓝靛、滑石粉和蜡脂等色料来调配。用这些色料来调配茶叶,不但有害人体健康,而且压抑了茶叶的天然色香味,是极不可取的。然而一些商家利令智昏,依然故我。吴荣寿带头减少或不使用色料,为最终革除使用附加色料这一陋习作出了积极贡献。

民国十年(1921),徽州六邑茶商组织成立徽州茶务总会,制定了《徽州茶务总会章程》,以维持茶务、力图发展为宗旨。对于苛派勒索茶商、损害茶商利益的一切事件,有起诉争拒之权利;对于关乎茶务总会宗旨之事件,有负责维持、整顿、推广、发扬之义务。公推吴荣寿为首任总理,连任达30年,由此可见他在徽州茶叶界举足轻重的地位。吴荣寿既做箱茶("屯绿"各花色品种外包装皆用木箱,故称)运销,又做箱茶经纪。洋庄加工的箱茶要销售给茶行或经茶行中介,转售给上海茶栈,最后由茶栈与外商达成交易。茶行、茶栈都是中间商或中介商。茶行既代洋庄联系售茶,又代茶栈向洋庄发放茶银。茶行为了招揽生意,要巴结茶商才能做成交易,收取佣金。有《茶庄竹枝词》云:"茶行事事瞎张罗,巴结茶商获利多。闻有几家新客到,一时都想吃天鹅。"

茶叶贸易受世界形势影响巨大。第一次世界大战期间,国际商贸受到战争影响,洋庄茶商大多裹足不前,茶叶无人收购,茶农在此情况下不得不伐茶种粮。由于吴荣寿在茶界有很高的声望,茶农纷纷把茶叶送到吴荣寿的洋庄赊账。民国八年(1919)春,吴荣寿又赊购了一大批茶叶。同年秋天国际海运转畅,国外茶商纷纷来华运销茶叶占领几近告罄的茶叶市场。"屯绿"外销价格大幅攀升,特珍、抽芯珍眉售价达到每担313银圆。因此,吴荣寿当年获纯利10余万银圆。民国十七年

(1928),吴荣寿收购加工"屯绿"2万余担,自春至冬赶制。由于洋行操纵市场,百般压低茶价,吴荣寿不幸遭遇了茶叶市场价格暴跌的局面,造成当年10余万银圆的惨重损失。民国十九年(1930),屯溪遭受朱老五火烧之灾,吴荣寿不仅街市上数十幢店屋被付之一炬,且阳湖住宅也遭焚毁,损失惨重。此后由于第二次世界大战爆发,国际茶叶贸易形势急转直下。吴荣寿在遭遇接连打击后,最终已经无力挽回局面,从此一蹶不振。

作为一代著名茶商的吴荣寿,一生热心公益事业,乐善好施,对助赈、助学、建桥修路等善举,均慷慨争先。清宣统二年(1910),为首创办徽州乙种农业学堂,施教茶叶、蚕桑等农艺,是徽州职业教育先行者之一。民国四年(1915),歙南大旱,吴荣寿施捐5000银圆买米到灾区平粜。曾独力造石桥四座,修筑休宁和歙县昌溪石板路两条,并修建吴氏宗祠、支祠多处。曾与洪朗霄、孙烈五等组织屯溪公济局,施医、施药、施棺、育婴等。曾组织屯溪救火会,独资购置水龙用于灭火。创办崇文学堂,亲任校长,劝募常年经费。弥留之际,捐地十亩作为屯溪公园建设用地。种种善举,为后人津津乐道,树立起在人们心中的功德碑。

颜料大王周宗良

周宗良(1876—1957),官名亮,谱名忠良,字良卿,号宗良,以号行世,祖籍歙县昌溪乡周邦头村,属支祠敦伦堂,八世祖周嗣昺经商宁波,于清初迁居其地。生父周德范,过继族叔周德镕为子。

据卢书锟《颜料买办周宗良》记载,周宗良幼年就读于宁波基督教会所办的斐迪中学,毕业后进入宁波海关担任译员,并借此锻炼了英语口语,为周宗良以后当买办打下了基础。

数年后,周宗良转入德商爱礼司洋行在宁波的经销行美益颜料号工作。当时在中国经营染业的德商洋行有禅臣、元亨、谦信等十多家,竞争异常激烈。有一年,谦信洋行轧罗门、上海瑞泰颜料号杨叔英到宁波来考察,由周宗良担任译员。周宗良殷勤接待,引起了轧罗门的好感,成为日后周宗良进入德孚担任买办的契机。不久,周宗良与人合资开设通和纱厂及独资开设谦益顺号,皆因资金不足而告终。

清光绪三十一年(1905),周宗良来到上海发展,经杨叔英介绍,在轧罗门所在的谦信洋行买办姜炳生处担任跑楼。为了开展业务,周宗良在全国各地奔走,利用各种方法与当地颜料号的经理、染厂负责人及棉布号老板等联络感情,并进行各方面的了解,以赊账优待、提高销货回扣、适当降低售价等方式,与其他洋行进行竞争。周宗良联络的客户越来越多,业务大幅度地增长,大班轧罗门对周宗良的才能越发赏识,宣统二年(1910),周宗良代替姜炳生出任谦信洋行的买办。

民国三年(1914),第一次世界大战爆发,在中国的外商纷纷回国,轧罗门也急于离开上海。谦信洋行在当时已是中国最大的德商洋行,有着很多不动产及大量的库存染料。轧罗门担心产业因战争而蒙受损失,遂将谦信洋行不动产的户名改由周宗良出面,隐匿保管,所有的库存染料折价赊归周宗良所有。第一次世界大战期间,德国染料来源断绝,价格猛涨,周宗良因此获利颇巨,一跃成为上海豪富。第一次世界大战结束后,周宗良将代管的房地产重新交还复业的谦信洋行新任经理魏白兰,同时将原染料款如数付清。德商轧罗门对周宗良极为感激,特地嘱咐魏白兰对周宗良要特别器重,因此,战后周宗良在谦信洋行续任买办时,地位格外突出。

民国九年(1920)前后,周宗良入股谦信靛油公司,谦信靛油公司后改组为谦和靛油号。公司资本总额为140万银圆,分20股,其中瑞康号占11股,贝润生占2股,周宗良占6股半,张兰坪占半股,由颜料业巨子贝润生任经理,周宗良任副经理,实际业务多由周宗良负责。

周宗良将原设在交通路的谦和号总号迁至谦信洋行内,同时在全国增设三级销售机构,除在上海、济南、天津、西安、汉口、长沙、宁波等17个大城市设立分号外,又在每个分号下面设立3~6个支号,如济南分号下设烟台、青岛、潍县(今山东省潍坊市)3个支号。在支号下再设经销店或代销店,组成一个遍布全国的销售网络。

第一次世界大战前,中国染料市场基本由德商垄断。战后,德国染料工业一时未能完全恢复,英、美、法、瑞士、日本等国染料乘虚打入我国,打破了战前德国染料一统我国市场的局面。民国十三年(1924),德国一些主要染料化工厂为了再度控制我国市场,联合组织了一个托拉斯集团——大德染料公司(IG-Farben,或称为法本化学工业公司),统一管理各厂的销售业务。与此同时,在上海成立德孚洋行作为中国独家经理行,谦信、爱礼司、禅臣、礼和、拜耳、广丰等所有在沪德商洋行的染料业务,统归德孚集中经营。由魏白兰担任德孚洋行大班,周宗良则继续主持谦信染料销售业务。魏白兰还委托周宗良掌管德孚洋行的3个染料栈房,负责洋行的收付开支与关税结付等,周宗良实际上就是德孚洋行的总买办。

周宗良担任了德孚洋行总买办,先后在武汉、长沙、济南、青岛、天津、重庆等大城市遍设德孚分行。后又与其他几家经销号合作,另组同孚、鼎和、吉时3家颜料号,分别独家包销法商永兴、瑞士商汽巴、美商吉时洋行的染料。借此使德国染料年销量占到进口染料总数的60%以上,基本上控制了我国染料市场。同时,周宗良也积累了巨额财富,购置了不少德孚股票,成为该行董事,为颜料买办中的显赫人物。

民国十九年(1930),周宗良独资设立了周宗记颜料号,随之各地的谦和号也都挂出周宗记分号的牌子。周宗记开设后,德孚洋行就把这类贸易用现货现款方式售给周宗记,再由周宗记加上一定利润转赊给厂商,这样就解决了现货赊销与不了解信用的矛盾。而周宗良则既为德孚洋行拉拢了客户,又为自己开辟了一条生财之道。以后,周宗良还利用周宗记的销售网点,兼营谦信洋行的汽油灯、谦信机器公司的机械设备和拜耳药厂的药品等。

第二次世界大战期间,由于海运中断,来自德国的染料又成了紧俏商品,留存在上海货栈里的颜料价格飞涨。周宗良抓住此天赐良机,又大获利润。抗日战争期间,由于德国与日本的联盟关系,日本人保护德国人的产业。周宗良不仅没有受到损失,反而添置了很多房产,如福建中路的聚源坊,天津路的泰记弄,金陵东路的德顺里,安亭路、高安路等多处房子。

民国十二年(1923),周宗良入股浙江实业银行,并担任该行董事,后来又任中国垦业银行董事。民国十六年(1927),周宗良通过同乡李铭结识了宋子文,当上了中央银行理事、政府公债基金保管委员会委员。民国二十年(1931),周宗良参与将官办杭州电气局改组为杭州电气公司,投入股金50万元,成为该公司主要股东之一。周宗良独资经营的工商企业,除周宗记外,又投资汉口既济水电公司、宗泰进出口行、镇东机器厂、信余汽灯号、如生罐头食品厂、宁波恒孚钱庄、中兴轮船公司、康元制罐厂、公和纺织厂、振丰毛巾厂等。

民国三十四年(1945)第二次世界大战结束,德孚洋行歇业清理,周宗良脱离了该行。周宗良担任德商洋行买办达35年,积累了巨额资财。抗日战争时期,其资财已逾400万美金(约合当时法币1000万元)。

周宗良除了投资金融、工商业,还在上海从事不少公益事业。除了为德国人开办的宝隆医院捐款外,在抗日战争前还曾与同济大学商定,出资100万元建造宗良医院,但因"八一三"事变爆发,该计划未曾实现。抗日战争初期,他以"世界红十字会中华东南各会联合总办事处总监理"的名义组织救护队,收容、救治伤员。世界红十字会中华东南各会联合总办事处还与上海其他慈善团体一起组织了上海国际救济会,为战时上海难民救济工作作出了贡献。

民国三十七年(1948)6月,周宗良从广州转道香港,在香港继续经营染料、杂货业务,因年事已高,业务范围大大收缩。1957年病故于香港。

近代革命家、实业家康达

康达(1877—1946),原名特璋,小名启坤,祁门县芦溪乡礼屋村人。其父康松筠曾任江西乐安知县,清廉自守,40多岁即弃官归田,不幸早逝。康达家境贫寒,自幼聪敏,在叔祖父的资助抚养下,7岁入学读书。清光绪十五年(1889),到祁门县城应童子试,即中秀才,时年仅13岁,堪称"神童"。光绪十九年(1893),在家乡完婚后,来到省城安庆进入安徽大书院深造,其间深受维新变法思想影响。光绪二十一年(1895),得知清政府与日本签订《马关条约》,康达义愤填膺,在回到礼屋村中与族人交谈时,言辞激烈,触犯族规,族老扬言要将其依族规处死,康达连夜逃离家门。

光绪二十二年(1896),康达进入北京通艺学堂学习。次年就获拨贡第一名,因潜心新学而得到光绪皇帝赏识,被破格任命为内阁中书,参与"戊戌变法",成为当时致力于推行新政的重要一员。变法失败后,因参与其事,被贬到江西景德镇御窑监制御瓷,由此走向实业救国道路。光绪二十九年(1903),为筹备美国圣路易博览会事宜,康达与在京皖籍官员发起成立茶磁赛会公司,积极组织祁门红茶及景德镇陶瓷赴展,其间他在给朝廷的奏折中对当时中国茶业衰退情况进行了深入剖析,提出了一系列改良措施,后来被辑成《红茶制法说略》,是清末较早提出的祁红改良方案之一。光绪三十年(1904),在其盟兄许世英的襄助下,东渡日本,攻读工业、经济兼军事。次年在东京结识孙中山先生,加入同盟会,从事民主革命活动,后被日本政府驱逐回国。

光绪三十三年(1907),康达到上海协助于右任创办《神州日报》馆,利用报纸抨击清政府,宣传革命思想。次年,为中国举办的第一次世界博览会"南洋劝业会"征集展品,应邀担任江西展馆瓷业负责人。宣统元年(1909),在景德镇以前朝内阁中书的名义呈奏朝廷,获准成立景德镇总商会,并被推举担任第一任会长。次年在景德镇主持创办了江西省瓷业公司,在体制上率先实行股份制,采取官商合办的模式,改变了由官方垄断生产、销售专供皇家的官窑制瓷格局,开启了中国陶瓷生产企业化时代。在康达的倡导下,公司引进先进工业技术,用机器制坯,用煤烧制瓷器,开辟了中国瓷业发展的新纪元。同年,他在鄱阳县高门设立分厂,名为饶州瓷厂,其后又与张浩等人共同集资在该厂内创办了中国历史上第一所陶瓷业学堂,培养出一大批新型的陶瓷业人才,继而大力推广机器制瓷技术。康达为景德镇陶瓷业改良并走向近代化作出了关键性的贡献,有人誉之为"近代瓷业之父"。

辛亥革命爆发,康达闻讯热血沸腾,立即赶赴九江,随林森、吴铁成光复九江,被任命为饶州知府兼节制赣北各属巡防事宜,投入革命第一线。次年,康达作为南方革命军代表团成员,参与在上海举行的"南北议和"谈判。此后又参加孙中山领导的"讨袁战争",在黄兴幕下任职。由于战事紧张,过度疲劳,原有的青光眼疾复发,经医治无效而双目近乎失明,只好从革命前线退了下来,返回景德镇。

民国五年(1916),许世英任交通总长时,委任康达为交通顾问。民国八年(1919),甘肃省省长张广建委任其为甘肃省政治咨议。同年9月又被委任为国务院咨议,12月又委任其为安徽省省长名誉顾问。这些闲职康达很少到任甚至未到职任事。民国十一年(1922),康达回到故乡定居。

康达性格开朗,平易近人,一生生活俭朴,身穿土布长衫,长年吃素。体恤民生疾苦,造福乡梓,对地方公益事业十分热心,从不吝啬,捐输甚多。早在光绪三十一年(1905),就与胡元龙、王璋等祁门人积极筹办新学,主动捐出自家的合同康茶号以作校舍,在南乡平里创办了祁门县第一所新式小学"南乡乡立高等小学堂"(即今梅南小学),民国七年(1918)该校不幸毁于火灾,又复让出地皮新建,并以此获安徽省政府银质奖章。民国十一年(1922),康达带头集资,在景德镇筹建恢宏壮观的龙珠阁。归居礼屋后,康达先后投资2万多银圆,在礼屋、倒湖和毗邻江西浮梁县的程家山一带开荒山万余亩,植树造林,遍植杉、松、栗、柿、桃、油茶、棕榈等树种,家里常年雇工十余人营林、育林、护林。

康达毕生追求进步,民国二十三年(1934),因事去九江期间,红军北上抗日先遣队途经礼屋。回家后,他听人说红军在礼屋秋毫不犯,待人和气,是工农子弟兵的队伍。因而在家中秘密阅读共产党关于土地革命的文件与书刊,思想上开始倾向共产党。抗日战争期间,他支持次子康定东在景德镇与地下党负责人章秀之往来联系。他曾经对雇工们说:"你们安心做事,这些树木都是你们的,我现在只不过出钱而已。"还说:"孙中山先生主张'平均地权,耕者有其田',但他没有做到。共产党来了就好了,山场、田地都是民众的。"

民国三十五年(1946)三月,康达七十寿辰,曾自撰对联曰:"革命精神,维新头脑;英雄肝胆,菩萨心肠。"总结了他一生的不凡经历。五月,他身患疾病,在家医治不见好转,遂前往景德镇就医,七月底医治无效而与世长辞。在景德镇出殡那天,当地各界两千多人护送灵柩,沿途市民摆设香案,以示深切悼念。十月,其子康定东将灵柩运回故乡,安葬于祁门县礼屋村倒湖下雪坑。

照相器材大王詹福熙

詹福熙(1887—1978),婺源县段莘乡庆源村人,寓居上海、杭州。父亲为上海崇明南货店老板,詹福熙出生当年,父亲暴病身亡,店铺被吞并,一些稀里糊涂的债务也纷纷找上门,从此家道中落。12岁,被母亲送往上海学做生意。

初到上海,詹福熙是在山西路一家婺源人开的生丝店当学徒。那年头在上海当学徒,除了照看店里生意,要跟老板跑码头,还要为老板家抱孩子、做煤球、生煤炉、涮便桶,负责店内洒扫掸抹,承担如搓纸煤、洗水烟壶、泡茶等一应家务杂事。一心学生意的詹福熙吃苦耐劳,好学上进,几年下来,店里的生意精熟,待人接物老到,还为老板照管账房事务。

詹福熙后来又去做西药生意的"五洲药房",老板叫项松茂。詹福熙为人厚道,业务能力强,很快就升为大掌柜,月薪二十五块大洋。两年后,项松茂把詹福熙调到身边,协助他打理总店业务。照理说待遇应有提高,但到领薪时,他的工资只有六块大洋。但詹福熙不声张,不牢骚,照旧勤恳工作,对客户和同事都笑脸相迎。

年末,项松茂单独叫去詹福熙,问:"大半年了,我减了你的薪水,你怎么一声不吭?"詹福熙答道:"我在这里学到了很多东西,这也是工资啊!"项松茂拍拍这个小伙子的肩膀笑道:"小子不错,经得起考验。"并当场给詹福熙提薪,还送他八千股五洲药房股票,以示鼓励。牛眼识草,凤眼识宝,没几年工夫,项松茂又提拔詹福熙为分店经理,让其掌管上海延安中路的五洲分店。以前的药店可以经营别的货品,詹福熙管的五洲分店还顺便卖胶卷、相纸、显影药水等照相器材。

兼售照相器材时,他结识了供应商千代洋行老板,一个叫下里弥吉的日本人。由于千代洋行照相器材铺的生意、规模都一般,且又账目不清,下里弥吉想更换买办,只是苦于一时没有合适人选,拜托詹福熙帮忙物色。半个月后没回音,他催过,两个月过去,还是没响动,他又来催。詹福熙觉得对方很诚恳,就在这次两人用餐时,借着酒兴说:"你这么急,我就毛遂自荐得了!"

就这样,詹福熙辞去五洲药房经理这个月入上百大洋高薪的肥差,进入了照相器材行,为日后成为"照相器材大王"埋下了伏笔。照相器材是新兴行业,"未来市场"空间大,加上詹福熙的能力和人缘,才半年工夫,千代洋行的照相器材营业额节节攀升,下里弥吉很是满意。本来可以一直合作下去,但不久"九一八"事变爆发,抗日战争开始,詹福熙要离开千代洋行。下里弥吉竭力挽留,说国事是国事,朋友是朋友,生意照样可以做。詹福熙说:"事情没有这么简单,我是个商人,但也是个中国人,现在这局势,请原谅我真的不便再跟你共事了。"

离开千代洋行,詹福熙在南京东路山东路口开了"华昌照相材料行",寄寓中华民族昌盛之意。在20世纪30年代,国内经营照相材料的商家很少,因此业务发展迅猛,相继在成都、重庆、金华、宁波、长沙等大中城市设立分店,几乎垄断了全国照相器材行业。但此时的詹福熙,宁可少赚点、麻烦点,都进美国柯达、英国伊尔福、德国爱克发的材料而拒绝日货。抗日战争后期,太平洋战争爆发,在上海的欧美商业大佬都被关进日本集中营。詹福熙的加拿大朋友、美国柯达公司的大班Wan(老万)也在其中。一天,詹福熙收到他的求救信,说正面临死亡威胁,求他搞些食品、药品送进去。搞东西不太难,但集中营送不进去呀!詹福熙想了半天,想起了下里弥吉。离开千代洋行后,他就不想和日本人有关系,但人命关天,只有硬着头皮去求他。把原委一说,下里弥吉连连摇头说不敢插手。经不起詹福熙的软磨硬泡,下里弥吉答应一试。日本人对日本人好说话许多,且宪兵队长又是打点过的,所以下里弥吉的小车能从集中营直进直出。每次小车上也总塞满炼乳、凤尾鱼、牛肉罐头、水果和药品等。那位加拿大朋友除了自用,也接济周围难友,救济了不少人。詹福熙这个中国徽商的义举,在欧美难友中一时成为佳话。

詹福熙仅读过几年私塾,但他一辈子钻研好学,连几个大学毕业的儿子都仰慕他的学问。当时詹福熙家,每天的麻将客少则一两桌,多则五六桌。为了让孩子们能安心读书,他专门辟出几间书房,请老师教几个子女学习,孩子们麻将是连看都不许看的。像所有徽商一样"三句话不离本行",他的子女小时候除了学文化,还要上柜台学做生意。因为吃过没文化的苦,詹福熙和所有徽商一样都很重视教育。民国十五年(1926),詹福熙与族侄(大实业家詹励吾)等,出巨资在村内"辉二公祠"内办起"庆源辉二私立小学"。民国三十五年(1946),他又独资在屯溪隆阜办了一所"紫阳小学",聘请当地文化名人为校长,让当地穷苦孩子免费读书。

到1949年,詹福熙的生意越做越大,店多面广,除了众多照相材料行,在上海还有三家分别以他三个儿子的名字命名的当铺,又在屯溪开了爿"家祥"布店,在乐平开了爿"天元"布行等。同年,詹福熙退休,将店务交给大儿子詹永匡管理。中华人民共和国成立后,华昌照相材料行在1956年实行公私合营,华昌照相材料行改名为"国营红卫(华昌)照相材料商店",店面扩大为南京路471~475号,一直经营到改革开放初期。詹福熙也从上海搬到杭州安度晚年,直至去世。

"地皮大王"程霖生

程霖生(1888—1943),又名源铨,字龄孙。歙县富竭人。其父程谨轩在上海经营地产,家资千万。程霖生一度从政,做过黑龙江都统、蚌埠商务督办、上海公共租界工部局华董。后辞职继承父业,经营房地产业。

当时上海商业已有相当发展,南京路一带迅速繁荣,地皮价格暴涨。程霖生手中握有永安公司、大新公司,在江宁路、常德路口黄金地段也有不少地皮,经过五六年几个回合的卖出买进,继续由东向西扩展,又在徐家汇一带购买大批地产。民国二十年(1931),原上海"地皮大王"哈同逝世,程霖生一跃成为上海滩新的"地皮大王"。闻名沪上的北京西路的丽都花园、南京西路常德路口今静安公安分局及以东三十几幢花园住宅,均为程家房产。其中丽都花园建有篮球房、游泳池、弹子房、舞厅等,被外界称为"海上第一豪宅"。到了民国十三年(1924),他累资达规银6000万两,当时沪西静安寺和爱文义路一带都是他的房地产。拥有房地产价值有规银1000余万两,月收房租达数万银圆,人称"沙(沙逊)哈(哈同)之下,一人而已",被称为"地皮大王"。

程霖生还先后开办新新公司、根泰和合粉厂等。新新公司是当时上海四大公司之一。根泰和合粉厂专为抵制日货而建,生产佛手牌味精,后来的上海天厨味精厂就是在根泰和合粉厂的基础上扩建的。并在上海、天津、开封、归绥四处有卷烟制造厂,投资大新公司(上海四大百货公司之一)。程霖生不甘心居于沙逊、哈同之下，民国十二年（1923）至民国十五年（1926）间，他把手头现金投资开设衡余、衡昌、泰昌等六家钱庄，以调动资金，进行黄金投机。在民国十六年（1927）至民国十八年（1929）左右，上海标金市场涨落极大之际，程霖生开始做起标金投机，恃富狂言要操纵上海黄金市场。

民国十八年（1929），资本主义世界经济危机爆发，不到一年即波及上海金融市场。上海房地产自民国十九年（1930）起开始呆滞，银钱业因为放款中以房地产抵押的为数巨大，"头寸"调拨亦感到困难，在无人问津情况下，这些房地产抵押放款的资金等于遭到冻结。先是外资银行中花旗银行开始允许房地产投机者以租界内房地产作为投机筹码，后来外资银行停做房地产押款，地产市价一落千丈。程霖生做标金投机失利，负债累累，民国二十年（1931）因财产不抵债务彻底破产。程氏房地产抵押的负债计规银 14377596 两，信用借款负债达 6315261 两，合计达规银 20692857 两之巨。程霖生经此一劫，败落几尽，晚年以变卖家藏古玩勉强度日。

程霖生一生好客，乐善好施，许多名人都乐于同他往来。他给予许多进步活动、进步人士以资金支持和生存保护。民国十六年（1927），陈独秀之子陈延年在上海被捕，徽州人江彤侯、汪孟邹赶到程家筹款 5 万银圆营救，程霖生立刻支付。程霖生通过抗日名将朱子桥给东北抗日军队以物质与经费资助。民国二十年（1931）春天，陶行知秘密从日本回上海，就住在程霖生公馆内隐蔽。陈独秀也在程霖生公馆住过。程霖生对抗日事业、革命事业也乐于支持。上海"一·二八"抗战，他作过捐赠，并慷慨捐金给东北义勇军，支持东北人民抗日斗争。还暗中出钱营救过共产党人柯庆施，对陶行知的教育事业给予支持和资助。陶行知创办晓庄师范学院、歙县王充工学团等，程霖生都给予资金与物质的支持。

对家乡公益事业尤为关心，只要有人求助，无不慷慨解囊。历任歙县旅沪同乡会长、旅沪同乡会及歙县教育助成会主任。清光绪二十八年（1902），独资重修歙县渔梁坝。其后，出资兴建徽河纤道、岩寺至休宁10公里的石板大路，资助民国《歙县志》的编纂和出版、栽植杭（州）徽（州）公路两旁树木等。民国七年（1918）程霖生为祖母茔葬，在屯溪阳湖动工兴建坟茔，特地从上海购来德国制造的柴油机，带动十六千瓦发电机一台，是屯溪有史以来用电照明之始。后来屯溪开办屯溪电灯公司，又赠送发电机。在徽州享有"及时雨"的美誉。

程霖生爱好收藏古铜器和古书画，印有《新安程氏收藏古金铜器影印册》，并不惜重金收藏石涛、八大山人及新安诸家书画作品，特辑有《石涛题画录》五卷。曾经将自己收藏的钟鼎彝器款识拓片汇集为《歙县程氏钟鼎彝器款识》,赠送给好友藏书家徐乃昌。《歙县程氏钟鼎彝器款识》主要收录商周至春秋战国青铜器铭文拓本,另附秦诏书权拓本二器。这套拓本除了历史文献价值,更是一份书法、篆刻的珍贵参考资料。他在重装的米万钟《灵石图》画轴上题签"米石隐工笔墨石精品,龄孙珍玩"。并在轴头两面镌刻"程龄孙特健药"及"遂吾庐"字样。

金融专家程振基

  程振基(1890—1940),字铸新。婺源县西培里人。程振钧胞弟。初入安徽陆军小学,不久因体力不胜,改入(安庆)安徽高等学堂。民国二年(1913)留学英国爱丁堡大学,获经济学硕士。民国八年(1919)回国后历任北京大学经济系讲师、北京女子高等师范英语部主任、西北大学教务长与代理校长、上海中央大学商学院院长等职。民国二十年(1931)投身实业界,出任中国农工银行杭州分行经理兼杭州商会会长。民国二十三年(1934)任全国学术工作咨询处主任。民国二十四年(1935)1月任国民政府教育部秘书,同年应安徽省政府聘请为安徽地方银行首任行长。

  民国二十四年(1935)11月,国民政府推行币制改革,发行法币,禁止银圆流通,并将纸币的发行权收归中央银行、中国银行、交通银行(随后增加中国农民银行)。同时,国民政府认为,单凭四大国家银行的分支机构去兑换全国银圆,难以推行;加上当时四大国家银行印钞来不及,市场找零出现严重短缺,为解燃眉之需,国民政府特准各省地方银行发行壹元以下辅币。在此背景下,安徽省第一家省级银行——安徽地方银行,应运而生。

  筹建安徽地方银行时,安徽省财政厅厅长杨绵仲主张"以皖人主皖经济"为宜,提名由程振基出任行长。常言"饮水思源"的程振基欣然接受,表示"要为家乡办点实事"。民国二十五年(1936)1月16日,安徽地方银行在芜湖中长街徽州会馆成立。银行实行总行制,隶属省政府。之所以定名为"地方银行",主要是采纳了程振基的主意,即以"不以谋利为目的,唯求地方事业之发展"作为办行宗旨。

银行成立后,程振基针对建行之初资金紧缺(初定注册资本由省财政厅拨给法币200万元,实收半数即开业)、组织不全、信誉不著、业务推进艰难之状况,狠抓了组织机构建设与开展业务经营。他充分利用该行实属官办的优势,在全省各地依情形分别设分行、办事处和金库等分支机构,抗日战争期间根据业务需要在交通要道设立寄庄。主要业务除办理存款、放款、汇兑、储蓄、信托、保险及代理公库、经营质当、发行地方辅币外,还投资办企业,大力经营物资运销等商贸活动,使之成为一个银行兼工商、运输业的经济实体。由于程振基善于调度、措施得当,很快"即使行基日渐巩固,组织日渐健全,业务日渐发达"。

组织机构建设方面,程振基在总行初设文书、会计、营业、出纳、金库5股和储蓄部。民国二十五年(1936)3月设立安庆分行;5月设立屯溪、蚌埠分行,并先后设立44个县办事处;8月因接办安庆惠济官质与和县公质,成立企业部(随之改为信托部)。次年5月奉省府令接管全省农仓,增设农贷部;同时为发行辅币,增设发行股;又受中央银行委托代收盐税,在大通、运漕、汤家沟等交通要道增设盐税处,兼办银行业务。至"七七事变"时,已在安徽省62个县设立分行3个,办事处50个,省、县金库52处,初步形成业务遍及全省的金融网络。

"八一三"事变后,日军侵入安徽,总行由芜湖撤至安庆,继而随省府迁移六安麻埠、立煌(今安徽省金寨县);与此同时,分支机构也纷纷撤退集中于汉口整理。民国二十七年(1938)春,程振基在汉口召开会议决定:"为抗战守土,维持地方金融和财政,非至军政机关迁移不得首先撤退。"并规定最后固守之地,皖南在屯溪,皖北在立煌。因日军封锁,长江南北阻隔,遂采取分区管理办法,鉴于外销土产集中于皖南,故在屯溪设立总行临时办公处,程振基亲自坐镇指挥;皖北以总行所在地立煌为中心,交副行长郭子清主持。民国二十八年(1939),战局有所好转,恢复和增设办事处14个,7月将阜阳办事处升格为分行。同时因运销土产、物资之需,在有土产的县份和与河南、湖北、江西交界处设立寄庄、收兑处10余个,并在交通要道设置转运站、仓库,在浙江温州、兰溪等地设外销接洽处,以联系省内外口岸,大做运销生意。

业务经营方面,主要抓好以下各项:一是存款。主要依靠代理省、县金库和各地军政机关的财政性存款,同时大力吸收商民存款和储蓄。二是放款。集中在扶助中小工业、辅助生产增产与运销,以及与国计民生有关等建设性贷款上,如投资55万元在芜湖建立华南米业公司和兴建油厂,促进芜湖米市发展;与第三战区经济委员会合资50万元,创办皖南实业公司,内设纺织、制革、造纸、火柴4厂;投放134万元,与江西裕民银行联合举办皖赣红茶外销业务;每年贷给安徽茶叶公司和皖南、皖西茶商茶农200多万元;贷款省公路网、电话网建设84万元;为解决皖西缺盐,贷款30万元以资盐运;为提倡利用国产木材,发放枕木贷款8.6万元;为扶持农业,发放37万元圩田水利建设贷款。三是汇兑。在全省划定芜湖、安庆、蚌埠、屯溪4个汇兑区开展通汇,并积极与邻省通汇。四是代库。建行之初即接受代理省、县金库之任务,在安庆、芜湖、蚌埠设总库和中心支库,在各县设省支库和县金库。五是发行。为"调剂金融,肃清私票""抵制敌伪以伪钞换法币,套取外汇",民国二十六年(1937)6月至民国二十八年(1939)9月,三次经财政部准予发行本行辅币1250万元;又领用中央银行5元券340万元,加盖一"铝"字作为皖省暗记,在安徽省内发行。

业务开展得最有特色的,是以信托名义进行的土产和物资运销。抗日战争初期信托部停办后,在资金不足、交通受阻的困境下,为求生存和发展,程振基采取积极灵活的业务方针,民国二十七年(1938)11月因代办省府"安徽物产运销处"而组织收购运销茶叶、桐油、苎麻、土丝、猪鬃等土产,业务兴盛。民国二十九年(1940)1月物产运销处撤销,程振基即以原班人马恢复信托部,开始更大规模的土产和物资运销活动,同时兼办存放款、仓储、运输等业务;还先后投资开设榨油厂2座、茶厂3座、收货处12所、运输站和仓库各18所,其中最大的皖南新潭仓库,谓之"土洋兼备,百货充盈"。

程振基组建安徽地方银行并出任首任行长,时间虽然不长,却能尽该行资力,扶助地方工业、农业、农产品加工业生产,拓展土产外销等,这对当时安徽经济发展起到一定的作用。他在诸多人"认为不可"的情况下,毅然发放农业贷款37万元、红茶贷款134万元,"使华茶得以复兴,本省物产亦呈推动之象"。抗日战争初期坚持抗战守土,积极运销土产,组织到沦陷区抢购、储备物资,为稳定人心、维持抗战大局作出了一定贡献。

民国二十九年(1940)11月,程振基因积劳成疾病逝,终年51岁。译著有《政治理想》《正义与自由》等。

"茶叶大王"郑鉴源

郑鉴源

郑鉴源(1902—1959),字华宝。婺源县沙城李村人。其父几亩瘠地茶园难以养家,遂将茶园变卖,用所得做起豆腐生意。尽管生计艰难,其父不忘"婺源茅屋书声琅"古训,先后送二子郑鉴源、郑焕章入私塾。郑鉴源12岁时父亲去世,兄弟俩从此替邻人放牛。

舅父不忍外甥落难,在郑鉴源14岁时,将其收在晓秋口自己的永发杂货店做学徒。郑鉴源身材矮小,但头脑活络,手脚勤快。白天洒扫掸抹,斟茶倒水等一应杂事做得十分妥帖,夜间则练字、学算盘、习生意,因而长进极快。18岁时,已是永发杂货店的账房先生了。民国八年(1919),舅父在上海开办"源顺"茶号。民国十年(1921)7月,郑鉴源和舅父同押茶叶赴沪,在杭州城外,两船茶叶被土匪抢光。舅父气火攻心,不日气绝身亡。临终时,将家人、永发杂货店、源顺茶号及其印鉴、上海账目等,悉数托付给了外甥郑鉴源。

回婺源葬别舅父后,他怀揣账本与印鉴,星夜兼程将另一批茶叶押运上海,开始了他的沪上商旅之行。深知商海险恶的郑鉴源,为防上海各方面趁机耍赖,对茶叶被劫消息秘而不宣。郑鉴源清楚,想在上海商界立足,必须有良好的关系网。次年初春的同乡会例会,他手持同乡会给舅父的请柬泰然到场。会议点名时问到老板为何不亲自到会时,郑鉴源讲述了茶叶被劫、老板身亡的沉痛经过。全场愕然,这位貌不出众的年轻伙计,在遭受抢劫和老板故去的双重打击下,能不声不响地将生意场上的事情料理得井井有条。由此,监事会接纳他为同乡会会员。至此,郑鉴源才敢以老板身份,出现在生意场上。

郑鉴源除念活诸如"和气生财、礼貌待客、严格守信、商誉第一、嘴甜当得钱"等生意经外,还将生意经唱出了新韵律:一是在茶叶外包装上彩印店号、注册商标号及号址;二是通过报纸等媒体大登广告;三是给老客户和大客户送营销折子,凭折子上登记的购买额,年终按比例一次性返利。这些措施,在20世纪20年代中期的中国,不可谓不新奇有力,因而使参与内销竞争的他又领先一步。此时的郑鉴源,在沪上工商界,尤其是茶商界声誉鹊起。民国十四年(1925),郑鉴源开设的"源丰润"茶栈,在天潼路隆重开张。剪彩结束,他设宴招待上海地方协会会长杜月笙、同邑同庚至交程门雪等名流。宴会上,一个洋行的中方代理,当场与他签下一笔巨额购销协议。有了财大气粗的洋行作后盾,郑鉴源的事业发展迅猛。

郑鉴源对制茶工人要求极严,决不允许迟到早退,有三次迟到早退记录的就开除,而且严禁偷盗和赌博。但他对工人生活极关心,所有工人免费食宿,每周开三次荤,忙季还供应消夜。厂里有中医,工人有病可免费看病拿药。若得了危重病症,可凭自己的手折,到程门雪那里诊治。只要工人向他借钱,绝无碰壁。至于还与不还,何日归还,他从不催问。他与账房讲过:"有急难不借,是我没良心;有能力不还,是他没良心。"

郑鉴源对产品要求更严。民国二十四年(1935)有一批运往澳门的高级绿茶,在刷印包装标记时,因工人交接班印错了号码,将一批运往摩洛哥的低档茶发往了澳门。货已发出,洋行验货员也签发了验收单。然而,郑鉴源却花运费运回重新发货。这位洋行验货员是葡萄牙人,名叫林伯利生。因为避免了被辞退、赔巨款的厄运,林伯利生对郑老板感恩戴德,为他日后事业发展,埋下了重要伏笔。"包装标记事件"使"鉴记"商标一举成名。此后,凡标有"鉴记"商标的茶叶,是外商公认的免检产品。

民国二十八年(1939),中国茶叶贸易有限公司(以下简称中贸公司)成立,开业宴上,郑鉴源请到租界领事团成员。公司开业了,而通士(翻译)却难寻。原本指望长子郑之梁跟林伯利生学英语,但他不愿从商。幸而林伯利生答应业余时间来帮忙。起初业务不多尚能应付,后来无专职通士不行。于是林伯利生知恩图报,辞去洋行工作,成了中贸公司的高级职员。

第二次世界大战时,沪上生意萧条,门店纷纷倒闭,郑鉴源因有"鉴记"招牌尚能维持。然而由于太平洋战争爆发,海运封锁,外贸出口受阻。郑鉴源于民国三十一年(1942)到屯溪成立了建中贸易公司,参与内贸竞争,当年,屯溪老大桥北面有很多仓库,其中最大的仓库就是郑鉴源的。民国三十三年(1944),日寇急着将掠夺来的包括茶叶在内的物资向其他国家推销,然而许多销茶国,对日本的生意不予接受。日本人知道郑鉴源的"鉴记"商标吃香,于是软硬兼施,要郑鉴源以"鉴记"贸易公司的名义帮他们出口茶叶。郑鉴源不愿自己的名牌商标染上汉奸的色彩,日本人于是放火烧了他在码头正待起运的一批茶叶。郑鉴源这一抵制日本人的义举,得到沪上工商界的赞扬,被同乡推选为婺源旅沪同乡会名誉会长,成了工商界头面人物。

民国三十四年(1945)日本投降,然而十四年抗战大伤商业元气,到次年,茶叶外贸仍不景气。郑鉴源审时度势,在与林伯利生多次分析后敏锐地感到,随着第二次世界大战的结束,外贸不景气的背后,正孕育着新一轮世界性经济复苏。他将其全部固定资产,分别抵押给几家洋行,得到了一笔贷款。利用当时店、栈纷纷低价抛售商品之机,他购进大批"龙头白布",于次年到赣、浙、皖,用以货易货方式,用"龙头白布"大批换购囤积毛茶。

民国三十六年(1947)末,战后国际经济开始恢复正轨,法国经济团率先抵达上海,采购包括茶叶在内的大量物资,郑鉴源头年收购囤积的茶叶,此时迅速出手,获得极大利润。

随后改组中贸公司为"中国茶叶公司",地址迁往外滩"麦加利"银行内。广招茶业能人,大量添置制茶设备,增设庄口、茶号、收购点,形成经营规模。郑鉴源又将儿女们派往国内外各地,或见习,或深造。接着,又独资、合资,分别在南京路和宁波路的繁华地段,开设"久丰润绸缎庄"和"信孚永钱庄",使自己的经商生涯达到顶峰。

中华人民共和国成立后,郑鉴源积极支持人民政府"公私兼顾,劳资两利"的政策。1950年,郑鉴源通过自己的公司出口绿茶228吨。1951年又在上海浙江北路77号,创办了"鸿怡泰"第二分号。1956年,郑鉴源的茶厂、茶庄、茶栈等完成了社会主义改造,转为公私合营企业。

第三编

社会科学

徽州名人传

 新安理学家程大昌

程大昌(1122—1195)，字泰之，休宁会里人(今洪里一带)。自幼聪颖，10岁能文，不信占卜祷告之术，不喜棋牌玩好之乐，唯独潜心通经评史、考古验今，只要一事未详、一理未明，即穷追不舍。兼善诗词。

南宋绍兴二十一年(1151)，中进士，授吴县主簿，未赴任，父亲去世在家守孝，守孝期满，即赴任。经多方调查研究，著十论，献于朝廷，纵言当世事，受宰相汤思退赏识，擢太平州教授。第二年，召为太学正，试馆职，为秘书省正字。不久，迁著作佐郎。时当孝宗即位，锐意事功，诏令纷出，程大昌担心宦官借皇帝之命，暗地因缘作奸，就请求御前直降文书均申明中书省审奏，以防止被人利用造成诸多弊端。他在奏折中说："汉石显知元帝信己，先请夜开宫门之诏。他日，故夜还，称诏启关，或言矫制，帝笑以前诏示之。自是显真矫制，人不复言。国朝命令必由三省，防此弊也。请自今被御前直降文书，皆申省审奏乃得行，以合祖宗之规，以防石显之奸。"又进言说，去年完颜亮金兵入境，无一士死守，而兵将至今策勋未已。唯有李宝将军在胶西打了胜仗，虞允文在采石英勇奋战，如今金兵退了，各位将领邀功请赏不已，偏偏立了战功的李宝将军被剥夺了兵权，虞允文则被调往夔州驻防，大家公认这是不公平的。孝宗认为程大昌言之有理，就选他为恭王府赞读、国子监司业，擢升礼部侍郎，不久又升直学士院，宣对便殿。

孝宗希望恢复大宋基业，要大家多提好建议。诸多大臣一味迎合，孝宗不满

意,就问程大昌:"朕治道不进,奈何?"程大昌回答说:"陛下勤俭过古帝王,自女真通和,知尊中国,不可谓无效。但当求贤纳谏,修政事,则大有为之业在其中,不必他求奇策,以幸速成。"孝宗点头,程大昌又接着说:"淮上筑城太多,缓急何人可守?设险莫如练卒,练卒莫如择将。"孝宗称善,程大昌乘机表明愿意到下面体察民意,为朝廷进一步探索国策。孝宗便让他到浙东当提刑官。正值丰收之年,酒税超过了规定的数额,有人倚仗朝廷的命令要求增加税额,程大昌坚决反对,说:"大昌宁罪去,不可增也。"随后,他转任江西漕运使,他非常高兴地说:"可以兴利去害,行吾志矣。"一到任,即奏请蠲免漕运积税。时值荒年,他拿出10余万缗钱为当地灾民代输夏税,又修复清江县(今江西省樟树市)破坑、桐塘两堰,确保当地两千顷田地和众多居民房屋安然无恙。后来,堰毁坏,当地连遭水灾,程大昌又倡议众人共同修复。还主持在澹台祠修建友教堂,激励后学。

因政声卓著,召为秘阁修撰,升秘书少监。孝宗表扬他说:"假使监司人人如卿,朕复何忧!"不久,又兼中书舍人、给事中。听说江陵都统逢原放纵部下凌辱殴打无辜百姓,他非常气愤,上奏朝廷将逢原连降两级官位。后历刑部左选侍郎、权吏部尚书。在官吏任用方面,注重德才兼备。凡亲民之官,即使是小职,均当面考察其对法度吏制和民生的理解,而后授以相应职务。并建议朝廷,对军中强壮子弟和西北剽悍之人,不可轻易让他们离开军禁,他们的特长就是膂力和武功,放在军禁中挺合适,而草率将他们补作外官干文事,则是弃其所长用其所短,得不偿失。如此诸般言论,悉中时务,孝宗表示赞许,升他为敷文阁直学士,又出知泉州。

时值汀州沈师作乱,诏命尽行剿灭。程大昌请求朝廷宽恕胁从者,那些胁从者果然作鸟兽散,唯沈师与其死党逃入漳州,漳州守将战死,闽州大地一片震惊。驻防泉州的统制裴师武没有接到帅府兵符,不敢擅自出兵。程大昌见情势危急,力促裴师武出兵漳州,这才将沈师及其死党全部捕杀,保护一境平安。又调建宁府,加宝文阁直学士。绍熙五年(1194),复进龙图阁直学士,不久告老还乡。庆元元年(1195)卒,享年74岁。历官宣奉大夫,封新安郡开国公、特进少师。谥号文简。

程大昌是一位典型的学者,尽管为官从政占了他一生绝大多数的时间,然而他对讲学与精研学术充满热忱,是新安理学的奠基人之一。绍兴年间和隆兴年间,先后在家为父母守孝6年,在家乡洪里乡(时称会里)创办"西山书院",亲自讲学,培育后学。

程大昌一生著述较多,涉及领域也很广。他的学术思想内核是儒家的理论学说,同时具有浓厚的道家色彩。其中关于宇宙生成论和万物化生的观点,直接由道家的宇宙生成观脱胎而来。他在《易原》一书中阐扬的宇宙以及万物生成模式,正是老子宇宙生成论图式的翻版。他还在政治论中提出无为而治的思想,尽管他赋予"无为"以新的含义,将"无为"与"有为"有机地统一在其政治论中,从中仍能发现道家政治学说留下的印记。他的地理类著述,学术价值颇高,如全面考证古代经典《禹贡》所记山川的《禹贡论》《禹贡山川地理图》,引各家成说,辨析疑难讹误,给后人以很大启发,堪称传世名著。记述北疆史地的《北边备对》,描述关中地理沿革的《雍录》《函潼关要志》知名度也较高。《雍录》考订关中古迹,图文并茂,搜罗资料极为丰富,辨证也很详细,是早期地方志中的善本。他还为《元和郡县图志》作序,认为编写志书应该博览群书,互相考证,不要因为前人的记载就是对的。这一思想对后世方志编纂有很大影响。所著《演繁露》十六卷,后又有《续演繁露》六卷,统称为《程氏演繁录》,全书以"格物致知"为宗旨,记载了三代至宋朝的杂事488项。其中记载了很多中国古代的科学技术成就,如对光的色散现象的发现、玻璃起源及其特点的认识、印书起源的考证、日月性质的认识等,在中国科学史上都是较早和较重要的发现与认识。世界著名中国科技史家李约瑟在《中国科学技术史》中曾频频引录。所作《诗论》最早将诗分为乐诗和徒诗。

宋代理学集大成者朱熹

朱熹(1130—1200),乳名沈郎,字元晦,又字仲晦,号晦庵,晚称晦翁、谥文,婺源县人。他的父亲朱松,北宋政和八年(1118)同上舍出身,以迪功郎调建州政和县尉。朱熹的祖父朱森随朱松到任,卒时战乱,道路梗阻,遂葬政和县护国院侧。守丧服满,调南剑州尤溪县尉监泉州石井镇。南宋建炎四年(1130)九月生朱熹于尤溪寓所。

5岁入小学,能读懂《孝经》,在书额题字自勉:"若不如此,便不成人。"6岁与群儿游玩,以指画八卦于宅前沙洲上向父亲问日、问天。绍兴十八年(1148),考中进士。绍兴二十一年(1151),授从九品左迪功郎、泉州同安县(今福建省厦门市同安区)主簿,掌管文书。在同安,建议县令以"敦礼义、厚风俗、劲吏奸、恤民隐",排解同安、晋江两县械斗,主张减免经总制钱。还力促整顿县学,倡建"教思堂""经史阁"。绍兴三十二年(1162),孝宗即位,诏求臣民意见。朱熹应诏上封事,力陈反和主战、主张反佛崇儒,详陈讲学明理、任贤修政意见。隆兴元年(1163)十月,应诏入对垂拱殿,向孝宗面奏三札,论正心诚意、格物致知之学,反对佛、老异端之学,主张外攘夷狄反对和议,反对宠信佞臣。十一月,朝廷任朱熹为国子监武学博士,朱熹辞职不就,请祠归崇安。后来,相继担任南康军知军兼管内劝农事、漳州知州、焕章阁待制兼侍讲。

庆元二年(1196)十二月,"党禁"发生。监察御史沈继祖捕风捉影、移花接木、颠倒捏造并奏劾朱熹"十大罪状",朝廷权贵对理学进行清算,开列了一份59人的伪逆党籍,名列党籍者都受到了不同程度的处罚。朱熹被斥为"伪学魁首",落职罢祠。庆元六年(1200),左眼已瞎,右眼也几乎完全失明,足疾发作,病情恶化。三月初九去世。十一月,葬于福建省南平市建阳区黄坑镇大林谷,参加会葬者有近千人之多。朱熹死后,被谥为"文公",赠宝谟阁直学士,又追封徽国公等。

朱熹一生只有九年从政,作为封建社会的官员,他体察民情,怜悯底层百姓。在政治上主张"以口数占田",防止大官僚、大地主兼并土地;清量土地,实行赋税的公道负担;实行"社仓"政策,减轻农民受剥削等,借此调和社会矛盾,集中力量抗金,挽救民族危机。为普及社仓,曾上奏朝廷将社仓作为备荒之计推广。孝宗批奏"颁其法于四方"。自此,社仓遍"天下",时人评曰"今社仓落落布天下,皆本于'文公'"。

在学术上,朱熹受学于延平李侗,因得承袭"二程"(程颢、程颐)"洛学"的正统。淳熙二年(1175)正月,吕祖谦到访朱熹,在寒泉精舍相聚一个半月,史称"寒泉之会",编成《近思录》。五月,送吕祖谦至信州鹅湖寺,陆九龄、陆九渊及刘清之皆来相会,史称"鹅湖之会"。"鹅湖之会"的直接动因,是吕祖谦想利用这个机会调和朱、陆学说之间的矛盾。在学术上,朱熹认为心与理是两个不同的概念,理是本体,心是认识的主体。"二陆"主张心与理是一回事,坚持以心来统贯主体与客体。朱熹与陆氏兄弟论辩、讲学达十日之久,虽然并没有让双方思想达成共识,但促使他们对自己的思想进行了反思。

朱熹继承和发展了"二程"思想,建立了一个完整而精致的客观唯心主义的思想体系。他认为,太极是宇宙的根本和本体,太极本身包含了理与气,理在先,气在后。太极之理是一切"理"的综合,它至善至美,超越时空,是"万善"的道德标准。在人性论上,朱熹认为人有"天命之性"和"气质之性",前者源于太极之理,是绝对的善;后者则有清浊之分,善恶之别。人们应该通过"居敬""穷理"来变化气质。朱熹还把理推及人类社会历史,认为"三纲五常"都是理的"流行",人们应当"去人欲,存天理",自觉遵守三纲五常的封建道德规范,形成一套宗法理论。朱熹长期从事讲学活动,精心编撰成《四书集注》,培养了众多人才。他的教育思想博大精深,其中最值得关注的,一是论述"小学"和"大学"教育,二是"读书法"。他亲自定下《白鹿洞书院教规》,对教育目的、训练纲目、学习程序及修己治人道理,都一一做了明确且详细的规定,对中国后来的书院办学模式影响深远。

朱熹哲学思想属客观唯心主义哲学体系,也有朴素唯物主义和辩证法的因素。

朱熹吸收当时的科学成果,提出对自然界变化的某些见解。如认为天地未分时,只有阴、阳二气,二气矛盾而生水、火,再化出天、地、日、月、星辰;他指出,地在中央,日、月、星辰在地的周围,反对天高地卑的传统说法。登武夷山时,他看到山上有螺蚌壳化石、鱼化石之类,认为此化石即旧日之土,螺蚌、鱼即水中之物,低下的变而为高,柔者却变为刚。这些认识在当时具有进步意义。朱熹还认为,天下事物都是相对应的,形而上对形而下,有上便有下,有高便有低等;对事物内部的矛盾、变化、发展而且互相联系、互相制约的辩证过程,也有初步认识。朱熹认为:"治国、平天下、诚意、正心、修身、齐家,只是一理。"主张在思想上、行为上实行封建的伦理道德,教人安于封建社会秩序。

朱熹是我国继孔孟之后封建社会影响最为深远的哲学家、教育家。他以孔孟之道为本,又继承并改造了两宋期间的主要流派,包括周敦颐、程颐、程颢、张载各家之说,成为宋代理学的集大成者。他把佛学和道学的一些合理性内容吸收入儒学,吸取其哲学思辨性的一面,而排斥其宗教神秘性的一面,从而将儒学提高到了前所未有的哲理化高度。理学即汉文化的重建,是外来文化与中国文化融合的产物,海外学者称为"新儒学"。蔡元培曾把朱熹比作孔子,认为朱熹和孔子一样,都是中华民族道德的集大成者。

朱熹考中进士后,曾两次回徽州省墓、探亲。第一次于绍兴二十年(1150)春回婺源省墓,赎回其父当年卖出去的100亩田地,请族中父老主持祀事。同时,到歙县紫阳山拜见外祖父祝确。第二次于淳熙三年(1176)二月回徽州,祭祀先祖,并撰写《归新安祭墓文》。在乡人子弟汪氏敬斋讲学,为《婺源茶院朱氏世谱》作序。朱熹这次回徽州共停留了100多天,到六月初才离开。朱熹在徽州期间,到处讲学、授徒。回福建后又与徽州子弟书信不断,对赶到福建去求学的徽州子弟更是循循诱导,毫无倦意。徽州学子拜朱熹为师的有很多,其中德行高尚,并有记述可传的有12人。朱熹理学在徽州广为流传,影响很大,对徽州社会形态的形成和演变起到了关键的作用。

方志与博物学家罗愿

罗愿(1136—1184),字端良,号存斋,歙县呈坎村(今属安徽省黄山市徽州区)人。

罗愿出身于仕宦之家。其父罗汝楫是北宋政和二年(1112)进士,历官至吏部尚书、龙图阁学士。罗愿幼时即接受良好的家庭教育。兄弟六人,他排行第五,随兄长家居就学,相与启发,学问大有进步。罗汝楫对儿子学业也颇为上心,常取《后汉书》令其熟读习诵。在这种既严格又民主的家庭氛围中,罗愿的天赋得到有效开发,虽"凝重寡言",但"资特颖异",7岁时他就作《青草赋》为父祝寿。年纪稍长,才思更为敏捷,落笔动辄万言。且从小受儒家思想熏陶,留心"仁义"之说。对孟子、董仲舒极为推崇,认为数千年间能辨"仁义"之说的,唯此二人。

罗愿仕途起步较早。南宋绍兴二十五年(1155),他以父荫补为承务郎,任临安府新城县监税。三年后任满,充任祠禄官。绍兴二十八年(1158),父母相继去世,遂居家服丧。绍兴三十二年(1162)丧满服除,任饶州景德镇监税,有能名。三年任满,再次申请奉祠,主管南岳庙。乾道元年(1165)秋,参加徽州州试。次年春,应礼部贡举,继而登进士第,被任命为饶州鄱阳知县,但罗愿不想赴任。在应礼部贡举时,他与郏升卿相识并受到赏识。乾道三年(1167)十月,郏升卿任徽州知州,对罗愿益加亲近,不少文书起草、宾客邀宴等事,罗愿都有参与。乾道五年(1169)底,经郏升卿代为斡旋,朝廷准罗愿以"主管台州崇道观"之名奉祠居家。此后三年,罗愿着手撰著《尔雅翼》，并应徽州郡守赵不悔之请，开始编纂《新安志》。

乾道八年（1172）底，罗愿三年奉祠期满，获任赣州通判。当时，赣州郡守陈天麟离任，新任郡守未至，当地寇乱方平，罗愿于是暂摄州事。他以教化民风为己任，为政清廉。官事之暇，常到州学讲学，奖掖学生，深得当地官民信服。

淳熙六年（1179），罗愿任满赴京述职，孝宗问及民生施政建议。罗愿认为，施政在于富民，要办实事，不做官样文章。孝宗认为切中时弊，拟授其南剑州知州一职。这段时间，罗愿作文均署南剑州知州职衔，如淳熙七年（1180）作《淳安县社坛记》，落款为"四月癸未朔，承义郎知南剑军州事罗愿记"。上丞相王淮之启文中，有"愿与南州之俗，共乐清时，遥瞻东阁之尘"之语。但实际上，罗愿获任后并未上任，一直居家。

淳熙九年（1182）四五月间，罗愿被改任鄂州知州。赴任前，亲友设宴饯行，他慨然有感，作《寄远辞》赋。到任鄂州半年，上奏民间利病五事：一是修城池；二是建立以田作为抵押贷谷利润的制度，不得强夺民田；三是清理积案，打击顶冒抵罪；四是制定承包开发空旷土地新标准，标立界址，打击欺行霸市；五是打击诱骗人口。涉及军事防卫、农事、治安、土地勘界、民间雇佣等项，贴近民情，少有虚言。后人赞曰："凡皆论病识源，切证用剂，一本儒术，如古循良。"淳熙十年（1183）秋，鄂州州试后，与同僚宴请乡贡进士，并作诗以贺。十月，湖广总领赵汝谊刊刻《急就篇》，罗愿为之作序。又曾得见同僚家有《东观汉记》，因其较范晔《后汉书》为近古，于是刊刻，广为传播。

其时，鄂州通判为刘清之，两人本为旧识，此时同官一州，关系更为融洽，相与劝学助农。罗愿为教化民众，作《鄂州劝农》诗，条分缕析，教民岁时收播耕作、居家孝悌循善之道。鄂州昔有民女张氏以节死，北宋嘉祐年间获旌表。其墓因遭兵火损毁，罗愿与刘清之访得后，于淳熙十一年（1184）二月为其立祠，并树碑撰文记其事。是年夏季，适值天旱，罗愿为民祈雨，久立日中，暴晒过度得病，七月十三日卒。鄂人感怀其德，绘像祭祀于灵竹寺。

罗愿为文崇尚秦汉古雅风尚，精洁淳雅，风骨俱佳，朱熹曾评为有经有纬，骨实意丰。作为方志学家，他最大贡献是撰著《新安志》十卷。该志记载徽州历史沿革、地理险要、典章制度、吏治得失、风俗民情和忠孝节烈等事迹，遍及秦汉以降至南宋的人、事、物诸大端，熔地理书、地记、图经之载舆地，郡书之载人物于一炉，承上启下，自成一体，成为定型方志的先驱。罗愿主张，方志应突出"同民利"的民生思想，为此，《新安志》注意记载经济方面的内容，除用整一卷篇幅详载物产、细列贡赋外，每县目下又单独列门载田亩、租税、酒税,体现了方志的经世致用价值。编纂方法上,罗愿反对简单汇集资料,主张志书编纂者应注重资料筛选和考证,要将方志写成有思想、有观点的著述,为后世方志学的建立开拓了道路。另外,他"扬善隐恶"的著述笔法,也一直影响着后世方志的撰写。

罗愿也是一位博物学家,尤其在生物学上颇有贡献。他所著的《尔雅翼》三十二卷,专对动植物进行考证解释。其中《释草》八卷,记述草本植物以及灌木、丛木120种;《释木》四卷,记述木本植物60种;《释鸟》五卷,记述鸟类58种;《释虫》四卷,记述昆虫40种;《释鱼》五卷,记述鱼类、两栖类、贝类以及节肢动物等55种;《释兽》六卷,皆记哺乳动物。总共记述植物180种、动物230余种。全书编排科学。他在每类之下将形状、生存环境或功能(用途)相同者排在一起,以示其同类。如草本之下有粮食、染料、瓜类、水生、葱韭蒜类等。每种植物又列出不同品种(变种)之名目,如黍有赤、白、黑、黏、不黏之分,稻有水、旱、早、晚、有芒、无芒及从东南亚引进的"占城稻"之别。他对很多动植物都有严谨的考据,既参阅古籍二三百种,也重视实际的观察研究,如他对蚊、蜻蜓、蛙的生活史和飞蚁交尾现象观察细致。认识到众蛇之中,独蝮蛇"胎产";(鳝)"腹中自有子",并非由"荇芹根及人发所化"。因此在形态分类上,他的不少见解远胜于前人。如"乌喙(乌头)和附子同根",鲤鱼黑线(侧线)"在胁中,非脊也",鼯鼠与服翼(蝙蝠)"皆鼠",鲮鲤(穿山甲)"盖兽之类,非鱼之属也",比目鱼和王余(鱼)"绝不相类"等,都更为准确。因此,《四库全书总目提要》评论道:"应麟后序称其'即物精思,体用相涵,本末靡遗',殆非溢美。"

此外,罗愿另著有《鄂州小集》五卷、《拾遗》一卷、《附录》一卷。

以"风节"著称的许月卿

许月卿(1217—1286),字太空,后更字宋士,小名千里驹,号泉田子,婺源县许村人。曾祖父许安国、祖父许琳都是当地善士。南宋绍兴四年(1134),乡里饥荒,许琳散尽家中多余的粮食,救活万余人。县令专门奏报朝廷,予以旌表。父亲许大宁受学于著名学者魏了翁,因魏了翁以"友仁"二字题其堂匾,因此人称友仁先生。曾筑群书楼藏书,这使得许月卿从小有一个良好的学习环境。

许月卿自小聪颖,7岁能写文章,15岁从学于董梦程。董梦程是朱熹门人黄干的高足,许月卿因此得到朱子学的启蒙。端平二年(1235),县大夫王埧见许月卿才学过人,夸其是"天下奇男子"。听从王埧的建议,许月卿受学于魏了翁。在学术上,魏了翁同样推崇朱熹之学,且在继承的基础上又有所发展。许月卿被认为是魏了翁的高足,在魏了翁处,又得到了朱子之学的真传。许月卿在董、魏两人的教导下,进步很快,26岁时就凭借易学学魁江东,再加上自身的苦读,在书学、经学、易学、理学等领域都有一定的造诣。嘉熙四年(1240),参加乡试名列前茅。入江淮幕中,担任幕僚,并凭借军功补进武校尉。

淳祐四年(1244)入京科举考试,寄住在左史吕午的家中。参加廷对,试题是"始忧勤,终逸乐"。许月卿答道:文武官员不应贪图享乐安逸;逸乐无度,统治者则将失权。秦朝有逸乐之说,百官无所作为,导致赵高篡权,秦朝灭亡。他引经据典纵横论说,其论点及才气深得理宗赞赏。但这番"不合时宜"的言论,触怒了宰相史嵩之,考官惧于史嵩之的权势,只将许月卿列为第五名,但被理宗钦点为第四名。赐进士及第,授濠州(治今安徽省凤阳市)司户参军。当时,言官徐元杰、刘汉弼因抨击宰相史嵩之获罪冤死,许月卿带领太学、律学、武学"三学"诸生跪伏在宫阙前,为徐、刘二人鸣冤。许月卿敢说敢当,言辞激切。理宗称许月卿是"狂士",赞美其忠义。

丞相谢方叔之子仗势欺人,京师人讥讽他为"小相"。他想召许月卿到史馆任职,并说:我读过你的文章,仰慕你很久了。许月卿认为"小相"们是在浊乱朝纲,推辞不赴。这时,京官余玠之子余如孙统帅四川军队,贪赃枉法,胡作非为,军民怨声载道。许月卿又上奏朝廷,要求严惩余如孙,将其所盗用的钱财归还军士,只有这样,京师官宦专权乱政子弟自会悚然知惧。宝祐三年(1255),谢方叔被罢相后,朝廷任命许月卿为江西路庾幕干办,提举常平,他婉言推辞,六年后上任遇黄万石贪污受贿、违法曲断这一恶劣案件。许月卿不顾情面,坚持秉公办案,严厉查处了那些徇私枉法的贪官污吏,杜绝了衙门恶习。江右百姓交口称赞他是办案无私"铁符"这一高度评价。许月卿性格刚毅,凛然不可犯。在朝时,有大臣劝诫他待人处事要平和,不要太刚倔。他说:"我知道大臣和宰相都是以此来录取官员的,但是我却从没想这些。不过人以平和待我,我许某又怎能不平和待人?"

许月卿生活在宋末元初,深知官员失德腐败是政治腐败主因。因此,他下工夫对当时的国家机构、职官设置进行研究,并效仿西汉扬雄《官箴》体例,撰写《百官箴》49篇,对上自左丞相,下至太子太孙师友僚属,皆分别一一作箴。四库全书将《百官箴》及许月卿的《进百官箴表》《百官箴序》等一并收录,并称《百官箴》有"触目警心"的作用。

德祐年间,朝廷准备派许月卿去东南任职。不曾上任,南宋覆亡,他身穿孝服闭门而坐,念念不忘这国耻大辱。几年间他一句话也不说,其学生也是女婿的江恺叩问他为什么要这样,他默写下"范粲寝所乘车"几个字,表示要以史上忠臣义士自比,为国家为民族尽节,决不改变志向。元至元二十二年(1285),许月卿在家乡逝世,享年70岁,葬于许村仁洪。临终前几天他对家人说:"我将要离开人世了,入殓时,我一定要穿集英殿所赐红袍,这样才能见先帝于地下。"他以当时的爱国志士履善甫为榜样,说:"履善甫死了,死得其所。谢君直(谢枋得)深知我的为人,我死了,你们要铭感不忘。"

当时人称许月卿以文章气节闻天下,清人黄宗羲的《宋元学案》更是高度评价说:"新安之学自月卿而一变为风节。"

许月卿的学术贡献,主要在于订正时人偏误,同时也疏证"朱子之学"的原委。他认为《中庸》首章三句,认为金木水火土是"气",仁义礼智信是"理";"理"是形而上者,"气"是形而下者,而神则在上下之间。他发朱子先儒未发之蕴,并不是异论标新,而是本于从朱子学内部发掘,从而沿着朱子之学的途径,登堂入奥,多方求证。著述有《书经注》《先天集》《百官箴》《孝子实行》《山屋先生集》等行世。他也是一位诗人,其所著诗歌在《宋诗纪事》《宋诗钞》中录有近六十首。归婺源后所作有《春日闲赋》《途问伍》《白雪》《云边》《三月》诸诗,表达罢归后的心情。如《白雪》:"白雪家家拆蚕箔,清风行行入秧苗。半开犹蕊花情远,久雨初晴禽语骄。"许月卿一些吟诵家乡景物的抒情诗,则清新活泼、想象丰富。如《三月》中写道:"三月春如少年时,了知造化最儿嬉。智行无事柳飞絮,道法自然花满枝。锦绣园林添富贵,神仙院落阗清奇。老夫长似春三月,游戏人间不皱眉。"他游览三都朱绯塘,寻访朱熹遗迹时感叹:"新安别无奇,只有千万山。千万山万中,其奇乃出焉。下者为砚石,与世生云烟。高者无系累,飘然出神仙。忽生朱晦庵,追千万世前。示千万世后,如日月当天。呜呼!新安生若人,不知再生若人是何年。"宋亡后,作有《吟蛩》《朗湖道中因见二事信笔》诸诗,诗风沉郁悲凉,感叹"吟蛩不管兴亡事""春风不解分疆界"之世事无常。

理学大家陈栎

陈栎(1252—1335),初名佳,字寿翁,号东阜老人。休宁藤溪(陈村)人,出生于休宁五城。3岁时祖母吴氏口授《孝经》《论语》,即能背诵。5岁入小学,就涉猎经史。7岁时就知晓科举考试之道。其塾师五城黄常甫,出自婺源朱熹再传弟子滕万菊(万菊先人滕璘、滕珙兄弟为朱熹高足)门下,对陈栎信奉朱子之学影响很大。

他常年师事黄常甫先生,本想考功名干一番事业,不料南宋灭亡,科举一度被废。陈栎对元朝统治不满,不愿同流合污,慨然发愤致力于圣贤之学,终日潜心探究,融会贯通,觉得朱子去世虽然不太久,但诸家学说鱼目混珠,往往乱真,必须予以澄清。于是著《四书发明》《书传纂疏》《礼记集义》等书数十万言,力图以之正本清源。元延祐初年,朝廷恢复科举考试,有关部门硬逼陈栎参加,陈栎一试就中举,而后以身体有病为托辞,说什么也不赴礼部参加会试,一门心思在家教书著述,数十年不出门。

生性孝友,为人刚正,不趋炎附势,教诲学生,孜孜不倦。凡诸儒之说不合朱熹理学思想者,均予删削,尽力阐明朱子微词隐义。临川大儒吴澄极为赞赏陈栎对朱熹理学的贡献,凡是江东一带上门求学的士子,都极力劝说他们到陈栎门下学习。仅休宁一县拜陈栎为师的学者就有10余人,其中包括朱升、倪士毅、吴彬、金震祖、朱模等名士。此外,还有叶龙,字仲翔,城南人,官青阳县教谕,《徽州府志》称赞其文章缜密可法;程存,号澹成,著有《太极图说》《易说》《论语说》《读书漫录》《澹成集》;叶大有,字谦甫,洲阳干人,是陈栎心爱的弟子;朱克正,字平仲,里仁人,后中进士,官婺源州判;金惹愚,字伯明,峡东人,隐士;戴兰,字庭芳,隆阜人,警敏超群,俨然翩翩佳公子;陈光,陈村人,陈栎侄;程植,字仲平,汉口人,程愿学子,天资聪颖,心志可嘉。其他府县的弟子也为数不少。

在长时期的训蒙实践中,陈栎明确感受传统蒙学教材的缺陷,于是对传统教材进行了改造,编写了一系列适应学童特点的教材,如《论语训蒙口义》《中庸口义》《性理字义》《历代通略》《增广通略》《小学字训注》等。著述方面,涉经猎书,理道涵濡,贯穿古今,反复洞究,厚积薄发。元代文学家揭傒斯在《定宇陈先生栎墓志铭》中,高度评价陈栎治学的严谨和对朱子说的贡献:"宋亡科举废,(陈栎)慨然发愤圣人之学,涵濡玩索,废寝忘食,贯穿古今,罗络上下。以有功于圣人莫盛于朱子,惧诸家之说乱朱子本真,乃著《四书发明》《书传纂疏》《礼记集义》等书数十万言,其畔朱子者刊而去之,其微词隐义引而伸之,其所未备补而益之。于是朱子之学焕然以明。"

因其所居堂名"定宇",人称"定宇先生"。平日,陈栎与歙县诗人方回、休宁县学者曹泾等往来甚密,加之精通理学,对阐释和弘扬理学有功,人们便将他与吴澄并称为元代理学大家。他的主要著作除了前面提及的,还有《论孟》《书解》《读易编》《读诗记》《六典摄要》《三传节注》《增广通略》《新安大族志》等,数千万字。后人将其著作编为《定宇先生文集》十七卷传世。

陈栎执教蒙馆数十年,可以说蒙养教育是他借以弘扬道统的重要手段。科举制度废弛下,仕进无门的状况使得他只能以授课童蒙为生。陈栎在蒙养教育上辛勤数十年,其著作也多是蒙学教材。由此培养了一大批理学名儒,为程朱理学的传播作出了巨大贡献。

在学术上,陈栎以朱子为宗,所以他在理学思想方面注重对程朱理学的阐发与维护。对于程朱的思想,陈栎以继承和延伸为主;而对于与程朱理学相对立的学说,陈栎则进行了严厉的批判。在史学方面,他的史学思想受到理学的影响,治史具有为理学正名,使之摆脱空谈心性的误解的目的。而在历史观念和历史评判标准等问题上,则具有明显的理学思想的精神内核。在教育方面,长期从事蒙养教育的陈栎也有着自己的见解,他渴望师道的树立,对教师有着严格的要求。对待学习,他秉持着朱熹的读书学习法,并主张以儒家义理为先。在文学方面,他坚持文以载道的原则,并且认为习文作诗要以浑然天成为妙,并追求古气古意。这都是受唐宋以来身负道统的先儒的影响。总的来说,陈栎的学术思想都是以理学的思想体系为中心而展开的。这让他在史学、教育学、文学方面的见解都带有鲜明的理学思想的特点,也使他在对正统朱子理学的传承和弘扬上功勋卓著。

元统三年(1335)二月十四日陈栎去世,享年84岁。之后五天,原配朱氏也随他而去,享年79岁。夫妇俩合葬在陈村后山陈氏祖墓园地之内。翰林学士揭傒斯作《定宇陈先生栎墓志铭》,铭曰:"先生之学,既博而约。先生之行,既专而静。不为利疚,不为名高,杜门空山,与道游遨。其书孔富,其后孔茂。八秩非寿,与天地久。"

"和会朱陆"的理学家郑玉

郑玉(1298—1358),字子美,别号师山。歙县郑村人。

郑玉年幼时即聪明好学,经常向老师提问请教。听人读朱熹文章便默记于心,见人论朱熹理学则留意去做。时日一长,不仅"四书"含义逐渐领会,书中精髓也能融会贯通。其父郑千龄曾任淳安县尉,郑玉随侍在侧。在此期间,郑玉与时称"淳安七子"中的吴暾、夏溥、洪震老、洪迹多有联系。其中,跟从吴暾学习三年,与洪迹为相契学友,两人时常探讨学问。甚至有时郑玉有所感悟,哪怕半夜三更,也立刻骑马赶往洪迹住处交流感悟,"连日夜忘归"。这些学者都是陆九渊心学的传人,而郑玉生活在程朱理学的大本营徽州,接触到的都是朱熹理学。因此,理学、心学对郑玉学术思想的形成都有很大影响。

元至顺初年,郑玉随父北上京师。其间,奎章阁侍书学士虞集、翰林侍讲学士揭傒斯、艺文少监欧阳玄等人读过他所撰的数篇文稿,都认为郑玉"工于古文,严而有法",惊叹为"治世之音",十分欣赏其才华,准备向朝廷推荐他。不料郑玉竟然不屑于为官,随父南下。此后,郑玉从淳安返回徽州,绝意仕进,安居乡间,以讲学为业。时常身披短蓑、头戴斗笠安然垂钓于岑山之阴、浙江之畔,后人将此处名为"郑公钓矶""郑公钓台"。

郑玉学问渊博,声名愈益远播。远近来求学者很多,以致无法容纳。门人鲍元康乃特建师山书院,以接待四方学子,郑玉也因此被尊称为"师山先生"。郑玉一边教书，一边从事学术研究，并刊刻印行学术书籍。《师山先生文集》十一卷、《春秋经传阙疑》四十五卷、罗愿《罗鄂州小集》六卷等，均由门人洪斌、洪杰、洪宅兄弟及鲍元康、鲍深叔侄出资刊刻。有时郑玉也偕友人游历于浙西、江右及黄山等地山水之间。与都元帅府佥事、庐州人余阙，参知政事、江西金溪人危素，泉州路总管、歙县人郑潜，以及监察御史程文、婺源人胡默等一批官僚兼学者最为相知。

至正十五年（1355）六月，朝廷因大臣推荐，命有司以奉议大夫、翰林待制职衔征召郑玉入都，并赐御酒和束帛。使者到时，郑玉恰卧病。郑玉固辞不得，只好同意以布衣身份赴阙入觐。因江淮之间红巾军烽火阻隔，只能从海路北上。一路风餐露宿，郑玉原本羸弱的病体经不住如此折腾，在海上"复感风痹"，不能前行，才被特许返回里中。郑玉尽管是远离京师的山野布衣，仍被朝廷许以布衣入朝，说明郑玉声名远播。而郑玉辞官理由，一是他学问浅深、德量大小只有本人知晓，他不敢也不愿"炫石为玉"以"自欺其心"；二是"退处山林，咏歌尧舜，以乐太平"一直是他生平志向；三是当时"士大夫贪得患失、尸位素餐、廉耻日丧、风俗日坏"的官场风气令其寒心。在致顺帝的表文中如此直言，表明了郑玉不图虚荣、清廉自持的学者风骨。

至正十七年（1357），朱元璋大军入徽州。郑玉遭人蜚语中伤，从休阳山中被拘至郡城，亲戚友朋也受牵连。郑玉绝食七日不死，乃从容赋诗作文如常。他自知性命难保，先以书信与子弟诀别："吾当慷慨杀身，以励风俗。"其后，听说守将邓愈将重用他，郑玉大笑说："吾可大用耶？吾岂可事二姓耶？"毅然静心沐浴，穿戴整齐，北向拜别后自缢而死。

郑玉的学术思想以调和朱（熹）陆（九渊）为宗旨。他认为，朱陆之学大体相同，基本点原本一致，因朱陆气质不同而导致其学问有明显差异。朱陆之学各有长短。只有摒弃门户之见，才能取长补短，臻于完善。因此，郑玉在自己学术活动中自觉融会朱熹理学与陆九渊心学。一方面受朱熹"穷理必自读书始"观点影响，取天下之书而读之，以求圣贤之道；另一方面也受陆九渊"心即理"说及切己自反方法论影响，主张向内用功，用心体认天理。

郑玉虽"和会朱陆"，但总体以尊朱为主。郑玉师承属陆学，但他治经以求"本领"为指导，并不墨守师教。相反，在"和会朱陆"中明确地提出"学者自当学朱子之学"的宗旨。他公开标榜自己"读朱子之书，求朱子之道"。郑玉治《易》，以《周易程朱传义》为本；治《礼》，以《朱子师友仪礼通解》为宗。他特别推崇朱熹"尽取群贤之书，析其异同，归之至当，言无不契，道无不合，号集大成，功与孟子同科矣"的见解。

伦理纲常学说是郑玉学术思想的核心，目的是要确立封建的道德标准，以规范社会不同阶层人的行为。郑玉认同的道德标准就是"三纲五常"。他认为，纲常是国家之本，只有确立"三纲五常"的道德标准，才能维持世教，扶植人心，王朝才能长治久安。他根据《中庸》中"诚者，天之道也；诚之者，人之道也"的观点，认为人类"四端万象，莫非诚有"。也就是说，人若有"诚"心，便有了做人的根本。

郑玉治学以《春秋》为重点。他认为《春秋》是体道治世之大典，"《易》《诗》《书》言其理，《春秋》载其事，有《易》《诗》《书》而无《春秋》，则皆空言"。因此，他将《春秋》作为学术研究的突破点，概括出《春秋》经传并重、博采诸儒之说两大特征。其《春秋经传阙疑》一书是后世公认的理学界学术代表作。

郑玉关心后辈成长，不仅对跟从学习的门生厚爱有加，即便是对偶尔请教者也热心指导。休宁东门人邵思善任县衙给事，县尹唐棣是著名画家。邵思善在每日为唐棣洗笔磨墨并观摩其书画创作过程中亦有所得。他想远游四方以增见识，向郑玉征询意见。郑玉特作《送画者邵思善远游序》，认为"天地之大，幅员之广，四方之山川无或同也"。如巴蜀之山峭拔而水峻急，吴楚之山秀丽而水渟滀，齐鲁之山多特起、众水所归，幽燕之山多绵亘、水皆支流，决非新安山水所能涵盖。只有"收揽山川形势以为胸中丘壑"，他日创作才能"尽天下之胜"。郑玉的鼓励，不仅为邵思善远游壮了行色，也在一定程度上反映了后世新安画派的创作观。

理学名贤汪克宽

汪克宽(1304—1372),字德辅,一字仲裕,别号环谷,祁门南乡桃墅(今塔坊镇候潭)人。出身于书香世家,其祖父汪华,曾师从理学名家饶鲁,并受朱熹门人黄干指点。伯祖父汪相,满腹经纶,二人都是南宋末年祁门有名的理学家。

其父汪应新学识出众,曾著《便民二十条》上疏于朝廷,力陈治世要务。汪克宽资质聪颖,自幼饱受家学熏陶,6岁时跟随外祖父康鼎实学习《论语》《孝经》《孟子》,随口成诵,日记数百言。据说有一天,康鼎实特地出一个对子以考问诸孙辈:"童子六七人,浴乎沂水。"在别的孩童苦思之际,汪克宽已脱口应答:"英雄三百辈,随步瀛洲。"10岁时,父亲见其所学弥进,即以汪华求学于饶鲁时所问答之书信教授他,汪克宽遂学业大进,读四书能自断句读,研读精思,昼夜诵习,深得其中奥义,由此跨入朱子学门栏,更加废寝忘食静心苦读。

元延祐四年(1317)秋,三场乡试的试题被人传抄到祁门,县学里秀才们都在传阅讨论如何作答,年仅14岁的汪克宽不需老师指导,立即挥笔成篇,洋洋千言,字字珠玑,连老师都叹服不已。翌年,徽州知府聘请婺源道一书院山长胡炳文在郡学开堂试,以激励后进,汪克宽赴试中第七名,得赏朱熹《四书集注》一部。此后他多次参加郡学及紫阳书院堂试,均名列前茅。

至治元年(1321),汪应新听说浮梁学士吴可堂学识渊博,遂带汪克宽前往拜师。吴可堂见汪克宽听教颖悟,胸怀大志,即以其讲习之书教之,并毫无保留地将自己的读书心得全部教授,汪克宽遂得蕴奥,学业大进。至治三年(1323),吴可堂到杭州讲学,汪克宽随同前往。游学归里后,他在桃墅家中"中山书堂"专门建了一个书斋,自题匾名曰"思复",并在书斋立有"喜怒哀乐""主静存诚"等诸多铭文自励。

泰定三年(1326),汪克宽听说江西鄱阳县丞吴朝阳通过攻读《春秋》考中进士,就专程前去拜访。吴朝阳和汪克宽谈论起学习《春秋》的心得体会,告诉他说:"论《春秋》无他法,不过尊君抑臣、贵王贱霸、内华外夷而已。"汪克宽说:"先知三纲五常之大义,然后以考圣人之笔削。"意思是说要遵循封建社会的长幼尊卑的等级秩序,要以"春秋笔法"行事,也就是严格遵守朱熹规定的"三纲五常"的要求,以达到"明人伦"的目的。二人谈得十分投机,吴朝阳赞扬汪克宽是真正懂得《春秋》要义的人,引为知己。这年秋天,汪克宽参加乡试,果中举人,名列前茅。次年春,他又信心满满地赴京会试。考试由礼部主持,以汪克宽之才学本应得中,谁知其对《春秋》的论述与主考官的观点不同,考策问论天下时事又因直言不讳而触犯了当权者的忌讳,结果竟被金榜除名。知情者均为之叹息,就连当时的翰林院里也有人深为之不平,慨叹人才难得,"道之无常也"。

这次会试被黜,使汪克宽思想发生了重大变化,他体会到在朝廷昏庸、官场腐败的情况下,即便科举入仕也无法扭转局面,于国家于人民依然毫无裨益,反而不如抛开仕途,专心致志钻研学术有益,慨然曰:"道即不行于当时,不如著书立言,以贻后学,俾传之于来世,斯亦不负余之所愿也。"从此放弃应试入仕之念,以研学著述自娱。

天历元年(1328),汪克宽前往金华,拜访学者许谦,讲论道学。后又游学于各地,广交四方名士,如鄱阳朱公迁、建康彭炳等。黟县人汪泰初,家世业儒,于泰定年间建遗经楼,集藏经史之书。汪克宽与当时的一些名儒如陈栎、赵汸、倪士毅等,经常齐聚在遗经楼共同研讨理学,这里成了元代徽州学术研讨中心。此后休宁人汪德懋建万川家塾,延请汪克宽教授族中子弟。克汪宽的学术思想日渐成熟,学识与德行也名声远扬,以至于四方学界人士纷至沓来,向其请教。礼部尚书汪泽民特地让其孙汪世贤来拜汪克宽为师。至正十八年(1358)冬,朱元璋到徽州,想召见汪克宽,咨询治国之道。汪克宽以身体有病,不便前往加以推辞。

汪克宽生活清贫,但怡然自乐,不求闻达,为不影响做学问而多次有意放弃仕途。明朝建立以后,洪武二年(1369),在朝廷的一再诏请和礼聘下,他才应聘入都,协助宋濂编修《元史》。修史工作结束后,朝廷准备授其官职,汪克宽以年老多病为由推辞不受。后来朝廷又想留其修《大明集礼》，他只拿出所辑《周礼类要》一书交给朝廷，以备纂辑，仍然坚持要回乡。朝廷于是赐白金、彩缎等物，用官车送归家乡。还乡三年后，病卒于家。其子遵照遗命，葬其于邑东盛村之先茔旁，因其墓道前有"环谷神道"金字石坊，人称之为"金字牌"。

汪克宽终生治学，著作等身，有《经礼补逸》《春秋经传附录纂疏》《易经程朱传义音考》《诗经集传音义会通》《春秋胡传作义要诀》《通鉴纲目凡例考异》《春秋诸传提要》《周礼类要》《六书本义》《左传分记》《环谷集》共11种。其中《春秋经传附录纂疏》三十卷、《经礼补逸》九卷和《环谷集》八卷被收入四库全书。

大学士程敏政称赞汪克宽："六经皆有说，而春秋独盛；平生皆可师，而出处尤正。其道足以觉人，其功足以卫圣。"其为学独具特点：一是治经以《春秋》为重。元统二年(1334)纂成的《春秋经传附录纂疏》是其代表作之一，以阐发北宋胡安国的学说为主，一一考究其援引所出，有注有疏，于一家之学亦可称至为详尽，是研究胡氏《春秋传》必备资料，对明以后的理学界产生重大影响。二是重视对《周礼》《仪礼》《礼记》的研究，朱熹十分强调君臣、父子、兄弟、夫妇之礼，主张人们的行为要符合三纲五常的要求，鼓吹"存天理，灭人欲"。但朱熹有关对"三礼"的著述没有完成，他决心继承朱熹未竟事业，潜心"三礼"的研究，在这方面主要著作是《周礼类要》《经礼补逸》，而以后者的用力最深，对后世影响也最大，是对朱熹"三礼"学说的发扬光大。

《新元史》称："元末为朱子学者，以克宽为大师。"其毕生从教，弟子盈门，是元末明初新安理学的重要代表人物之一。潜溪学士宋濂亦尊称其为"理学名贤"。除了经学以外，汪克宽在文学方面也有相当造诣，诗文自成一家，《四库全书总目提要》称其文"皆持论谨严，敷词明达，无支离迂怪之习"，其诗"造语新警，乃颇近温庭筠、李贺之格"。

"以积思为本领"的学者赵汸

赵汸(1319—1369),字子常,号东山,休宁龙源人。出世时就异常聪明,尚在幼年时,听到人家读书就能背诵下来。12岁时,父亲赵克明将当时颇有名气的老学究胡林表请到家塾任教。他常常根据胡先生要求,借景即物,赋诗作文。一个秋日,蟋蟀叫个不停,胡先生便要他以《蟋蟀》为题当场赋诗,他稍加思索,脱口便吟:"赤翅晶莹何处归,秋来清响傍庭闱。莫言微物无情意,风虎云龙共一机。"胡先生听罢大为惊异,即赋《乳燕》诗作答,末句云:"他年高拂云霄上,莫负当年乳哺恩。"

稍长,遍访郡邑之师儒,眼界日益开阔,遂有负笈四方求学之思。为筹集盘缠、学费等,不惜变卖家产,遭到亲友非议,他却义无反顾。元(后)至元三年(1337),他前往九江拜黄楚望为师。黄楚望主张穷经以积思自悟为主,教人引而不发,使其自思。赵汸一再登门,先得其传授六经疑义千余条,后两年又得口授六十四卦义与习学《春秋》之要。接着,又先后到严陵(今属浙江省建德市)、杭州,分别拜访夏大之、黄文献等学者,收获良多。

至正四年(1344),父亲赵克明去世。守孝期满,赵汸又往江西抚州临川拜谒翰林学士虞集,受到虞集赏识。虞集病逝时,赵汸正随侍左右,凡丧事损益等一应大小事务均由赵汸主持,虞集诸子还请赵汸替父亲写了行状。至正六年(1346),赵汸再游九江,本想再看望恩师黄楚望,可此时黄楚望已捐馆仙逝了。虞集的门生苏伯修原为浙省参政,与赵汸友善,此时将入守京畿,便邀请赵汸当其幕僚一同去,赵汸想到家中老母便婉言谢绝,回到休宁故里龙源。

赵汸上江西下浙江,遍游吴楚,相继拜黄楚望、虞集等大家为师,深得理学精髓,又潜心钻研《春秋》《周易》。10多年后,他的学问大进,年纪轻轻便以学问渊博名倾士林。他没有辜负启蒙恩师的期盼,却已无从报答胡林表先生的乳哺之恩。他跪在早已作古的恩师坟头,立誓要教书著述,以慰恩师在天之灵。于是,在龙源西山脚筑"学人第"开课授徒,在村前东山筑精舍著书立说,终日忙碌,孜孜不倦。他的东山精舍,恩师虞集曾为之记,并援引赵汸自己的话以阐明精舍之意:"汸蚤(早)岁学于乡,所求程朱之绪余者,诵习经训,辨析其文义之外,无以致力焉。恐终身不足知至,毕世不能意诚。古昔圣贤师弟子之授受如期而已乎?窃尝思之,以求涂辙之正,至于道南之叹,而有感焉……而吾朱子所谓'潜思力行,任重诣极'者,亦将何所指乎?此精舍之作,所以愿尽心焉者也。"他以隐居的东山为号,人称东山先生。

时当乱世,在教书著述之余,赵汸未雨绸缪,带领家人和学生漫山遍野广种山芋,秋后,碾成山芋粉蒸煮结块切成砖形,砌藏于东山。不久,大闹饥荒,饥民望烟而来。赵汸命人取出一块块"芋块"下锅煮成可口的山芋汤,分给饥民享用,许多人赖此保住生命。至正十二年(1352),红巾军起义波及徽州,赵汸奉母避乱山中,母亲在郡县被收复后得以善终。至正十六年(1356),明军攻克徽州,朱元璋下诏访贤,三番五次,召他出山,他均以疾病推辞。他心里过意不去,便把赈济饥民剩下的"芋砖"统统给缺粮的朱元璋部下助了三日军饷,算是还朱元璋一个知遇之情。

至正十七年(1357),赵汸避居衢州烂柯山。至正十九年(1359)结茅于婺源古阆山,山深林茂,俗事几绝,潜心著述。虽处颠沛流离之际,但进修之功一刻也不停歇。至正二十二年(1362),他才回到休宁故里龙源。在婺源古阆山,赵汸一待就是几年,原因是这里有好友汪同。对一个即将成就霸业的君王征召,他可以置之不理,但对于元枢密院判官婺源人汪同的一纸书信十分看重。得知婺源被围,赵汸便连忙起乡兵赴婺源助汪同固守。赵汸能如此神速去婺源,深究起来大致有三重原因:其一赵汸祖辈在元朝当官,食元朝俸禄,理所当然要忠于元朝;其二,汪同是他的故交,至正十六年(1356)商山书院创建时汪同聘请他与师兄朱升同任山长;其三,婺源毕竟是理学宗师朱熹的故里,作为夫子的私淑弟子,岂能在夫子故里遭难之际袖手旁观呢?随后,由于助汪同保境安民有功,赵汸曾先后被授承务郎、江南行枢密院都事。不过,最后,婺源仍然被明军攻克。听从朱升的建议,朱元璋没有滥杀无辜,赵汸、汪同等作为败军之将受到礼遇。

朱元璋登基后的第二年,赵汸应诏入京参编《元史》,书成奏请还乡,嗣后,因疲劳过度,心力交瘁,这年冬天便病逝。生前,赵汸孝养父母双亲,居丧哀毁过礼,事诸兄备尽友悌,抚育幼小慈爱倍至。三兄客死在外,诸子不能办丧事,赵汸奉柩归葬。从兄子赵弼有遗孤,赵汸代之抚养成人,并在税收繁重之际,确保其基本产业不流失。吴氏外甥失去双亲,赵汸接来抚养。如此等等善行,不胜枚举。其原配为同邑程氏,生有二女,长适汪献,次嫁苏旼;男一人,为侧室朱氏所生。

明刘彦昺《赵子常》诗,是对赵汸一生道德文章的高度概括:"晨樵东山青,暮汲泉水绿。闭户动一纪,守道不干禄。平生春秋砚,疑义如剖竹。哀哉青城翁,心丧三年哭。"婺源詹烜在《东山赵先生汸行状》中说:"烜(詹烜自称)窃观先生之学,以积思为本领,以自悟为归宿,勉夫切己向上之工夫,而至乎穷经复古之成效,岂偶然哉!"在深研易象春秋要旨之外,赵汸还能诗善文:"其诗,五言初学六朝,后改习建安诸子及老杜;近体则学乎唐人。其为文,曰必以理胜为主,然后命意遣辞,则沛然矣。"平生著有《春秋集传》《左氏补注》《师说》《周易文诠》《四库珍本》《东山存稿》等。

"清白有声"状元唐皋

唐皋(1469—1526),字守之,号心庵(一作新庵),别号紫阳山人。其父唐羲宗是歙县藤川唐家坞(今属安徽省黄山市徽州区)人,唐皋为遗腹子。母凌氏移居岩镇唐家坦,不久亦卒,唐皋被过继给唐德盛为子。他身世凄凉,生活过得很艰辛,一度穷迫难以为继,靠亲朋好友接济度日。但生性聪颖,少年时期曾倚窗旁听私塾先生讲课,入耳不忘,得到私塾先生赏识,破例让他入读。从此,心无旁骛,安贫读书。

岩镇为徽州大镇,文风昌盛,镇上方富祯、方銮父子家藏万卷。唐皋家贫,为了多读书,经常到方氏家中借阅典籍,从而博览群书。他知文明理,文采敏捷,下笔立就,在诗文上具有很高的天赋。随着学问日进,成为诸生,并进入当地著名的紫阳书院学习。徽州知府彭泽称他为"状元才",礼遇甚厚,他自己也以夺取魁元为目标。但他的科举之途并不顺利,曾七次参加乡试,都未能考取,受到乡里好事者的讥讽。

明正德元年(1506),黎凤任金陵学政,岁考时,见到唐皋的文章,大为欣赏,将其列为第一。唐皋在徽州本地小有名气,由于不是名宦、富豪子弟,在南京籍籍无名,即使获得岁考第一,也难免受到质疑和嘲笑,于是他更加发奋读书。

按照明代制度,诸生岁考得一等,不仅有物质奖励,还可增为"廪生",由官府按年度发给米粮。有一年腊月,唐皋从郡城取得官府发给的米粮返家。途中,听见有一对夫妇哭得很伤心,于是向前询问原因。原来他们被高利贷胁迫,男子没有经济能力,只得卖妻还债。得知他们欠的钱,正好和他刚刚领取的"廪生米粮"价格相当,于是唐皋卸下米粮,全部送给了他们,保全他们夫妇团圆。回到家后,正当除夕之际,家中无米可炊,他只得顶着酷寒忍着饥饿,站在桥上吟咏,幸好遇到邻人方音。方音是医生,随身携带着药囊。方音典当了药囊,帮助唐皋过了年关。

又曾与友人一起谒见浔阳太守,太守欣赏他的才学,解下玉佩赠给他,又送他几百缗钱。后来,与他同行的友人说起家中困境,唐皋叹道:"你比我还要贫穷。"于是把太守赠送的钱财悉数赠给友人,让他好好养家。唐皋虽然自身困穷不济,却多次慷慨解囊,体现出仗义疏财的珍贵品格。

唐皋不仅义气慷慨,乐于助人,而且襟怀洒脱,善于谋断,做事负责任,因而在诸生中很有声誉。正德五年(1510),熊桂新任徽州知府,到任后,大兴文教,选拔出四十名青年才俊,并亲自到府学和紫阳书院为学子们讲学,唐皋就是其中之一。熊桂非常器重唐皋才学,有一天巡视乡里,去探望唐皋,发现唐家住所环境不太好,特意买下唐家邻居的一块地,为唐家改善环境。可见对唐皋的才学十分看重,对其中举也十分期待。正德八年(1513)春,江西王浩八起义军与明廷对抗,转战浙江,并分兵攻打徽州,徽州全境震动。都御史俞谏总制兵马围剿起义军,知府熊桂招募谋士,义勇防守。唐皋应召而出,出谋划策,积极防备,受到有司的褒奖。

正德八年(1513)秋闱,唐皋第八次参加乡试,主考伦文叙、贾咏等人对唐皋十分赏识,录为第二名亚元(《春秋》科目第一名经魁)。次年二月会试,得到主考官梁储、毛澄的赏识,得中第四名(《春秋》科目第一名经魁);三月殿试,中甲戌科一甲第一名进士(状元),授翰林院修撰,时年46岁。正德十二年(1517)二月,以翰林院修撰、承务郎的身份担任丁丑科会试主考官,会试后升授为儒林郎。同年七月乞假归省,这是唐皋中状元后第一次归里,可谓衣锦还乡。这次返乡,主要是参与刊刻先人著作《唐氏三先生集》,以及拜谒宗族先人坟墓。

嘉靖元年(1522)八月,朝鲜国王李怿派使臣祝贺世宗登基。世宗下诏,命唐皋、史道为钦差正、副使,着一品官服,率团出使朝鲜。按照惯例,出使朝鲜的使臣都会收到朝鲜君臣馈赠的金银财物,但唐皋婉言谢绝。朝鲜国王便想馈赠文房四宝等作为礼物,并说:"笔砚纸墨,均是书房常用的小物件,即使收用,也不有损清廉的美誉。"唐皋说:"朝廷之所以派遣我们出访,是知我等都是奉公守法之人。虽然您馈赠小礼物,假如我们收下,也是欺骗朝廷。"使团返程,朝鲜官员再度要求赠送礼物,依然不受。在副使史道的调和下,最后只允许收下一些药物。为避免礼包中掺进金银,唐皋还命人提前拆开查验。留下"文章无价,清白有声"的佳话。

归朝后,任经筵侍讲,有志施展抱负,敢言时事,屡屡上疏。嘉靖元年(1522)九月,上疏议浚运河事,世宗下发给工部商议,被采纳。又先后上《崇一德以享天心疏》《举旷典以备大礼疏》等。嘉靖四年(1525)六月,参与编纂的《武宗实录》完成,升任侍讲学士、奉训大夫,仍兼经筵讲官,受赐白金二十两、文绮二表里、罗衣一袭。在担任经筵侍讲的四年多时间里,他兢兢业业,晨兢夕历,以"多所启沃"著称。并将平日进讲的内容汇集为《史鉴会编》。嘉靖五年(1526)三月初三,病卒于京邸,年仅58岁。著有《心庵文集》《史鉴汇编》《韵书增定》诸书。

唐皋生于程朱理学之乡,又受业于程朱学术氛围浓厚的紫阳书院,以"紫阳山人"自号,说明了其以程朱理学为立身求学之本。早期的《殿试策》《紫阳书院记》等文章,体现出纯正的程朱理学风格,以朱子后学自居。晚年与王阳明大弟子邹守益友善,受阳明心学影响,文章本诸程朱理学而参以阳明心学,将之调和融汇、互相取资。他的诗文纪实性很强,风格多样,既有类似口占的创作,也有颇具民歌风格,更多的则是兼学魏晋盛唐风格的诗歌,多拟古之作,所作五七言诗皆具古范,境界超群,气魄雄浑。出使朝鲜期间,与李朝著名文臣李荇、苏世让、郑士龙、李希辅、南衮等人唱和,并将李梦阳等"前七子"的复古主张介绍到朝鲜,对李朝中后期文学复古革新产生深远影响。

理学卫士程曈

程曈(1480—1560),名象,字启瞰,号练江,又号峨山,休宁富溪人。唐乾符五年(878)端午,黄巢兵犯篁墩,新安程氏二十八世程沄(字季明)佐兄程澐起兵临溪东密岩。战乱平叛后,程沄居汊口,继而迁闵口。田连阡陌,人称"十万公"。程沄曾孙程炳,于后唐同光二年(924)迁居休宁大阜。其后几百年书香门第,十余世诗礼人家。家学之渊源,对程曈的学术思想,无疑产生了巨大而又深远的影响。

程曈早年母亲去世,其后24岁丧父,终生思念不已,事继母二十余年,盥栉不入私室。生有美质,甘恬淡,轻视轩冕,退处林泉,读书以自娱。早年即闻道,至晚年,苦心著述。与汪仁峰为道义交,往还辩论,弗明弗措。

明正德三年(1508),年仅29岁的程曈辑撰而成《新安学系录》十六卷,被誉为新安理学第一部"学案"。其书开篇,程曈首先绘就了新安理学的师承世系图,溯其流,穷起源,简洁而又明了地确立了新安理学源于程朱理学嫡宗正传的学术地位。其次,全书收录了自宋元以来至明代中期古徽州籍110位著名学者的行述史料和学术思想,新安理学作为一个独立的学术流派,得以系统而又完整地确立,并绽放出绚丽的光彩。

程曈在《新安学系录序》中写道:"孟子没而圣人之学不传,千有余岁。至我两夫子始得之于遗经,倡以示人,辟异端之非,振俗学之陋,而孔孟之道复明。又四传至我紫阳夫子,复溯其流,穷其源,折衷群言,集厥大成,而周程之学益著。"作为一名年轻的学者,程瞳把师承于程朱理学,而又远迢于孔孟之道的新安理学,梳理得如此清晰,并推崇至"孔孟之道复明""周程之学益著"的高度,结合书中人物资料的选择与编辑,将《新安学系录》以弘扬程朱理学为宗旨的主题思想,表达得淋漓尽致。

作为一名刚刚出道的学者,程瞳还在《新安学系录序》中提出了独到的治学思想。他以为,天下之道,出于圣人之手,传于孔孟之籍,而行于君臣、父子、兄弟、夫妇、朋友之间,他提倡以穷其理、力行以终的读书观,更提倡穷理修身、经学致用的治学思想。

《新安学系录》由安徽巡抚采进本收录四库全书总目。自明清以来,多次重修刊刻。《新安学系录》不仅是新安理学一部里程碑式的重要著作,更是一部令人瞩目的地方文献集,为"文献之邦"的徽州锦上添花的同时,也为欣欣向荣的徽学研究提供了弥足珍贵的历史资料。

正德十年(1515),36岁的程瞳辑撰而成《闲辟录》十卷。自朱熹和陆九渊"鹅湖之会"以后,程朱理学与陆王心学之间,学术交锋愈演愈烈。特别是湛若水、王阳明等人的学术活动在徽州迅速蔓延,不仅打破了新安理学一统天下的局面,也加剧了新安理学阵营的分化。针对朱熹和陆九渊的学术观点,新安理学队伍中,先有赵汸在《对问江右六君子策》中首陈"朱陆早异晚同"之说,后有程敏政因之,著《道一编》将朱陆之学分为三个阶段:"始焉若冰炭之相反""中焉觉疑信之相伴""终焉若辅车之相倚"。一时间,朱陆之学"早异晚同"的观点,蔚然成风。

被当今学界称作新安理学发展史上承先启后的重要代表人物程瞳,始终是以维护继承、发扬光大程朱理学为宗旨的鲜明形象,活跃在学术交锋的风口浪尖。《闲辟录》的问世,就是程瞳针对程敏政和会朱陆之学"早异晚同"所阐发的截然相反的观点。

《闲辟录》收集朱熹和陆九渊二人言论、信件、文集等著作,并加以按语,编辑而成。程瞳在《闲辟录》中,考证了朱熹和陆九渊往还争论的时间顺序,认为程敏政所持朱陆之学"早异晚同"的观点不能成立。《闲辟录》驳斥了程敏政颠倒事实,欺骗后学的做法。正如程缵洛在《刻闲辟录后》说道:"朱陆之学始终不同,具见两家年谱及文集、语录中,夫何草庐吴氏创为迁就调停之说。篁墩程公又继为始异终同之书,由是遂成千古未了之公案,历世不决之疑狱,道无从授指南矣。我先君深为此惧,爰取朱陆之遗书,考其岁月之先后,明其旨趣之异同,旁收博采,辑以成编,其心即孟子闲先圣之心也。"

《闲辟录》由浙江巡抚采本收录四库全书总目,当今存世版本有嘉靖四十三年(1564)其子程缵洛刊本、清正宜堂刊本。

程瞳还著有《阳明传习录考》三卷、《朱子早年定论》两卷、《朱子晚年定论考》等书籍。卒后墓葬休宁大阜和睦干,崇祀休宁乡贤祠、篁墩程朱阙里祠、休宁大阜思敬祠。

程瞳就是这样一位退处林泉读书以自娱的纯粹学者,从不随波逐流,以求真是之归,也不迷信权威,勇于学术争鸣。程瞳的学术思想与风格,在《闲辟录》的字里行间,彰显无遗。恰如陈清澜叹曰:"斯世也,而有斯人耶,斯世,而有众醉独醒无偏无袒之士,如峨山者,何处得来耶?其主意正矣!用心勤矣!卫道严矣!有功朱子矣!"

以求真是之归,造就了程瞳作为新安理学的坚定旗手。正如程瞳在《闲辟录》自序中写道:"瞳也,幸辱生夫子之土壤,而获世守其书,乃敢妄以闲辟之……若夫秉夫子之旌旗,捣陆氏之巢穴。"程瞳的学术思想,直接或者间接地影响了陈建、顾炎武等一大批后世学者。程瞳的学术贡献,道光《休宁县志》中也做出了"持论有功于圣学"的高度评价。

程瞳在家乡创建峨山精舍作讲习之所,传授理学。生有二子,长子绍濂,次子缵洛。"濂"即指濂溪周敦颐;"洛"指洛阳程颢、程颐。"绍濂"与"缵洛"的寓意就是程瞳对继承弘扬理学的毕生追求和殷切期盼。程瞳穷理修身的笃信之心,由此可见一斑。其中程缵洛,字速肖,号承斋,笃守学业,不干仕进,继承峨山精舍,教授生徒,闻名山外,远近争师事之。

"甘泉学派"传人洪垣

洪垣(1507—1593),字峻之,号觉山。婺源北宫源(今宫坑)人。年轻时随族叔洪熺习阳明心学,明嘉靖十一年(1532)中进士,其时湛若水担任礼部左侍郎,在京师讲学,于是受业湛若水。授永康知县,到任后,改建五峰书院以广开学者。《永康县志》记载,洪垣"廉慎有才,清税赋、兴水利、严溺女及火葬之禁,民至今思之"。因为政绩突出,考评优秀,授监察御史,嘉靖十五年(1536),巡按两淮盐政,以造福百姓为己任,并为王艮建东淘精舍数十楹以居学者。嘉靖十七年(1538),巡按两淮盐政结束后,返回婺源老家,湛若水赠诗为其饯行,对弟子洪垣体恤百姓,赞许有加。同年,湛若水撰成《洪子问疑录》一书,该书是对洪垣读《尚书》产生的种种疑问的作答。湛若水写道:"吾近极欲无言,一切文字尽欲废之。念吾峻之好学,勉强逐条具答,未知然否。"

洪垣任职监察御史期间,监察百官,巡视郡县,纠正刑狱,肃整朝仪,维护朝廷纲纪,刚正不阿,秉公执法。嘉靖十八年(1539),世宗南巡,册立皇太子,命夏言、顾鼎臣选辅导太子的老师,时任监察御史的洪垣,职责所在,向世宗上疏,指出夏言、顾鼎臣推荐的温仁和、张衍庆、胡守仲等十人都是平庸之辈,绝不可让此种人辅导太子,世宗根据洪垣的奏折,免除了温仁和等辅导太子的提名。不久,洪垣又上疏弹劾多人,都是官场贿赂,或无所作为,或弄虚作假、谎报政绩之辈。世宗将奏章转都察院和吏部审查,结果情况属实。于是涉案官员或坐牢、或撤职为民、或降职,并追责吏部尚书许赞,都御史王廷桐等人,使御史王之臣和考功郎曹世盛下属,单是获罪下狱官员有20余人。王之臣被降职,曹世盛调往他部,一时惊动朝野。

嘉靖十九年(1540),洪垣任广东道监察御史。同年,其师湛若水致仕,回到广东罗浮山居住朱明洞,洪垣专程到罗浮山拜访恩师。并在岭南朱明书馆编辑、刊刻《泉翁大全集》(八十五卷),并为其作序。又为湛若水在广州城东北建天关书院(又名天关精舍),有同然堂、自然堂等建筑,何鸿在《天关精舍讲章》中亦写道:"子曰:'古之学者为己,今之学者为人。'觉山先生巡按广东,建书院于穗城之东,延请泉翁先生开示来学。"湛若水在此曾五日、十日一会讲,四方学子多聚于此,其讲学语录专门辑为《天关精舍语录》或《天关通语录》。

嘉靖二十年(1541)四月,洪垣升俸一级出知温州。在温州知府任上三年,尽忠职守,捐俸立书院,创义田,重视教育。经常聚众讲学,受到各方欢迎,无论庶民吏胥、士人学子都环立而听。为官一任,造福一方,深受百姓爱戴。任职的第三年,温州闹饥荒,有粮商囤积居奇,不售卖粮,被饥民杀死,闹出人命大案,洪垣因此受问责,撤职返乡。此后,居乡40余年,读书、讲学、著述,穷其一生。

嘉靖二十五年(1546),洪垣温州罢官以后,有意前往广东湛若水处随侍学习,在回婺源的途中致书湛若水:"秋间来罗浮,居朱明而卒业焉。"湛若水得知洪垣到来,喜不自胜,多次相告友人,其得意弟子将来广东。嘉靖二十六年(1547),洪垣与邑人方瓘如约来到广东西樵山完成学业,湛若水特筑"二妙阁",安置两人。洪垣、方瓘两人随侍湛若水,聆听教诲,随先生到广东各书院讲学,专心致志研究,得"随处体认天理"的真谛。

洪垣、方瓘要返回婺源时,湛若水作组诗《赠洪觉山、方时素归福山五首》赠之。洪垣回到婺源后,湛若水十分挂念,在与其他学生的信件中更是多次提及洪垣。嘉靖三十一年(1552),湛若水再次给洪垣写信:"水于觉山、觉山之于水,其相爱之深、相信之笃、相期之远、相授受之真,水遍观海内,孰有能过之者乎?觉山诚亦遍观海内,孰有能过之者乎?虽海内之士观吾两人之相孚,孰有能过之者乎?"魂牵梦绕,湛若水梦中都记挂着洪垣,可见师生感情之深。

嘉靖三十四年(1555)底,湛若水90岁高寿,终于收到洪垣寄出的信函,喜不自禁,立即复函《答洪觉山峻之》:"拜读喜不自胜,悲而复喜。悲者,悲六载音问之断绝也,喜者,喜旧念之犹存也!白沙先师诗有云:'世维识宝人,爱宝如爱子。'宝为物所掩,念之颜色瘁,一朝宝复来,辄复喜不已。此吾爱宝之情也。所以爱觉山者,海内无双,安得不悲喜之深哉!"嘉靖三十九年(1560)二月,95岁高龄的湛若水约洪垣游武夷山,在洪垣前往途中,湛若水溘然仙逝,洪垣为恩师撰写《湛甘泉先生墓志铭》铭文。

湛若水在继承陈献章学说的基础上,以"随处体认天理"为宗,提出"格物为体认天理"与"为学先须认仁,仁与天地万物为一体"的理念,创立"甘泉学派",终至自成理学的一大门派,与王阳明的"阳明学"被时人并称为"王湛之学"。洪垣是湛若水四大弟子(永丰吕怀、德安何迁、婺源洪垣、归安唐枢)之一,被湛若水视为"可传吾钓台风月者"。一生著述甚丰,其中《理学闻言》为其代表之作。他继承了湛若水"随处体认天理"的思想,并将其改造为"不离根之体认"。洪垣这里的"根",多指心之天理,从而调停王阳明与湛若水之学的分歧。在知行观上,将其师"知行并进"的思想发展为"知行相因"。认为知—行—知这个过程,是针对普通大众而言,即需要以"已知"去行,再以行来穷"未知"。

另著有《史说》一书,具有很高的史论价值,其体例是针对一人一事在文后直接发论,根据自己的渊博知识在论史中能剖析历史真相,使世人能够更好地了解史实。论史周全,能够客观地评论历史人物,在论史时往往能站在古人的语境中设身处地进行分析、指评,对汉史中普遍认可的史实敢于提出自己不同的见解,通过史实援引揭示历史真相。

其他著作还有《易说》《应迹言》《周易玩辞》《理学要录诸言》等。

文史兼才谢陛

谢陛(1547—1615),字少连,一字少廉,歙县呈坎汪村人。谢陛5岁不会说话,开口说话即知劝导。婺州顺州知府游公来授馆,为长兄经师。父供其酒食,谢陛陪侍,游公向谢陛酬酒,谢陛拜首后方饮。游公叹道:"是儿当为令器。"

谢陛长大后从长兄受业,曾与潘之恒、方君在、王子和、汪汝凤、汪仲翔在黄山丞相源同馆读书,共相淬砺,乘其余兴,寻仙灯洞,穷逍遥溪,升钵盂之颠,据松冈之下,临流选石,忘情于春风沂水。谢陛嗜学,无所不睹,尤淹贯于史,为古文、时文各臻其妙,后以生童考为诸生,人比作柳下惠、鲁仲连。徽州知府何东序拣选优秀诸生读书于紫阳书院,谢氏兄弟子侄有6人,何公称谢陛可与谢惠连相比。其后,谢陛通过考试,成为廪生。

汪道昆成立丰干诗社,谢陛与王寅、陈达甫、江瓘等参与。游黄山、白岳诸胜,授简分赋,品评名次,谢陛常为甲等。后来父母相继过世,数次乡试皆落第,遂放弃科举,专攻古文。

谢陛出游金陵,六朝名胜遗迹,无所不到。四方缙绅学士及诗僧闻其名,皆与之相交。能饮,一次可饮数斗,绮谈倾四座,兴至成诗。哪怕是妓院歌女也盼着能被谢陛点评,这样身价马上就能增长。如徐翩翩,年十六,名未起,学琴不能操缦,学曲不能按板,舍而学诗。谢陛于众人中见之,说道:"此陈王所云'翩若惊鸿'者也!"大家以"惊鸿"重之,徐翩翩亦以"惊鸿"为字。谢陛曾与金陵著名歌妓马湘兰对烛咏梅花,自夜至明,各成百首。

谢陛之兄见其不用心科举,诘问道:"难道你忘了父亲的遗愿吗?"谢陛答:"我自认为不是当官的命,做儿子的不能完成的使命,那就留给孙子吧。"于是,谢陛出游更广,远者千里,久者经岁。所著《闺典》《酒史》《花乘》《品藻》《开黄稿》等书,脍炙人口。

湖广武陵(今湖南省常德市)龙膺于万历八年(1580)考中进士,授徽州府推官。汪道昆倡白榆社,推其为宰公。万历二十三年(1595)春,龙膺移谪湟中(今青海省西宁市一带),任巩昌府通判,谢陛与之同往。历洛阳,入函谷、秦陇,逾熙河,过湟峡。刚到湟中,则兵事告急,龙膺每日驱骋于军伍之间,喋血阴山,歼敌千计,始与谢陛诗酒歌曲。次年,俞安期亦来湟中看望龙膺。谢陛擅长史志,遂与俞安期同为编纂《西宁卫志》。志书完成,谢陛与俞安期始返家乡。

谢陛不满陈寿《三国志》尊魏之谬,认为陈寿为西晋人,晋承魏禅,尊魏即为尊晋,不顾纲常名分,以魏为正统,为其私心所在。孔子著《春秋》时,周室已衰,诸侯雄起。孔子以天王尊周,以宗国主鲁,以列国宾诸侯。汉得天下为正,所历年分,强半于周朝,虽然至三国鼎分,而孝献帝虚位,犹称号天王,昭烈帝偏安,还是帝胄。假使孔夫子作汉春秋,断然以正统予以蜀汉刘备,况《三国志》夺取孝献帝三十年之帝历而予以曹操,真是荒谬之极。其后,司马光纂述《资治通鉴》,依旧遵魏为正统,此本源于陈寿《三国志》。朱熹撰《资治通鉴纲目》,废除魏之正统,开始尊蜀汉刘备为正统。谢陛且有感于"自汉之前得天下者,有征诛而无篡弑,间有篡弑,亦名之曰(篡弑)耳。至魏氏父子,幽系其君,戕其君后,而夺之位……历五季唐宋,凡窃国之盗皆祖其术",于是历十年时间,著《季汉书》五十六卷,尊蜀汉刘备为正统,以与汉有关者为本纪,其臣为内传;以吴魏为世家,以其臣为外传;以无所联系者为载记,为杂传。首辅叶向高、礼部尚书李维桢为之作序。《季汉书》编成,其好友集资庆贺,布席于魏国公府第,四方与会者百人,选金陵六院丽人侑酒,时称文坛韵事。

万历三十五年(1607),张涛为歙县令。次年,张涛延请谢陛等人纂万历《歙志》,开歙县修志之先例。谢陛总纂《歙志》,三月而成,《歙志》作为歙县第一部志书,在宋罗愿《新安志》、明弘治《徽州府志》、明嘉靖《徽州府志》的基础上,参阅国史、府县档案、方策及私人著作,搜集了大量的资料,具有极高的文献价值。如《货殖传》仿司马迁《史记》笔法,对徽商的活动范围、商业资本、经营领域等方面进行了叙述,为研究明代徽商的重要资料。《歙志》辞藻华丽,铺排丰厚,洋洋洒洒,言似不尽,可与《史记》相媲美。

然而《歙志》付梓后,人情汹汹,一片非议之声,刊刻印行时,署名中竟无主纂谢陛的名字。天启三年(1623),编纂天启《歙志》。乾隆《歙县志·凡例》:"万历志体裁近史,致启读志公言,纷嚣聚讦。天启志易为调停之作。"江秉谦在天启《歙志》序中说道:"(万历《歙志》)操觚之士期以三月倏忽成书,中间多有庞杂挂漏之迹。自辨志公言一出,即大夫亦怅然,无解于人言,亟欲改正,大书国门,而朝命行矣。呶呶至今,悬未了之案。"

《歙志》以纪传体,用春秋笔法,叙中有议,以外史氏的方式褒贬,对人事进行分析议论,启发读者心智。志与史皆有惩恶扬善之体,然又有不同之处,史关黜陟甄别,兼书善恶;而志备记载,专纪善不录恶。谢陛编纂万历《歙志》秉承方弘静"冰心铁面""鉴空衡平"的旨意,议论犀利,语言苛刻,很容易引起人的不满,甚至对号入座。

谢陛在自序中也说道:"大夫揭示用天之道,以《春秋》法从事。阖邑之人始而诧,既而摇,寻而求,终而不知所测,彼此付之无可奈何。"张涛提议用《春秋》笔法寓褒贬,然而史书评论,因年代久远,无关宏旨。志书述近代事,评论近代人,不仅有局限性,还容易得罪人。虽然当时非议丛生,时至今日来看,万历《歙志》确是难得的资料。

谢陛晚年刊定新旧《唐书》,著《定唐书》,未脱稿,今存自序一篇,略曰以十八帝为本纪,为正唐书第一;以中宗、睿宗时而太子时而帝,作伏唐书第二;以南唐作闰唐书第三;以武帝作蚀唐书第四;以后唐作附唐书第五。可谓别出心裁。

万历四十二年(1614),谢陛西上吊张涛母丧,九月至武陵访龙膺。侍御杨修龄当时亦馆于龙膺潗园,知谢陛《定唐书》将完成,立即写信给杭州盐大使,谋划刊刻之事。其时,谢陛身体很衰弱,龙膺为之调理十多天之后,逐渐恢复,体态也渐丰腴,两人遂乘舟探渔仙岩诸胜。不久,龙膺让其子归乡,并为置装以佐婚嫁,仅留下两僮仆。万历四十三年(1615)正月十七日,谢陛突然感到恐惧不安,称《定唐书》还没脱稿,连日来关门写作,神思疲劳,大病发作。龙膺延请医生,然已毫无办法。至此,谢陛书写完遗书,命盥漱,请来诸僧梵呗送之而瞑目。龙膺、杨修龄与其门人秦万年、子成为经纪丧事,布政使蔡敬夫发檄赗赠,冯元敏安排舟船以运行,李维桢为撰家传,称谢陛文史兼才,世间罕有。

徽派朴学先驱黄生

黄生(1622—1696),原名琯,谱名景琯,庠名起溟,字生父,一字房孟,又字扶孟,自以为钟灵秀于黄山、白岳,号白山,别号冷翁,梦中作黄山诗,醒而遗忘,仅记"莲花史"三字,又号莲花外史,歙县潭渡黄氏春晖堂后裔。祖父黄其采买下族人黄日升百步园别业,将其改名非园,作为子弟读书之处,以期登科名。父黄家偃,好读书,性耽幽洁,常蓄名香佳茗以待客。明末清初,徽州细民(奴仆)宋乞等不堪忍受地主剥削,率奴仆起义,一时学士皆辍业。黄家偃率同志结社赋诗,陶写性情之乐,喜诱掖后进。

黄生在家庭环境的熏陶下,以读书科举为业,9岁开始题诗,十四五岁即以诗人自期,遂不以家产生计为意,着重于诗品与人品方面的修养。

黄生家有武师,号程一腿,樊塘人,尤擅腿功,前后左右无不神妙。黄生之弟黄琬13岁,还不及单刀高,即能舞单刀。黄生亦习搏击,然仅悟得草书之法而已。

清顺治二年(1645),徽州被清兵攻破,歙县诸生江天一抗清被杀。黄生率先倡议抚恤其家,时人多以义气相称。其后,黄生偶见江天一遗墨,即购买留存,并撰诗称扬江天一"节义文章第一流"。明亡之后,黄生以诸生舍弃科举,坚决不仕。

顺治十六年(1659),郑成功袭击江南,徽州东山营游兵把总唐士奇乘机叛清,不过十来日,聚众数千人,攻打府城不果,继而转攻休宁,因受抗拒返回,占据了潭渡一带。当时乡兵欲集结反扑,而徽宁兵备副使孙胤裕下令居民不得轻视叛兵,以致有杀伤,使得潭渡百姓转避他处。黄生亦带着妻儿避于山林。叛乱平定,然而潭渡全村各户已被叛兵劫掠干净。黄生愤而撰《书己亥年事》,揭露官府的怯懦。

黄生认为,书不可不尽读,友不可不尽交,天下之名山大川不可不尽游。遂历钱塘,渡大江,与屈大均相遇于淮海之间,典裘沽酒,高咏唱和,旁若无人。所交王炜、龚贤、屈大均、王华夫、释坚密、洪舫皆为名士。

金坛(今属江苏省常州市)蒋超,幼年耽于禅寂,不茹荤酒,23岁考中探花,官至顺天府学政,清慎得士心。与黄生为知交,招他为自己的幕僚。黄生称其"缙绅一寒士,妻子常冻饥。啼号不入耳,有钱辄挥霍。急人如急己,宦游苦蹭蹬"。两年后,黄生告归,知蒋超"萧然野鹤姿,插足鹓鹭里。守道乖时尚,物议颇见訾",劝其致仕。蒋超报书道:"辱教言言肝膈,倘我侥幸生还,当弃妻子入山学道,千秋事业让公矣!"任期满,蒋超即弃官浪游。后到峨眉山,已得疾,遂作书别亲友,端坐而逝。后有眉庵和尚,为蒋超旧知,驻锡潭渡青莲庵,黄生请其止栖于黄山楼结夏。

黄生与吴蓉城为知交,曾坐馆其家近十年,后复以书招,黄生作诗云:"相识满倾盖,交情久始真。感君悬榻意,仍及杜门人。远道舟车懒,衰年几杖亲。殷勤托双鲤,缄泪报江滨。"以年衰道远辞谢。吴蓉城为清河县训导,将擢知县,又招黄生前往,黄生亦以年老谢拒:"欲和弹冠庆,深惭鬓发凋。"

靳治荆为文学家王士禛门人,康熙二十一年(1682)来任歙县知县,风流倜傥,幕僚与交往者如黄宗羲、曹贞吉、袁启旭、梅文鼎、梅庚、钱柏龄等多为名流。得知黄生隐而不出,食贫著书,与世无争,便说到此地做县令,岂可不见其人?有人把此话转告黄生。黄生赠以诗云:"自怜野鹤性,不敢近阶墀。"过了很久,黄生才与汪沅相伴而来。他俨然古貌,衣冠不加修饰,以所著《一木堂稿》见示。靳治荆见其文真实不浮,足裨名教,不由叹道:蒋超视学畿辅之地顺天府,邀黄生为阅卷,也只有蒋超才能罗致黄生。

黄生淹贯群籍,著述繁富,著《一木堂诗稿》十二卷、《文稿》十八卷、《内稿》二十五卷、《外稿》三十卷,侄黄采思为之付梓;辑《一木堂字书》四部、《杂书》十六种;评《文筏》三十卷、《诗筏》二十卷、《杜诗说》十二卷及《古文正始》《经世名文》。未几,《一木堂集》因禁销毁,辑评诸书多散佚,所著《三礼会籥》《三传会籥》等书,亦不传。休宁戴震知黄生之名,修四库全书采进时,未见其书,迫属当事访求,得《字诂》一卷,《义府》二卷。

黄生所著《字诂》《义府》篇章不多,由声原义,在探讨语源、明假借、贯通连绵词、考释俗语及字本义诸方面,取得斐然的成就,给后来的乾嘉学者做出良好表率,为清代训诂学的全面复兴,奠定了坚实的基础。

《四库全书总目提要》评价《字诂》称:"于六书多所发明,每字皆有新义,而根据博奥,与穿凿者有殊。盖生致力汉学,而于六书训诂尤为专长,故不同明人之剿说。"评价《义府》称:"上卷论经,下卷论诸史、诸子、诸集,附以赵明诚《金石录》、洪适《隶释》、郦道元《水经注》所载古碑,陶弘景《周子良〈冥通记〉》训诂。以别教之书缀之卷末,示外之之意焉。生于古音古训,皆考究淹通,引据精确,不为无稽臆度之谈……虽篇帙无多,其可取者,要不在方以智《通雅》下也。"

黄生族裔黄承吉精汉儒之学,为嘉庆时期扬州学派代表人物之一,称黄生"于声音之道,为汉晋以来诸家所无";章太炎称"其言精确,或出近世诸师之上。唯小学,亦自黄氏发之",章太炎所著《文始》,对音义的研究,达到登峰造极的地步,然而溯其源,实由黄生发其端,其功自不可泯灭。

黄生自幼喜好吟咏,晚年又与唐模许氏、西溪汪氏、双桥郑氏、傅溪徐氏等联素心社。所著《一木堂诗稿》收有诗词762首。黄生对于诗歌的品鉴,有着独特的眼光。认为"古诗必宗汉魏,近体必法唐人",古诗无规矩,无门径,不过直陈胸臆,然而皆源自《诗经》,感人以声不以辞,喻人以志不以事。汉魏以后,始事修辞,加之粉绘,遂日渐衰落。而近体诗是唐代风尚所趋,首重格律,傅之以色泽,运之以风神,斯为上品。读唐诗一读了然,再过亦无异解,唯读杜甫之诗,屡进屡得,足验其造境迥绝诸贤。而杜诗之所以能集大成者,在于"上自《骚》《雅》,下迄齐梁,无不咀其英华,探其根本,加以五经三史,博综贯穿。其材之所取者博,而运以微茫窈眇之思;其力之所负者宏,而寓以沉郁顿挫之旨,故能大含元气,细入无伦"。黄生论诗,认为诗家欲为不朽计,贵在立品。古人身没而名不灭者,非徒以其诗,在于立品必高于流俗。

黄生长子黄吕,幼承家学,工诗文,毫无雕饰,天真烂漫,惜传世甚少。精绘事,凡山水人物、花鸟虫鱼,纵笔所如,皆臻妙境。书法宗晋人,晚年益朴茂。兼工篆刻,遒劲苍秀,有秦汉遗风,汪启淑与之交好。作画每题以自作诗,钤以自镌印,世人赞为四美兼具。

"疑古"学者姚际恒

姚际恒(1647—约1715),字立方,号首源,休宁苏田村人,寓居仁和(今浙江省杭州市)。出身于经商世家,祖父姚应达是休宁县庠生,父亲姚黄是钱塘县庠生,他自己则是仁和县诸生。萧山(今属浙江省杭州市)毛万龄在仁和县任教谕,成为姚际恒的老师。姚际恒后迁居钱塘县,在徽商出资兴办的杭州崇文书院学习。

姚际恒读书非常勤奋,记忆力超强,少年时代就经常沉溺于书中。他家中富有,藏书极多,仍嫌不够,经常到书肆中去搜求珍稀典籍。时间一久,他的头脑也成了一座书库,只要指出某书某句,他张口就能回答出来。姚际恒的侄子、史学家姚之骃称姚际恒"插架者与腹笥俱富"。

姚际恒早年专注于词章之学,所居海峰阁在西湖边上,西面的窗子临湖,屋檐镶嵌旧窑霁红碗,在夕阳的映照之下,满室生辉,霞光璀璨。作《西窗绝句》云:"高阁虚明木榻施,昼夜兀坐每移时。湖山一角当窗面,烟树残霞晚更宜。"还写有一首《宣和宝砚歌》,全诗400多字,以古朴典雅的文笔,细述宣和宝砚的曲折际遇和宝贵价值。该诗的特异之处,在于诗句中夹杂着不少考证,使得诗歌饱含知识趣味。这是姚际恒工书画和精古玩鉴赏的学者修养在诗中的自然流露。姚际恒的诗歌不同于一般的抒情诗,而是以深厚的学养为根基,是典型的学者诗。

中年以后,姚际恒专心治经,64岁时完成《九经通论》一百七十卷的撰述。他治学不迷信前人,敢于否定,大胆疑古。其中《尚书通论》辨伪古文,《礼经通论》辨《周礼》《礼记》中的伪作,《诗经通论》辨《毛序》。姚际恒家境优渥,经常有学者到杭州,就借住在他家。而姚际恒也乐意接待这些学者,同他们讨论学术问题,增加自己的学识。桐乡学者钱煌到杭州,住在姚际恒家中。当时,姚际恒正好完成了《周礼论注》,论述《周礼》是伪书。见到钱煌,便把自己的书拿给他看。对姚际恒的观点,钱煌深感震撼。

毛万龄家住杭州竹竿巷,其弟毛奇龄于清康熙二十六年(1687)辞职归隐,就住在毛万龄家,从事学术研究。毛奇龄是清初著名的经学家、文学家,与兄毛万龄并称为"江东二毛"。毛奇龄以经学傲睨一世,挟博纵辩,务欲胜人,抨击朱熹《四书集注》,撰《四书改错》,阮元推崇他对乾嘉学术有开山之功。由于毛万龄的关系,姚际恒同毛奇龄相识,共同的学术兴趣,使他俩成为挚友,毛奇龄在他的《西河文集》中多次提到姚际恒。两人关系虽然密切,但一涉及不同的学术观点,总是争相辩驳,互不相让。例如,毛奇龄对姚际恒认为《周礼》《古文尚书》为伪的学术观点就不认同,作《周礼问》,卷首就辩驳姚际恒的观点。

谈及清初的疑古风尚,人们一般都会想到阎若璩的《古文尚书疏证》,殊不知在《古文尚书疏证》成书之前,姚际恒已有《古文尚书通论》一书问世。康熙三十二年(1693),姚际恒完成《古文尚书通论》后,拿给毛奇龄看过。这年的冬天,阎若璩来到杭州,毛奇龄就介绍阎若璩与姚际恒认识,姚际恒拿出自己的著述给阎若璩看。阎若璩对姚际恒的考证成果非常肯定,并将姚际恒的很多考证成果采用到他所著的《古文尚书疏证》中。

《庸言录》是姚际恒的一部读书札记,该书杂论经史、理学、诸子,分经、史、子三类,共70种,一些前人辩论精确的内容也被收入,并载于书前,以期征信。书后附《古今伪书考》,是一篇专门辨伪的目录。姚际恒认为古书中全部是伪作的,有"经部"《易传》《古文尚书》《尚书汉孔氏传》《诗序》《周礼》等19种;"史部"《竹书纪年》《十六国春秋》《隆平集》等13种;"子部"《关尹子》《六韬》《文中子》《李卫公问对》等38种。认为真书中有伪的,有《庄子》《列子》《管子》等10种。认为书不伪而撰人伪的,有《山海经》《越绝书》《吴越春秋》等6种。书不伪而书名伪的,有《春秋繁露》《东坡志林》等2种。不能定其作者的,有《国语》《孙子》等4种。

姚际恒大胆怀疑古代经书的言论,发前人所未发,惊世骇俗,不为世俗所容。《四库全书总目提要》称姚际恒"持论弥加恣肆",可见他的观点也不被官方认可。一直到清末,近代思潮兴起,姚际恒的学术观点才开始引起学术界的重视。梁启超只读到方鸿蒙《诗经原始》中征引《诗经通论》的片段,就得出"精悍绝伦"的评价,预言《诗经通论》价值会越来越受到学术界的重视。姚际恒善于思考,富有怀疑与创新的精神,影响到后来以胡适、顾颉刚、钱玄同为首的一批著名学者,形成新文化运动中的"疑古派",他们风起云涌地反对旧说,怀疑一切古书。顾颉刚曾说,他受姚际恒影响最重要的一点,便是疑古辨伪的精神。

姚际恒不仅是一位经学家,同时也是一位目录学家,著有《好古堂书目》,具有很高的目录学价值。该书目对于古籍的分类,尽管沿袭了传统的四部分类法,但其间子目的分类依然有许多开创之处。举例来说,史部创器用、虫鱼、方物、川渎小类,子部创类家类,都是别为品目,异前人的分类方法。并且经、子二部均有汇集,又在四部外别立经、史、子、集总一类,这种做法应该是近世目录学家别立丛书部类的滥觞。因其价值很高,得到藏书家丁丙的赞扬。

姚际恒还是一位书画器物鉴赏家,所著《好古堂书画记》反映了姚氏这方面的精深造诣。《好古堂书画记》分上、下两卷,《续集》一卷,取家藏书画、古器,以笔记形式辨其真赝,究其原委。姚际恒以疑古辨伪著称,但堂号"好古",与其治学的态度似乎不合。由此也可以看出,在他身上既有学究的认真劲,也保持着早年专注词章之学轻松惬意的文人本色。《好古堂书画记》的文字风格比起考据辨伪的枯涩,也显得比较轻快有趣,如记《黄筌金盆浴鸽图》:"大幅着色,牡丹下金盆,群鸽相浴。有浴者,有不浴者,有将浴者,有浴罢者,有自上飞下者,共十一鸽。各各生动,极体物之妙,真神品也。"在姚际恒的古玩收藏品中,书画占大头,亦有不少绣像、刻丝、镌印、砚石、研山、石屏、古琴、香盒、古墨、旧纸等,显示出他的兴趣爱好。

徽派朴学奠基者江永

江永(1681—1762),字慎修,又字慎斋。婺源县江湾镇江湾村人。出身于寒儒之家,父亲江期为寄籍江宁县(今属江苏省南京市)学生。自幼聪慧过人,6岁能写数千言日记,少年读书过目成诵,凡有藏书之家,必上门求阅。曾见邱浚《大学衍义补》征引《周礼》,非常喜爱,朝夕诵读,进而研习《十三经注疏》。举凡古今制度、天文地理、中外历算、声韵钟律等无不探赜索隐,对"三礼"(周礼、仪礼、礼记)尤精思博考,为他后来治学奠定了良好基础。

清康熙四十年(1701),成为县学生(附生)。次年,开始他60年的教书讲学生涯,先后设馆婺源县大畈、江湾、宜园、七里亭,休宁县山斗、五城和到歙县紫阳书院等地讲学。康熙五十三年(1714)补廪膳生,乾隆七年(1742)充当贡生。曾受程恂之邀至京师,三礼馆方苞、吴绂等人向其请教有关冠礼、婚礼问题,江永从容回答,深受敬重,感叹"先生非常人也"。晚年应歙县西溪汪泰安延请,到"不疏园"讲学,戴震、程瑶田、金榜、郑牧、汪肇龙、方矩、汪梧凤、吴绍泽等一批学者常聚于此,他们读书作文、相磋相切、探讨学问,可谓极一时之盛,后来这些人都成为徽派朴学的骨干。江永将宇宙万物比作一个"丸","弄丸"即是探索天地间万事万物的自然规律。因而将自己书房取名"弄丸斋",自号"弄丸主人",专意著书立说。

江永是徽派朴学的奠基者。既博通汉学,又兼重宋代理学;既重考据,又善推理;创一代学术之风。在音韵学方面,是清代音韵学审音派的开创者。他的《古韵标准》《音学辨微》《四声切韵表》三部音韵学专著,广泛涉及古音学、今音学和等韵学,并以创造性的研究,构建了一套音韵学体系。对于"六书"(象形、指事、会意、形声、转注、假借),第一个悟出要从本义、引申义、假借义全面解释词义的角度来考虑"转注""假借"的思路。认为"转注"是本义的引申,"假借"则是同音或相似之音的替代。同时科学地研究语音的发展变化,不仅注意古今时间的区别,而且注意南北地域的不同。以代表中古语音体系的《广韵》为研究对象,以宋代"等韵图"作为钥匙,展现《广韵》全部音系;著《四声切韵表》,除了四声、阴阳、开合口外,还把未被人揭破的秘密——洪细音揭示出来,且加以解释。这在当时历史条件下,人们还不懂今天的发音学,又没有国际音标这一套新的记音符号,而能区别汉语音节的四等洪细,实在是了不起的一大进展。江永是第一个把等韵理论运用于古音研究的朴学家,他在古音研究中创立阳声韵、阴声韵同一入声韵的理论。这一"异平同入"(江永称作"数韵共一入")理论,对后世影响很大。江永还是清代礼学的一代宗师,对儒家的礼学著作,曾下工夫进行考索、辨伪校勘。撰《周礼疑义举要》七卷,对先秦名物加以考释,其中《考工记》两卷颇多创见。又用七年时间,搜集散见经传杂书中的古代礼乐制度,完成"精核之作"《礼书纲目》八十八卷。《四库全书总目提要》评议:"(江)永引据诸书,厘正发明,实足终朱子未竟之绪。"

江永治学特点突出表现为"经世致用",努力以所学裨益于世。一大旱之年,江湾的水碓因缺水没法舂米,面对乡亲无米作炊的窘境,江永经过琢磨,带领村人在后龙山西端山头,造了一座利用风力舂米的"风碓",解决村民苦旱之年舂米问题。雍正初年,江湾下游汪口村,两溪合流,洄旋凶险,每遇洪水则容易覆舟溺人。为免除乡民的这一祸患,江永全面观测这段河流各个时期的流量,精心筹算,倡议村民以拦河造堨来提高水位、平缓湍流。他考虑到筑堨后不能影响航运,于是将堨设计成曲尺形。即堨坝从河的南岸延伸过来砌成长90米、面宽15米的横坝,到距北岸25米处,坝体直转上游方向筑成长30米的直坝,直坝与北岸之间所留有的25米宽缺口,既是行舟放排的通道,又可吞吐上游水流量,减小水流对堨面的冲击力,而且山洪暴发时便于泄洪。江永设计的"平渡堰"建成300年来,虽经无数次洪水冲击,至今安然无恙,仍使人们受益。

在治学之道上,江永力求做到"博、精、新"。所谓"博",即"博通古今",要"广撷博讨、搜集散见";所谓"精",即"精深研究",以"穷其理"而"辨其微";所谓"新",在于"勤于阐发、有所创新",切忌固守前人之见而止步不前。在具体方法上,他提倡"比勘",就是要"善排比、勤考释、重辨微",称如此才能"比之细、考之详、释之精、辨之深"。如引证《水经注》考定郇在山西临猗的西南,两地相距30里左右,纠正杜预合郇、瑕为一个地名的错误。

江永治学严谨,善于思考。每著一书,既能采择前人长处,又有自己独创见解。他曾说过:"著述有三难:淹博难、识断难、精审难。"所谓"淹博",是指要充分地占有资料,力求把握研究对象的各个方面,反对以孤证作为立论的基础;所谓"识断",是指在分析研究对象时要具有正确观点,必须经过严格的审查和验证;所谓"精审",是指利用科学的方法,是所是,非所非,善于分析辨别。江永之所以能在学术上取得令人瞩目的成就,就是在"淹博"的基础上作出"识断"从而"精审"的结果。

江永毕生不谋仕进,虽然多次被荐,但均推辞不就。其曾写信与戴震说:"驰逐名场,非素心,卒不能强起。"他一生蛰居山村,力学于清苦的生活中,笔耕不辍,写下大量的著作。据不完全统计,约有39种,260余卷。乾隆三十八年(1773),清廷为编四库全书博采天下遗书,江永的著作被四库馆采入的有16种。其所撰《推步法解》五卷,刑部尚书秦蕙田编《五礼通考》时载入"观象授时"类;朝鲜李朝天文学家南秉哲誉为"学历象者先路之指南"。乾隆五十一年(1786),江南乡试以"乡党篇"命题,参试士子凡举江永学说者,皆得中式。后张之洞撰《书目答问》,江永16种著作又被作为治学必读之书给予介绍。

著作等身的学者汪绂

汪绂(1692—1759),初名烜,字灿人,号双池、重生,婺源县十九都段莘人。其父汪士极,精通音韵、历算、律吕之学,工古诗文。汪绂幼年就显示出非凡的记忆力,3岁时,母亲江氏朗诵经书给他听,随着母亲的朗诵,他即刻就能背诵。汪绂家中贫穷,没有能力进私塾学习,父亲喜欢游历,长期客居金陵,母亲博通经史,主要靠母亲教导。5岁,江氏开始教他句读。8岁,对《易经》八卦有自己的见解,曾经折竹枝排八卦,江氏看见以后对他说:"八卦有断有连,你排的八卦都是连画,错了。"汪绂回答:"我以仰体为阳,俯体为阴。"江氏又看汪绂排的《卦变图》,说:"此图自下而上,阴阳每次相交,变为一卦。"觉得很有意思。汪绂的父亲和哥哥听了江氏的话,都非常吃惊,觉得汪绂这么小,就对八卦有如此理解,长大了一定会对《易经》的研究很有成就。汪绂虽然对《易经》有兴趣,但汪家历代以治诗传世,所以从9岁开始,只是学习《诗经》。13岁,开始学习《尚书》。之后,凡四书五经皆有浏览。

23岁那年,母亲因贫病交加溘然长逝,他只好前往金陵投靠父亲。然而父亲汪士极以"无以自存"为由,要汪绂自谋生计。身无所托的汪绂为谋生,和乡友一起奔江西景德镇官窑为佣糊口,成为一名画碗的工匠。在做佣工的日子里,他极为敬业,因学习认真,善于观察琢磨,勤于苦练,显示出过人的艺术天赋,赢得了许多同行的欣赏,人称他"所画山水、人物、花鸟,精细处迥异众工"。工作之余,他从不出门,只是读书,他还称母丧三年不喝酒不吃肉,不参与任何应酬,一些佣工便讥笑甚至侮辱他,久而久之,他便成为大家眼中的书呆子。这样的日子日渐维艰,加上做画碗的工匠不是他平生之志。于是,他选择了离开景德镇。

此后,汪绂来到邻近景德镇的乐平,凭自身才学,在石姓人家谋得一份坐馆授徒的差事。倘徉经典、传业授徒是他的理想愿景。但因和主人性格不合,在石家只勉强待了一年。接下来在长达两年的时间里,辗转江西万年、弋阳、上饶、永丰之间,常靠乞讨填肚。有时天黑无处安身,只得露宿荒山野庙。即使是在这样的绝境中,汪绂仍没有停下求知的脚步。旅途中,凡遇到不识之草木,一定请教他人。凡听到良言、看到善行都记之备忘。后来漂泊到福建,在枫溪沈家谋得开馆授徒之职。福建陈总兵闻听汪绂学识非凡,便把他请到蒲城去担任童子老师,此后,汪绂终于渡过难关,生活逐步安定下来。汪绂对教书育人有浓厚的兴趣,加上他学识广博,品性谦和,深得学生们的喜爱。蒲城许多学子仰慕汪绂才华,纷纷前来求学,其名声日响。

30岁那年,父亲病逝,汪绂料理完丧事又回到福建蒲城开馆。随着求学者的增加,学馆规模也渐渐扩大。汪绂以培育英才为己任,不求富贵,不受名利蛊惑,殷勤教诲,自壮至老。他一面教书,一面继续苦读钻研学问,研究经学博综疏义,穷究事物的道理,剖析精微,每看到书中有可疑之处或有自己的新感受,都随手记录、批注。取书室名为"松竹草堂",仿松竹的操守自励,坚韧不拔,在清苦环境中写下了大量著作。

他学问渊博,治学范围极广,对《易经》、《春秋》、《礼记》、《诗经》、医术、兵制、术数、篆刻、琴学都有深入的研究。他一生著作等身,著有《易经诠义》十五卷,《尚书诠义》十二卷,《诗经诠义》十五卷,《四书诠义》十五卷,《诗韵析》六卷,《春秋集传》十六卷,《礼记章句》十卷,《或问》四卷,《参读礼志疑》两卷,《乐经律吕通解》五卷,《乐经或问》三卷,《孝经章句》一卷,《医林纂要探源》十卷、《附录》一卷,《立雪斋琴谱》两卷,《乐府外集琴谱》四卷、首一卷,《山海经存》九卷、首一卷,《六壬数论》六卷,《戊笈谈兵》九卷,《大风采》四卷,《双池策略》六卷等,计三十六种两百余卷。理学研究继承朱子"博学观",认为"学不可不知要,然所以得要,必须从学得多后,乃能拣择出紧要处"。工诗文,著有《双池诗集》六卷、《双池文集》十卷,诗文古朴,不事雕琢,不好浮词,认为"诗只依字句吟咏,意味自出"。

汪绂著作生前未能刊刻成书,乾隆三十六年(1771),四库开馆,其高足沱川余元遴将汪绂遗著呈上,被安徽学政朱筠遴选入四库全书,才得以广播天下。此后,汪绂的著作曾多次刻印出版。其中的雕版印本既有官刻本、私刻本,也有书坊刻本,比如婺源紫阳书院,曾先后7次刻印过汪绂的多种著作。还有婺源遗经堂、一经堂、金世德堂及余煌、王廷言,江苏书局,浙江书局,江苏曲水书屋,安徽博文书局、刘景炜、余敬业堂,长安赵舒翘,嘉兴沈维峤等,都刻印或重刊过汪绂的著作。四库全书定稿之际,朱筠明令婺源地方官员,为汪绂立木主附祀紫阳书院,亲撰木主文大力予以褒扬。

汪绂终身未能进入仕途。但曾于51岁应试过督学于府城后,补县学生员为秀才。53岁赴金陵乡试,未中。56岁再应乡试,虽然也未中,但主考官邓钟岳在卷上批曰:"朴老歉温润。"62岁时,这位老秀才第三次应乡试,仍不中。此后汪绂绝意科举,皓首穷经,著书立说,直至68岁故去。

经学诗人程晋芳

程晋芳(1718—1784),谱名志钥,改名廷镶,因梦开榜有晋芳名,又改名晋芳。束发读刘念台《人谱》,心慕之,因刘曾讲学于蕺山,遂以蕺园为号。

程晋芳出身于名门世家,高祖程量入自歙县岑山渡迁扬州业盐,祖父程文阶由扬州迁居淮安。家世殷富,程氏盐商"多畜声色犬马",程晋芳13岁独嗜读书。家所故藏五千六百余卷,藏书楼前有桂树数株,因以桂宦名书楼。他综览百家,于学无所不窥,经史子集,天文地志,虫鱼考据,俱有研究。程晋芳积30年,罄其资购书五万卷,与四方文士来者,觞咏其中,穷日夜讨论之。

清乾隆二十七年(1762)三月,乾隆南巡经过淮安,程晋芳献赋,召试行在,作《江汉朝宗赋》四章。乾隆大悦,拔置第一,赐举人,授中书舍人,协办侍读事,后充方略馆纂修。程晋芳45岁时,始出售淮安财产,偿还以前所欠账目,举家北迁京师。乾隆二十九年(1764),为蒋士铨题《归舟安稳图》,赠其南归。

乾隆三十五年(1770),程晋芳游苏州,会吴泰来、王文治等,作《钓弋行灯歌》。无锡华淞自淮返里,程晋芳来会。后又经皖北行,在扬州与沈大成、金兆燕、侍朝等会,作《竹西访桂歌》。程晋芳一生与吴敬梓、陈古渔、阮葵生、蒋士铨、王宸、边寿民、任大椿、严长明不仅都有交集,而且有思想交流及诗文和唱。

乾隆三十六年(1771),程晋芳考中进士,授吏部主事。乾隆三十八年(1773),乾隆帝下诏设立四库全书馆,开馆后,经诸大臣荐举,程晋芳被择优录用,与任大椿等人先后入馆,分任编校工作。不久充总目协勘官。四库初稿完成后,经馆阁诸臣校覆,一些馆员校核讹错,会遭到不同程度的谴责,唯独程晋芳所校之书,毫发无疵。书成,乾隆特改授程晋芳为翰林院编修。由部曹改官翰林,事不多见,足见程晋芳才识渊博。程晋芳编修四库全书与当时的翰林院尚书刘墉共事,成为莫逆之交。

程晋芳为人喜好帮助亲戚好友,凡前来求助者,莫不应声,未前来求助者,亦强给以帮助。又将家计付给家奴管理,任其侵占,以致借债累累,难以偿还。老年时,贫病交迫。与陈古渔、吴敬梓相交往,陈古渔家境十分贫困,而程晋芳作《赠陈古渔》诗称:"与子往还今五春,子贫如故我贫新。"吴敬梓亦为贫士,见程晋芳家道转贫,不由得执其手说道:"子亦到我地位,此境不易处也。奈何?"乾隆十九年(1754)十月二十八日吴敬梓去世,程晋芳为作《哭敏轩》诗三首;乾隆三十三年(1768),程晋芳又作《文木先生传》,述吴敬梓生平。

程晋芳是个纯粹的学者,而且很有风度,史称秀眉方颐,有一掬漂亮的长胡须,人们形容他笑的神态,总爱用"掀髯而笑"一词。除了读书外,他没有别的嗜好。乾隆元年(1736),娶表妹扬州萧氏。后因纳妾,尹璞斋开玩笑,在婚礼上写了一副贺联:"莺啭一声红袖近,长髯三尺老奴来。"其父两江总督笑骂儿子道:"阿三该打!"

程晋芳好交友,"遇文学人,喋然意下,敬若严师。虽出己下者,亦必推毂延誉,使其满意""延接宾客,宴集无虚日""江淮耆宿,一时若无锡顾震沧、华半江,宜兴储茗坡,松江沈沃田诸君子,咸与上下其绪论"。乾隆元年(1736),程廷祚到北京科举应试,北上南下时,两次过淮安,结识程晋芳,后两人成为挚友。"自是三十余年,先生(程廷祚)游淮扬必主余家。余应试江宁,必与先生昕夕聚首,其得稍有识知,窃附于文人学士之末者,皆先生教也。"

乾隆十六年(1751),程晋芳客淮安,与边寿民、史震林、周振采、邱谨、程茂等会于晚甘园。乾隆十七年(1752),至金陵应试,经吴敬梓介绍与江宁严长明相会,并与严长明同出太平门游栖霞。严长明纪以诗,诗中讲到程晋芳曾筹划重修《宋史》。此年,程晋芳还为程茂题《晚甘园风雨晦明图》。

乾隆十九年(1754),程釜谱钱谦益事为拂水剧上演,程晋芳观后作《纪事诗》。无锡诸洛过淮南还,程晋芳为题《类谷居图》。乾隆二十年(1755),浙江王又曾旅淮安,程晋芳与他及程茂等会晚甘园。乾隆二十六年(1761),至金陵,结识诗人陈古渔。乾隆四十年(1775),程晋芳与张埙、翁方纲、戴震等在京,以朝鲜花茶为题作诗会。乾隆四十四年(1779),与洪亮吉、黄景仁、张埙、翁方纲、蒋士铨、吴锡麒等在北京结都门诗社。程晋芳死后,当时京师人云:"自鱼门先生死,士无走处。"

乾隆二十八年(1763)"桂宦""拜书亭"等房产为讼家所得。四库馆开,曾奉诏进献数百种,《四库全书总目提要》著录其"编修程晋芳家藏本"书有350余种。其中有183种书籍共332卷被用作辑编四库全书的底本。另有167种书籍被作为存目编入《四库全书总目提要》中。当代学者张一民撰有《桂宦藏书在淮安》。

乾隆三十九年(1774),遭遇洪水,程晋芳家产淹没甚多,藏书亦星散于民间。程晋芳至交袁枚在其困顿时,曾先后向袁枚借贷五千两银子。程晋芳客死陕西,巡抚毕沅,经纪其丧,孤儿与两妾共十余口毫无依倚,袁枚在祭奠时,将借券焚毁,松太巡道章攀桂赠给葬地,毕沅赡养其遗孤。

晚年与朱筠、戴震同游,乃究心训诂,著述甚丰。著有《周易知旨编》《尚书今文释义》《礼记集释》《群书题跋》。有《蕺园诗集》三十卷、《蕺园近诗》两卷、《勉行堂诗集》二十四卷、《勉和斋文》十卷、《群书题跋》六卷、《礼记集释》十二卷、《诸经答门》十二卷、《春秋左传翼疏》三十二卷、《诗毛郑异同考》十卷、《尚书古文解略》六卷、《尚书今文释义》四十卷、《周易知旨编》三十余卷。

袁枚在《随园诗话·卷十》中说:"鱼门太史于学无所不窥,而一生以诗为最。余《寄怀》云:'平生绝学都参遍,第一诗功海样深。'寄未一月,而鱼门自京师信来,亦云'所学,惟诗自信',不谋而合,可谓知己自知,心心相印矣。"赵怀玉在《勉行堂文集》卷首《勉行堂五经说序引》中说:"先生于世,诗名最重。"

程晋芳论经,极推宋儒。所作《正学论一》云:"及宋贤出而圣学大明,修齐治平之理较然为一,如周、程、张、杨、李、朱子诸人,既小试之事,而无不治矣,使大用之而有不胜任者哉!自是以降,守程、朱正脉者,四百年中且数百人,其尤著者数十人,皆所谓俯仰无愧者。"

乾嘉学者篆刻家汪肇隆

汪肇隆(1722—1780),原名肇潾,又名肇龙,字稚川,又字也君,号松麓,徽州府城人。篆刻自成家法,精究石鼓文,多所考定,为当时所推崇,与程邃、巴慰祖、胡唐合称"歙四家";在经学方面,与方矩、金榜、郑牧、程瑶田、汪梧凤、戴震共师江永,世称"江门七子",精研三礼,遗有札记,惜未成编。清乾隆二十七年(1762)副榜贡生候补儒学教谕,以坐馆授徒为生,参与编辑乾隆《歙县志》。

汪肇隆小时体弱多病,父汪文镳病故,兄长汪肇澜不幸早夭,嫂嫂李氏守节,弟弟汪肇蓉年幼,母陈氏因悲痛难忍而眼枯,家徒四壁,主要经济来源全在李氏的针线纺织。汪肇隆13岁刚上学,为了生计,被迫停止读书,凭能力所及供养家庭。长大外出经商,然而汪肇隆不善于奸巧伪诈,而转到学篆刻以卖艺养家。汪肇隆为人篆刻,首先务必自己感到满意,不取悦于别人,亦不知取巧,所以得利甚小。不过篆刻由此而得到要领,既能通其义,又能书写,浑厚严正,同时的人皆不能够与之相比。

汪肇隆因家学渊源,富藏碑拓,幼年就致力于篆刻,凡古代传世碑刻,基本上能亲眼见到。对于鼎彝款识、秦汉印章,都能够旁搜博考而本于六书之学以贯通,不仅"信于耳"还能"信于目"。时日经久,渐渐通晓六书。汪启淑在歙县南乡绵潭建绵潭山馆,藏汉代以上铜章玉印,请汪肇隆前往为之编成印谱。汪肇隆在绵潭山馆住了很长时间,日夜摩挲,得其真谛,故而在辨别真伪方面了如指掌。

汪肇隆22岁受到族人汪存宽的器重并劝之读书,开始从汪存宽学章句。汪肇隆一旦开始学习儒业，发奋努力，废寝忘食，遂通晓四书五经大义。其后，汪肇隆又从淳安方棨如、方粹然父子学制举。

乾隆十八年(1753)，婺源县江永馆于西溪汪梧凤家，汪肇隆与程瑶田、金榜、戴震、方矩、郑牧、汪梧凤共师之，皆有成就，人称"江门七子"。汪肇隆在攻读的同时，在西溪南授徒养家。汪肇隆边授徒，边自学应试，每隔三五日，就将疑问写在纸上，托学徒带给汪梧凤，以求解答，不过两年时间，道理豁然贯通。

汪肇隆从游江永，专力治经，取道于宋代王应麟，清代阎若璩，而以汉代康成为宗，对于《尔雅》《说文》诸小学书以及水经地理、步算钟律、音韵器数名物之学，无不博综群籍，考据精审，而于三礼尤下深功夫，师友佩服其沉心用力，皆以不朽之业相期待。

乾隆二十五年(1760)，汪肇隆39岁，通过童子试，进入府学。乾隆二十六年(1761)，汪梧凤延请生死之交汪肇隆、戴震前来为儿子汪灼等讲学。三人在一起辩论时，往往声色并厉。因汪肇隆思维较迟钝，理胜者大约汪梧凤、戴震为七八，而汪肇隆不过一二。于是汪肇隆旁求侧引，夜以继日，深思熟虑，直到彻底明白，可见做学问异常严谨。乾隆二十七年(1762)，戴震考中举人，而汪肇隆亦以副贡进入太学。

乾隆三十年(1765)，乾隆南巡，金榜应召试，授内阁中书舍人，于是戴震、汪肇隆跟随金榜同往京师，进行会试。在京师，凡是公卿知道戴震学问的，也都知道汪肇隆的造诣，皆招邀汪肇隆前往，而汪肇隆却独自躲藏起来，前往郑虎文处求学。郑虎文与岩镇金云槐相交甚深，而金榜又与郑虎文的长子郑师雍"同谱"。后来郑师雍带汪肇隆来到家里时，郑虎文就立即认可了汪肇隆。一天，汪肇隆与郑师雍游太学，观石鼓文，回到住处，用心摹写其文，然后加以注释，撰写《石鼓文》千余言，考定出为周宣王时史籀所篆，非后世之物，尤为郑虎文所尊敬。汪肇隆对于尊彝钟鼎诸古篆、云鸟蝌蚪之文，一眼就能辨出，在黑暗中用手就可摸识，世人叹为古今绝学。其时，曾任安徽学政的刘星炜任工部侍郎，在上书房侍读。皇八子永璇听闻汪肇隆之事后，传命刘星炜让汪肇隆为其摹印，由此，汪肇隆名声轰动京师。

此年，汪肇隆在会试中落榜，从京师回乡，郑虎文作有《送汪二稚川归里二首》。乾隆三十一年(1766)，郑虎文主紫阳书院时，汪肇隆在朱子祠东边的古怀德堂开私塾，遂请汪肇隆教两子郑师靖、郑师愈。郑虎文认为徽州当时经学研究最为突出的为汪肇隆与江永、戴震、程瑶田、金榜五人。

汪肇隆与巴廷梅为挚友，巴廷梅之子巴慰祖，早期师从汪肇隆，曾取宋代薛尚功的《钟鼎彝器款识法帖》范金代石摹拓为《款识追》,郑虎文为之作序,汪肇隆亦爱而序之,称胜过薛氏,然汪肇隆之序今已不可见。郑虎文掌紫阳书院山长,与汪肇隆往来甚密,胡唐恰好在此读书,于八分书篆刻特别痴迷,汪肇隆为其点拨教授。

乾隆二十六年(1761),与方苞、姚鼐并称"桐城三祖"的刘大櫆任黟县教谕,歙县为府治所在地,刘大櫆以公事至歙县,与汪肇隆、方矩、金榜等相交。汪肇隆又介绍汪梧凤给刘大櫆认识,乾隆二十九年(1764)九月初八左右,与汪肇隆等人游黄山,共六日而归;乾隆三十二年(1767),刘大櫆离任居歙县汪梧凤家,遂与汪肇隆等晨夕相处,谈论古今。当年,张佩芳任歙县知县,早年从胡稚威处得知刘大櫆,听闻此事,立即聘请到歙县,为诸生讲课;又请汪肇隆与程瑶田、汪梧凤、方矩为所著《陆宣公翰苑集注》进行参订。张佩芳又另建问政书院,请刘大櫆主讲。乾隆三十五年(1770),张佩芳修《歙县志》,延请刘大櫆总纂,时为贡生的汪肇隆与廪贡生吴宁、举人胡赓善、程瑶田、程启佑分修。乾隆三十六年(1771),程瑶田要进京会试,刘大櫆亦已年老将回枞阳,汪肇隆与汪梧凤等相送,直到城外河西桥,依依不忍别去。

汪肇隆之弟汪肇蓉,父兄相继亡去,由汪肇隆抚育长大,对汪肇隆毕生恭敬。其后外出经商,供养家庭,使得汪肇隆能够一心一意地业儒。乾隆四十一年(1776),汪肇隆前往楚地汪肇蓉经商之所。乾隆四十二年(1777),郑虎文收到汪肇隆所寄来的信件,"情词悱恻,心骨为酸,老泪承睫,咽不忍读,勉强竟纸,悲何可言"。而这时郑虎文亦将离开新安,想到此年五月二十七日戴震去世,心有凄凄然,又觉得汪肇隆脸色不好,声气不足,忧其不能长寿,于是回信敦促汪肇隆早日将三礼之书编著出来。

乾隆四十五年(1780),汪肇隆卒于益阳,仅生一女,以弟汪肇蓉之子汪永祚承继两家为嗣。汪肇隆与程瑶田所居相隔不远,不仅为砚友,亦为挚友。汪肇隆卒后,汪肇蓉将其兄常披阅之书交给程瑶田。汪肇隆在书上作有批注,程瑶田《五友记》载将为之抄录出来,若是不能成书,也将根据内容进行扼要地论述,使得汪肇隆之经学成就长存于世。惜汪肇隆昔日所编之《印谱》无存于世,而经学方面著作亦无多见。

近代启蒙主义思想家戴震

戴震(1724—1777),字东原、慎修,号杲溪,休宁县隆阜村(今属安徽省黄山市屯溪区)人,早年由于家境寒,没有条件请家庭教师,只好进族里办的"义塾"。戴震读书很用功,记忆力非常好,塾师授以经籍,他过目成诵,日数千言不肯休。深思好问,每一字必求其义,塾师为其讲解传注,常被他难住,遂取《说文解字》授之,三年尽得其旨,又取《尔雅》《方言》及汉儒传、注、笺互相参考钻研,一字之义,必本六书,贯穿群经,方才下结论。对所学经籍训释,从不附和他人意见,遇有疑难,便自己用功查考,17岁时,就已通《十三经注疏》。

清乾隆九年(1744),戴震写成其首篇著作《策算》。他通过筹算方式解决古籍中所载的算术问题,借以锻炼自己逻辑推理的能力,为以后的经学考据和哲学思辨打下基础,两年后,完成《考工记图注》的写作,同邑程恂一见大为赞赏,并将该文介绍给齐召南,齐称为"奇书"。乾隆十七年(1752)夏,经歙县汪松岑介绍,馆于汪梧凤家,教其子侄。不久,汪梧凤又把婺源江永接到家中,戴震因此有机会向江永学习数学、音韵学和名物、制度等。当时与戴震同时向江永问学的尚有程瑶田、金榜等。这一年,戴震写成《屈原赋注》十二卷。

29岁时,补县学诸生。戴氏家族中有族豪侵占本族公地,戴震极力主张向官府控告。族豪倚财结交县令,戴震恐受其害,于乾隆二十年(1755)避祸入京师,寄居歙县会馆。其时钱大昕、纪昀、王鸣盛、王昶、朱筠等均在京,同为甲戌进士,以学问名于当时。闻戴震至京,前往拜访,"叩其学,听其言,观其书,莫不击节叹赏,于是声重京师,名公卿争相交焉"(段玉裁《戴东原先生年谱》)。纪昀尤为推崇戴震所著《考工记图注》,将该书刊刻印行。又经钱大昕举荐,戴震受聘于秦蕙田,助秦编纂《五礼通考》。后馆于王安国府第,教授其子念孙,念孙亦成大器,成为著名的语言学家。乾隆二十二年(1757)末,戴震往扬州,一度受聘于卢见曾。在卢处得识惠栋,撰有《题惠定宇先生授经图》一文。

乾隆二十七年(1762),戴震乡试中举。次年入京,会试不第,居京数月。戴震在京屡次讲学,段玉裁都参与听讲,并数次欲拜戴震为师,被戴震所辞。直至四年后,段玉裁才成为戴震的正式弟子。乾隆三十一年(1766),戴震平生最得意之作《孟子字义疏证》完成,从而奠定了他在中国哲学思想史上的地位。乾隆三十三年(1768),应直隶总督方观承之聘,至保定纂修《直隶河渠书》。次年,往山西太原,客山西布政使朱珪府中。应汾州知府孙和相之聘,修《汾州府志》三十四卷。两年后,又应汾阳知县李文起之聘修《汾阳县志》十四卷成。

乾隆三十七年(1772)末,戴震往浙江金华,主讲于金华书院。次年四库开馆,选天下精于校雠者入馆,戴震被特召为纂修官。与戴震同时召入京的还有邵晋涵、周永年、余集、杨昌霖,前三人都是进士,唯戴震、杨昌霖功名仅至举人。戴震九月至京师,第二年十月校《水经注》成,进呈高宗,高宗为奖戴震编纂之功,尝作诗一首:"悉心编纂诚堪奖,触目研摩亦可亲,设以《春秋》素臣例,足称中尉继功人。"(段玉裁《戴东原先生年谱》)并下令将该书编入官方《武英殿聚珍版丛书》刊行。

乾隆三十九年(1774),戴震还完成了校勘《九章算术》的工作,其后又陆续辑校出《周髀算经》《海岛算经》《孙子算经》《五曹算经》《夏侯阳算经》《张丘建算经》《五经算术》等数学著作。我国古代算学有过很高的成就,由于多种社会原因,很多数学著作都已散失或者残缺不全。戴震对发扬中国古代算学深感兴趣,早在乾隆二十八年(1763),就欲校《九章算术》未成,入四库馆后方遂愿。戴震辑校的上述古代数学著作,大部分由孔继涵收入《算经十书》,戴震自己所著的《策算》和《勾股割记》亦被孔附刻于《算经十书》之后。由于戴震的搜求辑校,使我国传统数学得以流传,功不可没。

戴震一生孜孜于学,曾6次参与会试,均落第。乾隆四十年(1775)最后一次会试落第后,高宗命戴震同其他贡士一道参加殿试,赐戴震同进士出身,授翰林院庶吉士,仍任四库馆纂修。次年三月,戴震得足疾,行走不便,仍在寓所著述不息。乾隆四十二年(1777)五月上旬,撰成《声类表》九卷,此时离其逝世不过十余日。孔继涵称戴震《声类表》"凡五日而成,固由精熟诣极,然先生神思亦恐太瘁矣"。生活上的清贫,加上劳心过度,戴震终于累垮了身体,年仅54岁就病逝于京师寓所。墓葬休宁商山几头山,今为安徽省重点文物保护单位。

戴震学识渊博,著作丰富。他是数学家,著有《筹算》《勾股割圜记》,校勘了《九章算术》《五经算术》等算学古籍;他是史志学家,校勘《水经注》,主修《直隶河渠书》,编修《汾州府志》《汾阳县志》;他是天文学家,著有《原象》《续天文略》《迎日推算记》;他是文物学家,对古代乐器、服装以及典章制度都有研究;他还研究过机械,著有《自转车记》《嬴旋车记》。他在学术思想上,造诣最深、影响最大的两个方面,一是考据,二是哲学。在训诂考据方面,目的是通经明道。"凡故训、音声、算数、天文、地理、制度、名物、人事之善恶是非,以及阴阳、气化、道德、性命,莫不究乎其实。"校勘一部《水经注》,前后竟删去妄增字1000多个,改正错讹3000多处,补茸阙佚2000多处,足见其所下工夫之深。

在哲学思想方面,戴震的主要著作有《孟子字义疏证》《原善》《答彭进士允初书》《与某书》等。他假借疏证孟子学说的形式来阐发自己的哲学思想,尖锐地批判了程朱理学,有力地抨击了封建主义。戴震提出"人欲即性"的思想,用"欲、情、知"说明人性,这是戴震以前任何一个思想家所没有的,也是他的一个贡献。戴震认为,"理存乎欲","天理"离不开人情、人欲,不能离开人们的生活去空谈性理,也不能用绝对精神的"理"来禁锢人们的正当欲望。他断言,即使伟大的品质,如"仁""义""礼""智"都不过是人类基本本能,"食""色"的简单扩大。进一步讲,这些美好的品质是"道"的显现,人欲也是"道"的体现,"饮食男女,生养之道也,天地之所以生生也"。减少或压制人欲的企图,在戴震看来,会造成伪善、不公道以及无数的其他社会弊病。戴震这一具有人道主义意义的人性理论,被称为中国近代启蒙主义思想的发端。

皖学儒宗程瑶田

程瑶田(1725—1814),字易田、易畴,一字伯易,号葺荷、让堂、啊郎、葺翁、一卿等,别号辨谷老民、让泉过客,歙县城东荷池人。祖程正印,积而能散,好行其德,施棺椁数十年;父程兆龙,国学生,佐助徽州知府何达善积贮粮食,教民纺绩等,生七子,程瑶田居长,以手有田文,故名之。

程瑶田少年时,父亲延请汪廷龙来坐馆授业。汪廷龙让程瑶田说说自己的志向,程瑶田说道:"无志,穷达由天命。穷为匹夫,不得曰非吾志而却之也;达为卿相,不得曰吾志不及此而逃之也。"在座者皆肃然起敬,赞叹道:"是圣贤之志也!"程瑶田说道:"读书不当师圣贤耶?"程瑶田后为诸生时,郑虎文掌教紫阳书院,对程瑶田甚为器重。

清乾隆十一年(1746),程瑶田与府城汪肇龙订交,自此,程瑶田家居时,两人几无一日不相见。乾隆十四年(1749),程瑶田初识戴震。时人多不治《太傅礼》,经传互错,字句讹脱,学者难以读懂。戴震出以所校《太傅礼》见示,程瑶田读罢而惊异,于是订交。次年,程瑶田与汪肇龙、汪松岑从寓居河西的淳安方粹然读书,每论及当世可交而资讲习者,莫过于戴震。因此,汪肇龙、汪松岑也与戴震订交。不久,方粹然父方楘如应徽州知府何达善之聘来掌紫阳书院,又与汪肇龙、汪梧凤等从方楘如游。方楘如对程瑶田所作诗极为称赏。其时,郑牧学宗宋儒,戴震学宗汉儒,汪梧凤以经学旁及子史百家,方矩以文,汪肇龙以经,而程瑶田以诗名,时称六君子。

婺源江永曾被知府延请至紫阳书院讲课,程瑶田与郑牧、戴震、汪肇龙、汪梧凤已拜其门下。乾隆十八年(1753),江永馆于汪梧凤家,方矩、金榜、汪梧凤、吴绍泽从其学。乾隆二十年(1755),江永回婺源县编修志书。乾隆二十二年(1757),江永复馆于灵山方矩家,程瑶田等亦前往从学。江永馆在歙县期间,程瑶田与戴震、金榜、汪肇龙、方矩、郑牧、汪梧凤共同师学,皆有成就,人称"江门七子"。

程瑶田读书极用功,鸡鸣即起,夜半就寝,数十年如一日。然而科举之路极为坎坷,参加九次乡试,直到乾隆三十五年(1770)才考中恩科举人,授太仓州学正。乾隆三十六年(1771),赴礼部参加会试,桐城张若滩听闻程瑶田之名,延请至家,给子弟授业,居京师六年,声誉品望,一时翕然。程瑶田参加会试屡屡落第,然而恬淡自如,安素乐天。直到乾隆五十三年(1788)春,选授江苏嘉定(今属上海)县学教谕。廉洁自持,以身率教,旋因病乞归,当地有人购来忠烈名流手迹赠予他。程瑶田说:"乡先生手迹,宜藏于乡也。"那人对道:"先生不取吾邑一钱,岂破纸亦不受耶?"程瑶田这才接受。钱大昕赠诗"本是经人师,原无温饱志";王鸣盛赠诗"官惟当湖陆,师则新安程。一百五十载,卓然两先生"。后授徒歙县灵山方氏,读书不辍。

嘉庆元年(1796),举为孝廉方正,同时被举荐的还有钱大昭、江声、陈擅,阮元认为,在推举的所有人中,程瑶田足以冠之。嘉庆二年(1797),为藏书家黄丕烈手书"学耕堂"。嘉庆七年(1802),受浙江巡抚阮元之聘,监铸杭州府学镈钟,多所厘正。

程瑶田为乾嘉时期著名经学家,所作《论学小记》为其儒学思想的主要反映。宋代理学家张载主气,朱熹主理,明代王阳明主心,到了清代,戴震认定张载主气,将心性之空谈转为气说之实质。而程瑶田认为:"有天地,然后有人、物,有人、物,则有其质,有其形,有其气,有其性。斯有其性,是性从其质、其形、其气而有者也……人之质、形、气,莫不有仁、义、礼、智之德。然则人之所以异于物者,异于其质、形、气而已矣……水清镜明,能鉴物,及其浊与暗时,则不能鉴物,是即人之智愚所由分也……无气质则无人,无人则无心,性具于心,无心安得有性之善?故溯人性于未生之前,此天地之性,乃天道也。人之所以不可不学,学者习于正也。不习于正,则习于邪,彼此相远,习为之也,此人之所以当谨所习……人只有一心,善转于恶,恶转于善,亦只此一念耳。性从人之气质而定,念从人之气质而有……今为盗贼者未有不迫于饥寒者也,其初只有谋生一念耳。夫岂不欲择其善者为之?而皆不可得,至于不得已,然后一切不顾,而为盗贼。又必有一二为盗贼者从而引之,所

程瑶田

谓习也。"

程瑶田治经,长于涵养经文,得其真解,不屑依傍传注。《丧服》"缌麻"章中"长殇、中殇降一等"四句,郑氏误以为传文,故触处难通,皆引据经史,疏通证明,以纠正郑氏之失误,著成《仪礼丧服文足征记》十卷。又以《考工记》诸言磬句磬折,郑氏度直矩解析,致使前后经文不合,认为"磬折"不明,由于倨句不明,欲明倨句,先辨"矩"字。矩有直有曲,倨句之云折,其直矩而为曲矩,即今木石工所用之曲尺,著《磬折古文》一卷。又因郑氏注释"太宰九谷",对"稷""粱"解释不一,乃询考农家,依据《说文》释之,谓"粱"为"粟";"稷"为"秫",即今之高粱。著《九谷考》四卷。晚年虽双目失明,仍口授《琴音记续编》,由其孙写定。

程瑶田精于制墨,创立佩韦斋墨肆,乾隆二十三年(1758)、二十四年(1759)家居制墨,并著有《墨谱》,今不存。金农曾向程瑶田定制"五百斤"油墨,其前,名墨家未有此墨品,其后,仿造者众,上至曹素功、汪近圣、汪节庵等诸名家,下至不知名小墨家,皆有复刻。程怡甫《尺木堂墨等跋》:"族兄易田,见古法沦没,搜讨诸家遗意,参与心裁,绝不珍奇,归于适用。所作大小剂不下数百种,题其面曰'一卿氏'。海内宝一卿墨者,黄金不啻也。"

程瑶田工书,自谓得晋人笔法,著《书势五事》,为虚运、中锋、结体、点画、顿折。复能篆刻,作《刻章小传稿草》,称"不欲擅场,故人无知者"。歙县城东叶侠奇得程瑶田行书堂幅,民国三十二年(1943)许承尧为题跋:"程让堂先生精治礼经,博学多识,卓然为皖学一大宗,名闻全国,著述宏富,与江戴比伦,享大年。旁通艺事,工书画篆刻,画曾见花卉小幅,在都时所作;印皆自刻,汪秀峰以入《飞鸿堂印谱》。先生颇自重其书,著《书势五事》;又草小传与秀峰,亦自云工书,得晋人笔法。游汉皋,书汪中撰《黄鹤楼铭》,钱坫篆额,时称三绝。'莲饮'者,其文集名,谓有淡味也。此幅甚精,尤可珍重。癸未苋叟为更生记。"

程瑶田著述颇富,有《让堂诗钞》十八卷、《通艺录》十九种,凡义理、训诂、制度、名物、声律、象数无不完备,而仪礼丧服尤详,戴震叹其精密。

不疏园主汪梧凤

汪梧凤(1725—1772),原名思问,字在湘,号松溪、不疏园主人,歙县西溪村人。出身于徽商之家,祖汪景晃、父汪泰安皆为富商。清乾隆初年,汪泰安斥巨资在西溪建造集别墅、园林、学馆于一体的不疏园,意在使后人读书其中,以不可疏远田园之志辛勤耕耘,不荒学业,不刻意追求功名利禄。

汪泰安虽自己经商,却寄希望其子汪梧凤走上治学之途。乾隆十五年(1750),淳安方楘如主讲歙县紫阳书院,汪梧凤向方楘如学习科举制艺,方楘如虽以时文著名,但他主张以古文来作时文。汪梧凤经其指点,知道作文章要根抵于经史、熔裁于百家,而不仅仅是株守几本制艺课本。

当时,江永、戴震崛起于乡里,对经史尤为精通。乾隆十七年(1752),汪梧凤礼聘江永为师,请到不疏园,提供吃住用,向江永请教经学。江永受聘来到不疏园中设馆教学七年,并在这里完成朴学著作《乡党图考》。同年,又聘戴震来不疏园教导汪梧凤之子汪辉、汪灼。为了研学的需要,汪梧凤斥千金,购置图书。江、戴入住不疏园讲学,受到当时徽州学子的广泛关注。汪梧凤又广招好学之士,同住不疏园,日夜诵习研讨经史子集。不疏园常常是高朋满座,师生同学讲经论学,好不热闹。经常到不疏园相聚的徽州学子有程瑶田、金榜、汪肇龙、方晞源、郑牧、吴绍泽等,他们以江永为师,向他请教。这些学子在不疏园相聚,时间长达十数年,有的七八年,有的四五年,学成之后方才散去。汪梧凤始终伴随江永左右,与各位师兄弟共同研究,相互探讨,从事著述活动,受到世人赞誉。时称,戴震深于经,郑牧精于史,梧凤熟于子。戴震、程瑶田、金榜、汪肇龙、方晞源、郑牧、汪梧凤更有"江门七子"之称。

汪梧凤对于徽州文化的贡献,是为当时的一群朴学家提供了极为便利的研究场所。乾隆十七年(1752),汪梧凤读戴震所作《屈原赋注》,被戴震的学识折服,聘请戴震到不疏园执教自己的儿子汪辉(时年7岁)、汪灼(时年5岁)识字。其时,戴震年三十,到不疏园前,已拜江永为师,并著有《策算》《六书论》《考工记图》《转语十二章》《尔雅文字考》《屈原赋注》等专著。戴震到不疏园后,他一方面以《说文》教汪辉、汪灼,一方面与程瑶田、金榜、汪梧凤、汪肇龙、方晞源、郑牧等师从江永研究经学,并成为他们的核心。戴震在不疏园完成《诗补传》,并佐江永商定《古韵标准》四卷,《诗韵例举》一卷,并由此开始音韵学研究,这次在不疏园研习三年。乾隆二十六年(1761),戴震第二次到不疏园,与汪肇龙同教汪梧凤之子学习制举制艺,时汪辉16岁,汪灼14岁。时间延续到第二年赴乡试之前。这次在不疏园只有他和汪肇龙、汪梧凤三人。他们各抒己见,相互辩驳,学问大进。汪灼在《四先生合传》中评述戴震的成名与不疏园的关系时指出:"先生名成于征聘,而学之成源于两馆余家。"学成源于两次到不疏园,是戴震成为经学大师的重要基础,同汪梧凤的知遇有莫大关系。在徽州朴学的兴起和考据学大师的成长过程中,不疏园的聚合与资助之功,不可遗忘。

乾隆二十八年(1763)秋,桐城刘大櫆任黟县教谕。刘氏为文除习儒经外,兼集古文之长,融韩、柳、欧、苏诸家为一体,其文雄豪壮阔,以奇诡雄豪胜,受到徽州学子的欢迎。刘大櫆在黟县时,也常来歙县,与歙县学子多有交流。汪梧凤与刘大櫆相交,由汪肇龙介绍。刘大櫆在《汪在湘文序》中记载:"汪子在湘与汪子稚川同姓而有兄弟之好,余故识稚川,而稚川介在湘以交于余,两人皆天下之英才也。"乾隆三十二年(1767),刘大櫆黟县教谕任满,受歙县令张佩芳之邀,前来编纂《歙县志》,并主讲问政书院。汪梧凤亦拜刘大櫆为师,从其学习古文。

汪梧凤22岁补学官子弟,36岁贡入太学,三应省试而不遇,从此潜心读书。对《尔雅》《说文》及"三礼""三传",对西汉、唐宋八家之文,皆有论说。卒年48岁,去世过早,未能展其抱负,大其所成。他对《诗经》的研究很深,每次与汪肇龙等人谈到对《诗经》的不同理解时,互相辩驳,相持不下。可见,汪梧凤博览群书,有广阔学术视野,且治学态度严谨。著有《诗学女为》《松溪文集》。

《松溪文集》雅善文辞,不乏佳作。张舜徽说:"余尤喜其《西湖记游》一篇,写难状之景历历如绘,其锤炼之佳者,直与《水经注》、柳柳州山水小记同工,谅非并时经师所能为役者矣。"《诗学女为》以其子汪灼习《诗经》时所提问,汪梧凤于是历举古今传说异同,会通己意以答之,积久编次成书。又取孔子谓伯鱼语意为书名,书中取《诗经传说汇纂》者为多,间采《诗义折中》若干例,训诂解经,间有阐发,大义则少有逾于《诗经传说汇纂》《诗义折中》《诗集传》之外者。

汪梧凤的诗学思想主要体现在《诗学女为》一书中,他认为《诗经》是在民间传唱的过程中逐步形成的,最终的成型是经过孔子的整理。认为风、雅、颂是不同的诗体,并不存在高低之分,而对于赋、比、兴中的"兴",汪梧凤作了进一步区分。对《诗序》作者,汪梧凤结合众人之说,并提出自己的观点,认为是子夏所作。汪梧凤还对宋以来《诗》的用韵加以论述,对《韵补》《专注古音》存在一定程度的肯定,并且全面否定了朱熹叶韵的方法。

不疏园不仅是乾隆年间徽州学子研讨学问的地方,同时也是徽州藏书、刻书的重要场所。园中辟有多处藏书之所,最大的一处为"勤思楼",又名"四部之书楼",以贮有二十四橱书远闻。"勤思"取"业精于勤""行成于思"之意,以鞭策二子不断学习。咸丰年间,不疏园一度圮毁于战乱。其裔孙汪宗沂克秉家风,在不疏园的旁边,又建造了一座名曰"韬庐"的园宅,意为韬光养晦之地,亦富藏书,称得一时盛景。光绪年间,汪氏子孙在一间破楼上,捡得一小箧,内藏缩小制古衣裳,记尺寸非常详细,据说是江永著书时随手绘制的遗物。

汪梧凤子汪灼,字渔村,幼从戴震学《说文》和经史之学,打下扎实的基础。长于诗文,兼擅绘事。著《毛诗周韵诵法》十卷、《渔村诗集》二十三卷、《诗经言志》二十六卷等。

世衍书香鲍廷博

鲍廷博(1728—1814),字以文,号渌饮,别号介叟、通介叟、通介老人、通介居士、渌饮居士、得闲居士、援鹑居士,歙县长塘(今属安徽省黄山市徽州区)人,其先世因商迁杭州,后侨居桐乡,不久侨居乌程之乌镇。生于清雍正六年(1728)十二月初一,卒于嘉庆十九年(1814)八月十三日。

鲍廷博工诗,格近晚唐,天趣清远,极体物之妙,而《夕阳诗》二十韵尤著,袁枚称之为"鲍夕阳"。

在先世所藏两宋遗集300余家基础上,斥资搜求秘册奇编以娱父,为养志之具。遇未见书,典衣亦购。数十年勤搜逖访,益多且精,家累万卷,名声斐然,阮元称其"当世应无未见书"。过目不忘,凡某书美恶所在、意旨所在,见于某代某家目录、经几家收藏、几次抄刊、真伪若何、校误若何,无不脱口而出,历历不爽,洪亮吉称之为"鉴赏家"。与江浙大藏书家频繁交往,参合有无,互相借抄。抄校至少300种,流传至今不下140种。以书为命,至老不倦,且从不自秘,常言"物无聚而不散,吾将以散为聚",故撰联"与其私千万卷在己,或不守之子孙。孰若公一二册于人,能永传诸奕祀"。将家藏珍本秘籍刊刻《知不足斋丛书》公之于世,以《御题唐阙史》冠于诸书之首,以志荣遇。产虽仅中,毁家不恤,稍有蓄积即为刊书所罄,缙绅乐助其半。每成一集,立献朝廷。高宗美之,亦以知不足名其斋,且作《御制内府知不足斋诗》"斋名沿鲍氏,阙史御题诗",注称"斋额沿杭城鲍氏藏书室名"。

除承其父鲍思诩知不足斋名外,另有惇典堂、宝绘堂、贞复堂、清风草堂、清风万卷堂、花韵轩、借一轩、乌镇寓馆、青镇寓庐、青堆寓庐、柳塘寓庐、绣溪寓舍、芦渚寓舍等。藏书印鉴有长塘、鲍家田、灯味轩、歙西鲍氏、以文手抄、遗稿天留、奇书无价、皆大欢喜、喜借人看、御赐清爱堂、阶庭横古今、老眼向书明、生长湖山曲、世守陈编之家、鲍以文藏书记、曾在鲍以文处、为流传勿损污、知不足斋藏书、黄金散尽为收书、一生辛苦书千卷、万卷藏书一老身、金石录十卷人家、困学斋主人心赏、好书堆案转甘贫、老屋三间赐书万卷、知不足斋抄传秘册、天都鲍氏困学斋图籍、知不足斋鲍以文藏书、知不足斋鲍以文藏本、歙鲍氏知不足斋藏书、歙西长塘鲍氏知不足斋藏书印、纸窗竹屋灯火青荧时于此间得少佳趣等名称。

鲍廷博

乾隆十年(1745)秋,鲍廷博精刻钱塘好友锁冯普《古今姓汇》,此为已知鲍氏最早刊刻本。乾隆十五年(1750)二月,补歙县庠生,后两应乡试不中,于是绝意科举,不求仕进。乾隆二十年(1755)八月二十八日,抄校宋柴望《柴氏四隐集》毕,此为已知鲍氏最早抄校本。乾隆三十一年(1766)五月,资助严州知府赵起杲藏蒲松龄《聊斋志异》抄本刻至第十二卷而赵卒,受其弟赵起杭之托,至十二月刻毕第十六卷。虽名赵氏青柯亭本,但亦称"鲍本",因出策、出资皆鲍之力。

乾隆三十八年(1773)四月,遣子鲍士恭将家藏精本626种(据浙江巡抚三宝奏折)交浙江学政王杰进呈,其中四库全书著录378种、存目125种。大半宋元旧版本、旧写本,又手自校雠,殊为精粹,高宗称其为海内献书之冠。乾隆三十九年(1774)四月上浣,御题鲍家进呈唐高彦休《唐阙史》、宋仁宗《武经总要》。五月十四日上谕称阅进到各家书目,其最多者如两浙之鲍士恭、范懋柱、汪启淑,两淮之马裕四家,因思内府所藏《古今图书集成》为书城巨观,人间罕觏,此等世守陈编之家宜俾专藏勿失,故赏鲍士恭、范懋柱、汪启淑、马裕四家《古今图书集成》各一部,以为好古之劝。鲍廷博既拜受是书,乃辟堂三楹,分贮四大橱,颜其堂额"赐书"。乾隆四十年(1775)诏还原书,内有《唐阙史》《武经总要》并荷御题,乾隆四十四年(1779)获赐《平定回部得胜图》,乾隆五十二年(1787)获赐《平定两金川战图》,而其藏书室知不足斋之名,遂与鄞县(今浙江省宁波市鄞州区)范氏天一阁并峙海内。

乾隆四十五年(1780),返徽州购得明郑旼《拜经图》赠吴骞,吴骞因图名恰与其藏书楼同名,喜不自胜,酬答以二绝"学古楼名事偶符,故人携赠出天都。只缘个里诗书气,不共烟云化绿芜""三径荒烟带草青,千竿纤竹自娉婷。主人未必全如我,不解穷经只拜经"。

乾隆四十九年(1784),由杭州移居桐乡,远迹城市,故赵学敏序《知不足斋丛书》第十二集称"先生于甲辰岁移家槜李"。当年夏,沿小桐溪泛舟经碶石至乌青相访的吴骞作诗称"草没乌墩戍,风传宋堡钟"。乾隆五十六年(1791)季冬,鲍家失火,藏书损半,手稿被焚,后凭记忆复原《花韵轩小稿》两卷、《花韵轩咏物诗存》一卷。

嘉庆十二年(1807),尚可健饭,行不扶杖,时常携书卷往来苏、杭、湖、嘉数郡间,好古清兴不异昔日。力助阮元编纂《四库未收书目提要》,其中宋周密《蘋洲渔笛谱》、元方回《桐江集》等为其藏书。嘉庆十六年(1811)闰三月,假居北京宣武门外金香炉胡同黄云庵观察第,同游厂肆书坊,得善本佚名《汴都遗闻》一卷、附《兴龙节集英殿教坊词》一卷。嘉庆十七年(1812)中秋,泊舟汾湖张孝嗣宅岸,取《辛巳泣蕲录》蕲水王根石家藏本与自抄本重勘一过。是夜,月色皎洁,同长孙鲍正言应张之招泛舟黎里,观灯三鼓乃回。

嘉庆十八年(1813)五月,方受畴官浙江巡抚,钦奉谕旨询问"鲍廷博系何功名,所刊《知不足斋丛书》二十五集之外有无续刊"等因,莅任即檄乌程知县彭志杰登门拜访鲍廷博。不久鲍廷博所刻《知不足斋丛书》第二十六集交方巡抚恭呈御览。仁宗嘉其好古绩学,老而不倦,特沛恩纶赏给举人,皓首儒生膺旷典,诚士林中千载不易遇之稀荣。六月二十五日,上谕称赞鲍廷博年逾八旬好古绩学,老而不倦,著加恩赏给举人,俾其世衍书香,广刊秘籍,亦艺林盛事。不久鲍廷博恭录六月二十五日上谕于第二十六集之首,并题跋"时时告诫臣子臣孙,讲贯服习,订缪正讹,以冀不负上谕'世衍书香,广刊秘籍'之意"。

嘉庆十九年(1814)二月初八,借留耕堂书肆抄本校自抄元邓文原《巴西邓先生文集》一卷,颇有裨益,惜目渐昏花,无法细书。春季,校刻宋杜绾《云林石谱》三卷、附清马汶《绉云石图记》一卷。六月初六,冒着酷暑检书,翻到抄本明都穆《南濠居士文跋》四卷,重阅一过,如见故人。同月,传抄钱塘姚瑚藏宋汪炎昶《古逸民先生集》一卷及《附录》一卷。八月十三日,《知不足斋丛书》第二十七集即将完成,忽患心痛症,自知不起,遗命续辑以竟前志,语不及它而卒。子鲍士恭刊成第二十七集、第二十八集,孙鲍正言刊成第二十九集、第三十集,前后进献。咸丰年间,藏书大多散入杭州丁氏八千卷楼、劳氏丹铅精舍、湖州陆氏皕宋楼等。光绪六年(1880),曾孙鲍寅将赐书敬献杭州文澜阁以资宝守。

经学大师金榜

金榜(1735—1801),字蕊中,一字辅之,号檠斋。歙县岩寺(今安徽省黄山市徽州区)人。父金长溥,进士,官吏部主事;兄金云槐,以翰林官御史出为浙江督粮道。金榜少负伟志,思博学深,立志为通儒,而不屑于科举之学。

江永,字慎修,又字慎斋,婺源江湾人。平生致力于经学、音韵学和理学。著有《周礼疑义》《礼书纲目》《律间阐微》等书。以考据见长,开皖派经学研究风气。清乾隆十八年(1753),江永馆于西溪汪梧凤家,金榜与汪肇龙、程瑶田、戴震、方矩、郑牧、汪梧凤共师之,皆有成就,人称"江门七子"。《江慎修先生年谱》载:"歙门人方矩、金榜、汪梧凤、吴绍泽从其学,休宁郑牧、戴震,歙汪肇龙、程瑶田前已拜门下问业。是年,殷勤问难,必候口讲指画,数日而后去。"金榜又学诗、古文、辞赋于刘大櫆,学科举之文于方檠如,在诸名家的指点下,金榜在诗、辞赋、古文、经史等方面都有很深的造诣,被时人誉为"江南魁俊",闻名海内。《清代七百名人传》上说他"以才华为天下望"。

乾隆二十九年(1764),乾隆南巡,召试江南学子,金榜应试考中举人。这年金榜30岁。乾隆帝很看重金榜的学识,特授内阁中书之职,掌撰拟、记载、翻译、缮写,官位虽不高,但很有权势。不久,改任军机处行走,更加位高权重。像金榜这样举人出身,升迁如此之快的,是很少见的。

乾隆三十七年(1772)四月,38岁的金榜参加殿试,考中状元,按惯例,中了状元的金榜入翰林院为修撰。翰林院向来被视为"储相"之地,权臣多由此晋身。金榜深得乾隆信任,中状元前便做到了军机大臣的高位,按道理说,今后官运亨通,是不成问题的。

然而,八年的仕宦生涯使金榜越来越厌弃钩心斗角的官场,渴望摆脱繁杂无聊的官务,潜心研究学问,但一时无法遂心愿。次年,他奉命担任山西省乡试的副考官。乡试例于八月举行,称为"秋闱"。山西乡试结束,金榜仍回翰林院。

不久老父金长溥去世。金榜弃官回籍奔丧。安葬老父后,在家守丧,闭门读书。三年服满,却不愿再出仕,以著书读书自娱。金榜从此结束了仕途生涯,踏上清苦而辉煌的读书、治学之路。当时有劝金榜登朝为官者,金榜笑道:"富贵者,一日之荣也,所谓夏日之裘,冬日之扇,时过则无所用之者也。君子纵不获争光日月,或者犹得比寿丘陵乎?"

金榜退隐故土后,一直以操持家族事务、教育子弟和著书立说为业,以敬宗睦族的儒家礼仪,指导金氏家族及周边民众的日常行为规范,尊祖必叙族谱,敬宗应修祠墓,睦族则理当赈济贫困,将儒家仁与礼的要旨贯彻到耕读营商的事业之中。

金榜生活的时代,考据学已经成为学术主流,学者研治礼学也一改前朝盛行的《书仪》《家礼》之类的"私家仪注",而趋向以经典文本考证为法式,辅以器数、仪节等实体物的直观参证。金榜之学以"六经皆礼"为主导思想,秉持着礼以经世、涵摄风俗的理念,潜移默化地引导学术思想、社会风俗和道德纲常的和谐有序发展。

金榜虽说师承江永,但不囿于门户之见。汉学学派治经的最大特点和弱点,是过于迷信汉代经学家的笺注,甚或到了"非汉不信"的地步。金榜治经,虽也尊崇郑玄等人的笺注,却并不一味地遵循,他在写给老友赵商的一封信中说,对于汉学,"不信亦非,悉信亦非"。故金榜治经,择善而从,且敢于创新。

金榜毕生穷治礼学,尤重《礼记》《周礼》。博采众说,融会贯通,撰著《礼笺》。金榜晚年得病,瘫痪卧床,将自己平日所著《礼笺》取其重点整理成三卷。该书内容遍及天文历象、宫室建制、礼乐兵刑、赋役河工、政法文教、膳食车服、农商医卜等,林林总总,无所不包,甚至如"周易占法""三江""汉水源"等涉及易学卦爻、山川水地之学也囊括其中,可谓自天地万物到宇宙人生,包罗万象,周纳备至,一如凌廷堪所言"圣人之道,一礼而已矣""礼之外,别无所谓学也",充分体现出儒者通经致用、关注时政的历史责任感。此书考证缜密,立论清新,在经学研究史上占有重要地位。戴震读后,赞叹说:"此有益于为周官之学者矣!"一代儒宗朱珪为该书作序,认为该书词精义赅。时人认为此作可以与江藩、戴震的名著媲美,达到经学的顶峰。

金榜对于人才尤为看重,有爱士之誉。金榜居乡读礼期间,常州张惠言在其家坐馆,金榜对张惠言的经学方面研究给予了很大的帮助。张惠言在经学和文学等领域均取得了不凡的成就。经学方面,张惠言精研《周易》,与惠栋、焦循一同被后世称为"乾嘉易学三大家"。文学方面,则是阳湖文派和常州词派的创始人。可以说无论是在经学领域还是在文学领域,张惠言均是清代文化繁荣时期的代表人物。而张惠言的学术成就的取得与金榜密不可分。金榜兄金云槐于乾隆四十七年(1782)出任常州知府,认识了张惠言,赏识其才华。乾隆四十九年(1784),金云槐之弟金杲遂聘请张惠言到歙县教其子,歙县从学者日众,又延请张惠言弟张琦前来分业授课。在岩镇待了三年时间,直到乾隆五十一年(1786),因备考乡试才离开。其后,张惠言又多次前往歙县,总计在歙县待了七八年时间。在这段时间里,张惠言认识了金榜,并向金榜问学。在张惠言的经学著作《仪礼图》中,引用金榜的《礼笺》次数很多。《清史稿》称张惠言"生平精思绝人,尝从歙金榜问故,其故要归《六经》,而尤深《易》《礼》"。张惠言正是问学于金榜,才受到较为严格和正统的朴学训练,日后学有所成,与金榜的影响是分不开的。张惠言在《祭金先生文》中,对金榜的"不遗薪荛"充满了感激之情。

金榜的书法以王羲之、王献之为宗师,精于篆籀。怀宁邓石如为乾嘉时期著名的碑学大师,工书法篆刻,颇得古法,形成独特的风格,对清代中后期书坛有着巨大的影响。邓石如曾游黄山,刚好张惠言教授于金榜家时,看见邓石如书法,回来告诉金榜:"今日得见上蔡真迹!"两人遂冒雨寻至荒寺,备礼请邓石如至家,为书写祠堂匾额、楹联。

经学与音韵学者洪榜

洪榜(1745—1780),字汝登,一字初堂,安徽歙县洪坑(今属安徽省黄山市徽州区)人。15岁成为诸生。清乾隆三十年(1765)与兄洪朴一起应试选拔,洪朴授中书而洪榜却未获好评,但其文章见知于安徽学使梁文定,后一起游学至山西。乾隆三十三年(1768)乡试,考中举人。乾隆四十一年(1776),应天津召试,得第一名,授内阁中书。

洪榜为人正派,以孝友著称于乡。与其兄洪朴、其弟洪梧有"同胞三中书"之誉,时称"三凤"。早年与戴震、金榜交游,精研经学。对戴震极为钦服,戴震著《孟子字义疏证》,当时读者不能完全领会其中的意义,只有洪榜指出戴震"有功于《六经》、孔、孟之言甚大,使后之学者无驰心于高妙,而明察于人伦庶物之间"。戴震逝世前一个月给长洲彭绍升(字允初,号尺木)写过一封信,在这封信中,戴震批评彭绍升以佛学、老庄来附会儒家《六经》和孔、孟的思想,指出其理论观点与自己的见解没有丝毫相同的地方。认为宋以前孔、孟与释、老界限分明,宋以来许多人将孔、孟与释、老互相比附,致使孔、孟的思想学说遭到歪曲,面目全非。戴震援引《六经》、孔、孟与释、老、陆、王进行比较辨析,论证二者是两种不同的思想体系,不能混淆比附。洪榜为戴震所作《戴先生行状》中收录了信件全文,评述戴震一生,内容详尽且评述精当,文末称:"先生郡人洪朴、洪榜兄弟,得交先生,从燕游久,凡先生之行事绪论,盖得其大略焉。"

朱筠见到洪榜的《戴先生行状》后，认为戴震在学术上的贡献不在他的哲学思想，建议洪榜在《戴先生行状》中不要收录戴震的《答彭进士允初书》。洪榜写了一篇《上笥河朱先生书》反驳说："戴氏《与彭进士书》，非难程、朱也，正陆、王之失耳；非正陆、王也，辟老、释之邪说耳；非辟老、释也，辟夫后之学者，实为老、释，而阳为儒书，授周、孔之言，入老、释之教；以老、释之似，乱周、孔之真，而皆附于程、朱之学……然则戴氏之书，非故为异同，非缘隙酿嘲，非欲夺彼与此，昭昭甚明矣。"总之，他认为戴震的贡献并不在训诂考据，而在于厘清了儒家哲学的本源。

洪榜《上笥河朱先生书》条分缕析，丝丝入扣，理直气壮，义正词严。江藩当时在吴下，见到此书，赞叹洪榜是"卫道之儒"。认为《孟子字义疏证》是戴震的哲学代表作，别人不识其义，只有洪榜以为"功不在禹下"，对此倍加推崇："夫戴氏论性道，莫备于其论《孟子》之书，而所以名其书者，曰《孟子字义疏证》焉耳。然则非言性命之旨也，训故而已矣，度数而已矣。要之戴氏之学，有功于《六经》、孔、孟之言甚大，使后之学者，无驰心于高妙，而明察于人伦庶物之间，必自戴氏始也。"近人张舜徽论及洪榜也认为："戴氏一生知己，要必以榜为最密矣。考论戴学得失者，必取资于是编。"

洪榜诸艺皆精，尤其擅长经学，主张治经必须从小学入手，治经须有广博的学养，反对老庄、释氏之说。洪榜在学术上的主要贡献，是运用音韵学和训诂学，解释《周易》等典籍在训诂学上，以东汉郑玄的《易赞》为基础，撰成《易述赞》两卷，阐发毕生研治《易》的心得。该书训诂依据两汉，文风刻意模仿先秦古语。又著有《明象》，没有成书。

洪榜在音韵学方面直接承续江永、戴震这两位清代古音学大家，又有自己的独到之处。音韵学江永曾切字616个，洪榜所著《示儿切语》一卷增补139个字。《示儿切语》虽然本江永、戴震两家之说，但更加详尽。另有《四声均和表》五卷，以字母"见""溪"等字注于《广韵》之目每字之上，以定喉、吻、舌、齿、唇五音。《四声均和表》的声母系统反映了清代徽语全浊声母清化、声类分合关系，今歙县向杲、大谷运、英富坑和徽城四种方言声母系统，大部分与《四声均和表》相吻合。

又著有《周易古义录》《书经释典》《诗经古义录》《诗经释典》《仪礼十七篇书后》《春秋公羊传例》《论语古义录》《初堂读书记》《迎銮日课》《初堂随笔》《许氏经义》《新安大好纪丽》诸书。洪榜精粹于学问之道，只可惜英年早逝，精于卜巫奇遁之术，病中把自己的著作都烧毁了，留下来的并不多，收录于《二洪遗稿》。卒年36岁。

擅长诗赋，学者梁同治评其赋："词霏玉屑，则弟胜于兄；文抱风云，则伯忧于仲。"留下的诗不多,但都很有格调。如《秋河》:"秋城寒柝隐霜鼙,银汉中宵望不迷。耿耿正临金阙直,昭昭还似玉绳低。河山两戒殷星鸟,楼阁千家起曙鸡。万里凿空劳博望,天台原自有丹梯。"其妻汪玉英是汪启淑长女,诗才秀逸。撰有《吟香榭初稿》《瑞芝堂诗钞》,佳句有:"一缕沉烟消永昼,半廉花影漾微风""晴日烘梅香意透,春风拂水碧纹圆""一声远雁羁人思,数点青山故国心""石松少土偏饶翠,盆藕无花却有香",清丽可诵。

经学家凌廷堪

凌廷堪(1757—1809),字次仲、仲子,歙县沙溪人。高祖凌坤元,邑庠生,著《长松室》《稳香舍》。祖凌易筠,国学生,任侠读书,好奇计,张鹏翮总制南河,甚为器重,欲延为幕僚,辞不就。父凌文焜,国学生,经商海州板浦,依外祖许世贞,遂家于彼,生凌廷堪。

凌廷堪幼敏慧,5岁能识读堂匾对联。6岁父卒,困苦于穷巷,赖兄营生养母。7岁,依靠母亲王氏变卖首饰就读私塾。13岁,以家贫弃学经商。15岁,偶在友人家见《词综》《唐诗别裁集》,携归,于夜灯下读之,即能作诗词。次年,钱塘张尧峰授馆于板浦杨铁星含沧书屋,见凌廷堪所撰诗词如屈原、宋玉之辞,大为惊奇,遂教之诗词声律。

清乾隆四十年(1775),修《云台山志》,吴郁洲聘请凌廷堪帮忙。凌廷堪在吴郁洲的熏陶下,认为词曲虽小道,亦音律之一端,于是兼留心于南北曲之学。次年,凌廷堪参与友人程时斋《一斛珠》传奇的创作。

乾隆四十四年(1779),王氏见儿子凌廷堪耻于与人争利,不是经商的料,于是让儿子读书做学问。对儿子说,读书并不是一定要考取功名做官,但必须做到通晓经学,树立品行,以古代的大儒为榜样。凌廷堪于是出游仪征。

乾隆四十五年(1780),盐大使伊龄阿奉旨删改古今杂剧传奇中违碍之处。次年,凌廷堪被伊龄阿聘到扬州襄助整理戏剧。当时,戏剧并不为文人所重视,诗人李绳赠凌廷堪诗句就有"莫将橡似笔,顾曲误垂名"。凌廷堪感其言,转向钻研经学,并开始撰写《元遗山先生年谱》。乾隆四十六年(1781),凌廷堪慕家乡江永、戴震之学,致力于典章制度和经史考证之学,并与焦循、阮元相定交,问学相长,束身修行,共同开创了扬州学派。

乾隆四十七年(1782)季秋,凌廷堪进京,翁方纲读其所作诗古文辞及其撰述,叹道:"此不朽之业也。"因其门生章维垣刚派任四库馆总校,便推荐凌廷堪前往校书。

凌廷堪从未学过科举文章。翁方纲从未收过举人、进士以外的门人,因特别看重凌廷堪的学识,破例将其收到门下,督促凌廷堪学习科举文章,并鼓励说,时文与古文并没有区别,古文能写得好,时文同样不错。不久,凌廷堪援例进入成均,参加乾隆四十八年(1783)的考试,而翁方纲正好为主考,谁料凌廷堪因文章不合格而落第。

凌廷堪在京都,名公巨卿、通儒学士如程晋芳、邵晋涵、石念孙、周永年、吴锡麒、吉善、叶观国、周厚辕、鲍之钟、洪梧、程昌期等皆爱重纳交,名噪一时,京城之中无人不知凌廷堪。乾隆四十九年(1784)春,凌廷堪作客扬州,与汪中辩论古今,汪中深为折服,将凌廷堪与钱大昕、钱塘、钱坫等十六人并列为当今海内通人。

乾隆五十二年(1787),翁方纲督学江西,招凌廷堪为幕僚,前往南昌检阅童生考试的试卷。后来,凌廷堪被河南巡抚毕沅招去当幕僚。乾隆五十三年(1788),凌廷堪考中乡试副榜第十名。因其所作文章最为博丽,知县曾西井认为是时文家别开门径。本来名次已登在前列,然而有人说他所作文章不守规矩,遂列为副榜。乾隆五十四年(1789),凌廷堪考中举人,次年以文章宏博考中进士。此年因事停止殿试,凌廷堪回到板浦做幕僚,直到乾隆五十八年(1793)入京补殿试,考中第三甲,例授知县。凌廷堪却投牒吏部,要求改为冷官教授,这样,可以养母与研治经学,免于为繁务所捆绑。

乾隆六十年(1795),凌廷堪到宁国府学任教授。他安贫孝悌,谨身节用,毕力著述。这年,张其锦肄业于敬亭书院,将所作《〈论语〉〈毛诗〉正义解》询问凌廷堪。凌廷堪对张其锦的学识极为赞赏,用心解说。张其锦因承父命,拜于凌廷堪门下。婺源戴大昌在乾隆五十二年(1787)入京城,即听闻凌廷堪大名,并见过面。其后,各自南返。到了嘉庆二年(1797),戴大昌在省城当幕僚,凌廷堪因事至省城,两人晨夕相伴半月。嘉庆六年(1801),戴大昌补授宣城教谕,与凌廷堪共事,时相过从。次年,戴大昌长子戴扬辉来宣城,即命受业于凌廷堪。凌廷堪认为自己对于时文不过是半路出家，没想到的是考中副榜所作文章，后来成为考生仿效的文体，因模仿他的文风所作文章而获得高中者颇多。

凌廷堪在礼经而外，复潜心于乐，谓今世俗乐与古雅乐中隔唐人燕乐一关，蔡季通、郑世子辈皆不知晓，嘉庆八年（1803），在宁国教授任上著成《燕乐考原》六卷。以论述琵琶为主，并结合当时俗乐宫调，考证唐宋以来燕乐调演变，首次指明当时用字谱而成调，即古乐用五声二变而音。

嘉庆十年（1805），凌廷堪因母王氏卒，过度哀伤，导致有只眼睛失明。三个月后，其夫人亦卒于宁国。凌廷堪未生子女，亲人仅侧室张孺人而已。凌廷堪扶棺回歙县，将母亲与夫人同葬于问政山。

宁国知府鲁铨与凌廷堪是同年进士，议修宁国府志，准备聘请凌廷堪为主纂。凌廷堪因眼病辞去，于是延请洪亮吉主纂，由凌廷堪编写沿革内容。嘉庆十一年（1806），又聘请凌廷堪任敬亭书院主讲席。宁国府志开馆之后，凌廷堪偶到府署，知府曾铨从角门送凌廷堪出来。次日，曾铨又差人来叫凌廷堪去府署。凌廷堪深研《礼经》，从乾隆五十二年（1787）就开始撰写《礼经释例》，揭示了"以礼代理"的治学思想，已易数稿。认为自己为前任教授，与知府相见，应当遵守朝廷规定的礼仪，现在作为敬亭书院讲席，则是宾主关系。若自己以这样的身份频繁造访府署之门，不能以礼自处，也不能以礼处人，于是立即作书札辞去敬亭书院讲席之职。

嘉庆十二年（1807）春，凌廷堪来歙县主城南紫阳书院，欲以实学教导乡人，在开课之日，即拟定规条，榜于堂右。每月初三请知府出题考试，每月十八日进行课试。吏部员外郎程振甲知凌廷堪学问，将其延至家中，命次子程洪溥从其学。嘉庆十三年（1808），阮元再任浙江巡抚，延聘凌廷堪为其子阮常生师，至冬始回歙县。次年二月，凌廷堪复往杭州，夏四月始归歙县，寓居问政书院。朝夕披阅，日事著述。于六月初一晚饭时，席间偶一跌倒，被人扶起来后，不能言说。到后半夜，痰涌而逝。丧事唯程洪溥一人操劳，徽州府训导夏銮不时为料理事务。凌廷堪未生子女，先是以次侄凌嘉锦继其后，因凌嘉锦先卒，遂以凌嘉锡次子凌德继凌嘉锦为后，即为凌廷堪之孙。到七月初七，凌嘉锡从海州率次子凌德来奔丧。

凌廷堪门人张其锦闻讣，奔走歙县拜哭灵次，访遗书不得，又北走海州，于败簏中得残稿，借居僧寺，辑录以归，得校《礼堂文集》三十六卷、《诗集》十四卷、《梅边吹笛谱》两卷、《充渠新书》两卷、《元遗山年谱》两卷、《燕乐考原》六卷、《札记》若干卷。《礼经释例》十三卷，阮元刻于杭州。

"经师人表"俞正燮

俞正燮(1775—1840),字理初,黟县县城嘉祥里人。出身于书香之家。其父俞献,字可亭,性耿介,能强记,工骈体,熟掌故,曾先后主讲河南闻政书院,以清乾隆四十二年(1777)拔贡先后任江苏句容训导、署望江县教谕、庐江县教谕等职。

幼时在黟县求学,熟读四书五经外,子、史、集无不涉猎。乾隆五十七年(1792),18岁的俞正燮前往父亲任上句容学署,一边侍奉父亲,一边读书。他与句容名士王乔年共同撰写了《阴律疑》一书,该书被时人誉为"穷理至性之书",也是俞正燮著述之始。20岁时,俞正燮著得《左丘明子孙姓氏论》《左山考》《左丘明墓考》三文,并持文卷北上山东兖州,拜谒著名经史学家、藏书家、目录学家孙星衍以请教。当时,孙氏正研读《春秋左氏传》,欲访求左氏后裔。孙氏阅罢俞正燮之卷后,极为敬佩,在自己的论著中吸收了俞正燮的观点,以折服众论,俞正燮由是名声大起。嘉庆三年(1798),俞正燮前往京师求学,次年入国子监,学问大增,时著述有《书五礼通考后》《唐律疏义跋》《史记十二诸侯年表索隐书后》等。

俞正燮读书非常勤奋,每到一处,得书即读,边读边做笔记,并按事分类立题。日积月累,著述所需论证材料自然收集齐备;再用自己观点加以分析,一篇篇文章一挥而就,不但内容丰富,而且观点明确,论证缜密。与俞正燮同时代的山西学者、思想家、诗人张穆赞誉道:"读其书者,如入五都之市,百货俱陈,无不满其量也。"进入国子监以后,俞正燮曾游学曲阜、济南等地,并著有《书左传精舍志后》《书五代史纂误后》《观世音菩萨传略跋》等文。

俞正燮著述长于考据,认为只有经过局部的考证,才可整体归纳出明确结论。嘉庆十年(1805),他再次来到京师,陆续著有《书旧五代史乐志后》《书唐书舆服志后》《亳州志·木兰事书后》等文,治学名声大噪。此时,内阁中书叶继雯奉旨任会典总纂官,承修《大清会典》,礼聘俞正燮襄编。此后,俞正燮为编校、讲学来往于北京及黟县间,先后到过河南辉县,安徽宣城、阜阳,江苏昭文,湖北武昌等地,十分辛劳。

俞正燮所处时代,正值欧洲一些国家资本主义发展,为寻找殖民地而先后东侵;同时,西学东渐,近代西方学术思想逐渐向中国传播。俞正燮主张学习西方先进技术,以富国强兵。他写下多篇文章,来介绍西方先进技术,考证研究中国边疆历史地理,并阐述自己的观点。俞正燮先后撰有《夹板船·札船》《澳门记略跋》《荷兰》《台湾府属渡口考》《俄罗斯事辑》《俄罗斯佐领考》《驻扎大臣原始》等文。他还针对西方殖民者输入鸦片毒害中国人民这一罪恶事实,撰写了《鸦片烟事述》一文。该文回溯鸦片烟传入中国历史,指出鸦片虽可为药,但其目的在于"红毛制鸦片烟,诱使食之遂疲羸,受制其国,竟为所据",文章还具体列举清军吸食鸦片导致弱不能战的事实,而主张朝廷应"立禁"。

俞正燮虽身居书斋,但心系天下,关心国家命运。他生于县城小巷,家境普通,与劳动人民深有接触。因此,俞正燮了解民情,知晓农事,他从学者视角关注当时影响人民生产生活的一些社会问题并对之研究。其中他的《原相篇》,即引证术士将"相"(人的相貌)与"命"(命运)相联,作出迷信解释而产生不少社会悲剧,来批驳当时流行的"相命"社会现象;还有《求雨说》,引证古时祭神求雨而自殉及杀人的悲惨事实,来揭露求雨迷信的危害。

封建社会的徽州,妇女们长期处于受压制地位,俞正燮先后撰写诗文,深刻揭露这一社会现实,同时充分肯定徽州妇女的聪明才智以及她们对社会的贡献。俞正燮主张男女平等,针对"男可再娶,女不二适"的不平等现象,撰《节妇说》进行痛斥,态度鲜明地指出:妇女再嫁与否,有其自由,都应受到尊重。俞正燮十分关心家乡文教事业,尽管家境一般,但他还是用公卿们所赠的"修脯银",先后在黟县捐建碧阳书院、考棚、文庙等,却不居其功,时黟县知县吕子珏称誉他"乐善忘名"。

俞正燮学识领域广阔,除深于经义外,诸子百家、天文历算、地理水利、边防外交、文化教育、中医病理,甚至佛经道藏,均有精深研究,表现出扎实的学问功底和卓越的治学能力。虽为一代著名学者,但科举之途多有蹇涩,直至道光元年(1821)

47岁时,才考中江南举人。此后虽两度参加会试,均遭落榜。由于俞正燮重文厚德而知名于世,先后得到学界文友以及公卿名人器重而将其奉为上宾,或编书,或讲学。曾为湖南提督杨芳校刻《六壬书》,为给事中、内阁中书叶继雯襄纂《大清会典》,被湖南学政程春海礼聘作《春秋左传》编校,受湖南总督张芥航延聘襄编《续行水金鉴》,应两湖总督林则徐聘请主纂《湖北通志》等。道光十九年(1839)七月,俞正燮应时任江苏学政祁寯藻聘请,掌教江宁惜阴书院;次年因疾在其任所辞世,终年66岁。去世后,家无余财,仅藏书7万余卷。体仁阁大学士、礼部尚书祁寯藻赠"经师人表"题额。

俞正燮清贫一生,迫于生活而颠沛流离,且怀才不遇。他数困于科考,只得寄人篱下,佣书为生。虽然命运多坎坷,但能气定神闲,泰然处之,尤其能博通古今,好学深思,勤勉著述,嘉惠学林。他一生著述颇丰,著有《癸巳类稿》十五卷二百四十九篇、《癸巳存稿》十五卷五百五十六篇。除"两稿"外,还编纂有《御纂春秋左传》、《五代史记补注》七十四卷、《说文部纬》一卷、《校补海国纪闻》两卷、《四养斋诗稿》三卷、《宋会要辑本》五卷、《续行水经鉴》一百五十六卷、《湖北通志》、《黟县志》等,批校《六臣注文选》《礼记集说》《永怀堂十三经古注》《汉学师承记》《杜预春秋左传注》《张中法正字要说》《顾氏方舆纪要》《三古六朝文目》等十余种。

教育家、革命家、思想家蔡元培将俞正燮与黄宗羲、戴东原并称清代三大思想家,著名作家、学者周作人更将俞正燮与汉代王充、明代李贽奉为"中国思想界三贤"。鲁迅在《小说旧闻钞》中,也曾引用《癸巳类稿》中的有关论述。

《仪礼》研究的集大成者胡培翚

    胡培翚(1782—1849),字载屏,号竹村、紫蒙,绩溪县城人。清代"绩溪礼学三胡"之一。

    其祖父胡匡衷是清代研究礼学的著名学者,著有《三礼札记》《周礼井田图考》《井田出赋考》《仪礼释官》等书,胡培翚幼年即随祖父学习。13岁开始,受业于叔祖胡匡宪,胡匡宪是胡匡衷的弟弟,著有《绳轩读经记》十二卷。此后,胡培翚学业突飞猛进。清嘉庆六年(1801),20岁的胡培翚对各种经书的精要基本掌握。嘉庆八年(1803),汪廷珍担任安徽视学,对胡培翚的文章非常赏识,以第一名补为县学生。嘉庆十年(1805),夏銮来到徽州,担任训导。夏銮是当涂垅上人,博学笃行,研究经史有很深的造诣。胡培翚为博士弟子,对夏銮执弟子礼。次年冬,夏銮嘱咐胡培翚向歙县汪莱学习算学。嘉庆十二年(1807),胡培翚就读紫阳书院,师事凌廷堪。凌廷堪对礼经有深入的研究,当时凌廷堪已经完成《礼经释例》的四稿修订,正在进行第五稿的修订。胡培翚在师事凌廷堪的过程中,也得以知道凌氏治礼的途径,学识更加益进。嘉庆十三年(1808),胡培翚开始治礼,从此与《仪礼》结下不解之缘。嘉庆十五年(1810)中举人,次年赴京寓叔父胡秉虔处,每夜读书必烬银烛两根。

    嘉庆十八年(1813),胡培翚在北京与胡承珙相识,结下深厚友谊。胡承珙是安徽泾县人,对诗礼很有研究,所著《仪礼古今文疏义》对胡培翚很有启发。嘉庆十九年(1814),考取国子监学正学录。逗留北京为张阮林《左传杜注辨正》一书校勘文字,并参加会试,落第。留居胡承珙处,完成《郑公传考证》一卷。是年七月初五郑玄生日当天,与郝懿行、朱珔、胡承珙等九人在海岱门外万柳堂祭祀郑玄,登楼远眺,怀古思旧,饮酒赋诗,尽欢而散。

嘉庆二十一年(1816),校刻先祖胡匡衷的《仪礼释官》,并萌发疏理《仪礼》之志。此后,胡培翚研究《仪礼》从不间断。嘉庆二十二年(1817),应礼部试时,与同邑方体交游。方体,字茶山,乾隆五十五年(1790)进士,由刑部郎中出知九江府,著有《仪礼今古文考证》《仪礼古文考误》。次年,胡氏家族编纂族谱,胡培翚担任纂修。在纂修族谱期间,编辑完成《三山公年谱》。嘉庆二十四年(1819),在京应恩科考试,中二甲第二十九名进士,成为王引之门下。后授内阁中书,充任实录馆详校官。后任户部广东司主事。同年,与陈奂结交。七月初五郑玄生日当天,胡培翚组织蒋廷恩、陈奂等再次在海岱门外万柳堂祭祀郑玄,事后写成《汉北海郑公生日祀于万柳堂记》一文。

胡培翚自考中进士以后,一直在京做官。其间,曾为叔父胡秉虔校梓《甘州明季成仁录》;为郝懿行校刻《春秋说略》《春秋比》。道光三年(1823),王念孙八十寿辰,胡培翚写《王石臞先生八十寿序》,称赞王念孙"博学以综之,精思以审之,伟识以断之,集诸家之大成"。道光五年(1825)冬,胡培翚告假回乡,为县内清贫学子劝募筹措"宾兴盘费"基金,至道光八年(1828)共集资纹银5000余两、制钱8180串,所得捐款全部放到典铺生息,作为资助家乡学子赴南京乡试的经费。直到清末民国初期,"宾兴盘费"基金仍为全县教育经费的主要来源。

道光八年(1828)十月任捐纳房差,捐纳房是朝廷专为捐官买爵所设置的机构。到任后。胡培翚揭露前任假照流弊,针对当时书吏舞弊现象,严密稽查,使得书吏非常畏惧他,背地称呼胡培翚为"倍晦"。同年,胡培翚、胡秉为在绩溪发起集资,创建东山书院,建斋舍数十间。重金延聘山长主持,名贤课士,远近学子负笈而至,盛极一时。道光九年(1829)夏銮去世,胡培翚对夏銮的栽培和教诲始终不忘,亲为夏銮撰写墓志铭,赞扬恩师的业绩,表达自己的感恩之情。在京时,见京师绩溪会馆年久失修,濒临坍塌,倡议复建京师绩溪会馆尚义轩,并作《绩溪会馆尚义轩记》。道光十年(1830),吏部追查假照案,胡培翚附和乞情者奏请免议,被降两级调用。道光十三年(1833),官复原职,但以亲老告归,从此绝意仕途,以讲学、著书终其一生。

道光十二年(1832)至十三年(1833),应陶澍之邀,担任南京钟山书院山长。其间,胡培翚刻有《钟山书院课艺》一书,并成《钟山书院课艺序》一文,告诫学子为学勿沉溺于时文而荒废实学，为学不应为科举所累。后又重梓钱大昕《学约》。自道光十四年（1834）至十七年（1837），胡培翚主讲泾川书院，作有《泾川书院志学堂记》。胡培翚在泾川书院讲学期间，曾为胡承珙校读《毛诗后笺》一书。同年，胡培翚自己的著作《燕寝考》付梓。又将三十年间所撰论经之文的结集付梓《研六室文钞》十卷。同年，胡培翚重修家祠，并捐资创建世泽楼，收藏大批图书，同时捐置义馆义学，以诒乡学。道光十八年（1838），担任娄东书院讲席。次年，主讲云间书院。道光二十二年（1842），胡培翚任惜阴书院山长，曾与何绍基、潘少白等人谈艺，留下一段佳话。同年，因战事和足疾复发，胡培翚辞却了惜阴书院山长一职。

道光二十三年（1843），胡培翚背生毒疮，肿胀坚硬而皮色不变。道光二十六年（1846），胡培翚因病归里，以十数年教书所得收入的节省盈余，捐置义仓、义学、义田，扶助乡人。道光二十九年（1849）七月，背疽复发，不幸去世，享年68岁。去世时，《仪礼正义》尚有《士昏礼》《乡饮酒礼》《乡射礼》《燕礼》《大射仪》五篇未成。后经族侄胡肇昕与弟子杨大堉在原稿的基础上增补、校勘并加以联缀成篇，从而完成了《仪礼正义》四十卷的皇皇巨著，了却胡氏心愿。

胡培翚幼承十代家学庭训，涵濡先泽，复师汪廷珍、夏銮、汪莱与凌廷堪等皖南学者，仕进以后更博采众说，积力四十余年，成《燕寝考》《禘祫问答》《研六室文钞》《仪礼正义》等，博闻笃志，发挥朴学之长；精核博综，而成一时绝学。《仪礼正义》是历代研究《仪礼》的集大成之作，也是清代群经新疏之中的杰出代表，不仅传承戴震"理义非它，存乎典章制度"的治学理念，衣钵其师凌廷堪《礼经释例》之法而有"四注"之发明，而且广征文献，精于采择，建构起新的礼学研究体系。充分汇集前人经说，尤其是全面吸收了乾嘉以来的学术成果，荟萃熔铸众家之长，得以融会贯通而卓越一代。

史籍考据学者汤球

汤球(1804—1881),字伯玕,又字笏卿,黟县宏村镇白干村人,晚清著名学者、辑佚学家。父亲汤永懿,太学生,议叙八品。汤球自幼勤奋学习,兴趣广泛,博闻强记,开始跟从黟县黄陂名士汪浚学习,后拜同县著名学者俞正燮、汪文台为师。汤球通晓中西历算,古今星纬,尤其擅长天文学,能通篇背诵《开元占经》。但是他并没有从这方面发展自己的聪明才智,而把精力转移到治经论史方面,对史学、经学都有很深的造诣,倾心考据、辑佚之学。他的老师汪文台曾辑《七家后汉书》等,对辑佚颇有心得,汤球在辑佚方法上深受汪文台的影响。

在俞正燮、汪文台的教导下,汤球治学严谨,继承了乾嘉学派的考据学传统,善于辨伪考证。对前人的说法,一定要依据经典,考核真伪,比较异同,才下结论。因此,他的文章很少穿凿附会。王秉思称他"博通诸经,笃守家法,隐居教授。章句训诂,以郑氏为主。诸生举经义相质,必引据师说,徐下己意,决其异同,无穿凿,无附会,宣歙间学者宗之。黟山县僻小,而士皆潜心经术,实君为之倡也"。汤球修订补辑郑康成逸书九种和刘熙《孟子注》、刘珍《东观汉记》、皇甫谧《帝王世纪》、谯周《古史考》,以及《傅子》《古今注》等。对于《孝经》《论语注》,则尽力搜集完备。由于学问渊博,著述丰硕,名声很大,成为宣州、徽州一带学界的领袖人物。平生无意科举,不愿为官,以奉养双亲、讲学授徒、著书立说为乐,毕生致力于史籍研究。清同治六年(1867),被推荐为孝廉方正,推辞不就。

汤球平生研究对晋史用力最勤,成就也最大。他认为房玄龄的《晋书》记载的都是琐碎异闻之事,于是用一生的精力,广搜典籍,补缺正谬,对23家晋史进行辑佚和校勘,其中包括王隐、虞预、朱凤、谢沈等9家《晋书》,陆机、干宝、曹嘉之、刘谦之等9家《晋记》,习凿齿、孙盛等5家《编年》。为了把散佚的23家晋史辑录成册,汤球闭门不出,埋头书案。首先广泛收集各种资料,分门别类,进行排比对照;其次对收集到的资料,运用考据学,进行补缺、纠伪。如《臧荣绪晋书卷一·高祖皇帝》载:"魏武辟高祖,高祖以汉祚将终,不欲屈节于曹氏,辞以风痹不能起居。魏武遣亲信令史微服于高祖门外树荫下息。时七月七日,高祖方曝书。令史窃知,还具以告。"汤球认为"此七句新书无,上下亦稍异"。《臧荣绪晋书卷一·世祖武帝》载"泰始五年",又载"咸宁四年"。类似此类的例子比比皆是,汤球本着实事求是的态度,对古书中的疑义以及疏漏之处细加考证与辨伪,精神可嘉。几经寒暑,虽然不能完全还其本来面目,但经过他的努力,这些史书得以大致保存下来。

在实际的辑佚与补遗过程中,汤球对于类书和古注等所引部分作了三大说明,即"为查检方便,依内容拟目,列于各条文之前;顺序大致依辑本;同一出处不分开"。对于《群书治要》所引臧荣绪《晋书》部分,认为"其顺序偶有错乱,亦悉依其旧;当校者,径改,不出校记"。可以说,汤球所辑佚的书籍对研究两晋历史有着极大的作用,其每一份资料都非常珍贵。正如张舜徽《中国史学家传》所说:"汤球'好学深思,心知其意',是一位善于深思明辨的学者。他一生用了大部分精力专攻晋史,为保存整理祖国的文献古籍,孜孜不倦。"正是由于夜以继日、埋头苦干的精神,汤球最终完成了23家晋史的辑佚与校勘的工作。

此外,还辑有《两晋诏钞》等19种,《太康地记》《邺中记》《林邑记》等地理专著3种,《晋诸公别传》、袁宏《名士传》、郭颁《世语》、裴启《语林》《山公启事》言论集5种。著录晋别集300家、晋文集300家,一代掌故,搜集殆尽。他所辑佚的80余种书籍中,有70余种是关于晋书晋史的,约占其辑佚的87%。不少书籍今已失传,只有靠汤球的辑本才能略窥原书之貌。如和苞《汉赵记》、常璩《蜀李书》、范亨《燕书》、张谘《酸记》等,于今仅见汤球的辑本。可见汤球的辑佚工作有效地保存了久已失传的古籍,为了解前代特别是晋代书史文献保存了非常有价值的材料。《清史稿·汤球传》称其:"读史用力,于《晋书》尤深,广搜载籍,补《晋史》之阙,成书数种。"

北魏时期崔鸿所撰的《十六国春秋》一百零二卷,有表赞序例,体裁详备,集诸家的长处。但该书在北宋中叶以后就已散佚,后来流传的《十六国春秋》一百卷,是明朝时期嘉兴府秀水人屠乔孙等辑录;该书不仅多处有错,而且还称系崔鸿自作。

汤球认为有必要对崔鸿著《十六国春秋》辨伪存真。于是,他以明代何镗《汉魏丛书》中收录的原《十六国春秋》为底本,参考《晋书》张轨、李暠两传以及《三十载记》等书,将《十六国春秋》全文补足,并对其中有与诸书所引不同者进行更正。他校勘极其细致,对辑录来的文字多注明出处,不妄改一字;有差异之处,一一核实注明,最终形成《十六国春秋辑补》一百卷。同时,他还考虑到十六国历史比较复杂,又补撰《年表》一卷,放在该书前面,起到纲举目张作用。《十六国春秋辑补》一书是汤球对晋史学的又一大贡献。

崔鸿另还有一部《十六国春秋纂录》十卷,共纂录六十三人传记。该书编纂简洁,只是历代经过辗转传抄,其中有不少删节脱误。汤球便根据明丽水人何镗《汉魏丛书》刊本,以及北齐《修文殿御览》偏霸部所载文字,相互校雠,录为定本。其中小有异同,则加考订,补正脱误,纠谬拾遗,使《十六国春秋纂录》较大程度地恢复其原貌。

汤球"好学深思,心知其意",是一位善于深思明辨的学者。汤球"随见条记,丹黄殆遍",大量的书稿,均由自己一笔一画、逐字逐句地校订和抄写,这种勤苦奋勉的治学精神受到后人称赞。光绪七年(1881),汤球在乡里去世,享年78岁。

古泉祭酒鲍康

鲍康(1810—1881),字子年,号臆园叟、臆园野人、观古阁主人,歙县岩镇(今属安徽省黄山市徽州区)人。清代藏泉家潘祖荫称"自束发以来,蓄泉最富,耽玩四十余年,故于源流、正变、真伪、美恶辨别精严,当世无其比";民国古泉学会总干事杨恺龄称"歙县鲍子年先生为第一古泉学家,其鉴识之渊博、研求之精邃,海内奉为祭酒"。精鉴赏,过眼古泉数万,收藏古泉品种丰富、品相良好,且多珍品。入《国史·文苑》,附本生高祖鲍倚云传后。

十一二岁即癖嗜古泉,随宦大荔官署读书,余暇偕伯兄鲍子远、仲兄鲍子周于缙泉中悉力搜剔,得一稍异者,竞相传示。上至老母,下至童婢,每得一泉,无不先以鲍康。

清道光二年(1822),随父鲍先觉侨居渭南,所集古泉不慎被馆童悉数窃去,至道光十年(1830)才稍稍补辑遗亡,间有所得。道光十一年(1831),为路子端拓古泉一册,此为已知鲍康最早的拓墨本。道光十七年(1837),应京兆试,来潞河官廨。内兄何应祺出藏泉相示,且述姻丈刘师陆所藏之精且多。鲍康称羡不已,回京后于是锐意购求。

道光十九年(1839),乡试中式(举人),官内阁中书,委署侍读典籍、文渊阁检阅、国史馆校对、方略馆校对、本衙门撰文兼管稽察房汉本堂事务、兼办中书科诰敕事务。俸满,记名外用。京察一等,记名同知。奉奏留本衙门办事,升侍读,加四品衔。京察一等,记名道府。道光二十六年(1846)秋,获刘喜海寄赠契刀、金错刀、孝建四铢等精品,其中有嘉定元宝、永宝、至宝、重宝、兴宝等13枚铁泉珍品,于是赋诗"人生嗜好几时足,得陇山来便望蜀。先生为我疗谗食,竟许熊鱼擅兼欲"。偶检旧藏,综述往事,取诸泉1700余枚,一一志其大小异同,录为《观古阁泉目》。三冬五事,择取十之五六,拓为泉选16册、泉拓6册,各家所藏别选拓20余册。

咸丰三年(1853),伯兄鲍子周于长安以一万五千钱购入一枚壮泉四十,至此鲍康集齐王莽六泉。咸丰十一年(1861),因累遭兵燹,寄存长安湘子庙戚家王宅古泉、泉范、碑版、书籍悉数散佚,念之则怅甚,经数年集藏方稍复旧观。

同治八年(1869)八月,外放夔州府知府,监督夔渝两关税务,其间多次致函古董商苏氏兄弟代购壮布、第布、唐开元钱、北宋小平、泉范等,次第捐修府城庙宇,选报六属贞烈节孝,并捐建总坊,对山建文峰塔一座,添助莲峰书院膏火若干。同治九年(1870)六月,开仓赈灾,派员于各处公所给发,日派家丁囊钱给散穷黎以万计。大水退后,捐资雇役清淤,建草棚十余处,灾民得获栖息。不久候选道,加三级,诰授通奉大夫。

同治十一年(1872)夏,因忤上官而去职,退隐北京臆园,不问政事。旧交星散,唯与潘祖荫、吴大澂、王懿荣等时相过从。与潘祖荫论古独迟,而谊乃倍挚。十月,题《李竹朋藏泉拓本》七册,与同治十二年(1873)五月题《孙春山藏泉拓本》两册、六月题《陈寿卿泉拓本》三册、八月题《杨幼云藏泉拓本》两册等均藏中国国家博物馆。同治十二年(1873)二月,撰成《观古阁丛稿》两卷。七月,撰成《观古阁泉说》一卷,潘祖荫称"当与戴文节《古泉丛话》、刘(燕庭)方伯《论泉绝句》鼎足而三,蔡氏《癖谈》、盛氏《泉史》、张氏《钱志新编》讵能望其项背";饶登秩称"鲍子年先生刊其观古阁丛稿中有《泉说》一编,平情而论,考核精当,后来论古之完书也……论钱之书亦夥,唯鲍氏之说为最严允"。

光绪元年(1875)八月,与李佐贤合编《续泉汇》十四卷,收载古泉984品。光绪二年(1876)五月,撰成《大泉图录》,收录泉图180张,其中咸丰大钱157张、大钱别品23张。十二月,刻成《观古阁丛稿三编》两卷。光绪三年(1877)二月,获赠杨继震大明宝钞壹贯一枚,题字并钤印"观古阁藏""曾在鲍子年处"。

记性超凡,眼力独到,珍泉异品难逃其法眼。经一店铺,见店主拒收不流通的小钱,致与购者争吵不休。鲍康见是一枚"景和"钱,于是掏出一枚流通钱换下那枚小钱。顾客与店主感谢他出手解决纠纷,而鲍康也得到心仪的古泉珍品。过一人家,见拴竹帘的铜钱非同寻常,征得主人同意,用自带大钱一枚换下。此钱乃珍品

"大中通宝",背面为"桂五"。每获一泉,必反复审定,考其所从来。或便示泉贩,使这些泉贩互相攻击,务发其覆,待确有可据,乃从而拓之。断定李佐贤所藏壮泉三十系由大泉五十改刻而成,李佐贤钦服其眼力。

每得一泉,必反复审定后再拓而藏。泉稍新异,必偕同好反复辨证,有可靠的说法就拿张纸记录下来。他好古而不好奇,若有稍疑,不作强解。获泉较多时,即嘱室人诸妹代拓,女侄辈代剪贴,青绿溢目,古香醉人,盖其辛勤半生,唯此时最乐。雨过凉生,纸墨俱润,用苏州汪六吉棉连纸第17刀拓尤佳。其所蓄泉,因刀布最古悉拓,朝代泉选择精致完好而且罕见的才拓,宋、元、明代的泉有背文亦悉拓,以资考证。

获赠亦多,如陈介祺赠差布、幺布、即墨刀、安阳刀;吕佺孙赠南中出土孝建四铢钱13种;内兄何应祺寄赠刀布600余枚纸;潘祖荫赠壮布1枚,至此鲍康藏王莽十布仅缺第布。至道光三十年(1850),藏泉超2000品。

鲍康无门户之见,有分享之心,如他将拓本390余种寄给李佐贤,李佐贤选用280余种入《古泉汇》;后来,他又得数枚薄小的蜀直百五铢钱,寄给李佐贤,劝其增补进《古泉汇》;见吴惠元对稀有的后赵丰货爱不释手,于是慷慨相赠;收进陕西出土王莽六泉中罕见小泉一瓮分享同好;知姻丈刘师陆卒后家人用其生前至爱的十珍泉陪殉后,函告刘喜海"吾辈宜戒之……尤物宜留之人间";称"余所藏泉,辄喜人接拓,倘万本流传,尽是庐山真面,讵非快事哉";以王莽十布中罕见的壮布赠陈介祺,以补其莽布藏量不足,并作《赠陈介祺壮泉》"补憾聊凭一纸书,寒斋底事诩双珠。发缄君定掀髯笑,截鹤何妨为续凫"。

鲍康以治学严谨著称,认为藏泉应忌矫、痴、诬,凡新异之品,必亲见其泉,确认可信才予记载,以广异闻。否则,即便是同人所赠墨本,稍微略涉可疑,亦割爱不录。

除泉学著作外,尚撰有《观古阁诗钞》《鲍臆园手札》等;辑有《皇朝谥法考》《续编》《内阁撰拟文字》《熙朝宰辅录续编》《内阁汉票签中书舍人题名》等。

因物之聚散无常,故称"泉之为物也小,然亦鲜有藏及三世者……云烟过眼,吾辈固宜作达观",并赋诗"老来兴趣渐阑珊,过眼云烟付等闲。但使庐山真面在,任他流落到人间"。一语成谶,鲍氏藏泉在其卒后遗侄鲍恩绶,鲍恩绶卒后遗长子鲍惟镛,不久被鲍惟镛廉价卖给古董商以解困。民国七年(1918),天津中国银行从古董商手中购入,后陈列于北京银行公会。

集学者幕僚于一身的程鸿诏

程鸿诏(1821—1874),字伯敷,号黟农,清道同年间黟县县城人。4岁丧母,7岁丧父,由继母抚育长大。程鸿诏从小刻苦好学,躬行实践,曾跟随同邑知名学者俞正燮、汪文台、俞正禧、冯志沂、夏照等学习经学、骈文、时艺等,在音律、数术、历法、军事、医学等方面均有研究。

道光二十一年(1841),程鸿诏21岁,就以善于撰写文章而闻名乡里。由于家境贫苦,外舅(妻子的父亲,程鸿诏与其妻是姑舅表亲,其岳父也是其外舅)汪朝议在重庆任职,于是程鸿诏带着母亲入川,在外舅处侍奉母亲,并且与外舅女儿完婚。一年以后,外舅病逝,程鸿诏在重庆无所依靠,就带着母亲与妻子到父亲曾经任职过的成都,以替人抄书为业,一天要写上万字。夏夜蚊虫叮扰,就将双足置于瓮中;没有菜下饭,就以盐煮石而吮之。即使是艰苦备至,但他依然勤学不辍。这一段人生经历,为程鸿诏的文字功底,打下良好的基础。

道光二十四年(1844)、二十六年(1846),中两科副榜;道光二十九年(1849),中举人,赴京于"正大光明"殿复试,获一等第四名,经礼部铨选,任鸡泽县(今属河北省邯郸市)教谕。在任期间,他循循善诱,深得士心,后因继母去世,奉柩回归故里。

居黟期间,正值太平军转战皖南,战火燃至黟县境内,程鸿诏于是倡办乡团练。咸丰五年(1855),与同邑吴锡年、胡朝贺等率团练与太平军激战于黟县石鼓山、东山岭、章岭等处。咸丰十年(1860)五月,曾国藩奉命进军皖南,驻扎祁门。曾国藩对学者一贯尊重,程鸿诏的学识当时在皖的知名度很高,办团练抵抗太平军的事迹更是受到曾国藩的关注,于是亲往程鸿诏居所,拜望程鸿诏,并礼聘他,将他延入幕府,随军参与军务。同治元年(1862)十月,程鸿诏在《上湘乡曾师相书》中记载:"春间大盗犯黟,先蒙调援,逮闻警之夕,垂询山居,涂径家室,丁口甚悉。我军剿贼信至,时甫昧爽,即命材官持示捷书,俾知无患。"同治三年(1864)六月十六日,湘军曾国荃部攻陷金陵(今江苏省南京市),曾国藩亲往镇抚,幕宾李鸿裔、庞际云随往南京,程鸿诏却被曾国藩留守安庆,主持后事,由此可见曾国藩对程鸿诏的器重。

太平天国战事既平,曾府幕僚也论功行赏,经荐举,程鸿诏擢升山东补用道员,仍留幕中。同治四年(1865)六月,曾国藩率军北上围剿捻军,程鸿诏亦随军,专任机要。据说将曾国藩上奏书中所写"屡战屡败"改为"屡败屡战"即出自其手。历时一年半,曾国藩剿捻督师无功,清廷不得不于次年十一月,改命李鸿章为钦差大臣,接办剿捻事务,令曾国藩仍回两江总督本任。同治七年(1868),曾国藩改任直隶总督,前往京师,程鸿诏于是辞归乡里。回乡后,即主纂《黟县三志》,同治九年(1870)志成。随后,受安徽巡抚英翰聘请,赴省城主纂《安徽通志》。

程鸿诏与李鸿章关系也很好。同治三年(1864),李鸿章任江苏巡抚期间攻克常州,太平天国护王陈坤书被捕杀,苏南地区的太平军基本被肃清,清廷赏骑都尉世职。程鸿诏专门写了《贺李少荃宫保克苏州笺》,向李鸿章表示祝贺。同年六月收复金陵,又有《上李宫保书》致贺。同治九年(1870),李鸿章接替曾国藩任直隶总督兼北洋大臣。李鸿章创建北洋水师,扩建天津机器局制造军事武器;创办近代民用工业,支持我国自行修筑第一条铁路;重视教育,开办各类学堂,派留学生出国等。这些活动,历史上称为洋务运动,在当时使得李鸿章在国内外的威望日益高涨。李鸿章任直隶总督兼北洋大臣后,正是他发展洋务运动的好时机,更是用人之际,李鸿章想到了自己的同年好友程鸿诏。同治十一年(1872),李鸿章在一个月内写了三封信给程鸿诏,邀请程鸿诏进京。程鸿诏接到李鸿章的信后非常高兴,觉得自己对洋务方面也有所了解,进京能够对李鸿章的洋务运动有所助益,而且能够同在京的旧友朝夕相处,也是一大乐事。原计划等《安徽通志》基本成稿,便前往京师。然而,天不假年,同治十三年(1874),程鸿诏竟积劳成疾,卒于《安徽通志》局。

清代后期,黟县出了一批学者,如俞正燮、汪文台、夏照、冯志沂、俞正禧等,程氏家族中的程式金、程鸿诏、程寿保、程梦余四代学者,更是少见。这批黟县学者以俞正燮为代表,俞正燮字理初,故学界称这批学者为"理初学派"。程鸿诏是"理初学派"中的重要成员,所著《有恒心斋集》收录了其很多的考证文章。如《孔子生卒年月日论》《曾子出妻不曲论》《舟师考》《唐两京城坊考校补记》《夏小正集说》等,考证紧密,思路开阔。另外,他还在《迎霭笔记》中对曾流落徽州黟县收藏家程士鏖家中的"清明上河图"进行了考证,认为该画:"卷尾有臣张择端画五字,后有跋云:'清明上河图'五字本为宋道君书法,而玉玺加朱,非宣和之玺也,观者皆阙其疑,吾独识其微矣。昔宣和三年辛丑方罢彩色等场,天辅五年辛丑适符,是岁金方窥视中原,朵颐上河,不数年而入汴,移两宫珍玺重器,安知此卷不在也。则为道君之书,金玉之印,又何疑哉?《宣和画谱》不得与焉,职由此耳。"又从款式、内容、印记、流传经过等方面详加论述,功夫颇深。

程鸿诏博学通经史,工诗文,著有《有恒心斋文集》十一卷、《有恒心斋诗集》七卷、《有恒心斋骈文集》六卷、《有恒心斋外集》三卷、《夏小正集说》四卷、《论语异议》四卷、《夏小正存说》两卷、《夏小正集说补》两卷、《鸡泽脞录》两卷、《先德记》三卷、《赠言录》两卷等。

第一位走上美国讲台的中国人戈鲲化

戈鲲化(1836—1882),休宁齐云山麓前山村人。自幼饱读诗书,十几岁中举。清光绪五年(1879)八月,经跟他学过中文的一位美国人、宁波海关税务司杜德维推荐,他启程赴美国哈佛大学任教,是第一位走上美国高等学府讲台的中国人。

道光十六年(1836)七月初二,戈鲲化出生于江苏武进(今江苏省常州市武进区),但他的祖籍在安徽休宁。明初,其先祖游览江南,迷恋齐云山秀丽的山水,便在山下一个名叫前山的村子定居下来。其后代,或读书或做官或务农,其中一支因经营盐业而在常州、武进一带活动。戈鲲化的父亲戈鸿就是在这一带做生意的盐商。为了做生意无拖累,戈鲲化3岁时,父亲将他送到老家休宁随祖母吴氏生活。祖母吴氏是休宁县城大户人家女儿,知书达理。平日,除了自己教孙儿读《三字经》之类的启蒙读本,其他大部分时间就让戈鲲化在县城吴家私塾读书。

咸丰五年(1855)三月开始,太平军范汝杰部多次攻占休宁县城,祖母和母亲只得带着戈鲲化逃离休宁,来到常州避难。咸丰十年(1860),常州城陷,父亲戈鸿去世,母亲计氏殉节。此时,戈鲲化刚届弱冠之年,因父母先后去世,无力继续潜心读书,迫不得已,在清军驻常州将领黄开榜府中当幕僚,以维持生计。四五年后,黄开榜被派驻长沙,戈鲲化不便随行,便离开黄开榜,到上海在驻沪淮军中当幕僚。同治二年(1863),又到美国驻上海领事馆做译文抄员和翻译教员。同治四年(1865),迁居浙江宁波,在英国驻宁波领事馆任文牍官。这段经历,使他熟练掌握了英语,也使他熟悉了洋人的思维方式和风俗习惯,而他的学识、聪慧及儒雅的风度,也给洋人留下了深刻的印象。

与此同时,他热心公益:议填新开河,倡购新江桥,捐修天一阁,重修张太傅庙,如此善行,不胜枚举。有诗为赞:"欲以莲花比诗品,恰同人品两相宜。"同治九年(1870),戈鲲化将母亲殉节事上报朝廷,母亲计氏受到旌表,奉旨入祀节烈祠,戈鲲化因此而恩荫五品候选同知官衔。为了进一步加强与中国的交流,光绪三年(1877),美国驻牛庄领事鼐德专门致信哈佛大学校长埃利奥特,建议聘一名土生土长的中国人赴哈佛大学担任中文教师,培养一批通晓中文的人才,为中美政商往来奠定文化基础。埃利奥特校长迅速与校董事会达成共识,同意鼐德建议并全权委托其经办此事。鼐德又将此事托付时任中国海关税务司的英国人赫德。赫德又将此事托付给哈佛毕业生、时在宁波税务司工作的美国人杜德维。杜德维在脑中反复遴选,最终认为他身边的中文老师戈鲲化就是最合适的人选。理由很简单,因为戈鲲化有一定的英语基础,中文官话也说得好,还教过三位英、法、美学生,且在美国领事馆工作过,对美国有一定了解,对西方新事物新观念持开放态度,善于同西方人打交道,熟悉西方人的思维方式和生活习惯。在杜德维代表哈佛大学向戈鲲化提出请求后,国之心的戈鲲化欣然应允。于是,当年5月26日,戈鲲化与哈佛大学校长代表鼐德正式签订了为期三年(1879年9月1日—1882年8月31日)的任教合同。

光绪五年(1879)夏,经过50多天的航行,戈鲲化携带家眷和两个佣人抵达大洋彼岸的哈佛大学。他一家人先住在离哈佛大学校园不远的梅森街10号,次年为节省房租而迁居波士顿剑桥街117号。根据合同规定,他主要是教授美国学生中文。时年10月22日,戈鲲化开始正式教学,每天授课一小时,辅导学生自学两三小时。起初用的教材是由英国威妥玛所著的语言读本,后来为了方便教学,他将自己创作的诗文自编自译成中英文对照的教材,名为《华质英文》。哈佛大学称这部教材是"有史以来最早的一本中国人用中英文对照编写的介绍中国文化尤其是中国诗词的教材"。这本教材里,精选了百余位中国友人和戈鲲化40岁生日自述诗作,其中有《白岳黄山归未得》《三十六峰吾故乡》《家住新安江水滨》等歌咏故乡风物的诗,寄寓了他对故乡满满的思念之情。美国学生从他内容丰富的诗文中,逐步感受到了中国文化的博大精深和中国古典诗词的无穷魅力。在次年的哈佛大学毕业典礼上,戈鲲化还成为校长特邀的座上宾,以表示对他为哈佛大学所作特殊贡献的肯定。

在美国期间,他一直坚持身着中国清朝官服上台授课,美国人眼中的戈鲲化始终是一个"顶戴花翎、身着官服、足蹬朝靴"的中国人。不仅如此,在日常交往中,他也时时以自身"诗化"的人格魅力感染着周围的人。一次,他应邀参加教授俱乐部的聚会。当主人将他介绍给在座各位时,他先礼貌地向大家致意,用很流利的英语作自我介绍。随即便吟诵了一首他自己所作的诗,人们报以热烈的掌声,纷纷向他索要通信地址。于是,他又吟诵了一首自己创作的诗,然后优雅地鞠躬致谢。整个过程从容不迫,安详自如,深深打动了在场的每个人。美国人这样评价他:"作为东方教育培育出的典型代表,他把如此古老、宁静、优秀的文明带到我们这个国家……他将一个古老民族的沉静文学传授给一个在当代得到迅猛发展的民族,教给我们许多东西……使我们懂得了什么是一个富有声望、内涵深刻的学者。"

按照合同,戈鲲化在哈佛大学的教学工作应到1882年秋天结束。不幸的是,这年2月,他因感冒而感染肺炎,多方治疗无效,于14日病逝,年仅47岁。在他生病期间,埃利奥特校长前去看望他时,他谈的还是教学工作,不承想就这么一病不起了。18日,哈佛大学为他举行了追悼会,除了他的亲属,还有校长埃利奥特和众多教职员工、学生,美国朋友萧德、刘恩等,中国第一位赴美留学生容闳以及中国使团的代表出席。哈佛大学的悼词中给予了戈鲲化极高的评价,并致以最崇高的敬意:"我们在中国大圣人孔子身上可以发现类似的品质。"《纽约时报》等美国媒体均连续刊发了戈鲲化逝世的消息和怀念文章。"一个纯洁、正直的灵魂,一颗善良的心灵,问候人时的甜蜜微笑",是人们对这位哈佛中文教师的永久记忆。当年5月,他的灵柩在家人和杜德维的护送下回国,安葬在他寄居地宁波鄞县(今浙江省宁波市鄞州区)东乡的李家山,与其祖母及后来去世的妻子、次子同在一个墓地。

他带去美国的一批线装书,则成为哈佛大学燕京图书馆首批中文图书。至今,在图书馆对面的墙上,尚悬挂着他身穿清朝官服的巨幅照片。

整理佛学经典杨文会

杨文会(1837—1911),字仁山,石埭县乌石乡长芦村(今属安徽省黄山市黄山区)人。杨文会出生时,适逢其父杨擒藻乡试中举。其父以为瑞兆,对其十分钟爱,寄名于寺僧。次年,其父杨擒藻登进士,授刑部主事,举家北上。杨文会9岁时,回到家乡,10岁开始读书,少年颖悟,性情任侠,14岁便文采显露,常与知交结社吟诗,驰射击剑。唯不喜功名科举,为读奇书,举凡音韵、历算、天文、地理以及老子、庄子等诸家学说,无不涉猎。

太平天国战乱,太平军打到石埭、太平等地,杨文会在家乡襄办团练,辅佐张帝授理军事,在论功行赏时他却坚辞不受。咸丰十年(1860),曾国藩移师祁门,杨文会投入曾国藩幕府,成为其重要幕僚。同治元年(1862)战乱平息,移居安庆,曾经理曾国藩开办的谷米局工程。同治三年(1864),杨文会回家安葬父亲后回到安庆,因劳累身体不适,居家养病。其时一尼姑送他一卷《金刚经》,他怀归展读,一时难以获解,觉甚微妙。后又在安徽书肆中得到一卷《大乘起信论》,置于案头,不时阅读,爱不释手。从此后遍求佛经,于坊间又得《楞严经》一卷,于是放弃其他学问,潜心佛学。同治四年(1865),到金陵(今江苏省南京市),又得经书数种。次年,举家迁至金陵,之后与佛学界人士密切交往,互相研讨,深究宗教渊源。同治六年(1867),创办南京金陵刻经处,亲自起草章程,网罗有志之士。

同治十二年(1873),李鸿章开办近代军事工业,聘请杨文会前往任职,他坚辞不受,并因事繁妨碍学佛,而屏绝世事,专心研读佛学。当年参考《造像量度》及净土诸经,请画家绘成《极乐世界依正庄严图》《十一面大悲观音像》,并得古时名人所绘佛菩萨像,刊布发行流通,以资供奉。后泛舟游历苏浙,访普陀、走洞庭、赴南岳、礼舍利、朝梵音,遍访古刹名寺搜求经卷。数年之后,所刻经卷渐多,于是在金陵北极阁建屋收藏刻经版,家境也因此而贫困。

光绪四年(1878),受聘任参赞随曾纪泽出使英、法两国考察寻求实业强国之计,精心研究天文、显微等学,制有天地球图与舆图尺,以备将来测绘之需。期满后即请求归金陵,辞不受奖,仍以刻经为事。光绪十二年(1886),又随刘瑞芬出使英国,考察政治、制造诸学,深入了解列强治国之道。三年期满,回归后,仍不受褒奖。杨文会曾对人说:"新世竞争,无非学问。欧洲各国政治、教育、工业、商业莫不有学。吾国仿效西法不从切实处入手,乃徒袭其皮毛,方今上下相蒙,人各自私自利,欲兴国其可得乎?"对清廷的腐败不堪、国力衰弱、世事人心愈趋愈下的现状他甚感迷茫,感到其政治理想无法实现,从此即闭户研读经书,不再与政界交往。

光绪十六年(1890),日本名僧南条文雄到中国访求佛经的古刻本,与杨文会相识。后其内弟苏少坡随使节东渡,寄书于南条文雄,广求中国失传古本。南条文雄曾在英国学习梵文,以藏书两三百种相赠,杨文会选择精品刊刻发行流通。资金不足,他便以出售两次出使英、法等国带回的各种仪器予以弥补。光绪二十年(1894),与英国传教士李提摩太共同将《大乘起信论》译成英文,向西方国家发行,是中国佛教向西方宣传之始。光绪二十一年(1895),与印度人摩诃波罗相互研讨后,他立志兴复印度佛教。提倡僧学,亲自制定课程,编著初学课本供人读诵。当年,有日本佛学者真宗在南京设本愿寺,讲经论佛,净土僧徒幻人著《法华性理会解或问》,杨文会驰书辨伪补正,书牍往来达万言。光绪二十三年(1897),杨文会又在南京城北延龄巷建造房屋,贮存经版以及流通经典之所。光绪三十三年(1907)秋,在金陵刻经处创办佛学堂(中国佛学院前身),取名为"祇洹精舍",自任佛学教师。宣统二年(1910),杨文会与同仁创立佛学研究会,被推为会长,每七日讲经一次,每月开会一次,听讲者络绎不绝。宣统三年(1911)八月十七日逝世,遗言:"经版所在,灵柩所在。"

杨文会为中国的佛学振兴,竭力寻求,精心研究,毕生不倦。弘法45年,校刻经版10余万片,收藏各种佛学经典万余卷,印刷发行经典著述百万余卷,刻成经典211种1155卷,刻成极乐世界大悲观音图像24种,印刷发行十余万张,并著有《大宗地玄文体论略注》《观无量寿佛经略论》《十宗略说》《等不等观杂录》《佛教初学课本》等书风行于世。他对孔孟诸家也有所研究,著有《论语发隐》《孟子发隐》《道德经发隐》等。后人对杨文会的评价极高,太虚法师称杨文会是"中国佛学重昌关系最巨之一人",印度尼西亚著名的法师惟悟称杨文会为"古今第一模范居士",当代佛教领袖赵朴初认为杨文会"开佛教一代之风气,为居士著述之先河,有功于我国近世佛教之发展者至巨",美国学者詹姆斯·韦尔斯称"一个通常被称为中国佛教复兴之父的人,就是杨文会先生"。

综贯六艺汪宗沂

汪宗沂(1837—1906),初名恩沂,字仲伊,号咏村,晚号弢庐,一作韬庐。歙县郑村西溪人。

汪宗沂出身于儒商世家,家学深厚。幼时母亲授以《尔雅》《毛诗》,他均寓目成诵。稍长,进入汪氏先人别业不疏园中读书。不疏园是其祖上汪泰安所建,不唯有亭台楼阁、香榭书舍、假山清泉、芳草叠石,更因曾斥巨资购买书籍藏于园中,并延请江永、戴震于园中讲学,慕名而来者众多,是文士们潜心读书、相互论学之所。汪宗沂居园中数年,手抄口诵,夜以继日,读完十三经。

清道光三十年(1850),汪宗沂从学于邻村槐塘程可山。程可山教学首重读经,为人和睦可亲,但对教学严谨有规。因汪宗沂已熟读十三经,于是参读《史记》《汉书》《文选》等书。18岁时,汪宗沂著成《礼乐一贯录》,曾国藩后来评曰:"虽学识尚浅,而颇有心得。"咸丰五年(1855),太平军入歙,为避战火,他随父亲携家人先暂居黄山。后情势渐险,次年,再避居遂安县(今属浙江省淳安县)山麓村。咸丰八年(1858),回里续娶名宦王茂荫之女王氏为妻。咸丰十年(1860)三月,太平军占领绩溪县城,八月占领徽州府城,汪宗沂再次随父徙家黄山。咸丰十年(1860),家人因浙江兰溪产业失和,汪宗沂随父迁至兰溪。同治元年(1862),全家泛舟富春江,船突遭大火,舍船登陆,避居义乌二十八都。流离迁徙中,汪宗沂仍以读书著述为务,终日手不释卷,而更究心于兵家学说,思为世用。

同治三年(1864)二月,汪宗沂持《礼乐一贯录》文稿在安庆谒见两江总督曾国藩,受到称许,被留在忠义局,跟随学者方宗诚编校《王船山遗书》。同年,得优贡。同治四年(1865),曾国藩延请临川李联琇担任南京钟山书院山长,李联琇学识渊博,精于天文地理、典章制度、名物训诂、考证之学,且常有独到见解。汪宗沂前往钟山书院学习并肄业,尽得其传。同治十二年(1873),完成《后缇萦南曲》的填曲。是年,其父卒,汪宗沂扶柩归乡卜葬。

光绪二年(1876),汪宗沂乡试中举,拜翁同龢为师。翁同龢赞之为"命世之才",沿用会稽李慈铭例,称先生,不用弟子礼。光绪六年(1880),登进士第。签分山西知县,因病未到任,归里专心读书著述。光绪九年(1883),成为直隶总督李鸿章的幕僚,参议兵农诸政。留居五年,未能施展抱负而辞归。其间,于光绪十一年(1885)纂成《庐州府志》一百卷。

辞归后,汪宗沂在故里西溪筑精舍殁庐,为归隐读书之所。并开馆授徒,以著述为务。暇时,耽于山水之乐。黄山景色绝美,游览黄山一直是汪宗沂的心愿,年少时因被各种事情羁绊无法遂愿,光绪十一年(1885)八月,与好友程石洲,次子汪律本同游黄山,并将游览时所作诗辑为《黄海前游集》留于后世。

光绪二十一年(1895),汪宗沂接受徽宁池太广道道台袁昶邀请,出任芜湖中江书院山长,仿北宋胡瑗分斋制,勉励诸生务实求真,学风不振。是年,安徽学政举荐其学行优等,朝廷特旨赏加五品卿衔。其后,他前后主讲安庆敬敷、徽州紫阳、黟县碧山书院,并在家开经馆授徒,有"江南大儒"之誉。一批当地文士如徐丹甫、黄宾虹、许承尧等均出其门下。歙县本地养蚕不多,他又从浙西引进桑苗数百株,劝农民栽种,以发展本县蚕桑业。晚年,他好道家言。闲暇时作隶自娱,舞剑自遣。因故里同道极少,遂游历江淮,由江宁至扬州,寓居淮扬海兵备道蒯光典宅,未几病卒。

汪宗沂学识渊博,曾随仪征名师刘文淇研究汉学,从桐城名师方宗诚治宋学。又钻研经学,博览群书。通拳术、剑术、马术,喜谈兵,对《周易》、诗词、音韵、琴曲、兵法、剑术乃至岐黄之学都有涉猎。一生著述不辍,民国《歙县志·艺文志》录其著作共30种54卷。主要有《周易学统》《诗经读本》《尚书合订》《五声音韵论》《三家兵法》《三湘兵法》《管乐元音谱》《金元十五调南北曲谱》《剑谱》《诗略》《黄庭经注》《伤寒论病论合编》等。

汪宗沂是徽派朴学后期的重要学者,生平治学涉及兵、农、礼、乐诸领域,对于九流百学有广泛兴趣,但其治学重点仍在经学。汉宋兼采,博征群籍以存已佚之经,集众说之长以释未佚之经。精于校注,赓续了徽派先贤精髓,在辑录佚文遗说方面贡献很大。《李卫公兵法》是唐代军事著作,北宋中期前就已散佚。汪宗沂根据杜佑《通典》、杜牧《孙子注》及《太平御览》《武经总要》等书所引《李卫公兵法》逸文,辑成《李卫公兵法辑本》三卷。刘文淇之曾孙刘师培撰有《汪仲伊先生传》,内称"先生覃研《礼经》,洞悉乐吕,克秉乡先生江、戴之传,若推学于用,则上法颜、李,近与泾县包氏符。先世父称之曰:'综贯六艺,自成一子。'"。此为不虚之言。

汪宗沂思想进步,20世纪初芜湖徽州公学的创办,就得力于徽州志士与芜湖革命团体岳王会的支持,洪泽臣为监督,陈独秀为监学,汪宗沂参与管理并兼经学、国文教员。汪宗沂比陈独秀年长,两人相处甚好,成为忘年之交。汪宗沂去世后,陈独秀曾作诗怀念:"央公说法通新旧,汪叟剧谈骋古今。人世莫尊小乘佛,论才痛惜老成心。""汪叟"指的就是汪宗沂。汪宗沂的进步思想也影响了他的学生与后人,学生许承尧、黄宾虹等都参加过反清活动,组织过反清社团"黄社"。其次子汪律本、三子汪行恕都是同盟会成员,四子汪久修在安庆任陆军步队督队官,与徐锡麟是至交,他们都致力于推翻清廷统治。至于其孙辈中,学业有成、终身服务社会者众多,不能说与汪宗沂没有一定关系。

晚清思想家邵作舟

邵作舟(1851—1898),行名运超,字班卿,绩溪伏岭下人,晚清思想家、学者,绩溪三奇士(程秉钊、邵作舟、胡铁花)之一,于政治、哲学、经济、军事、舆地、水利、铁道、音韵、文章学等领域多有建树和创见。

邵作舟出身于书香门第。父亲邵辅做过多年州官。邵作舟出生时,父亲邵辅在休宁剡溪精舍课馆。邵作舟三四岁时,父亲邵辅被授予教谕之职。5岁时,父亲邵辅离开家乡,赴任陕西葭州(今陕西省佳县)知州。8岁时,邵作舟随母从绩溪到陕西陇州(今陕西省陇县)父亲任上。14岁时,父亲在平乱战役中壮烈殉国,邵作舟随母扶父亲灵柩返回绩溪。邵作舟从幼年到少年的时间,接受过父亲正规的古文训练,回绩溪后在家乡伏岭独自整理父亲的遗著,包括《否庵读易》《春秋征》《葭州纪事》《秋草编》《候虫吟稿》等十余种。

17岁补弟子员。24岁廪贡生而食廪饩,享受政府每月伙食补贴。但他不满于邑中诸儒穷经皓首读经的风气,发出了"穷乡僻壤之中,苦于无所师法"的感叹,于是学于杭州。在杭州求学的几年中,他"于书无所不读,过目则成诵。善古文辞,识时务,精地理",然而,"数试江南、顺天,均报罢"。

光绪八年(1882)游学天津。在北洋海防支应局与局务总理李兴锐交往尤笃。曾入周馥幕,并在门下设立教馆,课其子周学熙学业。北洋派贤明士大夫倾慕邵作舟之名,争与他交往。邵作舟久参北洋幕府,究心于当世之务,潜心研究国家当前迫切需要解决的大问题。光绪十一年(1885)之后,有惩于中法战争失败,发愤研究经世之学,致力于著述。光绪十三年(1887)写出震古烁今的"新思想"名著《邵氏危言》。该书一经面世,读者争相购买,成为当年畅销之书。与郑观应的《盛世危言》、汤震的《危言》并称"晚清三危言"。他率先提出以政治改革为本,开启了近代国民性研究,首次提出比较具体的"开明专制"主张,在中国近代思想史上具有重要价值。首次提出比较全面并具有近代意义的财政改革主张,可谓洋务运动时期杰出的财政思想家,为近代中国财政思想史写下新的篇章。

光绪十四年(1888)著《论文八则》,精辟总结我国古文创作历史与手法,可谓"文章学之滥觞"。邵作舟在《论文八则》中自述:"作舟幼孤失学,姿识弇陋,弱而好文。穷乡僻壤之中,苦于无所师法,遍读唐宋诸大家而心摹手追之。年十八九学于杭州,与程君蒲荪、赵君挩叔游,聆其议论,读龚定庵诸集,而好为艰涩幽险之文。"程蒲荪(秉钊)比邵作舟大十多岁,是绩溪近代三奇士之一。

程秉钊在他的《备忘录》中称赞邵作舟:"班卿美才气如虎,近颇自下偶发声,犹震山谷也。"其实,邵作舟之奇才早在伏岭时就已经显山露水。光绪十六年(1890),邵作舟写成哲学著作《公理凡》,熔各类学科于一炉,中西互证,被学界称为中国哲学史上的一部奇书,堪称晚清思想史上之空谷幽兰,具有很高的学术价值。他还于光绪十六年(1890),力劝胡燏棻"不用洋工程师,专任詹天佑办理工程,至路成而其名大著,中国有铁路人盖自此始"。

光绪十八年(1892),邵作舟写给胡铁花的《答胡传论台湾海防书》,后来被胡适收藏。信中预言北洋海军"胜敌之效茫如捕风",提醒胡铁花"倭人垂涎台湾梦寐不忘"。在台湾其时"蛮烟瘴雨动辄中人"的情况下,规劝胡铁花作为君子,"所任虽艰,必守君命焉逃之义"。并提出:"以鄙见诊之,台虽四面边海,而兵轮之足以逞者,不过数处。每处有新式炮台二三座,水雷一二营,别有陆军以助之,宜可自守。""台地道里形势一经详示,乃如暗中得烛。红头、火烧二屿,周各百里未入版图,倭人垂涎台湾,梦寐不忘,将来恐如吞并琉球之举,而效英人之经营香港、亚丁者,以为窥台之计。榻旁卧虎,患宜预防,未审可从容招谕、令其举岛内属否?"

光绪十九年(1893),母亲章氏在天津病逝,邵作舟哀奉先慈灵柩,归里安葬,历时一个多月的路途才到达家乡,慈灵安放于伏岭四凤祠中堂。邵作舟与三弟邵陶卿、长侄邵在方等庐于堂东。

光绪二十年(1894),甲午战争爆发前夕,军情战报每日到达数十份,他随即处理,没有不恰当的。他按战争态势,上书李鸿章条陈防御日军之详尽方案并"辽东皮口宜驻重兵"。李不听从,他又进献地图进一步说明,惜未采纳。不久,日本海军果然从皮口进攻中国北洋海军。于是,京津百姓都称赞他料敌如神,他因此声名远扬。战后,他跟人说:"中日和议虽成,吏治不修,胎乱未去,京津不久恐有大乱。"等到光绪二十五年(1899)果然爆发义和团运动。"于是京津间,谓公料事如神,识与不识者,皆知公名。"光绪二十一年(1895)五月十七日,广西按察使胡燏棻作《因时变法力图自强条陈善后事宜折》,翁同龢认为"系邵班卿作舟及王翰林修植代作"。据军机处《随手档》记载,该条陈是当日"留中"的首折,康有为《为安危大计乞及时变法而图自强呈》为第二折。

光绪二十四年(1898)正月初一,邵作舟病逝于天津,终年48岁。他死后,天津政府因他有功于北洋海防支应局,发文"年赠银三百六十两以给其孤"。邵作舟墓庐在伏岭下村不远的田间,桐城派大家吴汝纶作挽联云:"才气欲何为,空剩危言留在世;是非谁管得,却缘清议惜斯人。"诚哉斯言!

邵作舟故居是一座两层楼的徽派建筑,光绪二十二年(1896),为了扩建房屋,邵作舟省吃俭用,每月二百二十元的收入,一百元用于建造新屋,一百二十元补贴家用。建屋事项主要由其弟邵陶卿主事,钱款不够,由弟代为赊账。得知新屋落成,邵作舟写诗寄弟,诗题曰《舍旁添数椽寄弟陶卿》:"不觉成新筑,何嫌小似蜗。窗偏须得月,庭仄更宜花。功惜诛茅琐,钱从系杖赊。故园听雨夜,莫放短帘遮。"邵作舟虽为幕僚,却以畅游学海为乐。据其《丙丁纪事》记载,就在建造新屋急需用钱的时候,他还寄了四百元请人代购《五经揭要》《四书人物类典串珠》《事类统编》等书籍。

邵作舟一生著述颇丰,有《邵氏危言》《军凡》《政纲目》《人道纲目》《论文八则》《公理凡》《班公文稿》《丙丁记事》《中国铁路私议》《虑敌》《治河策》《诗文集》等书,编有《拙庵诗草》《静斋公诗剩》《退佳公诗剩》。近年,上海古籍出版社出版的《清代学术名著丛刊·危言三种》、中国人民大学出版社出版的《中国近代思想家文库·马建忠邵作舟陈虬卷》收有其部分著作。

人民教育家胡晋接

胡晋接(1870—1934),字子承,号梅轩,晚号止澄,绩溪城东人。从小随父在东山书院读书,熟读经史,精通程朱理学,博涉百家学说,参加科考成为秀才、郡廪贡生,进入府学,终成饱学之士。

胡晋接在青年时期就立下"教育报国"的理想。22岁时在绩溪白石鼓汪氏家塾教私塾,他的学生汪孟邹后来创办亚东图书馆,成为民国著名出版家。光绪二十九年(1903),胡晋接受绩溪巨商程序东、程松堂之聘,首创"仁里私立思诚两等小学堂"并任堂长。胡晋接执掌思诚学堂后,以"诚"为校训,注重培养学生德、智、体、美、劳全面发展。在硬件建设上,胡晋接创办花园式学堂,为师生营造一个优越舒适的环境。他以相当于大学教授的薪水聘请名儒执教,还聘请了留学归来人员。

胡晋接执校八年中,涌现出了教育家程本海、铁路专家程士范、古籍标点符号第一人汪原放等多位国之栋梁。一时间,仁里思诚学堂声名远扬,不仅绩溪境内,甚至歙县、婺源等地都有学生前来求学,学生人数也增至100多人。

辛亥革命后,胡晋接被推为安徽省临时代议员,后任省督学。因胡晋接在仁里思诚学堂办学成绩斐然,民国二年(1913)1月,省教育厅调任他创办安徽省立第五师范学校。在许承尧支持下,决定将问政山麓的古紫阳书院作为省立第五师范学校校舍。7月,他又租赁休宁县率口荷花池(今属安徽省黄山市屯溪区)胡、毕两姓房宅,作为第二代校舍,进行搬迁,仅用了两个月时间便正式上课。

民国三年(1914)2月,省立第五师范学校改为第二师范学校。4月,我国著名教育家、江苏省教育厅厅长黄炎培,以《申报》记者身份,来到屯溪考察第二师范学校。黄炎培高度赞许校长胡晋接,教务主任方新,"苦心擘画,勤恳周至,出省所见师范此第一"。为此,胡晋接受到安徽省都督兼民政厅厅长倪嗣冲的嘉奖。同年7月,胡晋接又以5200银圆买下万安新棠村任氏"怀永堂"进行改造。12月,第二师范学校由荷花池迁至万安新校舍。为解决当时教育经费拮据问题,他特意精心筹措,开设小商店、豆腐坊、创办砖瓦窑、印刷厂,还种粮、造林、养猪,千方百计开辟财源,学校方初具规模。至民国十三年(1924),第二师范学校有校舍500多间,图书馆藏书15400册;科学实验馆有仪器570件、模型100多件。第二师范学校多次获得上级教育行政机关的高度评价,民国四年(1915)首届巴拿马万国博览会召开,省署指定省立第二师范学校筹措动植物标本126种,资料3册。民国八年(1919)3月,为此胡晋接荣获教育部七级嘉禾勋章。

胡晋接通过多种形式,传播新的教育理念和教学方法,推动现代教育的发展。他在学校设立"学区教育联合部",在徽属六县成立民间社团性质的"全徽教育协进社",通过召开年会,举办成绩展览会、演讲会、游艺会、运动会等多项活动,推进学区各县教育的发展。民国十七年(1924),安徽省视学谢宗禧视察第二师范学校后评论道:"校长胡晋接,自创办该校以来,恳切任事,筹划周详,学校范围逐渐推广,学生成绩日益显著,深堪嘉许。"因此,省立第二师范学校被誉为"安徽学府",人才摇篮,蜚声中外。

胡晋接校长以"诚毅"为校训,与方新精心设计管理和校务实施方案,建立一系列组织机构、规章制度及课程设置方案。他制定"校训日省"十一则,并制定了"师范生标准人格":德育上,要品德优美,行为中正;智育上,要智识明确,技能精熟;体育上,要体魄坚强,精神充实。他竭力倡导教育改革,实施"村民教育",提倡"维新的实用主义""发展社会经济主义";主张德育、智育、体育并举,坚持严格管理,重视教、学、做合一,建立起较规范的教育实习制度。

胡晋接治校,特别重视师资队伍建设,聘请的教师与邀请来学校交流的同仁,多为知名学者。如北洋大学毕业生唐毅、唐珏、詹省耕、张宗望、董秉铨、程士范等,南京高等师范毕业生余宝勋,文秀才出身的毕醉春、程东屏,安庆江淮大学毕业的胡在渭、黄梦飞,曾在紫阳师范学堂任教的江植棠,桐城古文大师马通伯的学生鲍光豹等。第二师范学校还不定期邀请社会名流来校演讲,如北京大学教授钟观光,东南大学图书馆主任洪范五等,都是非常知名的学者。

胡晋接办学之术,以"书院传统与现代教育的交织融合",坚持以先进教育思想指导教育实践。他认为"师范教育,乃国民教育之母,关系甚重"。在办学前期实施村民教育,注重"守信耐劳、规矩勤勉""以养成能创造前途,背负责任,知行并进,毅勇敢为之新国民之师资为目的";后期推行务本教育,提倡"尽性学佛,尽作学孔,道学为体,西学为用"。训育要求教师"注重答问及发问""使之自得为主,不专注入而重启发",成立"教授研究会",举行"教授参观"。

胡晋接治校十五年,为国家、民族培养了大批人才。省立第二师范学校从民国七年(1918)首届学生毕业,到民国十七年(1928)合并为省立第二中学,前后毕业学生十届,共计300余人,其中不乏著名人物,如国务院前副总理柯庆施、国际著名鱼类学家方炳文、左联作家和现代翻译家章衣萍、香港中文大学联合书院文学院院长胡家健、华东师范大学物理系教授章昭煌、安徽师范大学数学系主任胡广平、中央大学教育系教授程宗潮等。胡晋接为徽州培养了一批优秀教师资源,推动了民国时期徽州中小学教育的发展。他是徽州现代教育的先驱,是安徽省中等师范教育的开拓者之一,是民国时期在教育理论和教育实践上都有建树的著名教育家,因此,被誉为"一方硕士,六县宗师"。

民国十七年(1928),胡晋接退休回到绩溪,又致力于地方史料及风物资料的收集编纂,被安徽通志馆聘为特约编纂,为《安徽通志》编写《舆地志》和《艺文志》中的部分内容。民国二十二年(1933)11月担任《绩溪县志》总纂,次年4月病逝。他一生著述颇丰,有《中华民国地理新图》《中华民国分省地图集》《稻程村自治志》《中华民国地理讲义》《周易错综图解》《周易焦氏学》《梅轩笔记》《绩溪山水歌略》等刊行,与程敷锴合编有《中华民国四大交通图》《全国邮政图》《全国铁路图》等。

文史学者许承尧

许承尧(1874—1946),字际唐,号疑庵,晚号苍公、婆娑翰林,歙县唐模(今属安徽省黄山市徽州区)人。

许承尧出身于一个传统的农商之家,祖父许恭寿曾为蒙学塾师。其父许学诗虽先后在南昌、歙县竭田、杭州从事典、木等业,但也通书算。许承尧5岁时母亲去世,由祖母抚养长大。6岁时跟从本村方守坚开蒙,祖父也亲自课读。许承尧自幼聪颖,也吃苦好学,16岁成为府庠生。次年,其父经营受挫,家庭经济大为困窘。18岁,许承尧问学于黟县人、岁贡生李嘉会。清光绪二十年(1894)中举人。在家庭压力下,为追求更高功名,他师从当地学者汪宗沂,并与黄宾虹、汪律本成莫逆之交。汪宗沂博览群书,"于国学无所不窥,不拘泥于前辈师法,而能自辟蹊径",且喜舞剑、谈兵,注重时务,这极大拓展了有一定家学根基的许承尧的学术眼界。光绪三十年(1904)年方三十的许承尧中进士,钦点翰林院庶吉士。因次年科举制废除,他也因此成为最后一科的翰林。

在内忧外患的年代,许承尧认为教育为国家富强之本。光绪三十一年(1905),他告假返回歙县,与江昉等人创办新安中学堂,出任监督。次年创办徽州府紫阳师范学堂。同时,还帮助其祖父在唐模创办端则女学堂和敬宗小学堂。与同盟会会员陈去病等人组织"黄社",开展旨在宣传废除君主专制、推行新学的活动。光绪三十三年(1907),因人告发,他辞去二校监督之职,回京销假,重任翰林院编修,兼国史馆协修。辛亥革命后,返里隐居。民国元年(1912),应安徽都督柏文蔚之聘,任筹建芜(湖)屯(溪)铁路总办。民国三年(1914),受甘肃督军张广建之聘,赴陇历任甘肃省政府秘书长、甘凉道尹、兰州代理道尹、省政务厅厅长等职。民国十年(1921)随张广建返京。民国十二年(1923)再赴甘肃任渭州道尹,次年返京。民国十四年(1925)返里,绝迹仕途,以著述终老。

作为一位方志学家,许承尧最大的贡献是纂修了民国《歙县志》。他认为:"志乃史裁,因时而作。务求真实详赡,以存陈迹,兼资来鉴。"因此,他与同人历时四年,访里巷,问耆老,大量收集地方掌故、遗闻轶事,博引考证,于民国二十五年(1936)修成。该志次年在歙县旅沪同乡会赞助下铅印刊行。民国《歙县志》共十六卷,分舆地、营建、官司、武备、食货、恤政、选举、人物、艺文、杂记等十志六十七门。内容庞博,收载较全。尤其是所绘地图,采用近代科学方法实地测绘,较为精确。此外,许承尧还搜集大量地方掌故,撰成《歙事闲谭》《西干志》存世。

许承尧爱收藏、精鉴别。早年收藏明清乡贤手迹。在甘肃任职时发现散落民间的敦煌藏经,倾力购藏。返回故里后,特地从甘肃带回的几百卷古代写经中挑选四十卷精品装裱特藏,并定室名"晋魏隋唐四十卷写经楼"。晚年回歙县后,致力于徽州文献资料、字画、文物的收集与整理,个人收藏珍贵文物近万件,建"檀干书藏"以保存。其中不乏如新安画派名家渐江《晓江风便图》等精品。对于地方文物保护,他也很关注。主持修葺唐模的檀干公园,发起并修复西干山渐江墓,抗日战争时期全力保护太平桥等大型古代建筑。

许承尧也是一位诗人,一生诗作甚多,《疑庵诗》收录了其诗歌代表作。他的诗歌创作功底扎实,造诣深厚。他写诗,"初学长吉(李贺)、义山(李商隐),继而由韩(韩愈)入杜(杜甫),冀窥陶(陶渊明)、阮(阮籍)。于宋亦取王半山(王安石)、梅圣俞(梅尧臣)、陈简斋(陈与义)。明清二代,时复旁擷"。他的诗歌立意高远、风格鲜明,所展现的爱国情怀,颇得世人称道。有人评价他的诗:"风骨高秀,意境老澹,皖中高手。"在艺术表现手法上,他以中国传统思维来理解近代社会,包含了"诗界革命"和近代启蒙的气象。他也重视对徽州前人诗歌的收集和整理,辑有《新安佚诗辑》《明季三遗民诗》等。

在创办和管理新安中学堂、徽州府紫阳师范学堂的过程中,许承尧对教育事业也有一定贡献,安徽巡抚冯煦在奏折上就赞扬道:"该员自充监督,招生开学,增聘教员,手定章程,经营建筑,兼私立敬宗小学,添设徽州府紫阳师范及师范附属小学堂以资练习,并于中学内增拓操场及植物实验所,以求完备。即歙县教育会、劝学所，亦同时成立。……热心毅力，规画分明，为皖南诸郡之模范。""皖南学务以皖歙最早，歙县兴学，则自许氏。"

许承尧的教育思想，反映在五个方面。第一，教育普及是救国拯民的首选。鸦片战争以后，"外力横厄，族竞弥烈""优胜劣败，胜存劣泯"的社会进化规则敲响国人的警钟。如何救国民于水火，莫衷一是。许承尧认为："民德未进，民智未牖，而徒更张政制，将愈棼乱，而无效果之可言。"因此，无论是从救国进程的快捷与迟缓看，还是从综合的客观效果考虑，都应该是以教育普及为优选项，即教育普及是解决时局困境最为有效的对策。第二，普及陶铸国民的教育为最急。开办新式学堂作用有三：陶铸国民、造就人才、振兴实业。许承尧认为，"造就人才以备任官之教育，振兴实业以谋国富之教育，皆可包于陶铸国民教育之范围中"。第三，教育普及当从蒙学、小学入手。教育普及相当于一个冶铸国民的大熔炉，民德由之而进，民智因此而高。但教育普及从何处入手？许承尧认为始于蒙学、小学。因此，政府的当务之急是宜急设、多设蒙学、小学。第四，无师范生则蒙学、小学无由兴。历史上，我国教师培养没有专业的渠道。在西方近代教育制度被介绍和引进的同时，早期师范学校也在沿海一带得以创建，这是普及教育的基础性工程。许承尧告诫学生：你们今日为本校之受学者，他日即各县、各乡蒙学、小学之创造者。第五，爱国是教育不可缺少的宗旨。他曾对新安中学堂、紫阳师范学堂学子提出爱国、爱身、爱时的主张，要求学子做到"崇公德，明公理，守秩序，教勇敢，励坚忍，戒偷惰，除嚣张"。认为唯有如此，方能教育普及，才可以"藩国""卫种""私群""革污习""存国粹"。

近代教育家江谦

江谦(1876—1942),字易园,号阳复。婺源县江湾镇江湾村人。出身于"贾而好儒"的书香门第,其父江邦奎"年十八补浙江商籍,仁和邑庠生"。江谦幼时颖悟,7岁开始读《百家姓》《千字文》《论语》《大学》《中庸》,9岁读《孟子》,10岁读《诗经》《尚书》;17岁应童子试,"文场六试冠群英",得中秀才。

清光绪二十年(1894),江谦赴金陵(今江苏省南京市)参加江南乡试,由于在第三场考卷末多写数字,违反科场规定,因此未能中举。乡试落榜的江谦,虽然懊恼但不气馁,决意再投师深造。是时,江谦之父已中年殂逝,所幸曾祖江国锟早年在崇明岛庙镇开设的"元和"店铺,仍由其兄江澍经营着,于是他离乡到了崇明,并慕名进入南通状元张謇任山长的瀛洲书院。在书院学子中,江谦文才出众,举止端方,深受张謇的赏识与惜爱,成为张謇的得意门生。张謇在《啬翁自订年谱》述及瀛洲书院时,曾特意提到"得士婺源江谦",称赞他"进止温恭。察其业,颇窥三代两汉之书。与人语,辞顺而气下,益爱重之"。江谦对张謇亦甚敬仰,钦佩其实业救国之志,在张謇于光绪二十二年(1896)由瀛洲书院改任江宁文正书院山长后,随之渡江继续拜其门下。

甲午战争中清军惨败,给国人以强烈刺激,国内维新思潮蓬勃兴起。张謇痛感近代事业人才的匮乏,遂派遣最信任的弟子求取新学,令江谦入南洋公学(今上海交通大学前身)。光绪二十五年(1899)春,江谦进入南洋公学师范班,学习国学、经史、舆地、算学等,一度还兼习英文;每次考试皆获第一名,以优等生毕业。

光绪二十八年(1902),将实业、教育称为"富强之大本"的张謇,在其创设于南通的大生纱厂经营有成,经费有了一定保障之后,进而着手发展近代化教育,创办中国第一所民办师范学堂——通州师范学校。次年学校开学,张謇委任江谦为学校监理,随后任命他为代校长、校长。江谦奉行王阳明"知行合一",注重"能读能耕",矫正袖手空谈之旧习,他亲自授课、为人师表,身体力行带领教师进行教学改革,着力培养学生的"自治"精神。在江谦竭心尽力的管理下,通州师范学校声誉远扬,不仅江苏、安徽、江西诸省入学者不绝,就连山西、甘肃也有公费远派诸生来学。江谦晚年忆其事时,赋诗云:"大厦恢恢集众材,师生贤俊一时魁。晋甘皖赣同餐寝,甘省诸生最远来。"鉴于江谦的才学和业绩,户部右侍郎李昭炜奏保"经济特科",两江总督端方保"员外郎"。后还被推举为安徽省教育会会长。

宣统元年(1909),江谦被举为安徽省咨议局议员。宣统二年(1910)选充京都资政院议员。民国元年(1912),又被推为安徽省议会副议长。民国二年(1913)再被推举为国民政府众议院议员。民国三年(1914),受江苏省民政长(后改省长)韩国钧的聘请,出任江苏省教育司司长。到任视事,遍走苏州、无锡、常州、镇江、扬州、上海、吴淞各校,裁冗费、助必需,共节省浮费数百万元之巨。任职三个月后,因新体制裁撤教育司,遂返回通州师范。翌年,复为韩国钧延请,助其筹办南京高等师范学校(今南京大学前身)并出任校长。上任伊始,江谦躬身下问、集思广益,结合自己在通州师范学校的办学经验,提出教书育人以"诚"为本,培养子弟以"知、仁、勇"为目标,勉励师生为师、为学、为人都要以"诚"为训,携手奋进;并以此为内容,创作了《南京高等师范学校校歌》,由学校教员李叔同谱曲。与此同时,江谦一边治校教学,一边进行学术研究,他由英文切音,发明阴阳声母通转规则,创造性地提出和试行音标方案,为后来普遍推行汉语注音字母开了先河。民国七年(1918),因长期劳神过度,又患上神经衰落症,实难继续工作,离职回家养病。为表彰他从事教育、造就人才的卓著成绩,经韩国钧奏请"保授记名道尹,明年又得赏二等嘉禾章"。

民国八年(1919),离职休养的江谦返归江湾老家。由于少时受父江邦奎常年诵经念佛、行善布施的影响,病中的江谦一心向佛,成为净土信徒,先后皈依谛闲、印光两大师座,与弘一大师亦为至交,加上他博览佛家典籍,精进不懈,以至逐步形成"释儒一宗"思想。为此,江谦在修心养性、沉疴亦愈的同时,潜心践行"儒佛合一"之论,他在家乡江湾创立"佛光社",编印《佛光社刊》发行。凡乡亲冠礼、婚礼、丧祭,皆倡导吃素念佛,移风易俗;凡赈灾济贫、修桥筑路、助学建庙等公益,皆尽力为之;对做人处世,劝诫在家"为人子,止于孝;为人父,止于慈",在外"处事以恭,接人以和"。一时间,四乡八路的佛教信徒,纷纷前来诵经听讲,入社者益众;每逢春秋"佛七"之期,江湾佛家云集,盛况空前。民国二十三年(1934),江谦应佛友李锦堂之邀,赴杭州成立"佛光社",旅杭徽州乡邦诸友信佛者,踊跃入社参加诵经听讲。随后又应佛友吴兆曾之请赴南通,在南通三年遍走城乡及海门各地,宣讲佛经、弘扬佛法、劝导行善。

江谦在潜心研究佛学的同时,继续关心教育。他与安徽省立第二师范学校校长胡晋接交谊较深,由于办学经历和对办好教育的追求,两人经常书信往来,探讨教育方针、商榷办学问题、交流读书心得。江谦曾应胡晋接邀请,前往第二师范学校参观并讲演。对胡晋接为推动徽州教育发展,创办"全徽教育协进社"(后改全徽教育联合会)以及"提学校基金设立国学院"之举,江谦极力支持。民国十九年(1930),安徽省试行中心小学建制,江谦邀同乡江导岷等共同出资,整修校舍、扩大操场、添置教学设备、制发统一校服等,指导把江湾族立小学改造成婺源一所标准的中心小学。

江谦一生著述颇丰,出版或刊行著作有《说音》《天然声音学》《小学养蒙三字经注解》《正学启蒙三字颂笺注》《梦游纪恩诗》《东波禅学诗文要解》《阳复斋文集》《阳复斋丛刊》《江易园演讲录》《灵峰儒释一宗论》《安徽佛门龙象传》《宏法联语集》《佛儒经颂》《阳复斋诗偈初集》《阳复斋诗偈续集》《阳复斋诗偈三集》《佛教三字经注》《佛教三字经续编》《儒佛合一救劫编》《心经颂》等。

现代出版家汪孟邹

汪孟邹(1877—1953),学名练,行名邦伊,绩溪县城内白石鼓人。早年受业于徽州硕儒胡晋接,20岁中秀才。清光绪二十七年(1901),入南京江南陆师学堂学习,并结识了章士钊、赵声等一批具有新思想的革命志士。先后在芜湖、上海、屯溪创办了出版书社,成为一个成功的出版商。

光绪二十九年(1903),汪孟邹联合胡子承、周栋臣等人集资1200银圆,在芜湖长街徽州码头创办了安徽省第一家书店——科学图书社。当时的科学图书社主要代售上海出版的新书报,兼营仪器、文具、教科书,时有反清的书刊,如黄藻的《黄帝魂》,邹容的《革命军》等。五四运动时期,该书社成为革命党人和学生交流新文化新思想的活动场所。

1922年,芜湖科学图书社开业二十周年纪念时,蔡元培、章士钊、胡适、陶行知等均题词祝贺。胡适说它"给文化做了二十年的媒婆",陶行知称图书社"赈济了二十年的学术饥荒"。高语罕在贺信中写道:"安徽近二十年,所谓种族革命、政治战争、社会运动、文化运动,芜湖实居重要地位,而长街之中,方丈危楼、门前冷落之科学图书社,实与之有密切关系!"因此,汪孟邹被誉为"辛亥老人",科学图书社也有了"安徽革命的策源地之一"的誉称。

民国二年(1913),汪孟邹接受陈独秀的建议,赴上海惠福里(四马路)创办了"亚东图书馆",又名"芜湖科学图书社申庄",最初员工仅三人,即汪孟邹、许潜如

(胡适挚友许怡荪之弟)和汪原放(汪孟邹之侄)。上海亚东图书馆馆标(商标)由陈乔年、汪原放设计。馆标上方英文"THE ORIENTAL BOOK COMPANY",译为"东方图书公司"。下方"上海亚东图书馆"是当时名扬沪上的书法家、江苏武进唐驼所写。

上海亚东图书馆是一个中国新文化运动的传播地,陈独秀、胡适、章士钊和毛泽东等都与其有千丝万缕的联系。20世纪20年代,毛泽东在长沙开办文化书社,便通过陈独秀的关系认识了汪孟邹。此后,毛泽东就与上海亚东图书馆开始了数年的业务关系,两人的交情也渐深。现代出版家汪原放回忆:"长沙与亚东两书社的业务十分频繁,这在早年的亚东'万年清'账册的原始记录上可以看出。每次进出书单、书款,均由毛泽东亲自过目签字后,交亚东办理,有时,也由其弟毛泽民代办。"

1915年,上海亚东图书馆获得了由知名人士章士钊主编的《甲寅》杂志的发行权,这对默默无闻的上海亚东图书馆来说,简直是件令人喜出望外的大好事。因为《甲寅》杂志秉承"一面为社会写实,一面为社会陈情"的办刊宗旨,加之章士钊的社会声望,颇受社会各界欢迎。上海亚东图书馆通过发行了五期《甲寅》杂志,大大提高了自身的知名度,也为代理发行杂志积累了经验,为书店日后的发展坚定了信心。

陈独秀任北京大学文科学长后,给上海亚东图书馆带来了新气象。北京大学委托上海亚东图书馆为其在上海的总经销,专门销售北京大学出版的新书。此外,陈独秀还把《每周评论》《新潮》等都交给其销售。上海亚东图书馆曾出版过章士钊从事反袁的《甲寅》杂志和《孙文学说》《尝试集》《三叶集》《胡适文存》《独秀文存》《吴虞文录》等书,还出版过由汪原放标点分段、胡适作序的《水浒》《红楼梦》《三国演义》《西游记》《儒林外史》《镜花缘》《老残游记》等十几部古典小说,开创了中国古典小说新式标点之先河。当时国内一些知名学者,如杨敏曾、钱玄同、程演生、杨昌济、梁漱溟等人的著作都由上海亚东图书馆经销。宗白华、汪静之、章衣萍等一批文化精锐及青年才俊也对上海亚东图书馆鼎力相助,上海亚东图书馆因此扬名,成了新文化运动的传播阵地。

1925年,汪原放由陈乔年、郭伯和介绍加入了中国共产党,后来成立了中共上海亚东图书馆支部,汪原放任党支部书记。馆内的进步青年职员在党组织的领导下,积极参加五卅运动,投身革命洪流。1927年,汪原放被任命为中共中央出版局局长,上海亚东图书馆便成了中央出版局的办公地,承担起更为艰巨复杂的革命重任。其间,汪孟邹在租界当局和军阀政府双重压迫下,毅然经营销售革命政党的机关刊物,如国民党的《政治周报》、共产党的《向导》《中国青年》等,陆续出版了高语罕、蒋光慈等人的革命文学作品,翻译了一些马克思主义著作以及多种外国文学名著,印行了有关历史、地理、科技、教育等书籍,满足各方读者的需求。有些书产生了很大影响,如蒋光慈的《少年漂泊者》、李季译的《通俗资本论》、高语罕的《白话书信》、杨之华的《妇女解放概论》等,这些书对于传播革命思想、新文化以及推广白话文都起到了积极作用。

上海亚东图书馆在其存在的几十年间,由于时局变动,馆址曾几次迁移,从惠福里迁到平和里(河南路),又迁到福华里(江西路),最后迁至上五马路(棋盘街西首)。人员也从最初的三人,逐渐发展到四五十人。上海亚东图书馆的员工"治事谨严,丝毫不苟","亚东版的书籍,校对特别仔细,错字几乎没有,版本形式也特别优美",创造了我国出版史上"亚东"版精品图书。"亚东"版的书刊销售范围也很广,除上海外,行销全国,在179个市县设有367个代销处。上海亚东图书馆的书籍不仅在国内广为流传,还走向了世界,在东京、堤岸、曼谷、吉隆坡、新加坡、巴达维亚、马尼拉、仰光、纽约等地有14个代销处。

中华人民共和国成立后,上海亚东图书馆一度加入公私合营的通联书店。1950年9月,毛泽东曾令人电邀汪孟邹出席新中国第一次全国出版界会议,但汪孟邹因年老体弱,复函毛泽东婉言辞谢。1953年2月,上海亚东图书馆因为曾经出版过"托派"书籍而被上海军管会人员勒令"馆店歇业"。毛泽东得知后,曾电示上海市有关方面"此人过去与我党有功",并给予汪孟邹积极评价。同年10月,汪孟邹因病在上海去世。

清华老校长周诒春

周诒春(1883—1958),又名周贻春,字寄梅,休宁蓝田周村人,清华大学奠基人,近代著名教育家、政治活动家。

周诒春的父亲周聿修为旅居汉口的茶商,十分重视子女的文化教育。周诒春自小就随父亲在汉口接受新式教育,后考入上海圣约翰学院,清光绪三十年(1904)毕业,自费赴美国威斯康星大学选读教育学、心理学课程。光绪三十四年(1908)毕业,获学士学位。又入耶鲁大学进修,翌年得硕士学位。回国后,在圣约翰大学、吴淞中国公学、复旦公学等校任教。曾参加清廷留学生考试,得中进士,被点为翰林,时人称为"洋翰林"。在此期间,曾协助颜惠庆编纂中国第一部《标准英汉双解大辞典》。

辛亥革命后,周诒春在南京临时政府任外交部秘书,并曾任孙中山的英文秘书。民国元年(1912)4月,被外交部任命为清华学堂教务长。10月,任副校长兼教务长。次年8月因首任校长唐国安推荐而继任清华学校校长。民国七年(1918)1月,因与外交部得势的亲日派人士意见分歧,愤而辞职。同年,在圣约翰大学举行40周年校庆时,他被授予名誉博士学位。在清华任职四年多,他着眼于民族教育独立,积淀了对清华影响深广的教育理念和文化传统。他力主改革留美学生选拔机制,最先提出把清华由留美预备学校改办成完全大学的计划,并于民国五年(1916)呈文外交部,请逐渐扩充学程,设立大学部。获批准后,筹划并主持修建了清华园内著名的早期四大建筑:图书馆、科学馆、体育馆和大礼堂,奠定了清华校园的空间格局。

在教育方面他有自己鲜明的办学理念,倡导德、智、体三育并举的方针,主张"造就完全人格之教育",推行"端品励学"和体育"强迫运动",注重培养团队精神和合作意识,使清华校园洋溢着"高尚和乐的气氛""实践合群生活的方式""服务爱国精神",还从梁启超演讲中提炼出"自强不息,厚德载物"的校训,指引激励着一代代清华人治心养性、奋发进取。他所做的一切,为日后清华发展成为全国第一流大学奠定了基础。民国二十年(1931)清华建校20周年,学校纪念刊评价:"周诒春任职四年余,建树极多,历任校长无出其右。"

离开清华后,他仍然关心教育事业,长期与北京协和医学院保持密切关系,并曾受聘参加医学院理事会的工作。在他的参与推动下,协和成为当时亚洲最重要的医学中心、世界最杰出的医学院校,是当时我国医学教育和研究的一面旗帜。民国八至十年(1919—1921),他参加了华北农村旱灾后的赈济,担任华洋义赈会会长。民国十一至十三年(1922—1924),在颜惠庆手下任财政整理委员会秘书长,为颜惠庆的主要副手。此后,他利用自己与津沪大企业家、中孚银行董事孙多钰的良好关系,贷款创办天津仁立地毯公司并任董事长,又任永利化学公司和其他一些工业企业的顾问。民国十三至十七年(1924—1928),任中华文化教育基金委员会常务董事兼总干事。该会是美国归还庚子赔款的管理与使用决策机构,他大力倡导将此项赔款用于科学文化事业,资助建立"静生生物调查所",并资送一批学生出国留学,又利用此款创办了北京图书馆。

民国十五年(1926),燕京大学聘他为校董事会主席。其后又任燕京大学代理校长,领导这所著名教会大学稳定发展,对中国近代高等教育产生深远影响。民国二十四年(1935)12月,应吴鼎昌之邀去南京,任国民政府实业部政务次长,协助部长吴鼎昌谋划全国实业建设,奖励生产、发展贸易,对各项国营、民营实业进行有力引导与奖掖扶持。民国二十六年(1937),任贵州省政府委员兼财政厅厅长。次年1月,应清华同学宋士英等倡议,在贵阳市郊筹建清华中学(中华人民共和国成立后更名为花溪中学),任董事长,从基层一线做起,着力擘画贵州中等教育发展。

民国三十三年(1944)12月,受任国民政府咨议,移居重庆。翌年,调任农林总长。民国三十六年(1947)返回南京,改任卫生部长。在战后百业待兴的困难条件下,先后领导农林部和卫生部进行战后恢复工作。囿于情势,他在卫生部任职不久,即于次年冬辞职,全家迁居香港。

周诒春在常年致力于教育事业的同时,还非常关注社会事业。他曾长期担任中华教育文化基金会董事,该会是中华人民共和国成立前对国内学术研究资助最大、影响最广的基金会;周诒春与顾维钧、詹天佑等主要发起创建的欧美同学会,是中国建立时间最早、规模最大,并延续至今的留学人员组织,对传播民主与科学,促进中外交流等发挥了重要作用;周诒春参与并曾任总干事兼秘书长、副会长等重要职务的中国华洋义赈救灾总会(1921—1949),为协同办理筹款赈灾、合作防灾、兴修道路和水利工程等公共事业开创了先河。此外,周诒春还热忱参加故宫博物院协助会,并曾出任故宫博物院理事,为故宫的管理保护及抗战期间故宫文物南迁建言献策,为确保大量珍稀文物免遭兵燹之祸四处奔走,不遗余力。

长年在外奔波,周诒春仍始终不忘故土休宁。民国五年(1916),他回休宁探亲省墓,见家乡水土破坏严重,即呈文休宁县军法科长兼休宁县知事,请县府立碑严禁乱砍滥伐,以保持水土,维护一方平安,违者严办。其碑原立于蓝田镇周村夹源河畔,现藏休宁县状元博物馆。在动荡不定的岁月里,他经常通过书信等方式教育和接济故里的乡亲。他的侄儿周锦堂家里至今还保存着他于民国三十五年(1946)3月13日勉励侄儿好好工作的亲笔信,侄儿周锦堂在记事册中,也多次写到自己赴京找叔父谋事的动人情景。晚年,周诒春想回故里走走看看,却一直未能如愿。

中华人民共和国成立后,他关注祖国统一大业,要求返回内地。1950年8月,人民政府派员接他回北京,与在协和医院当医生的儿子周华康一家住在一起。在他孙女周琳眼里,爷爷"很静,像个中国的老学究,一点儿看不出当年西化的做派。整天也不出门,只干两件事:翻看一大堆线装书,还有就是练字"。1956年,他被聘为中国人民政治协商会议特邀代表。1958年8月30日,病逝于上海。现在,他在休宁蓝田镇周村的故居,已建成周诒春纪念馆供人瞻仰凭吊。

用唯物辩证法研究经学的吴承仕

吴承仕(1884—1939),字检斋,号展成、济安,笔名少白,歙县昌溪沧山源人,寓居北京。

吴承仕出身于晚清士大夫之家,家庭文化氛围浓厚。他5岁入私塾,由秀才张建勋、汪沛仁启蒙,奠定了扎实的国学基础。清光绪二十七年(1901),吴承仕与其父吴绍绶一同应试,同榜考中秀才。其父特意改名吴恩绶,取"恩科取中"之意以为纪念。次年,吴承仕奔赴南京参加乡试,中试第三十九名。光绪三十一年(1905),科举制度被废除。光绪三十三年(1907),吴承仕在北京参加举贡会考,被取为一等第一名,被钦点为大理院主事,掌管刑狱典籍。这既是他仕途生涯的开端,也为其研究历史典章制度提供了条件。

辛亥革命后,吴承仕出任司法部佥事,他对新政府充满期待。但很快,由于袁世凯窃国,力图恢复君主专制,政治腐败,吴承仕对当局非常失望,于是,他将主要精力转到研究历代典章制度以及三礼名物,并与著名学者章太炎有书信往来。民国三年(1914),章太炎因大闹总统府,被袁世凯软禁。吴承仕佩服章太炎的胆识,不顾个人安危前往探望,又在经济上接济,并执弟子礼向其讨教学术。章太炎赏识吴承仕的为人与学识,也将自己的学术见解口述传授。自此,吴承仕成为章门弟子,后与黄侃有"北吴南黄"两大章门经学大师之称。章太炎对他俩也有比较,说吴承仕"文不如季刚,而为学笃实过之"。

民国八至十三年(1919—1924),吴承仕的学术水平迅速提升。先在北京大学出版的《国故》月刊发表《王学杂论》,后又辑录《经籍旧音》二十五卷、序录一卷。又撰成《淮南旧注校理》及训释古音的专著《经籍旧音辨证》。民国十三年(1924)末,吴承仕受聘为北京师范大学国文系主任,逐渐由一名经学研究者转变为一名教育学。

民国十五年(1926),吴承仕被聘为中国大学国学系主任。他一方面借助自己的人脉解决师资短缺问题,另一方面又对国学系课程设置进行改革,增设"政治经济学""现代文艺思潮""社会科学概论"等新课程,传播先进思想,使中国大学在社会上享有一定声誉。

爱憎分明、坚持正义是吴承仕的人生准则。他好昆曲,善度曲吹笛,参加过北京昆曲业余组织言乐社、赏音社和肆雅社。民国十二年(1923),曹锟贿选当上大总统,曾请肆雅社曲友在家举行堂会。吴承仕不知底细,欣然而往。到场时,只见文武官员都来拜寿,才知是大总统过生日。他勉强唱了半折《弹词》,便戛然而止,拂袖而去,并致信发帖人抗议:"前奉社帖,未审曹为谁某,及入朱门,始知其审……自分歌喉已坏,不得伺候贵人。此后会期,幸勿发帖。"民国十六年(1927)4月,张作霖在北京杀害李大钊等人,吴承仕极为愤慨,当即辞去司法部佥事一职以表明自己与北洋政府决裂。当时,北京笼罩在白色恐怖之中,不少文人反对"学生干政",主张"读书救国"。吴承仕针锋相对,在当年北京师范大学招生考试时命作文题为"读书与救国能否并行不悖,抑有先后缓急之论欤?"。

吴承仕革命思想的形成可追溯到民国十九年(1930)。经范文澜、齐燕铭介绍,他接触到马列著作。通过学习,他认识到是政府腐败造成国家内忧外患,面对军阀混战及日军入侵,埋头于书堆研究国故行不通,更需要关心社会,除弊兴利。同时,吴承仕也力图以马克思主义辩证法与唯物史观来研究古代经学、语言文字及礼制,开我国运用马克思主义研究经学之先河。

吴承仕多年着力于思想启蒙。民国二十三年(1934),他出资在北京创办《文史》杂志,主要刊登具有进步意义的学术论文,鲁迅、沈雁冰、李达都常在该刊发文。出版四期被政府查禁后,次年,他又与齐燕铭、张致祥创办《盍旦》月刊,继续宣扬马列观点,批评时政。年余,《盍旦》再次被查封,他又与齐燕铭、张友渔等人创办《时代文化》,借古讽今,针砭时弊。民国二十六年(1937)5月,他还与张友渔、黄松龄、杨秀峰、张申府等进步教授发起成立新启蒙学会,以期唤起知识分子成为改革的中心力量。

坚持抗日是吴承仕的一贯立场。民国二十年（1931），日本制造"九一八"事变，国民政府消极抵抗，东北三省沦陷，引起全国爱国人士的不满。时任北京师范大学教授会主席吴承仕联名数十位教授通电全国，要求政府抗日救国。民国二十四年（1935）12月，"一二·九"爱国运动爆发，吴承仕参与学生的游行示威，撰写文章，发表演说，营救被捕学生，并联系大学教授组成教育界抗日救国会。次年秋，吴承仕被中共北平党组织吸收为特别党员。"七七"事变后，日寇、汉奸疯狂搜捕抗日爱国人士，吴承仕也被列入黑名单。为躲避追捕，在中共地下党的安排下，他化名汪少白，潜伏到天津英租界避居，与家人断绝音信两年有余，坚持抗日救亡。民国二十七年（1938）4月，日本人高薪聘请他任北京师范大学文学院院长，吴承仕严词拒绝。

艰难严酷的生活环境使吴承仕身体每况愈下。民国二十八年（1939），他身染伤寒，潜回北京治疗。由于肠穿孔及旧病支气管炎并发，于9月21日逝世。次年4月16日，党中央在延安为蔡元培、吴承仕举行追悼会，周恩来送了挽联："孤悬敌区，舍身成仁，不愧青年训导；重整国学，努力启蒙，足资后学楷模。"高度概括了吴承仕光辉的一生。

吴承仕也关心家乡发展。民国二十三年（1934），他联络徽商吴良臣、吴炽甫等人创办私立昌溪复兴小学。

吴承仕研究范围广泛，涉及经学、历史、诗文等多领域。著有《经学通论》《国故概要》《经典释文序录疏证》《说文讲疏》《六书条例》《尚书今古文说》《三礼名物略例》《经籍旧音辨证》等。他多采用古文经学家治经方法，由字词以通道，用章句之法疏解原文，以考史源法探明原委，用疏解考证法梳理脉络，旁征博引，阐述精辟。在音韵、"三礼"、训诂等方面多有成就。

万世师表陶行知

陶行知(1891—1946),原名文浚,曾用名陶知行。笔名梧影、何日平、不除庭草斋夫等。歙县黄潭源人。

陶行知出身于一个贫寒的小商人家庭。自幼十分聪明好学,早年在歙县、休宁万安随方庶贤、吴尔宽学习。15岁就读于教会创办的歙县崇一学堂。考入杭州广济医学堂不久,因不满该校歧视非教徒而退学。清宣统元年(1909)进入南京汇文书院预科,次年转入金陵大学文学科学习。因信奉王阳明学说,更名为知行。大学期间,他在自己倡导创办并主编的校刊《金陵光》上发表《金陵光出版之宣言》,号召同学努力学习和工作,发出光和热,报效祖国。民国三年(1914),他赴美国留学,先在伊利诺伊大学学市政,获政治学硕士学位,后转入哥伦比亚大学,师从实用主义教育家杜威学习教育学,获都市学务总监资格凭(证书)。

民国六年(1917),陶行知回国任南京高等师范学校(东南大学前身)教授、教育专修科主任、教务长,主编《新教育》月刊。民国十年(1921),参与组织中华教育改进社并任主任干事,推动平民教育运动,并最早注意到乡村教育问题。民国十五年(1926),陶行知起草发表《中华教育改进社改造全国乡村教育宣言》。民国二十一年(1932),创办了生活教育社及山海工学团,宣传生活教育。"一二·九"运动后,在中国共产党帮助和影响下,陶行知积极宣传抗日,参加民主运动,进一步认识到教育应为民族革命和民主革命服务。

陶行知在教育理论上的重要贡献,是创立了生活教育理论与创造教育理论。生活教育理论是一个由生活教育的目的、原理、原则和基本途径构成的完整的理论体系。核心是生活即教育,社会即学校,教、学、做合一。陶行知认为,生活决定教育,教育又改造生活,两者密不可分;教育不局限于学校,而是涵盖了人类所有社会活动,到处是生活,到处也都是教育的场所与机会;教师教的方法要依据学生学的方法,学的方法要依据做的方法,教、学都要以做为中心。在陶行知看来,传统的学校教育就好比把一只活泼的小鸟从天空里捉来关在笼子里,强迫喂养,结果鸟儿不仅不快乐,而且寿命也缩短了许多。

当年,底层民众普遍不识字。平民教育也因此成为陶行知实践教育救国梦的开端。他辞去了东南大学教授职务,专任中华教育改进社主任干事,又同晏阳初等人组织中华平民教育促进会,开启了面向平民大众的普及教育的艰难事业。没有合适教材,他编印《平民千字课》。教师不足,他从大儿子教小儿子读书中得到启发,创立识字的教不识字的"连环教学法"。后来影响深远的"小先生制"由此发轫。为动员大众参加学习,陶行知到处演讲。他曾在一周内,到过商店、旅馆、饭馆、军队、工厂、寺庙、监狱,甚至连收容无依靠的妇女的慈善机构济良所也留下了他的脚印。

在陶行知一生中,晓庄试验乡村师范和重庆育才学校是他创办的两所最重要的学校,也是实践他的教育思想的基地。

为培养具有"康健的体魄,农夫的身手,科学的头脑,艺术的兴趣,改造社会的精神"的乡村教师,实现"改造一百万个乡村"的宏愿,民国十六年(1927),陶行知在南京郊区创办晓庄试验乡村师范。蔡元培亲书校训"教学做合一"。晓庄试验乡村师范是一所完全"另类"的学校。校内建筑由师生就地取材搭盖,茅草为顶,泥砖砌墙,外抹石灰,与当年城里学校洋气的风格大相径庭。命名也别致:图书馆称"书呆子莫来馆",大礼堂名"犁宫",餐厅为"食力厅"。招生考试科目是农事或土木工操作一日、智慧测验、常识测验、作文一篇和五分钟演讲。招生广告上居然劝告"少爷、小姐、小名士、书呆子、文凭迷最好不来"。

晓庄试验乡村师范课程也很特别:中心学校活动教学做、中心学校行政教学做、分任院务教学做、征服自然环境教学做、改造社会环境教学做,涵盖了校内一般学科的教学,文牍、庶务、会计等管理,烹饪、木工、养殖、耕作等后勤,以及组织和管理晓庄剧社、小学、幼稚园、民众夜校、乡村医院、联村救火会和自卫团等社会事务。而这些繁杂的工作,除一名负责挑水的校工,均由全体师生轮流分担。

晓庄试验乡村师范第一次招生,只有13位学生来应试。但两年后,省内外考生慕名而来,师范、中小学、幼儿园合计有学生2000多人。但政府对该校颇为不满。冯玉祥帮助学校建立联村自卫团,晓庄学生积极参加反帝爱国运动,都让国民政府如鲠在喉。民国十九年(1930)4月,南京卫戍司令部以该校"违背三民主义,散发反动传单,勾结反动军阀,企图破坏京沪交通"为名,勒令解散。陶行知遭到通缉,青年学生多人遇害。

全面抗战开始后的民国二十八年(1939),陶行知在重庆创办育才学校,从难童机构中选拔具有特殊才能的儿童入学。因不收学费和生活费,该校办学经费非常困难。陶行知不仅自己当起现代武训,还公开将行乞兴学的武训作为育才师生的榜样。陶行知的奉献精神,吸引了翦伯赞、郭沫若、贺绿汀、夏衍、田汉等文化名人和艺术家来育才兼任教职,学校也因此培养了一批优秀人才。

陶行知关心家乡的发展。多次为开办在歙县的省立三中推荐教师、协调社会关系。参与倡议于民国十一年(1922)在隆阜创办省立四女师。在他的指导下,四女师平民教育风生水起,除附设平民学校,又在休宁西村创立平民学校。对于修建杭徽公路,他也较早参与讨论与倡议。

抗日战争胜利前后,陶行知提倡民主教育运动,撰文揭露国民党推行法西斯教育,主张实行新民主主义的政治和教育,提出"民主的、科学的、大众的、创造的"教育方针。民国三十五年(1946),他和李公朴等在重庆创办社会大学。当年7月25日,在为反内战、反独裁的和平民主事业和人民教育事业奔走呼号的他,不幸在上海因脑出血去世。周恩来评价他"一直跟着毛泽东同志为代表的党的正确路线走,是一个无保留追随党的党外布尔什维克"。毛主席称他是"伟大的人民教育家"。

陶行知的著作很多,有《中国教育改造》《古庙敲钟录》《行知书信》《行知诗歌集》等。

新文化运动领袖胡适

胡适(1891—1962),幼名嗣穈,行名洪骍,字适之,号冬友,绩溪上庄人。中国现代思想家、教育家、文学家、哲学家,以倡导"白话文"、领导新文化运动而闻名于世。胡适一生社会活动丰富,著作等身,先后获35个荣誉博士学位。胡适曾于1939年被瑞典考古学家斯文·赫定提名为诺贝尔文学奖候选人。

胡适1891年12月17日出生于上海大东门程裕新茶栈内,2岁时随父母去台湾,从父认字;5岁随母亲回绩溪上庄生活,入读蒙馆,接受了九年私塾教育,熟读了家藏经史典籍和古典小说,打下了较为系统的国学基础;14岁跟三哥赴上海求"新学",先后入梅溪学堂、澄衷学堂,后考入中国公学。加入新成立的"竞业学会",学会创办旬刊《竞业旬报》,胡适先是作者,后成为刊物的编者和记者,以浅显语言向普通大众宣传民族主义。

清宣统二年(1910),胡适考取清华"庚子赔款"留美官费生,入美国康奈尔大学,选读农科;一年半后改学政治、经济,兼治文学、哲学。五年后进哥伦比亚大学,师从哲学家杜威。1915年暑假,胡适与梅光迪等几位朋友在一起探讨中国文字与文学问题,胡适在《送梅觐庄往哈佛大学》一诗里提出了"文学革命"的口号。民国五年(1916)接受陈独秀的建议,以"八不"为核心,写成《文学改良刍议》一文,并于次年1月在《新青年》上发表,文学革命运动从此兴起。民国六年(1917),回国受聘北京大学教授,直至民国十五年(1926)。在这九年里,他不但热心教育而且全力提倡文学革命，潜心研究学术史和思想史，成为国内著名的学者和教育家。

五四运动以后，参与编辑《新青年》，接办《每周评论》，主编《努力周报》，发表了《建设的文学革命》《国文法概论》《实验主义》《多研究些问题，少谈些主义》等文章，与当时中国思想界传播的左翼思想相左。民国十七年(1928)，胡适就任上海公学校长期间，一改早年"二十年不谈政治"之诺言，发表《人权与约法》《知难行亦不易》等文章，引起国民党政府不满，教育部给予他警告。遂于民国十九年(1930)辞职，转而就任北京大学文学院院长。民国二十七年(1938)主编《独立评论》，发表许多政论文章。

民国二十七年(1938)9月，胡适被任命为中国驻美国大使。任使四年，他大力开展"民间外交"，积极与美国政府、民间各方面人物接触，努力建立与美国政府人士良好关系，频频参加集会和演讲，向美国朝野宣传中国抗战的国际意义，为中国抗战争取到广泛同情和大量物资支援。民国三十一年(1942)9月，胡适交卸驻美大使职务，因病旅居纽约，从事学术研究。民国三十四年(1945)9月被任命为北京大学校长，民国三十五年(1946)7月回国就任，至民国三十七年(1948)12月，乘蒋介石派的专机飞往南京。民国三十八年(1949)4月，胡适再次寓居纽约。1958年4月，回台湾就任台北"中央研究院"院长。1962年2月24日，主持该研究院院士会议时，心脏病突发，在台北病逝。

胡适是"传统中国"向"现代中国"发展过程中继往开来的一位启蒙大师。他在文、史、哲各学科领域都有开创性贡献，是现代中国具有影响力的思想家和学者，同时也是颇具争议的人物。作为开一代风气之先的学者，对胡适本人的评价，事实上早已超出学术本身。

在美国留学期间，胡适就已逐渐明确自己的事业方向，他特别注重求得一种健全的思想方法，他找到了杜威的实验主义作为自己的哲学思想基础。他认识到中国需要一个类似于西方文艺复兴那样的文化更新过程，认定自己的历史使命就是在这个文化更新过程中充当一个开路的先锋。在留美的最后两年，胡适找到了中国文化更新的门径——以白话文学替代古文文学的文学革命。民国六年(1917)1月，他在国内《新青年》上发表的《文学改良刍议》，是他鼓吹文学革命、提倡白话文学的第一篇正式宣言。回国后，胡适为文学革命提出了新的口号："国语的文学，文学的国语。"开创白话诗的"新形式"（自由体新诗），提出"诗体解放"，促进了现代白话诗的产生和发展。他提倡新文学创作，翻译法国都德、莫泊桑，挪威易卜生的部分作品，又率先从事白话文学的创作，一时成为新文学创作和新诗创作的典范。

白话文学的盛行,打破了三千多年精英阶层对知识的垄断,逐渐形成了白话的新国语,使包括下层百姓在内的亿万国人从古文言中解放出来,获得了一种最方便的思想和表达思想的新工具,从而带动了国民教育和思想革命,有力推动了新文化运动向纵深发展。在整个新文化运动中,胡适最为坚持而又用力最多的是确立一种新的价值观,而新价值观最核心的问题是"个人的发现",即重新确立个人的价值,提倡个性主义,努力解放个人,进而明确把个人的解放与建设现代自由民主国家的目标紧密地联系在一起。

在学术研究上,胡适大胆采用新方法,提出"大胆假设,小心求证",用新眼光来重新审视旧典籍。第一,他对中国近三百年来的学术研究作了梳理与总结。他把整理国故或国学研究纳入他的"中国文艺复兴"的范畴之内,《说儒》是胡适治学的巅峰之作,也是20世纪30年代中国近代文化史上的代表作。第二,他所著的《中国哲学史大纲》(上卷)的刊行,为实现中国传统哲学的现代转换做出了努力。中国近现代哲学史上,自胡适开创之后,又有一批哲学家如熊十力、梁漱溟、冯友兰、金岳霖和冯契等人不断在哲学思想上精进,这不仅彰显了中国哲学的现代化征程,而且显示了胡适在中国传统哲学现代转换中所做的开创之功。第三,他对中国古典文学史进行了系统的回顾与总结。先后写成《白话文学史》《五十年来之中国文学》《中国章回小说考证》等著述,以全新的思路和架构,揭示了中国文学发展的规律与特征,提出了中国文学史上存在"白话文学"与"古文文学"的观点,以全新的审美观和价值观审视了中国古代文学。他撰写《〈水浒传〉考证》《〈红楼梦〉考证》等理论文章,不但为中国文学史的研究开辟新路,而且在研究方法上提出新的范式,启迪了一代学子。

胡适作为20世纪中国学术思想史上的一位中心人物,他的主要著作有《中国哲学史大纲》《尝试集》《胡适文存》《胡适文存二集》《胡适文存三集》《胡适自传》《戴东赢的哲学》《白话文学史》《胡适文选》《胡适论学近著》《四十自述》《藏晖室札记》《胡适日记》《齐白石年谱》,以及《先秦名学史》等英文论著。

社会学家吴景超

吴景超(1901—1968),一名纪谦,字北海。歙县岔口人。吴景超出身于茶业世家,家境饶裕。在家乡开蒙后,于民国三年(1914)赴南京就读金陵中学。因学习成绩优异,萌生留学想法,翌年考入北京清华留美预备学校。民国十二年(1923)得公费资助赴美留学。先入明尼苏达大学主修社会学,民国十四年(1925)获学士学位,随即进入芝加哥大学,师从经验学派的著名社会学家帕克等,三年间先后获硕士和博士学位。民国十七年(1928)回国,在金陵大学社会学系任教,讲授社会学原理、都市社会学等课程。同年,与孙本文、吴泽霖等发起成立东南社会学会,任该会《社会学刊》编辑。次年,该会与北平陶孟和等人商定,改组创立中国社会学社,并于民国十九年(1930)成立,吴景超任理事。民国二十年(1931)到清华大学社会学系任教,讲授社会学原理、都市社会学、犯罪学和社会学研究方法等课程。次年任教务长一职。

民国二十五年(1936),应同窗好友翁文灏之邀,赴南京任国民政府行政院秘书,希望能把自己的专业学识贡献给国家,增强团结力量,抵御外侮。不久,随孔祥熙访问英、法、德、苏,为中国外交奔忙。全面抗战开始,国民政府西迁重庆,吴景超改任经济部秘书。抗日战争胜利前夕,他调任战时物资管理局主任秘书。次年再任行政院善后救济总署顾问,组织开展日占区灾害情形调查,形成《劫后灾黎》报告。吴景超为人正直,对官场钻营等陋习颇为不屑,民国三十六年(1947)底,辞去顾问职务,重返清华大学社会学系任教,与钱昌照等发起组织中国社会经济研究会。

吴景超受过良好的传统教育,也经历过欧风美雨的洗礼,与闻一多、罗隆基同被誉为"清华三才子"。曾主编《新经济》《社会研究》和《新路》周刊等刊物,从社会学角度聚焦中国政治和经济问题,研究中国社会的贫困问题。从政治倾向上看,吴景超属自由主义知识分子,崇尚美国式"民主",既抨击国民政府和蒋介石,又对共产主义抱怀疑态度。因此,《新路》周刊既遭左派知识分子谴责,也受到国民政府警告与压制,以致该刊不久后即被勒令停刊。民国三十七年(1948),国民政府聘请他去南京研究金圆券发行对策、出任国民政府驻联合国官员,他都委婉拒绝。中华人民共和国成立前夕,蒋介石捎信给吴景超,希望他能撤到南京,甚至《中央日报》都登出吴景超南下的消息,他同样予以拒绝。好友傅斯年力劝他前往美国执教,他也不为所动。1949年,吴景超在北京迎接新政权诞生。

1951年春,吴景超参加由党中央和北京市委组织的西北土改参观团,前往大西北参观土地改革运动,历时月余。归来后,他写了《参加土地改革工作的心得》,表达对知识分子思想改造必要性的心悦诚服。之后,他参加了广西土地改革运动。1952年,高校院系调整,清华大学社会学系被撤销,吴景超被调至中央财经学院任教。其间,他加入民盟,并当选为民盟中央常委,成为全国政协委员。1953年后,他执教于中国人民大学经济计划系,著有《有计划按比例发展经济》。1957年6月,民盟中央召开座谈会,邀请吴景超、黄药眠、曾昭抡、钱伟长、费孝通、陶大镛就国内外形势发表意见。事后,六人均遭批判。吴景超被错划为"右派",并被派到社会主义学院学习。其间,尽管他不能教书,但研习了大量德文、俄文马列原著,翻译了大量教材、论文。1960年被摘除"右派"帽子。他不改爱国忠心,坚持调查,写出《搞活区域经济》一文提交政协。1966年,"文革"发动,吴景超再次受冲击,1968年5月病逝。1980年有关部门为其举行了平反追悼大会。

吴景超是我国较早研究都市社会学的代表人物,民国十八年(1929),他出版了我国第一部都市社会学专著《都市社会学》。其后又陆续出版《社会组织》《社会的生物基础》《第四种国家的出路》等。他的都市社会学理论,主要体现在节约资源、控制人口、农民进城务工、利用外资建设中国、城市发展规划以及教授聘任等方面。他侧重于从经济角度研究社会,特别是都市社会。明确界定了"都市区域"和"都市的区域"两个概念,并探讨了理想都市等问题。还提出"发展都市以救济农村"理论。根据人口密度和职业两个标准将国家划分为四种,指出中国属人口密度高、农业谋生人数百分比较高的第四种国家,其出路在于充分利用国内资源,改良生产技术,实行公平分配,节制人口。他还主张模仿英国社会学家查尔斯·布思所开创的"社会调查"研究方法,将中国社会调查分为农村调查和城市调查两方面。其中,农村调查可依靠学生,因为中国当时学生大半来自农村,他们可返回家乡调查自己的村庄。

吴景超关心我国的现实问题。1956年,他在《人民日报》发表《中国人口问题新论》,次年在《文汇报》发表《展开人口问题的研究》,比较系统深入地探讨人口政策。他指出,人口需要与资源存在相对应的关系,倘若人口需要超过资源所能提供的限度,就会造成贫穷与失业,并会增加犯罪人数与案件。因此,他认为,我国当时人口政策的出发点应是节制生育与控制人口增长。尽管自知观点未必合乎时宜,但他依然公开己见。

对于中华人民共和国成立后高校的学科建设问题,吴景超也同样坚持学术讨论。1957年,他在《人民日报》发表《中国社会学向何处去》一文,指出:现代社会学是一门新兴、实用的社会科学,在改造中国社会落后面貌过程中具有独特作用,应恢复讲授社会学,研讨形形色色的社会问题。他甚至还提出首先在北京、上海、广州、成都的大学重设社会学系的具体方案。

吴景超也热爱家乡。早在民国八年(1919),他就在清华《癸亥级刊》发表《皖歙岔口村风土志略》,凭借自己的家乡生活体验和实地调查,从位置、沿革、物产、宗法、生活、教育、风俗和胜景八方面对歙县岔口村作了几近全景式的描摹,其中不乏精彩的刻画和珍贵的史料记录。民国三十六年(1947)初,他视察安徽省善后救济总署时顺道回乡,并拨专款、医疗设备支持地方创建了徽州医院(歙县人民医院前身)。

378

第四编

科学技术

徽州名人传

诊脉如神张扩

张扩,生卒年不详,字子充,生活在北宋嘉祐至崇宁年间,歙县人。为乡里富豪之家,族里有人以医术闻名,张扩因此留意医学。少年即好医,长大后听闻蕲水道人庞安常以医术著称于淮南之间,擅长伤寒、脉学及针灸,于是从其游学。一日,有乞丐叩门看病,说是受了风寒。庞安常让徒弟给配药。乞丐问道:"当用什么药呢?"庞安常见乞丐手里拿着一把破扇,就说用此扇来煎汤调服。当时,张扩不了解其意,于是问道:"这就是《本草》里面所说的'败扇能出汗'者乎?"庞安常说:"是的。"张扩于是叹道:"庞君用药真是出神入化了!"当时跟庞安常学医者超60人,庞安常却独偏爱张扩一人。

其后,张扩听闻四川有叫王朴的人,精通一种奇术,给人诊脉后,不但能知人之病,还能知人贵贱,"测人之死生福祸",就去找他,学过数年之后,"尽得其妙"而归。

安徽南陵有位富人仅生了一个儿子,家产万计,而儿子却得了寒疾。要说救不活了呢,气息尚存;要说还有救,却又迷迷糊糊的,认不清人。于是,富人把张扩请来。张扩诊完脉后笑着说:"这是嗜卧之症,三日后就会醒来,醒后肯定想喝水,就让他用水服下此药。之后,他会酣睡不醒。你不要惊动他,等他自己醒来后发了汗,就没事了。"富人照张扩的话去做,儿子的病很快就好了。南陵县令的妻子也得了寒疾,请过众多医生,皆无所措施。张扩给配了药,病人服过后就痊愈了。

北宋著名诗人郭祥正儿子得了异疾,骨瘦如柴,不停地咳嗽。医生都以为是痨症，眼看只剩下一口气了，不知如何是好。张扩与郭祥正素来交好，诊完脉后说："没有大碍，不必忧虑。"第二天，郭祥正邀张扩来家中吃饭。张扩问道："都请了谁啊？"郭祥正说："只请了你一人。"张扩说："可再请一位。"郭祥正很困惑："还有谁能来？"张扩说："把你的儿子叫过来。"郭祥正更不解了："犬子都病成这样了，还能陪我们饮宴吗？"

张扩坚持让他把儿子叫来。席间，张扩拿出一瓶药酒，让他儿子喝下。不一会儿，他儿子就不停地吐口水。这时，张扩对郭祥正说："你看，他吐出的口水中有东西。"郭祥正仔细一看，是一块鱼骨，就这样，郭祥正儿子多年的顽疾被治好了。

郭祥正为了表达谢意，称赞张扩的仁心妙术，作诗曰："闻名不可见，今乃逢张侯。张侯生新安，声名满皇州。探赜阴阳关，寿命推短修。何代无异人，志妙安可求。灵丹辄起死，固匪医之流。衣冠乃儒者，眉宇仙气浮。愿言分一粒，洗我千岁忧。高飞出尘寰，相追汗漫游。"

张扩不仅疗疾如神，传说他还能预测仕途官运、死生祸福。乡邦前辈在国学者无不扣之，士夫闻张扩之名者，皆踵至沓来，唯恐其后。

祁门县令陈孺久闻张扩大名，就把他请来给三十多个儒生诊脉。轮到汪伯彦时，张扩对他说："你是南人得北脉，以后能当宰相，但考取进士后，仕途之路必由北方起。"当时，汪伯彦有意去京师开封，但因家贫而心有顾虑。张扩力赞其行，可汪伯彦到京师后，一直都没有入仕的机会。于是，他对张扩说："你的预测恐怕有误啊！"张扩却回答："少安毋躁，你定会有官位显赫的那一日。"这年未过，汪伯彦就考取了进士，被授予北京大名主簿。随后，又当上了太中大夫；至南宋建炎三年（1129）成为宰相。正如张扩所言，汪伯彦这三次升迁果然都起于北方。

张扩给一位士大夫诊过脉后，说："从你的脉象上来看，你只有七天的寿命。但第五天时，你有一次官运。"到了第五天，那人果然被任命为齐州通判，于是他很得意地到处说："张扩简直就是胡说八道，我今天才当了官，又怎会说死就死呢？"两天后，那人晨起洗漱时，突然就倒地不起了。家中的子侄们赶紧去请张扩。张扩说："我七日前就给他看过了，他的脉象是虾游脉，根本就没得治。"那人的儿子后来写下此事，将张扩为其父诊脉之事比作扁鹊见齐桓公，以此来印证张扩诊脉如神。

南宋高宗时被擢升为殿中侍御史的胡汝明在国子监读书时，曾让张扩为其诊脉。张扩告诉他："你应该能考取进士，但如今你心脉未圆，时机未成。"到了政和元年（1111），胡汝明又去找张扩，张扩对他说："不出明年，你定能考取进士。"第二年果然如此。

宋徽宗刚登基，就把"旧德元勋"丞相范纯仁（范仲淹之子）召回京师，想委以重任。范纯仁当时已身患重疾，于是把张扩请来问道："我此去还能活多久？"张扩回答："从您的脉象来看，不到半年。"范纯仁对他说："我此行能不能去得成京师，就全靠你的医术了。"张扩回答："这个愿望还是可以实现的。"范纯仁到了京师，朝廷欲给予大用，范纯仁尽力辞去，授以醴泉观使。范纯仁又上奏朝廷，请求授张扩承务郎一职。没过多久，范纯仁就一病不起了。

北宋名臣黄诰任淮西提刑时，在当涂遇到张扩。张扩为其诊脉后说："您的官运并不在淮西，以后还会相继还朝，但都不是现任宰相当政的这段时间内。我所说的那位宰相还未上任，等他上任了，皇帝就会下旨召见您。不出一年，您就会有三次升迁的机会。您的身体倒是无恙，可您夫人会得重病，那年九月，更有性命之忧。"未久，蔡京当上了宰相，黄诰就接到圣旨，被任命为户部郎中。八月，他升迁到吏部为官。九月，黄诰的夫人刘氏殁了。十二月，黄诰又被擢升为左司郎中。这些与张扩所说一点不差。于是黄诰感叹道："通过脉象就能看出一个人有病没病、是否可治的医者过去一直都有，通过脉象能知晓妇人生死的医者偶尔也会碰到，但给普通官员诊脉之后就能知晓当朝宰相何时更换的医者，我却从未见过。看来，懂阴阳术数真能洞彻天地之玄奥、探知万物之造化。若非如此，张扩又怎会有这样的本事？"

张扩用把脉看病的方式预测一个人的命运前途，这显然是一种封建迷信思想。不过，元丰五年（1082）的状元、徽宗时官至吏部尚书的黄裳却对此深信不疑："万物堕五行数中，五行之在五脏，死生祸福之变，动于脉、见于面、闻于声，乃其深切著明者也，又何疑之哉？"

张扩后来因罪谪永州，至洪州，早晨起来见将帅说："我今日午时当死。我的后事就麻烦您了。"将帅不相信："怎么会如此？"张扩说："我已经察看过了，我的血已进入心里了。"张扩去后，将帅让人前往观察，果然到午时就去世了。张扩活动于崇宁、大观之时，享年49岁。

医史专家张杲

张杲(1149—1227),字季明,歙县人,南宋著名医史学家和医学家,是中医新安派的杰出代表。张杲出身于名医世家。伯祖张扩、祖父张挥、父亲张彦仁均为医家。其伯祖张扩曾受业于庞安常,听说蜀人王朴擅长太素脉,就前往学习。一年后,得《素书》诸诀归来,为人治病,神妙莫测。后来以医术闻名于开封、洛阳一带,很受范仲淹次子范纯仁的赏识。张杲祖父张挥,从张扩习医,尽得其妙。父亲张彦仁,继承家学,而医术更精。

张杲少承家学,文化水平和理论素养很高。张杲有一个理想,就是把南宋以前各类文史著作和其他杂著中钩稽医学典故及传说,收满一千条,加以整理成书,传于后世。因此,张杲一方面从事临床诊治工作,一方面从事医学史料和禁方秘方的搜集整理工作。南宋淳熙十六年(1189),这部著作的初稿完成,后又经过三十六年的增补修订,于嘉定十七年(1224)定稿并刊刻,取名为《医说》。

《医说》共十卷,分四十九门,首卷记述宋以前著名医生一百二十余人,继述古代医书、本草、针灸之由来,以及史书记载之神医、神方、诊法之事迹,采取边述边议形式,广开见闻。该书论述各类病证,包括伤寒、诸风、劳瘵、吐血、头风、眼疾、口齿喉舌耳、骨鲠、喘嗽等各类疾病治疗验案,具有临床参考意义。其他包括中毒、解毒、奇疾、食忌、服饵、药忌、养生、金石药戒等论述,保存了许多当时的文人或医家的见解。张杲站在儒家立场,认为医生应重视医德,并在书中有较多论述。同时,

《医说》也反映了张杲的医学思想和临床经验。

《医说》内容广泛,引用资料皆有所据,具有重要的文献价值。《慈云楼藏书志》称"读之足以扩充耳目,增长知识,诚医部中益人神智之书"。《四库全书总目提要》称"盖三世之医,渊源有自,固与道听途说者殊矣"。据《中国中医古籍总目》统计,目前《医说》在国内有二十多种版本,主要包括宋刻本、明嘉靖刻本、明万历刻本、清顺治刻本等。南宋进士江畴为《医说》题写的跋文上,直截了当地称张杲为"名儒"。在《医说》中,张杲从三个方面体现了自己的儒家思想。

在儒和医长期结合的过程中,张杲形成了医乃仁术、重视生命、普同一等医德思想。《医说》从医德修养和原则等方面补充了前人的儒医思想,在"医药之难""医不贪色""治病委之庸医比之不慈不孝"等方面进一步发展儒医医德思想,提出"医以救人为心""凡为医者,专博施救援之志"的观点,提倡清廉正派的行医作风。《医说》记载:北宋宣和年间的医家何澄,有一次为一患病多年的士人诊治,其妻因丈夫抱病日久,将家产典卖殆尽,无以供医药,愿以身相酬。何澄当即正色说:"娘子何为此言!但放心,当为调治取效,切勿以此相污!"

《医说》采取传统的手法开篇行文,以树立医学之正统观。《医说》第一卷从古至今历数历代名医,上至三皇五帝,下迄唐代编订《黄帝内经》的王冰,树立了一条谱系。其中的大部分条目均出自正史,从《史记》到《隋书》,不一而足。《医说》第二卷探讨医书,亦由古而今,一脉相承。《医说》中有关本草和针灸的部分,犹如一部教育学典籍,记载了大量学医故事、成功施治案例以及伦理道德故事,且时常予以臧否,毫不隐讳。《医说》以医功报应终其编,一般认为其为渲染迷信的不足之处。但在法律制度和信用体系不健全的南宋,宣传医功报应,不失为规范医生行为的一条有效途径,这与董仲舒宣扬"天人感应"学说以约束皇权有异曲同工之妙。

"博学之,审问之,慎思之,明辨之,笃行之",一直都是儒家传统的治学思想,宋代儒者又将其提高到十分突出的位置。《医说》内容涉及医家、医书、医史、神方、神医、本草、诊法、治则、诸病、饮食宜忌、养生及医德等,是一本集医史传记、医学笔记、杂录、札记于一体,包罗万象,资料翔实的医学著作,可称得上"博"。《医说》中几乎所有的篇章,都在开头或者结尾处明确列出了参考书目,而那些没有罗列参考书目的,则当属张杲本人之作。《医说》的一些章节,还大量引述了正史之类的官方作品或者杜甫诗词之类的文学作品,其旁征博引之处,不胜枚举。《医说》运用当时儒家典型作品的引述风格,引用了一些被正史排除在外的野史、笔记、志怪的内容,并证明这些材料的可信度,其审慎的态度,可见一斑。

张杲对疾病的研究,遍及内科、外科、妇科、儿科、针灸、骨伤诸科,他的医学思想及临床经验集中体现在《医说》中。张杲将中风分为卒中(急风候)、风癔候、偏枯、风痱、瘫痪、小中等,指出内风与外风兼重而偏于外风。对于中风的治疗,一般宜用续命汤、风引汤、竹沥汤等。张杲还擅用熏法,常用黄芪、防风煎汤,置患者床下熏之,每获奇效。

张杲认为肾虚为消渴(糖尿病)之本,肾气衰或肾之真水不足则为消渴。治疗须暖补肾气,饮食得火力则润上而易消,宜用八味肾气丸。张杲在《医说》中也记录了注意消渴并发症的危害性,认为消渴多传疮疡,若痈疽发生于骨节间,后果不堪设想。

张杲强调合理饮食和心理疗法的保健作用。张杲认为,勿贪厚味,适度饮食,肠胃不受损,且能发挥营养作用。如果情绪平和,充满爱心,皮肤会光滑润泽;反之,情志过极,心理矛盾,则会引发皮肤疾病或缺陷,如黄褐斑、痤疮等损容疾病。不良情绪还能促人衰老,使得容颜衰老、身体肥胖或羸瘦等。张杲提倡音乐疗法,他认为音乐具有独特的艺术感染力和物理特性,能刺激人体的生理机能,保持身体健康。

张杲所著《医说》,是我国现存最早载有大量医史人物传记和医学史料的书籍,尚有张杲评论以及临床体会附之于后,是我国现存最早的医史传记,也是第一部较完整的新安医学著作。诚如《四库全书总目提要》的评价:"取材既富,奇疾险证,颇足以资触发。而古之专门禁方,亦往往在矣。"社会影响颇大,曾东传朝鲜、日本等国。

王道神医汪机

汪机(1463—1539),字省之,号石山居士,祁门城里朴墅(今朴里)人。汪机出身于世医之家,祖父汪轮、父亲汪渭均以医为业。他从小勤奋学习儒家经典,博览群书,尤精《春秋》《左传》,尝补邑庠生,但多次科考失利,父亲遂开导他说:"以前范文正公曾经说过,'不为良相,愿为良医'。如果不能致仕当宰相泽被天下,那还不如做个好医生治病救人呢!"汪机因此而顿悟,遂弃科举,转随父习医,走悬壶济世之路。恰因其母患头痛呕吐病十几年,久医不愈,汪机遂究心医学,悉心钻研了张仲景、李东垣、朱丹溪等名家的医论,遍览古今经典医书,并与儒理、易学相印证,阐其奥理。凭着良好的儒学功底与聪颖的天赋秉性,他的医术突飞猛进,经其诊治施药后,母亲的病竟然彻底痊愈了。父亲晚年也曾经三次身患重病,均被汪机治愈,父亲因此十分欣慰地说:"你有如此高明的医术,名利权势还有什么可图的呢!"

汪机刻苦钻研医术,诊断治病百发百中,由此闻名遐迩,声名显赫,远近慕名求医者接踵而至。他医德高尚,生性耿直,为人善良,心怀济世之志,从不趋炎附势,对待病人不分贵贱、贫富,均一视同仁,只要有人求诊,总是随请随到,竭尽全力救治病人。常说"不可轻视人之生死",对病人应当"竭力治之,至忘寝食"。对实在无法救治的病人,他则直言相告从不隐瞒,以免增加病人的负担,故当时祁门民间有歌谣赞曰:"有病求石山,下针便平安。贵贱皆一样,有病照开方。"汪机生活简朴,布衣蔬食,甘守清贫,行医数十年,活人数万计。嘉靖年间,祁城瘟疫流行,一城之内,死亡相继,哭声载道,他则倾己之资购药,煎熬成药汤,盛满几大缸置于家门口,让全城百姓免费取药,终于控制了瘟疫蔓延,救人不可胜计,深受百姓景仰。

汪机好学不倦,知识渊博,善于进行理论总结。他以毕生精力从事医学理论研究和临床实践,朝究暮绎,笔耕不辍,写出了医学著作十三部,共计七十六卷。包括《续素钞》三卷、《订补脉诀刊误》两卷、《运气易览》三卷、《针灸问对》三卷、《石山医案》三卷附案一卷、《外科理例》七卷附方一卷、《痘治理辨》一卷附方一卷、《推理求意》两卷、《伤寒选录》八卷、《本草会编》二十卷、《医学原理》十三卷、《医读》七卷、《内经补注》一卷。其中《石山医案》为其代表作,真实而详细地记录了其从医四十年的典型案例,是我国第一部名医个人的医案专著。他年过花甲时,听说元末明初歙县石门翰林学士朱升,在南京抄《脉决刊误》一书,传之后代,秘不示人。便登门拜访,得获此书,抄录归来后,进行补订,并撰《矫世惑脉论》附之于后,以补此书不足,刊刻问世。过了古稀之年,他又在歙县发现朱丹溪学术思想的孤本,也录之以归,命名为《推求师意》,加以校刊问世。《四库全书总目提要》多处提到汪机的《外科理例》《痘治理辨》《针灸问对》等著作,李时珍在《本草纲目·序例》中对汪机的《本草会编》倍加推崇。

汪机医术远溯《黄帝内经》《难经》《伤寒杂病论》,近法李杲、朱丹溪诸家,师古而不泥,其证治特色之要点是注重调补气血,既师承朱丹溪的"阴血易亏难成""气血冲和,万病不生"等论述,又信奉李杲的"脾胃伤则元气衰,元气衰则疾病所由生"之学说,善撷精华,融会贯通,灵活运用,药随证转,用药精审,自成法度。他精于望诊、切脉,注重望闻问切,擅用人参、黄芪。曾言:"然儒有定理,而医无定法,病情万变,难守一宗。"临证强调四诊合参,"亦有病脉不相应者,变出百端,而难一一尽凭于脉……望、闻、问、切,医之不可缺也";"若只凭脉而不问症,未免以寒为热,以表为里,以阴为阳,颠倒错乱,而夭人寿"。

汪机把朱、李学术思想熔为一炉,创造了"营卫论"这一中医著名理论。他认为营卫均为饮食水谷之气所化,散布全身,运行不息,卫气为阳,营气为阴。强调补营中之气,并根据自己四十余年的临床经验,总结出一套用参、芪"补营"的方法和理论,他反对不分场合地滥用苦寒,倡用甘温,填补了前人养阴理论的不足,形成了"补气即是补阴"的独到学术见解。不仅发展了朱丹溪的养阴理论,而且对明代温补学派的形成具有积极推动作用,最重要的是为"培元固本"论打下了坚实的理论基础。

培元固本是调摄人体生机阴阳、培护生命元本以康复疾病,这是汪机又一重要学术思想。他认为,参芪所补之气就是"元气",是肾中先天之一气所化,所以有人把汪机对营卫一气的独特见解,及善用参芪的医疗方法,称为"培元"。汪机的这一医学创举在新安医学界形成了以补营气、调气血、培护元气的一种学术流派,后人称之为"培元派",后来又发展成为"固本培元派"。

《明史·方技传》载:"吴县张颐、祁门汪机、杞县李大可、常熟缪希雍,皆精通医术,治病多奇中。"汪机名列明代四大名医之一,培育了不少高徒名医,桃李芬芳满天下,亲传弟子有祁门陈桷、周臣、许忠、程镳,黟县黄古潭,休宁人汪副护等,明清两代的新安名医休宁程明斋、孙一奎、汪文绮,歙县吴正纶、张柏、吴澄、程文囿及孙朋来、孙泰来、余煌等均师从其学。"固本培元"的治法,代代相传不衰,足以证明其学术价值和强大生命力。汪机还有一大贡献是提出新感温病,阐发温病学说,对后世的温病学派产生了不可低估的影响。

新安医学虽源远流长,但在明代嘉靖以前只是中华医学长河里的一支涓涓细流,其崛起与兴盛,实当始于"培元派"。汪机开"新安医学派之先河",是新安医学"固本培元派"的鼻祖、理论的奠基人。休宁程文杰赞誉他说:"貌古心明,言和行固。咀英华以充日用之强,耻奔竞而却云霄之步。学以为己是图,医以济人为务。居穷不失其自然,处变弗愆于常度。所以为一代之伟人,起四方之敬慕也。"

中医药学家陈嘉谟

陈嘉谟(1486—1570),字廷采,号月朋,祁门西乡石墅(今小路口镇二都村)人。少时习举业,熟读经史诗文,博学多才,后因体弱多病,遂弃儒从医。

精研轩岐之术,遍阅历代医书,上自《黄帝内经》《难经》,下及历代名家医书,无不悉心探研。因其天性聪颖,又有深厚的儒学根底,在医术上日益精进,多年如一日孜孜以求,终有大成。陈嘉谟曾居歙县行医,求医及从学者络绎不绝,他性格淳朴,宅心仁厚,医术精湛,行诊施药常常不计得失,名声日著,是当时徽州极负盛名的一代医家。

陈嘉谟为人儒雅,诗、词、歌赋和书法无所不精,喜欢在月明之夜坐在清辉之下高声吟诗作对,行为处世颇具古代名士风采。歙县大学士许国曾称赞其说:"天性朴茂,以质行闻,又缘饰以文雅,即悬壶市肆中,每清夜宴坐,月下朗吟,因自号曰'月朋子'。然则世之知月朋者,当又不独以其医也。"尤其重视对本草的探究,认为药物是中医的基础,本草是医者的根柢:"医有《素》《难》,犹吾儒之有六经;其有《本草》,犹吾儒家之《尔雅》诸训诂也。不观《尔雅》,无以达'六经'立言之奥旨;弗读《本草》,无以发《素》《难》治病之玄机。是故《本草》也者,方药之根柢,医学之指南也。"故潜心钻研本草学,悉心精研历代本草之说,尤其是对当时医家奉为圭臬的《本草集要》(明代王纶撰)、《本草会编》(明代汪机撰)、《大观本草》(宋代艾晟辑)研究最深,从中识其之优而辨其之不足。他认为《大观本草》忽视了实际应用,《本草集要》词简不赅,均有不足。祁门本地名医汪机所撰的《本草会编》虽"工极精密矣",然而"杂采诸家,而迄无的取之论",也就是内容驳杂且多有自相矛盾之处。于是他博采历代《本草》相关著作之精华,"依《会编》之条例,广《集要》之遗漏,约《大观》之烦琐",以自己的研究所得,编著一部《本草蒙筌》。

陈嘉谟以自己侨居郡治时用来教授弟子的讲稿为基础,从嘉靖三十八年(1559)开始编著,此际他已是73岁的高龄,五易其稿。嘉靖四十四年(1565年)《本草蒙筌》写成,后由其门生叶裴、鲍倚等出资刊行于世,而得以流传。《本草蒙筌》又名《撮要便览本草蒙筌》《撮要本草蒙筌》,"蒙"指童蒙(或初学医者),"筌"是渔具,书名寓"授之以渔"之意。正如陈嘉谟在该书序言中所称:"余辑是书也,徒以觉悟童蒙,今人事于训诂,明君臣佐使之理,而因以探《素问》之奥,譬渔者之筌云尔。"

《本草蒙筌》是继《大观本草》之后、李时珍《本草纲目》之前的一部重要《本草》专著,全书共十二卷,分总论、产地、收采、保藏、贸易、炮制、治疗、制药、七方、十剂等门类。卷首有许国、刘孔敦两篇序文,并载有历代名医图考,辑有伏羲、神农、黄帝、岐伯、雷公、韦巩、孙思邈等十四位名医之简介。

在药性理论方面,书中指出"治疗贵方药合宜,方药在气味善用",也就是强调要把药性与治疗紧密结合起来;在用药法象上,嘉谟主张据药之形、色、性、味、体来区分用药,这种理论对后世处方用药很具借鉴价值。书的总论部分分别就"出产择地土,收采按时月,藏留防耗坏,贸易辨真假,咀片分根梢,制造资水火,治疗用气味,药剂别君臣……"以及在四气、五味、七情、七方、十剂、五用、修合条例、服饵先后、各经主治引使和用药法象等18个方面作了颇有创见的阐述。书中论及本草时,分十大部分,载药742种,其中447种有附图,并详述其气味、产地、采集、加工、贮藏与治疗。书中还对药物的特殊贮藏方法作了概括,如"人参须和细辛,冰片必同灯草,麝香宜蛇皮裹,硼砂共绿豆收"等等。为便于记诵,他将240味常用药的性味主治功用,用韵语编成四字一句的药性歌诀。《本草蒙筌》对药物形态的记载、对品种的论述均远详于前代本草,既汲取了前人的精华,又阐发了陈嘉谟个人的新见解,从而大为丰富了古代中药药理学说。

《本草蒙筌》另一个重要成就则是对中药炮制学的重要贡献,陈嘉谟特别重视药物的炮制,书中不仅继承了古代中药炮制重要成就,还有很多独到的见解,对后世中药炮制的发展产生了积极的影响,其主要贡献为以下四个方面:其一是系统地论述了若干炮制辅料的作用原理。中药在炮制过程中,往往需要加入辅料共制,使之共同形成临床的药效。加入辅料的目的,就是在一定的外界因素影响下,能使药物本身的内在因素向着有利于防病治病方面转化,以消除其有害作用,发挥其有利作用。其共制有的是为了相互制约、相互促进,有的是为了扩大药物应用范围,有的是为了缓和药物的烈性,改变药物的性能,也有的是为了便于加工或制剂,目的都是加强疗效。陈嘉谟对辅料的作用和制法做了系统而明确的论述,一些宝贵经验在李时珍的《本草纲目》和缪希雍的《炮制大法》中均被全文辑入。其二是重视中药炮制的品质。首次明确记载"紧火"(指持续猛烈之明火)运用的必要性,陈嘉谟认为中药炮制的火候是否适当会直接影响中药的临床疗效,他第一次在理论上提出了中药炮制的原则:"凡药制造,贵在适中,不及则功效难求,大过则气味反失。"其三是首创中药炮制方法的分类。书中归纳出药物炮制方法,即"火制四:有煅、有炮、有炙、有炒之不同;水制三:或渍、或泡、或洗之弗等;水火共制造者,若蒸、若煮,而有二焉。余外制虽多端,总不离此二者"。这是我国医药中药炮制方法之开端。其四是强调药物使用气味合参。书中说"有使气者,有使味者,有气味俱使者,有先使味后使气者,不可一例而拘"。又说"有一药两味或三味者,或一药一气或二气者",应全面考虑。

明代著名中医药学家李时珍对《本草蒙筌》倍加推崇,称赞《本草蒙筌》"依王氏《集要》部次集成,每品具气味、产采、治疗、方法,创成对语,以便成诵,间附己意于后,颇有发明。便于初学,名曰《蒙筌》,诚称其实。"我国第一部中药辞典《中药大辞典》中,就引用《本草蒙筌》论点近两百条之多。此外,陈嘉谟还著有《医学指南》等书。

开医案先河的江瓘

江瓘(1503—1565),字民莹,号霞石,读书篁南山中,又号篁南山人、篁南子。父江才,字大用,从兄江仁在家乡营商,后随兄经商钱塘。后择地青齐梁宋,家业渐起。再到钱塘业盐,家业更为富饶。

江才娶郑氏,生四子:琇、佩、瓘、珍,继娶张氏,生二子:瑄、璐。江才认为数代以来,皆为平民,宗族要振兴,非出读书出仕之人不可。见江瓘、江珍有读书的天分,遂督促两子习儒业。江才在外经商,家里一切事务都归郑氏管理。江瓘14岁,江珍才9岁时,郑氏因难产而亡。江瓘扶棺号啕大哭,发誓与弟江珍一定努力读书,让母亲瞑目九泉之下。自此之后,江瓘用心读书,给江珍做榜样。

江珍从吴先生学诗,吴先生将明代诗人李献吉所作诗若干篇交给江瓘翻阅。江瓘看后,十分开心,终日诵读,并暗地效仿作诗,所作的诗有的颇为相像。江瓘以童生第一次参加县试,未能中试,父亲命他改营商业。江瓘虽然经商,但心思依然在科举,恰巧督学使者萧子雍来歙县考试童生,将江瓘、江珍一并补取为县诸生。第二年,江瓘参加乡试落榜,很惭愧,愤恨自己读书不够努力,遂愈加发奋,不遗余力。不久,江瓘生了一场大病,一晚吐血数升,延请医师十余位,皆没有效果。于是开始涉猎医学,自为配药,病也治愈了。然而,江瓘一旦用心读书,就开始生病,不读书,病就好。忽病忽愈,断断续续的十来年时间,于是叹道:"科举出仕,显亲扬名,是男子汉的事业,便也是侥幸之事。若是轻视自己的身体,是置父母于不顾。"

决定不业科举,便研读《离骚》《素问》等书籍。即使家务繁多,矛盾丛起,也不入于心,其后,在诗文与医学方面的造诣更加深厚,精神也更好。嘉靖二十三年(1544),江珍考中进士,江瓘开心道:"母亲可以瞑目了!"

江瓘善诗,在当时称名家。嘉靖二十一年(1542),与方弘静、王寅、陈有守、程诰等组织天都社。江珍授官后,江瓘亦多随弟出游。江瓘足迹遍东南,游黄山、武夷、匡庐等名山均有记咏。著《江山人集》七卷。

徽州地隘民稠,即使丰年,粮食大半从外地运输,故徽州十有九人外出商游,而新安江是粮商船运的主要途径。有一年灾荒,浙江主政者阻止将粮食出售给商贾,并在新安江设关卡,不许商船过往。如此一来,徽州人尤其是歙县人只能坐以待毙。江瓘作《论遏籴书》寄给嘉靖十八年(1539)曾任歙县知县的侍御高节,与之论述《春秋》大义,让高节会同抚按衙门让各属府县"大驰闭籴之条,弘扩恤邻之谊",则徽州之民可以获得救济。

江瓘不仅关心本地百姓生活,还时刻关注朝廷大事。江瓘与陈有守等人结社,经常出游吟咏。其时海寇猖獗,多年未平。江瓘认为避世隐居,流连于歌咏,是不能让房寇退却的,大丈夫应该请缨出战。遂与汪道昆谈兵事,废寝忘食,又辑录兵书,汇编成书,将刊刻行世。恰好其弟江珍补兵部主事,而汪道昆北上抗倭,遂千叮万嘱,须留意东岛,使得永无后患。

江瓘因患呕血症弃儒学医,拯人之危。俗话说:"秀才学医,笼中捉鸡。"江瓘凭着深厚的经史学识,加上久病成医,很快成为当地名医。许国家居时,其嫂病重,久医不治。后延请江瓘为之治疗,投药而愈。江瓘有感于"博涉知病,多诊识脉"的古训,摘录古往今来治验医案,从《史记》《三国志》等典籍辑录秦越人、淳于意、华佗等名医,以至元明诸名医家治疗成功的事迹,详述病症方药,自为评论,以二十余年时间,辑为《名医类案》,意在宣明往范,昭示来学,至嘉靖二十八年(1549)完成初稿,自为撰序,共分180门。

此书案例多有验证,如江瓘病危几卒,诸医环视,诊断为绝症。江瓘从容说道:用吾所集某卷某方,与吾症相合,可以验证。对药方稍作加减,江瓘饮下第一个疗程的药,即有起色,第二个疗程的药用过后,就霍然而愈,灵验若此。

古代医书虽然在隋唐经籍志内记载有书目,但相隔数百年之后,医书经过多次翻刻,各种版本相混,错讹颇多,其中不乏有好的校本,但难以寻访。江瓘凭着学识与人脉,获得了珍贵的医书作为《名医类案》的资料。如东汉张仲景著《伤寒论》,晋代太医令王叔和整理刊行,南宋又经成无己注解刊行。其后相传,版本漫缺,鲁鱼相杂。汪希说拿出家藏善本，请汪济川再三校对，刊刻面世，请江瓘撰序。另有隋朝巢元方著《巢氏病源》，江瓘仅见到书目，后见宋代郭雍《伤寒补亡》中引用其说，于是寻访于金陵吴楚之间，皆未获得。双泉子听闻此事，出家中所藏宋刻本，经汪济川校对刊刻，请江瓘撰序。

江瓘子应宿，字南仲，童年多病，时常与父讨论医学，得江瓘之传，游京都，公卿为之折节。许国季父病痢，且不食，请过数位医师，皆不能治，应宿为之治愈。江应宿曾随江珍仕宦各地，于吴越齐楚燕赵间博采名医验方，协助江瓘辑著《名医类案》。江应宿自父亲去世，担忧时间长久，书稿散佚，接手编次补遗，并将江瓘与自己医案计159种分类附后，五易其稿，至万历十九年(1591)，始克成书，增添至205门，包括内、外、妇、儿、五官科，请南京国子监祭酒张一桂、大学士礼部尚书许国为之撰序，是我国第一部总结历代医案的医学名著。

《名医类案》为明代以前两千多年间著名医家临床经验的总结，收集范围广泛，载有案例2045例，医书上至《内经》《名医录》，下至江瓘同时代的《医学纲目》，书中还收集了历代史书、笔记、杂文、小说、丛书、野史案例，上至《史记》《三国志》，下至《夷坚志》等，其内容包含传染病、内科杂病、精神疾病，以及外科、五官科、妇科、儿科等，所载病案大致有姓名、年龄、体质、症状、诊断、治疗等，而江瓘父子所作的按语，内容主要为分析病因病机，提示辨证论治要点，介绍用药心法等，对分析治疗疾病起到画龙点睛的作用。《四库全书》评其按语称："多所驳正发明，颇为精当。虽有骛博嗜奇之处，然可为法式者固十之八九，亦医家之法律矣。"

《名医类案》现存主要版本有二十余种，除明清两代刻本外，还有多种日本刻本。其中乾隆年间，浙江杭州医家魏之琇为《名医类案》进行校阅，详尽考订，探本求源，补缺正误，歙县鲍廷博知不足斋于乾隆三十五年(1770)进行重刊，书内附有考证称"琇案"者，即为魏之琇所校。

鸿世之士徐春甫

徐春甫(1520—1596)，字汝元，号东皋，又号思敏、思鹤，祁门县城东街人。出身于诗书之家，少年时勤攻儒学，从学于太学生叶光山。后因多病，则转而学医，拜师于本县名医汪宦，尽得真传。博览古今医书，尤其推崇《黄帝内经》《难经》，专心研读揣摩，探究其中奥旨，折服金元四家，擅长李朱之学。名声渐起，不仅徽州一带，就连鄂、赣、江、浙等地，亦纷至沓来，求其诊治。后来他"尝游吴越江湘，历濂洛关闽，抵扬徐燕冀，就有道而正焉。道高即拜，罔敢自矜，纵有自得，亦不自售，而人无不知也"。到全国各地遍访名师，交流切磋，行医天下，医术日益精进，时人尊其为"明医神技"。

嘉靖间悬壶于江浙，中年后迁居北京，寓居在当朝太师朱成国府中，求医者接踵而至，药到病除。他医德高尚，认为医生关系人之生命，应务精医道，视他人之病为己病，要深究医治之术，才能谨施仁术、济世救人，对贫苦病者尤应竭力施治。主张良医须兼通针灸与药物，因病而施，用药不拘泥于古方。赵志皋《古今医统大全·序》说："其人少通儒学，博综群籍，性高迈爽恺，言论亹亹不倦，有古逸士之风。晚精轩岐家书，旦夕揣摩其理，即一诊一视一方一药，必穷其要领，而后乃用且治。今居药京师里中，凡几何年，活人已莫可计，户外履常满。"时逢嘉靖的穆妃病危，宫中御医均束手无策，徐春甫受荐应诏入宫，一剂便显转机，数剂而起。嘉靖大喜，授太医院御医，继为太医院吏目。

徐春甫师从汪宦,而汪宦是汪机的弟子,因此徐春甫在师承关系上承袭汪机,深谙"培元固本"理论之真谛,且运用娴熟,发扬光大。如他曾评介其药方"大健脾养胃丸":"人之有生,以脾胃为主,脾胃健盛,则恒无病。苟有六气七情,少可侵藉,则亦不药而自愈矣。脾胃虚者,谷气少资,元气寝弱,稍有微劳,则不能胜而病矣。至于六气七情,少有所伤,则病甚而危矣。医不察其虚,顿加攻击之药,鲜有不伤正命而殒生也。余故首集大健脾丸,为医家之主药、人生之根本,不可须臾离也。余寓京师,惟借此方以著名,海内咸知,罔不求赎,缘治未病养生之要药也。"他还在该药丸的广告词中继续阐发说:"诸人服此丸,脾胃大壮,饮食多进,元气畅充,五脏六腑、四肢百骸皆得所养,诸病不生,百邪不入,寿考长龄,此其基本。"这是典型的培护后天脾胃根本而养护生命元气的"培元"思想,因此在学术上,徐春甫是培元固本流派的中流砥柱,他为此将自己的住处命名为"保元堂",更是直白地述说着自己的医学思想。

徐春甫精究脉术,认为脉为医之关键,但他更重视"四诊"(望、闻、问、切),反驳万病一脉的观点,他强调望、闻、问、切应次第有序。认为"问"诊可引人真言,"最为有准"。他主张"治未病",认为"盖谓治未病,在谨厥始,防厥微,以治之,则成功多而受害少也。惟始于始微之际,则不至于已著而后治之,亦自无已病而后治也"。这对于后世中医防患于未然、重视医疗保健理论的发展大有裨益。他还首创"心风病论",认为"心风则由七情五志"久逆不遂。主张通过各种心理抚慰方式,"先定其心志,然后济之以药",可谓中医心理疗法的奠基者。

隆庆二年(1568),发起并创建了"一体堂宅仁医会",会名取"医为仁术,宅仁为会"之意,宗旨是"穷探《内经》、四子(张仲景、刘完素、李东垣、朱震亨)之奥,切磋医技,取善辅仁"。医会共有会友46人(其中有新安祁门籍医家12人)。并制定条款22项,强调为医者,在医德方面要仁爱救人,济世为善;在学术方面要精益求精;在医疗方面要认真审正辨脉,细心处方遣药,针药兼备。要求会员切磋医技,以广智识,提高医术,提倡良好的医德医风和服务态度,并要求会员之间要"善相劝,过相规,患难相济"。在当时的历史条件下,能提出这些对医生和医术的要求实属难能可贵,对此后中医学的发展具有十分重要而深远的影响。一体堂宅仁医会是我国也是世界上的第一个民间医学团体,比世界上原先认定的第一个科学社团——意大利文艺复兴时期的"山猫学会"还要早77年。

徐春甫著述甚丰,主要医著有《内经要旨》两卷、《古今医统》(又名《古今医统大全》)一百卷、《幼科心镜》三卷、《螽斯广育》一卷、《幼幼汇集》三卷、《痘疹泄秘》一卷、《医学入门捷径六书》六卷，晚年还有《医学未然金鉴》一书问世。其中最重要的医著是一百卷一百八十五万字的《古今医统大全》，首卷为"历代圣贤名医姓氏"（传略），此后各卷有"内经要旨"等内容以及脉候、运气、经穴、针灸、临床各科诊治，并设有医案、验方、本草、养生等项。书中附有历代医家二百七十四人的简明传记，共采撷书目（包括简介）四百九十六种，是一部内容浩瀚、系统全面的医学全书，囊括了明代以前我国重要的医学典籍和医学成就。明代歙县许国在为此书所作的序言中写道："《古今医统》四十帙，厘为百卷。祁徐君春甫所裒辑。上自太昊炎黄，迄于我明，本原医经、药品、禁方、诸名家论著，旁设经史、国典、诸杂家言，凡二百七十余家，二百八十余部。"明代巨儒王家屏称之为"方书之六经，医宗之孔孟"。《古今医统大全》是一部"融古通今，博大精深的皇皇巨著"，是我国医学史上"十大医学全书"中问世最早的一部书，至今对医学临床应用和理论研究仍有较高的参考价值。

徐春甫以儒通医，以医济人，不求名利，医技精湛，是新安医学卓然出众的一代大家，《徽州府志》赞其为"鸿世之士"。

"温补"妙手孙一奎

孙一奎(1522—1619),字文垣,号东宿,别号生生子,休宁县前坑口人,出身于儒商家庭。其父为诸生,几次应试落榜后,郁郁寡欢,落下病根。孙一奎自幼孝顺,见父亲多病,很想为父减轻病痛,然而自己不懂医术,无计可施。稍长,按照父亲的嘱咐,前往浙江括苍(今属浙江省台州市临海市)一带经商,偶遇异人传其秘藏禁方,试验结果很好,自此立志学医。此后,攻读各家医籍,三年无间寒暑。后跟从汪机弟子黄古潭学习医术。曾远游湘赣江浙一带数十年,求贤问道。人到中年,孙一奎自己患上虚损之症,久治不愈,经高手指点方才治愈,于是更加努力学习民间各种偏方疗法,深入研究医学理论及诸子杂家书,治病救人。学问日益深厚,医术日见高超,被誉为江南神医。

明万历九年(1581),刑部蒋氏到徽州来办公事,得了疾病。多方求医,均无效,颇为愁苦。汪道昆同蒋氏是同科进士,又与孙一奎是好友,于是向蒋氏推荐孙一奎为其诊治。孙一奎为其把脉后,若有所失,但还是笑着宽慰蒋氏,说是问题不大。当即开了药方,叫人抓药煎熬。蒋氏饮药后,立刻觉得身体舒服多了,对孙一奎感激万分。徽州知府及汪道昆等人也很高兴,认为蒋氏的病情终于被控制住了。然而孙一奎私下对知府和汪道昆等人说:"蒋氏已经病入膏肓,恐怕难以回天,我刚才只是宽慰他。他吃了我的药若是五日之内有起色的话,就可以活下去。若不然,怕是五日不到便会病亡。"果然,五日不到,蒋氏便病逝了。孙一奎对蒋氏病情的判断之准，使众人对孙一奎十分佩服，啧啧称奇。

孙一奎为名医汪机再传弟子，再加上他几十年的临床经验和广询博采的远游经历，使他治学重博采众长。将李杲、朱震亨、薛己、汪机等名医的学术见解融会贯通，其命门学说和温补思想对中医学术具有重大贡献。

孙一奎认为"命门乃两肾中间之动气，非水非火，乃造化之枢纽，阴阳之根蒂，即先天之太极，五行由此而生，脏腑以继而成"，命门为原气之所系。原气来源于先天，由父母之精相合，在胎儿孕育期间即已经存在。此原气是人体生命活动的根本动力，所谓"生生不息之机"。孙一奎以太极来比喻原气，是说明原气乃是人体阴阳之本，是人体生命之本源。人体呼吸的原动力在于肾间动气，即先天之气。

孙一奎反对称命门内寄相火，但确认三焦当为相火。认为三焦属腑，包络属脏，但其又不同于其他五脏与五腑的关系。包络为血母，为里；三焦为气父，为表：二者俱属于手经，相为表里。也正由于二者一主气，一主血，相互配合，协同主持一身之气血，以维持人体的正常生理功能。然而，三焦虽不与命门相配，但并非二者没有关系。命门却是三焦之源，三焦之相火化生于命门之原气，为原气之别使。所谓君相之火，认为天人均有君相之火，而在人之君火属心，相火寄于包络、三焦，是属于正火范围，而肝肾之火则为贼火，从正邪角度将其加以区分。这一论述强调了肝肾命门无相火的观点，用以反对一些医家滥用寒凉之剂滋阴降火，损伤命门动气的弊端。

孙一奎治病，首重明证。认为"凡证不拘大小轻重，俱有寒、热、虚、实、表、里、气、血"，且病变多有始同而终异的情况，故治法不可执一而无权变。基于这种指导思想，孙一奎指出时医对内伤发热、虚损、血证等滥用苦寒，畏投甘温的偏弊。孙一奎十分重视三焦元气的保护和治疗，既反对滥用寒凉，又指出了过用辛热、疏导及渗利之剂的危害，认为不但纯阴苦寒之剂可致脾胃虚弱，元气损耗，而且"若用辛香散气，燥热伤气，真气耗散"，或疏导太过，也可耗损元气。若淡渗过剂，也多致肾气夺伤。由于三焦为原气之别使，又为"相火之用"，故凡命门原气不足，或相火衰弱，可出现三焦元气不足之证，其病变有气上不纳，水谷不化，清浊不分等情况。在三焦病变中，孙一奎对下元虚寒尤为重视。其论气虚中满、肾泄等症，认为都属于下焦元气虚寒。又如癃闭、遗溺、小便失禁诸证，抑或与之有关。同时，对于下消及肾不纳气的治疗，又注意精气同治。

孙一奎善用参芪，对汪机的参芪用法非常推崇，将汪机的《辨明医杂著忌用参芪论》收入自己的著作《赤水玄珠》。其所创治疗下元阳气大虚的"壮元汤""壮元散"里，就添加了大量的人参。对薛己治病必求真阳真阴之本的观点，也非常赞成，在《赤水玄珠》病症条下，经常引用薛己的观点加以说明。孙一奎在温补理论方面多有建树，历代医家多以"温补派"对其加以推崇。

临床诊治也喜用参芪，溧水县令吴涌澜的岳父臧舜田，年将六旬，为人多怒多欲，胸部经常作胀，饮食少。医生为其诊治，用平胃散、枳术丸、香砂丸，始终无效果。又用槟榔、三棱、莪术之类的药，依然无效。而且服后大便溏泻，两足跟踝皆浮肿，渐渐波及两手背。医家认为其手足浮肿是因食积，湿郁伤脾，脾气虚败成黄肿，便以针砂丸治疗。不想浮肿越来越厉害，而且面色黄中带黑。自二月医至八月，半年有余，由于水肿，其身重不能动。医生又以水肿来治疗。吴涌澜与孙一奎相识，于是上门请孙一奎诊治，并说明延误诊治的一切情况。孙一奎诊后说："这是气虚中满症，治疗应当温补兼升提，清阳升则大便可实，浊阴降则胸膈自宽。"以人参、白术各三钱，炮姜、陈皮各一钱，茯苓、黄芪各二钱，泽泻、升麻、肉桂、苍术、防风各七分，三十帖以后，臧舜田病愈。

孙一奎著有《赤水玄珠》三十卷、《医旨绪余》两卷、《痘疹心印》等。《赤水玄珠》以明"证"为主，引录历代文献，结合经验，对寒热虚实、表里气血八者辨析详细。对于古今病名相混之处，论辨亦细密，多为后世医家所推崇。《医旨绪余》主要以脏腑、气血、经络、腧穴推阴阳五行之理，并对前代诸家学说做了较为公正的评述。《痘疹心印》是孙一奎将大量痘疹方书中的名家经验，加上自己的体会，汇合写成的著作。

孙一奎一生以医术游于公卿间，流动性较大。逝世后，其子孙泰来和门生余煌诸人将其生前的二百五十余则医案分区排列，编订成《孙氏医案》五卷，又名《孙文垣医案》。医案以地名汇集，计《三吴验案》两卷、《新都验案》两卷、《宜兴验案》一卷，总共三百九十八案，各案少叙医理，主要阐发证治，总结了孙氏临床辨析的经验，具有较高的临床价值。

错简鼻祖方有执

方有执(1523—1594),字中行、守一,号九龙山人,歙县灵山(今属安徽省黄山市徽州区)人,属徽州方氏灵山派。心有执念,义无反顾,勇于疑古,敢于创新,以精研《伤寒论》而著称于中医界,并在临症基础上对伤寒病发、传、变、转、归有多年实践和独到认识,推动伤寒学派的兴盛及伤寒学理论的进一步丰富,开《伤寒论》错简重订学派先河,清代喻昌、张璐、吴仪洛、程应旄、周扬俊、黄元御、章楠等名医继承其学。

方有执初未学医,自连困两番丧妻,两任妻子之病皆起于中伤风寒,遍求名医,都治疗无效,渐渐变成虚怯之症,竟不满三十而亡故。他的五个儿女先后因惊风而夭折,厄苦惨痛,凄凄无聊。他客游湖北一带,那里旱疫正炽,他正赶上疫情,不幸身染瘟疫,幸而治愈,死里逃生。湖北一带重治伤寒,不轻用药,因此不药而自死,不药而自生。从此他笃志于此,愤然弃儒习医,致力于伤寒诊治及研究。他认为东汉张仲景《伤寒论》原著散佚,赖西晋太医王叔和搜集整理而得以流传,但有所改移,等到南宋成无己《注解伤寒论》十卷问世,然而窜乱较多,医者或以为不全之书而束之高阁,或沿袭二家之误而更失其真。

方有执执着寻求张仲景之奥旨,悉心推敲张仲景之原意,以求合其道、正其本。他跋履山川,冒蒙荆棘,崎岖南北,东抵齐鲁,西涉川陕。委志从正,以寻明师,期望能够溯源王叔和与张仲景的医学理论。风霜二十余年,发如雪白,面色枯鳖,终于得到启迪,一旦豁然。他八经寒暑,稿脱七誊,于明万历十七年(1589)三月初一,撰《伤寒论条辨前序》。万历十九年(1591)冬至,撰《伤寒论条辨后序》于歙县溪南吴无逸所。次序编排进行合理调整,条文分类进行系统归纳,订为经11篇、法397条、方113个,以图还张仲景医著原貌。削去西晋王叔和序例,得尊经之旨。万历二十年(1592),刊印《伤寒论条辨》八卷,后附《本草钞》《或问》《痉书》各一卷,日本享保八年(1723)平安书林慕名梓行,《钦定四库全书·子部五一·伤寒论条辨提要》称"又有癸巳所作引一篇,则刻成时所加",癸巳即万历二十一年(1593)。其自跋称"凡若千万言,移整若干条,考订若干字,曰伤寒论者,仲景之遗书也;条辨者,王叔和故方位而条还之之谓也";嘉兴府名医吴仪洛序喻昌《伤寒分经》称"慨自叔和而后,《伤寒》一书沉沦于羊肠鸟道中者几千余年,天意未丧,有明方中行出,著《伤寒条辨》,澄几研理,卓识超越前人。即其注未尽达仲景立言之旨,而叔和序例独首削去,可谓辟尽榛芜矣";徽州府名医郑重光称"学仲景之书,莫善于方有执"。《伤寒论条辨》加强原书的系统性、条理性,便于习医者学习掌握,成为《伤寒论》研究范本。《伤寒论条辨》有许多精辟独到的见解,如"伤寒论不限于伤寒病""传经不拘日数""表里三层说""医贵务实论""辨明药物功用"等,对后世影响颇大。

方有执

清末民国初期国学大师章太炎称"《伤寒论》自王叔和编次,逮及两宋,未有异言",由此可见宋代以前的伤寒研究家以王叔和编次的《伤寒论》为真传本,至方有执首倡错简重订,应者渐多,很大程度上促进伤寒学理论与实践的发展进步。

方有执力主错简重订,将风寒中伤营卫之说提到整个伤寒病的共同病理基础的高度来认识,将伤寒太阳病归纳为风伤卫、寒伤营、风寒两感营卫俱伤三种,首创伤寒三纲鼎立说,深刻揭示太阳病发生、传变、转归的规律,对张仲景学说是一种发挥,对伤寒学的发展作出重要贡献。伤寒三纲鼎立说问世后,影响深广,喻昌《尚论张仲景伤寒论重编三百九十七法》(以下简称《尚论篇》)、张璐《伤寒缵论》、程应旄《伤寒论后条辨》、郑重光《伤寒论条辨续注》等均采其说。学术界原先认为伤寒三纲鼎立说由名医喻昌最先提出,直到清康熙十三年(1674)河北学人林起龙对照方有执、喻昌两人的书籍后,发现喻昌引用了方有执的学说,于是将方有执《伤寒论条辨》重新加以评点付梓,《尚论篇》附于书后,方有执伤寒三纲鼎立说鼻祖身份得以重新确立。

方有执研究《伤寒论》《金匮要略》中痉证的有关内容,结合临床经验,撰成《痉书》一卷。他认为,痉证在新生儿中最为常见,其次为新产妇,主要是伤寒发热汗出血虚所导致。新生儿血气未充,新产妇本体血虚,筋脉失养,从而引发痉证。在自跋中称"书以载道,载而不醇则反害",说明其治学态度极为严谨;《四库全书简明目录》称其《痉书》辨痉证与惊风之疑似最为明确,造福之功厥伟。其他医著尚有《本草钞》一卷,收录《伤寒论》所用药物九十一种,逐一进行阐述,以便学者尽快掌握要领;《或问》一卷,以问答形式发挥条辨,简明扼要。

珠算鼻祖程大位

程大位(1533—1606),字汝思,号宾渠,休宁县率口(今安徽省黄山市屯溪区)人。出身于商人家庭,自幼聪敏好学,读书极为广博,对书法和数学颇感兴趣。

程大位少年随父外出经商,遨游吴楚,博访闻人达士,遇有"耆通数学者,辄造访问难,孜孜不倦"。20岁开始在长江中下游一带经商,因商业计算的需要,留心数学,遍访名师,搜集很多数学书籍,刻苦钻研,时有心得。因其在商务往来中,有感于传统筹码计数法的不便,决心编写一部简明实用的数学书,以助世人之用,为实现自己的远大抱负,不惜重金购求遗书。

约40岁时,程大位倦于外游,弃商归故里,认真钻研古籍,专心研究数学,撷取名家之长,加上自己的见解,于明万历二十年(1592)60岁时完成杰作《直指算法统宗》(以下简称《算法统宗》),《算法统宗》辑录了宋代元丰、绍兴、淳熙以来所刊刻的各种算书,其中有《盘珠集》《走盘集》,惜二书已失传。其后六年,又对该书删繁就简,写成《算法纂要》四卷,成为后世民间算家最基本的读本。

《算法统宗》详述了传统的珠算规则,确立了算盘用法,完善了珠算口诀,搜集了古代流传的595道数学难题并记载了解决方法,堪称中国16—17世纪数学领域集大成的著作。这两部巨著是我国古代最完善的珠算经典之作,开创了珠算计数的新纪元。明末,日本人毛利重能将其译成日文,开日本"和算"之先河。清代前期,该书又传入中亚、东南亚和欧洲,成为东方古代数学的名著。

《算法统宗》全书共十七卷,卷一至卷二讲基本事项与算法,其中珠算加法及归除口诀,与现今口诀相同。乘法以"留头乘"为主,除法以"归除法"为主,为后世珠算长期所沿用。卷三至卷十二为应用问题解法汇编,各卷以《九章算术》篇名为标题,但"粟米"改为"粟布","盈不足"改称"盈朒"。卷三"方田"章内介绍了他自己创造的"丈量步车",用竹篾做成,类似测量用的皮尺。卷六中首先提出了归除开平方、开立方的珠算算法。卷十三至卷十六为"难题"汇编,仍依九章分类,用诗词形式表达算题。卷十七为"杂法",介绍了民间算法"金蝉脱壳"及珠算式的笔算《一笔锦》。此外还有"铺地锦""一掌金"以及各种幻方(即纵横图)等。最后附记"算学源流",列出元丰七年(1084)以来各种数学书目,共51种,其中只有15种尚有传本,余均失传,但对了解当时数学书籍传布的情况有一定的参考价值。

在中国古代数学的发展过程中,《算法统宗》是一部十分重要的著作,流传极为广泛和长久,对民间普及珠算起了很大的作用,在科技史上具有重大意义和价值。诚如英国李约瑟所说:"在明代数学家当中,最引人注目的是程大位……在程大位《直指算法统宗》以前,没有任何关于近代珠算算盘的完整叙述。"程大位可谓集成计算的鼻祖。

《算法统宗》中有许多数学题是以歌诀的形式出现的。如《以碗知僧》等。《算法统宗》首次完整地叙述珠算定位法的"定位总歌":

数家定位法为奇,因乘俱向下位推。
加减只需认本位,归与归除上位施。
法多原实逆上数,法前得零顺下宜。
法少原实降下数,法前得零逆上知。

程大位于此书中在吸取各家算法精华的同时,也不免包含一些错误的见解。例如首篇"揭河图洛书,见数有本原",有数字神秘主义思想,书末还有属无稽之谈的推算孕生男女歌。其中有的地方还使用传统数学书中的错误公式,未加改正,致使以讹传讹。这些对以后数学发展产生了不良影响。

万历二十六年(1598),程大位对《算法统宗》进行删节,取其切要部分,另编为《算法纂要》四卷,与《算法统宗》先后在屯溪刊行。程大位穷毕生精力所著《算法统宗》和《算法纂要》,开创了中国珠算新的里程碑,流传三百多年不衰。

万历六年(1578),内阁首辅张居正下令全国清丈土地,并将"土地丈量"与"一条鞭法"作为其推行的改革的重要措施。从《算法统宗》中获悉,程大位参加了这次大规模的清丈土地工作。在此之前,"古者量田较阔长,全凭绳尺以牵量",不但劳动强度大,而且出错率太高。程大位根据木工使用的墨斗原理创造出了一种崭新的丈量工具——丈量步车。

丈量步车由木制的外套、十字架,竹制的篾尺,铁制的转心、钻脚和环等部件组成。篾尺收放均从外套的匾眼中进出,钻脚便于准确插入田地测量点,环便于提携。"丈量步车"实际上是中国最早的"卷尺",在野外测量十分方便,程大位因此被誉为"卷尺之父"。

程大位发明的丈量步车不但有实物,而且在其编著的《算法统宗》第三卷中有完整的零件图、总装图、设计说明和改型说明等全套书面资料,这在世界发明史上是相当罕见的。根据这套资料,世界上任何一个国家的木工都能很方便地将丈量步车仿制出来。

程大位故居坐落在安徽省黄山市屯溪区率口渠东,占地面积540平方米,建于明正德年间。宅第主楼坐北朝南,三开间两进(俗称"一脊两堂"),两层,砖木结构,门楼里外挑檐,曲梁斗拱,马头山墙。西侧为祀祖楼,五开间,倚主楼而建。入口处就势建"宾园"一座,园内有仿古回廊、草坪及花圃。临宾园原有人工水渠一道,当地程氏后裔称该渠为"宾公渠",程大位号"宾渠"即源出于此。故居于1986年9月18日程大位逝世380周年纪念日正式对外开放。共收藏文史资料4000多份,不同形状、不同功能的算具(质地有金、银、铜、铁、锡、石、骨、象牙、泥、陶、玻璃、塑料、种子、海珠等数十种材料)近千件,充分展示了中国第五大发明——珠算发展、演变的历史进程。

针药兼施吴昆

吴昆(1551—1620),字山甫,号鹤皋,又号鹤皋山人、参黄子、参黄生,歙县澄塘(今安徽省黄山市徽州区澄塘村)人。祖父吴元昌、父吴文韬,俱修德而隐者。叔祖吴正伦、堂叔吴行简,皆当地名医,尤其吴正伦,曾治愈神宗朱翊钧的疾病,以及穆宗朱载垕贵妃之疾病而名闻朝野。

吴昆自幼聪明好学,熟读六籍文章,习儒举业。家藏医书颇丰,因受家庭熏陶,经常浏览。15岁开始接触医学,通读《素问》《灵枢》《难经》《针灸甲乙经》《脉经》《伤寒论》等经典,精晓刘完素、李杲、朱震亨等诸贤医籍,为其日后行医著书打下了良好的医学基础。

吴昆25岁时,科举失意,于是专心于岐黄医事,拜余养正为师学医。吴氏著作中记载,他从师于余养正主要从临证看病切脉、处方用药上得以心得秘诀的传授。刻苦攻读三年之后,与师余养正所谈论医学问题,都得到余养正的认可。其后,遵从余养正的建议,遍游全国,由"三吴循浙,历荆襄,抵燕赵",结交天下名医。不到壮年,已行走万里,前后拜师72人之多,由此增长了见识,丰富了临床经验,对各家之长兼收并蓄,奠定了雄厚的医学基础。

吴昆谦虚好学,注意吸收不同流派的医学经验及秘传,同时,广交朋友,开阔了医学方面的视野。在此时,校注整理滑寿《明堂图四幅》。行医于宣城、当涂、和县等地,通晓针灸方药,所至声名籍籍,活人无数。

吴昆33岁时，开始传授医学，考虑到有些医师不懂得上古的经论，不达于中古之方，不明方义与方证关系，不明药物升降浮沉之性，以及宣、通、泻、轻、重、滑、涩、燥、湿之法，反正类从之理，而盲目执方用药疗病，危害性极大。于是他选取古今良医之方七百余首，"撰之于经，酌以正见，订之于证，发其微义"，尤其值得重视的是每方后所附之方解，考证精详，文字清晰，很见功力。使读者不仅易于领会方旨，而且便于掌握治病用药，方剂加减之要领。后编成《医方考》六卷，是一部从临床实用着眼的医方。又将所读过有关诊病切脉的医书要点，摘抄为语录，重点注释或述之师传心得，著成《脉语》两篇。

吴昆致力医学，于《黄帝内经》所下的工夫颇深，对《素问》进行全文注释，力求要用简练之语言彰明经旨，43岁时著成《〈素问〉吴注》，《安徽通志艺文考》称："中国学术皆源于道，《内经》乃纪黄帝、岐伯相向答之语，虽言医也，而道寓焉。吴注批郤导窾，深入浅出，治《内经》者，皆当读之。"对后世启发之功不容泯没。

吴昆随着临证经验的积累，学识日丰，对以往针砭治验不能尽得其中之奥旨者，经过三十年不断探讨，始破迷津，医学思想进入成熟期。67岁时，将自己在针灸方面的研究心得，结合历代经典论述、医家歌赋，写成《针方六集》六卷，旨在羽翼《图经》(明刊《铜人腧穴针灸图经》)的学习使用。吴氏订校滑寿《明堂图四幅》，一并收入此书卷首"神照集"中，形成该书图文并茂的特点。

《医方考》一书由浅而深。上卷从"取脉入式"论起，共十三论。下卷始于"脉位法天论"，共五十论。举凡"寸关尺义""六部所主""五藏病脉""小儿脉法""妇人脉法"以及脉之有力无力，经络虚实，从证不从脉，从脉不从证等，均从临床实际出发，逐一论述。

此外，有关"怪脉"，吴氏亦论列二十四种，较《脉经》大有增加。吴氏《脉语》除论述各种脉证外，还论述了太素脉。这可能是与明代太素脉盛行有关。吴氏反对太素脉邪说，对太素脉邪说深恶痛绝，但他又认为太素脉论中有可采之句，诸如他说："太素之说，固为不经，然其间亦有可采者，如曰脉形圆净，至数分明谓之清；脉形散涩，至数模糊谓之蚀。质清脉清富贵而多喜，质浊脉浊贫贱而多忧……此皆太素可采之句也……"这些道理实际是毫无可取的，因为在客观上还是肯定了太素脉的某些成分。但是我们如果考虑到明代社会的侈靡，太素脉盛行有其社会基础。那么吴氏在深刻揭露太素脉系"巫家之教"的同时，又表达了他对太素脉书中的一些论点的欣赏，亦不为怪。可以说吴氏脉学主流，仍然不失博湛精深。

吴昆临床上偏重用针法治病，通过"以药明针"的比较方法，提出"针药二途，理无二致"的观点,认为针药一理,针药各有长短,指出"药之多不如针之寡,针之补不如药之长",重在强调针刺简便快捷的效果,针灸百会穴治疗眩晕是为明证。重物腧穴的运用,倡十二经井荥输经合之"五门"针方说;讲究取穴少而精,推崇一针二穴的透刺法。提倡当针则针,当药则药,针药兼施,取长补短,各显神通。学术上提出"针药保元"说,强调"用药以元气为重,不可损伤,故峻厉之品不轻用,恐伤元气也;用针以元神为重,不可轻坏,五脏之俞不可轻刺,恐伤元神也"。

吴昆毕生从事医学近六十年,著作宏富,上及医经、注释,下及临床方脉、针灸,广收博采,旨论宜人,是明代集理论、方剂、针灸于一身的卓然大家,于后世医学颇具启发。所著《〈素问〉吴注》二十四卷,对经典训释见解深刻,语简理明,多所发挥,订正了王冰经文的多处错误。人赠雅号"参黄子",乃喻其能洞察黄帝经旨之奥,医技精湛,见解独到,往往出人意料而令众医折服,是继全元起、王冰、马莳之后通注《素问》的第四家,对后世产生了深远的影响。

引发中西历法之争的杨光先

杨光先

杨光先(1597—1669),字长公,徽州府城斗山街人。钱塘杨升来任徽州府学教授,卒于任,妻子遂定居府学旁。长子杨宁,以战功累官南京刑部尚书,世袭为新安卫中所副千户。杨光先为杨宁后裔长子,理应承袭新安卫副千户,让职于弟杨光弼。

明末,朝廷风雨飘摇,乱象丛生。明崇祯九年(1636),山阳武举人陈启新上书言天下三大病,官至兵科左给事中。杨光先揭发陈启新出身贱役及徇私纳贿之事,亲自到正阳门外与陈启新辩论对峙,其后,御史王聚奎、伦之楷和姜埰等又先后以玩忽职守、请托受贿、还乡骄横、不忠不孝、大奸大诈等罪名奏劾,崇祯帝削去陈启新官职,追赃拟罪。

温体仁为首辅,陷害异己。杨光先以一布衣,抬着棺材前往弹劾,却被廷杖,发配辽西,直到温体仁被罢官,才得赦返里。崇祯十六年(1643),杨光先因襄城伯李国祯推荐,朝廷起用他为大将军。但他尚未到任,明朝灭亡。

清顺治二年(1645),顺治废止大统历,颁行钦天监监正汤若望所订《时宪历》。因《时宪历》封面上书"依西洋新法",顺治十七年(1660),杨光先入京抗疏,认为各王朝颁赐历法意味着奉正朔,是实行统治的象征。若是历法奉西洋为正朔,那是对西洋政权的臣服。《时宪历》是清朝之历,汤若望是清朝之官,应在封面上书"奏准印造时宪历日"颁行天下,才能实现国家的大一统。

杨光先认为:"宁可使中夏无好历法,不可使中夏有西洋人。无好历法不过如汉家不知合朔之法,日食多在晦日,而犹享四百年之国祚;有西洋人,吾惧其挥金以收拾我天下之人心,如厝火于积薪之下,祸发之无日也。"对传教士充满敌意。

《周易·系辞传》载:"天垂象,见吉凶。"在以农耕为主的中国社会,历法不仅有着指导农业生产的作用,随着汉代董仲舒"天人感应"之说的逐步确立和深入人心,上至最高统治,下至山野小民,都认为天变异象是上天发出的警示,往往有着敬畏之心。如果出现日食、月食等天象,从朝廷到地方官员就会例行救护。按照推算,在发生日食、月食之前的几个月内,就要绘图具题,下到礼部,颁发各地,要求天下百官救护。

明末,徐光启主持编修的新法与采用《大统历》的旧法一共进行了八次观测较量,涉及天象包括日食、月食和行星运动等方面,包括崇祯二年(1629)、崇祯十年(1637)和崇祯十六年(1643)的日食观测。据称,依《大统历》的计算结果全都不如西法精确。其实崇祯二年(1629)的一次日食推算,徐光启运用西法得出的误差远大于《大统历》的计算数值,却不见记载。其后康熙三年(1664)十二月日食计算,西法也出现严重的失误,杨光先指出了这一点。而汤若望在明末抵京城时,测算月蚀三次皆验,由是声望遂起,并在崇祯三年(1630)参加修历,推算日蚀毫厘不爽,造成了顺治元年(1644)弃用《大统历》而采用由耶稣会士参与修订的《时宪历》作为历法。

杨光先作《摘谬论》等具呈礼部,罗列汤若望所制西法历书的"十谬",但并没有引起重视,礼部仅将《时宪历》封面"依西洋新法"改为"礼部奏准"。

康熙三年(1664),李祖白刊行《天学概论》,将伏羲等写成耶稣后人,说耶稣在中国的子孙是中国最早的人种。李祖白明代跟汤若望学历法,成为教众,在历局任事,清朝在钦天监担任夏官正。杨光先责骂李祖白堂而皇之将中国人视为西人之后,是悖乱人伦,以夷变夏,有颠覆之心。另外,汤若望在选择荣亲王葬期时,不用正五行,反用《洪范·五行》,山向年月,俱犯忌杀,事犯重大。西洋历法偏重历数而不知历理,历理是钦天监的重要工作,在选择荣亲王的葬期方面,汤若望等犯下了大忌。

康熙四年(1665),在杨光先的弹劾之下,汤若望等八位钦天监官员被判凌迟处死,又五人斩立决,恰巧京师一带"星变者再,地震者五",加上后宫"汤若望为先帝信任"的过问,于是将汤若望等西洋教士释放,而处斩李祖白等五位奉教汉人监官,同时废止《时宪历》,复用《大统历》。特授杨光先钦天监右监副,旋改监正。杨光先以"但知推步之理,不知推步之数"力辞,连上五疏而未获准,直到御批"不得渎辞"

才就职,并将前后书论疏状辑成《不得已》二卷刊行。

康熙七年(1668),康熙诏求直言,杨光先条陈十款,切中时弊,多被采纳,其中逃人一款,得免十家连坐之例,保全无辜者不可胜数。又编写了《七政民历》,康熙命带给天主教传教士、比利时人南怀仁征求意见。南怀仁见历书中出现康熙八年(1669)不应出现的闰月,还出现两个春分和秋分。为此,康熙七年(1668)十一月,康熙下令召集传教士南怀仁、利类思、安文思和杨光先、监副吴明烜及钦天监官员马佑来到东华门进行辩论。随后双方用预测正午日影的长度分出胜负。康熙八年(1669),南怀仁和吴明烜进行立春、雨水节气预测和月亮、火星、木星的躔度测验,结果又是西洋历法全胜。西洋人对杨光先忌恨至极,通过礼部向其发难,并促使朝廷推行南怀仁所订历法。杨光先遭南怀仁弹劾推闰失实,被革职问斩,妻子流放宁古塔。康熙念其年老,免死发回原籍,行至山东时暴卒。

杨光先虽然死去,然而其历法之争,却有着深远的影响。其后,凌廷堪致信阮元,强调康熙历狱是"中西争竞之大关键",建议搜寻杨光先所著《不得已》一书。嘉庆四年(1799),苏州藏书家黄丕烈偶然购得《不得已》加以装订,钱大晰题跋:"杨君于步算非专家,又无有力助之者,故终为彼所绌。然其诋耶稣异教,禁人传习,不可谓无功于名教。"此书扩散后,引发了孙星衍与凌廷堪等人对如何看待杨光先与西学的争论。到了晚清鸦片战争之后,面临着千年未有之大变局,《不得已》一书再次流行,成为洋务派与保守派争论的一个焦点。

咸丰、同治年间,桐城萧穆至黟县会老友李宗煝,在歙县杨光先族裔杨昌樾处求得杨光先所著《不得已》副本,又念杨光先墓地年久,不免荒芜,托李宗煝与杨昌樾同为修葺,自撰《故前钦天监监正歙县杨公神道碑》。

医学普及启蒙派代表汪昂

汪昂(1615—1694),初名恒,字讱庵,休宁县城西门人,寄籍浙江括苍(今属浙江省台州市临海市)。出身于休宁城西一个徽商家庭。早年苦读经史,长于文学,明末曾中秀才。明亡后,他年过而立,每次参加乡试均名落孙山,愤而于清顺治元年(1644),弃儒习医。

虽缺乏名师指点,但他知难而进,边学习边实践,医术日益精进。汪昂诊病,注重临床。一注重脉症,二注重药性。他在《本草备要·自序》中说:"医学之要,莫先于切脉,脉候不真,则虚实莫辨,攻补妄施,鲜不夭人寿命者。其次则当明药性,如病在某经当用某药,或有因此经而旁达他经者。"在常年的行医过程中,汪昂发现"古今方(医)书,至为繁多",而为医方注释之书却很少。自宋代医家陈无择首创张仲景《伤寒论》注释后,"历年数日,竟未有继踵而释方书者"。这样,就给初学医者带来很多的困难,医方难以掌握。于是,汪昂便广搜博采,网罗群书,精穷奥蕴,于康熙二十一年(1682)撰成《医方集解》。这年,汪昂已68岁。他这部《医方集解》共六卷,分二十一门,共收入正方三百七十余方,附方四百九十余方。此书博采古书,既吸收了宋代陈无择解释张仲景之书以及明代新安医家吴昆《医方考》等书之优点,又结合了自己长期的临床实践,先解释受病之由,再说明用药之意,分别宜忌,唯求义明。《医方集解》刊行之后,迅速流行全国,民国二十四年(1935)被曹炳章编入《中国医学大成》。此后的20世纪六七十年代,上海科技出版社曾先后七次刊印发行,全国中医高校将其列为参考教材。

汪昂不仅擅长临证,专心研究医治理论,而且十分重视医药的相互作用,他常说"用药如用兵"。他认为明代李时珍《本草纲目》虽为完善、周明,然而过于浩繁,于是他搜集诸家本草之精华,由博返约,选择适用者共四百多种,编成小册子共四卷,取名为《本草备要》。后来,该书经清初三大名医之一太医院判吴谦审定,于康熙三十三年(1694)刊行。这一年,汪昂已届八十高龄,仍根据读者意见,增加常用药60种,对《本草备要》进行增订,刊刻成袖珍本药物手册《增订本草备要》。之后,各地广为刊行,共有70多个版本。随后,又流传日本。据粗略统计,从成书迄今,《本草备要》翻印200余次,在当代临床类实用本草中影响最为深广。该书选药精当,重点药效突出,使用方法翔实,读之令人兴趣盎然,不仅是药物学专著,也是学习中医辨证论治、立法处方的好医书。书中记载了汪昂个人独特见解和创意有120余处,并在中医书籍中较先提出人脑的功用。其简明生动的医案阐释,颇具感染力,深受医学界喜爱,成为中医药人员必备的医学入门之书。在博览众多古代医著、广集各地诸家秘方基础上,他结合临床实践,探索研究,又编著了《素问灵枢类纂约注》《汤头歌诀》等医书。

《素问灵枢类纂约注》一书,把《黄帝内经》里的《素问》《灵枢》两部分合纂为一篇,并分类加以整理、注释,给后学者以很大的便利。他还选集中医常用剂方320余首,分为20类,用七言诗体编成《汤头歌诀》,于康熙三十一年(1692)刊行。这是一部很重要的医学入门书,200首歌诀内容包括方名、组成药物、适应证及加减法等,简单扼要,便于记忆,一直被学医者奉为入门的必读课本。

他推崇《灵枢·经脉篇》为医学证治纲领,特意在李杲《经络歌诀》十二首基础上,复加《奇经歌诀》四首,编成《经络歌诀》一书。其歌诀,继承了金、元、明时期针灸歌赋风格,易记易诵,对于学习针灸基础颇为实用。

汪昂不仅是卓有成就的医学家,而且自幼坚持练功,讲求养生之道,强身防病。他年近八旬,身体仍健壮,精力充沛。所著《勿药元诠》一书,载有《养生颂》《金丹秘诀》等功法十余种,论述精辟,至今仍被医学家和养生家沿袭应用。他的《保健十六宜》说:"发宜多梳,面宜多擦,目宜常运,耳宜常弹(闭耳弹脑,名鸣天鼓),舌宜抵颚,齿宜数叩,净宜数咽,浊宜常呵,背宜常暖,胸宜常护,腹宜常摩,谷道宜常撮,肢节宜常摇,足心宜常擦,皮肤宜常干,沐浴、大小便,宜闭口勿言。"对养生有一定的指导意义。

康熙三十三年(1694)冬,汪昂以八十高龄走完自己的一生。在其《本草备要·

自序》中,明确地署着"休宁八十老人"的字样。"利物利人""有禅世道",这是汪昂一生追求的目标。他一生诊务繁冗,然其著书立说至老不倦。他一生著作丰硕,除《医方集解》《本草备要》,尚著有《素问灵枢类纂约注》《汤头歌诀》《经络歌诀》《痘科宝镜全书》《本草易读》等医书。《中国医学史》称汪昂"其书浅显易明,近人多宗之"。汪昂是我国清代著名医学普及启蒙派代表人物,对我国医学发展作出了重要贡献。

温病学派宗师叶天士

叶天士(1667—1746),名桂,号香岩,别号南阳先生,晚号上津老人,以字行世,蓝田显祖叶孟三十九世孙祖父叶时(字紫帆)由歙县蓝田始迁吴县(今江苏省苏州市)。出身于医学世家,与薛雪(字生白)、缪遵义(字宜亭)并称"吴中三家",与薛雪、吴瑭、王士雄并称"温病四大家",为温病学奠基人之一,系中国最早发现猩红热的人。首创温病"卫、气、营、血"辨证大纲,为温病辨证施治开辟新路,被尊为温病学派宗师。温病以东汉张仲景之说为体,而以金代刘完素之论为用。弟子甚众,顾景文、刘执持、吴瑭、章楠等皆为名医。

清康熙十九年(1680),因父叶朝采丧而家贫不能自给,于是弃儒从医,师其父门人朱某,闻言即解,技出其上。他在七年中拜师十七人,弃故我,集众美。精于岐黄之学,一如程朱之于孔孟,深得道统真传。切脉望色,听声写形,言病所在,如见五脏症结。治痘尤神,远立而嗅,死生立判。所开处方,一二味不为少,十余味不为多,习见不妨从同,独用不嫌立异,信手拈来,备极变化无穷之妙。认为治病必彻医理,方获奇效,故于疑难病症,或就其平日嗜好而得救;或他医处方略加变通而得治;或竟不与药,而调其饮食居处而得愈;或于无病时预知其病而得防;或预断数十年后,皆验如神。30岁时,已名闻天下,大江南北言医辄以之为宗。

叶天士行医途中,在轿子里头看到一个绝色女子正在地里采摘桑叶,于是让轿夫停下轿子,然后让轿夫去地里搂抱女子。轿夫虽然心里头觉得主人的做法十分下流,但是主人的吩咐不得不听。女子一门心思采摘桑叶,冷不丁被一个陌生男人搂抱住,一时愤怒,于是破口大骂。女子的丈夫听到外面有骂声,就从桑树林里头走出来。知道事情原委后,准备动手打这个轿夫。叶天士见此情形,急忙解释说,是因为你妻子的痘已经在皮膜之间,由于气滞被全部封闭在皮下而无法发出来,所以有意让轿夫搂抱她,让她发怒,这样这个痘今天夜里就能发出来,如若不然她的性命难保。到了夜里,女子的痘果然都得以发出。

某个富家子衣食无忧,不料身患痘闭,许多名医束手无策。叶天士被延请到他家中,在经过望闻问切后,让其家人准备新洁油漆桌子十余张,让其脱光衣服后卧于桌上,让其家人不断帮他翻滚身子,桌面有点热度就马上换一张。把十余张桌子滚个遍后,才让其穿上衣服。到了夜里,痘就已经全部发出,富家子的性命得以保住。

叶天士的小外孙刚刚1岁时痘闭不出,女儿于是将其抱回娘家求救。叶天士看了一眼,就知道小外孙痘症已经非常严重。沉思许久后,他脱光小外孙衣服,把小外孙放到一个空房间里头,从外面把门插上,并且要求女儿不得开门。直到夜深,叶天士才把小外孙抱出来,只见痘疤遍体,粒粒如珠。因为这个空房间蚊子很多,借助蚊子叮咬皮肤可以使痘全部发出。

某个布店伙计正值壮年,不幸身患痘闭,众多名医无计可施。叶天士接诊,经过一番细致的望闻问切后,让其家人设法取来鸡粪若干,又让家人拿来醇酒,然后热调成糊糊状,再用这个糊糊状的药物涂遍患者身、面、手、足。第二天,鸡粪燥裂后自然剥落,而痘亦已如数发出。

得意弟子王士雄(字孟英)对恩师以上四个病例进行归纳,认为"激使之发者,气闭也;辗转于新漆之桌者,火闭也;假蚊口以噆之者,血闭也;涂之以鸡矢者,寒闭也",总结到位,评价精准。

某个富豪家的媳妇患疑难杂症,状如痴愚,四处寻医问诊,然而始终无效。富豪延请叶天士来家中看病,叶天士在搭过脉后,让其家人在空室地面挖一个坑,在坑里头倒上污秽之物。让富豪家的媳妇平躺在一块木板上,然后让人把木板抬放到坑上面,让富豪家的媳妇在上面过夜。直到天亮后,才把富豪家的媳妇喊起来,让她回到卧室休息。这个时候,富豪家的媳妇已经感觉神志清爽。有人就问叶天士这是什么缘故,叶天士笑答臭可解香闭。

某个乡人身患痼疾,叶天士望闻问切后,告诉患者服他所开药方100剂,一辈子不会再复发。患者按照药方服至80剂时,感觉全身舒畅,于是停止吃药。一年之后,旧病复发。叶天士让这个患者按照药方再服40剂,只有如此才能永远不复发,后来果真如叶天士所言。

邻居孕妇难产,别的医生已经开好药方。其丈夫不大放心,于是急忙转问叶天士。叶天士仅仅加了桐叶一片,孕妇生产顺利。别的医生效法叶天士的药方,但是都不见效。叶天士并不自秘,告诉大家他之前用桐叶,是因为那天正好立秋,所以使用桐叶入药,结合节气,难产妇才能够顺利生产,但若不是在立秋这天使用,自然无法见效。

某年七月,叶天士出诊甪直,所坐船刚刚抹过桐油,正值天气宜人,令人感觉舒畅。忽听岸上有人大喊"桐油新抹,不近菱塘。菱遇桐油,必然枯死",叶天士乃命船夫改道,并思忖"桐油有油,为涌吐顽疾之品,不承想其与菱相克"。后来某日,有个妇人抱儿求诊,病为伤食,此前找过两位医家诊治皆无效。叶天士亦诊断为食积,但似与寻常食积不同。询问得知为食菱太多所致,猛然想起甪直舟中耳闻之事,因而在消滞药里头加入桐油一味,服药后其病马上痊愈。

叶天士有一次应旅扬盐商、歙县潭渡黄履暹之请,居其宅中数月,与王晋三、杨天池、黄瑞云等人考订医书、切磋药性,在其所开位于倚山旁的青芝堂药铺坐诊,扬州府城患者赖此得治。

清雍正十一年(1733),广制甘露消毒丹、神犀丹,活人甚众,时人比作"普济消毒饮",苏州疫气流行因此被遏制。

毕生诊治不辍,无暇著述,今存医案多为后裔及弟子录存。著有《产宝》《温症论治》《伤寒辨舌广验》《幼科心法》《幼科要略》《叶案存真类编》《叶案括要》《眉寿堂方案选存》《医效秘传》《南阳医案》《轩岐心印》《临证指南医案》《本事方释义》《本草再新》等。

叶天士故居位于今苏州阊门外渡僧桥下塘街45号至54号,坐北朝南,分东、中、西三路,深达七进,气势宏伟,构造精细。中路第三进大厅三开间,面阔12.7米,进深13.6米。扁作梁架,前后翻轩。步桁、枋间施隔架科,垫拱板镂雕灵芝纹,脊桁中央彩绘方胜纹,内山墙墙裙贴水磨砖。故居东侧为宽约2米、长百余米的叶家弄,故居前有长10余米的水叶家弄,通往京杭大运河,河边石砌码头为叶天士出诊坐船及患者登门泊舟处。叶天士后裔将故居售予嘉庆朝解元张廷济,张家约于辛亥革命时期将故居售予金融界三朝元老倪恩宏,后成杂居,2009年7月被列为苏州市重点文物保护单位,被列入苏州市文化控制保护建筑名单。

新安名医程国彭

程国彭（1681—1754），原字山龄，后改字国彭，号恒阳子，徽州府城人。据《斗山文会录》载：程应元为府学庠生，程国彭与程国甡、程国维、程正道同为程应元侄，程国彭为郡学岁贡生，清康熙四十四年（1705）入斗山文会。康熙五十七年（1718）秋，程国彭与汪芹、汪洪度、胡廷凤计32人发起申请在每年九月十五日朱子诞生之辰举行释菜礼的告启。雍正三年（1725），歙县知县蒋振先晓谕紫阳书院传集生徒公同确议置神主增祀事，其中就有程国彭。

程国彭年幼多病，每次生病，缠绵难愈，开始嗜好医学，潜心研究《黄帝内经》《难经》以及张仲景、刘河涧、李杲、朱丹溪的医著，博采众长，融会贯通。多年后，因乐善好施，医治过不少病人，反响很好，医名颇著，四方求医从游学者日益繁多。

雍正七年（1729），休宁石岭吴体仁从程国彭学医，早上诵读医书，白天跟着学辨证，晚上进行辩论，多年之后，稍有成就。吴体仁称程国彭医学极为精湛，病人虽极危险，凡有一线生机，就能医治成功，这与程国彭的好生之德分不开。且从不懈怠，每天备极攻苦，常彻夜不眠，天未亮即点灯写作，将平日心得记载下来，其中有不缜密之处，就用心琢磨，以至尽善尽美才罢休，其中条分缕析，因病症而定药方，不留下一点遗憾。

古人说，亲人生病，若是请庸医来治病，等于不慈不孝，因此，为人父、为人子，不可以不懂得医学。然而，是那么容易学会的？为了全面掌握医学深奥理论，程国彭将医书理论上有不能贯通者,昼夜思考,恍然有悟,即写出来。经过三十年的不懈努力,更觉得医学精微至极,不容浅试辄止者问津;学贵深潜,不容浮躁者涉猎。另外,性命攸关,为医者不可不工,处心不可不慈,而读医书,明道理,不到豁然大悟就不能理解医学的深奥,更好地医治病人。于是将所著书命名为《医学心悟》。

程国彭姻亲徽州府城北关饶兆熊为撰序言,称所著《医学心悟》是为了教授生徒所用。程国彭教授学生,所说皆有根柢,且能将所思所悟记录下来,受学者容易看懂。可见程国彭为著《医学心悟》倾注了大量的心血。

《医学心悟》对养生、诊断、治法、伤寒、杂症、妇产各科无不备述,并首次完整地提出了中医治疗疾病的医门八法:"论治病之方,则又以汗、和、下、消、吐、清、温、补八法尽之。盖一法之中,八法备焉。八法之中,百法备焉。病变虽多,而法归于一。"所谓汗,为百病起于风寒,汗得其法,何病不除;所谓和,则适用于半表半里之证,然变化无穷,需仔细辨证;所谓下,为攻逐病邪;所谓消,即对人体出现的壅积之物进行消散;所谓吐,即对上焦之痰、食及痈肿诸症的治疗;所谓清,即对火热病症而言;所谓温,即温暖脾胃的治疗;所谓补,即补虚损,除药补以外,还有食补、精补、神补等,强调"节饮食,惜精神"。

程国彭医者仁心,对于富贵贫贱病人,一视同仁,皆悉心用药,审视病症皆详细,用药必妥当。治病所得的钱,他用来购药制成膏药散剂,让大家取用,皆有成效。穷人获得此药,哪怕一帖分作两次服用,也有效果。膏药能去除风毒,患病者只需把膏药贴在皮肤上,就能治好病。大家都啧啧称叹。故程国彭多年来行医,有钱就散去。

程国彭在《医学心悟》创有多种方子,其中有一种止嗽散的方子,有止咳化痰、疏风解表的效果,适用于外感风寒、久咳不止、咳嗽痰多等病症。这个方子的来历,颇有一番曲折。据休宁戴谷荪《松谷笔记》载,程国彭家的祖坟与某富豪的祖坟相邻。富豪祖坟四周所种的古柏树根穿进了程国彭家祖坟的坟墓内,如果不剪去,时间长了,坟内的棺材将会暴露。程国彭与富豪商量剪去树根,富豪不同意。程国彭只得自己动手剪去树根。富豪率众多的家丁到程国彭家闹事,乡民们看不过眼,就帮程国彭解围,在混乱中富豪的家奴被打死了。为了不累及乡民,程国彭自己去投了案,结果被判为死刑,押到省城,待秋后处决。适逢巡抚的老母生病,久治不愈。程国彭得知此事,买通狱吏,为巡抚老母治病。十来天后,巡抚的老母病愈,巡抚以五百两银子酬谢。程国彭拿到银子后,拜谢道:"太夫人疾病虽然已愈,但病根犹存,恐日后生变,当为拟方调理才行。"巡抚又召程国彭前往调治。程国彭一见巡抚老母,即哭诉自己被判死罪的缘由。巡抚老母让儿子与程国彭结为金兰,并让儿子解救程国彭。巡抚叹道:"此案已判定,无法改变。为了保君的性命,只有遁入空门。"程国彭特地为巡抚老母创制了止嗽散的方子,之后就到普陀禅院出家修行,自称道人。

还有一个有关程国彭治心病的民间传说。有个富翁患有足痿,必须扶着东西才能移步。程国彭诊断之后,知道富翁的足痿病根在心,不是单纯药物能治疗的。于是让人收拾出一个房间,预先摆上很多假古玩,特意在床边放一高大瓷瓶。告诉富翁说:"此屋所藏之物皆是珍品,瓷瓶尤为传世之宝。"此后,程国彭一不开方,二不相见。富翁在房里憋闷了两天,第三天实在憋不住就扶着瓷瓶挪着走出去。刚走出不远,程国彭猛然喝道:"你好大胆,胆敢偷走我的宝瓶!"富翁一惊,瓷瓶倒在地上,摔得粉碎。富翁大惊失色,垂手而立。程国彭让富翁不要惊慌,试着跟着自己走一直走到书房。富翁见自己举步平稳,行走如常,才知道是程国彭良苦用心,为了让自己转移注意力故意设计,治好了自己的心病。

程国彭业医三十年,以临床经验、读书验证以及心得著成《医学心悟》一书流传于世,其中详细载明了内科的治法,对于外科却没有言及。雍正十年(1732)冬,程国彭回普陀禅院修行。刚好普陀禅院修缮,寺僧及工匠等不下数千人,其中病患者不一,程国彭悉为调治痊愈。有背上生疽的,有小腿等处生疥疮的,投以膏散,不到半个月就治好了,于是在雍正十一年(1733)夏天撰成《华佗外科十法》一卷,又简称《外科十法》。徽州江耀舟见到此书后,特别看重,愿意捐资刊刻发行。

《医学心悟》自雍正十年(1732)刊刻以后,流传甚广,乾隆十三年(1748),程国彭弟子休宁汪沂重新刊刻,为敬承堂刻本,汪沂作序云:"予所获亲德范而时聆其绪论者,惟程君山龄为最著。程君以诸生治经之暇,旁及岐黄家言,登其堂咳其咳,晚更息影宗门。"到了乾隆五十六年(1791),汪沂之子琴田绍父之志,重新刊刻,为书粟刊刻本。之后,又有乾隆五十九年(1794)书稼轩刻本,嘉庆二十四年(1819)、光绪六年(1880)上海扫叶山房刻本,同治、光绪年间广州拾芥园刻本,光绪二十年(1894)学库山房刻本,宣统三年(1911)上海会文堂石印本,以及清慎德堂刻本、经纶堂刻本等。

医典之祖吴谦

吴谦(1689—1748),字六吉,世人尊称为"六吉先生",歙县人。宫廷御医,乾隆年间太医院院判。与张璐、喻昌并称为清初三大名医。领衔主编的《医宗金鉴》九十卷为乾隆御制钦定的一部综合性医书。

吴谦为人如其名,谦虚好学,经常向民间高手学习,从中总结经验,变为己用。早年偶遇骨折病人,治疗很久,一直不能痊愈,后来,病人找来一位民间医生,没想到,迅速将病人治愈了。吴谦得知后,不顾跋涉之苦,几次翻山越岭,步行百余里前往民间医生家里求教。

当时,家传秘诀都是不外传的,但吴谦凭借坚韧不拔的毅力,锲而不舍的精神,以谦逊和忠诚感动对方,终于让对方将正骨手法和药方倾囊相授。就这样,吴谦先后请教了十多位民间高手,取众家所长,提高医术。

吴谦擅长使用针灸疗法,熟悉经络穴位,对疾病的治疗有独特的见解和方法。他的治疗方法,不仅能够治愈疾病,还能够增强身体的自愈能力,使人身体更加健康。吴谦在乾隆年间担任太医院右院判,治愈过众多皇亲国戚的顽疾,受到了乾隆的赏识和器重。乾隆五年(1740)早春二月,乾隆患感冒,吴谦、陈止敬等御医"敬谨调理,甚属勤劳……且奏效甚速",乾隆很快就痊愈了,吴谦等受到乾隆的嘉奖。乾隆曾对身边的大臣们说:"吴谦品学兼优,非同凡医,尔等皆当亲敬之。"

吴谦除了医术上的成就,在学术上也有着很高的成就。吴谦认为,医经典籍以及历代各家医书,存在着"词奥难明、传写错误、或博而不精、或杂而不一"等问题,应予以"改正注释,分别诸家是非"。

清朝皇帝都很重视医学,如康熙就很重视天花的治疗和种痘技术的推广。清朝前期,社会经济发展,国力鼎盛,宫廷医学达到顶峰。乾隆标榜文治,于乾隆四年(1739)下谕太医院编纂医书:"尔等衙门该修医书,以正医学。"乾隆决定将历代医书整理归纳,去伪存真,去粗取精,重新修订成统一的医学教材。由大学士鄂尔泰和亲王弘昼督办,任命御医吴谦、刘裕铎担任总修官,陈止敬担任该书的经理提调官。为保证医书的质量,选派有真知灼见、精通医学、兼通文理的学者共同编纂,设纂修官14人,副纂修官12人,还安排了10位校阅官、2位收掌官和23位纂录官,同时增加了多位画师参与描画药物工作。参加编写工作人员有70余人。编撰中,不仅选用了宫内所藏医书,还广泛征集天下新旧医籍、家藏秘籍和世传良方。

吴谦在编纂《医宗金鉴》时,参考引用乾隆以前研究《伤寒论》《金匮要略》的20余位医家的著述,对这两部经典著作的原文逐条加以注释,汇集诸注家之阐发。

《医宗金鉴》的编纂耗时四年之久,于乾隆七年(1742)刊行。《四库全书总目提要》评道:"自古以来,惟宋代最重医学。然林亿、高保衡等校刊古书而已,不能有所发明。其官撰医书如《圣济总录》《太平惠民和剂局方》等,或博而寡要,或偏而失中,均不能实裨于治疗。故《圣济总录》推行节本,而《局方》尤为朱震亨所攻。此编……根据古义而能得其变通,参酌时宜,而必先求其征验;寒热不执成见,攻补无所偏施。"指出了宋代虽然最为看重医学,但所编的医书,仅仅是校刊而已,不能够指出书中的微妙之处。而《医宗金鉴》,不仅是编刊,而且加上了发挥、增益及验证的工夫,因此,此书的质量大大超过了以前的医书。此书有图、有说、有歌诀,俾学者既易考求,又便诵习。其中《订正伤寒论注》十七卷和《订正金匮要略注》八卷为吴谦亲自编注。以歌诀的体裁概括疾病诸证的辨证论治理论,切于实际,又易学易用,且阐发了原文的深奥意义,是研究《伤寒》和《金匮》的经典著作之一。乾隆赐名为《医宗金鉴》,并御赐编纂者每人一部书、一具小型针灸铜人作为奖品。

《医宗金鉴》内容丰富完备,叙述系统扼要,议论精确,有叙说、有图谱、有验方、有议论,便于学者记诵,力求学以致用,为内、外、妇、儿、眼、伤、针灸各科完备的巨著,集我国古代医籍文献之大成。吴谦在每个领域的注释都严谨而周详,既注重理论的阐述,又注重与临床实践的结合,使读者能够深入理解中医的原理和方法,并将其应用于临床实践中。《医宗金鉴》还单独将《种痘心法》与幼科并列,将中医幼科设为了三科。

《医宗金鉴》官方刊印的版本就有50多种,可见深受当世与后代中医界的重视,《郑堂读书记》盛赞此书"酌古以准今,芟繁而摘要,古今医学之书,此其集大成矣",成为清代及后世医家必备的参考书,对中医发展教育产生了深远影响,被誉为"不朽之作",是中医人必读的重要书籍之一。清廷曾将此书作为太医院的必修教材,后来许多中医学校和机构都将它作为必修课程参考书。同时,《医宗金鉴》也为中医研究提供了丰富的素材和参考依据,推动了中医的发展和创新。清代著名医家徐灵胎评价道:"此书条理清楚,议论平和,熟读是书,足以名世。"俞慎初在《中国医学简史》中赞扬《医宗金鉴》为"一部很好的入门书,200年来一直沿用"。

吴谦

以易入医吴澄

吴澄,生卒年不详,生活于清康熙、乾隆时期。字鉴泉,号师朗。歙县岭南(今歙县北岸一带)人。出身于儒学世家,从小在家乡歙县岭南南山别墅接受儒学教育,攻读四书五经,由同族吴隆叔授业。幼年聪慧过人,理解能力极强,表现出超乎寻常的才学,作文新颖离奇,远远超出世俗之想。

少年时代的吴澄,为人磊落不羁,才华出众,才情高远,在同门同族学子中鹤立鸡群。吴隆叔给他取了一个别号曰"突兀",言其如一马平川之中突然高高耸起的一座山峰。族叔吴炜认为,吴澄如果专心于功名仕途,一定是家族学子中的佼佼者,鹏程远大,前途不可限量。但意外的是,同族同门的兄弟先后考取功名,走向仕途。而吴澄却屡试不第,连秀才都没有考上。

吴氏家族以通易学闻名于徽州,族叔吴波涵即为易学名家。吴澄曾随父客居江浙,与吴波涵接触尤为密切,打下了深厚的易学功底。后因无缘功名,郁郁不得志,更加嗜读《易经》,以易理自视清高,不再追求功名,转而由易习医,弃举子业。取《素问》《灵枢》《难经》《伤寒论》等中医典籍攻读研究,尤致力于内伤虚劳一门和虚人外感、外感致虚的研究。吴澄关门闭户专心钻研数年,博览群书,吸取各家之长,临证体验,颇有心得。

吴澄精于易学,以儒学医,以易通医,得心应手,常取易理以明医理。临证实践多年后,凡沉疴痼疾,多应手取效。为人心地善良,能解救别人于急难,急患者之所急,想患者之所想,乡里啧啧称赞,有口皆碑。族叔吴炜为《不居集》作序,盛赞吴澄"仙风道骨,气足神完,俨然救世一位活菩萨"。这是乡贤对医术高明、品德高尚者的最高褒奖。他主要在歙县、休宁,以及苏州、扬州、湖州、杭州等江浙一带行医,所治多为外感、内伤,疗效显著,活人难以数计,医名大噪。

随着实际经验的积累日厚,吴澄开始从理论上对虚症进行研究,他有感于当下"治虚损者少,做虚损者多;死于病者寡,死于药者众"的现状,专攻虚损之症数十年,乾隆四年(1739)完成名著《不居集》,开创"外损论"这一积极的综合预防理论。《不居集》全书分上、下二集,完全采取古人论治虚劳的精要学说,上自《灵枢》《素问》《难经》,下及历代名贤著作,无不兼收并蓄,故辨治内、外虚损的方法,极为详明。其编写体例:首为经旨、次脉法、次病机、次治法、次方药、次治案。不但将古人治虚劳心得加以整理,并且把自己的临床经验也结合进去。所以在此书的各门中,大多有论、有注、有新增、有补遗、有新方、有治法,其内容非常丰富。上集三十卷,论治内损,下集二十卷,论治外损,合为五十卷。

吴澄学医,以易入医,认为《易经》论述阴阳之理最详备、最精要。天地之间阴阳五行化生万物之理,人身之中阴阳五行盈亏消长之道,渊深无穷,唯有《易经》阐述得最清楚明了;而医不离乎阴阳,"医之理即易理也",为医者尤当明了易理。由于吴澄深明易理,临床中常将《易经》之理汇通贯穿于医理之中。在《不居集》中明言"阴阳寒热,多从易理体出",如血证以易之八卦统领,热证取八卦爻象比拟,各病证都离不开阴阳之道,非参晓《易》义,洞悉卦象,则不能通晓。他的医学思想,既有哲学层面的生命观、疾病观和方法论,又有病因病机方面的理论观点,还有具体的辨治方法和用药法则,从核心理念、思维方式到理法方药,一应俱全,自成体系。

吴澄的医学理论主要体现在三个方面:一是在虚损不居之论尤其外损说,扩大了虚损病因学和治疗学的范畴,充实了虚劳论治体系;二是解托、补托、理脾阴三法丰富了中医的治则治法,尤其理脾阴作为脾阴虚三大治法之一,既发展了中医脾阴学说,也使中医脾胃学说继《黄帝内经》《脾胃论》之后达到了第三次高峰,为脾胃学说完整体系的形成作出了重要贡献;三是系列的效方丰富了外感及内伤疾病的方药运用体系。总而言之,吴澄的医学理论作为一个有机统一的学术体系,充实和发展了中医发病学说、治法学说、方药体系和养生预防思想,理法方药相互贯通,丰富了各类有关虚损性疾病的理论和辨治,对外感致虚、虚人外感、反复外感和内伤杂证的论治具有重要指导意义。

除《不居集》外,还著有《伤寒证治明条》六卷,《推拿神书》《医易会参》《师朗医案》各若干卷。又擅长作画，尽得查士标笔意，笔墨疏简，风神朗散，气韵荒寒。但为医名所盖。

吴澄之子吴宏格，又名宏定，字文洲，号静庵，著有《新方论注》四卷，阐发明代张景岳制方之旨，颇为精核，附注《新方汤头歌括》一册，付梓行世，风行一时。孙吴炬，字宾嵋，亦擅长医术，继承世传医业。

成功治愈白喉第一人郑梅涧

郑梅涧

郑梅涧(1727—1787),名宏纲,字纪原,号梅涧,晚号雪萼山人。歙县郑村人。出身于喉科世家,清康熙年间父亲郑于丰、叔叔郑于蕃,受业于江西南丰黄明生,黄精于医术,尤擅喉科,郑氏兄弟得其真传回乡同业喉科。郑于丰的住宅名南园,世称"南园喉科",郑于蕃的住宅名西园,世称"西园喉科"。

郑梅涧自幼得到父亲郑于丰教诲,医技益精,善用汤剂、针灸治疗喉症,求治者盈门,使南园喉科日益光大。一生不仅救活了无数喉症病人,医德也在医林中传颂。曾刻有"一腔浑是活人心"印,盖在每张处方之上自励自勉。不乘病家危难而邀利,一心为民众扶危济困,成为郑氏的一贯精神。

郑梅涧与方成培交往密切,常在一起论医,方成培曾见郑梅涧治一垂死者,刺其颈出血,血色漆黑,豁然大愈,治效如神。方成培因此对郑梅涧极为钦服,凡是郑梅涧为病人开的处方,都设法弄来研读珍藏,并作眉批。郑梅涧授其家传喉科医技,方成培考订《授医秘录》,郑梅涧为之作序。方成培还参与郑梅涧名著《重楼玉钥》的命名、作序、修订工作,与其子郑枢扶合著《重楼玉钥续编》。

郑梅涧专注于喉科的临床诊治和理论研究,在防治重大疫病(白喉、天花)、温病(咽喉感染性疾病)和中医基础理论领域,均有学术建树。所著《重楼玉钥》首次报告了烈性传染病白喉在我国的流行,创白喉"热邪伏少阴,盗其母气"的病因病机学说,指出疫病潜伏、初期就属虚证,确立"养阴清润"治疗感染性疫病的基本治则,方以生地黄为君药的紫正地黄汤减味救治,是成功治愈白喉的第一人。

道家称咽喉为"重楼","玉钥"被比喻为入门工具,乾隆三十三年(1768)郑梅涧完成喉科医著后,以"重楼玉钥"为名。该书上卷论述喉症病因证治17则,又列36种喉风(将咽喉、口齿、唇舌诸症均以"风"为名),组方则以紫地汤化裁。书中附有"梅涧医语"一则,对白缠喉风(即传染性疾病白喉)一症,阐发病机和治疗方法。

治喉病主张针药结合,对针灸尤为推崇,《重楼玉钥》除上卷许多病症述及针灸治疗之外,下卷纯是针灸专论,详述了取穴、进针、出针外,加上了喉科常用穴的部位、取法、作用、主治、针灸法等。虽书中引证了《黄帝内经》《神农经》《针灸甲乙经》《千金要方》《神应经》《乾坤生意》《针灸大成》以及不少针灸歌赋,但在理论上仍不乏创见,在实践上有不少独到之处。例如"开风路针"说、"破皮针"说、"气针"说等,尤其用火灼刺法,是为郑氏独创。在用汤药上,他认为白喉症属少阴,热邪隐藏其间,盗取肺经的母气,故喉间起白,治疗应以紫正地黄汤为主。他的看法与立论为治疗白喉指出方向。

《重楼玉钥》一书经历三次修订,乾隆三十三年(1768)之前,是郑梅涧根据黄氏《喉科三十六症名目》秘本,加上自己的临床心得,多次修改增订而成。后来,他的长子郑枢扶和三子郑既均,又经多年的临床实践,对紫正地黄汤加减变化,首创"养阴清肺汤",并在整理《重楼玉钥》一书,再度撰成"医语",补入书中,这为后世治疗白喉开辟了新的蹊径。光绪二十七年(1901),德国冯·贝林(E. A. von Behring)因研究血清治疗白喉而获得诺贝尔生理学或医学奖,而早在冯氏这一发明几乎一个世纪前,郑氏父子"养阴清肺汤"一方,就已改变了当时白喉一症治不如法的局面。至今,医药学界还在应用这一方剂。

鉴于当时民间流行白喉,郑梅涧将20余年临床所得归纳整理,又撰成《喉白阐微》专著,对白喉的辨证论治、药用宜忌、药性、常用验方做了概括的论述,实用性强。郑梅涧认为白喉之症,发于肺肾本质不足者,遇燥气流行,或多服辛烈之物而触发,故治法首重养阴清肺,创喉症名方养阴清肺汤。

另著有《箑余医语》,包括《二气相因,互为生生之本》《小儿先天禀赋》《脉学》《十二字审证》《药贵中病》等医论,后附《脉诀》。《箑余医语》原名《梅涧医麈医语》,后来郑梅涧将"医麈"改为"箑余",意指闲暇之余对医理的所思所悟。郑梅涧在《箑余医语》中,针对大小肠、三焦脉部定位的学术分歧,指出以《黄帝内经》为代表的"大小二肠候于两尺"的观点是源于脏腑学说,而以《难经》为代表的"大小二肠候于两寸"的观点是源于经络学说。他认为将脏腑与经络理论相结合,才能更好地把握寸口脉法的脏腑定位,因而对左右手寸关尺三部对应的脏腑表里关系重新进行了定位。

其他著作还有《精选喉科秘要良方》《痘疹正传》等。擅画,绘有一幅自题画像,画中人立于山涧之上,下为涧水,其手执一束梅花,画之上方有诗文,内容涉及佛学,诗文尾有郑梅涧的印章,可惜如今画已失传。

著名数学家汪莱

汪莱(1768—1813),字孝婴,号衡斋,歙县瞻淇人。汪莱幼承家学,7岁能作诗,15岁考入徽州府学,为诸生。20岁时父汪昌去世,汪莱为谋生,在苏州葑门外授馆。苦心冥索,尽得中西之秘,亦未尝与吴中人士相接。清乾隆五十七年(1792),自制浑天仪、简平仪、一方仪、勺多漏等天象观测仪器。

汪莱与徽州府城巴树谷、江玉相友善,时常切磋算学。嘉庆元年(1796)仲冬,汪莱与巴树谷讨论数学,完成《弧三角形》《勾股形》两种书稿。嘉庆三年(1798),巴树谷将书稿合刊为《衡斋算学》,为汪莱算学著作最早的刊本。此年秋季,汪莱乡试不第,心情抑郁,巴树谷则以演绎算学分其心。次年初秋,巴树谷有中男之殇,移居别馆,不泪而伤,汪莱为移其情,共同演练数学,即汪莱后来所著《衡斋算学》之三《平圆形》。

汪莱与焦循于乾隆五十八年(1793)前订交于扬州旅馆,多有书信往来。焦循于经史、历算、声韵、训诂之学皆有深究。乾隆六十年(1795)冬,焦循得李仁卿、秦道古两书寄给李锐。李锐为之疏通证明,复推衍于弧矢,著书以明。其后,焦循又得秦道古所著《数学大略》(今名《数学九章》),撰成《天元一释》《开方通释》。嘉庆六年(1801),汪莱到扬州,焦循与之言及得书及撰述之事。嘉庆七年(1802),焦循在京师,汪莱从六安寄书信来,甚言秦道古、李仁卿两家之书不足之处,并进行剖析,纂为《衡斋算学》之五《一乘方二乘方形》。

嘉庆八年(1803),焦循村居教徒,汪莱馆扬州郡城。秋八月,汪莱戴笠骑马,后跟童仆前来拜访焦循,并请焦循为撰《衡斋算学》序。嘉庆十一年(1806),焦循馆于郡城,与汪莱所馆相去数武,朝夕相处。此年三月,武进臧庸堂到扬州,通过焦循与汪莱相识。读过汪莱所贻《衡斋算学》,钦佩不已,为汪莱题《北湖访焦君图》,评价道:"天授以敏,数学精深,独入于理,人所共可……探颐索隐,迈越诸子。"

嘉庆十年(1805),当涂夏銮选任徽州府训导,安徽学政汪廷珍说:"郡学中有叫汪莱的,精天文算学,品格亦甚佳。我前往徽州岁考两次,都没有到场。你到徽州,一定要为我访求此人。"夏銮打听到汪莱已经五年没回家了。凑巧的是没几天,汪莱从扬州回来,听人讲起,就到学舍拜见夏銮。夏銮与之谈论整日,视为奇才,相见恨晚。汪莱长身玉立,须眉秀发,读书过目不忘,《十三经注疏》几乎能背诵,而尤精天文历算,无人传教,全靠自学。然而汪莱已40多岁,还未选上廪生。此年,夏銮与教授朱宠共同推荐汪莱为优行,安徽督学周兆基考试后,为第一名,选为廪生。嘉庆十一年(1806)夏,黄淮决口,流经张家汇六塘河入海。两江总督铁保奉旨查量黄海新、旧入海口地势高下,听说汪莱善于算术,延请负责测量。嘉庆十二年(1807),继任督学戴联奎与署安徽巡抚一同进行会考,汪莱以优贡生入京朝考。不久,授以八旗官学教习。

清代天文、时宪两志,自雍正十三年(1735)之后,久未编纂。嘉庆十二年(1807),御史徐国楠奏请续修。经大学士等议准,移付史馆。国史编修,向来由翰林、中书担任纂修、协修等官。于是总裁传问诸翰林、中书等官有无通晓天文者。嘉庆十三年(1808),汪莱刚好入都朝考,大学士庆公等就首荐汪莱与徐准宜、许泛入馆纂修,奉旨允准。其实此两志,皆为汪莱一手纂稿。嘉庆十四年(1809),两志编成,其官职以本班尽先选用,授以石埭县训导。

嘉庆十五年(1810)春,汪莱到任,悉心教士,县人亦感知向学。石埭县文庙向不置乐器。汪莱倡议捐资制办,考制修造乐器17宗158件。又选出司乐生20人、舞生40人,朝夕与之讲解弦歌舞蹈。池州知府何公为撰文记其事,树石明伦堂。城东南柳家梁老妪锄田,得青铜器两件,上有古篆文"蜀郡成都杨昌造传子孙""陵阳子明受王孙釜作齑用沸"。汪莱获悉购入,日日摩挲以为至乐。

嘉庆十八年(1813),汪莱应江南乡试,得病回署。路过当涂,看望在家守丧的夏銮。见汪莱颜色憔悴,悄然不乐,夏銮劝慰他好好著书,以书传世。汪莱说道:"今世考据家陈陈相因,不过剿袭前言耳,非能发古人所未发也。"没想到,此年十一月二十日即卒于任上,家无余资。生二子:长光恒,4岁;次子光谦,未周月。汪莱廉介自持,一丝不苟取。卒之日,囊橐萧然。石埭士民皆为之伤心,相约集资助送灵柩回乡。

汪莱在徽州时,每次进城,都要下榻学舍,与夏銮纵谈。好饮酒,酒酣耳热,慷慨悲歌,声音激越,夏銮往往为其排解郁闷。夏銮听闻汪莱去世,写信给歙县程道锐,请帮忙集资数百金,交汪莱本家汪秉衡用来生息,作为孀妻孤子生活费用。道光元年(1821),夏銮再补徽州府训导,汪莱子光恒才10多岁,招到身边,饮食教诲如同亲子一般。夏銮去世后,汪光恒到夏銮家,望着青山草堂,说道:"指点青山青不了,平生此处受恩多。"

绩溪胡培翚,素来仰慕汪莱。一日就所读《周礼疏》几处疑点询问。汪莱为之详细解说,并背诵其辞。胡培翚肃然起敬,托夏銮为之介绍受业。汪莱走后,胡培翚知焦循与汪莱最善,请为撰《石埭儒学教谕汪君孝婴别传》。焦循对汪莱做学问,给予很高的评价:"人所言,不复言,所言皆人所未言与人所不能言,故其著述无多卷,而简奥似周秦古书。"

汪莱在方程论、级数论、弧三角术、组合计算等方面造诣很深,比国外P进位制研究早150余年,开中国方程理论研究之先河,其《参两算经》首次在中国系统探讨非十进制算术,算学成就在戴震、焦循、梅文鼎等人之上。中国古代方程侧重解法(开方术)、布列法(天元法),只求解方程的一个正根,而未知根的个数及性质。汪莱最早论证二次方程有二根、三次方程有正根的条件及三次方程正根与系数的关系,提出方程有负根,并用一乘、二乘方形(二、三次方程)各24道、72道例题证明;论证组合运算及若干性质,递兼数理补《九章算术》所未备,赋予北宋贾宪三角以组合的意义;论证已知二角夹边或二边夹角、二角对一边或二边对一角等情况下有解的条件。

汪莱卒后,遗书散佚过半,夏銮幼子夏燮曾稍微整理编辑。胡培翚帮汪莱校正的《九章算术》及遗文十余首,夏銮长子夏炘因此相与商榷,定出《覆载通几》一卷,《参两算经》一卷,《乐律逢源》一卷,《磬鼓旁线解》一卷,《校正九章算术》一卷,《今有录》一卷,《衡斋文集》三卷。其后,汪莱之孙汪廷栋幼承家学,专注于算学、舆地研究,协助校订,合刻刊行汪莱《衡斋算学》《衡斋遗书》。

金匮"青天"齐彦槐

齐彦槐

齐彦槐(1774—1841),字梦树,号梅麓,又号荫三。婺源县赋春镇翀田(今冲田)村人。自幼颖敏异常,初入塾学作文,援笔立就。14岁即入县学,倜傥不群。学宪视察县学,称赞他:"皖省论才,当让此生独步。"以优行入贡国子监。清嘉庆十四年(1809)中恩科进士,选为翰林院庶吉士(充任武英殿协修)。

嘉庆十七年(1812),齐彦槐授任江苏金匮知县。到任即清理积案,明察秋毫,剖决如流,妥善将陈年积案清理一空;衙吏称奇,民众称快,赞为"齐青天"。为了整顿衙门作风,督促衙吏依章办事,方便百姓知晓县衙办事章程,齐彦槐还将通过广泛调查制定的一系列规制,如《金匮县公布办理田赋章程碑》《金匮县规定脚夫为商人转运商货应听自行雇唤,禁止把持争夺碑》《金匮县规定瓜果蔬菜行不许增添,见外来客贩及本地耕种之家成船装载者,听其投牙发卖碑》《金匮县窑户议禁规条碑》等,命人刻之于石,镶嵌在县衙墙壁上公之于众,以作为行政的依据。由于这些规章合理规范,故被后任金匮县令奉为法则。当时有《衙斋书壁诗》19首,记其治绩。

嘉庆十九年(1814),金匮县遭遇罕见旱灾,造成严重饥荒,众多饥民急等救助。可是,由于县库粮厅存米有限,加上县财力不足,难以救助众多处于饥饿中的士民百姓。为此,齐彦槐创立"图赈法"。即以图为单位,各图的捐资由各图自行设立粥厂,就近救济灾民。由于一切不经官吏之手,钱谷管理和煮赈事务全由当地绅士经办,避免了以往曾有赈灾钱粮被官吏贪占,或被官府挪用等情况,极大地调动了富户乐于捐输的积极性,使各地绅富踊跃捐银14万两余,解救灾民无数。赈灾结束,齐彦槐又把各地的赈银余款集中起来,用于建造"望亭桥"、修缮"泰伯墓",为百姓办了两件实事。事后,齐彦槐还将这次赈灾方法进行总结,写出《图赈法》一文,以供各地借鉴。《清经世文编》就收录有他的《图赈法》。

齐彦槐任职金匮期间,常于公务之暇,与天算家江临泰、张作楠共同钻研天文历算,在天文仪器制作方面多所创新。嘉庆二十四年(1819),齐彦槐鉴于前人以通过测量日影定时刻的仪器日晷,只能适用于一种地理纬度,换到另一纬度地区就无法使用,于是他秉承古法、刻意创新,制作了一座面东西的日晷。这种晷有调节装置,能根据不同地点进行调节,从而使之可在任何纬度上适用,解决了此前非赤道式日晷难以适用不同纬度地区的测时问题。对齐氏创制的面东西日晷,张作楠《揣籥小录》有载。后于道光十五年(1835),齐彦槐返乡主持修撰《翀麓齐氏族谱》时,曾按婺源北极出地29度18分30秒方位面东面西,在翀田村头红庙东侧复造了一座这种石晷,作为乡民的占候验时之器。

道光四年(1824)冬,清江浦高家堰大堤溃决,江苏高邮、宝应至清江浦一段,运河水势微弱,漕船经过容易搁浅,河运漕粮已不可能,京畿地区粮食的供应面临严重危机。齐彦槐上《海运南漕议》,朝廷委齐彦槐办理漕粮海运事宜,由于漕运总督魏元煜、江苏巡抚张师诚等督抚大臣的反对,未能施行。但朝廷后来改漕粮行海运时,仍采用齐彦槐所陈方法。

道光十年(1830),喜爱钻研科技的齐彦槐制作出"中星仪""浑天仪"。中星仪一改通常模拟天体运行的球形为平面仪器,表面上与一架时钟无异,它以发条为动力,其中的指针一日旋转一周用于指示时刻(太阳时),星盘(上面绘有恒星在赤道上的投影)同时运转,显示每个时刻处在中天的恒星(即所谓"中星"),从中可读出与太阳时相应的恒星时。齐彦槐创造性地将钟表的动力装置用到这种仪器上,使中星仪成为一架集计时与演示功能于一体的自动天文仪器。浑天仪(现藏中国历史博物馆)高33.4厘米,外形为一圆形天球,球体表面刻有周天星座,内部动力装置同样以发条为动源,只要从天球表面中部偏下的圆孔插入钥匙,将球内部装置的发条旋紧,天球即会随之自旋,于是整个天象位置和运行情况一目了然。浑天仪制成后,时人评价很高,说是"开千古以来未有之能事,诚精微之极至矣"。

道光十三年(1833),齐彦槐见乡间农田灌溉一直沿用三国时期流传下来的翻车,为方便百姓运水,因此根据《泰西水法》,成功仿制出龙尾(螺旋提水车)、恒升(往复抽水机)两车,大大提高了抗旱排涝能力。对这一制造,时任江苏抚巡的林则徐非常重视，亲临现场试验，一口面积10亩、水深2尺的池塘，使用一部龙尾车车水，三刻钟就戽干了7寸。林则徐看了赞赏其"有益于农田水利"。齐彦槐有七言诗《龙尾车歌》记其事。

齐彦槐又是一位诗人，诗学韩愈、苏轼，尤擅长骈体律赋，其作诗之旨与白居易主张"歌诗合为事而作""唯歌生民病"相合。他的《海运四事诗》《海运四诗寄潘吾亭观察》《乡收叹》《税契叹》都可视为白居易《新乐府》的继续。林则徐曾赞曰："近数十年海内诗家，惟齐某必传。"尤为可贵的是，他常以诗歌传播科技知识，开创了诗坛新风气；如其诗作《区田图为潘功甫舍人作》，较黄遵宪的《人境庐诗草》要早出半个多世纪。他的风流儒雅、淡于功名又似苏轼。书法亦精，初从颜真卿入手，后而转习"宋四家"，对苏轼、黄庭坚得力尤多；中年以后追崇米芾、朱熹、董其昌之用笔，于米南宫用功最深，被誉为"嘉、道时期著名的帖学大家"。道光二年（1822）所作《次韵和榕皋先生重遇宾兴晋六秩纪恩之作》，具有董其昌笔意，用笔精巧、笔法流畅、骨力通达使笔致浑厚润泽又不失苍率之趣。还善于楹联，代表作有"几生修得梅花骨，一代争传柳絮才""前身来自众香国，佳句朗如群玉山"等。

平生著作甚富，除《梅麓诗钞》十八卷、《梅麓文钞》八卷、《梅麓词存》一卷、《梅麓赋钞》两卷、《梅麓试帖》两卷、《梅麓制艺》六卷、《梅麓联存》一卷和《松雪斋墨刻》六卷、《双溪草堂书画录》等，另有《北极经纬度分表》四卷和《天球浅说》《中星仪说》《海运南漕丛议》各一卷等科技著作。

物理学家郑复光

郑复光(1780—约1862),字元甫,又字瀚香。歙县长龄桥(今属安徽省黄山市徽州区)人。早年生活在徽州,师从学者吴熔,成为一名监生。但他无意于仕途,对自然物理和机械制造特别有兴趣。与同郡注重自然科学的汪莱、凌廷堪、罗士琳、俞正燮等学者交往甚密,经常在一起讨论天文历法和数学问题,致力于整理和总结天文算学和工程技术方面的学问,走向"推究物理,崇尚实学"的治学之路。在跟包世臣、何绍基、程恩泽、张穆等人的交往过程中,也多以科学活动为主题。

清嘉庆二十一年(1816)秋,游扬州,见到"取影灯戏",受到启发。与族弟郑北华开始钻研光学问题,进行系统的实验研究。后来又游历北京、广东、云南、陕西、山西等地,注意观察和了解各地的自然现象,包括地理形势、气候物产,着重搜集光学仪器及其制法的资料,并向店肆手工艺人请教。在北京先后与天算名家罗士琳、冯桂芬等,一同上观象台实地考察和了解窥筒远镜等一些天文仪器的装置与使用情形。曾与程恩泽共同改进齐彦槐、张作楠创制的"面东西日晷",并相邀共同修复古仪器。

郑复光十分注重亲自动手从事光学实验,研制光学仪器。做过削冰透镜取火的实验,制造出昼夜均可放映的幻灯机,还研制出一架望远镜,用来观察月面,能见到"黑点四散,作浮萍状",使观者"欢呼叫绝"。还用这架望远镜观测了日食、月食。经过长期的观察、实验和系统的研究,道光十五年(1835)撰成光学名著《镜镜詅痴》

初稿。

鸦片战争爆发,京城纷传身处海上的英军,可以通过望远镜远距离窥测清军的岸上防备,而清军却没有办法对付英军。张穆随即向当事官僚推荐郑复光,希望推广他的望远镜。此事后因战争结束而作罢。不过,在战后有识之士寻找"制夷"之器的努力中,郑复光及其望远镜制作技术在一定的范围得到重视。

郑复光同包世臣关系密切,相交数十年。道光二十一年(1841),两人在豫章(今江西省南昌市一带)相遇,郑复光拿出自己撰写的《费隐与知录》一书,托包世臣作序。该书是郑复光将日常观察和闻听的各种自然异象,排比为220多条,用热学、光学等原理加以系统阐释而成。包世臣读后大为赞赏,欣然为之作序。《费隐与知录》以问答式体例写成,内容涉及物理、天文、气象、地理、生物、化学、医药、烹饪等学科领域,主要针对自然界一些人们看似惊奇的现象,包括天地、风云、日月、星辰、雷雨、霜雪、寒暑、潮汐、水火、旱涝、饮食、器具、人体、鸟兽、虫鱼、草木、花卉等方面,是一部颇具特色的科普著作。在这部书中,郑复光所传播的不仅仅是科学知识,还有科学精神。例如在谈到"雨"的成因时,他认为"雨"是水受热蒸发,遇冷凝结所成,并对"龙之行雨"的迷信说法提出了批判。他认为"雷击"是"气类相感"的结果,批判了雷公电母的传统观念。

道光二十四年(1844)春,郑复光再次来到京城,藏书家杨尚文结识郑复光后,对其所擅长的算学产生了极大的兴趣,随即请郑复光做其弟杨尚志的老师,此后郑复光在杨家教授子弟近10年。同时,杨尚文决定出资刊刻郑复光的著作。张穆特别推荐了《镜镜詅痴》一书。刻印之前,郑复光重新修订书稿,应时代需要,在书后附录《火轮船图说》。全书内容由张穆校订,作为郑复光的弟子的杨尚志负责文字校对,出资人杨尚文则为全书绘图128幅。在众人努力下,道光二十六年(1846)二月,《镜镜詅痴》正式刊刻完成。

《镜镜詅痴》全书五卷,七万余字,分为"明原""类镜""释圆""述作"四个部分,集当时中西光学知识大成。其中"述作"部分,专门论述各种光学仪器的制作,包括照景镜、眼镜、显微镜、取火镜、地灯镜、诸葛亮镜、取景镜、放字镜、三棱镜、多宝镜、柱镜、万花铜镜、透光镜、视日镜、测日食镜、测高远仪镜和望远镜等17种光学仪器,几乎囊括了当时的光学器械。

书中还详细介绍了幻灯机的原理、装置和调制方法,介绍了利用望远镜进行天文观测的各种方法。这就是说,该书对物体的颜色光的直进、反射和折射,反射镜和透镜的成像,光学仪器的制造等,都作了比较详细的阐述。《镜镜詅痴》既有系统的理论分析，又有大量的实验研究，从定性到定量，全面总结了当时中国已有的光学知识，并在许多方面作出了重要贡献，代表了当时中国光学发展的最高水平，大大丰富了我国古代科学技术宝库。

鸦片战争时期，郑复光特别注意轮船机器的研究和制造。撰有《火轮船图说》一文，较为详细地介绍了火轮船的构造特点和蒸汽机的工作原理，并把它附于《镜镜詅痴》书末，公之于世，受到当时学者的重视。著名思想家魏源编著《海国图志》论述战船、洋炮、西洋器艺、望远镜等制造方法时，全文收录《火轮船图说》。

郑复光还是一位善于制作仪器设备的工程技术专家，不仅制造出中国第一台测天望远镜和最早的一部幻灯机这样一些光学器具，而且精于几何测量仪器及某些实用器械的设计与制造。曾对传教士带入中国的多用比例规进行简化，制成效用基本相同而结构更加简单的"半规仪"。还设计过一种潜水换气装置和一种虹吸装置，切于实用。

在算学上也颇有研究，著有《笔算说略》《筹算说略》《周髀算经浅注》《割圆弧积表》《正弧六术通法图解》等，在当时数学界皆有一定影响。《镜镜詅痴》中附有借光学计算而写出的《天元细草》《天元术草》《天元草》三篇数学短论。

郑复光善于汲取中西科技成果中的有益营养，不仅对中国古代科技专著重视，而且对前人笔记小说在科学上的重要价值尤为关注。安徽博物馆所藏的一部《郑元甫札记》手稿中，集中摘录了《梦溪笔谈》《西斋偶得》《食暇所见录》等笔记小说里有关自然科学的条目，并附以自己的评注。另著有《郑瀚香遗稿》(手抄本)。

"中国铁路之父"詹天佑

詹天佑(1861—1919),字眷诚。婺源县浙源乡庐坑村人,生于广东南海县(今广东省佛山市南海区)。出身于徽州茶商世家,祖上原在本乡开有大昌杂货铺,后因兄弟分家,各谋出路。其曾祖詹万榜携眷搬下村高湖山另居,后贩茶广东致富。清道光二年(1822),携子詹世鸾再往广东业茶,生意颇为顺畅。鸦片战争爆发后,詹世鸾之子詹兴藩携家迁往南海定居,改以农作维持家计。

7岁进私塾,同治十年(1871),清政府决定选派幼童到美国留学,父亲詹兴洪的安徽同乡谭伯村,特地从香港赶到南海劝导詹兴洪,让詹天佑去香港报名。父亲开始犹豫不决,经不住谭伯村再三劝说,又允诺将其爱女谭菊珍许配给詹天佑,这才打消顾虑,让詹天佑去应考。第二年三月应试及格,詹天佑正式录取为第一批留美官学生。临行前,詹兴洪按照清政府的规定,在"具结书"上签字画押了一份生死契约:"兹有子天佑情愿送赴宪局往花旗国学习技艺……倘有疾病生死,各安天命……徽州府婺源县人氏曾祖文贤、祖世鸾、父兴洪。"

詹天佑远渡重洋到美国留学,16岁考入纽海芬海滨中学,18岁考入耶鲁大学工学院,选学铁路工程专业。光绪七年(1881)六月毕业,成绩全班第一。由于国内顽固派对留学生的攻讦,不久,清廷把四批留学生全部撤回,这些人中仅詹天佑等两人获得学士学位。光绪十一年(1885)清廷授予詹天佑中国首批"工科进士"。

回国后,清政府不顾专业特长,把他派到福州水师学堂学习驾驶,毕业后派往

"扬武"兵轮担任驾驶官。不久中法战争爆发,蓄谋已久的法国军舰陆续进入闽江蠢蠢欲动。可主管福建水师的投降派船政大臣下令:"不准先行开炮,违者虽胜也斩!"詹天佑预感到形势险恶,便私下对舰长张成说:"法国兵船居心叵测,虽然不准我们先行开炮,但不能不防备。"因此,"扬武号"高度戒备。而当法国舰队发起突然袭击时,中国11艘军舰、19艘商船在半小时内被击毁。冒着敌人的炮火,詹天佑驾驶着军舰与敌人浴血奋战。舰艇被敌舰轰击着火,詹天佑仍继续发炮,使法国海军远征司令孤拔险些丧命。

中法海战后,两广总督张之洞将詹天佑调到广州,任博学馆洋文教习,并负责海图测绘工作。运用西洋测绘方法绘制中国的海图,这在当时是个创举。接受任务后,詹天佑凭借敏捷的思维,认真的态度,不到一年就圆满地完成了"中国沿海险要图"绘制。

光绪十四年(1888)进入中国铁路公司,当时正在建造津榆铁路,工程需要在滦河架大铁桥时,因河床泥沙深厚,又遇水涨流急,施工困难重重。铁桥先后由号称世界第一流的英国工程师、日本工程师、德国工程师设计,都以失败告终。负责工程的英方在走投无路的情况下,只好让詹天佑试试。詹天佑反复研究、认真分析各种打桩方法与河床地质情况,决定用"空气沉箱法"施工桥墩。此法解决了桥基稳固问题,从而顺利建成了滦河铁桥。

詹天佑解决了三个外国工程师都无法解决的大难题,让国人为之振奋。不久,詹天佑担任总长45千米,限6个月完工的新易铁路总工程师。这是中国工程师修建铁路的开端。他接受任务时是寒冬,距通车限期只有4个月,不但施工困难,材料也难以筹集。詹天佑借用旧钢轨为岔道,用木头架便桥,带领全体员工顶风冒雪,日夜赶工,终于如期全线通车。新易铁路的建成,在政治上产生了积极影响。中国人看到了完全由中国人自己设计、施工的第一条铁路,极大地增加了国人的勇气和信心。此后的京张铁路,即为中国人争了一口气。

光绪三十年(1904),清廷决定兴建北京至张家口铁路。次年五月,詹天佑任该铁路总工程师兼会办。此铁路虽然只有180多千米,但中间隔着居庸关、八达岭,石峭弯多,工程十分艰巨。为了寻找一条比较理想的线路,詹天佑白天背着标杆和经纬仪,冒着风沙翻山越岭测量,晚上伏在油灯下精心绘图谋划。他与测量队测绘了三条线,选定的线路,仅隧道就比洋人所选路线减少了2000多米。京张铁路居庸关和八达岭两条隧道最为艰巨。根据两个隧道不同的地层结构和长度,詹天佑决定对较短的居庸关隧道,采用两端对凿进行施工;对长达1091米的八达岭隧道,除两端对凿外,在中间开一竖井,同时向两头开凿,这样既保证了质量,又加快了进度。

由于八达岭附近地势险、坡度大,詹天佑独具匠心,决定不采用通常的螺旋式线路,而是从青龙桥起,依山腰设计一段"之"字形线路。列车到了这里,改用大马力机车从后面推列车前进,到"之"字拐点时,再加用一台机车在前面将列车往上拉。同时,每节车厢之间都改用自动挂钩,十几节车厢连接成一个牢固的整体,在大马力机车的牵引下,列车顺利地爬上了八达岭顶。这是他在铁路工程上又一个创造性的成功案例。原计划需要6年才能建成的京张铁路,用4年时间提前完工,工程费用比预算节省了近36万两银子。京张铁路极大振奋了民族自信心,正如科学家李四光所说:"詹天佑领导修建京张铁路的卓越成就,为深受侮辱的中国人民争了一口大气。"

京张铁路建成后,詹天佑先后出任张绥、粤汉、京绥、川汉、沪宁、洛潼等铁路的总工程师、总理、顾问等要职。辛亥革命后,詹天佑发起成立"中华工程师会",被选为会长,为推动中国工程科学事业发展起了很大作用。为鼓励青年潜心学术,他在学会会刊连续开展征文活动,以发现人才。会刊还出版了他编写的《京张铁路工程纪要》《京张铁路标准图》《中华工学词汇》等书。

民国八年(1919)初,他被派往哈尔滨,担任美、英、法、日等国组成的西伯利亚铁路及中东铁路特委会技术部中国代表。在有关会议上,为维护国家主权,他竭力和帝国主义国家代表作斗争。这时他已积劳成疾,加上会议频繁,工作紧张,气候寒冷,身患痢疾,不幸病逝,年仅59岁。

婺源人民为纪念他为中国铁路做出的功绩,婺源县徽剧团曾上演由胡兆宝编剧的大型徽剧《长城砺剑》。婺源先后在庐坑村口与詹氏宗祠隔壁,为他立铜像,建纪念馆。2015年6月,詹天佑家乡婺源通高铁时,在站前广场竖起了他高大的铜像,激发婺源后学与国人的爱国主义情怀。

跨界翻译家俞忽

俞忽(1894—1959),号子慎,婺源县二十一都思溪村人。幼年读私塾,民国元年(1912)进入苏州拓殖学堂学习。次年赴英国格拉斯哥大学深造,民国八年(1919)毕业时,获土木工程学学士学位。回国后应聘到上海交通大学任教,半年后转入上海沪杭甬铁路局担任统计科长,民国十年(1921)调平沈铁路局任副工程师。

民国二十年(1931),应聘到国立武汉大学工学院任教授。他治学严谨,精益求精,在直接参加铁路桥梁设计建设实践的十年中积累了经验,重视理论与实践的密切结合,在结构力学方面造诣很深,创造了许多解静不定结构的新方法,如相对偏移法、悬索桥应力分析、钢构架力矩分配、拱桥应力分析等。抗日战争时期,随校迁四川乐山八年,当时条件极端困难,不用说电子计算机尚未问世,比较先进的工具只有计算尺,但其精度远远不能满足结构力学计算所需。那时唯一可用的工具只有算盘。俞忽就凭这一中国古老的计算工具外加一本"对数表"而不倦地工作。有时算盘位数不够,他就用两把算盘"串连"使用,以求达到要求的计算精度。

1952年,全国高校进行院系调整,武汉大学组建了水利学院,俞忽被聘为专任教授。1955年成立武汉水利学院(后改名武汉水利电力大学)后,一直担任建筑力学教研室教授兼主任。这一时期,著译有《结构学》《静不定结构》《结构静力学》等专业著述,其中《静不定结构》于1955年获得国家优秀科研成果奖。俞忽教授毕生致力于结构力学的教学与研究,主要成果在钢架、拱桥、悬桥、拱等结构的强度和振动分析方面,对这一学科的创新与发展,作出了卓越贡献。

俞忽治学一丝不苟,对学生要求也同样非常严格。武汉大学一位名叫刘大明的学生在回忆文章中说:俞忽对学业退步的学生,会亲自找去谈话,对学生的作业零分就是零分,从不给照顾分,四门不及格会被劝退学。由于功课紧张,基本没时间逛街,大家都说最难过他这一关。

俞忽思想进步,青年时代曾向当时的《新青年》杂志写信,主张所有大学毕业靠薪水生活的人联合起来,组织互助所,共同解决当时社会上存在的严重失业问题。还曾亲自到北京大学找陈独秀反映这方面的情况。民国三十二年(1943),曾以大学教授的身份,投稿《大公报》,反对蒋介石政府滥发纸币,并主张严惩贪污腐化的反动政府官员。1949年中华人民共和国成立前夕,支持和参加了迎接新中国的工作,之后又以极大的热情和努力,搞好教学、科研及其他有关社会主义建设的工作,以此表示他对中国共产党和人民政府的拥护。

除了在结构力学上的成就,俞忽还是法国文学家维克多·雨果的作品《巴黎圣母院》的早期译者。民国十年(1921),俞忽被调到平沈铁路局任副工程师,利用工作余暇,翻译雨果的长篇小说《巴黎圣母院》,民国十二年(1923)译作以《活冤孽》为名,由上海共学社出版。《活冤孽》出版以后,取材于《巴黎圣母院》的美国电影《钟楼怪人》,登陆上海,在上海新新电影院等处上映。美国默片时代的著名演员朗·钱尼在影片中所饰演的巴黎圣母院的敲钟人卡西莫多,给中国观众留下了深刻印象。为配合影片上映,周瘦鹃、闻野鹤等上海文坛名流还集体编撰了一份《钟楼怪人》的影片预告书,以图文并茂的形式,向上海观众介绍剧情梗概、人物关系以及原著内容。这份影片预告书,于民国十三年(1924)12月5日由上海环球影片公司印制发售。

紧接着,民国十三年(1924)8月才在上海创刊的《国闻周报》,于同年12月21日印行的第1卷第21期,即刊发了《钟楼怪人之批评》的影评文章,应是国内目前此部影片已知最早的影评。从此时起,有相当一部分中国读者倾向于将《巴黎圣母院》这部小说,也径直称作《钟楼怪人》。民国十七年(1928),著名文学家、翻译家,《孽海花》的作者曾朴,翻译《巴黎圣母院》一书,译名即作《钟楼怪人》。同年11月30日,曾氏在上海自营的真善美书店将此书印行,迅即风行国内。曾朴译作《钟楼怪人》风行20年后,1949年4月,上海骆驼书店又推出知名女诗人陈敬容的译作,这一次译名就定为《巴黎圣母院》,更受读者青睐,亦成为之后70年来雨果此书的中译本通行译名,一直沿用至今。然而作为《巴黎圣母院》最早翻译者的俞忽一直不为人所知,直到1988年,知名文学家、翻译家金克木,在《读书》杂志(1988年第6期)上发表《关于十九世纪法国小说的对话》一文,提到"俞译本",俞忽才逐渐为人所知。

自从译作《活冤孽》出版后,或因工程事务繁忙,或因阅读兴趣转移,俞忽未再涉足文学翻译。民国十七年(1928)7月,俞忽在京奉路接管河北兴城段工程期间,译成《无线电浅说》一书,由北平北华印刷局印行,此书算是他在路桥工程专业之外的又一次"跨界"翻译。

珠算改革先行者余介石

余介石

余介石(1901—1968),字慰慈、竹平,黟县县城名贤里人。出身于徽商之家,其父余遵惠在芜湖开布店,余介石随父经营布店,人称"少东家"。市场不景气,布店于民国十九年(1930)倒闭,并欠下不少债务。余介石母亲汪闰娥,早年去世。余介石成年后既要赡养父亲,抚养子女,还要归还其父所欠下的债款,终日辛勤笔耕,多处兼课,生活很是清苦。

余介石从小天资聪颖,勤奋好学,中小学成绩一直名列前茅。民国八年(1919)秋,考入南京东南大学(今南京大学)数学系;民国十二年(1923),余介石大学毕业并留校任助教、讲师,其间曾兼任南京国立编译馆馆员、江苏省立统计学校教授、中央军官学校数学教官。民国二十三年(1934),余介石进川赴重庆,任重庆大学教授;民国二十五年(1936),转成都,先后任四川大学教授、成都金陵女子大学数学系系主任、教育部部聘教授,其间还在多所中学兼职,先后任通信军官学校数学教官、四川省会计专科学校教授等。中华人民共和国成立后,余介石继续在四川大学从事教育工作,并担任四川省科学技术普及协会筹委会委员。1954年春,余介石北调首都,担任北京农业机械化学院(今中国农业大学)数学教授、数学教研室主任,兼任北京化工学院(今北京化工大学)教授。

余介石从教45年,一直耕耘在教学第一线,从未间断。他先后讲授过高等数学、高等方程式论、高等代数、数论、微分几何、微分方程、统计原理等课程,为我国数学界培养了大批人才。在从事教学工作的同时，余介石还编著译有60多种大中学教材、大中学教学参考书、数学研究专著、数学通俗读物等。如《高中代数学》《高中平面几何学》《高中立体几何学》《高中三角学》等10余种数学参考书，他编著的《高等方程式论》，迄今仍在港台地区一版再版；他发表的《计算方法和运筹学》论文，一直得到数学界的推崇；他编写的普及数学知识的《数之意义》《数学诡论集解》，一直被作为科普性读物推荐。20世纪30年代，余介石和赵淞、傅种孙三名教授被我国自然科学界誉为"三大中等数学权威"。

余介石不仅是一位具有一定造诣的数学教育家，而且是振兴我国现代珠算学的一位先驱者。中华人民共和国成立后，工农商各业迅速发展，广大群众迫切需要学习珠算，但因珠算旧法口诀繁多，初学者往往见而生畏。当时，余介石任教于四川大学，担任西南区科普筹委，他应科普协会邀请，承担起珠算改革重任，先后编写出《速成珠算法》《简易珠算法》两书，受到广大群众和各行业的欢迎。同时，余介石还在成都《工商导报》上开辟《珠算速成信箱》专栏，及时解答群众提出的珠算问题，反响良好，收效颇大。从此余介石热心地投身珠算改革的事业中去。1954年，余介石调到北京后，更加致力于珠算史研究和珠算教学改革。1956年，他受商业部委托，主编包含大量珠算内容的《经济计算教程》通用教材，该书也成为后来编写珠算教材的蓝本。1965年，余介石为了报道珠算改革情况，介绍珠算新法，自编、自刻、自油印了《珠算教学研究通讯》刊物，成为我国首份珠算杂志。此外，他还编有《筹珠联合使用法》《算盘上见子直拨法》《实用珠算学习》等珠算专著。此前，余介石曾受文化部委托，欲写一部珠算史以填补我国本无珠算史专著空白，后因"文革"运动而未能完成，但他仍写有30多篇珠算史方面的论文以及考证片段文字，颇有创见。

余介石经考证，认为中国在明代就有"梁上一珠"算盘，而"梁上二珠"算盘是因珠算算法的需要才改制而成的，从而否定过去中日珠算史家对"梁上一珠"算盘多认为是日本所改进的论断。余介石还通过屯溪程大位故居、宋末元初刘因《算盘》诗中用典、巨鹿出土的宋代算珠、《清明上河图》中算盘图等物证考证，最先提出"中国算盘是我国独创"的观点，从而批判了日本山崎与右卫门提出的中国算盘来自古罗马的臆说。同时，他写出《关于算盘起源的臆说》《论珠算发展并同山崎与右卫门商榷》两篇论文，在珠算史研究上取得突破性进展，被珠算界公认为近现代珠算权威。在余介石的遗著中，还有《珠算发展史纪年》《谈中日珠算书著》等有关中国珠算史的论文。

余介石为人正直，富有正义感。早在"九一八"事变的时候，他就回应《生活》杂志社号召,以个人名义并联合中等算学研究会会员共同发起募捐活动,共募集到千余元大洋,多次汇往东北等地,支援东北义勇军。他还以教授身份,多次掩护、支持青年学生的革命活动。1963年11月,中国数学会在北京召开"珠算及辅助工具座谈会",余介石被推举为7人小组成员之一。此后,他两度领衔向教育部提出建议,要求改革珠算教学,成立珠算研究组,使珠算教学改革呈现出新局面。

1966年,余介石撰写的《关于〈算法统宗〉作者程大位的生殁年代及其故居》一文即将在日本《珠算界》杂志发表,他却被诬为"反动学术权威"而关进"牛棚"。余介石终日从事繁重体力劳动,还以"介石"二字与蒋介石同名的莫须有罪名,不时地遭受野蛮批斗。不久,余介石终因年事过高,营养极度不良,遭受摧残强度过大而一病不起。1968年12月26日,余介石含冤去世,终年68岁。

1983年4月,北京农业机械化学院(今中国农业大学)做出决定,为余介石教授平反昭雪。同年7月26日,北京八宝山革命公墓礼堂举行余介石追悼大会。其悼词中说:"余介石的科研论著对中国的珠算改革、使用和推广起了积极作用……他对中国数学教育工作的推动和培养社会主义建设人才作出了积极贡献,因而在中国数学界享有相当声望。"追悼会后不久,《余介石教授珠算研究资料汇编》一书出版发行。

动物形态学家崔之兰

崔之兰(1902—1971),女,字友松。原籍太平县(今属安徽省黄山市黄山区),生于芜湖。早年,崔之兰在家中读私塾。民国四年(1915)春上过一学期芜湖私立模范小学,民国四年(1915)秋至民国八年(1919)夏在芜湖第二女子师范学校学习。毕业后到南京汇文女子中学学习英文。民国十年(1921)秋,考入南京东南大学生物系,毕业后留校,任中国著名生物学家陈桢教授的助教,教授普通生物学的实验课。

民国十六年(1927)秋,应聘到南京中国科学社生物研究所,师从著名生物学家秉志,开始了她毕生从事的动物组织学和胚胎学的研究。民国十八年(1929)秋,获得安徽省半官费去德国留学,在德国柏林大学哲学科动物系攻读博士学位。她留学期间十分勤奋,每天在动物系听课,到医学院解剖生物学系做实验,在自己的住处读书,寒暑假所有实验室都不开放,她就到柏林图书馆学习。民国二十三年(1934)完成学位论文《青蛙鼻腺的组织学观察》(该论文1935年发表于《德国动物学年报》),获柏林大学博士学位。

民国二十三年(1934),学成回国来到北平,与张景钺结婚。张景钺为北京大学教授、生物系主任,崔之兰也应聘为北京大学讲师。民国二十六年(1937)夏,日军发动全面侵华战争。他们到昆明,张景钺在西南联合大学生物系任教,崔之兰在云南大学生物系任教授,后兼任系主任。那时工作条件极其简陋,崔之兰克服种种困难,在无尾两栖类的发育方面,取得了可喜的科研成果。在师资极其缺乏的条件下,她一人教授多门课程,包括动物学、比较解剖学、组织学、胚胎学等,并在云南大学生物系开创了活跃的学术讨论新风。民国三十七年(1948),到清华大学生物系任教授。中华人民共和国成立后,1952年院系调整,崔之兰任北京大学教授,直至1971年5月2日因患癌症逝世。

她根据长期的科学实践,以蝌蚪尾为实验材料,探讨动物组织的发生、分化、生长、萎缩、再生和重建等形态建成的一些基本规律。蝌蚪尾具有动物机体的四种基本组织,结构清晰。北方狭口蛙蝌蚪的发生到变态完成只有21天,尾在其间经历了组织发生、分化和萎缩、退化的全过程。北方狭口蛙在雨季繁殖,正值学校放暑假,对教师来说是一个理想的动物模型。崔之兰和她的助手、学生们,几十年如一日,持之以恒地在这方面做了大量的基础性研究工作。除已发表的论文《北方狭口蛙蝌蚪尾在变态期退化过程中的组织学观察》(《北京大学学报》1966年第1期)外,崔之兰在1964年中国解剖学会上宣读了有关狭口蛙蝌蚪尾在不同发育阶段的再生、萎缩和药物(秋水仙素、甲状腺素等)的影响等系列论文。她阐述了四种基本组织(上皮组织、结缔组织、肌肉组织和神经组织)再生过程的顺序与相互制约关系。如抑制结缔组织的再生可以促进肌肉组织的再生等。这些论文得到与会同行的好评。医学界的一些专家认为,这些研究揭示的一些规律可供医学研究和实践的参考。崔之兰曾进一步设想,蝌蚪尾萎缩过程可能受控于某种活性物质"萎缩素",获得这种物质,可能对研究癌细胞的生长及抑制大有裨益。当然,这只是一个理论探索的"工作假设"。与科学史上许多开创性研究工作一样,她所提出的问题很可能是一项对以后组织学发展有深远影响的研究课题。

崔之兰是一位勤奋的科学家。在云南大学任教期间,她以昆明当地的黑斑蛙和多疣狭口蛙为材料,对无尾两栖类嗅器官的发育进行了精细的观察和描述。她注意到早期发生的侧囊在胚胎发育的第三阶段退化和消失。为了探索这种侧囊的功能,她做了切除侧囊的实验研究,发现将侧囊切除后,对胚胎发育并没有影响。这就提出了一个有意义的问题:如果从系统发生角度认为侧囊是一种退化器官,那么在鱼类的胚胎发育过程并没有侧囊,崔之兰设想,这种结构在更为原始的两栖类中可能有某种功能。她还从嗅器官中切除前下囊,观察其效应,发现早期切除对侧囊发育有不利影响并加速侧囊的退化,晚一些切除则抑制了侧囊的退化。早期切除前下囊对嗅基板有不利影响,但并不影响胚胎的正常发育,这无疑是值得进一步探索的自然现象。民国三十五年(1946),崔之兰在《英国显微科学》季刊上连续发

表五篇有关两栖类胚胎发育的论文。这些工作推动了中国动物胚胎学研究逐步走向成熟,也奠定了崔之兰在中国动物形态学领域的地位。她是中国早期动物胚胎学、组织学研究工作的重要开拓者之一。1969—1970年,崔之兰在身患重病(癌症晚期)和条件十分艰难的情况下,将她1963年的工作成果整理成《蛙类的早期胚胎发育,特别着重于原肠背壁形成中的某些问题》一书的初稿,体现她孜孜不倦、鞠躬尽瘁献身祖国科学事业的精神。

崔之兰是动物形态学家,教育家,中国现代动物组织学、胚胎学研究的开拓者。先后担任中国科学院专门委员、中国解剖学会理事、中国动物学会理事、形态学专业组负责人、北京动物学会理事长、《动物学报》编委等职。

现代医家程门雪

程门雪(1902—1972),又名振辉,字九如,号壶公,自称"皖南程氏"。婺源县溪头乡溪头村人。少年聪颖,熟读四书五经,擅长诗词曲赋,传统文化根基深厚。民国六年(1917),师从婺源晓川人汪莲石学医。时汪莲石悬壶上海,声誉隆盛,一时俊彦如恽铁樵、丁甘仁等皆就教于其门下。程门雪负笈从游,初入医门即以颖悟绝人得到老师的青睐,对汪莲石学宗汉代张仲景,诊治伤寒善用经方,用药偏于辛燥有深刻体验,从而形成他行医初期用药迅猛的风格。不久,因汪莲石年届古稀,加上诊务繁忙,不能悉心授业,遂将程门雪介绍给丁甘仁,成为丁氏门下弟子,并于民国十年(1921)毕业于丁氏创办的上海中医专门学校。

民国十五年(1926),程门雪受聘为上海中医专门学校教员;翌年,丁甘仁逝世后,出任学校教务长并兼沪南广益中医院医务主任。他边教书、边临床,大展才华,撰有讲义《金匮篇解》,同时在医疗上拯危疾、起沉疴,治愈不少危重急症。这一时期,他治病仍以用药迅猛为特点。民国二十四年(1935)他脱离教务,专注临床,自设诊所开业行医。当时,他已是上海名医,日求诊者踵接不断,根据患者多为"膏粱之体"的特点,其诊病用药倏然一变,遣方改从丁甘仁的平淡轻灵。此一变故,不仅充分体现程门雪对中医"辨证施治"有着深透理解,而且说明他虽根基汪莲石,受教丁甘仁,学非一宗,道出两岐,但能出汪(莲石)入丁(甘仁),窥奥(叶)天士,而入(张)仲景之室,由"渐悟"至"顿悟"之境。

1954年，程门雪任上海市第十一人民医院中医科主任；1956年，上海中医学院成立，他出任该院首任院长；并先后兼任上海市卫生局顾问、上海市中医学会主任委员、华东区中共中央防治血吸虫病九人小组成员、卫生部科学委员会委员等职。任职中医学院院长期间，对中医教学事业多所擘画，作出较大贡献。他主张"学习中医首先要做到继承，没有在继承上狠下工夫，就根本谈不上整理发扬"。要求学生多读经典医著，随师临诊抄方、书写脉案，理论联系实际，学以致用。在教学上，主张古为今用，百家争鸣，不拘门户之见，博采众家之长。在临床上，坚持治邪治标与治虚治本并行，又针对患者虚实寒热错杂、病情复杂之况，悟出"复方多法"疗治。所谓"复方多法"，就是根据病症主次标本等具体情况，糅合若干成方，撮其主药并加减变动，攻补兼施、寒热并用，从而提高了临床疗效。

程门雪一生治学严谨，善于掌握中医学术精神实质，对《伤寒论》和温病学说颇有造诣。他对中医学术研究，强调"要从诸家入，而复从诸家出，取其精华，融一炉冶"。即使对经典著作，也必须通过临床验证，绝不盲从。通过长期实践，他认为张仲景的《伤寒论》《金匮要略》虽说是论述辨证论治的奠基作，但其中也掺杂了一些与临床不合的内容；故研究张仲景著述，首先应该仔细通读，把其中相关条文贯穿起来，对方证进行归类对比、综合分析，注意药物加减变化，这样才能逐渐领会其辨证论治规律。他还重视精读评注《伤寒论》等书，并随临床阅历去加深对仲景学说的理解。经常以"学无止境，勿遽自以为是也"鞭策自己。

自17世纪叶天士著《温热论》以后，伤寒与温热遂成不同的两病。程门雪则认为叶天士《温热论》是在张仲景《伤寒论》的基础上发展起来的，在温热证治和方药应用上，又是对伤寒六经证治的补充，主张学伤寒必须联系温病，学温病亦必联系伤寒，两者不可孤立起来认识。因此，他融会伤寒、温病证治方药，从而成为统一伤寒与温病学说的先行者，对现代中医热病学的创立具有较大影响。程门雪还认为叶天士《温热论》的理论，是对前人温热证治规律的系统总结，如"温邪上受，首先犯肺"之说，是继承吴又可"邪从口鼻而入"论点；"逆传心包"，导源于王肯堂对《秘旨》的引述；而卫气营血辨证法，则脱胎于《难经》有关论述。由此可见，他在学术研究上有实事求是的精神。

程门雪医德高尚，品格清正，谦虚谨慎，深得同道赞许。他虽早年成名，但仍孜孜以求学问，对同道学有专长者无不虚心请教。有一久泻患者，经他用调理脾肾方多次治疗无效，于是这位病人携带程门雪的方笺，就诊于歙县名医王仲奇。王氏诊察甫毕，旋索阅程之处方，凝思片时，提笔批上"此方可服，复加蛇含石四钱"，即把处方交还病人。这张原屡服不效的方子,仅加一味药,只服数剂竟获显效,使病人的宿疾得以痊愈。后来病人将此事告诉了程门雪,程深慕王仲奇医术,要拜王氏为师,并请王氏的好友代为说情,然遭婉言谢绝。程门雪引以为憾,终觉未能得到王仲奇心传,是自己的一大损失。他曾说"自非十全,岂能无过"("十全"指治病十不失一,语见《素问·示从容论》)。每遇未能治好之病,或自觉找出某一处用药的失误,承认是识见不到,胆力不够;或曾见某书,自己没经验不敢遵用,以致延误,说是自己读书太少;有些病经过冥思苦索已得头绪,却因处方下笔迟疑,未能果断及时施用,以致坐失良机使之不治。对此,程门雪均自认是"失手"。他晚年总结:"回忆生平'失手'之症,约近百数。从今日水平看来,尚多可治之处。或则可以找出其不治之原因,以为他处的借鉴;或则找出当时'失手'之处,以资警惕。当陆续写成一书,以示后人。"虽然程门雪拟著的《失手录》一书至今尚未发现,但像他这样一位名医,能够不文过饰非,而自承"失手",时时追悔且以告人,确实难能可贵。

程门雪毕生好学不倦,常在临证之余,不仅反复精读《伤寒论》《金匮要略》等经典著作,对叶天士医案也致力评注,而且博涉历代医著,采撷临证名方,融汇古今,学以致用。读书时,他常边读边诠释按评,或赋成歌诀背诵,或编成讲义授徒。一生著述颇多,有《藏心方》《金匮篇解》《伤寒论歌诀》《未刻本叶氏医案校注》《叶案存真评注》《程门雪医案》《女科歌诀》《西溪书屋夜话录歌诀》等200余万言。

除了专注医道之外,程门雪于书画、诗词、金石篆刻等也有一定研究,著有《晚学轩吟稿》《书种庐论书随笔》,由其弟子何时希辑为《程门雪诗书画集》两册。其诗,王个簃称之"不以诗名,而境界高雅,时手罕有其匹"。其书,始力学北碑,随学赵之谦,继而酷喜刘墉,复上追钟(繇)王(羲之),旁及颜真卿、李邕,晚年则专主蔡襄。其画,花卉、山水无不精妙,梅花学汪士慎、金农,竹及山水学石涛,兰草学郑燮。由是足可想见程门雪的博览与博学。

第五编

文学艺术

徽州名人传

左台显祖吴少微

吴少微(659—706),又名远,字仲芳,号邃谷,吴泰伯的第六十一世孙。祖父吴良,任歙县令;父吴义方在唐初以博学闻名,唐贞观十四年(640),朝廷大招天下名儒讲学歙州,吴义方也参加了这一盛会。由于祖父和父亲皆喜爱当地的山水之美,遂举家由豫章(今江西省南昌市)迁居至问政山(今安徽省歙县徽州古城东)。吴义方娶程氏,生三子,长子吴太微、次子吴少微、三子吴宝微。吴少微因母卒后葬休宁县龙源,庐墓莲塘之东有石舌山,遂定居于此。后改山名凤凰山。

嗣圣元年(684),吴少微考中进士,累官至晋阳县尉。晋阳县在唐时为并州(今山西省太原市)辖县,也是并州治所。这里是武则天的故里,武则天当上皇帝的第四年,在晋阳置北都,故有"北京"之称。长安年间(701—704),雍州武功(今陕西省武功县)富嘉谟也在晋阳县任县尉,与吴少微为同事,而此时的魏郡谷倚在并州任主簿。三人均以文名著称于世,被时人誉为"北京三杰"。吴少微诗文雄迈高丽,与富嘉谟合称"吴富体"。

神龙元年(705),吴少微奉调吏部,经侍郎韦嗣立推荐,任右台监察御史。监察御史的责任是监察百官,巡按郡县,纠视刑狱,整肃朝仪,在朝廷中具有很高的威望,很受百官忌惮。吴少微兢兢业业,遵循法规,秉公办案,曾受唐睿宗亲笔嘉勉。

吴少微与富嘉谟为好友,富嘉谟卒时,吴少微正生病卧床于洛阳,听闻讣音,泪流如雨,爬至寝门之外,悲伤至极哭不出声,疾呼:"天乎天乎!俾予曷所朋?……

夫情悼之赋诗,以宠亡也。"作诗《哭富嘉谟》,因过分哀痛,不久亦离世,葬休宁北郭外老柏墩。

唐初,因受六朝骈文影响,"文人撰碑颂,皆以徐(徐陵)、庾(庾信)为宗,气调渐劣。文士所撰文章碑颂,皆宗徐(陵)、庾(信),浮俚不竟。吴少微与富嘉谟一反流俗,文章皆以儒家经典为本,崇雅黜浮,浑厚雄迈,时人争效之。号为'富吴体'"。吴少微所作《崇福寺钟铭》,尤为时人所推崇。著录有集十卷,已散佚。《全唐文》收录其《为并州长史张仁亶进九鼎铭表》等文六篇。《全唐诗》收录其《哭富嘉谟》《长门怨》《古意》等诗六首。

据《旧唐书·文苑传》记载,"富吴体"的代表作是富嘉谟的《双龙泉颂》《千蠋谷颂》和吴少微的《崇福寺钟铭》。三篇文章,"词最高雅、作者推重"。惜富嘉谟的两篇文章今已佚失。吴少微的《崇福寺钟铭》是仅存的"富吴体"代表作,吴少微为崇福寺铜钟撰写的铭文,描述了并州长史张仁亶主持制造崇福寺铜钟的过程。其中对"悬"钟过程的描写,声势浩大,场景生动:"俯佛以累之,攒栾以扛之,千人引,万人唱,夫力斯拔,乃登大悬焉。"吴少微还将崇福寺钟尊为佛家"信鼓",称"听寺钟尊为佛家""信鼓",称"听则不惑""念则受福"。赋予钟"敏""正""忠""信""勇""仁"等人格道德内涵,宣扬钟声具有"一救冥狱汤剑时,二救饿厉释缧饥,三救六畜报愚痴,四救修罗勇且疑"的神奇功效。将钟与钟声人格化、神奇化,笔力雄健,气度宏大。

文章继承了先秦、西汉散文的写作特色,文字上简淡清新、朴质幽雅,毫无雕琢和浮华。句式上一反当时的四六文固定格式,用灵活多变的两字句、三字句、五字句,读起来节奏明快,起伏跌宕,语气上浑厚雄迈,气势不凡,显示了吴少微出众的才华和"富吴体"独特的风格。

"富吴体"是作为古文运动创作实践上最早出现的新文体,开古文运动之端绪。"富吴体"以经典为本的创作特色,对其后的古文运动影响至深。盛唐的散文作家萧颖士、李华、元德秀、元结,中唐的独孤及梁肃、韩云卿、韩会等,无不受富嘉谟、吴少微影响,以至最后在中唐时出现了韩愈、柳宗元,最终把古文运动推向了高潮。

吴少微著有《吴少微集》十卷,今存诗六首,是有记载的最早享誉全国的徽州籍文人,《旧唐书》和《新唐书》把吴少微分别列入《文苑传》和《文艺传》来评定他的历史地位,称吴、富两人的创作,以经典或"经术"为本,词调高雅,被人倾慕和推崇。

《新安志·吴御史少微传》记载:"中兴初,吏部侍郎韦嗣立,荐少微、嘉谟同时为左右台监察御史。"故徽州乡邦文献均将吴少微列为"左台监察御史",奉吴少微为徽州吴氏显祖,形成左台吴氏氏族体系。吴少微对宗族历史非常关注,曾主持修纂《吴氏正宗谱》。

吴少微子孙繁衍,形成了左台吴氏,是吴姓宗族中发展颇为兴盛的一支,枝繁叶茂。据《左台吴氏大宗谱》载,新安的左台苗裔就有七十余支,总支为五大派,分别为莲塘派、金竺派、石岭派、城门派、丰溪派,其宗族发展之繁盛由此可见。所谓左台吴氏是指奉唐代左台监察御史吴少微为始祖的吴氏支派,新安是左台吴氏分布的重要地区,吴姓人口数以万计,人丁极为兴旺。

据民国《左台吴氏大宗谱》载,徽州的吴姓中,奉吴少微为始祖的占了九成。徽州各种左台吴氏族谱中还收有吴少微所作《吴氏正宗谱序》,对吴少微在徽州吴氏中的崇高地位给予高度认同。

吴少微

吴巩(685—772),字定国,又字叔固,吴少微次子。开元十三年(725)为中书舍人。才情很高,但一直没能考取进士。开元十七年(729),玄宗特设下僚科,受诏与徐安贞、王敬从、李宙等十学士参与殿试,中进士,授集贤院直学士,累迁殿中侍御史。居休宁石舌山,以文章道德闻名乡里,乡人于是改石舌山为凤凰山、莲池为凤凰池。有《白云溪》诗收入《全唐诗》。

文学家汪藻

汪藻(1079—1154),字彦章,号龙溪。婺源县还珠里浮溪村人。出身于书香门第、仕宦之家,他的曾祖汪震为北宋天禧三年(1019)进士,官司封郎中;祖父汪宗颜为庆历二年(1042)进士,官员外郎,赠中大夫;父亲汪谷为皇祐五年(1053)进士,官庐州观察推官。由于世代书香、家学渊源,汪藻自幼非常聪明,曾作《春日》诗曰:"一春略无十日晴,处处浮云将雨行。野田春水碧于镜,人影渡傍鸥不惊。桃花嫣然出篱笑,似开未开最有情。茅茨烟暝客衣湿,破梦午鸡啼一声。"他颇具灵性才情,少年就颇有名气。后入太学,喜读《春秋左氏传》及《西汉书》,于崇宁二年(1103)考中进士。

徽宗赵佶在位时,汪藻历任婺州观察推官、宣州教授、江西提举学事司干当公事、九域图志局编修官、著作佐郎等职。他文才出众。一次,徽宗亲制《君臣庆会阁诗》,要群臣唱和;在群臣进献的和诗中,汪藻独领风骚,被徽宗称之"众莫能及"。故时有"'江左二宝',胡伸、汪藻"之誉(胡伸,婺源考川人,亦以文名世)。宣和元年(1119),汪藻任职著作佐郎时,因与宰相王黼素来不和,处处受到压制,被迫外任宣州(今安徽省宣城市)通判,又提点江州(今江西省九江市)太平观,一直到王黼被罢相。靖康元年(1126),钦宗赵桓召为屯田员外郎,不久又进太常少卿、起居舍人。

南宋建炎元年(1127),高宗赵构即位,召试汪藻为中书舍人。由于汪藻才学优赡,很快又擢升给事中、兵部侍郎兼侍讲、翰林学士。当时高宗的诏令,多出自其手。高宗曾将自己用的一把白团扇,题上"紫诰仍兼绾,黄麻似《六经》"10字赐予他,令朝廷大臣十分羡慕。其间,撰《靖康要录》十六卷,详记宋金和战诸事,乾道年间(1165—1173)洪迈等修《钦宗实录》曾取此书参考。针对当时国家多事,汪藻上书论奏:诸大将手握重兵,逐渐会形成国家内轻外重的局面,陈说该如何对待军队将帅之事,建议逐渐削弱守边将帅的兵权,以防诸将拥兵自重。在对金朝的态度上,他主张退让苟安。据杨万里《诚斋诗话》记,他与抗金名臣李纲不协。李纲罢相时,由汪藻起草制词,他乘机对李纲进行诋毁,颇为清议所讥。可当金兵南渡之际,他却能直情上言,指斥建康(今江苏省南京市)、京口(今江苏省镇江市)、九江诸镇守将,或"为逃遁之计",或"拥兵相望",致使建康失守,国难日深。

绍兴元年(1131),汪藻升任龙图阁直学士、知湖州。他以颜真卿曾任湖州太守、尽忠唐室一事上疏,请求褒扬颜真卿;于是高宗下诏,赐建忠烈庙。他又上疏向朝廷建议:自古以来,有国必有史。所以皇帝书榻前议论的辞章,有时政记录;柱下的见闻史实,有起居注记载;还有圣政要事,即所谓的日历,经史官修纂以后,就成为实录。但现在已有30年没做这项工作了,这样何以昭示后世?为此汪藻请求朝廷准许他在湖州创办史馆、寻访故家文书,编集元符三年(1100)以来的诏旨,以便为日后编修实录做准备。汪藻的请求,得到高宗同意。史馆开办后,修撰綦崇礼却向高宗上疏,说不必在朝廷外面设局,湖州史馆被迫停止。与此同时,同郡人颜经又向朝廷投书控告汪藻购买了大量军食,为此他被贬级停官。后复起用知抚州,御史张致远又上章弹劾他,因此被授祠禄官。绍兴六年(1136),修撰范冲向高宗上疏说:"每日大事记,是国家的大典。之前曾命汪藻纂集,但事情因故中止,臣恐资料因此散失,应该让汪藻现就闲职时间完成前业。"于是高宗下旨,许汪藻招聘僚属两人,赐给他们史馆修撰标准的伙食费,开始进行编纂。绍兴八年(1138),汪藻广采哲宗元符三年(1100)至徽宗宣和七年(1125)诏旨,终于完成《政事纪录》六百六十五卷的编纂。为表彰汪藻修书功绩,高宗升他为显谟阁大学士、左大中大夫,封新安郡侯,并赐赏茶、药;其僚属鲍延祖、孟处义也都得到晋升。

绍兴九年(1139),汪藻知徽州;后又转知泉州、宣州等地。绍兴十三年(1143),因得罪秦桧,被监察御史詹大方诬陷说他是蔡京、王黼的死党而遭夺职,谪居永州。当时他虽已为官30多年,然由于廉洁无私竟"无屋庐以居",于绍兴二十四年(1154)病逝。秦桧死后,汪藻得以官复原职,两个儿子也一并授予官职。绍兴二十八年(1158),朝廷修纂《徽宗实录》成书,尚书右仆射汤思退上疏,说汪藻曾纂集过诏旨,这部实录所采用的史料,十之七八取自汪藻编的《政事纪录》,称汪藻实大有力于

《徽宗实录》。为此，高宗下诏追赠汪藻端明殿学士。

汪藻学问渊博，以鸿文硕学闻名于世，被称为"南渡后词臣冠冕"。其所作以制词诏令最为世所称。这些文章大抵为四六骈文，却写得明白洞达，曲尽情事。所以词令一出，天下传诵，时人把他比作唐代擅长奏议的陆贽。代表作《皇太后告天下手书》（又称《隆祐太后告天下手书》），被国学大师陈寅恪称为宋朝第一骈文。当时，宋徽宗赵佶、钦宗赵桓二帝被金人掳去，隆祐太后命康王赵构（徽宗第九子）即位，让汪藻起草诏书，昭告天下。汪藻此文篇幅虽不甚长，但内容丰富，文气贯通，尤其"汉家之厄十世，宜光武之中兴。献公之子九人，惟重耳之尚在。兹惟天意，夫岂人谋"之句，用典贴切，对仗工整，文采斐然，感情深沉，读之无不凄愤激发。他的古文，得力于喜读《春秋左氏传》《西汉书》，写得"深醇雅健"，行如流水，极见功力。其诗初学江西诗派，早年曾向徐俯学诗，中年以后又拜韩驹为师，后转学苏轼。诗作风格清新，格律精密，七言诗尤为出色，吕留良说："汪诗高华有骨，兴寄深远。"（《宋诗钞·浮溪集》）诗歌内容，有记事、有感时、有揭露时弊之作，也有记述抗金将士浴血御敌之诗。如《春日》，写雨中的桃花流水、茅屋鸡声；《蜂儿行》，讥讽权贵公子的奢靡；《常山道中闻诸将屡捷》，抒写战胜敌寇的喜悦。与诗相较，他在词的创作上更有成就，沈雄《古今词话》云"汪藻词亦美瞻"。如其所赋《点绛唇·新月娟娟》，即景抒情、清婉动人，表现出作者对于官场倾轧的疾恨以及向往归隐的心情，具有唐人张继《枫桥夜泊》"月落乌啼霜满天"的意境。汪藻还精小篆，有"古今雅俗字"44篇。

一生博览群书，老不释卷。著述颇富，诗文集有《浮溪集》六十卷，原本失佚，只有明人所辑《浮溪文粹》十五卷行世。清代编四库全书时，从《永乐大典》中辑出他的诗文，以《浮溪文粹》为蓝本，参校补正、考辨异同，编成《浮溪集》三十六卷。另著有传记《裔夷谋夏录》三卷、《青唐录》三卷、笔记小说《世说叙录》三卷等。

壮志难酬朱松

朱松(1097—1143),字乔年,号韦斋,婺源县松岩里(今江西省婺源县紫阳镇)人。其父朱森,一生习儒,勤于科举,然始终没能考取,未入仕途,便把希望寄托在朱松身上。据说,北宋绍圣四年(1097),婺源南街内朱氏井中有白气如虹,是日朱松生,今虹井仍存。

政和八年(1118),朱松中进士,先后任福建政和县尉、尤溪县尉。朱松重视教育,他与当地的豫章学派创始人罗从彦、延平四贤之一李侗、理学家刘子翚等人亦师亦友。在当地创办了星溪书院和云根书院,公事之余,他常到书院讲学督课。南剑州是程颢、程颐道学在南方的传播中心,朱松在罗从彦那里潜心习六经诸史和"二程"理学,学问日进。因而,朱松很看重这一带的学术氛围,特地回婺源变卖了祖业田产,全家迁往福建。

在朱松将全家迁入福建,准备全身心为国效力时,父亲朱森病逝,朱松回家守孝三年。其间,北宋覆亡,徽、钦二帝被掳。建炎四年(1130),朱熹出生。作为宋朝官员,朱松不忍山河破碎,在为朱熹洗三朝时,他作《洗儿》诗说"有子添丁助征戍,肯令辛苦更冠儒"。期望儿子日后成为习武勇士,为抗敌报国驰骋疆场。

南宋绍兴二年(1132),监察御史胡世将抚谕东南,朱松前往拜谒,并作《上胡察院书》,谈及时政,提出宋室应先稳固东南、治兵练武,进而北图中原。胡世将赞赏其才,将其引荐给朝廷。次年五月,朱松被任命为福建泉州石井镇监,携朱熹及全家人上任。他在日常处理琐碎公务之余，再次延续涵儒教泽之风，在鳌头精舍（今为安海石井书院）为乡里子弟讲授义理之学。绍兴三年（1133），前参知政事谢克家守泉州，朱松写《上谢参政书》，得到谢克家的举荐，赴召杭州试馆职，在《策问》中议论兴难关系，提出顺人心、任贤才、正纲纪等系列对策，累数千言，辩论精博，得到高宗的嘉赏，授秘书省正字，后为尚书郎。但不久母亲病故，朱松回政和县守丧未任。

三年后，生活拮据的朱松再次应诏入京。这时，高宗在广大军民的压力下，决定进军建康以向北收复中原。为坚定朝廷抗敌中兴的信心，朱松在面见高宗时又坦言说："要图谋中兴大业，应当申明纪律，崇奖节义，以民心为基本，以忠良为腹心。可效法东汉光武帝，而以东晋元帝、唐肃宗为戒。"高宗对朱松的这些话还比较满意，命其任秘书省校书郎。

这年，淮西都统郦琼叛变，挟带4万守军投敌。高宗闻讯慌了手脚，要将两淮的全部守军全部撤到建康。朱松与史馆同僚又上奏说：淮西是历代兵家必争之地，今日淮南全部在我们掌握之中，如撤出，敌人恰好长驱直入，那建康即使有十万人马也难守卫。再说淮南百姓有何罪？无故抛下他们，将失去人心。第二年，朱松任著作佐郎，度支员外郎兼史馆校勘，入史院参与编修《哲宗皇帝实录》。该书一百五十卷，朱松付出了很大精力。书成，朱松升尚书司勋员外郎。

南宋建立后，朝中主战派与求和派的斗争一直未停。绍兴八年（1138），秦桧担任尚书右仆射兼枢密院使，便公然提出要向金国屈辱求和。朱松等坚决反对秦桧议和，与馆中其他大臣一起联名上书说："夷狄无义，狼子野心由来已久，他们以'和'字欺骗我们……我们怎么还不醒悟！"这封给高宗的奏章，言辞激烈，语气昂扬，还说："中原故地版图何在？陛下怎能不顾祖宗社稷之重托，侥幸去与敌议和？如果让敌人的阴谋得逞，那么江南将遭蹂躏，如同刘豫被废的下场就为期不远了。"

但高宗赵构根本无视主战派的强烈反对，仍与金朝签订了屈辱的和议条约。朱松又上书论和议善后事宜，要求朝廷恢复武举，储备将帅人才，千万不可麻痹大意。秦桧早就窝了一肚子火，指使其党羽弹劾刚任吏部员外郎的朱松，给他安上"心有情异，傲物自贤"的罪名，降职放到江西饶州任知州。朱松愤怒不已，不愿出任，他感到在南宋更加难酬壮志。后来，朱松得到一个只领半薪、无须到任的闲官返回福建。

难酬报国壮志的朱松回到福建，在建阳城南建了一间精舍，开始带学生教书授课，同时对朱熹进行经学和诗文启蒙，教他学习《二程论语说》等理学著作。就在和约签订后仅百余天的五月，金朝撕毁和约大举南侵，宋军刘锜以五千精兵大破金兀术的十余万人马。朱松闻讯激动不已,挥毫抄写苏轼的《昆阳城赋》以慰自己一颗躁动的爱国心,并一连几天对儿子朱熹和外甥诵读《光武纪》,讲述光武帝刘秀率兵三千击破王寻四十二万大军的昆阳之战,用古今成败兴亡战例进行爱国教育。

朱松坎坷的人生经历以及在理学、文学方面的建树,都对朱熹产生了深远的影响。他受罗从彦、李侗、刘子翚等师友,及"二程"理学思想的影响,也深深地影响着儿子。朱熹后来的思想文化成就,除了李侗、刘子翚、胡宪、刘逸之等业师外,与父亲朱松的引导和培育是分不开的。

罢官归隐之后,朱松过着"我行野田间""雨畦瓜芋肥"的田园生活。他创作的诗歌词气平缓,内容多表现山水田园风光,常在写景中抒发内心的抑郁不平。不少诗篇反映了劳动人民的苦难,对他们寄予深切同情。朱松的诗文颇有成就,四库全书收录其《韦斋集》十二卷,称其诗"高远而幽洁,其文温婉而典裁"。

朱松对故乡不胜怀念,朱熹出生时他就致信岳丈祝公说:"婺源先庐所在,兴寐未曾忘也。当俟国家克复中州,南北大定,归未晚也。"然而山河破碎仕途坎坷,回乡的愿望一直没有实现,他只能在诗中寄托乡思:"客愁随线增,归思与灰动。""欲寻当日故山盟,身世今如海一萍。"他感叹:"余生信萍梗,归梦识林坰。涨水有回波,故乡岂无情。""故乡空泪满,华发正愁侵。"

绍兴十三年(1143),朱松因病在建阳(今福建省南平市建阳区)环溪去世,年仅47岁。卒赠通议大夫,后追谥献靖公,再改封齐国公。朱松临终前,把家事托付于也是因不附秦桧议和而罢官回家的好友刘子翚,立遗嘱命朱熹拜胡宪、刘子翚、刘逸之为师,期望三位德高学广的好友,将儿子培养成有用之才。

诗歌理论家胡仔

胡仔(1110—1170),字元任,胡舜陟次子,绩溪县城东人,寓居湖州苕溪,自号苕溪渔隐。南宋著名文学家、诗词评论家。北宋宣和年间(1119—1125)居住泗上,从小就有强烈的求学热情,曾在王周士处见《张仲宗诗》,借回来抄录学习。在南山见米芾诗和苏轼《行香子》词碑刻,流露出对碑刻的浓厚兴趣。

南宋建炎四年(1130),其父胡舜陟以徽猷阁待制任临安府知府,胡仔也以父荫授将仕郎转迪功郎,从此开始仕宦生涯。绍兴六年(1136)以后,两次随父赴广西桂林,时间长达七年。七年中,胡仔一面为广西经略安抚司书写机宜文字,转文林郎、承直郎,在广西提刑司当差,做着文笔吏,一面游历山川,于公私闲暇,游历桂林大好山水,利用屡次路过湘中的机会,多次观摩浯溪摩崖石刻,并抄录大量的名诗佳作,其间还到零陵郡淡山岩观摩了石刻。

绍兴十三年(1143),父亲胡舜陟因语言忤逆秦桧,以诽谤朝政罪下狱,冤死狱中,胡仔丁忧离任,迁居苕溪,日以渔钓自适,因自称"苕溪渔隐",开始了二十年的卜居生涯。他虽自号"苕溪渔隐",却一直未忘记自己的家乡,他说:"绩溪乃余桑梓之地。"他在《苕溪水阁诗并序》中记下了这种浓浓的思乡之情。诗云:"三间小阁贾耘老,一首佳词沈会宗。无限当时好风月,如今总属绩溪翁。"丛话中提及湘中浯溪的石岸时,他不无自豪地说:"吾乡乳溪有石崖,亦光能鉴物,与浯溪石崖正相类,人因呼为石照。"

在隐居苕溪期间,获读阮阅撰《诗总》(后人改编为《诗话总龟》),觉得元祐诸家诗作,都未加收录。于是取诸家诗话及史传小说所载事实,开始《苕溪渔隐丛话》的编纂工作,绍兴十八年(1148),《苕溪渔隐丛话前集》初具规模,撰序杀青,其后的工作是长期的修订增补。

闲居二十年中,胡仔六子六女先后降世成长,由于生活来源很少,而家里人口日繁,生活也愈来愈艰难。经常为生计担忧,胡仔的精神压力很大,只能在"放浪林泉""渔钓自适"中寻求自我安慰。他曾说:"裴说诗中有'读书贫里乐,搜句静中忙'的句子,我这二十年甘贫守静,饱尝此味。"二十年中,胡仔一直手不释卷,博览群书,编纂修订《苕溪渔隐丛话》,体现了伟大的学术品格。

绍兴三十二年(1162),胡仔复出,担任福建漕幕,前后共计三年。其间,胡仔深入大众,体察民情,熟悉福建风情民俗。在《苕溪渔隐丛话》中就有多处记载福建风情民俗,如"广右、中亦有吐绶鸡""建安养鸬鹚捕鱼""荔枝易变味""富沙汲溪水烹茶""北苑焙贡茶"等,都是胡仔所亲历目睹。

乾道元年(1165),任满转奉议郎,调任常州晋陵知县,未赴,复归苕溪。获《复斋漫录》等书,开始为《苕溪渔隐丛话》纂辑后集。然而,命途多舛,次年冬天患病后深居简出,身体每况愈下。乾道三年(1167),《苕溪渔隐丛话后集》中秋日作序定稿。前后集共100卷,可谓宏富,留给后人一笔丰厚的诗学遗产。胡仔还曾奉父命,采摭经传编著《孔子编年》5卷,起于鲁襄公二十二年(前551),讫于哀公十六年(前479),自孔子始生至卒共73年。

胡仔所编《苕溪渔隐丛话》是一部综合性的诗话汇编,又是一部诗论著作,为北宋诗话总集。它采撷各家诗话之长,搜集大量自国风、汉、魏、六朝以至南渡之初,近百位诗家名作的内容、艺术技巧、格律、掌故等历史资料,汇集成一部简明而形象的诗歌发展史。具有丰富的文献价值和珍贵的诗学意义,对后人的诗学研究裨益匪浅。

《苕溪渔隐丛话》以作者先后为序,博采诸家之作,北宋各家略备,阮阅撰《诗总》因党禁而不用元祐诸人文章,此书则广为搜采,品藻特多,足补阮书之缺。所收诗话,评论对象上起国风,下至南宋初。以人为纲,按年代先后排列,共列作者100多人。晋有陶渊明;唐有李白、杜甫、韩愈、柳宗元、白居易、杜牧等,以杜甫为详;宋有欧阳修、王安石、苏轼、黄庭坚等,以苏轼为详。余入杂记。此书诗词分辑,事有所归,搜集前人资料,既有抉择,亦较详审,可资考证。其中评论词人名作,记述词坛轶事,历来被后人称引。书中所载三山老人语录,即其父胡舜陟之说,间有作者所加按语。前集采录诗话33种,后集31种。其中除胡仔本人诗话400多条外,如《复斋漫录》亦多达114条,次如《王直方诗话》71条,其如《石林诗话》《冷斋夜话》《西清诗话》《蔡宽夫诗话》《漫叟诗话》《后山诗话》等均在40条以上。

《苕溪渔隐丛话》历代都有翻刻,清代收入四库全书。今有1964年人民文学出版社出版的标点本。胡仔论诗,以李、杜、苏、黄为诗之集大成者,多所品藻,而以杜诗为宗,称学诗当以杜甫为师,写诗必须出自胸臆,思惟新,语句奇,方得其妙;循规旧习,语言陈旧,模仿旧作,则不足道。诗又贵含蓄,托物以寓言,意在言外,不可以一览而意尽。抒情、写景、状物,皆应当合理,以简为妙。

乾道六年(1170)五月初八,胡仔卒于苕溪,终年61岁。

布衣诗人汪莘

  汪莘(1155—1227),字叔耕,号方壶居士,休宁县城西门人。博学多能,研究《周易》,旁及释老,尤擅诗词,与朱熹友善,亦师亦友。南宋嘉定年间(1208—1224),曾以一介布衣三次上书朝廷,陈述天变、人事、民穷、吏污等弊病,以及行师布阵的方法,没有得到答复,心灰意冷。不屑作科举之文,避居黄山纵情山水,以诗书自娱,留下众多诗文,著述等身,堪称南宋诗坛满腹经纶却又生性狂傲的布衣诗人。

  汪莘自小喜欢寻游,正如他的《潘别驾牡丹歌次韵》"忆昔少年健如虎,两脚不住寻奇芳"诗所描述的一样。同时,还好性命之说,曾读到东晋诗人谢灵运侄子谢庄(字希逸)的《月赋》,被其拟托曹植在清夜怀念亡友的情绪感染,而每每慨叹不已。少时曾拜多识草木著有《岁时杂记》的吕原明为师。17岁时,听说学问渊博的商山人吴儆丁母忧,暂离广西南路安抚使之职回故里,便又登门拜吴儆为师。吴儆与朱熹、张栻、吕祖谦等人友善,理学造诣颇深。在吴儆门下,汪莘不仅学到很多从前未知的学问,而且常听到朱熹的大名。20岁那年,吴儆三年丁忧期将满,眼看就要重新回去上任,汪莘不忍老师离去却又无法阻拦,想到吴儆常在自己面前夸赞朱熹,便由尊敬仰慕到萌生拜见之意,却一直未能如愿,直到20年后的绍熙五年(1194),汪莘在《辞晦庵朱侍讲书》中还真切描述了自己年轻时视朱熹如父母如神明般的尊敬仰慕之情:"莘平生闻先生之风,慕悦之父母如也,尊敬之神明如也,想像愿见而不获者凡二十年。"无缘见大儒朱熹,汪莘与同是休宁人的吴儆倒是颇有缘分。淳熙七年(1180),吴儆告老还乡,在商山竹洲建宅,自号竹洲。时已26岁的汪莘闻讯,再度拜访吴儆。吴儆平日厌恶鄙俗,每每高举拂尘屏退一些不速之客,但见到昔日的弟子万分高兴,师生对坐,饮酒赋诗,"坐呼兰溪酒,即取太白劝"。师生痛快交流数日,辞别之后,又以诗书互通。汪莘有《访吴安抚竹洲》《访吴安抚命赋诗竹洲中有静香亭长堤静观斋舞雩序》《竹洲见寄次韵》(并附《又叙谢》)等诗,吴儆有寄诗《汪叔耕见访不数日别去恶语为赠兼简子用子美二友》等。

受老师吴儆的影响,汪莘学问日益长进,同时对朱熹的行踪及学说也更为关切。淳熙十五年(1188)六月,听闻朱熹担任兵部侍郎,汪莘为他高兴,但更为他担忧,因为汪莘知道"从来功业知难就"、伴君如伴虎:"韩范诸公各一时,贤豪久速系安危。"次年,35岁的汪莘,终于忍不住,提笔向这位自己久仰却一直未能谋面的师长写信,表达自己对他的敬仰和对时局的看法,朱熹或许很感动,不仅回了信,而且在其《答汪叔耕》书之末尾还提到"《大学章句》一本附往",可见朱熹还给汪莘回赠了自己注释的经典。后来,朱熹学说一度被贬为"伪学",似乎验证了汪莘当初的预感,足见汪莘敏锐的洞察力和超强的预见性。

汪莘的诗学李白,如《群玉堂即事》起四句:"蓬莱道山到者稀,忽随飙驾同来归。天横阆野望不尽,地绝瀛海如天依。"想象丰富,然而才力有所不及,往往落卢仝窠臼。他的诗风格多样,也不乏清新之作。如"好剪吴淞半江水,袖归三十六峰前";又如《晚晴即事》中"怪得湖边天色好,小舟争载夕阳归"等句,借用前人成句或诗境而又能自出机杼,自然熨帖。嘉泰三年至五年(1203—1205),汪莘发起成立诗社,成员有二十余人。对此,南宋末陆梦发《兰皋集序》云:"曩见冯深居(南康郡都昌县人理学家冯椅之子),言旧客海宁之渔亭(应属黟县),枚举吟社,起自竹洲之客汪柳塘以下二十余人,一时雅集不减山阴。"汪莘《开禧元年四月自中都挈家还乡寓居城南十二月迁居柳溪上其夜大雪初二日盖宰来访约过县斋为一日款深夜而归赋此》诗,其中"长怀社中友,共发瓮头春"句,便是对这段美好时光的怀念。

汪莘还善写词,在其自序中曾说他喜爱苏轼、朱敦儒、辛弃疾的词。其词风格清丽,《四库全书总目提要》认为他"所作稍近粗豪"。汪莘关心国事,在《击鼓行》中,他描写击鼓之声彻天动地,"豺狼闻之脑门裂,狐鼠粉碎臭满穴",表达了与恶势力斗争的愿望;在《游甘露寺》中写道"闻道昔时兵可用,未知今日意如何。伤心南渡英雄尽,屈指中原岁月疏",对南宋当权者养兵不用、不图收复失地做了严厉的批评。抱负不能施展,他每天以诗酒山水寄情,《湖上早秋偶兴》中写道"坐卧芙蓉花上头,清香长绕饮中浮。金风玉露玻璃月,并作诗人富贵秋",他因满眼满湖的绿荷红花而忘却烦恼,感到无边的愉悦和富足。

晚年筑室于休宁县城西门柳塘(今西街县委党校旧址与海阳中学交界带)之上,学者称柳塘先生。其诗词,风格秀逸,有清丽之美。一生怀才不遇,每每以诗酒宣泄。归养休宁西门的柳塘之后,他常想起自己屏居黄山,归隐林泉,纵情山水的逍遥日子,其《沁园春·忆黄山》词,就是他对昔日在黄山那段神仙般的美好生活的回忆:

三十六峰,三十六峰,长锁清秋。对孤峰绝顶,云烟竞秀;悬崖峭壁,瀑布争流。洞里桃花,仙家芝草,雪后春正取次游。亲曾见,是龙潭白昼,海涌潮头。

当年黄帝浮丘,有玉枕玉床还在不?向天都月夜,遥闻凤管;翠微霜晓,仰盼龙楼。砂穴长红,丹炉已冷,安得灵方闻早修?谁知此,只源头白鹿,水畔青牛。

俗话说,人生七十古来稀。在差不多1000年前,汪莘作为一个布衣诗人,能活到73岁才去世,已算是高寿了。当年的建康知府徐谊,曾想把他作为遁世隐士向朝廷荐举而未能成功,汪莘或许因此而一辈子有诸多遗憾,但也没有虚度年华,他生前著有《方壶诗余》两卷、《方壶诗》三卷、《方壶存稿》八卷、《柳塘集》若干卷。其《沁园春·忆黄山》被选入《唐宋词鉴赏辞典》。他在南宋词坛有着一席之地。

著名诗人方岳

方岳(1199—1262),字巨山,号秋崖,祁门县城北何家坞人。自幼聪敏过人,7岁能赋诗,后来入郡庠,其老师严陵人叶子仪博学多闻,喜欢考较诸生学问,总是随问随答,应对自如,时人誉之为神童。出身于贫寒农家,自称"农家子"。

方岳生逢南宋时期,朝廷懦弱腐朽,奸臣当道,民不聊生。他为人刚直不阿,以科举入仕后不畏权贵,敢于斗争,因此而屡遭打击,坎坷不得志。南宋绍定五年(1232),进京赶考,应漕试及别试时,皆获第一,众人皆谓其应为头名状元。然而其时奸相史弥远把持朝政,贪赃枉法,劣迹昭彰,方岳不齿其为人,对史弥远语言上不尊重,使得史弥远将其抑置为进士第七名。初授南康军教授,后调滁州教授,再调淮南东路任安抚司干官,每任均表现出杰出的才干。如在淮南东路任职期间,高邮军兵卒内讧,他奉命查治,处事果敢,对首恶者予以严惩,很快使秩序井然,为此淮东军统帅赵葵对他赞赏不已,视之为文士中懂军事的人才。嘉熙二年(1238),蒙古军队南下围攻庐州(今安徽省合肥市),拟在巢湖造船渡江,并派人到南宋劝降。时淮西军士统帅史嵩之主张放弃江北,划江为界,屈膝求和。赵葵等爱国军官十分气愤,推举方岳代其上书揭露史嵩之的投降卖国行径,言辞犀利。又让史嵩之怀恨在心,史嵩之晋升宰相后就将方岳罢官。

范钟任宰相后,以礼、兵部架阁召回方岳,改任太学正兼景献府教授。淳祐六年(1246),升为宗学博士,翌年授秘书郎。赵葵出任左丞相兼枢密使,召方岳为行府参议官,不久改任南康军知军。淳祐八年(1248)时,皇亲国戚贾似道(号秋壑)为湖广总领,其手下船队占据鄱阳湖闸口,不让民船进入而借机勒索民财,适逢闸外波浪大起,致使民船倾覆,船民溺死。方岳闻讯愤慨至极,下令擒押肇事兵卒数人。贾似道气势汹汹来文兴师问罪,指责方岳以下犯上,不成体统。方岳大书数百语回复,痛斥贾似道纵容手下搜刮民众的不法行为,针锋相对地驳斥道:"湖广总领岂可到江东郡来寻体统?"并正气凛然地说:"岂不知天地间有一方岳!"铁骨铮铮,毫不畏惧。贾似道恼羞成怒,上章诬陷。朝廷乃调方岳任绍武知军,他离开南康时,当地百姓闻讯不约而同地赶来涕泣送行,有人做大旗一面,上书诗云:"秋崖秋壑两般秋,湖广江东事不侔。直到南康论体统,江西自隔两三州。"方岳尚未到绍武,即闻当地峒丁闹事,他立即写好檄文前去安抚,峒丁闻其威名立即散去。在绍武任上时,有不法官员廖复之等人勾结匪盗,杀人越货,为当地一霸。方岳上奏要求严惩,无奈廖家以钱财买通上司,照样逍遥法外。淳祐十年(1250),为表示抗议,方岳乃挂冠而去。其后朝廷改任饶州,复改任宁国军,均未赴任。

宝祐四年(1256),歙人程元凤任右丞相,再次起用方岳为袁州(今江西省宜春市)知州。宝祐六年(1258),丁大全为右相兼枢密使,强令方岳为其"差船""买钉"造宅而遭拒绝,为此记恨方岳。后来朝廷调方岳任吏部尚书左郎官,丁大全则唆使江州制置副使袁玠上奏弹劾,诬陷方岳为"贪吏""富民",方岳再次被迫害罢官。方岳为此愤而题诗说:"一钱太守今贪吏,五柳先生歙富民。"

方岳气貌清古,声如钟,性刚正,为官清廉,勤政爱民。他在任上修书院,收学田,开讲席,荐贤才,兴利除弊,加固城防,严肃法纪,民赖以安,政绩显著。惜生不逢时,三次出任地方,均为保民得罪权贵而丢官免职,堪称一代良吏。最后一次罢官归里后,他执意远离污浊的官场,不再复出。居住在祁门何家坞,他见坞内池中荷花茂盛,以"出淤泥而不染"之意改为"荷嘉坞",在其中建书屋,命名为"归来馆""著图书所""茧窝"。景定三年(1262),病逝于家中。

方岳是南宋著名的文人、田园诗派的杰出代表之一,一生写了大量的表、奏、启、策和诗词。明嘉靖年间,裔孙方谦将其著作刊刻成《方秋崖先生全集》(或称《秋崖先生小稿》),凡文四十五卷,诗词三十八卷。此外,曾著有《宗维训录》十卷、《重修南北史》一百一十七卷,惜今不传。元代歙县人洪焱祖说其"诗文四六,不用古律,以意为之,语或天出"。所作表、奏、启、策等用典精切,文气纡徐畅达,为时人所称道。所作议政论事的文章,流畅平易,颇有见地。最为人称道的是诗词,在中国文学史上都占有一定的地位。《四库全书总目提要》谓其诗词"可与刘克庄相为伯仲"。郑振铎在《中国文学史》中说："其诗主清新，工于镂琢"，"其词吐语清旷，不避俚俗，风格近于苏（东坡）、辛（弃疾）。"

从诗文中可以看出方岳为人处世的高贵品格，他生逢乱世，忧国忧民，虽屡遭挫折而不改其志，因此其诗文中很大一部分都是这类优秀篇章。如在《代范丞相》奏章中，他针对时政，精心撰列了十条措施，渴望能富国强兵，表达自己的拳拳赤子之心。他面对朝廷偏安、奸臣卖国求荣的时局，痛心不已，发出"每观王传心摧伤，怒发为立胆为张"的悲壮呐喊。他体恤民间疾苦，与百姓关系密切，如在《答金守》中说自己"所与交者，非辍耕之夫，则荷涤之叟也"。他力反苛政，倡导仁政，挥笔写下痛斥朝廷苛捐杂税的名篇《三虎行》一诗，把暴吏催租收税比作"南山白额虎"，以犀利之笔揭示了苛政猛于虎的社会现实。凡此种种爱国爱民的思想贯穿了方岳的一生，在其诗文中焕发出闪耀的光芒。

方岳诗众体兼长，无论是五言、七言，还是律诗、绝句，均运用自如。其诗早年从江西派入手，后深受杨万里、范成大影响，又自成一体，以疏朗淡远见长，有化典故成语为新巧对偶的习惯。作为著名的田园派诗人，出身于农家的方岳对故乡怀有深厚的感情，对田园风光与农家生活十分熟悉，写下了许多脍炙人口的佳作。如《山居十首·之一》："我爱山居好，红稠处处花。云粘居士屐，藤覆野人家。入馔春烧笋，分灯夜作茶。无人共襟抱，烟雨话桑麻。"语言自然质朴，清新流畅，情趣盎然，描绘出一幅春光旖旎的农村生活场景，充分体现了其诗歌特点。方岳的词作属辛弃疾派，善用长调抒写国仇家恨，抒发爱国情怀。如《喜迁莺·和余义夫行边闻捷》："君莫道，怎乾坤许大，英雄能少。谈笑。鸣镝处，生缚胡雏，烽火传音耗。"词风慷慨悲壮，豪气不减辛弃疾与刘过，散文化及用经史语入词的倾向也与辛、刘相近。

元代诗论家方回

方回(1227—1307),字万里,其父方琯的好友、监察御史兼崇政殿说书吕午,以方回生于广东封州,归至家乡,又将期之以鹏程,故以"万里"字之。自号困甫、虚谷,别号紫阳山人。祖方安仁,迁居徽州州城甘泉坊西。父方琯,南宋嘉定七年(1214)进士,官至承直郎、广西经干、权融州通判。

嘉定十七年(1224)六月,方琯被钱宏祖谋害,押入静江府大狱,宝庆元年(1225),坐谪广东封州,休宁程珌与汪纲为其伸冤,后以钱宏祖暴卒,幸免于难。方琯在封州纳肇庆胡氏为妾,宝庆三年(1227)生方回。绍定二年(1229)十一月,方琯病卒。次年,方回与生母到徽州,养育于九叔父方琛家,由八叔父、郡学直学方璨亲授诗书。端平三年(1236),在方璨与堂叔方政的奔波之下,迁棺归葬小川。

方璨曾取方琯所撰《东汉党锢》及《隐逸四皓》等策为方回讲解,凡文中所撰出于各种史传者,先令方回从书中找到出处,讲述之后,令方回详细回答,于是方回文思涌进。又以方琯所撰诗句为例,并取出《苕溪渔隐丛话》及古人佳作令方回参考互证,方回于是嗜心为诗。然而方回读书不专为科举,学性理从真德秀《读书记》始,典故从吕东莱《大事记》始,学诗从张耒始,而骈文从周必大《周益公集》始,时文则从徽州教授诸葛泰学。22岁见知于左监察御史吕午,24岁见知于宰相程元凤,曾于宝祐五年(1257)冬,代程元凤撰次年正月初五万寿诗十首,称旨。其后,依次见知于端明殿学士洪勋、参政饶虎臣、诗人郑亦山、徽州知州魏克愚、通判应弥正、郡博张汝谐,诗人祁门县方岳及马光祖、吕师夔,吕文德、刘震孙等。景定元年(1260)中进士。次年,考中两浙漕举,授登仕郎;景定三年(1262)中省院试,时丞相文天祥、制帅赵日起、参政常挺为考官,选为第一,丞相马廷鸾赏其义,丞相章鉴取其策,因贾似道打压而降名,犹为第一甲。景定四年(1263),改授随州教授。累迁池州江东提举常平司准造、茶盐公事。咸淳元年(1265),授国子监书库官,掌印经史诸书,迁国子监国子正、太学博士。德祐元年(1275)三月十四日,奉召赴临安都堂禀议,直诣丽正门,上《论贾似道十罪可斩疏》。同日,太皇太后将其奏疏付诸尚书、中书、门下三省宣谕,并授太常寺簿、监察御史,兼庄文府教授。七月,因屡次上书乞诛贾似道,外放建德知府。

在建德任上,兴建学宫,以雅量镇浮俗,邻郡草寇乘间窃发,独境内肃然,后归附元朝。世人对方回降元之事,多有异议,如有人认为"元兵将至,他高唱死守封疆之论,及元兵至,又望风迎降"。其实元军于至元十三年(1276)正月十八日军马入临安府,二十日,宋朝廷即降元。方回坚守孤城半月余,郡城内外安然无恙。郎中王世英、萧郁率兵五千奉诏书至建德郡,令方回降元。因之前有常州之役,元军屠城,最后仅剩七人存活,于是建德府官吏军民一致要求归附。建德府六个县,有12万户40多万人,为保全郡人,大家议定归附元朝。

方回降元,本是奉朝廷诏令,也是郡人的心声,是为了保全一郡生灵。从徽州事例来看,如果方回执意抗元,保全了自己的名声,但对百姓来说,不免使生灵涂炭。

景炎元年(1276),徽州知州王积翁降元,副总制李世达不肯,杀死元将,徽州属县与邻境旌德、太平两县义士起兵响应。因义士良莠不齐,加以群贼窃发,烧杀抢掠,百姓惨不忍睹,躲避深山。就方回徽州郡城家中来说,因李世达之变,家藏书籍万卷毁于一旦,他物皆如是。方回倒囊竭廪,变卖寓屋,犹不足偿债。六月,元兵攻破昱岭,兵临徽州,李世达寡不敌众,逃往福建行在。

元军以徽州反复无常,欲屠城以儆。歙县人郑安,休宁人赵象元、程隆各捐家赀率众前往军门犒劳,请保全百姓。这次保全徽州免于被屠,有九人功劳最大,郡人作《九贤咏》,程敏政《新安文献志》与道光《徽州府志》皆有收录,府县志并将此九人收入《名宦志》。郑安死后,百姓为其立庙致祭。

李世达为了维护宋朝统治,最后却被世人称为"叛将";而徽州降元者,却被歌咏祭祀,称为名宦。方回为保全百姓而降元,后人评论,罔顾事实,岂不谬哉!方回因降元之事,几百年来一直被误解歪曲,只有明代明都穆在《南濠诗话》里为其辩解过。

方回于元朝累迁嘉议大夫、建德路总管兼府尹、通议大夫。至元十八年(1281)解任,后往来于杭州、歙县,以卖文为生。方回为官清廉,卒后,仇远撰《怀方严州》称:"八十一年终,堪嗟旅榇穷。胸中元耿耿,身外竟空空。白首太玄草,紫阳虚谷翁。平生有遗恨,五马未乘骢。""八十一年身,栖迟客馆贫。登门曾有我,铭墓竟何人。醉梦高楼月,悲歌故国春。可能函玉骨,归葬练溪滨。"

方回编著甚多,著《名僧诗话》六十卷、《历象考》《衣裳考》《古今考》《续古今考》《皇极经世考》《碧流集》《虚谷集》《桐江集》《桐江续集》等,编《瀛奎律髓》四十九卷、《文选颜鲍谢诗评》四卷、《先觉年谱》等,然所存仅有宛委别藏清抄本《桐江集》八卷,四库本《桐江续集》三十六卷、《瀛奎律髓》四十九卷、《文选颜鲍谢诗评》四卷及续魏了翁《古今考》等。

方回的学问议论,遵循家乡朱子之说,崇正辟邪,不遗余力,为纯粹儒者之言。所作诗意象生动,境界老成,同时蕴含着强烈的现实主义色彩。元初,绩溪县、歙县百姓柯三八、汪千十等因年岁饥荒,阻险为寇,延及太平、宣城、徽州三郡五县,恰又是梅雨季节,祁门县治鼓楼被淹,休宁县江潭等处漂溺两三千人,行省左丞教化发兵捕捉,与之相持七月,后派人招降。方回以日记的方式,将其间发生的事件用29首诗来记录,其中就有"疲卒淹穷谷,饥民守坏城""民叛非无说,官贪有自来"等语句,对贫苦百姓表达了深切的同情。

方回论诗推崇江西诗派,倡导以杜甫为祖,以黄庭坚、陈师道、陈与义为宗的"一祖三宗"之说,以生硬为健笔,以精豪为老境,以炼字为句眼,反对西昆体的偶俪妩媚风格。所选唐宋诗编《瀛奎律髓》,《四库全书总目提要》称:"宋代诸集不尽传于今者,颇赖以存,而当时遗闻旧事,亦往往多见于其注。故厉鹗作《宋诗纪事》所采最多,其议论可取者,亦不一而足。"其后编《文选颜鲍谢诗评》,因晚年所作,见识增进,比《瀛奎律髓》更胜一等。所续魏了翁《古今考》,《四库全书总目提要》称:"见闻尚属赅洽,所考多有可取者,并了翁书录之,亦不以人废之,义也。"

"云山一懒翁"姚琏

姚琏(1301—1368),字廷用,一字叔器,以字行,号懒翁。父茂实,善篆隶书,曾辟为宪掾,不求仕进而归,迁居渔梁之上。姚琏8岁丧母,即能自我克制,后以弱龄入郡学,从徽州路学教授杨志行受读。

姚琏以文学被举荐,授饶州路长芗书院教导。后任松江青龙镇儒学教谕,赵子昂一见,欣然纳交。不久,杭州钱塘县(今浙江省杭州市钱塘区)儒学教谕吕仲实问姚琏:"《论语》说心几处?"姚琏对答:"不逾矩,圣人之心也;三月不违,贤人之心也;饱食终日,众人之心也;有心哉,隐士之心也。"吕仲实大笑称善。时任江浙儒学副提举陈旅对姚琏颇为赞赏,赠序文称"江浙校官毋虑数百,求如叔器者鲜"。姚琏任徽州路总管府副充紫阳书院学直。(后)至元三年(1337),徽州路总管忽先命紫阳教官节缩经费,购田三十多亩作为养士之助,姚琏参与实地丈量田亩。

(后)至元四年(1338),姚琏在池州路儒学学正任上。当时朝廷下令池州进贡两马,因池州学田向来丰赡,决定经费从此项拨出。然而学田大多被豪右侵蚀,池州路要求核实归公,可在任学官大多为平庸之辈,无法完成任务。此年十月,建德县(今浙江省建德市)尹吴师道与姚琏前往各乡强制豪民清退,不料或被豪民伏击,或被妇女、老翁拦路,又乘舟遇风浪险丧身水底,经过努力,豪民退出学田七百亩。吴师道作《池阳纪事》载此事,从"校官遭偕俱谬庸,惟有姚琏心颇同",可见吴师道对姚琏的器重。吴师道又作《池州修学记》,称(后)至元四年(1338),总管勃罗不花及属下皆有重建池州路学之志。在学前有鱼池,为豪强所占,未曾收租息。姚琏以强干著称,提出征收租息,得钱一万七千多贯,用来重修学校。

从吴师道撰《赠姚学正序》可知,姚琏在池州路任学正,"修教法,招生徒,治宫室,核田土,明会计,斥蠹冗,奋然为人所不肯为,于是忌怒朋兴,阻挠百出",然而姚琏并无暇顾及他人之所忌所怒,更加坚定地做自己该做的事,吴师道赞叹道:"叔器之为人温雅缜密,而其中屹然不可夺,宜于用,岂惟教官,他日有懋风绩于大藩,而扬声华于天路者,必斯人也夫!"

姚琏后升太平路学教授。太平路总管委摄当涂县事。其时贼寇充斥,姚琏督领义兵300人,贼寇听闻,不敢过境。至正十二年(1352),吉星出任江西行省平章事,率军与起义军战于铜陵、池州、江州等地,招姚琏为幕属。后委任姚琏赴省报告声息,道经湖州路,其时董抟霄字孟起为参知政事,攻打杭州等地,辟姚琏为理问所知事,并克复余杭、临安、于潜、昌化、安吉诸县,千秋、独松、昱岭三关。其间,姚琏作《上参政董孟起书》,称部队行军之际:"威迫州县,折辱守宰,倍索行粮,民不聊生。仰望天兵之来,如赤子之望慈母,拯民水火。首当以招安复业,厚结人心,使之来归为第一义。何乃将帅士卒以公挟私,尽欲屠洗,玉石不分,滥杀无辜,掳掠妻女,动以千百,强取财货,舟车捆载而还,其残破州县之民,如人一身,五脏百骸皆受重证,又岂堪加捶楚哉?"姚琏公然批评部队行军扰乱州县,民不聊生,对百姓良善不分,滥杀无辜,认为当前平乱最重要的是部队要严明纪律,厚结人心,使百姓安居乐业。这不仅表现了姚琏对离乱中百姓的深切同情,也指出了"水能载舟,亦能覆舟"的事实。

接着姚琏又作《上参政董孟起十策》,为占天文、相地势、察虚实、明顺逆、选偏裨、练士卒、公赏罚、勤给饷、招勇敢、防奸邪,对时势进行了深入的分析。其中"明顺逆"一策,对元朝帝师制度进行了严厉的抨击,最令人称奇。元朝尊崇吐蕃佛教,忽必烈封萨斯迦教派法主八思巴为国师,后又加其号为大宝法王、帝师,称"皇天之下一人之上",帝师的地位比皇帝还要高。然而帝师的徒众倚仗权势,"纵横驰驿,追逐男子,奸污妇女,秽不可言",深为百姓痛恨。所谓帝师,不过是从事佛教而已,而佛之上更有佛,一人之上更有人。群雄也就利用佛教,托为佛教最上一乘定光、弥勒之佛,戒其徒属。"恪守戒律,不杀不淫,天下之人,其孰以我为非真佛哉?"因此托佛教之名的叛乱纷纷而起。姚琏认为"帝师可诎也,帝师之徒尽可诛也",要求罢黜帝师,而其徒应当全部诛杀。在当时提出这样的观点需要很大的勇气,恐无第二人。

其时元朝人心背离，郡县纷乱，姚琏听闻群雄攻向歙县，不免动乡思之忧，至正十六年（1356），固辞董抟霄，避居深渡凤池岩，以教书为业，学者称凤池先生。当时设防歙县各元帅听闻姚琏回乡，纷纷推荐，授以徽州路推官，领帅幕事。姚琏知元朝已不可为，固辞不就，携家避去，葺茅为庐，题为"云山一懒翁"，人皆以"懒翁"称之。与徐尊生字大年、俞溥字士渊等往来咏歌。大帅枢密判官先前在军伍中曾从姚琏游，执弟子礼，让使者来请姚琏出镇睦州，先后五六次，姚琏只得前往。大帅与群小相狎昵，其时军民已有怨气，祸乱随时发生，姚琏怕提建议触其忌讳，作罢归来。姚琏常与好友结社吟咏，至正十七年（1357）十月十七日，金华孙履、乌伤王祎、建中史炳、东阳许元、兰溪徐原、瀫江吴沉、星源朱升、广陵李师、西浙陶安、双溪何穆、会稽屠性、金华管继善、浦阳戴良、乌伤宋濂、天台杨英、太原王凯等游四贤书院，觞于姚琏所居之西轩，取《赤壁赋》四句十六字分韵赋诗，次日集而为卷，屠性为之序，以为离别后之纪念。其后不过两月，睦州郡县皆陷。

至正十八年（1358）十二月，朱元璋率常遇春等兵十万，由宁国经徽州，访民疾苦。徽州守臣邓愈推荐姚琏与唐仲实前往召问。朱元璋问道："丧乱以来，民多失业，望治甚于饥渴。邓愈筑城，民亦怨否？"两人皆以"怨"对答。朱元璋又问："筑城以卫民，何怨之有？必愈督求太迫，民得无怨？"即命罢之。又问："汝博古通今，汉高祖、汉光武、唐太宗、宋太祖、元世祖数君平一天下，其道何如？"两人对以"数君平一天下，以不嗜杀人故耳。主公英明神武，兼包数君，亦未妄杀，民得所归，未遂生息"。朱元璋说："汝言良善。"于是赐以尊酒束帛，其事载《五伦书》。至正二十一年（1361），帐前都帅府驸马王克恭从婺源移镇郡城，延姚琏至帅府，询问安民之事，欲推荐任职。姚琏以老病固辞，王克恭乃书"高年耆德"表其门。

姚琏所著有《凤池山房文集》《青溪》《云山》诸稿，后皆遗逸。今南京图书馆藏《姚叔器先生集》，为清丁氏正修堂抄本；另有《云山一懒翁集》，原为明末姚宗衡编辑，清乾隆五十六年（1791）姚任道重刊，今内蒙古大学蒙古史研究所周清澍教授有珍藏。

文史学家程敏政

程敏政(1444—1499),字克勤,号篁墩,休宁县城陪郭人。自幼聪敏,读书过目成诵,能文善对,有"神童"之称。10岁那年,随在四川任参政的父亲程信入川,受到巡抚罗绮垂爱,特向英宗推荐,遂应召作《瑞雪》诗和《经书义论》,大受赞赏,破格入翰林院读书。其时面试之题出自大学士李贤之手,李贤见程敏政小小年纪如此了得,便特别喜欢,并招为婿。

明成化二年(1466)三月初二,中殿试一甲第二人(榜眼),为同榜350余人中最年轻的。十四日程敏政被授翰林院编修,历左谕德,直讲东宫。讲授内容主要为《大学》《中庸》《论语》《尚书》等。在翰林中赢得"学问该博"的美称。成化三年(1467)正月,岳父李贤去世,程敏政为之送丧。成化十一年(1475)春,担任廷试受卷(负责收取考生试卷)。有感岁月消磨,功名难就,特别想念家乡亲人,便想找机会请假回家探亲。成化十五年(1479),程敏政回家省亲半年,假期将满,便告别父母兄弟启程赶往京师,出家乡休宁城东门,一路北上。到京师不久,当年九月二十七日,父亲程信便逝世。次年春,程敏政马不停蹄,南归奔丧。三月二十六日,因连日大雨,滞留于淳安。三月二十八日,抵故里休宁家中。七月二十四日,葬父亲于南山之原(即万安上水南村之南山,今钟塘苗圃园地上)。十一月二十四日,程敏政撰《赴京谢恩告文》,并于二十五日忍悲启程赴京。

成化十七年(1481),因河水阻途,程敏政在淮阳驿站滞留。八月二十五日,随行的次子程圻病死于姑苏访医途中,年仅5岁,程敏政十分悲痛,作文悼念。为了使儿子遗体归葬家乡,程敏政只得掉头南归休宁故里,并于十月二十七日,葬次子程圻于其弟程敏行墓侧。成化十八年(1482)正月三十日,因服制已满,程敏政祭告亡父程信。接着,邻县绩溪县城隍新庙落成,程敏政应族侄程傅之请,为撰文记其事。当年春天,与同宗会谱,编成《新安程氏统宗世谱》。八月二十五日,想到次子的早夭,悲从中来,又赋一律悲悼。随后动身还京复任。

成化二十二年(1486)七月,程敏政受命与汪谐主考应天府秋试,识徐钦之文于落卷中,擢之为经魁,众人以为得士。十一月,徽州同乡祁门黄宗镇知处州,程敏政为作送序,以"义利之辨"勉之。成化二十三年(1487)九月初六,太子朱祐樘(即明孝宗)即位。随后的十一月二十日,程敏政升詹事府少詹事兼翰林院侍讲学士。

做侍讲学士,自然离不开讲解经史。程敏政认为讲解经史是件大事,讲读的人不仅要学识渊博,了解情况,知道天下利弊,还要敢于直言不讳,方才是一种尽职尽责的表现。由于他在讲解经史大义时能够联系实际,并多有己见,对治政很有现实意义,受到统治集团上层的重视,就连孝宗也称他为先生,以示尊重。弘治元年(1488)二月初七,程敏政侍雍王讲读。二月十二日,又跟随孝宗躬耕。八月初三,疏《奏考正祀典》,议从祀孔子礼。当时御史汤鼐进奏,请求孝宗罢退尹直这样的奸邪之人,启用刘健、谢迁、程敏政等贤良之臣。因此暗中嫉恨程敏政的人就想方设法算计他。十月十八日,监察御史魏璋等以久阴不雨等暧昧之词中伤、弹劾程敏政,程敏政被罢官。回归故里读书著述。

弘治四年(1491)十二月二十二日,刑部主事施彦器抵达休宁。次日,罢官在家的程敏政与施彦器、黄汝彝诸人同登齐云岩,下山后又冒雨去城西阳山寺。次年三月二十一日,程敏政约司训黄伦、举人张旭诸人游休宁县北松萝山,一路往返甚洽,吟诗八首。六月十九日,冯佩之自浙西来访,程敏政与冯佩之同饮于上水南村的南山竹院,相互吟诗作对。当年冬天,经郎中陆容等极力为其剖白,朝廷下诏为程敏政昭雪官复原职。十二月二十一日,程敏政得到昭雪复官的书札,赋诗纪念。随后,把母亲林氏与妻儿一起接到京城生活。弘治八年(1495),长子程埍成年行冠礼,汪承之自故乡来京祝贺,并与程敏政言及刊刻《新安文献志》诸事。不久,母亲林氏病逝于京师。次年,程敏政将母亲灵柩护送回休宁故里安葬。弘治十年(1497)十一月初,在家为母守孝的间隙,程敏政与于明、郑鹏、李汛诸人,自汤口入,游黄山。十月二十五日,守孝期满,程敏政到南山打点行装,再次起程北上京师。次年三月二十四日抵京,进职为礼部右侍郎兼翰林院学士,入侍东宫,还担任《大明会典》副总裁,专掌内阁诰敕。

弘治十一年(1498),江南才子唐寅举乡试第一。主持乡试的梁储称赏其文,回朝廷后出示给程敏政看,程敏政也很称赏。次年春,程敏政与礼部尚书、大学士李东阳主持会试。由于举人唐寅、徐经预先所写的作文与试题相合,有人认为徐经曾赞见程敏政,唐寅曾从程敏政乞文;又有人说,江阴富人徐经贿程敏政家僮,得试题。给事中华昶遂以此弹劾程敏政鬻题。因此孝宗当即剥夺了程敏政的阅卷权力,令李东阳会同考官复校,使得唐、徐二人之卷皆不在所取范围。可弹劾者仍执意为之,致使程敏政与唐寅、徐经一同下狱。后查华昶所言失实,程敏政始出狱,放归田园;唐寅则黜为吏。冤案虽然昭雪,但程敏政突遭如此严重打击,身体状况大不如前,积郁成疾,当年底即发痈而逝,终年56岁。卒后赠礼部尚书。大画家沈周听闻程敏政讣信,慨然哀悼,从心底发出"君子不知蝇有恶,小人安信玉无瑕"之痛。

程敏政著有《篁墩文集》九十三卷,一百余万字。作品主要有散文与诗歌两大类,诗歌具有丰富的想象力,飘逸清新,善于赋比,文字既简约又平易,独具一格。散文饱含情感,逸兴飞动,语言淳美,显示出杰出的艺术创造才能。另编有《新安文献志》《皇明文衡》《唐氏三先生集》等。其弘治四年(1491)夏撰写完成的弘治本《休宁县志》三十八卷,为休宁县现存最早的一部县志。

戏剧家郑之珍

郑之珍(1518—1595),祁门县西乡清幽(今渚口乡清溪村)人,字汝席,一字子玉。相传小时候,村中小伙伴们常爱到村前河边玩耍,唯郑之珍总是坐在河边一块高高的石头上看书,而自号"高石"。郑之珍自幼天资聪颖,喜欢读书,听人读书,读者未熟,而他则"洞然于心胸",足见其记忆力出众。从小眼睛有病,视力不济,虽入蒙学,也仅是挂名而已。但他硬是凭着自己的聪明与勤奋,于17岁那年考入县学,成为秀才,先后从陈文溪、刘苏庵等当地名师,习《春秋》《礼记》,性敏学博,读书过目不忘,在县学中是佼佼者。

郑之珍博览群书,善诗文,尤工词调,以高才大志而远近闻名,时人称赞说:"郑子幼为诸生时,负高世之雄才,擅凌云之逸响。"(陈昭祥《劝善记·序》)然而令人意外的是,他虽负出众之文才,诗词文章俱佳,但命运多舛,科举极为不顺,曾经先后七次赴乡试而不第。关于屡试屡蹶的原因,有人说是因为其眼睛有病,考试时间有限,书写困难所致。这应该是一种委婉的说辞,因为他日后多年以教书为业且著述不断,不可能每到应试时都因眼睛看不见而无法写字。事实是其生活的明代中后期,朝廷昏庸,官场龌龊,科考营私舞弊实为寻常,有才之士不能高中的比比皆是。最主要的是他"文如怪云,变态万状",不为守旧的考官赏识,因此,频频落第就更不足为奇了。他自己也认同这个原因说:"惜文不趋时,而学不获遂。"(郑之珍《新编目连戏救母劝善戏文·自序》)

40岁那年,母亲去世,郑之珍在家守孝三年。加之小儿子出世,成为四个孩子的父亲,养家糊口的负担愈发沉重,于是从那时起不再应试。他平时以教书授徒为业,坐馆于邻县石台东南的秋浦剡溪(今安徽省石台县大演乡)及太平焦村(今安徽省黄山市黄山区焦村镇)一带乡间。然而,胸怀大志的郑之珍,对自己怀才不遇、科场失意的遭遇,一直耿耿于怀,如同中国古代大多数文人一样,不能通过科举入仕来实现自己经世济民之志,要想留名于世,只有著书立说这条路。他"常谓人曰:予不获立功于国,独不能立德立言以垂训天下后世乎?"(胡天禄《劝善记·跋》)。

目连救母故事自西晋时随着《佛说盂兰盆经》传入中国,因其提倡报恩孝敬父母,与中华传统"百善孝为先"的观念相契合,伴随着佛教东渐,很快成为中国古代流传最广的民间故事之一。北宋时,目连救母故事被编成杂剧搬上舞台,由此诞生了中国最早的戏剧形式——目连戏,到明代时已盛行于全国各地,目连戏也就成了中国"百戏之祖"。目连戏主要故事情节是说有一善人傅相,乐善好施,吃斋念佛。其妻刘氏供佛不专,娘家来人时,到街上买肉不得,便打狗开荤,触犯天条,刘氏因恶坠入地狱。其子目连孝心大发,决心出家救母,往西天求佛取经,获得无边法力,终打开地狱之门,遍经十殿,方知其母已蜕变成犬,后经多方超度,感动神明,赦其母脱离地狱。然而,由于早期目连戏剧本为零散状态,没有一个完整的总体结构框架,因而各地演出版本千差万别,枝蔓纵横,良莠不齐,表演杂乱无序,规模惊人,连续演出七八天也很是平常。

平日里念念不忘以文济世的郑之珍,恰逢其所处的时代,商品经济进一步发展,封建社会走向衰落,传统的封建伦理道德观念渐渐沦丧,他决心用自己手中的笔来重申纲常、维护伦理、阐述是非,达到醒世救世之目的,遂有意识地选择了目连戏这种演出频繁并为广大百姓所喜闻乐见的形式,通过"搜实迹,据陈篇,括成曲调入梨园",灌注自己的思想加以改编。他意图通过效仿孔子著《春秋》以褒善贬恶之事,以著作名世,在教书授徒之余,取目连救母之事,编为《劝善记》三册,定名为《新编目连救母劝善戏文》(以下简称《劝善戏文》),由于索求者众多随即付梓,于明万历十一年(1583)成书。

郑之珍改编目连戏,其目的就是"以言救世",展示自己的经时济世之道,经过他精心改编的《劝善戏文》,广博浩大,包罗万象,思想上具有广泛性与多样性,我国封建社会中下阶层的主流思想观念尽汇其中。戏文完稿后,产生了轰动效应,大受欢迎,很快县内外之人纷纷前来抄录,"好事者不惮千里求其稿,誊写不给,乃绣之梓,以应求者"(胡天禄《劝善记·跋》)。各地竞相索取以至洛阳纸贵,充分说明了其受欢迎程度。明末清初时，目连戏演出已遍及大半个中国，《劝善戏文》也随之传到江西、江苏、浙江、河南、湖南、福建、四川、云南等地，可谓"各地纷演目连戏，众口频说郑之珍"。

作为目连戏发展史上唯一广泛传播的戏本，《劝善戏文》的影响深远，目连戏作为民间戏曲那种杂乱无序的演出形式，由此得到了一个规范的样本。自郑之珍改编后，目连戏进入了一个新的发展时期，真正成为成熟的大剧种，从此得到了更加广泛的传播，作为与文人戏曲并行的另一条中国戏曲发展线路，长期立足于民间演出，形成了独特的艺术风格，拥有了为数众多的中下层社会观众，呈现出兴旺繁盛的景象。《安徽通志》在介绍郑之珍《劝善戏文》时说道："徽郡自朱子讲学后，由宋至清，七百余年，紫阳学派绵绵不绝，江戴兴而皖派经学复风靡天下。然支配三百年来中下社会之人心，允推郑氏。至今日而目连戏曲徽属而外，且流行于浙江之昌化、临安、于潜一带，其力量之久远而溥极，洵为可惊也！"对郑之珍推崇无比，将他与徽州千百年来最著名的大儒朱熹、戴震等相提并论，甚至认为郑氏的影响力更加广泛深远。

郑之珍毕生以塾师为业，除新编《劝善戏文》外，《祁门清溪郑氏家乘》中还收录了他的两首诗，他还为太平焦村写有《五福记》，可惜已佚。

文韬武略汪道昆

汪道昆(1525—1593),字伯玉,号太函、南溟。歙县松明山(今属安徽省黄山市徽州区)人。

汪道昆出身于盐商世家,家境优渥,家庭文化氛围浓郁。3岁开始由祖父汪守义口授唐诗启蒙。时间不长,百首唐诗皆能成诵。来客拜访,幼小的汪道昆常受命背诵唐诗为客人饮酒助兴,清晰流畅,全无差错,颇受称赞。6岁入私塾,思维敏捷,"授书一目十行下"。他读书广泛,闲暇时也读稗官野史,甚至曾试作戏曲,却遭到对他管束严格的父亲汪良彬的禁止。19岁为郡诸生,20岁后随父亲移居杭州,拜礼学大师、余姚邵世德为师。

明嘉靖二十五年(1546),汪道昆中应天乡试第90名。次年考中进士,同科者有后来的政治家张居正、文学家王世贞。同年,汪道昆出任义乌知县。年轻的他息讼争,平冤案,教民习武,展示出出众的领导能力。三年后调北京任户部主事,主管税务,次年督工修筑城墙。不久,受兵部尚书许论的赏识,先升兵部武库司员外郎,后迁郎中。嘉靖三十六年(1557),时年33岁的他升任襄阳知府,兴学赈灾,公道理讼,人称"汪半升"(指半升炊饭未熟而审案已结),得罪豪强而不顾。为防止汉江洪水,他主持修筑老龙堤一千余丈。四年后升福建按察司副使备兵福宁,来到抗倭前线。

其时,福建正全面遭受倭寇侵扰。嘉靖四十一年(1562)十一月,倭寇攻陷福建兴化府,全闽大震。福建巡抚游震德(徽州婺源人)数战不利,回籍听命。汪道昆紧急驰文闽浙总督胡宗宪乞援。同为徽州人的胡宗宪命参将戚继光引兵八千自浙江往闽,汪道昆为"戚家军"的监军。在平倭战争中,汪道昆主策划,戚继光主作战,捣平横屿倭巢,收复宁德县(今福建省宁德市),大战兴化府,斩首三千余级。遭此重创,倭寇再也不敢犯闽。福建大捷后,二人均以军功晋升官职,戚继光升都督同知,世荫千户,后为福建总兵;汪道昆升为福建按察司按察使,协掌监督全省水陆军兵事务,次年升任福建巡抚。也在这段不平凡的合作中,汪道昆与戚继光结下了深厚情谊,两人不仅多次以诗文相颂(汪道昆仅《戚将军入闽破贼十绝句》就连写十首),还"不歃而盟",铸良剑两把,分佩为信。

嘉靖四十五年(1566)六月,右春坊右中允陈谨在老家福建闽县(今福建省福州市东部和闽侯县东南一带)守制,其家人与守军相殴,陈谨出面劝解,被守军所伤,卧病月余卒。南京给事中岑用宾弹劾汪道昆监军不力,汪道昆乃被令回籍听调。隆庆四年(1570)复职任郧阳巡抚,后任湖广巡抚。隆庆六年(1572)升为兵部右侍郎。同年十月,奉命阅视蓟、辽、保定边务,对当地文武官员进行考核,并在那里举行16万官兵参加的大检阅。在此期间,先后向朝廷提交了《蓟镇善后事宜疏》《辽东善后事宜疏》《边储疏》《边务疏》等奏疏,可见其阅视之深入,陈情之具体。尽管汪道昆屡次升迁,但他深知首辅张居正对自己的不满,宦海险恶,前途莫测。经反复权衡,万历三年(1575)六月,他以"请假省亲"为名离开官场,回归阔别已久的故里歙县,开始了自由而丰富的退休生活,直至去世。

汪道昆不仅武略超群,文才也相当出众。他为文简而有法,作诗风骨俱佳。所著《太函集》一百二十卷,收散文一百零六卷,诗歌一千五百二十首,堪称多产作家。他的诗歌虽然形式上比较陈旧,带有复古倾向,内容却富有时代现实感。他29岁时根据真人真事创作的《庖人传》,短短400余字,情节生动,如同一篇短篇小说。所作的《查八十传》《汪处士传》《王仲房传》《吴子钦传》《朱介夫传》《詹处士传》等,都是为地位卑微而个性不同凡俗者立传,笔调清新,别有趣味。万历十七年(1589),他托名"天都外臣"撰写《水浒传·序》,认为《水浒传》内容丰富生动,"纪载有章,烦简有则";"如良史善绘,浓淡远近,点染尽工"。充分肯定了小说的价值,表达了对梁山英雄的深刻同情和对权奸误国的无比痛恨。至于汪道昆是否为《金瓶梅》的作者,尚待进一步考证。

汪道昆也精通音律,在戏曲创作方面有较高水准。嘉靖三十九年(1560),他在襄阳知府任上,创作了《高唐记》(写楚襄王游高唐,梦中与神女相会的故事)、《洛神记》(即《洛水悲》,写陈王曹植在洛川遇见洛神的故事)、《五湖记》(即《五湖游》,写大夫范蠡携西施扁舟泛游五湖的故事)、《京兆记》(即《远山戏》,写汉京兆尹张敞为妻子画眉的故事),合称《大雅堂杂剧》。四折杂剧,既可独立演出,又可合成一本。汪道昆这些作品,具"清新俊逸之音,调笑诙谐之致",堪称剧作中之"上品"。特别在戏曲形式上有些改革,反映了杂剧南戏化的趋势。潘之恒记载,《大雅堂杂剧》与《窃符》《虎符》《祝发》等剧,在江浙一带演出甚盛。汪道昆因此也与戏曲作家王世贞有"南北两司马"之誉。

汪道昆也热心桑梓事业,对推动家乡的文化发展贡献很大。隆庆四年(1570),他在今徽州区西溪南组织丰干社诗会,并作《丰干社记》。这是一个讲学性质的文社,常有诗酒唱酬活动,参加者多为当地有一定文才的"文学青年",如后为制墨名家的方于鲁、与多位名流有交往的方用彬,都由汪道昆亲自招入诗社。万历八年(1580),汪道昆又创建白榆社,初期社员仅七人,后不断吸收四方有诗名者加入,诗社逐渐名震东南。《太函集》中还有《颖上社记》《南屏社记》等,保留了一些徽州文人社团或有徽州人参加的社团情况。此外,汪道昆对徽州当时诸多园林也颇为了解,在《太函集》中,《曲水园记》《季园记》《遂园记》《荆园记》《遵晦园记》等,记述徽州名园甚详。汪道昆评价"遂园约矣,取其蜕于市嚣;曲水沉沉,取其都雅;季园巨丽,庶几盖州;七盘(休宁园名)夹道有筠,曲折而有直体;乃若荆园之费不訾",也一定程度上反映了他的美学思想。

千字书圣詹景凤

詹景凤(1528—1602),字东图,号白岳山人、中岳山人、天隐子、天隐生、大龙客等,休宁县流塘村人。

詹景凤3岁好书,5岁谈神仙,精数学,能前知。受家族雅好文艺的影响,7岁跟随堂兄詹景宜、詹景元学书画。

詹景凤因耽于书画,直到明隆庆元年(1567)才考中举人,其后十年五次考进士,皆落榜,于是在万历八年(1580)领官江西南丰县掌故,从此走上仕途,后官至广西平乐府通判。到任后,他经常私访暗察,掌握民情,为官公正,深受百姓肯定。后移官梧州,置生死不顾,前往匪窝,晓之以理,动之以情,感化盗匪,一时传为佳话。

詹景凤在书画方面有着深厚的造诣,有人将其与明代书画领军人物祝允明、文徵明相并称。詹景凤在书画鉴赏上的成就嘉惠后学尤多,一方面得自家学,另一方面缘于交游。万历四年(1576),詹景凤造访秀水(今浙江省嘉兴市)大收藏家项元汴,得观其皮藏,而后又在苏州、松江、金陵(今江苏省南京市)一带广览诸家藏品。在金陵的七年里,与名士王世贞、王元贞、陈文烛、屠隆等切磋艺文;在保宁(今四川省阆中市保宁镇)三年,周览所至,题咏几遍。阅历既富,鉴赏亦善。

詹景凤对书画理论有着自己的见解,所著《东图全集》三十卷之末四卷《玄览编》及所附题跋一卷及《詹氏小辨》六十四卷之四十、四十一的《书画旨》二卷,论书画最详。又曾詹氏辑集王世贞《书画苑》失收的古代书画之书二十五种而成的《王氏书画苑·补益》。詹景凤反对泥古无创新的书法,但又不能偏废古人,而是将古人笔法融为自己的个性创作,这样,传统师法的同时,又有自成一家的个性面貌。

詹景凤的艺术创作以书法为高,其中又以草书成就最为突出。明末朱谋垔编撰《书史会要续编》,认为詹景凤"深于书学,用笔不凡,如冠冕之士,端庄可敬。狂草若有神助,变化百出,不失古法,论者谓可与祝京兆狎主当代"。将詹景凤与祝世禄看作当时草书的代表人物。

詹景凤自号白岳山人,就是以家乡的名山为号,他曾在石桥岩与天泉书院附近辟台,名詹东图读书台,并刻于天泉书院左之石桥岩上。詹景凤在石桥岩还有多处题刻,如"嘉靖丙辰秋,詹景凤同友吴钦仪、吴景明,侄万里来游,题山曰文岐山"。此为他29岁时所书的楷书。另有"隆庆元年正月十一日,詹景凤东图携子万善、侄万言、公瑾来此读书,讫于六月而还。时同方者杨通儒幼钧,汪尚嗣思卿,子时顺,侄时中、时从"为行书题刻,此年春,又有"隆庆改元春,汪尚厚元卿等来访詹东图于文岐山"。次年,汪道昆与其弟汪道贯、汪道会等人游齐云山,詹景凤以行书记其事并刻石桥岩:"隆庆二年十月初七日,都御史汪道昆,知县王谣,山人陈有守,南京进士詹景凤,都御史弟文学道贯、道会,僧祖胤,并齐云山而西抵岐山,登石桥,寻棋盘石,下观大龙井,与山中主人国子生朱家相、家宾,文学汪尚嗣遇,遂宿于此。"詹景凤书法流传至今的楷书作品不多见,齐云山碑刻《重修齐云山玄君殿记碑》《始建登封桥碑记》等有影响的碑文皆为詹景凤所书。从碑文可知,詹景凤楷书主要学习颜真卿,结体宽博,用笔严谨。

詹景凤的传世草书作品中以《千字文》最为著名,在明代就有刊本行世。据《中国古代书画图目》著录,传世所见詹景凤草书《千字文》长卷凡三种:一为万历二十四年(1596)六月所书,今藏安徽省休宁县博物馆;一为万历二十五年(1597)所书,今藏广东省博物馆;一为万历二十七年(1599)所书的《临怀素〈千字文〉》,今藏江西省博物馆。其中藏广东省博物馆长卷,前有詹景凤所作《墨竹图》一截,署款后有詹氏二跋,为天寒积雪,乘兴而书。全卷一百四十一行,正文连同题头、款语凡一千零八十余字,一天之内一挥而就。本卷不久为世兄范奎甫所得。翌年九月十三日,詹氏复以草书作跋:"奎甫范世兄得此卷,持过天逸阁,索予复为题志,因记。"

明代书家喜抄写前人诗文,又多好草书,因此以《千字文》作为书写内容而创作草书作品者甚夥,其名家有赵孟𫖯、宋克、祝允明、文徵明、徐渭、董其昌等。当时詹景凤以草书《千字文》而名于世,足以证明他的草书成就不俗。

詹景凤的草书既有所本,又变化百出。他的草书之"狂",既有性情疏放的一面,也有技巧娴熟的一面。传世所见詹景凤三本草书《千字文》长卷,均为乌丝栏纸本,创作时间前后仅相去一年半,但它们之间的艺术面貌有较大的差异。詹景凤自己也以为是"偶然"而得。这就说明在艺术创作中,技巧是基本的,而灵感是偶然的,只有当技巧与灵感完美结合,即"心手相称",才能"穷变态于毫端,合情调于纸上"。

詹景凤的书法理论受"心学"影响比较深。以于学书之道,詹景凤强调"悟"。《书旨》曰:"字虽有质,迹本无为,禀阴阳而动静,体物象而成形,达性通变,其常不主,故知书道玄妙,必资于神遇,不可以力求也;机巧必须以心悟,不可以目取也。"

又曰:"尝跋祝希哲《草书歌行》云:楷,本也;草,末也。能草而不能楷,则为无本之学。却不知心是本,楷与稿草悉末也。只宜云:能草而不能楷,是知变而不知常。夫不知常,乌知变?"詹景凤认为,楷书和草书皆非本,而心才是根本。《书旨》曰:"书,心画也。故书家传法直从心起。笔阵先标'凝神静虑',墨亭首著'端己澄心'。夫何言'凝静端澄'也?绝喜心于内念,泯名心于外想,斯乃用志不分,而精深微妙可驯致。"詹景凤的书法理论,充满了辩证法。重视"入古",也重视"出新";强调下"功夫",更强调"悟性"。相辅相成,不可或缺。

詹景凤绘画则学元人黄公望、倪瓒的山水,在折枝花卉方面较为擅长,晚年以书法作画法而为墨竹,传世多见,堪为典型。他认为"命笔秀朗谓之雅"。"画之最忌在气俗、意俗。世人论画,但知笔俗之为诟病,而不知气俗、意俗之病尤深也。"

詹景凤一生所做的官虽然小,但艺术成就不低。所作文章主要学汉赋和《庄子》《左传》等先秦散文;绘画方面亦有很高的造诣;书法学王羲之、王献之父子,晚年善狂草,模仿怀素,在求奇求怪的书风范围内,但意胜于法,往往粗率,甚至受到同时代人周之士批评"终为幻怪,牛鬼坑神,酒肆物耳"。

"徽派篆刻"鼻祖何震

何震(1535—1604),字主臣,一字长卿,号雪渔。休宁县前街人。何震是一名专业篆刻家,现存最早的作品为明嘉靖二十九年(1550)刻的"云深不知处"寿山石印,该印现藏安徽省博物馆。何震以刻印为生,刀法娴熟,但对字法认识不足。于是专门到苏州去拜访当时的书法篆刻家文彭,向文彭求教有关六书方面的问题。经过文彭的指教,何震对治印比以往有了更深刻的认识,努力钻研字法,注重临摹先秦刻石、金文,汪道昆写有《何长卿古篆印章》诗称赞何震:"刻画直须摹九鼎,飞扬早已逼三仓。而今一掷金如斗,径寸垒垒肘后藏。"

在当时印坛注重宋元而忽略秦汉的大背景下,率先对先秦刻石、金文进行研究,从先秦刻石、金文中汲取印学营养,不得不说这是一大进步。李流芳称赞何震:"新安何长卿,始集诸家之长而自为一家,其体无所不备,而各有所本,复能标韵于刀笔之外,称卓然矣。"何震临习秦汉印章之所以能"标韵于刀笔之外",并不是何震不注重刀法,实在是何震以一个职业篆刻家跻身文人篆刻之列,娴熟的刀法,使他可以不必特别留心手中的刀,而把注意力集中到方寸之间的整体风格,如镂印的秀丽、铸印的工整、凿印的粗犷,其神韵自然天成。

隆庆初年至万历二十年,何震基本都在家乡徽州与南京之间往来从事篆刻活动。其间曾一次北上京师和边塞,一次西游湘楚。这两次出外游历都由同乡汪道昆介绍推荐,并写诗为其送行。万历九年(1581)秋,何震准备赴南昌,与诗人欧大任相遇于南京，欧大任写赠别诗曰："南来居士得何颠，篆学秦斯隶汉邕。一舸图书前路去，大江秋色照芙蓉。"在南昌逗留约半年时间，与皇室朱拱㷆、朱多煃、朱多炡、朱多炤等多有交往。万历十年（1582）夏，何震北上京都。万历十五年（1587），何震回到家乡，成为汪道昆的座上客，与吴守淮、王寅、谢陛、潘之恒、方于鲁、刘然、杨明时、丁云鹏等名士经常雅集。

　　由于自身对印学的钻研提高，以及汪道昆等人的宣传介绍和褒扬，何震声名鹊起于印坛。万历十七年（1589），何震应张学礼的邀请，为其摹刻秦汉古印，被收入《考古正文印薮》。万历十七年（1589）至万历二十三年（1595），书法家祝世禄在休宁县任县令，前往拜访何震，对何震多有褒奖。万历二十二年（1594）至万历二十六年（1598），冯梦祯担任南京国子监祭酒期间，何震又成为冯梦祯的慕客。

　　万历二十年（1592）前后，何震的声望达到了顶峰。约编于万历二十年的《印母》，首次把文彭和何震并称为印坛领袖："古印推秦汉，今印推文、何。"其后何震的名气愈来愈大，几乎凌驾于文彭之上，成为一代宗师。祝世禄《梁千秋印隽序》称："印章之作，其年尚矣。盛于秦而工于汉，其法平方正直，删繁益简，以通其宜，匠心运妙为千秋典型。六朝参朱文而法坏，唐、宋好盘纠而法亡。至我朝，文寿承氏稍能反正，何主臣氏乘此以溯其源，遂为一代宗匠。"何震处于文人篆刻体系正式确立之初，文人篆刻家对刀法生疏，复古之风盛行的时代。他作为一个职业篆刻家，有着娴熟的刀法技巧，用刀在石上再现秦汉印章古风，这是他的特长，也是他的特色。在当时文人执刀尚未稳妥，对刀法极为生疏的情况下，何震能以自己娴熟的刀法再现秦汉古风，让人们能够广泛地去认识、熟知秦汉印章，功不可没。

　　何震的摹古印章能够仿得惟妙惟肖，得力于他的娴熟刀法。但何震的印作并非都是摹古一路，有些作品参于己意，"吴之鲸印"取法汉玉印，线条圆劲，字空白处多以屈曲之笔补充，章法匀称。"无功氏"，取法元朱文印，又参以秦汉泉币文字线条，既圆劲又刚折，别具风貌。由汪关发扬光大，在印面笔画交接处留"涨墨"点的章法处理，在何震的印中也已见端倪，如"刻我生"印。

　　以上是何震印风的多面性，但真正能够代表何震风格的乃是他化育凿印而形成的猛利之风。何震性格豪爽，好客疏财，尤好酒，汪道昆写其酒态："何郎酒态由来美，睥睨尊前笑祢衡。"他的这种豪迈性格自然而然地渗透到他的篆刻创作中，他在摹汉凿印的基础上发明了一种个性鲜明的刀法——冲刀。冲刀顾名思义为"执刀直冲"，生猛雄健，泼辣生动，不假修饰，刀味十足。从现在已经确定为何震真迹的"青松白云处""听鹂深处""笑谭间气吐霓虹"三方印章来看，凿印味极浓，气势豪放,用刀极为淋漓痛快。

何震的另一项发明是以单刀刻边款,欹斜错落,奇趣横生。这种单刀刻边款一刀即成一笔,产生的点画,一侧光洁,一侧微毛,虽不及双刀刻法的点画圆融光洁,但简洁写意,苍莽生辣,兼具笔意刀趣。这种刻法,对丁敬、蒋仁、陈豫钟以至近代吴昌硕等印家,都产生了很大影响,运刀似笔,如书纸帛,从而使单刀刻边款升至更完美纯熟的境地。这种单刀刻边款应该也是受凿印风格的启发而产生的。

何震还撰有印学论著《续学古编》两卷,是书仿照元代吾丘衍《学古编》体例,在《学古编》原旨的基础上,阐发印学见解。其一,何震简化了吾丘衍的语言文字,使吾氏的观点更为鲜明突出;其二,对吾丘衍没有谈透的地方,发挥之;其三,对吾丘衍没有谈到的,阐发之。吾丘衍懂篆不懂刻,在《学古编》中没有谈到刻的问题。何震是专业篆刻家,镌刻是他的特长,故在《续学古编》中对吾丘衍没有涉及的刀法,进行了详尽的阐述,尤其对刀法与笔法关系的论述,可谓十分精辟。何震以前,文人能篆不善刻,不懂刀法。何震不仅能篆,更善刀法。尤其可贵的是,他把自己对刀法的理解,上升到理论高度,进行归纳,提出了六种用刀的害处,对当时的篆刻艺术创作具有指导意义。

何震在印坛的崛起,影响和造就了徽州大批篆刻人才。与何震同时代的一些篆刻家同何震互相交往,互相影响,也都成为当时印坛上的风云人物。如吴良止、金光先、陈茂、徐上达、罗南斗、苏宣、汪关、朱简、吴忠、胡正言等,形成中国文人篆刻史上最为显赫的篆刻流派——徽派,何震也自然而然成为徽派篆刻的鼻祖。

白描圣手丁云鹏

丁云鹏(1547—1628),字南羽,号圣华居士。休宁县城人。其父丁瓒是一位进士出身的名医,擅长丹青并嗜古藏古、精于鉴赏,丁云鹏从小受其父熏陶,喜爱书画。明万历五年(1577),拜名书画家詹景凤为师,曾随詹景凤四处游历,一方面饱览名山大川,陶冶情操,另一方面接触历代书画名家真迹,开阔视野,增加阅历。

绘画以白描见长,艺术上既继承李公麟的风格,又得贯休技法相传,再加以融合创新而自成一家。他的白描释道人物,笔触在丝发间勾画,线条飘逸柔韧,对表现对象的描绘十分细致和到位,得李公麟神髓。其创作的罗汉像,更是别具一格。代表作有《古佛调狮图》《白马驮经图》等。

丁云鹏的山水画早年极工细,后取法文徵明,笔墨则与詹景凤相近。传世山水画不多,日本东京松涛美术馆藏《夏山欲雨图》,是他晚年的作品,画上云山、烟树、农舍、舟桥布局精工,笔墨遒劲,层次丰富,柔润而有骨,达到了枯而有润的艺术效果。董其昌在他的老师许国家中见到过丁云鹏的《上林图》,非常赞赏,并由此结识丁云鹏。两人交往密切,董其昌屡次在丁云鹏的字画上题跋,赞赏其"三百年间无此作手",并赠丁氏以"毫生馆"印章。丁云鹏凡得意之作,均盖此章。

中年与佛教结缘,曾与明代高僧紫柏、憨山等人交往密切。著名的《佛祖道影》画册即是憨山大师请丁氏绘制的。明代藏经《嘉兴藏》中的许多佛画原稿亦是出于丁氏之手。危岩峭壁,古木丛林,诸罗汉或晏坐禅定,或翻经说法,或降龙伏虎,形貌各异。卷中多尊罗汉的造型以贯休罗汉为本，胡貌梵相，但丁云鹏加绘了树石等背景，并表现了人物的互动关系，形成文人喜好的倚石凭树、与山水混融的罗汉画卷。

丁云鹏与汪道昆关系也极为亲密，汪道昆与弟汪道贯为丰干社盟主，曾召丁云鹏入社，这层诗友关系，加上汪家与制墨大家方于鲁的姻亲关系，使得丁云鹏得以为方于鲁墨谱绘稿。方于鲁是个制墨家，为了同另一位制墨家程大约竞争，觉得光靠自己原有的墨模图谱不够，还要设计出更新颖、更优美的新图谱，才能使墨品更具吸引力。丁云鹏善于白描，画风工细，既利于墨模的雕镂，又利于版画的刊刻。更重要的是丁云鹏有名气，他工诗及书，善画道释人物。于是，丁云鹏成为墨谱绘图的最佳人选。

丁云鹏

同郡吴廷羽从丁云鹏学写佛像，得其真传，师生间关系深厚。在传世的版画作品中常见二人一同署名参与的版画，如《泊如斋重修宣和博古图缘》三十卷三十册、《泊如斋重修考古图》十卷，传宋李公麟画，明丁云鹏、吴廷羽、汪耕摹图，另有《方氏墨谱》和《程氏墨苑》同有二人共同署名的版制绘稿。《方氏墨谱》同为二人合力为制墨大家方于鲁绘制的墨谱，因两人的艺术风格相似，对版画的格调统一，在内容表现和艺术形式上也有良好的默契与配合。此墨谱共分六卷，刻画细密，形象逼真，是繁缛细致、绵密工细的"婉约派"风格的代表作品，艺术造诣上与《程氏墨苑》相媲美，在我国版画史上占据重要地位。丁云鹏对黄山、齐云山都有很深刻的观察，他不仅作有《黄山总图》，还作有《白岳全图》，采用传真手法对黄山、齐云山进行全景式描绘。《黄山总图》今已不存，《白岳全图》以版画的形式留存于万历二十七年（1599）刊刻的《齐云山志》中。

丁云鹏等文人画家进入版画绘图领域后，为版画领域带来了新气象，使传统版画构图简略的状况得到改观。如丁云鹏为《程氏墨苑》绘《列子御风图》，为了增加构图的完整和美观，背景衬有山、水、树、石、草，层次分明，线条优美。加上刻工流畅的刀法，水的流动、风吹草动，使画面呈现出生动的气象。《百子图》绘一百个儿童，嬉戏游乐，形态各不相同。构图上，丁云鹏将这一百个儿童的游乐背景置放在皇家园林之内，有高台、有流水、有栏栅、有假山、有树木、有小鸟，图像布满整个画面，线条一丝不苟，繁而不密，富丽精工，堪称徽派版画的代表作。

在画史上丁云鹏以善画道释人物而著称，对于他的山水画，尤其是他对新安画派形成的影响，却很少有人谈及。丁云鹏家乡在休宁，对齐云山有很深刻的观察，晚年更是栖居黄山禅观，帮助普门和尚创建慈光寺，对黄山也很了解。他不仅作有

《白岳全图》，还作有《黄山总图》，这种采用传真手法对齐云山、黄山进行全景式的描绘，在新安画家中只有丁云鹏一人。丁云鹏的山水版画，用线描的手法绘出一系列绵延、光秃的山峰，峰头呈圆锥或平坦的形态；山腰云雾缠绕；松树也是黄山松的平枝或垂枝，生长于危岩峭壁之中。这些都是黄山特征的意象表现。在丁云鹏的版画作品里，这些特征表现不仅在绘画黄山、齐云山时是这样，绘制其他版画，也是如此。如《程氏墨苑》中"凌烟阁"一图的松树根植于阁旁的岩石之中，根径裸露，虬枝倒挂，俟如黄山松；"二酉山"山腰云雾缠绕，松树如枝丫，亦是黄山景；"玄岳藏书"中的"玄岳"更是圆峰、云绕、松倒挂，仿佛黄山真景。可见丁云鹏对黄山的了然于胸，只要是绘山水，都会自然地流露出黄山的本质来。而这种峰圆、云绕、松树虬曲的特征正是后来新安画派的主要特征，只不过丁云鹏是把这种特征表现在版画上，而新安画派的画家是把这种特征表现在笔墨中。

篆刻"泗水派"创始人苏宣

苏宣(1553—1627),字尔宣,一字啸民,号泗水,又号朗公。歙县人,寓居泗水(今山东泗水县),是明末文人篆刻流派"泗水派"的创始人。其父苏汇擅古文辞,与苏州篆刻家文彭有着极好的交情。苏宣幼承庭训,雅好诗书,旁通经史百家,对金石碑碣之学研究尤深,被人们誉为才子。然而父母过早去世,接着又遭遇不平事,于是他弃书学剑,杀人报仇,远走他乡,遁迹江湖。

仇家事平以后,苏宣便前往苏州,投奔父亲的好友文彭。受到文彭的关照,他被安排在文府坐馆,教授文家子弟读书。坐馆教书,平静安逸的生活不符合苏宣豪爽的性格。同时,躲避仇家、混迹社会底层的那段经历,使得自己的经史学习中断,科考无望。觉得这样碌碌无为一生,十分窝囊,不如学一艺闯出名声,也不枉此一生。文彭是篆刻大家,苏宣凭着自己原来对金石碑碣研究的文字功底,虚心向文彭求教篆刻之道。同时云游四海,在云间(今属上海市松江区)顾从德、嘉兴项元汴等收藏家处,博览秦汉玺印,临摹汉印近千钮,积聚了很深的功力。

在学习古人的过程中,苏宣师古而不泥古,创新求变。他认为开始学习篆刻,可以从摹拟着手,但摹拟只是学习篆刻的手段,不是目的,目的是强调变化,形成自己的个性风格。他曾说:"余于此道,古讨今论,师研友习,点画之偏正,形声之清浊,必极其意法,逮四十余年,其苦心何如!"所刻作品气势雄强,布局严正。姚士慎称苏宣的印章"书篆错出不名一家,镌法亦变幻多端,不主故常,要以归于浑朴典雅"。

苏宣小何震近20岁,与何震同为文彭的弟子。他们两人的学养起点不同。何震是职业艺人,始终以刻印为生。苏宣出身于书香门第,又能作诗,但不以诗名。只是后来家中遭仇,才弃书学剑。明隆庆后期又得文彭面授六书印学。故苏宣的文化修养比何震要高一些,在篆刻中体现出来的典雅之气也浓一些。

在顾从德、项元汴处,苏宣纵览秦汉以下各代印章,尽得其法。他自己说,通过观览古印,"而知世不相沿,人自为政。如诗非不法魏、晋也,而非复魏、晋;书法不法钟、王也,而非复钟、王。始于摹拟,终于变化。变者愈变,化者愈化,而所谓摹拟者逾工巧焉"。可见他从对各个时代古印的对比研究中得知时代不同,风格相异,每个时代、每个作者都应该有自己的风格特征。

"始于摹拟,终于变化",是苏宣篆刻创作实践的经验之谈。从苏宣遗留下来的印迹来看,他摹拟的范围极为广泛。秦汉印章凡官印、私印、铸印、凿印、白文、朱文、朱白文等都曾涉及。尤其很多印章摹拟何震,体现了苏宣对何震印风的传承和提高。苏宣开始学习六书印学时,何震已经在印坛上卓有成就了。尤其当时重视刀法,而何震的刀法无人可匹,故苏宣最初的临习之作摹拟在印坛上已享有声誉的同门大师兄的印作,是自然而然的事。以其所刻"痛饮读离骚"与何震印章"痛饮读离骚"相比较,如出一辙。又以其"深得酒仙三昧""我思古人实获我心"二印同何震"三径琳琅""遂初堂印"对照,也有相似之处。"我思古人实获我心"刻于天启二年(1622),是苏宣的晚期作品,可见他对何震的钦服。

摹拟之如灯取影,体现了苏宣的功力。但摹拟对苏宣来说,只是手段,而非目的。苏宣的过人之处,在于懂得创新求变,刻出自己的风格。苏宣的性格与何震同属豪放不羁。因此苏宣的印风体现的也是雄健一路。苏宣的雄健同何震的猛利相比较,区别在于刀法上他继承了何震的握刀直冲,但在冲刀时取涩势,内质更显凝重。仍以"痛饮读离骚"印章为例,何震的印冲刀猛利爽快,但内质滑而力薄;苏宣的印冲刀雄健滞涩,内质凝而力重。尤其"骚"字马边的最后一竖笔,更是力沉千钧。

再从何震的代表作"笑谭间气吐霓虹"与苏宣的代表作"江东步兵"整方印来分析。"笑谭间气吐霓虹"基本按汉印格式布置,章法严谨内敛,结构平整方折,用刀淋漓痛快;"江东步兵"亦取汉印格式,章法开阔外张,结体方整中兼用圆笔,直曲相映,笔法丰腴而厚重,用刀冲中带切。"笑谭间气吐霓虹"印面风格猛利泼辣,虽较凿印规整,但仍留有凿印痕迹;"江东步兵"印面风格典雅雄健,略带书卷气,有一种汉官印的威仪。

在边款艺术上,苏宣也有创新,最早用草书刻写边款。他在何震用单刀的基础上,灵活地以单刀、切刀相济而行,所刻草书边款潇洒豪放,别开新路,后来的邓石如、吴让之等人深受其影响。苏宣处于文人篆刻的草创时期,勇于创新,在篆法、章法和刀法上都有探索,开阔了篆刻创作思路和艺术表现力,是文人篆刻创作史上的有功之臣。

苏宣著有《苏氏印略》四册,成书于万历四十五年(1617)。《苏氏印略》以印的大小编次,第一册收大印71方,长印36方;第二册收印74方;第三册收印272方;第四册收印212方。共收印665方。多为姓名、斋室、里籍、闲散印。每册后均系序文,共有施凤来、马维诏、钦叔阳、刘世教、彭宗砺、姚士慎、陆淘、王穉登、董嗣成、黄汝亨、沈㴠、俞恩烨、曹振镛序跋及自序。国家图书馆另藏有《苏氏印略》一册本,成书年代近于四册本,存印则为260方。此外又有《苏宣印册》粘本二册,内存印约100方,下册并载苏氏摹刻汉印。印文与《苏氏印略》四册本多不雷同。

当时师承苏宣印风的主要有程颜明、何不违、姚叔仪、顾奇云、程孝直等篆刻家,被时人称为"泗水派"。

"虞初"体小说之祖吴继灼

吴继灼(1553—1598),字仲虚,号履素。休宁商山人,侨居杭州。出身于商贾之家,幼年就老成持重,人也特别聪明。10岁时,获得一本《春秋左氏传》,非常喜爱,经常诵读,塾师为之解读,遂通晓全文。14岁时,随父亲吴洽和兄长吴伯实在杭州经营典当业。但他对经商毫无兴趣,说:大丈夫当以读书济世为己任,若成天斤斤计较于金钱之中,岂不埋没一生。在父亲的严厉督导之下,他读书非常勤奋,学业越来越精进。习百家言,属文叙事,优美精丽。虽然家中很富有,生活却很节俭,穿着简朴,吃的也是粗菜淡饭。

吴继灼成年以后,生得白晳红唇,体格壮硕,气宇轩昂,养着一副美髯,俨然一个美男子。然而,性情却很朴实,不爱修饰,深思好学。侍奉父母非常孝顺,父母去世时,因悲伤痛哭,而至吐血。随即入太学学习,曾经同汤显祖论《三国志》,认为诸葛亮才智过人,但不会用人,不如魏国的镇西将军郝昭。对蜀国人才本来就比魏国少,诸葛亮为什么不加珍重感到不解。汤显祖为他解说缘由,于是释然。

精通《尚书》,对《左传》《史记》《汉书》《晋书》《魏书》以及百家杂言、稗官小说,无不涉猎,经常有自己的独到见解。由于涉猎百家,又喜欢钻牛角尖,不利于科举考试,参加七次科考都没有被录取。晚年崇信佛教。

生平不喜欢交游,大部分时间都是闭门读书。但与当时的文人名士交情颇深,相互以文章结为知己。明万历二十六年(1598)去世,前来悼念的人络绎不绝,家里人大部分都不认识。冯梦祯为之写《志》,屠隆为之作《表》,黄汝亨为之立《传》,王穉登、汤显祖、陈继儒、董其昌、陆无从、谢陛等一大批名人为其谱像题诗作赞,一时传为文坛佳话,令人羡慕。其中与冯梦祯、黄汝亨、虞长孺三人最为莫逆之交,吴继灼去世后,三人联名撰《祭吴仲虚文》:"呜呼!仲虚多情嗜义,于吾三人足称嗅味。"可见吴继灼的为人。黄汝亨也赞扬"仲虚,生平不妄交人,闭户下键,多所事玄览。于武林独昵就予与虞长孺、冯开之先生,与吴昵王百谷,与临川昵汤若士,俱文章气谊之知"。

吴继灼为文与做人一样朴实,不以数量取胜,成稿的作品极少,仅著有《西爽堂稿》一部,今已佚失,具体内容难知。李维桢《吴仲虚家传》称:"篇什不富,而才意新拔,良足嘉异。"但他家藏图书万卷,闭门读书丹铅校雠不倦,与著述不丰相比,一生编刻图书不遗余力。以在杭州的藏书、读书处"西爽堂"为刻书堂号,刻了大量的史书、佛教典籍及稗官小说,主要有《三国志》六十五卷、《晋书》一百三十卷、《大唐西域记》十二卷、《大慈恩寺三藏法师传》和《虞初志》七卷等。

去世后,其后人继续以"西爽堂"名刻书。据瞿冕良《中国古籍版刻辞典》载,除上述五种外,今尚存以西爽堂名义刻的书还有高棅《唐诗正声》二十二卷、乔时敏辑《王元美先生文选》二十六卷、天启四年(1624)刻《新镌出像点板北调万壑清音》六卷、天启五年(1625)西爽堂自编《皇朝历科四书墨卷评述》不分卷、崇祯四年(1631)刻王征《新制诸器图说》一卷等,以及崇祯三年(1630)刻杨士弘辑、顾林批点的《唐音》十五卷,朱一是、吴玙评《樊川集》十七卷。其侄吴敬也以西爽堂名义,为吴继灼的好友汤显祖刊刻《玉茗堂乐府》,将《牡丹亭》《紫钗记》《邯郸记》《南柯记》合集出版。吴氏在杭郡多种商业活动中,也应该包括经营出版业,否则也不会大量刊行史书、诗文集、戏曲、墨卷、佛经、器用之类的书籍。

《虞初志》为明代传奇、志怪小说选集,刻家众多。《王穉登序》载:"吾友仲虚吴君,博雅好古。纬略塞胸,腹笥溢于边韶,架帙侈于李泌,以《虞初》一志,并出唐人之撰其事,核其旨,隽其文,烂漫而陆离,可以代捉麈之谭,资扪虱之论。乃于游艺之暇,删厥舛讹,授之剞劂,长篇短牍,灿然可观。"小说以"虞初"命名,始见于班固《汉书·艺文志》所载《虞初周说》,张衡《西京赋》称"小说九百,本自虞初"。虞初最初被解释为人名,说他是汉武帝时一个方士,后人将他当成"小说家"的始祖,虞初同时也成为"小说"的代名词。吴继灼搜集《续齐谐记》和唐人小说刻为一书,命名《虞初志》。他的朋友汤显祖接着有《续虞初志》四卷,邓乔林有《广虞初志》四卷,大抵裒集前人文章,非自撰写。清初歙县张潮的《虞初新志》也是收集明末清初人的文章,汇为一编,共二十卷。后郑澍若又有《虞初续志》十二卷。直至《虞初近志》《虞初支志》《重订虞初广志》等多种,形成我国古代文言古典小说中的"虞初系列",而《虞初志》为"虞初系列"之祖,对以后作品产生了很大的影响。

戏曲评论家潘之恒

潘之恒(1556—1622),字景升,号鸾啸生、鸾生、亘生、庚生、天都逸史、冰华生、天都外史、山史等。因他须鬓如戟,所以别人又称他髯翁。歙县岩寺(今属安徽省黄山市徽州区)人。

潘之恒的出身,既是徽商世家,也是书香门第。其祖父潘侃早年经商,晚年出任光泽县令,再迁汀州通判。父亲潘召南一生经营盐、典当、布匹等业,家资雄厚,在真州(今江苏省仪征市)、金陵(今江苏省南京市)、苏州、歙县均有产业。潘之恒年幼时受到良好的文化教育,才思敏捷,少年时代就以善于作诗而名扬乡里。由汪道昆保荐进入"白榆社",常因语出惊人而闻名。但他的科举之路并不平坦,曾五次参加乡试而未考中,于是退出科场,潜心文词,寄情山水。他家境富裕,过惯了衣马轻裘、优游散漫的生活,为人豪爽,出手宽绰,长期生活在金陵、苏州等地,交游极广,与戏曲家张凤翼、汤显祖、屠隆、臧懋循以及袁宏道兄弟等的友谊都很深,与李贽也有来往。但他中年之前并无经商经历,其性情也不适合经商,因此,家道逐渐中落,直至晚年贫困潦倒,一贫如洗,几乎到了全靠新朋旧友接济的地步。

潘之恒平生创作了大量诗文。他的足迹踏遍半个中国,游历中所见所闻均有所记,汇编成江南山水志《鸾啸集》传世,内容翔实,文词优美。晚年漫游芜湖、当涂、繁昌等地,收集当地民歌和民谣,并写下许多歌颂大自然的诗作,风格清新,状物抒情均饶有兴味。有诗集《涉江集》二十卷,多为纪游之作。

在学术上，潘之恒成就最大的是戏曲理论。他不仅得到文学家汪道昆和王世贞的指点，与著名戏曲家汤显祖、沈璟等也经常交流，更主要的是与一般清高文人不同，潘之恒结识很多优伶，并与很多演技优秀的优伶保持密切关系，熟悉她们的生活与内心世界。同时，他除了观赏大量戏曲演出外，还参与组织了不少"曲宴"活动，曾把江浙一带的名演员请到黄山来演出。这就使得他的戏曲评论既具体鲜活也很有理论深度。

潘之恒的戏曲理论，主要涉及戏曲表演论、戏曲导演论、戏曲鉴赏论三个层面，在中国戏曲史上都很有创见。比如，对于演员素质，潘之恒提出了"才""慧""致"的观点。所谓"才"，是指演员的天生禀赋，即形体、声音、容貌等外部条件，这属于底层的要素。所谓"慧"，是指演员灵慧的智能，表现在记忆力、观察力、理解力等直觉与理性思维方面，这是中层的要素。所谓"致"，表现为演员的情感感受力和情感艺术鉴赏力，并因为这种感受力而被剧本打动，产生的那种跃跃欲试的表演冲动和欲望，这是高层的要素。三者之间的关系就是"有才而无慧，其才不灵。有慧而无致，其慧不颖"。再如对于表演，潘之恒从"度""思""步""呼""叹"五个方面，论述了表演艺术应该注意的许多具体问题。他主张表演要注意分寸，要合乎规矩、节奏。只有"浓淡繁简，折中合度"，演出才能得其意，传其情，收到良好效果。

潘之恒论戏曲表演艺术的文章和所写演员小传都收入他的综合性著作《亘史》和《鸾啸小品》中。他这些意见，对于帮助演员提高表演艺术具有积极意义。因此，当时人们都把他视为"赏音"，誉为"独鉴"。许多人还认为，演唱昆山腔，只要得到他的称许，就算有了定评。此外，他还撰写了《叙曲》《吴剧》《曲派》《剧品》等剧评文章，保存了不少珍贵的戏曲史料。

因他常年研究戏曲，家中养有戏班，经常排演名剧或自编节目，很受当地百姓欢迎。相传，明万历年间，著名戏剧家、后七子盟主王世贞，带领三吴两浙有名文士百余人由水路游黄山，徽州出面主持接待的就是汪道昆和潘之恒。他俩以徽州"各逞其技"的文人、演员与之对垒，从容应对这一挑战性的文化之旅。文学家袁宏道来徽州，并到潘之恒家做客，看到他家家班演出的戏剧，很是欣慰，建议他搞一次"迎春赛会"。当时徽州知府、歙县县令都是浙江人，也非常赞同。万历二十八年（1600），在府城东郊举办迎春赛会，搭起戏台三十六座，马戏四十八骑，苏州、浙江著名戏曲演员都前来参加演出。新安河西一位姓张的艺名"舞媚娘"的演员扮演《蟾宫折桂》中的嫦娥，"一郡见者惊若天人"。三天三夜的赛戏，让当地百姓过足了戏瘾。事后，潘之恒评论：这次"迎春之盛，海内无匹，即新安也仅见也"。

他所编刻的《亘史》是一部类书,成于万历四十年(1612),成书时已有七十九目九百八十六卷。但该书因是随录随刻,板片散落,难以全部罗致。天启二年(1622),潘之恒去世,其长子潘弼亮重新汇刻此书,遵从父亲遗愿,将其中的"谭部""技部"单行,只有十二部九十三卷。《亘史抄》是《亘史》原刻,另行装订成册,故《四库全书总目提要》称其"仅存内纪内篇,盖残缺不完之本。然体例糅杂,编次错乱"。《亘史》大部分内容是汇辑前朝或同时代他人作品,也有作者根据亲身经历和当时社会传闻而创作。由于是随录随刻随时发行,颇具现代流行刊物性质。《亘史》中的部分作品为凌濛初所借鉴、改编,成为"二拍"的重要来源。

潘之恒晚年在黄山温泉附近建"有芑堂",广邀海内名人和故友游山。凡有登山者,他必陪同导游,使本来默默无闻的黄山开始声名远播。他还别出心裁地举办登山活动。万历四十四年(1616),华亭人张渤来黄山,潘之恒陪他登天都,还在峰顶悬蟠张灯,昼夜不熄。"云中蟠影同游气,夜半灯光互献珠",营造出星灯辉映、天地人合一的仙幻意境。从万历三十九年(1611)始,他经常食宿于黄山,详细勘查黄山峰、源、溪、涧的位置、形胜特点,对许多首次发现的胜境命名;并搜索黄山的历史、地理、掌故,收录历代有关黄山的游记文章,编纂了《黄海》这部全面系统介绍黄山的专著。《黄海》分纪初、纪藏、纪迹、纪游、纪异五部分,到他去世时仍未完稿,这是唯一存世的明代黄山志书。

新安画派先驱程嘉燧

程嘉燧(1565—1644),字孟阳,号偈庵、松圆,晚号松圆居士,暮年法名海能,歙县长翰山(今属安徽省黄山市徽州区)人,寓居嘉定(今上海市嘉定区)。与董其昌、李流芳、王时敏、王鉴等并称"画中九友",与娄坚、唐时升并称"练川三老","练川三老"与李流芳并称"嘉定四先生"。常熟钱谦益《列朝诗集》丁集第十三之上《松圆诗老程嘉燧》误为休宁人,休宁赵吉士《寄园寄所寄》卷十一《泛叶寄·故老杂纪》"孟阳实歙之长翰山人,余尝至其家,圆松犹在,孟阳与余交最厚,而《列朝集》乃注休人,误"。据民国手抄本《歙西长翰山程氏宗谱》,可知程嘉燧为五十三世、荣字辈。

程嘉燧诗、书、画成就极高,为新安画派先驱。名重三吴,誉满四海,才情蔚茂,风致俊逸。海阳四家中渐江、查士标分别比其小45岁、50岁,另外两家汪之瑞、孙逸尚处书画艺术成长期,新安画派尚在形成时期。善画,山水尤长,学元末倪瓒、黄公望,笔墨细净简淡,清初王士祯爱其风格不减云林。酒阑歌罢兴酣,落笔尺蹄便面笔墨飞动,《芦艇笛唱图》《孤松高士图轴》藏故宫博物院、《秋林图轴》藏美国弗利尔美术馆。虽然有慕名者赍书致币郑重请乞,然而其摩挲缩瑟整年尚且不能就一纸。

善诗,主于陶冶性情,耗磨块垒。每遇知己,口吟手挥,洋洋洒洒不少休,存诗近1200首,其中钱谦益《列朝诗集》入选215首。尤擅七律,辞清句丽,神韵独绝,清远脱俗,娟秀少尘,极受钱谦益推崇,称其"诗名粉绘垂琳琅"。好论古人之诗,疏通其微言，搜爬其妙义，深而不凿，新而不巧，洗眉刮目，钩营致魄。反对前、后七子剽窃模拟之风，于是乎王（世贞）李（攀龙）之云雾尽扫，后生之心眼一开，其功于斯道甚大，而世或未之知。

　　工书，清劲拔俗，时复散朗生姿，惜为诗画之名所掩，然并臻绝品。制松烟墨亦精，今人罕见。通晓音律，分寸合度，老师歌叟，一曲动人，灯残月落，必传其点拍而后已。嗜古书画、古器物，一旦当意，必千方百计入手，即使解衣倾囊，亦在所不惜。

　　因父程衍寿经商嘉定而生活于斯，然居无定所，或孔庙东邻举人汪明际垫巾楼，或城北唐时升宅。明万历六年(1578)，与唐时升拜徐学谟为师学经。万历十一年(1583)，娶嘉定闵氏。万历十二年(1584)，县试落第，遂弃科考。学击剑又不成，乃刻意为诗，而立已大就，若被强拉去应酬并命写曲意迎合之作，则薄而不为。万历四十五年(1617)夏，自嘉定来常熟拂水山居耦耕堂探望负疴养病之钱谦益，流连旬月，山翠湿衣，泉流聒枕，相与顾而乐之。万历四十六年(1618)，应潞安府长治知县、歙人方有度之邀北行，作《潞安元夕》："迷方到处即为家，元夕山城罢放衙。身槁欲灰逢火树，眼昏生晕乱银花。愿看辽水烽狼净，喜见并州竹马哗。佳节太平难际遇，传柑灯宴说京华。"居三载后，又从方有度入燕。诸公争相访求，而其皆避不与见。

　　天启元年(1621)，与浙闱返命之钱谦益相会于京师。其时方在史局分撰《神庙实录》，兼典制诰，杜门注籍，不泛为诗文。及再出巨珰，专恣正人，钱谦益遭构陷削籍归。天启四年(1624)，程嘉燧在徽州府城作《秋溪迭嶂图轴》。同年，游黄山作《龙潭晓雨》扇页。天启五年(1625)五月，复至嘉定，居香浮阁。

　　崇祯元年(1628)，思宗起用钱谦益，准备予以大任，却遭到奸臣排挤打压。钱谦益不久被放归，遂招程嘉燧耦耕湖山之间，若将终身栖隐。崇祯三年(1630)，受钱谦益邀请，再度偕隐常熟拂水山居耦耕堂，晨夕游处，同养疴于斯，修鹿门南村之乐，后先达十年之久。钱谦益虚己下问，晨夕不厌，凡一诗之成、一文之构，无不与程嘉燧推敲。同年四月，程嘉燧携琴书又至拂水山庄，宋珏偕钱谦益请其作八分书"耦耕堂"，钱谦益撰《耦耕堂记》。崇祯五年(1632)春，二子移居西城。程嘉燧偶归而唐时升适至，因取杜诗"相逢成二老，来往亦风流"之句，颜西斋曰"成老亭"，因去岁冬娄坚亡故，已不及见移居。崇祯七年(1634)冬，展闵氏妹墓于京口，过江还，则已逼近除夕，因感老成之无几，见唐时升并留此。日夕与唐时升游山玩水，东邻西圃，如是者二载，而唐时升亦仙去。崇祯九年(1636)，钱谦益从形家言斥拂水山居以为墓，作明发堂于西偏、徙耦耕堂于丙舍以招程嘉燧。崇祯十年(1637)，钱谦益被诬奏被逮,命如悬发。程嘉燧恐其遭不测,待之常熟尚湖虞山间。崇祯十一年(1638)秋,钱谦益被放归,庐居丙舍,馆于东偏之花信楼,复相从者二载。同年除夕,与钱谦益守岁于拂水山庄,并和其韵诗二首。崇祯十二年(1639)除夕,和钱谦益韵作"又看花信小楼前,水态山容媚早年"。

崇祯十三年(1640)春,钱谦益移居北郭。仲冬,程嘉燧过虞山半野堂,与钱谦益复有文酒之燕,流连惜别,欣慨交集,且约于武林西溪会合后同游黄山。同年,返歙适遇惠藩送一斋大师去黄山云谷寺,遂裹粮皈依佛门,法名海能,长斋持戒,一如老衲,后至嘉定。崇祯十四年(1641)春,钱谦益偕柳如是在武林西溪候程嘉燧逾日未果,于是挟休宁商山吴拭西行。过程嘉燧松圆山居,题壁诗《访孟阳长翰山居题壁代简》"三日天都约裹粮,差池燕羽正相望。却回谢客新游屐,来访卢鸿旧草堂。长翰山中书数卷,松圆阁外树千章。到门他日何人记,莫漫题名字几行"。二月初五,钱谦益由休宁商山出发,初七抵汤口,游黄山。三月二十四日,程嘉燧乘舟溯富春江而上,未至桐庐,见钱谦益官船顺流而下,于是急唤小渔艇追上。推蓬夜语,篝灯永夕,泫然而别,程嘉燧作《老钱在官舫扬帆顺流东下,余唤小渔艇绝流从之,同宿新店,示黄山新诗,且闻曾至余家,有题壁诗,次韵一首》,有"千里论文惭裹粮,二僮一马出相望。未缘竟日留佳客,犹带春星问草堂。鸟雀荒庭无洒扫,龙蛇素壁有篇章。吾庐不厌秋风破,屋漏新痕已满行"句,绘《富春烟暝》《方舟话雨》《严滩扬舲》《渔浦晓发》。既归长翰山居,暇日追录遗忘,辑数年来诗文为二帙。

著有《松圆浪淘集》十八卷,《松圆偈庵集》两卷,《耦耕堂集》诗三卷、文两卷,《松圆阁法帖》十余种,编有《常熟县破山兴福寺志》四卷等,辑有元好问《中州集》等。

崇祯十六年(1643)冬,钱谦益飞鸿索序《初学集》甚急,冬至后程嘉燧自念衰病不复能东下就见终老,于是聊叙往日踪迹于卷端,使故人见之,以当一夕之谈,盖为绝笔。十二月卒于歙县,葬辛田。

环翠堂主汪廷讷

汪廷讷(约1569—?),字昌朝,号无如、坐隐先生、无无居士、全一真人、松萝道人、清痴叟。休宁县汪村人。自幼过继给同宗富商为子。22岁左右,进入南京文人圈子,以一首《驻马听·访陈荩卿于孙楚酒楼有赠》得到前辈曲家陈荩卿的赞赏。后出钱获得南京国子监生员资格。26岁左右拜休宁知县祝世禄为师,习性命之学。29岁在南京参加秋试,后因父病而中途返乡。30岁捐资当上盐课副提举,从七品,驻芜湖。后相继担任过宁波同知、鄞江(今属浙江省宁波市)司马、长汀县丞等职。一生宦海浮沉,始终正直清廉,不仅兴利除弊,还以德施政。汪廷讷家世好行德,乡里族众有困难,往往都出面帮忙解决而不居功。汪廷讷本人的道德也很高洁,他有一位老仆房屋被乡里豪强霸占,汪廷讷打抱不平,慷慨解囊出金为老仆保住了屋子。

明万历二十八年(1600)在家乡大兴土木,始修建坐隐园和环翠堂,次年又开挖深2米多的昌湖,布置了100多个景点,把富商的家业逐渐变成文人隐居的庄园,并自设印书局,刊行家刻本。集商人、官员和文人于一身。喜欢结交达官显贵、文士名流。当时南北两京的内阁大臣、尚书、督抚以至翰林学士如张位、于慎行、冯梦祯等,名流如李贽、汤显祖、张凤翼、屠隆等都同他有交往,呈重礼加以攀附,请求他们为自己写传、题诗,到手之后又根据自己的意愿适当地加以润删,以抬高身价。

鉴于仕途有风险,壮年就挂冠还乡,归隐山林。与李赤肚、了悟禅师等出家人交往密切,求仙务道,皈依道家。他是以业盐致富的文人,有较强的事业心,经商、为官、待人接物,博学多能,具有儒士风度。喜游览,爱结友,且结交面广,除文人仕宦外,还有艺术、棋友及道释界有造诣者。寄情诗赋,兼爱填词,好乐府、传奇。富有才情,《坐隐先生全集》"戏墨"卷,收录一至七言诗、八音诗、数目诗、叠字歌、圆局诗、方局诗、连环诗、方胜诗、拆字诗、双字顶真四时歌等多种变体,让人耳目一新。

汪廷讷性情诙谐乐观,兴趣广泛,且不为礼节所拘束,正是有此性格方能写出一系列的喜剧情节。在南京文人陈所闻的协助下,作传奇十四种,杂剧八种。十四种传奇现存七种,为《投桃记》《彩舟记》《天书记》《义烈记》《三祝记》《种玉记》《狮吼记》,除《种玉记》外的六种都冠以《环翠堂乐府》的名称。《狮吼记》传奇在昆曲中有折子戏留存。杂剧今传《广陵月》一种。戏曲作品兼采临川、吴江诸派之长,于曲坛别树一帜,被《曲品》誉为"词场之俊士"。另著有《坐隐先生集》十一卷、《华衮集》一卷、《坐隐园戏墨》一卷、《劝惩故事》八卷、《无为子正续赘言》一卷、《养正小史》两卷,还编选历代散文辑为《文坛列俎》十卷。对围棋颇有研究,通过对多年弈棋经验的总结,撰写有《坐隐老人弈薮》一卷和《坐隐先生精订捷径棋谱》五卷。

他在南京开设的环翠堂书坊,刊刻书籍插图精美,对明代木刻版画艺术有相当大的影响。所刻《人镜阳秋》二十二卷,由汪氏编历史人物故事,每事一图,内容极为丰富。插图为汪耕画、黄应祖刻,双页连式,规模宏富,雕刻精工。《堂会》一图双面大版,描绘帝王用膳观戏,画面共十二位人物,帝王上方居中座,两贵妃侧座的横头,众侍从有端菜的、持酒壶的、把盏的立于两侧,目光均注视着桌前表演者。屏风后,露出两个司锣、司鼓和一位还在戴长须准备登场者。整个画面人物有主有次,有聚有散,动态十分自然。绘者线条流丽,刻者干净利落,动与静、疏与密、曲与直的线条对比灵活运用,使画面十分活跃。是徽派版画著名的代表作。《坐隐先生精订捷径棋谱》卷首附《坐隐园》长卷一幅,绘刻精工,人物线条细若毛发,山石皴点一丝不苟。《环翠堂乐府》中的《义烈记》《彩舟记》《狮吼记》《投桃记》《三祝记》《天书记》等书插图皆精美细腻。

汪廷讷在家乡汪村建有以坐隐园为中心的环翠堂花园。花园外围,北倚黄山、松萝、金佛群峰为屏,南绕陈坑、横江诸水如带,西接白岳飞云、夹源春雨,东迎高岗旭日、卧涧长虹。园内亭台楼阁、假山池沼交错,小桥流水、曲径回廊相通,花草树木、蟠根藤萝相缀。整体布局开合有度,遮掩有致。其中,又以昌公湖和百鹤楼为两大亮点。昌公湖以汪廷讷之字昌朝命名,湖水清澄,狭窄细长,如弓似月,荡人心魄。百鹤楼建于西侧仁寿山巅,其上缮吕真人之像,每当月明之夜,即有白鹤旋绕楼头，鸣声相应，久久不绝。该园是徽州最具代表性的园林，今已不存，但其园景却以《环翠堂园景图》长卷的形式流传于世。

《环翠堂园景图》长卷版画，是万历三十至三十三年（1602—1605）环翠堂书坊刻印的。全长1488厘米，高24厘米。以宽33.8厘米为一段，全画共分45段，彼此衔接起来便成为一个长卷。第一至十二段是坐隐园正门前的外景；第十三至三十九段描绘的是坐隐园的内景，其中刻意描写坐隐园的主建筑凭萝阁和环翠堂，以及环翠堂后园的景致和主人眷属亲朋的闲适生活；第四十至四十五段，描绘了坐隐园后门的自然环境。图中记载的有名称的游览点就有120余处，还有众多的路亭、古树、溪泊、盆景等，画面出场人物约有320名，当时社会各阶层的人物，几乎应有尽有；有名及无名的山石近200处；此外还描刻有各种舟船、桥舆、走兽飞禽、花卉瓶插、道具摆设等，囊括的内容之繁，展示的生活面之大，表现的场景之宏，运用的手法之细，都令人赞叹不已。

《环翠堂园景图》展现的是一座典型的封建地主庄园，反映了当时农民、仆奴、书童、地主、文人墨客、士大夫等各阶层形形色色的社会生活。记载着明末徽州山区民间的衣食住行、劳动场景、宗教信仰、文化娱乐、庭院陈设、见面礼仪等。同时画面中"无无居士书舍""无无居""兰亭遗胜""洗砚坡""玄通院""善福庵""正义亭""龙伯祠""洞灵庙""紫竹林""大悲室""观音洞""经藏处""清虚境""半偈庵""天放亭""百鹤楼""五老峰""洗心池"等涉及儒、佛、道多方面题材内容的景点，又将汪廷讷沉溺诗书、信奉宗教、厌恶世俗、企图超脱的隐士生活和处世哲学，渲染到了极致。

篆刻家朱简

朱简(约1570—?),字修能,号畸臣,休宁县北门人。幼年读书就能辨认古文奇字,成年以后,钻研书法、六书及诗文,曾师从陈继儒游学。对字学非常精通,尤其擅长古篆,喜爱篆刻。

朱简是一位博古通今、俯视印坛的大家,他的印章创作追求"趣"味,强调个性。在篆法上,朱简的"趣"味体现在两个方面。一是以古玺文字仿战国小玺格式,涉笔成趣,灵活多变。二是以赵宦光草篆入印,追求"奇""委曲""古拙"的意趣。草篆比正篆自由,更能配合点画之间的关系,增强字与字之间笔势的牵连呼应、顾盼。对于朱简以玺印格式创作和用草篆入印,历代有不同的看法。清初秦爨公称豪迈之气过人,表示敬服。晚清魏锡却认为草篆有害于大小篆书,朱简将其入印,不可取。近人刘江《印人轶事》也认为朱简的小玺"印文格和结字,也略显不够成熟"。以现在观点看朱简的仿玺印和草篆印,确有不够成熟的地方。但在当时万马齐喑的情况下,朱氏以当时人们还没有认识的先秦玺印格式创作,大胆地以赵氏草篆入印,表现出一种敢为人先的勇气,这种创新求变的精神甚为可嘉。

为了配合草篆的趣味,他开创了一种短刀碎切技法,篆刻时改变运刀方式,持刀向下压切,稍微前推,进刀的长度较短,长的笔画需用数刀连接刻成,刻出来的笔画由于线条呈现不规则的弯曲,长的显得苍老,短的显得平实。从而使笔画线条产生一种跌宕起伏的节奏感与韵律感,具涩滞苍莽的金石效果,开启了以刀见长的

"刀笔结合"新风气。所作"冯梦祯印",切刀的痕迹明显,刀刀表现笔意。横画都顺着笔势,有的弓形向上,有的向下。直画有的带斜势,起笔、收笔都较凝重,撇捺笔势分明。放中有收,收中有放,富有新意。朱简的刀法徐徐而进,生涩从容,体现了运刀中的节奏感。笔画的粗细变化,使线条刚劲钝拙,柔中寓刚。这种刀法为后来的丁敬所吸收,又经浙派群体日臻完善并推向顶峰,成为篆刻主要刀法之一。

朱简不仅是一位卓越的篆刻家,同时也是一位具有很高水平的印学理论家,著有《印品》《印章要论》《印经》《印学丛说》等理论著作,对古玺考证、章法艺理等多有论述,见解独特,立论精辟,并敢于对当时的名家篆刻展开有理论依据的批评。他主张以刀法表现笔意来评定印章品级,早于朱简的周应愿、程远都曾谈及评定印章的品级,周应愿、程远评定印章偏重印章"意"与"法"的掌握,讲究气韵,重点谈的是篆法、字法与章法的安排。印章讲究篆法、章法固然不错,但印章印稿的完成只是整个艺术创作过程中的一半,最终要体现在刀法上。不懂刀与笔的关系,空谈品级,并不切合篆刻艺术本身的实际。朱简从他的镌刻实践中发现了这种刀与笔的微妙关系,认为执刀如执笔:"吾所谓刀法者,如字之有起、有伏、有转折、有轻重,各完笔画,不得孟浪。非雕镂刻画,以钝为古,以碎为奇之刀也。刀法也者,所以传笔法也。"这种以刀法表现笔意来评定印章品级的标准,非常实在,也易于掌握。把篆刻艺术中刀法的运用提到了理论高度来认识,具有一定的见解。

朱简对识字用篆极为重视,强调识字用篆的重要性。反对印章杂体,主张同一方印章要保持文字的统一性,一方印章用先秦大篆,便应该全部是先秦大篆;用汉代缪篆,就应该全部是缪篆。他批评文彭、何震的印章"朱文杂体""板织歪斜",就是从篆法角度评论的。正因为他对篆法的重视,留心研究各种文字,在明万历时大家都不认识战国玺印的情况下,他在《印品·发凡》提出"余谓上古印为佩服之章,故极小",并论定"所见出土铜印,璞极小而文极圆劲,有识、有不识者,先秦以上印也"。发前人所未发,具有一定的远见卓识。他认为"摹印家不精石鼓、款识等字,是作诗人不曾见《诗经》《楚辞》,求其高古,可得乎哉"。又说:"临仿古帖,毫发精研,随手变化,得鱼忘筌。以上皆古人书法,通用于印,则思过半矣。"甚至提出:"不通文义不可刻。"强调学养的重要性。同时在章法艺理等方面,也多有论述,并敢于对当时的名家篆刻进行有理论依据的批评。

朱简的篆刻艺术批评,不迷信权威,也不感情用事,立足事实,客观评价。既认为文彭、何震的印章有"可观"之处,同时又对文彭的"朱文杂体"、何震的"板织歪斜"提出批评,还在《谬印》中对何震的具体印作进行点评。在《印经》中评论姚夷叔时,又再次认为何震的印章同汉代印章一样,具有不可抹杀的贡献。赵宧光是朱简的好朋友,曾为朱简的《印品》作序。朱简也并不因为同赵宧光关系亲密而盲目赞许赵氏,而是客观地认为赵宧光"写篆入神,捉刀非任"。

诗画书印四绝李流芳

　　李流芳（1575—1629），字长蘅，一字茂宰，号檀园、香溪、古怀堂、沧庵，晚号慎娱居士、六浮道人，其先世居歙县丰南（今安徽省黄山市徽州区西溪南镇）李家亭之下。祖父李文邦，以商贾往来嘉定、临清等地，后定居嘉定县南翔（今上海市嘉定区南翔镇）。临清兴建大工，捐资助砖，授成山卫指挥使，未曾到任。生五子，第四子李汝筠即李流芳之父。

　　李流芳年少即有高世之志，才气宏放，不可继羁。明万历十九年（1591）17岁，考取县学生。万历三十四年（1606），与钱谦益同时考中举人。次年赴京参加会试，与钱谦益一起落第。万历四十一年（1613）春，李流芳与闻启祥同上京师备考，谁料两人走到京城正阳门，兴尽而返。钱谦益遣人前往制止，却掉头不顾。天启二年（1622），李流芳进京参加会试，恰遇金兵攻陷东北重镇广宁，京师震惊，凶吉难料，李流芳想到母亲年老，赶紧整装南归，不再参加科举。

　　李流芳自考中举人后，寄情于山水，托意书画，尘氛俗迹，不惹胸次。每年数至西湖，诗酒宴饮，笔墨错杂，挥洒献酬，无不满意。山僧与船夫皆相与款曲软语，有持绢素请乞绘画，忻然应之，其为人和乐易直，外通而中介。

　　李流芳诗、书、画、印皆负盛名，与嘉定的唐时升、娄坚、程嘉燧并称为"嘉定四先生"。程嘉燧为歙县长翰山人，年少时从父亲寓居嘉定，与李流芳是书画好友，经常偕伴出游。万历三十三年（1605），李流芳所建檀园落成，程嘉燧不时前来留宿。

李流芳曾对钱谦益说:"余精舍轻舟,晴窗净几,闲看孟阳吟诗作画,此吾生平第一快事。"钱谦益笑道:"吾却二快,看兄与孟阳耳。"

李流芳擅诗文,认为"诗之为道,本于性情,不得已而咏歌嗟叹以出之"。曾撰有无题诗数十篇,自命为"仆本恨人,终为情死",又取此两语刻为印记以佩之。所著《檀园集》十二卷,其中诗六卷,文四卷,画跋二卷,《四库全书总目提要》评价道:"虽才地稍弱,不能与其乡归有光等抗衡,而当天启、崇祯之时,竟陵之盛气方新,历下之余波未绝。流芳容与其间,独恪守先正之典型,步步趋趋,词归雅洁,二百余年中斯亦晚秀矣!"许承尧认为李流芳诗名不如程嘉燧,但意致闲适,时出妙语,比程嘉燧洁净,在明人之中,亦不愧雅才。

李流芳绘画工山水,兼善花卉,师承五代董源、巨源,以及元代四大家。又注重师法自然,强调写生,自创新意。董其昌评价道:"长蘅以山水擅长,其写生又有别趣,出入宋元,逸气飞动。"姜绍书《无声诗史》称:"长蘅写山水清标映发,墨沈淋漓,名士风流,宛然笔墨之外。曾于西湖法相寺之竹阁写山水四堵,尤为奇秀。"清人孙承泽评价道:"长蘅长于诗文,画乃其余,略为点染,即灵旷欲绝。"

万历四十二年(1614),李流芳来徽州扫墓,经吴门,别其弟李三芳于寓舍。其弟拿出素册,让李流芳"遇新安山水佳处,当作数笔,归以相示,可当卧游"。李流芳由余杭从陆路到丰南,一路溪山红树,掩映曲折,或旷或奥,清流见底,奇峰怪石,参错溪中,两山对峙,上见云日,舟行若穷途,忽又漫无际涯,堪称新安江之胜境。到徽州后,游了入梦十年的白岳,又爱齐云山麓溪山,乘筏而还,夜宿落石台。李流芳有种特别新鲜的感受,每欲下笔,却又不知如何出手,终究未能绘成。万历四十三年(1615),李流芳北上参加会试,将此册带在身边。然而京师尘埃蔽天,笔冻欲死,更无画意。次年落第南归,长夏闲居,欲绘新安山水,又不知从何而起。于是随意弄笔,数日之后,将册页绘满。没想到此册却被邹仲锡拿走,痛惜不已。然而,新安山水已深深地刻印在了李流芳的心里,艺术作品中常常留下新安山水的影子,他被称为新安画派的先驱。

李流芳卒后,有画稿43页流落在外,被李渔女婿沈心友家世藏。李渔见画稿委曲详尽,无体不备,如出数十人之手,其行间标释书法多似李流芳手笔,及览末幅,得"李氏家藏"及"流芳"印记,知为李流芳旧物。沈心友又请王安节辑名流、汇诸家所长增编为133页,自为作跋,有"寒家蓄古人翰墨颇多,而长蘅此册最为赏鉴家所珍重"之句。可知《芥子园画谱》虽为王安节所增辑,其实托始于李流芳。

李流芳书法临苏东坡,擅长行书与草书,风格浑厚大气,自然严谨。李流芳认为,学书必然要临摹古书,但不能仅求形似,要有自己的风格,故其学苏东坡,又不完全雷同。泰昌元年(1620)正月初十,李流芳作《跋摹书帖》云:"学书贵得其用笔之意,不专以临摹形似为工。然不临摹则与古人不亲,用笔结体终不能去其本色。摹书然后知古人难到,尺尺寸寸而规之,求其肖而愈不可得,故学者患苦之。然以为某书某书则不肖,去自书则远矣。故多摹古帖而不苦其难,自渐去本色,以造入古人堂奥也。"李流芳传世书画比较多,题跋多用行书,笔致含蓄,行笔流畅,与画相得益彰。

李流芳善治印,与休宁朱简相交往。朱简工诗擅篆刻,治印于何震之外,别树一帜,对后世丁敬的影响颇多。李流芳听闻何震善工篆刻,戏效之,未久,竟与何震所治无所区别。朱简《印经》载李流芳所言:"印文不以规规摹为贵,难于变化合道耳。"好友歙县汪关初名东阳,在苏州偶然购得一方古印,印面文字为"汪关",篆法与章法皆让汪关爱不释手,遂从此更名"汪关",李流芳遂建议取字"尹子",为昔人景行前哲之意。汪关著《宝印斋印式》,李流芳为之撰序,说道:"余少年游戏此道,偕吾休友人竞相摹仿,往往相对,酒阑茶罢,刀笔之声,扎扎不已。或得意叫啸,互相标目,前无古人。今渐老,追忆往事,已如隔世矣。"反映了李流芳对于治印通古变今、入古出新的思想。

谢三宾为钱谦益门生,能绘山水,常与李流芳、董其昌、程嘉燧等讨论画理。考中进士后任嘉定知县,崇祯元年(1628),合唐时升、娄坚、程嘉燧及李流芳诗文刊刻《嘉定四先生集》,此时,李流芳因咯血病卧床。谢三宾探望李流芳疾病,并索所作。李流芳遂尽出生平诗文,亲自删定以成集。次年正月,李流芳卒。李流芳为人慷慨,遇不平事无问朝野,辄义形于色,喜接后辈周贫交,尤喜成人之美,未尝有所怨忌。故其卒后,除园亭水石、图书彝鼎之外,家无一金,廪无釜粟。

李流芳之子李杭之,诗文书画皆有父风。中岁即弃诸生,放浪山水间。孙李圣芝,弱冠游郡庠,善诗文,入都,名动公卿。著有《衡霞山人集》。曾孙李谦,擅长绘事,善守家法。

篆刻"娄东派"创始人汪关

汪关,生卒年不详,主要活动在明万历年间。原名东阳,字杲叔,后来得到一方汉代铜印,龟钮碧色,斑斓错锈,文曰"汪关"。东阳对该印非常喜爱,干脆将自己的名改为"关"。他的好友李流芳,又为他改字"尹子"。歙县人,寓居娄东(今江苏省太仓市),是明末文人篆刻"娄东派"的创始人。

早期汪关家中非常富有,他酷爱古文字,收藏了大量的金玉、玛瑙、铜印。后遭家难,藏品大多散失,自己也过得非常拮据。汪关与诗人、书画家李流芳,不仅是诗友、文友,同样信佛,亦为佛友,两人曾经隐居参研佛法。因受佛学的浸淫,心境极为平和,治印亦沉稳安详,篆法精严,饶有雍容华贵气象。

周亮工把明代篆刻分为"猛利"和"和平"两派,推何震为猛利印风的代表,推汪关为和平印风的代表。汪关恬淡处世,尤其他曾习佛参禅,心灵净化,无浮躁之念,平和之气油然而生。化之印章,平和清丽之风流于印面,给当时崇尚何震猛利之风的印坛,带来一股清新的气息。

汪关对汉铸印颇为喜好,从他的作品来看,极有汉印的根基,如"王与稽氏",章法上"王""氏"二字笔画少,"与""稽"二字笔画多,呈对角疏密分布,使之有变化,有呼应,活而不板;字法上线条秀逸丰丽,"与稽氏"三字中略参短斜笔,更多一层变化与呼应;刀法稳健扎实,一丝不苟。从其全印看,有汉铸印的古穆、浑朴与温润平和之气。"子孙非我有委蜕而已矣"虽系朱文,然篆法平正方直,清秀矫健,工致典雅,亦具汉印风韵。该印印文的笔画以直线为主旋律,方折劲挺,清爽悦目。布局取汉印匀称平实之法,有些结构简单的字屈叠笔画示繁势,以填塞白地,如"子"字的下部、"蜕"字的"虫"部、"已"字的下部和"矣"字的上部;有些结构复杂的字简减笔画求简势,如"孙"字的"系"部、"委"字的"女"部;字里行间的组合,紧实严整,形成了一个谨严的整体。

对汉印神形的把握,得力于他对刀法的锤炼与创新,他以冲刀刻印,下刀准,运刀稳,起收干净。其白文作品"王与稽氏""徐汧私印"线条起收、转折,交接处多用圆转,避免了何震冲刀所常有的燕尾锯牙,更见光润朴茂。他的圆朱文印,笔致婉约多姿,刀法灵动流畅,最典型地代表了他的印风特色。如"七十二峰阁""春水船""松圆道人",线条婀娜绮丽,圆润柔美,达到了极工致精湛的境地。"七十二峰阁""春水船"二方印章线条的交接处特意留下"涨墨"点,使印文流丽遒劲,又有稳重感。

汪关是一位极富创新精神的篆刻家,他创造了"并笔"手法。所谓"并笔",是指为了造成某种特殊的视觉效果,对印面上相邻近的平行笔画线条加以合并或连接的处理方法。并笔的产生源于烂铜印的剥蚀、风化,使笔画粘连形成的自然效果,这种自然效果使原来的平行呆板重复的线条起了变化,产生了新的视觉感观。汪关在长期对烂铜印的把玩中,体会到这种"并笔"可以消除一些平行线条过多带来的呆板,于是有意对有些印文用"并笔"处理,以追求一种新意。汪关的"并笔",并非摹拟烂铜印的斑驳,而是站在新形式的立场上,在保留基本字廓的前提下,变化白文线条的粗细轻重,并且重新分配留朱,使之产生整与碎的变化。朱白相间的"王庆长氏"印,就是运用"并笔"手法,使笔画较繁的"庆""长",通过线条整合使之"模糊",与"王""氏"的清晰对比映照,产生新的意趣。

他还善于刻白文鸟虫书,变幻多端而自有法度,显得情趣盎然,富有艺术装饰美。如"汪泓之印",构思巧妙,意味浓烈。汪关注重创新,但有的创新作品并不一定成功。如朱文"徐汧私印",采取对斑驳汉代白文印作反相处理的方法,有创意,但刻意巧饰,尤其用以连接线条之间的留朱,给人以脏乱的感觉,失去了其本来的平和清丽风貌。

著有《宝印斋印式》,两册两卷。成书于明万历四十二年(1614)。第一卷为自藏印61方,第二卷为自刻印。有李流芳手书题记二则和汪关自跋一则,宋荦亦有手题。其自跋称:"关自少时,酷好古文奇字,收藏金玉、玛瑙、铜印不下二百余方。不幸早失怙恃,旋遭家难,流离琐尾。平日玩好之物,散失殆尽,今仅仅存此六十一印,亦覆荡之余耳,能保其长为我有也。用是手拓二十余本,公诸同好,以见不肖更名之意,亦将使后之学者,得睹古人之真面貌,如染指鼎中,片脔知味。若以此为寥寥寡陋,不足大观,则有顾氏之全书在,余何敢言。"1980年上海书画出版社以《宝印斋印式》旧谱选辑成《汪关印谱》一册,胶版影印出版,共收印263方。

汪关治印刀法朴茂稳实,章法一丝不苟,仿汉印神形兼备,富有书卷气。汪关的印风把文人篆刻艺术诞生以后,由"拙"向"文"、由"技"向"艺"的发展推进到一个新的顶点,颇为时人所重,后人称其风格为"娄东派"。承继"娄东派"印风的,主要有林皋、沈世和等篆刻家。

篆刻与版刻艺术家胡正言

胡正言(1584—1674),字曰从。休宁县城文昌坊人,寓居金陵(今江苏省南京市)。出身于世代业医家庭,青少年时期生活在故乡,耳濡目染徽州文化,受书画艺术熏陶,18岁即能治篆刻。除从父学医外,还曾从何天玉习经学。20岁后离开故乡,随父兄行医至皖西。不到一年,徙居霍山。明万历四十一年(1613),定居金陵鸡笼山下,种竹十余竿于院中,自号"十竹主人",并在寓所开设"十竹斋"古玩铺,兼营刻书业。

胡正言是一位著名的篆刻和版刻艺术家,在篆刻和版刻艺术史上功绩彪炳。

胡正言曾将古篆籀缩为小石刻,拓印行世,书名《十竹斋临古篆文法帖》,颇受人们珍视。治印平实工稳,有印谱《印存初集》《印存玄览》等行世。《四库全书总目》收录有《印存初集》和《印存玄览》,并称赞说:"自明中叶,篆刻分文彭、何震二家,文以秀雅为宗,其末流伤于妩媚,无复古意;何以苍劲为宗,其末流破碎榰丫,备诸恶状。正言欲矫两家之失,独以端重为主,颇合古人摹印之法,而学之者失于板滞,又为土偶之衣冠矣。"

胡正言从幼年开始,就对六书、篆书和篆刻极感兴趣,清初江从治藏辑的《江氏图书府》第一卷即为胡正言所篆,可见其刻苦的程度。由于他的篆籀极为有名,篆刻也很早就崭露头角,万历三十八年(1610)就曾辑自刻印成《胡氏篆草》行世。从万历后期一直到明亡的30余年内,胡氏一直再没有印谱行世,估计其时他正忙于饾版、拱花彩印技法的研制,未全心于篆刻。崇祯十七年(1644),胡正言曾奉南明朝廷之命,刻过一方龙文螭钮的国玺御宝。当年李自成入北京,崇祯吊死煤山,清兵入关南下。马士英等在金陵迎立福王由崧监国,因当时明朝的国玺遗落在北京,署礼部事侍郎吕大器就向朝廷推荐胡正言,由朝廷任命他督造镌刻国玺。由此可见胡正言篆刻在当时所具有的影响。

由于胡正言的篆刻由习六书,精篆法,然后知篆刻,故印风规矩,端重平稳,力求"法"和"意"的统一这样一种创作追求。明末何震猛利泼辣的印风末流已呈破碎楂丫之态,汪关平和清丽的印风末流则伤于媚而无骨。胡正言则力欲合猛利与平和于一体,以矫正时弊。从胡氏的印作来看,同何震、汪关两家印风都有很深的渊源。如"笔禅墨韵"与何震的"笑谭间气吐霓虹"比较,篆法方折平整,刀法刚猛雄健,如出一辙,但豪放之气则逊,多一些平和。"玄赏堂印"与汪关的"春水船"比较,线条圆润婉约,刀法灵动流畅有相似之处,但清丽之气不足,多一点端庄。

胡正言是一位文人艺术家,长期生活在金陵,同江南士子交往颇密,为当时的名流学者如钱士升、袁宏道、陈继儒、杨嗣昌、王思任、宋荦、史可法、吕大器、张垍、陈师泰、周亮工等刻了不少名章和闲章,所以他的篆刻影响很大,往来皆先朝忠烈之士、明代遗民和南北文士名流。

他的版刻事业始于明天启年间,下限至清康熙初年。所刻图书见于著录和有传本的三十余种,经史子集俱备,尤以艺术类图书最著。主要有《精选古今诗余醉》十五卷、《四六霞肆》十六卷、《石谱》一卷、《十竹斋画谱》不分卷、《十竹斋笺谱》初集四卷、《书法必稽》一卷、《印存玄览》两卷、《牌统孚玉》四卷附《四牌歌诀》一卷等。他悉心研究雕版赋彩印刷技法,在总结前人经验的基础上,将彩色画稿分别用各种颜色勾摹下来,分成数块小版雕刻,叠彩套印,创制"饾版"。又特制凹凸版,印时不用任何色彩,只把纸在版上压印,凸现无色图像,造成浮雕效果,时称"拱花"。饾版和拱花的出现,把版画印法提高到前所未有的水平,开创了后世"木版水印"和套色木刻艺术的先河。他编辑印行的《十竹斋书画谱》和《十竹斋笺谱》就是采用饾版和拱花技法印制的。

《十竹斋画谱》属于画册性质,兼有收录名画讲授画法供人们鉴赏和临摹的功能。分为《书画谱》《墨华谱》《果谱》《翎毛谱》《兰谱》《竹谱》《梅谱》《石谱》等八大类,收入他本人的绘画作品和复制古人及明代的名作30家。每谱中有40幅左右的画,每幅都配有书法极佳的题词和诗,总共180幅画和140件书法作品。

《十竹斋笺谱》最初印行于崇祯十七年(1644)。书前有九龙李于坚《小引》、上元李克恭六叙移。每卷按"清供""胜览""孺慕"等专题形式共汇印了近三百幅笺纸纹饰，内容多样、形式新颖，尤其是印刷《笺谱》所采用的饾版和拱花技法，推陈出新，将传统版画艺术推向更高的境界。

《十竹斋书画谱》和《十竹斋笺谱》将中国传统版画的绘刻技巧提高到一个新的高度，所刊花卉、蔬果鲜翠欲滴，晶润如生；禽鸟羽毛和草虫网翼，脉络清晰，一笔不苟；雨后柳枝，风前荷盖，滴露未晞，流传欲掷；枯叶、虫龈，痕迹宛然，虫丝亦袅袅粘牵未断，穷工极巧，功媲造化。笺谱上的各种图画，以没有色彩的凸版压印花瓣脉纹鼎彝图案与水波云痕，更是胡正言的创造。人物潇洒出尖，水木澹淡恬静，蛱蝶花彩斑斓，欲飞欲止，博古清玩典雅清新，已达到彩色版画的最高境界。它所体现的套版印刷法，是我国在世界印刷史上的第二大贡献。

胡正言跨明清两代，是一位寿星，在明代生活了59年，在清代生活了32年。清康熙十三年(1674)，91岁的胡正言，无疾而终。但他留下的篆刻和版刻艺术成就，一直受到世人的称颂和赞誉。

篆刻"歙四子"之首程邃

　　程邃(1607—1692),字穆倩,又字朽民,号垢区、垢道人、青溪朽民,自署垢溪、江东布衣、野全道者,歙县岩镇(今属安徽省黄山市徽州区)人。祖程九龄,字武台,有隐德,官行人,致仕后以泉石自娱。父程尧基,字钦明,太学生,以文行著于乡。

　　程邃出生于云间(今上海市松江区),善事父母兄长,族叔祖程远季从翰林院弃官回乡,训迪子侄,程邃从之学,考中县学诸生。后师从书画家、文学家陈继儒,又从黄道周、杨廷麟游。

　　程邃在明代,以一诸生游幕于官僚之间。曾为杨廷麟的幕府,居南京约十年,结识万寿祺、姜垓、邢昉、吴伟业等复社名士,游踪遍及江、浙、沪、皖一带。魏禧撰《赠程穆倩六十叙》将程邃比作战国的鲁仲连、东汉的陆生,"非仕非隐,浮湛闲散,倘徉于其间者,以抵天下之隙,而佐功名之士所不及",能够为朝廷排患释难,"今三十年间,海内公卿无不折节善穆倩者,穆倩所解纷乱既多,能出气力,扬声韦带之士,吾知他日其将有以自用也"。程邃不能以科第取功名,又不愿隐于岩穴,以所学佐助朝廷官员治政,以擅长"解纷乱""出气力",以布衣之士扬名,使得海内公卿无不折节。又为推官"顾公"做过幕僚。

　　程邃在南京与马士英所居相邻。马士英曾到程正揆家作客,程邃一见,立即逃去。程邃说:"此人眼多白,必将乱天下。"程正揆不信,程邃认为此人与阮大铖勾结,阮大铖依附魏忠贤,必会被起用,并且扰乱天下。程邃交友甚严,当阮大铖与马士英想拉拢程邃时,程邃始终不予理睬。

程邃与姜垛、姜垓兄弟相友善。姜垓官行人司行人,见衙署题名碑有阮大铖名字,上疏请求削去,重书勒石。其后,阮大铖得志,欲杀姜垓以泄恨。姜垓遂改姓名,逃往宁波。阮大铖认为姜垓削其名字为程邃所提议,大为憎恨,中伤迫害,故而程邃也将家室遣散,逃散在外,幸得陈子龙的调护,免遭毒手。直至明亡,才回南京。

曹溶与程邃同游于杨廷麟、黄道周。杨廷麟为南明兵部尚书,攻复吉安,后退保赣州,城破,投水以殉,曹溶为之收恤遗孤。清康熙八年(1669)六月,程邃作《将无同歌》赠曹溶,诉说其三十年来之事。

明崇祯五年(1632)秋,黄道周至余杭筑大涤书院,聚徒讲学。程邃从之入山。其后,黄道周曾先后五次到大涤书院讲学。范景文于崇祯十一年(1638)因疏救黄道周被削籍,崇祯十三年(1640)起复南京兵部尚书,崇祯十五年(1642),改工部尚书,欲聘程邃任幕僚。程邃因母去世守丧,且之前先谢去姜垓之聘僚,无法从命。六月,黄道周被流放,程邃与黄道周、杨廷麟相别于采石矶三宿岩,程邃作有《三宿岩呈别黄石斋先生、杨机部先生,壬午之夏》。

崇祯十七年(1644)十一月雪天,程邃至大涤山,与黄道周登诸峰绝顶,连宿两晚,其间同陷虎穴并遇虎,并无伤害,此亦奇迹。大涤山有碑文奇古,而与禹穴相邻,程邃作诗"麟书仿佛参神禹",其后,黄道周入朝,有下诏让其礼禹陵之事。黄道周称程邃所作之诗有预验。此次,黄道周作有《甲申十一月大涤山中雪后赠别》,称程邃"不食五侯鲭,不系七贵马。得意时往还,微言动喑咤",不与权贵相交,仅与相知者往还,而其含蓄精妙之言辞,往往让风云人物所动色,可见黄道周对程邃之器重。黄道周于南明时,督师抗清,转战至徽州,被清兵所执,被害于南京。

明亡之后,程邃隐居扬州31年,放情诗酒,闭户著书。能诗画,善书法,工篆刻,名噪一时。当时名流如周亮工、王士禛、冒襄、钱谦益、龚鼎孳、李渔、查士标等皆折节下交,海内名公巨卿以不见程邃为耻。程邃74岁移家南京,与龚贤相交,又与梅清、石涛、王石谷、孔尚任、孙枝蔚等交往。康熙十八年(1679),当事以博学宏词推荐任官,程邃对黄道周、杨廷麟两先生的凛然大义极为敬仰,力谢不就。所作诗文,信笔写就。今有《萧然吟》两卷流传于世。

陈鼎撰《垢区道人传》称程邃"晚年书法益工,八分为第一"。陈鼎撰《铁笔公传》称铁笔公黄逐"工秦汉文、钟鼎玉箸、大小二十四家篆法,无不精妙绝伦。故人以铁笔公尊之"。黄逐为人耿介不肯俯仰人,唯好古耽学,"与高士程穆倩邃为世外交。京口焦山有一古鼎，相传周时物，上有篆书，人皆不识。穆倩一见即译为今文，遂深相敬服"。

程邃行书、隶书、篆书俱佳，时书画界颇负盛名。周亮工《读画录》称其"诗字图章头头第一""独于画深自敛晦"。程邃则言："仆性好丘壑，故镌刻之暇，随意挥洒，以泄胸中意态，非敢云能事者也。"张恂在《题穆倩画册》中写道："宋元衣钵久失传，理趣何人更比肩。近来海内称神品，处士高名岂偶然。自矜运腕兼风雅，惜墨如金知者寡。前乎处士无古人，后乎处士无来者。"所作画纯用枯笔渴墨，模糊蓊郁，苍茫简远，如同杨孟载评黄子久画"如老将用兵，不立队伍，而颐指气使，无不如意"，画家沈颢题其画有"老笔含苍秀，游神董巨间"，张璪有"生枯笔润含春泽，干裂秋风，惟穆倩得之"。王昊庐称其与程邃为石交，自言不肯多画。宣统元年（1909），上海神舟国光社出版珂罗版印本《张尔唯程穆倩山水合册》一卷。

程邃之篆刻于明末清初开创一代新风，当时甲于天下，后与歙县巴慰祖、胡唐、汪肇龙合称"歙四子"。乔莱撰《观程穆倩图章歌以赠之》称程邃"酒酣捉刀如切泥，无声忽见龙蛇落。十指如有虿气生，须臾幻作空中阁"。程邃在继承前人的基础上，广收博采钟鼎文字，务必做到"印外求印"，创造出自己的精神风貌，即如周亮工称："刘渔仲、程穆倩复合《款识录》大小篆为一，以离奇错落行之，欲以推倒一世，虽时为之欤，亦势有不得不然者。"又称程邃以诗文书画奔走天下，"偶然作印，乃力变文，何旧习，世翕然称之。穆倩于此道实具苦心，又高自矜许，不轻为人作，索其一印，经月始得，或经岁始得，或竟不得，以是颇为不知者诟厉。然穆倩方抱其诗文傲睨一世，不为意也。予交穆倩垂三十年，得其印不满三十方"。道光四年（1824），休宁程芝华摹刻程邃、汪肇龙、巴慰祖、胡唐四家印作，成《古蜗篆居印述》四卷行于世。

程邃收藏颇丰，靳治荆称其"善鉴别法书名绘及古器旧物，家藏亦颇可观，非得重值不售。年几九十，始卒。闻殁后所藏皆不能保，人琴俱往，惜哉"。所知有程邃所藏北宋郭忠恕《滕王阁图》，请李念慈为题诗。康熙十年（1671）腊月，魏禧为程邃撰唐代吴道子绘《光武燎衣图》，称此图先是渐江得之于新安吴氏，后程邃从渐江处收藏。程邃与渐江当非泛泛之交，程邃题渐江绘《黄山图册》云："予常劝其反初服，作孝悌明王事。"

师法自然的渐江

渐江(1610—1664),俗姓江,名韬,字六奇。后改名舫,字鸥盟。出家后法名弘仁,字无智、无执。号渐江、渐江学人、渐江僧、云隐等。歙县县城江家坞人。

渐江是徽州望族济阳江支第二十八世。其祖父、父亲在浙江一带经商,但父亲早逝,因而家境贫寒。渐江早年也有博取功名的志向,且学习极为刻苦,时人将其用功的境况与南朝梁时的江革作比。渐江也曾在杭州考中秀才。只是为生活所困,过早中止学业。奉母从浙江返歙后,还曾跟从汪无涯学习五经。无奈孤儿寡母,无田无地,生计无靠,作为一介书生,渐江唯受雇从事印刷业以获取微薄薪资赡养母亲。

渐江对孀母极为孝顺,时人常将他与南朝时著名孝子江泌相比。那一次,他外出买米,负重三十里,急急忙忙赶到家,才发现母亲已经弃养,悲痛欲绝的他一度想投练江自尽。王泰徵在《渐江和尚传》中说渐江"以巨孝发声,类其家次翁;卖薪养母类文通"。"次翁"即大孝子江革。"文通"即文学家江淹,6岁能诗,13岁时父亲去世,家境贫寒,靠砍柴供养母亲,孝行为世人关注。

渐江生活在明清鼎革之际。其母去世时,明朝处于风雨飘摇之中,朝政腐败,不少有识之士对仕进之途不抱希望。渐江尽管没了赡养母亲的牵挂,但也对应试失去了热情。且此时他对道家的出世有了更明显的倾向,改名为"舫",字"鸥盟",即是"富贵非吾事,归与白鸥盟"的归隐之心的自然流露。明崇祯十七年(1644),李自成、清军先后进入北京,明朝覆亡。随后,清军大举南下,迅速推进到长江以南。徽州士绅如金声、江天一等组织民众试图抵抗,但先后不敌。清兵攻入徽州,金声、江天一殉难。为躲避战乱,清顺治二年(1645),渐江与汪蛟、汪沐日等先后南下福建武夷山,隐姓埋名,"不识盐味且一年",过着十分艰苦的日子。顺治四年(1647),渐江皈依佛门,削发为僧,古航法师为其取了法名。

顺治八年(1651),渐江到了南京。顺治十二年(1655),他客居芜湖准提庵,平日食粥汤菜叶,生活十分清苦。次年回到歙县,居于五明寺。顺治十五年(1658)二月,客居南京。年底又在芜湖湾沚作《沚埠册》。此后,他往来于歙县、黄山、宣城、芜湖、南京、扬州、庐山等地,或与好友唱和,或寻幽览胜,留下《黄山画册》等不少精品之作。康熙二年(1663)六月返歙,十二月二十二日在五明寺圆寂。好友汤燕生赶回家乡帮忙料理后事,将其安葬于披云山中,绕塔栽梅数百株,后人称渐江为"梅花古衲"。

渐江的画作境界宽阔,笔墨凝重,看似清简淡远,实则伟峻沉厚。他擅长山水画,自宋元名家入手,师法黄公望、倪瓒、萧云从,又突破前人画法范式,形成"笔如钢条,墨如烟海"的气势和"境界宽阔,笔墨凝重"的艺术风格。画作既有元人超隽的意境,又有宋人缜密的特点。传世之作有《黄海松石图》与《西岩松雪图》等。

渐江开始作画大约与其早期从事印刷业有一定关系。其画风之变与其人生游历基本吻合。查士标曾在跋渐江《黄山图册》上评论:"渐公画入武夷而一变,归黄山而益奇。"即是说其画风至少可分成入闽前、入闽后、返徽后三阶段。

渐江画艺渐高的基础是反复练习、刻苦创作。对于绘画,渐江并不像对其他诸事一样空寂,淡然无为,而是积极进取,苦心钻研。"虽遨游困惫,未尝一日置笔砚",就是其日常习艺的真实反映。师法前人是渐江提高画艺的重要路径。其友汤燕生在跋渐江《山水三段图卷》中,提及渐江对唐宋诸名家精品画作极为珍视:游历金陵、扬州一带,只要听闻某家藏有名画,就上门请求一睹真容。藏家不肯轻易示人,他就鸡鸣而来立于门外,昏黑也不离开,直至藏家为其诚意所打动而遂其愿。倘若是中意精品,就会情不自禁地长跪凝视,沉浸其中。即便主人在旁或招呼他用餐也不知回应。相传渐江求购倪云林画作数年,但苦于不得其真迹。一次他在歙县西溪南吴氏家藏发现真迹,激动万分。为能反复观摩,居然谎称身体不适需借宿静养,结果一留就是三个月,每天闭门反复观摩静思。果然恍然有得,落笔便有"超逸"之感。

当然,最能揭示渐江画风由来的则是他"敢言天地是我师"的创作观。渐江喜云游名山，尤其是在黄山写生作画。渐江为画好黄山，多次登临，"坐破苔衣第几重"，常寄住山中寺院，与黄山文殊院宝月禅师最为相得。在黄山辗转十余年，得黄山真性情，一木一石、一涧一瀑皆黄山本色，并加以提炼，使之升华到比自然更深的精神境界。他的《山水册》与《黄山风景册》中散花坞、白龙潭、松谷庵等作品，墨淡韵远，意境深邃，无疑是其情感与思绪的自然流露。作为新安画派的主要人物，渐江一生的黄山画作系列可谓同代画家之最，故而人称："石涛得黄山之灵，梅清得黄山之影，渐江得黄山之质。"

渐江对朋友至义。从少年开始，他就着迷于书画，在他55年的人生历程中，与很多朋友都是因相似爱好才结下深厚情谊的。他对朋友之情，并不如世俗者多以金钱衡量。其母去世，朋友们见他一贫如洗，纷纷送上赙礼或粮食，协助他处理后事。事毕，渐江费尽力量一一偿还。别人不解，他说："我不能因自己要报恩于母亲而累及朋友。"在他书画成名后，"江表士流，获其一缣一笺，重于球璧"。每逢他外出，求画者接踵而至，但他多"攒眉不应"。而遇清贫无助者，常常"随乞随散佚，不经意聚"。渐江圆寂的前一天还赠予一穷人两幅画，让那人卖了换钱用。

渐江是新安画派的奠基人，与查士标、孙逸、汪之瑞并称"新安四大家"，与石溪、石涛、朱耷并称为中国画史上的"四大名僧"。除了绘画，渐江也擅长诗、书。书法师法颜真卿的楷书、倪云林的行书，兼及隶书、篆书。诗多为五言、七言绝句，常题画上，辑为《画偈》。渐江在我国艺术史上留下了不朽的一页。

新安画派"海阳四家"代表查士标

查士标(1615—1698),字二瞻,号梅壑散人、懒老、后乙卯生等,休宁县城西门人,流寓江苏扬州。查氏是休宁名门望族,在查士标的幼年、青年时期,家中非常富有,收藏了大量的图书鼎彝和古人书画真迹。他在这样的环境中攻读诗书,研习科考,培养了研究书画的浓厚兴趣。由于天资聪颖,学习勤奋,他20多岁就中了秀才,显示了卓越的学术素养和写作才能,因此人们常称他为"查文学"。可以说,查士标早年就以少年得志、翩翩公子的姿态而崭露头角。

明崇祯十七年(1644),李自成攻陷北京,崇祯皇帝自缢身亡,明朝灭亡。随后,清军入关,逼近刚刚在南京建立的弘光朝。结果,不到一年南京沦陷,明末残兵成为清军俘虏,扬州、嘉定等随之被屠城,血流成河。接着,金声率众死守的丛山关被攻破,徽州一带陷入战乱和灾难。查士标的家庭,也和千万个遭受兵祸的家庭一样,在战乱中颠沛流离。查士标不得不带着一家人离开休宁故土,从此浪迹江湖。他的《种书堂遗稿》卷三《送楷王五弟游楚》一诗,便自然流露出无可奈何的感叹:"故乡乱后莫言家,南北浮踪度岁华。别后逢人频问讯,恐经明日又天涯。"

查士标没有勇气为抗清甘洒自己的鲜血,也没有决心抛妻弃子去和古佛青灯长期相伴,因而只能在浪迹江湖时作"弟兄习惯安吾贱,妻子飘零久不骄。七十余年耕砚客,一枝犹自愧鹪鹩"(《生日述怀》),在痛苦之中怀念故国家山,常常以泪洗面。国破家亡之后,查士标的活动是"避居新安山中,弄笔遣日",或者往来金陵、镇江等地游山玩水,写字作画,饮酒赋诗。

从他的画迹、诗稿、书札中,可以大致发现他的主要活动轨迹:33岁,清军攻入湖南那一年,查士标同程奕先曾冒雨游镇江北固山;41岁,南明永历政权抗清名将李定国败退南宁,郑成功败退厦门那一年,查士标曾于夏日在扬州作画题诗,依然作"幽人策杖",在桥上看峰;53岁,也就是贵州苗民反清起义,清廷解除明朝叛将吴三桂职权的那一年春天,查士标一时画兴大发,在返回扬州的客船上,连续为"季均"作细笔纸本山水画,为汪次朗作《水云楼图卷》;55岁到60岁的那几年,查士标与画家王石谷结成好友,不仅经常聚首吴门,而且还合作绘制了迄今仍脍炙人口的《查士标王石谷合璧山水画册》;60岁到70岁这些年中,政治时势变化,似乎已与他无干。他仍然悠闲地住在自己扬州待雁楼寓斋或是镇江金山慈云阁,画他的山水图。当时,比查士标小十几岁的石涛还曾在扬州为查士标的作品题跋。

查士标年过七旬之后,清王朝的统治日趋稳固,社会也日渐安定和繁荣,查士标的诗画创作与社会活动,也日益多起来。当年,查士标在扬州接待了在清廷为官因督办河渠而来的孔尚任,孔尚任把查士标捧为米芾、倪瓒一流的人物。他俩还一起参加了在扬州秘园召集的春江诗社活动。75岁那年,孔尚任办完公差动身回京,查士标与桑楚执等八人合绘《还影图册》送给孔尚任。80岁那年,他还结识了清廷另一新贵宋荦。他一生中结交了不少知心的好友,除了上述几位,还有渐江、石涛等。他有几个亲朋故旧都是清廷的达官显贵,但查士标没有与他们一道为清廷效劳,而且还曾作诗劝自己侄子查书云不要醉心官场生活。这些都反映了查士标既不敢公然反抗清朝统治者,又不愿抛弃吟诗作画的名士生活,更不肯做清王朝奴才的这种明朝遗民的矛盾心理。就在这样的矛盾生活中,直到康熙三十七年(1698),他才以84岁高龄走完自己的一生。

在绘画方面,早年即服膺渐江,与渐江一样从学倪瓒入手,后来他居扬州时仍然关注渐江的画作并虚心向渐江学习。后参用吴镇、董其昌法,笔墨疏简,空旷荒寒。查士标常常是白天睡觉,晚上作画,他自号"懒标""散人","不求闻达,一室之外,山水而已"。常在画上自题"拟云林笔意""仿倪云林法"等,而他的"懒标"之号亦从倪瓒的"懒瓒"之称而来,可谓是风神遥接。由于查士标天性聪慧,与当时画坛和文坛诸多名流结交,相互切磋,转益多师,因此查士标绘画的风格也是多样的,面貌不一。

工诗文、书画,书法师承董其昌,风格俊逸萧散。擅山水,初师倪瓒,后参以米芾、米友仁、黄公望、吴镇、沈周、董其昌等人画法,笔墨纵横、粗犷豪逸,或笔法荒率、墨色浓淡干湿互用、秀润高华,或笔墨生峭劲利,画风枯寂生僻。晚年画风突变,直窥元人之奥。

查士标绘画以山水见长,取材广泛,并旁及枯木、竹石等,主要有两种艺术风格。一种属于笔墨纵横、粗放豪逸一路,多以水墨云山为题材,师法米氏父子的云山烟树,笔法荒率,渲染兼用枯淡墨色,融合了董其昌秀润高华的墨法,粗豪中显出爽朗之致。另一种笔墨尖峭,风格枯寂生涩,以仿倪瓒山水为主。还有一些作品,因仿不同古人而呈不同面貌。前人评其绘画缺乏遒浑的气魄,亦乏创新精神。与孙逸、汪之瑞、弘仁等书画家一同为新安画派代表人物,合称为"海阳四家"(亦称"新安四家")。

查士标的作品有《云山图》《空山结屋图》《秋林远岫图》《云山烟树图》等传世。他的书法以行书、草书见长,书出米、董,上追颜真卿,颇得精要。时称米、董再生,名重天下。行笔俊逸豪放、神韵深邃。著有《种书堂遗稿》等。

"三风太守"与"红豆词人"吴绮

吴绮(1619—1694),字园次、薗次、丰南,号绮园,晚号听翁。歙县西溪南(今属安徽省黄山市徽州区)人,侨居江都(今江苏省扬州市)。吴绮家乡情结很浓,所作《乔东湖来自新安,以黄山诗见示,有作》称:"我本黄山人,不向黄山住。终日念黄山,云泉结心素。"

吴绮幼时颖悟过人,6岁赋诗《山中吟》:"山溪清浅山花红,抗首高歌和晓风。世事回头君莫看,不如沉醉此山中。"一鸣惊人。清顺治九年(1652),以拔贡生授弘文苑中书舍人。奉诏以明中期著名谏臣杨继盛冤死事撰写《杨继盛传奇》,甚得顺治赏识,于是便将杨继盛蒙冤时所担任的兵部主事、武选司员外郎官职授予吴绮。不久,任工部郎中。

康熙四年(1665),任湖州知府,次年春天到任。湖州物阜民丰,但舞文告密之风尤甚,恶人工式、工春等罗织党羽达千人,控制官府,祸害乡里,政务松弛,民不聊生,以致上级查勘也担心被举报而不敢用力。吴绮到任后,微服私访,掌握情况后,一举抓获魁首及主要党羽钱玉涵、唐文等十多人,予以严惩。随后又对行凶乡里的菱湖沈柬之、西湖严君球等实施抓捕,前者予以杖杀,后者畏罪自杀。三次除恶,引起当地极大轰动,深得民心。惩恶同时,还着手严治鱼肉乡里的兵丁、奸吏。抓到欺霸乡里的驻军营卒,押回军营责令改正,并依律对带头人直接严惩。湖州盛产蚕丝,其选料挑剔,精工细作,光泽度、韧度均远非寻常蚕丝所比,颇受海外欢迎,当时朝廷实行海禁，湖州一些地方官吏以海禁登记为由，索拿卡要，捞取好处。吴绮得知后，当庭焚烧籍簿，杜绝此弊，并说："苟有失误，太守自当之。不以累吾民也。"

湖州风光秀丽，历代文人雅士都曾在此流连，留下很多人文胜迹。但到清初，古迹凋敝，名胜不彰。有感于斯文零落，吴绮重建宋代湖州太守孙觉所建的墨妙亭，修葺宋代湖州太守李公择所建的六客堂，新建纪念明代诗人孙一元的太白亭，增建原来湖州城南岘山的三贤祠为九贤祠。原三贤祠主要纪念主政过湖州的颜真卿、苏轼、王十朋三人，年久失修，颓败不堪。吴绮召集工匠，重新修建，增三贤为九贤，将史上担任过湖州郡守且有功于百姓的东晋王羲之、谢安，南朝萧梁的柳恽，唐代杜牧，宋代孙觉以及明代陈幼学列入其中，以达到"弘长风流、训示励俗"的作用。在湖州任上还非常注重培养人才，榜眼胡会恩、翰林沈三曾、探花茆荐馨、进士吴启宗，都曾得到照顾而有所成就。生儒感恩，立碑岘山之阳。

经过一番整治，湖州吏治清明，公事之余常与文人士子诗文酬唱，传为盛事。康熙七年（1668）三月初三，吴绮集合一众好友，在湖州爱山台雅集宴饮，追慕前代兰亭风华，世称"爱山台修禊"。参加修禊的有徐乾学、吴伟业、吴雯清、江闿、宗鹤问、吴参成、罗坤、陈祺芳、张芳、茆再馨、孙坦父等。事后，吴伟业写下了辞采飞扬的骈文《爱山台禊饮序》，后经江闿装成卷轴，罗坤跋语并请顾苓写了引首，广邀各地名公大家如龚鼎孳、施闰章、罗坤、曹溶、吴绮、宋琬、吴雯清、徐乾学在卷轴上写下题跋。文字中既有对修禊盛会的念念不忘、缠绵往复以及盛事不再、人事皆非的人琴之感，亦有因未能躬逢盛会的倾羡企慕。湖州的文人雅事传到京城，朝官以轻慢政事为由弹劾吴绮，因此罢官。《清史稿·文苑传》称吴绮："出知湖州府，有吏能。人谓其多风力，尚风节，饶风趣，称为'三风太守'。"

吴绮离开湖州，先后寓居吴门（今江苏省苏州市）、钱塘（今浙江省杭州市）多年，直到康熙十九年（1680），才偕家眷返回江都。在苏州虎丘、邓尉山，与吴中士大夫相吟咏。及游岭南、三楚而归。回到江都后，家贫无田宅，购废园而居，有求诗文者，为种一梅，久之，梅树成林，因名之曰"种字林"。在"种字林"建有蒓芗舸，与汪懋麟、王方岐、蒋易、桑豸宗、梅定九、顾图河、邓汉仪诗酒往来。后又卜居甘泉县黄珏桥镇，作《归湖》诗，以示同辈，和者数十人。

吴绮一生历经朝代更迭、仕宦沉浮，看遍生老病死、草木荣枯，闲时回忆起前尘过往，难免有所感触。晚年心境逐渐平静，终日以诗酒自适，贫困自得。自号"听翁"，欲听尽风、雨、露、莺之啭、鹤之唳、鸟之吟春等一切天籁之音。遇到评论人物，谈论时政，则掩耳熟睡，如同没有听到。历经繁华后以平淡自况，宠辱不惊，顺其自然。

作为清初文学家,吴绮在骈文、诗词以及戏曲的理论和创作上都有一定的成就。《清史列传·文苑传》称:"国初以骈俪文擅长者,推(陈)维崧及吴绮。绮才地视维崧稍弱,维崧导源庾信,泛滥于初唐四杰,故气脉雄厚;绮则追步李商隐,以秀逸胜,盖异曲同工云。"所著《林蕙堂文集》,所有文章皆为骈体文。明末清初著名文学家龚鼎孳亲笔题写《林蕙堂四六小序》,刊于《林蕙堂文集》康熙刻本的卷首:"霞含珠吐,竟体皆妍。石破天惊,匠心独妙。名士之韵,美人之情,英雄之气,三者盖兼有之,不特新逸擅庾鲍之长,香艳夺西昆之席矣。明皇诵'汾水''秋雁'之篇,泣下沾襟,目李峤曰:'真才子也。'举似园次,固应不愧斯言。康熙岁次乙巳寒食日,弟合肥龚鼎孳书于春帆斋。"

吴绮工词,自号"红豆词人"。据说在湖州时曾作一阕《醉花间》,有"把酒嘱东风,种出双红豆"之语,写出了闺中女子对爱情的憧憬。毗陵(今江苏省常州市武进区)一位女子,见而悦之,将这两句写满家中四壁,日夕讽咏,"红豆词人"因此得名。曾以《唐多令》祈祷江神,风浪为之息。七古宗初唐,五、七律安雅典贵,卓然成家,《四库全书总目提要》称"神姿艳逸,不愧才人"。厌恶世之排斥宋诗,乃选唐以后诗为《宋诗永》《金诗永》《元诗永》若干卷,刊刻流传。所著《林蕙堂文集》收入四库全书,又有《亭皋诗集》《记红集》《唐诗注》若干卷。

"前休子"戴本孝

戴本孝(1621—1693),又名殷礼,字务旃,号鹰阿山樵、前休子、迢谷山农、天根道人、守砚庵主等。祖籍徽州休宁,后迁移至和州(今安徽省和县),故有"前休子"之别号,以示其念念不忘休宁祖先。

戴本孝出生在明末,不久明朝覆灭。不满清朝统治,其父戴重于清顺治二年(1645)参与湖州举事,战斗中被伏兵箭伤腹部,因为在家养伤不能参加战斗,认为自己只是苟活之人,遂绝食而死。耳闻目睹父亲的爱国情操,戴本孝刻骨铭心。他曾经写过一首诗纪念自己的父亲,诗中写道:"莫道吴兴事,酸风刺骨寒。相知皆死别,无处问平安。故鬼千家哭,孤城百战难。当时衣上血,今日与谁看。"其弟戴移孝为父亲完丧后,也加入了反清复明的队伍。戴本孝作为长子,虽也对反清复明满怀一腔热血,但他只能挑起养家糊口的重担,带着母亲和全家老小辗转流浪于横望、铜井、石臼湖之间。以卖画为生,饥寒困苦,狼狈不堪。时局安定后,戴本孝偕家人回到故乡。在这段时间,他往返于南京、北京、华山、黄山及和州(今安徽省和县)等地。除作画卖画外,就是整理旧日诗文。

戴本孝性喜交游,与萧云从、渐江、龚贤、石涛等友善。萧云从是知名画家,戴本孝之父戴重与萧云从都是复社成员,青年时期的戴本孝在父亲的媒介之下,绘画受到萧云从指点。从戴本孝的绘画作品看,山形趋圆,画风苍润,山石阴凹处用松蓬的笔法皴擦等特点,明显来源于萧云从。戴本孝两次来歙县,第一次是康熙元年

(1662)冬。第二次是康熙十四年(1675),从歙城往游黄山,渐江准备启程前往庐山,从黄山的浮溪下来,在歙县乌聊山许楚、程守等人为他举行了饯行会,戴本孝也参加了这个会。五日后,渐江启程,戴本孝作诗送行:"林光山气最清幽,添个茅亭更觉投。读罢蒙庄齐物论,端居一室得天游。"康熙二十七年(1688),渐江去世25年时,戴本孝重写这首赠渐江诗,诗后跋曰:"此昔予赠渐江句也。"足见怀念之深。上海博物馆所藏的戴本孝《山水》轴上,有这样的题句:"黟海松石,古人多未见,况画可摹耶?引为近玩,仙帝所嗔,余与友渐公不能无谴也。彼盘松囊云者,当复如何?"也显示出他与渐江的交情。渐江当时已有"当代云林"之称,而戴本孝经过多方游历,也发现黄山作为摹本的价值。和渐江一样,戴本孝留下了不少以黄山为题材的作品。其山石用枯笔勾勒,甚少点苔,勾皴简约等特点,都体现了渐江对他的影响。萧氏的苍润,渐江的清逸,被戴本孝有机地融进了自己的绘画风格中。

戴本孝绘画遍学精取,45岁之前主要临摹吴门派作品,顺治十七年(1660)《仿启南(沈周)山水》轴、康熙二年(1663)《山水》扇面和《林原高蹈图》、康熙三年(1664)《山水》轴中,仍能看到沈周与文徵明的影响。构图饱满,笔墨苍健挺拙,雄浑劲厚。中期,多取法元四家,对倪云林笔法有其独到见解。美国普林斯顿私人收藏的戴本孝《山水》轴中,自题:"云林子于唐宋诸家无不临摹,各极其致,然后以淡远为宗,渐趋逸简,所谓损之又损,殆几乎道矣。"他认为倪云林的"逸简"是先用加法后用减法的结果,是绚烂之极归于平淡,会百家之长而"减损"成自身独特风格的。除学倪云林外,对王蒙的笔墨技法也下了一番功夫。周二学的《一角编》收录戴本孝的一首诗:"卓哉黄鹤翁,香光因居士。岂有贤渭阳,翻以似为耻?渴笔貌屡颜,千秋寄仰止。"可见他对王蒙的心仪。戴本孝学习王蒙画风,不但学其渴笔,更效法其在丘壑布置上的峻伟幽深与似秀实苍的笔墨效果。

除了学习前人的技法以外,戴本孝还注意从大自然中汲取创作灵感。主张学古人而不拘泥于古人成法,强调要"以天地为真本"和"我用我法"。他在晚年所作《象外意中图卷》跋文中说:"六法师古人,古人师造化,造化在乎手,笔墨无不有。"

在师造化时,戴本孝对云烟在山间的变幻之姿尤感兴趣,笔下的黄山显出山水奇绝、云烟奇幻的样貌。无论写山石还是画树木,大多是枯线勾勒,渴墨淡扫,最后以水气统一形体,造成笔墨浑融、虚灵模糊之感。对于"干""湿"的映衬,"枯""润"的变幻,戴本孝的看法是:"笔法能实其所虚,复能虚其所实,此亦天地自然之理。"康熙十四年(1675)所作《莲花峰》,构图严谨,远近、疏密、高低、轻重都经营得错落有致,皴法浓密,增加了山峰质感。画面下半部山峰增加了画面的丰富感,也增添了山峰的体积感,整个画面呈现出特别的生气。由此可见,戴本孝这个阶段的绘画风格已经开始成熟,开始形成自己的风格。

戴本孝晚年的作品达到了笔少画多、境显意深、险不入怪、平不类弱、经营惨淡、结构自然的境界。高古而不荒寒,幽旷而不萧索,别有一种淡逸高雅的韵味。善用干笔焦墨,构图疏秀,意境清远枯淡,内容多借山水抒发自己荒僻幽寂的心境和对社会变迁的沧桑之感。藏于美国翁氏之处的纸本水墨十二册页,就是这一风格的典型代表。其中的第一页除树丛和岩石阴暗处略有焦墨外,全图几无一笔重墨、实墨,呈现出一片朦朦胧胧的乳白色梦幻境界。他认为黄山景色古人没见过,因此也就没有现成的画法可临摹。强调写真景山,从黄山写生中得画稿。

戴本孝的篆刻水平也很高,《明清篆刻流派印谱》一书中收录了他为冒襄所治六方印章,设计、刀法、章法都颇耐品味。亦工书法及诗,著有《前生诗稿》《余生诗稿》等。

出使琉球汪楫

汪楫(1626—1699),字舟次,号悔斋,休宁西门人,仪征籍。父汪汝蕃,生四子,以次子汪楫过继其弟汪汝萃。

汪楫少负才名,与布衣诗人吴嘉纪相交,为其宣扬诗名,使得天下名士皆知。清顺治六年(1649),周亮工过扬州,与汪楫相交。周亮工长汪楫30岁,当时,汪楫年少学科举业,每以科举文章相质问。顺治十六年(1659),郑成功率军北上,江上震惊,扬州人倾城奔走逃散。汪楫全家移居艾陵(今属山东省济南市莱芜区),因此与吴嘉纪相交。吴嘉纪居东淘(今属江苏省东台市),性格严冷,穷饿自苦,不与得意人往还,所为诗古瘦苍峻,如其性情。两人相见甚欢,各为诗作,诗成,呼酒共醉,酒尽,复为诗,如是者三日夜,流连低回,不忍别去。

顺治十八年(1661),周亮工到扬州,汪楫即向其称扬吴嘉纪。周亮工看到吴嘉纪所作诗后,推为国朝第一。康熙元年(1662),周亮工为吴嘉纪刊刻诗集并为《陋轩诗》撰序。康熙二年(1663)春,周亮工过青州,经扬州,将吴嘉纪所作诗集《陋轩诗》一卷赠给王士禛,王士禛称其诗"古澹高寒,有声出金石之乐,殆郊岛者流"。吴嘉纪之名"不胫而驰于大江南北"。康熙六年(1667),汪苐斯分司东淘,复搜集吴嘉纪全集,录诗近四百篇,刊刻以成。

汪楫虽学富五车,科考却屡屡碰壁,康熙十六年(1677)52岁时还未能中举,遂以岁贡生的资格出任赣榆县学教谕。康熙十八年(1679),荐应"博学鸿儒"试列一等。被授予翰林院检讨之职,参与编修《明史》的工作,从此步入仕途。

康熙二十年(1681)冬,琉球中山王之子尚贞遣使进贡,上表清廷请求封爵。琉球在台湾东北部,拥有包括冲绳岛在内的140多个岛屿。这时候,康熙正着力收复台湾,事关重大。翰林院虽说人才济济,群英荟萃,但汪楫凭借卓越的学识,尤其是编修《明史》时,负责梳理琉球的资料,熟悉琉球历史,再说汪楫长于文学书法,又正是琉球士人所好,加上汪楫有堂堂的仪表和善辩的口才,大家众口一词,共推汪楫为正使。汪楫穿着康熙赏赐的绣有麒麟的一品官服,携带御笔亲题的"中山世土"匾额率团出使琉球。

康熙二十二年(1683)八月,汪楫一行从北京出发,沿大运河南下,途经扬州,年近八旬的父亲为其壮行。到达琉球后,琉球王尚贞亲自出迎。随后,祭祀中山世王,宣读册封诏令,与琉球王讨论音乐,书写殿榜,修建孔庙,尚贞为汪楫的学识和人品所折服。加上汪楫率团只用七天就渡海抵达琉球,一路风平浪静;册封大典后,长久干旱,突然间大雨如注,尚贞王认为也是天遂人愿的吉祥征兆。因此,便拿出一千两黄金赠送给汪楫。汪楫见到黄金,断然不受。这使琉球王大为感动,深感汪楫的气度和廉洁,琉球的官民也无比敬佩,感动之余,修建了一座却金亭,予以纪念。

汪楫的琉球之行,时时处处都体现出了一位儒者的仁德之心,而又不失一位天朝使者的赫赫威仪。汪楫羁留琉球国五个月,一方面出色地完成了谕祭故王、册封新王的主要政治任务,另一方面还与琉球各界人士广泛交游,在政治、经济、文化等方面多有交流,深入考察了琉球国的礼仪习俗和山川地理,为册封归来之后的写作积累了大量的一手材料。

归来后汪楫不负朱彝尊厚望,撰写《使琉球杂录》五卷,辑录《册封疏钞》《中山诗文》各一卷,并依据目见耳闻及相关的琉球历史资料,编定《中山沿革志》两卷。《使琉球杂录》是汪楫册封琉球所撰诸书中比较重要的一部,分为《使事》《疆域》《俗尚》《物产》《神异》五卷,较为翔实地记录了作者作为册封正使出使琉球所主持和参与的各种活动,而通过对这些记录的研读,我们可以清晰地感知到三百多年以前琉球册封使汪楫的人品才干、神采风韵。

汪楫根据亲见笔录,整理成的《使琉球杂录》,上面记载,"二十二年(1683)六月十六日,由福建南台登船……及二十四日天明见山,则彭佳山也,不知诸山何时飞越。辰刻过彭佳山,酉刻遂过钓鱼岛,船如凌空而行,时覆欹侧。二十五日见山,应先黄尾后赤屿,无何,遂至赤屿,未见黄尾屿也。薄暮过沟,风涛大作,投生猪羊各一,泼五斗米粥,契纸船,鸣镇击鼓,诸军皆露刃俯舷作御敌状,久之始息。问沟之义何取?曰:中外之界也。"此文清晰地勾勒出钓鱼岛与琉球之间的海沟乃"中外之界",钓鱼岛自古就是我国的领土。

康熙二十三年(1684)春,汪楫从琉球回京,顺利完成使命。途经扬州时,又看望了年迈的父亲。可刚到京城,就接到父亲去世的丧报,汪楫回乡料理丧事并按例丁忧,守孝期满,被授为河南府知府。

当时河南连年大旱,蝗虫遍野,死者枕藉于道,百姓流离失所,河南府所剩的寥寥人口,也都无以为食。汪楫自己凑钱,派人买来粮食,设立东、西两座粥厂,救济灾民,数以万计的百姓得以存活。汪楫也因此得到老百姓的爱戴。经过几个月的努力,总算渡过难关。汪楫深得民心,政绩显著,从河南知府任上官升三级,擢升为正三品福建按察使。

康熙二十九年(1690)四月,汪楫到福建。先是审理五十多件大案,细致分析,一如亲见。又秉公审结了积压的八十余起冤案,释放了相关在押之人,监狱几乎都空了。紧接着便是乡试开考。放榜后,为新科举人设鹿鸣宴。此时,有一位举人推开众人,跪在汪楫面前,泪流满面,泣不成声,原来他从前被人诬陷,得到汪楫的平反昭雪,方才有了今天考中举人的成就。汪楫的正确审理,深深影响了此人一生。

康熙三十二年(1693),汪楫升为福建布政使,再遇饥荒,一方面用国库银到上游采买民间米粮,另一方面到浙江台州平价购买库粮,度过饥荒。汪楫所接触除了腰缠万贯的富户,就是堆积如山的钱财,可他廉洁自持,从不贪财。

汪楫任福建布政使前后五年,朱彝尊以"民戴其德"概之,后官至从二品通奉大夫,拟提拔为大理寺卿,因疾病缠身,致仕还乡。康熙三十八年(1699),康熙帝第三次南巡,汪楫抱病迎驾,不久卒于家中。

汪楫擅长书法,作品敦厚朴拙。尤擅长于诗,与朱彝尊、龚鼎孳等亦酬唱不绝。诗风平易,境界清新,别有意趣。著有《崇祯长编》《悔斋集》《使琉球杂录》《册封疏钞》《中州沿革志》《补天石传奇》《观海集》等。

博学明辨徐乾学

徐乾学（1631—1694），字原一，号健庵，歙县朱方（今属安徽省黄山市徽州区）人，寄籍昆山伴山桥（今属江苏省昆山市玉山镇）。生于明崇祯四年（1631）十一月初二，卒于清康熙三十三年（1694）七月十七日。南昌进士彭邦畴为其九世孙徐宝善所撰墓志铭称"徐之族，望于安徽之歙县，所居曰徐村，徐村之大宗曰皇呈，析而为朱方，君系出朱方而祖皇呈也。上世自歙迁居吴之昆山伴山桥，七传至健庵尚书，是为君之高高祖"，健庵尚书即徐乾学。徐乾学与弟徐秉义（1633—1711）、徐元文（1634—1691）皆以鼎甲致位通显，并称"昆山三徐"，其中徐秉义为探花、徐元文为状元，昆山民谚称"带（戴）叶黄（王）瓜（顾）李，不如一个大荸荠（徐）"。徐乾学幼称神童，8岁能文。受舅父顾炎武影响，为学颇有功底，尤通史地之学，监修总裁康熙钦定官书十之八九，如《明史》《大清会典》《大清一统志》《鉴古辑览》《古文渊鉴》等，圣祖御书"博学明辨"以示褒奖。理学推崇程朱，训诂推崇古注，开健庵学派先河。

康熙九年（1670），殿试一甲第三名进士，探花及第，得授翰林院编修，北京歙县会馆观光堂题名榜记其名姓。康熙十一年（1672），充顺天乡试副考官，从已经放弃的试卷中将长洲（今属江苏省苏州市）韩菼挑出，可以说是慧眼识珠，次年韩菼就得中状元。因给事中杨雍建弹劾副榜遗取汉军卷，与正考官蔡启傅（康熙九年（1670）状元）均降一级调用。康熙十四年（1675），援例捐复原级，仍任编修。康熙十五年

(1676),升左春坊左赞善,充日讲起居注官,不久丁母忧,南归守孝。康熙二十一年(1682),守母丧期满,召为《明史》总裁官,升翰林院侍讲学士。康熙二十三年(1684),顺天乡试取中南皿卷(南闱乡试贡监生)多江浙人,其子徐树屏、侄徐树声亦在此列,而湖广、江西、福建却无一人,圣祖令九卿詹事科道复核,徐树屏、徐树声等人被罢黜举人。康熙二十四年(1685)正月,应召试翰林詹事于保和殿,列上等第一,入直南书房,教习庶吉士,为庶吉士编写《教习堂条约》,此书后来收入道光十一年(1831)六安晁氏木活字本《学海类编》。不久升内阁学士,充《大清会典》《大清一统志》副总裁。值诏采散佚古籍,徐乾学进献《大唐开元礼》150卷、宋李焘《续资治通鉴长编》175卷、宋元经解10种,圣祖认为"足资考订,俱留览"。同年,户部郎中上疏奏请禁止流通明代钱币,户部尚书余国柱力挺。徐乾学认为朝廷如果发布明代钱币流通禁令,恐会无端招惹麻烦和导致骚乱,上疏建议新钱、旧钱兼行并用,圣祖允其所请。康熙二十七年(1688)二月,充会试主考官,同月即官刑部尚书。康熙二十八年(1689),具疏引疾归田,圣祖诏许以原官解任,仍为各馆总裁。同年,遭都察院左副都御史许三礼上疏弹劾。康熙二十九年(1690)二月离京,圣祖赐送御书匾额"光焰万丈",并为方便徐乾学编纂《大清一统志》诏令志局随迁苏州太湖洞庭东山,如司马迁修《资治通鉴》之例。徐乾学受恩感激,乃作《请告得旨留别诸公》"萧萧白发滞长安,此日都亭拟挂冠。入世艰虞忧履虎,当门芳馥怕锄兰。一官鸡肋中情淡,万卷牛腰远道难。最是君恩如海岳,禁庭回首涕汍澜"。

徐乾学虽近视而善鉴人,凡受其赏识之士,次第尽掇巍科。访者极众,应接不暇,常至口酬辨问,手缮简笺,耳受陈禀,兼施并给,从无阙误。宾客去后,辄著述校勘,即便饮阑寝倦,从无释卷之时。

家有传是楼,藏书数万卷,独步康熙朝,收购章丘李开先、常熟毛晋汲古阁、常熟钱谦益绛云楼、泰兴季振宜静思堂等藏书。家有书库7间,分为经、史、子、集4类,共装满72橱,阎若璩、顾祖禹等学者常常集于其门。藏书印有东海、憺园、冠山堂、黄金满籝不如一经、玉峰徐氏家藏、昆山徐氏家藏、昆山徐氏乾学健庵藏书等,汪琬《传是楼记》言"部居类汇,各以其次,素标缃帙,启钥烂然";黄宗羲《传是楼藏书记》赞"世之藏书家未必能读,读者未必能文章,而先生并是三者而能之,非近代藏书家所及";万斯同《传是楼藏书歌》称"东海先生性爱书,胸中已贮万卷余。更向人间搜遗籍,真穷四库盈其庐"。徐乾学寓居太湖洞庭东山,聘请顾祖禹、阎若璩、黄虞稷等十余位著名学者编纂《大清一统志》,所据文献基本上出自传是楼藏书。

著有《资治通鉴后编》184卷、《读礼通考》120卷(历代丧制释注说明)、《古文渊鉴》64卷、《憺园集》36卷、《虞浦集》《词馆集》《碧山集》等,辑有《传是楼宋元本书目》1卷(收录宋版书260部、元版书203部以及抄宋本、抄元本等五六百部)、《传是楼书目》8卷、《通志堂经解》1795卷等。

康熙三十三年(1694),圣祖谕大学士举荐长于文章、学问超卓之人来京修书,文华殿大学士张玉书、武英殿大学士王熙等举荐徐乾学、高士奇、王鸿绪。七月二十一日,当"徐乾学等来京修书"的诏令送达徐家时,可惜徐乾学已经撒手人寰四天。徐乾学遗疏将编纂的《大清一统志》进献圣祖,圣祖诏下所司,官复原职。卒葬吴县(今江苏省苏州市)光福香雪费家河头,状元韩菼(号慕庐)为撰《资政大夫经筵讲官刑部尚书徐公乾学行状》。故居名为冠山堂,在玉山镇伴山桥西。

遗民诗人、篆刻家吴廖

吴廖（1638—1705），字仁趾，号樵谷，歙县西溪南（今属安徽省黄山市徽州区）人，寓居扬州。出身于徽商家庭，从小就受到良好的教育，7岁能赋诗，10岁能绘山水。清顺治二年（1645）四月二十五日，清兵攻破扬州，其父惨遭兵燹去世。其时吴廖年仅8岁，与母避乱金陵（今江苏省南京市），得以幸免于难。母亲带着吴廖，亲自教授他《汉书》与《孝经》。

顺治七年（1650），吴廖随母移居东台安丰盐场，与诗人吴嘉纪为邻。吴嘉纪是明末诸生，明亡后隐居不仕，是典型的遗民诗人。见吴廖一家孤儿寡母，甚为同情，经常予以关照。吴廖于是拜吴嘉纪为师学习诗词。吴廖尤工五言，以情韵胜，诗格清新，时人对其评价很高。沈德潜《清诗别裁集》收其诗九首。吴廖与江南文人孙枝蔚、蒋易、曹尔堪、程邃、周亮工、王士祯、孔尚任、戴本孝、龚贤、郑簠、查士标等交游。康熙元年（1662）秋，与吴嘉纪、周亮工、汪楫等人游甓社湖（又名珠湖），作《晚发珠湖》诗。有《樵贵谷诗》诗集传世，姜宸英为之作序，将吴廖与当时的著名遗民诗人屈大均相提并论，称"吴子与予游几三十年，予素服其篆籀之工，不知其能诗也。客有刻其《樵贵谷稿》者，一日吴子以贻予，予开卷觉其有异，竟读之则益叹其异，以为今诗人自南海屈大均没后，少有类此者，因不待其有请而许为之序"。康熙七年（1668）夏，迁回扬州安家，在城南租赁居住，吴嘉纪有诗相赠。

11岁开始学习篆刻，一生以篆刻谋生，他的篆刻技艺在扬州、金陵一带一直享有较高声誉。方文《赠吴仁趾》诗称赞他的诗与篆刻："诗虽雅调尤可企，篆则绝技无所匹。"歙县人吴邦治曾举清初治印能手，吴麐名列其中。康熙六年(1667)周亮工在青州任上，吴麐从扬州前往青州拜访周亮工。周亮工对吴麐的篆刻印章非常赏识，称吴麐的印章"每于兔起鹘落之余，别生光怪，文三桥、何雪渔所未有也"。康熙二十年(1681)，吴麐客居北京，以篆刻一技奔走京中权贵。其时王士禛任北京国子监祭酒，吴麐在北京期间得到王士禛的提携与庇护。

吴麐治印素以光怪陆离著称，除周亮工谈及，汪楫也说吴麐的篆刻"刀锥间游戏，赤文光陆离，令我瞠目视"。吴麐生活的时代，文人对社会表现出强烈的不满，形成一股文人思潮。这种不满，文学家倾之于文，画家泻之于笔，印人则付之于刀，显示出与封建正统的尖锐对立。这种对封建正统的批判，到清初更是直截了当，毫不隐讳，势力更强，形成美学史上的一股反中和思潮。吴麐印风狂狷劲涩，表现在"光怪陆离"上，正是文人思潮在篆刻领域中的反映，同当时画家八大山人的"简狂"、高其佩的"古狂"、扬州八怪的"狂怪"，出自一格。

在明末清初印坛崇尚汉印，以方正平实为潮流的情势下，吴麐是一位擎起反叛大旗的印人。他以刀为笔，治印狂狷劲涩，体现出一种同时代潮流完全不同的审美倾向。如细朱文印"长占烟波弄明月"，章法以"一、三、三"布局，"长"字占一行，"占""月"又仅占一行三个字中的五分之一位置，"占"居右上角，"月"处右下角，上下左右呼应，实虚配置得当，布局合理。篆法也极灵巧，极富动感。刀法也不是一冲到底，而是徐徐涩进，增加了线条的劲道。粗朱文印往往以笔画代替边框，字体方圆并用，缠绵圆润，韵味十足，如"兀坐空骚首""可以娱心"两印。白文印方中带圆，篆法灵动，字体大小穿插布局，字多破边，透露出一种狂狷之气。如"山深鸟语哗"一印，"鸟"字居中占两个字的位置，笔画转折处用圆笔，为了打破五竖并列下垂的单调感，粗细不一，右边一竖笔断意连，极富笔墨趣味。"适安草庐"一印，"适""庐"长形与"安""草"扁形作对角呼应，四边均破边与笔画连成一体。"春愁如发不胜梳"，笔画圆润，韵味十足。"遣兴久凭诗作社，避愁专欲酒为乡"一印，从整体上看比较规整，但字与字之间又是大小不一，"久""作""社"只占"避""欲"三分之一的位置。

吴麐的这种风格同文彭、何震、苏宣、朱简、汪关、程邃都有很大的不同。周亮工说他的印"别生光怪，文三桥、何雪渔所未有"。周亮工认识吴麐时，吴麐才三十多岁，而程邃已近七十，声名正炽。周亮工把他同程邃相提并论，说程邃同吴麐"先后振起广陵"，对吴麐赞誉之极。

吴麐的这种反传统、反复古精神,同他的生活经历有着很大关系,8岁时父亲惨死于清兵的屠杀之下,从小就领略到社会的残暴与黑暗。后来也是一个穷困潦倒、以篆刻技艺糊口的文人。吴嘉纪《忆昔行·赠门人吴麐》载:"昨日空囊今有钱,籴粮籴菽上归船。辛苦高堂头已白,好凭微技养余年。"这是吴麐现实生活的真实写照。对现实的不满必然反映到艺术中来,对篆刻艺术的反传统、反复古,正是他的反叛精神的一种表现。

除去"光怪陆离"篆刻风格,吴麐也有汉印白文一路的作品如"适安草庐",用刀沉稳,结字均匀分布,疏密错落,浑然一体,充满古朴之气。

黄山诗画僧雪庄

雪庄(1648—1721),俗姓不可考,名传悟,号雪庄,又号通源、黄山野人、沧溟道者、青溪后学、铁鞋道人等,楚州(今江苏省淮安市)人。八九岁即能画山,幼事南安老人。清康熙六年(1667)20岁,殡葬父母后,弃家为僧。行走于吴越山水之间,为生平至乐。

康熙二十八年(1689)九月初八,雪庄初入黄山,途遇翠微寺主持雨峰禅师,得其指点,入黄山后居住明末僧一心所建皮篷。枯坐山中,风栖露宿,怡然自得。庵下有白砂矼,向来多虎。雪庄打坐于此,虎则弥首其下,如听梵音;斥其远徙,虎遂绝迹。僧众听说此事,皆很惊讶。山下居民为盖茅草棚,雪庄仍卧松树之下,绝粒十来日,趺坐不起。游人经过,供应粮米,遂掺杂着松叶、百花煮着吃。黄山天冷多雪,雪庄坐卧雪中不移动。雪越积越厚,慈光寺中洲和尚从前海赶来探望,雪庄从雪中出来,相对作揖。中洲和尚俯首佩服,称雪庄真是狮子座中人!

朝廷遣内大臣丁公前来召他入京,雪庄辞去不赴。康熙三十二年(1693)秋,丁公复至黄山,强求入京。雪庄于是带着徒弟廪峰与云谷寺僧素心同行。至南京,雪庄以病辞,养病数月。初冬,复奉召北行。在京城,与工部侍郎阮尔询、户部侍郎钱三锡、巡抚刘琰、翰林王泽弘、编修邓咸齐、参将吴启鹏、黄宗羲弟子编修仇兆鳌等人皆有交往,次年九月,雪庄还黄山,各以诗相赠。

雪庄途经南京,宿汪辉处。汪辉,字德仲,号松峰,婺源人,明万历三十二年

(1604)进士,官至礼部侍郎。曾与张惟贤、叶向高、董其昌等修纂《光宗实录》,后因不给魏忠贤京城生祠撰记,削官归里。入清后,官观察。因仕清有愧节操,钦佩雪庄高行,经常到黄山看望雪庄。雪庄返山驻足南京,促成了汪辉为雪庄构建云舫。云舫由雪庄亲自设计,前为如意亭,后为五峰亭,客堂山门楚楚有致,除汪辉大力资助建造,还有其他檀越捐助。程庭《春帆纪程》载:"舫仅五楹,中供如来拈花法相,即上人手写者。一设广榻,为游客寝息之所;一为客寮;一作斋厨;一贮书史笔研,以供诵读挥洒。此外,则一斗室,不满一弓,为上人栖定处。"

同时,雪庄还参与了智如亭、天绅亭的设计。智如亭离云谷寺三里,其下为天绅亭。天绅亭原为明末钱谦益游黄山时所构,亭下为九龙潭,时久亭毁。在构建云舫时,也进行了恢复。

雪庄进京,由云谷寺僧素心相陪。云谷禅院向来香火兴盛,灯田众多。然而经过改朝换代,尤其是康熙十三年(1674)三藩叛乱之后,僧人颇多,生活不继,遂将田地典押给了豪右,逐渐连供养也成了问题。汪辉得知云谷寺的情况后,请潜口汪士铉给予清理赎回。汪士铉共清理出云谷禅寺、继竺居、香钵庵、巨石林、隐松居典出田产188亩,汪辉出银350两以赎归,使得僧众安居乐业。雪庄进京时,刚好丁廷楗谒选为徽州知府。两人在京城谈禅说佛,颇为相知。素心又以云谷九龙庵前数千年古松被豪家侵界,将被砍去,不得已,上诉府衙。丁廷楗命黄山巡检司给予制止,并令地方公正按图清界,古松复归寺院。

雪庄爱梅,见皮篷一带没有梅花,于是作五偈语,募请栽种,"山中好事者踊跃种花,自云谷至云舫几二十里(实为十里)"。花开时节,灿若烟霞,清芬扑鼻。汪士铉为了纪念这一盛举,率先作七言律诗十首,吴启鹏、吴启元、黄元治、黄鼎元、释大涵等纷纷和诗,为黄山艺林盛事。

雪庄童年时就爱画山,所师事的南安老人即释大依,擅诗能吟,托风旨于音响之外,士大夫莫不从之游。从雪庄所作《进黄山》诗句"石笋云中忽有无,米家树法真模糊。欲向此中作枯坐,邻僧送入烟雨图",可见受南安老人影响,亦深谙诗画之理趣。雪庄从京师还山,汪士铉正在编写《黄山志续集》,遂请雪庄选择黄山最为灵奇的三十二峰进行绘图,刊入续志之中。雪庄遍迹黄山,绘有《黄山图》110幅,程庭《春帆纪程》载"所绘黄山图百幅,悉得山灵之真面目,不假穿凿",其中有43幅被收编到《黄山志续集》。

雪庄常年生活于黄山,诗咏图绘黄山,对于黄山书画鉴赏有着独特的见解,曾为潭渡黄锒所绘的《黄海真形图》进行点评。《黄海真形图》今存歙县徽州历史博物馆，为黄锡自作及临摹渐江上人、萧尺木等的画稿，共有53幅，最后圣泉峰、云舫、老人峰3幅为雪庄重绘。从雪庄评定37幅可知，雪庄为此册添笔、改笔者有10多处，如《百步云梯》，雪庄评道："此图似从鳌鱼洞下望云梯，似极，真极。衲添松一株，似顾盼云梯边松，又增远海云数笔，以取四面有云，有不尽之意。"又如黄锡仿梅清《石门峰》，雪庄评道："妙，妙，好章法！但云欠浑化，宜略加数笔，始见云浪摇动。如不可，不妨删去。"雪庄以灵动的语词"顾盼""摇动"来绘黄山，把黄山真正地写活了！

雪庄所绘《黄山山花图册》，不仅是黄山艺术的盛事，对黄山的野生植物的研究有着一定的参考价值。雪庄平时生活，即如程庭《春帆纪程》所载："佛前灯一龛，不设钟磬，不理梵呗，时或弹琴击鼓，能令四山皆响。"雪庄绘黄山图百幅之余，又"间辑山中所产异花，得一百六种，命之以名，且系以诗，一一傅染其色态"，程庭按雪庄所绘《黄山山花图册》来验途中所采的宝纲、醉仙、缨络、山海棠、山金缨等名目，仍有十余种并未采入，此106种内，专取色香兼备者，否则不采入，以足征奇花异草之品种繁多。据传雪庄绘有黄山异卉120种，此称106种，或以后又有补入不可知。

歙县吴菘见雪庄所绘山花"貌形写照，娱人心目"，遂择选35幅制为彩笺，编为《卉笺》。后收入《黄山志定本》。其后，吴菘将《卉笺》寄给好友宋荦。宋荦为赋诗20首，一时和诗者多人，并由徽州制墨名家汪节庵制成套墨，扁方形，约20种。后来，许承尧曾得四五挺，画面折枝山花，背题所咏山花诗五言绝句20首。歙县吴条园亦制过黄山百卉图墨，并携赠在外任官的府城大北街人江权，江权撰诗以纪此事。张潮将《卉笺》重新刻版，改书名《笺卉》。其后，潭渡黄吕临摹雪庄所绘《黄山山花图册》76种为《黟山奇卉》，题诗者达66人之多。

雪庄擅诗，汪士铉《黄山志续集》、胡积堂《笔啸轩书画录》及许承尧《歙事闲谭》共收录雪庄诗100多首。雪庄居皮篷30多年，其诗画大多与黄山相关。清人胡文铨称雪庄"诗律精严齐李杜，画图神妙掩荆关"，可见雪庄在诗画方面造诣颇高，在黄山诗画方面的成就与地位亦当与僧渐江、石涛相抗衡。

著名刻书家张潮

张 潮

张潮(1650—1707),谱名朝麟,字山来,又字心斋,号三在道人,世为歙县柔川人。六世祖以贾迁居郎川。祖张正茂,嗜好读书,善诗工书画。父张习孔,清顺治六年(1649)进士,历任刑部郎中、山东提学道佥事。壮年回迁歙县,居徽州府城。

康熙元年(1662),张潮13岁,张习孔请殷曙授馆于诒清堂,习八股文,并向殷曙请教学诗。康熙三年(1664),温陵孙清溪前来授馆,张潮考中县学诸生。康熙八年(1669)以捐例入国子监。后以守丧等因,耽误参加乡试,致使雄心壮志,消磨殆尽,花晨月夕,往往寄兴于诗歌。后以捐资成为翰林院孔目。

张潮放弃科举,闭门著书,号心斋居士。康熙十年(1671),定居扬州。康熙十三年(1674),靖南王耿精忠在福建起兵响应吴三桂反清,令部将宋标自饶州攻入徽州,九月初三攻陷徽州城,焚掠十室九空,居人逃避山谷间。后江宁将军额楚、辅国将军巴山、督军副总兵金抱一统大兵克复。次年,张潮母亲去世,遂迎养其父张习孔定居扬州。张习孔在徽州府城的宅邸称诒清堂,原为家庭私刻,如张习孔曾答应为东关程守刻诗集,其后不了了之,程守曾为此事让张潮过问其父。张习孔到扬州后,所居亦称诒清堂。康熙十七年(1678),张潮以诒清堂作为坊号,刊刻张习孔所著《檀弓问》与《近思录传》,每页版心镌有"诒清堂"三字。

张潮喜好收藏书籍,对于异书秘笈,爱若性命,认为"天下非无书可读之为难而,聚书为难而;徒聚书之为难而,聚而传之为难。聚之者所以供我之读,传之者所以供天下千万世人之读也"。搜集图书,编刻图书,传之天下,使天下之人皆有书可读,此为张潮之心愿。

康熙二十二年(1683),张潮编成《虞初新志》二十卷一百四十八篇。虞初原为汉武帝时采集奇异故事的宫廷稗官小吏名字,后借称为传奇故事。其后,汤显祖点校唐人辑录的神仙鬼怪故事集名《虞初志》,故张潮编此小说集遂用《虞初新志》。此书采用当代人撰写的具有传奇色彩的当代人物传记,反映了种种现实生活。故此书一问世,便受到很大的欢迎,"几于家有其书",比汤显祖所续的《虞初志》更引人入胜,书坊纷纷翻刻,传播很广,后来教科书多采用其中文章。其后,依张潮《虞初新志》体例而续编者有嘉庆七年(1802)郑澍《虞初续志》十三卷;近代青坨山人《虞初近志》(甲编),胡怀琛《虞初近志》十二卷,姜泣群《重订虞初广志》十六卷,可见张潮的首创之功,在中国文学史上不可磨灭。

康熙三十四年(1695)、三十五年(1696),张潮与王晫合作,分别完成了《檀几丛书》一集、二集,每集五十卷。书名"檀几",意为古代有七宝灵檀几,几上文字,随意所及,文字辄出现。此书中经、史、子、集及传、戒等,种种毕具,有意披览,展卷即得。

康熙三十六年(1697)、三十九年(1700)、四十二年(1703),张潮编成《昭代丛书》甲集、乙集、丙集。昭代为当代之意,主要搜集当代重要学者、文人、艺人等著作。张潮认为明末诸儒,专心于科举考试,除此之外,关于礼、乐、兵、农之书,大多不去了解,所以本着有用有体的原则,选取文章,令人耳目一新。其后,乾隆三十八年(1773)杨复吉继《昭代丛书》甲、乙、丙三集之后,续编了丁、戊、己、庚、辛五集,每集依前例五十卷,选文亦谨遵张潮"有益于人生日用"的原则;至道光二十四年(1844),沈楙德辑印《昭代丛书》甲至辛共八集,又补足壬、癸两集,总计五百卷。俞樾为重印《昭代丛书》作序云:"历时二百余年始成全书,既非一日之功,亦非一人之力……诚昭代艺文之盛观也!"此皆赖于张潮之首创之功,当与丛书而不朽。

张潮性沉静,寡嗜欲,不爱浓鲜轻肥,唯爱客,时常满座。四方之士至者,必留下饮酒赋诗,经年累月无倦色,贫乏者多予以资助。因好客,家庭经济衰落。未满50岁,海内传言已是耳聋。平常俗人大声疾呼,皆听不见。然而若有读书人与之谈论诗文、分析道理、纵横上下古今数千年以来事,虽柔声低语,无一字不回答。客人感到奇怪,张潮叹道:我已充耳不闻多年了。不过与世俗所说的耳聋不一样。若夫淫荡之声、荒唐之辞、悖谬之论、非礼不经之言,即喑呜叱咤如雷如霆,皆听不见,这不是天下之至聋吗?

张潮所交亲友皆名流,性情旷达,求助人士络绎不绝,总是热情回应,为当时著名的社会活动家。编《虞初新志》《檀几丛书》《昭代丛书》过程中,与士林往来颇密,所刻《尺牍偶存》收录张潮赠答各地亲朋信件456封,《尺牍友声》收录各地亲朋写给张潮信件1003封,皆按时间先后刊印。所交往除孔尚任、黄周星、余怀、冒襄、陈鼎、施闰章、石涛、张道深、梅文鼎、袁启旭、梅庚、余兰硕、顾彩等外地名流外,与家乡的交往颇多,如王炜、闵麟嗣、汪薇、汪士铉、江之兰、吴圣修、查士标、吴度、吴绮、江注、程云鹏等数十人皆与张潮有书信往来,或请求刻书,或请求赠书等。这些人物,几乎囊括了当时徽州名流,为徽州留下大量的文献资料。

张潮学识广博,多才多艺,倪匡世称"为人澹然寡言笑,恂恂讷讷,弱不胜衣,而好古其笃。自《周易》《毛诗》《麟经》《公》《谷》《班》《马》以及百家诸子,靡不惮心竭精,窥及堂奥,化而为序论、记述、书牍、墓志、传状、疏引、铭赞、杂著凡若干种,不啻笔为歌,墨为舞也"。著《亦禅录》《唐音丹笈》《心斋杂俎》《心斋诗钞》《花影词》《笙诗补词》《咏物诗》《聊复集》《七疗》《幽梦影》《诗幻》等,编《虞初新志》《檀几丛书》《昭代丛书》《四书会意解》《焦山古鼎考》《奚囊寸锦》等。

张潮所著哲理性散文小品《幽梦影》,在古典文学中久享盛名,称"以风流为道学,寓教化于诙谐""含经咀史,自出机杼,卓然可传"。诗集《诗幻》孤本上、下卷共20种奇幻诗体185首诗,今存清华大学图书馆,《心斋聊复集》收入清代诗文集汇编,其他诗作多散落于清初诗歌选本内,如邓汉仪《诗观二集》、倪匡世《振雅堂汇编诗最》、邓汉仪《诗观三集》、聂先《百名家诗选》等选出张潮所作古体、近体、绝句、排律、乐府民歌体共241首。所选诗后有评论云:"山来诗五古如壮夫叫月;七古如老蛟泣珠;绝句之妙,又如百尺楼头,秋风铁笛;读其近体,爽气秀色,十指淋漓。气则豹雾龙云,局则雁字鸦阵,色则彩索花球,声则黄钟大吕,宜其名噪一时也。"

 ## 画梅圣手汪士慎

汪士慎(1686—1759),字近人,号巢林,别号七峰居士,署款或印款天都学人、成果里人、溪东外史、富溪汪氏。歙县富溪(富竭别称)人。清康熙五十九年(1720)定居扬州,雍正六年(1728)寄居东关街祁门县儒商马曰琯小玲珑山馆,乾隆二年(1737)购置北郊陋室以居,名为"高寒草堂"。陈子清《名画概要·汪巢林卷》称其"暮年目瞽,为人作画工妙尤胜,与金冬心、罗两峰、高西唐并称画梅圣手",金冬心、罗两峰、高西唐分别为金农、罗聘、高翔。与高翔、郑燮、金农、罗聘、李鱓、黄慎、李方膺等并称"扬州八怪",与高翔、高凤翰、朱冕、蔡嘉等并称"五君子"。

天都学人,此署款见康熙五十九年(1720)汪士慎作《桃梅书屋册》(中国历史博物馆藏)。天都即歙县黄山天都峰(1984年1月划出歙县),历史上习惯以天都代指歙县。歙县名流、诗社等号天都的人很多,如江丽田号天都山人,明末以双刀见长的歙县项元池被称为"天都侠少",明嘉靖二十一年(1542)王寅、江瓘、程诰等人组社即名为天都,明末歙县程嘉燧扶植后辈迅速形成一个画家新群体被称为天都画派。徽州府学宫前甬道上立有天都文献坊,崇祯十六年(1643)徽州府城西门外柳堤上建天都书院,均以天都命名。汪士慎钤印用"天都寄客",也用"甘泉寄客""甘泉山人",天都为故乡,甘泉为第二故乡,一视同仁,毫无偏袒。

成果里人,成果里指位于歙县北部的富竭及其周边区域,汪士慎特指富竭。民国《歙县志》卷一《舆地志·都鄙》载:"县北,曰德政乡,旧名布政,厥里五,曰安化、归

化、成果、连沙、连山。"

富溪汪氏,在徽州特指富竭汪族,属达公派,如民国十四年(1925)《重建吴清山墓祠征信录·各族捐输银洋汇记》"富溪族,捐银十六两"。据清乾隆五十三年(1788)《汪氏通宗世谱》卷三十二《歙邑富溪敦本堂》知,汪可遇迁居扬州,子三人,分别为允禧、允祺、允复,允复生士慎,士慎是七十六代孙。该卷又称"富溪,歙胜地也。溪潦之溢可以泛舟,山林之幽可以隐德",明确富溪在歙县。明代富竭汪氏所建团体即称富溪文会,清代富竭何青(1747—1818)所辑佳作即称《富溪眺咏词钞》,民国富竭公园、小学均冠以富溪之名。汪士慎一生刻制"富溪""富溪汪氏"的印章六七方,可知其未忘其乡里,其《巢林集》四卷就有乾隆九年(1744)富溪汪氏刻本。

溪东外史,因歙县富竭位于富资河东侧,且有溪东大社,故汪士慎以此自称。

汪士慎孤洁清高,不求利禄。无山而隐,不褐而禅。一生清贫,衡门两版,窅如空山,以卖画为生,但朴不外饰,俭不苟取。过从甚密者有马曰琯(号嶰谷)、马曰璐(号南斋)兄弟以及金农(号冬心)、厉鹗(号樊榭)、高翔(号西唐)等,马曰琯称其"清骨向人殊落落"。

诗亮体达心,清雅脱俗,涉冶群籍,意行自重,不屑世好,亭亭落落,迥然尘埃之外,深情孤诣,吐弃一切,陈撰(号玉几)称"韩江文采如林,若吾巢林,洵如所称寒琼独朵者矣"。书以八分体见长,苍劲通神,气韵生动,乾隆十六年(1751)厉鹗为其作《八分书歌》。嗜茶成癖,有玉川子之风,几乎遍尝名茶,茶发诗思,诗助茶兴,挥毫泼墨,翰逸神飞,文人墨客赠茶叶或茶具以助其兴,闵华将其艺术与生活上两大异于常人之怪概括为"客至煮茶烧落叶,人来将米乞梅花"。

画水仙、梅花,清妙独绝,尤以墨梅为胜,笔墨疏落,气清神腴,清妙独绝,金农称其作与高翔异曲同工:"士慎画繁枝,千花万蕊,管领冷香,俨然灞桥风雪中。西唐画疏枝,半开鲜朵,用玉楼人口脂,抹一点红。良缣精楮,各臻其微。"墨梅学宋人杨无咎,尽得其纵横铁骨之姿,法元代王冕,全得其繁华瘦干之姿。自刻印章"逃禅煮石之间",即指所绘墨梅力追逃禅老人杨无咎、煮石山农王冕。姚世钰(号薏田)称"笔端谁摄梅花魂,江都汪郎能逼真。逃禅煮石不复作,汪兼二子成三人"。墨竹亦擅,郑燮(号板桥)自题《墨竹图轴》载:"汪士慎,字近人,妙写竹,曾作两枝并瘦石一块索杭州金农寿门题咏。"早年山水以见能者无所不能,观功力深处,都从细致中来,及至老年得心应手,从其所欲,一点一画,概廓自然,别有幽致。

乾隆四年(1739),瞎左目,因不听医家"嗜茗过甚则血气耗"而致。画梅花之豪兴不减,因目力不济而喜画巨幅,以长卷、通屏为多,妙绝灵秀,胜于未盲时,常钤印

"尚留一目着花梢",卷首自题"溪云一截"、钤印"左盲生"的长超三丈卷神品后入藏张氏大风堂。乾隆八年(1743)冬,与高翔为马曰琯绘《梅花纸帐》,马曰琯、方士庶、全祖望、厉鹗、陈章、闵华等同赋《梅花纸帐歌》。

乾隆十七年(1752),眇右目,然盲于目不盲于心,仍能以意运腕,画墨梅,书狂草,常钤印"心观道人",金农赞其画作"神妙之处,俨然如双瞳未损时",在《冬心先生画梅题记》中称"画梅之妙,在广陵得二友焉,汪巢林画繁枝,高西唐画疏枝,皆是世上不食烟火人"。

治印师法秦汉,结合缪篆,善治先秦风格私印,以结体、韵味见长,清丽奇特,稳健峻拔,出新制胜。不落窠臼,自成一格,与一代国手丁敬并称。金农作诗称其治印力振秦汉古法且功力非凡:"垢翁已逝古籑亡,汉法陵澌太息长。赖有七峰居士在,穷源心力到天荒。"黄易称其"无印不佳"。与秦汉铜印收藏家、甘泉程从龙为挚友,所见古印佳品甚夥。有"冷香"(金农治印赠谢)、"心观"、"七峰草堂"、"一生心事为华忙"等书画印二十余方。

其画存世较多,如康熙五十九年(1720)作《桃梅书画册》,今藏中国历史博物馆;雍正六年(1728)作《猫石桃花图》,今藏上海博物馆;乾隆元年(1736)作《空里疏香图》,今藏南京博物院;乾隆五年(1740)作《春风香国图》,今藏沈阳故宫博物院。

"扬州二马"马曰琯、马曰璐

马曰琯(1688—1755),字秋玉,号嶰谷。马曰璐(1695—1761),字佩兮,一字半槎,号南斋。两人为同胞兄弟,祖籍祁门。祖父马承运始业盐两淮,自祁城南迁扬州,居东关街薛家巷。其父亦经营盐业,贾而好儒,乐善好施。

因家境优渥,马氏兄弟自幼受到良好的教育,读书刻苦,品行端正。马曰琯从小便以事父母以纯孝而著称,长大后更加德器端凝,不苟言笑,他酷爱学习,每次读书时,都据案端坐,全神贯注沉浸其间。清康熙四十九年(1710),马曰琯回故乡祁门县参加考试,成绩优异,充学宫弟子,后以贡生援例候选主事,授道台衔。但其并不愿入仕,而是继承祖业长期侨居扬州经营盐业,特别是康熙五十六年(1717)其父去世后,马曰琯承担起了家庭责任,他善于经营管理,生意越做越大,家业蒸蒸日上。马曰璐以兄为榜样,亦回籍考取贡生,后援例候选知州,乾隆元年(1736)时,曾被推举参加博学鸿词特别考试,但坚辞不赴。

马氏兄弟既同为大盐商,又都是清代著名的藏书家和诗人,二人手足情深,志同道合,财产不分彼此。合力经商之余,形影不离,在一起考核文艺,评骘史传,旁逮金石文字,并擅文词,俱以诗名,人称"扬州二马"。

二人主持扬州诗坛数十年之久,都有诗词集问世,还编纂有多部书稿。马曰琯著有《沙河逸老集》六卷、《嶰谷词》一卷,编有《焦山纪游集》一卷、《宋诗纪事》(与厉鹗同辑)一百卷、《林屋唱酬录》一卷。《清诗别裁集》《正雅集》《湖海诗传》《淮海英灵集》以及民国时期商务印书馆编印的《丛书集成初编》当中,均录有其诗词作品。马曰璐精楷书,工诗词,著有《南斋集》六卷、《南斋词》两卷、《韩柳年谱》一卷、《丛书楼书目》一卷。清代诗人沈德潜曾评价说他们的诗词"斥淫崇雅,格韵并高""酝酿群籍,抒写性真""峭刻得山之峻,明净得水之澄",丝毫不逊当时的任何一个诗词名家。

雍正年间,马氏兄弟亲自规划设计、投巨资在其扬州居所东关街对面薛家巷一带,建造了一处园林别墅,名之曰"小玲珑山馆",与当时扬州"题襟馆""肃园""九峰园"等著名的园林齐名。马氏兄弟热情好客,组织"邗江吟社",邀请文人雅士至园中觞咏无虚日,成为扬州文化圈的中心人物,故四方名士路过扬州,均"以不踏其户为阙事"。当时著名文人雅士全祖望、杭世骏、厉鹗、符曾、陈撰、金农、陈章、姚世玉等,皆与马氏兄弟过从甚密,得到过很大帮助。如全祖望寓居山馆时病重,马氏兄弟出千金延医为之治疗。姚世玉客死扬州,马氏兄弟为之料理后事,为之刊刻《莲花庄集》。厉鹗曾借住山馆长达数年,马氏所藏之书任其观阅。著名学者朱彝尊所著《经义考》三百卷,其后人家境贫困无力出版,马氏兄弟不惜千金相助。此类轶事不一而足,袁枚曾夸赞说:"横陈图史常千架,供养文人过一生。"这是对"二马"一生的真实写照,若论历代徽州之儒商,没有能出其右者了。

其中最让人津津乐道的是马氏兄弟和"扬州八怪"的交往,据说郑板桥初到扬州时,只是一个穷秀才,靠做塾师为生,生活清贫,兴化家中还背负着一笔债务。一日,落魄不堪的郑板桥在一条小巷路遇马曰琯,马曰琯见此书生神情憔悴,不禁脱口而出:"山光扑面经宵雨。"不料郑板桥脱口对答:"江水回头欲晚潮。"真是天成妙对,两人惺惺相惜,由此结识,马曰琯将郑板桥迎到家中,吟诗作画,饮酒对弈。得知其穷困,赠金二百予以资助,又悄悄派人去兴化为其还清旧债,并出资为其修葺房屋。郑板桥感动不已,视马曰琯为挚友,曾为其画过一把折扇,并亲笔题写《为马秋玉画扇》诗一首:"缩写修篁小扇中,一般落落有清风。墙东便是行庵竹,长向君家学化工。"汪士慎的《巢林集》完成后无钱刊刻,也是马家出资相助的。

乾隆下江南,巡幸扬州时,曾到马氏园中驻跸。乾隆十六年(1751),乾隆首次南巡,马曰琯迎驾,乾隆亲问其姓名,两赐御书褒奖,宠爱优厚。同年冬,马曰琯入京为皇太后祝寿,在慈宁宫接受过赏赐。祁门坊间相传着一个有趣的故事:马曰琯擅弈,一日在扬州街边与人下棋时,有一位风度不凡的中年男子过来观看。一局终了后,此男子自荐与马曰琯对局,兴致勃勃地一连下了三盘棋,二人言语投机,互生好感,相约日后再聚。两日后,乾隆突然驾临马家,马曰琯才知当日的中年男子正是乾隆。后来祁门马氏宗祠兴建时,马氏兄弟曾捐白银10万两,族人为显耀他与皇帝的私交,特地在宗祠享堂正中高悬"天与交盂"金匾一块。

马氏兄弟爱书如命,是清代著名的藏书家,在小玲珑山馆内建有藏书楼,藏书百橱,有十余万卷,其中不乏孤本、秘本、精本、珍本,有藏书"甲大江南北"之誉。马氏兄弟为人豪爽,把家中所有藏书尽量无偿地提供给文人学习研究,有人因此说马氏藏书哺育了清初的一代人才,实不为过。马家还开设刻印书籍之工场,每见秘本,重金购买不得,不惜以千百金翻刻。除了为朱彝尊刻《经义考》外,还为蒋衡装潢《十三经》,又校刊《许氏说文》《玉篇》《广韵》《字鉴》等诸多书籍。其刻书校勘精审,印刷精良,时称马版书。乾隆三十七年(1772),北京四库全书馆开办,奉旨采访民间所遗珍稀之藏书,此时马氏兄弟均已离世,马曰琯之子马振伯(乃马曰璐长子,因马曰琯无子,遂将马振伯过继给马曰琯为嗣)进呈藏书珍本776种,位居当时江浙四大藏书家之首。翌年,乾隆上谕赏赐马家《古今图书集成》一部,共5020册,继又御赐《平定伊犁御制诗》《平定金川御制诗》《约胜图》,并亲题《鹖冠子》诗以赠,世人无不称羡。《四库全书总目》著录的马氏藏书有373种5529卷,其中经部57种670卷,史部123种1658卷,子部43种731卷,集部150种2470卷。

马氏兄弟崇儒尚教,曾多次出资兴办书院。扬州梅花书院原为明湛若水书院,后易名为甘泉山书院、崇雅书院。雍正十二年(1734),马曰琯独资将该书院重建,更名为梅花书院。后蒋士铨、王步青、赵翼、姚鼐、杭世骏、茅元铭等名士均曾出任院长,四方来此学业者甚多,为乾隆年间扬州经学的兴盛奠定了基础。此外,马氏兄弟热心公益,乐善好施,曾经在江都县(今江苏省扬州市江都区)施粥救济贫苦之人,在镇江出粟赈济百姓,捐金2400两次修浚扬州沟渠,又筑黟县浔阳台(渔亭)孔道,另置设义渡以通往来。诸如此类事迹不胜枚举,仁义所施,名闻四方。

艺苑后劲方士庶

方士庶(1692—1751),字洵远、循远,别号环山,歙县石川(今属安徽省黄山市徽州区)人。家于扬州,岁贡生,属于徽州方氏环岩派。本为方职(字荩思)仲子,生甫弥月即出继伯父、州同方莘臣。事伯母郑氏极诚尽礼,视生母沈氏无少异。离学塾即依生母,虽孺慕维殷,而深恩罔报,伯母稔知其故,深许其为知有本。幼时与群从肄业家塾之白华楼,作文多奇思,叔父方觐阅而惊异"师儿难与争锋",盖师子是其小字,故晚亦号小师道人。清雍正十三年(1735),秀水张庚(号瓜田逸史)《国朝画征录》称其"用笔灵敏,气韵骀宕,有出蓝之美,为艺苑后劲",时人推之为内廷书画谱馆总裁王原祁后第一大手笔。

康熙四十八年(1709),生父方职为其授室,方士庶娶16岁的中表至亲郑氏为妻,后相守36年。时家业衰落,伯母与生母百方摒挡以完婚事。厥后频生子女,食指繁多。又因其株守穷年,善身寡策,生母为之忧益切。方士庶其时读书家塾,家道寒薄,未能自给,因郑氏百方操劳才不致废业。康熙五十六年(1717),应乡试,郑氏于其入场之夜焚香祝天,秋凉露重,不久受风寒,医者投以解散剧剂,周一月不省转手,以致元气耗散,变为头风。康熙五十九年(1720)冬,侍叔父方觐入蜀校文,不久一子痘殇。康熙六十一年(1722)离蜀东归,补博士弟子员。初以名诸生屡试不售,再加上力振家业之生父见背,于是弃举业,就蓰务,即有所获,亦缘手散去。命运不昌,所遗俱尽,郑氏典弃衣饰,为其了结债事。虽勤俭节约,仍捉襟见肘,而怡悦自如。雍正六年(1728)，绘《仿巨然横山图》，为现存记载最早的画作。雍正十年(1732)，客吴门作《拙政园图》。雍正十一年(1733)，摹吴门四家之首沈周(号石田)真迹于白媚居，仲冬作《秋林青嶂图轴》。雍正十二年(1734)七月下浣，作《设色山水轴》。九月，南堂先生归里，计日抵家，见忆代书"去日旅愁尽，归时乐事偏。秋余黄叶后，人到菊花先。城廓惊乡土，妻儿说墓田。从来为客久，此别只经年"。乾隆三年(1738)八月，临《米元晖夏山欲雨图》，今藏纳尔逊博物馆。乾隆八年(1743)重九，与歙县方西畴、程梦星、汪玉枢等参加马氏行庵雅集。立冬后一日，仿南派山水画开山鼻祖董源《龙宿郊民图》画法，册写"溪湾月色，却在雪消风静时"，寒趣想当如此。笔墨深秀，尤可宝贵。平淡天真，非作家者流所能仿佛。同年，为歙县徐柱写貌补图，今藏安徽省博物院。乾隆十三年(1748)立夏后一日，经畚堂坐雨，与惺夫论南宗画派。夏日游栖霞归，于舟中作着色山水轴。

游戏翰墨，间作五七言古今体诗，吐弃凡近，独标清劲，六法则擅长于山水，出入宋元诸名家，猎取菁华，故能超轶一世。山水与金农(号冬心)、厉鹗(号樊榭)齐名，早有出蓝之目，其师王原祁一脉娄东派黄鼎(字尊古)谓"气韵秀逸，若有书卷溢于楮墨间……用笔已到古人不用心处"，郑韶九(号药畦)题其山水册称"磬园得画稿，作者小狮翁。尺幅盘元气，分毫入化工。出蓝惊海内，渴墨见娄东。欲问龙门价，评诗待巨公"，此处娄东特指黄鼎。

好事家争购其画如墨宝，虽馈以重金，然方士庶不受相迫促，或既受其馈而终不予，好事者亦未尝介意。方士庶素性喜交游、乐真率，与之周旋久，即运管终日夕亦不倦。有以缓急告，顾囊箧莫能周，方士庶则立与之画。声价既高，市多赝作，方士庶见而哂笑道"此不足乱吾真，廉之"。将授以画法，其人卒惭惶不敢见。楷书亦醇正得法，识者惜其名为丹青所掩。晚年造诣尤超妙入神品，一时名公巨卿慕其名者绝席延请，或不往其约，或一往即返，其生平率性类如此。竹柏之怀，与神心妙远。仁智之性，共山水效深。每风日清佳，歌筵吟席，则掀须谈笑，风神萧散，若神仙中人。

其书画印有"士庶""环山""研云""小狮老人""洵远摹古"等，遇得意作则钤印"偶然拾得"，如为郑燮(号板桥)小像补图，竹外盘石，泉流在下，笔墨简远，有灵气往来，此逸品后被歙县丰口人郑由熙(字晓涵)收藏。传其艺者有黄颐安、歙县黄溱(字正川)、徐柱(号南山樵人)等，形成小狮画派。

著有《环山诗钞》一卷、《天慵庵笔记》两卷，燕会即席之作散见于《韩江雅集》。《天慵庵笔记》由海上画派先驱赵之谦据朴学大家焦循手写本重录付梓，大抵皆题画之作,或诗或跋,又有记所见前人画卷,其论画高妙,可稽其生平之所得。美学家宗白华称中国绘画的整个精粹在《天慵庵笔记》一段话中,即"山川草木,造化自然,此实境也。因心造境,以手运心,此虚境也。虚而为实,是在笔墨有无间。故古人笔墨具此山苍树秀,水活石润,于天地之外,别构一种灵奇。或率意挥洒,亦皆炼金成液,弃滓存精,曲尽蹈虚揖影之妙"。

第食时,必尽啖肥隽而后快。虽铺啜可观,正坐是以得疾于乾隆十六年(1751)四月初一,殁于四月初六。惜乎其画艺不得替人而尽传之,因而成广陵散,江都闵华为之立传。

配郑氏(卒于乾隆十年(1745)),侧室张氏。子三人,分别为方起霖、方起需(侧室生)、方起雯。

 # 印坛奇才项怀述

项怀述（1718—约1787），又名述，字惕孜、涤之，号别峰、别峰樵者、香谷、耕云子、伊蔚生、涤庵、涤道人，别署伊蔚斋。歙县桂溪人。从小跟随舅舅吴云门学习诗文，吴云门品行高洁，不染尘俗，精通古诗词，对书画篆刻也很有造诣。所刻印章，直追古人。受舅舅的影响，项怀述很爱篆刻，读书之余就与同窗族弟项方山一起动刀练习刻印。

长大后精研六书，篆刻以秦汉为宗，心摹手追，技艺日进，不数年便掌握了篆刻的门径，向他索要印章的人很多。项怀述有一位族叔，名叫项青来，工篆刻。与汪启淑交情很好，《飞鸿堂印谱》收录了他的数方印章，雅洁秀润。项怀述有时候拿自己所刻的印章请项青来提意见，项青来认为项怀述印艺很有功底，勉励他不要轻易放弃篆刻技艺。从此项怀述专心研摹，耕耘不息，时间愈长造诣愈深。后因左眼视力下降，有盲目之忧，无奈十余年没有再刻印。

清乾隆二十二年（1757），项怀述从江浙一带游历回乡，次年感染疾病几乎病危。此时家中又遇变故，妻子与叔父项郇亭不幸相继去世。项怀述家中本来就很贫困，一年之中迭遭打击，穷困潦倒，愁苦万端，自叹尝遍人世苦楚。因境遇坎坷，郁郁不得志，科举考试也尽抛弃。同县吴去尘、项青来等人见其苦闷难遣，于乾隆二十四年（1759），携其出游消忧，春天在江浙一带探名胜，秋天登黄山探奇。大好山河，洗项怀述心中的忧伤。回乡以后，重新拿起刀笔，从事自己喜爱的篆刻艺术。

这一时期,他每天闭户据案,奏刀恚然。乡里不少篆刻爱好者,不论远近纷纷持石上门求篆,家中案头之上摆满了刻石,项怀述的篆刻激情也达到了一个新的高峰。之后他持艺游历扬州、松江和江西赣州等地。

项怀述心性静穆,博学好古,擅写文章。姻亲朱芫会曾读其古文百余篇,称赞他的文章能同古人媲美,只是为篆刻名声所掩盖,很少被人知道。他精书法,尤精分隶,曾说:"秦隶去篆未远,意主简易,不为体势,至汉则分间罗行,规旋矩折,抑扬俯仰,备具匠心。"康熙年间,长洲顾蔼吉采摭各种汉碑隶书文字,悉心钩摹,撰成《隶辨》八卷,每字下分注碑名,并引碑语。项怀述自幼勤习《隶辨》,历经五十年,手摹笔追。因《隶辨》版本珍稀,项怀述为使后学检阅简便,参照《康熙字典》另为分编,注文简约。三次易稿,于乾隆四十五年(1780)冬编成《隶法汇纂》十卷,由族侄项梅园雕版印行。《隶法汇纂》流传颇广,对隶书的传播和临摹起到很大作用,至近代有重辑本,更名《隶字汇》。

项怀述在篆刻上颇有个性。乾隆二十六年(1761),项青来持项怀述的钤拓印册拜访乡贤鲍倚云,并索序。鲍氏极叹其古雅有本源,称其印曰:"别峰沿波沂源,诸体精审,不为赝古,不趋时妍。一泽于雅而一归于典,岂惟不为文、何所面,即栎下老人与其所称诸名家莫之或先矣。夫别峰非能专于兹事者也,而兼精已如此,而谦谦自下又如此,予以叹其才之不窘,而器之过人远也。"同县户部尚书曹文埴视学江右,在朱芫会处见到项怀述的《印谱》,惊叹:"技至此神乎。"并经朱氏介绍,认识了项怀述,延请项怀述到家中,向项怀述请教。乾隆二十九年(1764),金陵(今江苏省南京市)秦大士在扬州吴淯南处见到项怀述的《印谱》,称赞已"入汉人之室",并向项怀述求章数枚。

项怀述自称篆刻"一以秦汉为宗",其"有容乃大"印,以隶笔白文创作,气象宏伟,端庄工整,体饱满浑厚,深得汉印精髓,刀法凝重。郑燮、王国栋认为项怀述的印章"不工甜美惟中正",把他同程邃相比,称他是"当年垢道人"。他的朱文印亦多方朱文,如"纫秋兰以为佩""怀述印"等。这类方朱文以直线的平面构成,改变了篆书屈曲怪异的弊端。项怀述还从大自然的造化中得到感悟,将各种意象施于腕底,却又不同凡响。他将黄山泉瀑奇景入印,所作"半潭秋水"印,如千尺瀑布直泻潭中。"清溪清我心"印,则有清溪之水波光涟漪之境。"惕孜"一印更是有黄山云涌潮生的效果。"松潭月色"印一反其中正端庄的风格,体现出黄山奇松、怪石、幽潭的意趣。由于项怀述深厚的汉隶功底,"松潭月色"奇则奇,但不怪异,在用刀的把握上,轻重缓急,游刃有余,是一方不可多得的好印。

从项怀述《伊蔚斋印谱》所收399方印作来看,总体风格是中正凝重,注重传统,从造化中化育而出的意象印章占极少一部分。当代印人创作开始讲意境,讲究抽象,而项怀述以意象施印,正是一种抽象的意境。可惜的是项怀述这种从造化中寻求创作灵感的审美意趣未能深入和坚持下去,也未能在当时的印坛造成影响。不然的话,徽州人必定会在篆刻艺术上创造出一片新的天地。

项怀述篆刻原刻印章流传甚罕,《明清篆刻流派印谱》仅收录一方"文章江左烟月扬州",作于乾隆三十九年(1774)。徽州文化博物馆也珍藏数枚。项怀述印辑有《伊蔚斋印谱》两册、《黄山印薮》两册,另汇纂有《隶法汇纂》十卷。

印癖先生汪启淑

汪启淑(1728—1798),原名华国,字慎仪,一字秀峰,号讱荟,别号印癖先生,歙县绵潭人,寓居杭州小粉场假山弄(后更名葵巷)飞鸿堂,监生。清雍正六年(1728)七月初二生,嘉庆三年(1798)九月三十日卒,葬歙县绵溪口小溪,清末民国初期金天翮撰汪启淑、巴慰祖合传,载《广清碑传集》卷九。其天祖汪云湜业盐松江府,生汪明楠、汪明桢、汪明桂、汪明榜。汪明楠生汪德俊、汪德仁,汪德俊生汪之礼,汪之礼生汪光铸、汪光明、汪光钺、汪光丙、汪光宏、汪光钰,汪光钺生汪启淑。以资入农部,后历任户部山东司员外郎、兵部职方司郎中、工部都水司郎中。官京城时寓居蜗寄轩,公务之暇,丈室萧然,铅椠不去手。后请告南归歙,宴坐觞咏之乐不减。

虽生素封,性不谐俗,好古成癖,蓄藏古今文籍书画美不胜纪。嗜古印成癖,无间岁月,其心之谆挚不移若是。凡好古之家、鬻古之市,寓目赏心,审非赝制,不爱高价。游迹所至,殚意搜罗,获由秦至明诸印数万钮,古铜、玉石、象齿、水晶、玛瑙、蜜蜡、犀角、檀香、黄杨等材质应有尽有,为东南藏印巨擘。冀存仓史遗意于一线,而非徒供几席间旦暮玩好。与小自己31岁的钱泳(号梅溪)同客毕沅所,欲夺其所示汉杨恽铜印,钱泳锁竹箱中。因心仪此印,不惜长跪以求,钱泳见其好古之心笃若此,终割爱笑赠,留下"只因杨恽印,长跪感梅溪"的佳话。后因捉襟见肘,将十余大箱古印质于歙县西溪善述堂汪绍增。亦善治印,神似丁敬,苍劲秀润,宜其赏鉴之独真。

乾隆十二年（1747）十一月初八，丁敬应其请而刻唐张氲《醉吟》"下调无人采，高心又被瞋。不知时俗意，教我若为人"，盖喜其能希瞢于先觉。乾隆十三年（1748），陈炼为其刻"道非身外更何求"印，边款"戊辰花朝前二日刻"。

乾隆十五年（1750）春，因事受牵连归歙对簿，谢绝亲朋，独抱病与吴士杰竟日讨论，事白后归杭州。同年，撰《飞鸿堂印人传》八卷。乾隆十七年（1752）七月，丁敬应其请而刻"藏之名山，传之其人"；九月初七，张淇为之刻"心澈冰壶，神凝秋水"印，边款"壬申重九前二日中坡居士张淇制"；同年，辑刻《汉铜印丛》十二卷。乾隆十九年（1754），辑《锦囊印林》四卷，别出心裁以小印辑为袖珍谱，为最小版式印谱。

乾隆二十年（1755）秋，归歙扫墓，后返杭州；十月十七日，吴兆杰为其刻"清风飒至，无日不是羲皇上人"印，又刻"在家菩提"印，边款"讱菴先生年来学佛，戒杀□味内兴，以陶冶性灵。余重过绵川，奉访蔼□，如坐春风中。因摘莲宗宝鉴中句，镂石以赠，时在乙亥小春望后二日练江漫公吴兆杰"。

乾隆二十一年（1756）秋，返歙居里。乾隆二十三年（1758），辑前岁飞鸿堂邻火幸存半数藏品为《讱菴集古印存》十六册三十二卷（庚辰付梓），雕刻拓印精美，鉴赏家视若珍宝。乾隆二十五年（1760），陈炼为其刻"愿读人间未见书"印，边款"乾隆庚辰天中节前二日炼玉道人识"。乾隆二十六年（1761）春，绵潭书室失火，手稿尽焚。乾隆二十七年（1762），辑《退斋印类》四册十卷（丁亥凡例）。乾隆二十八年（1763），刻印"君亲德与天地并立，圣贤道共日月同明"（今藏上海博物馆）。乾隆三十一年（1766），辑《古铜印丛》四册。乾隆三十三年（1768），绵潭书室再次失火，凡所笔述及未竟者咸毁。乾隆三十四年（1769）四月，辑《汉铜印原》十六卷，缕析条分，原原本本，殚见洽闻，较诸印谱尤为明备。

乾隆四十一年（1776）秋，乞假南归。同年，辑《飞鸿堂印谱》五集四十卷二十册，收印3498方、人360余位，历经31载搜集、辑录、钤拓，重金聘请海内铁笔高手大半至家，诚所谓广厦千间使寒士欢颜，洵古今艺林中一大观。亲与参订商榷，集名人韵语镌诸佳石，务蕲悉合于古，名流厉鹗、沈德潜等序跋、题诗50余篇，用上等朱砂泥、洁越楮、顶烟墨，以精美文锦函装帧，集乾隆年间印家印作大成，与明张灏《学山堂印谱》、清周亮工《赖古堂印谱》并称"三堂印谱"；黄易为其刻"一笑百虑忘"印，边款"冬心先生名印乃龙泓、巢林、西唐诸前辈手制，无一印不佳。余为奚九作印，亦不敢率应，赏音难得，固当如是。汪丈讱菴鉴古精博，生平知己也。簿书丛杂中欣然作此，比奚九印何如？冀方家论定焉"。

乾隆四十三年（1778），辑《静乐居印娱》四卷。乾隆五十一年（1786），辑《秋室印剩》两册。乾隆五十三年(1788),辑《悔堂印外》八卷四册。乾隆五十四年(1789),重印《飞鸿堂印人传》八卷,辑《安拙窝印寄》八册。乾隆六十年(1795),辑《秋室印剩》增订本两册。

所辑印谱尚有《印忆》《印勺》《黄杨印零》《时贤印谱》《阴骘文印谱》《戒谣歌印谱》《居易庵印醇》《西干十景印谱》《归去来辞印谱》等,叶为铭《再续印人小传》称其所辑各种印谱27种,韩天衡《中国印学年表》称有28种(其中《秋室印剩》分初辑本、增订本2种)。除印谱外,撰有《水曹清暇录》《切荠诗存》《焠掌录》等,辑有《飞鸿堂砚谱》《飞鸿堂墨谱》《飞鸿堂瓶谱》《飞鸿堂鼎炉谱》《撷芳集》等。

非特博古而已,其杭州假山弄开万楼藏书百橱,凡数千种,且多善本、秘本,梁诗正乾隆二十一年(1756)序《飞鸿堂印谱》(四集)称其"所储卷以十余万计"。爱护古籍善本,读后往往不留墨,藏书印有"新安汪氏、启淑印信、启淑私印、开万楼藏书"等。乾隆三十七年(1772)应诏进献精醇秘本,其中59种收入四库全书、201种收入《四库全书存目丛书》。乾隆三十九年(1774),因献书500余种而获赐《古今图书集成》一部,所进《建康实录》《钱塘遗事》承高宗御笔题诗以归。乾隆四十年(1775)二月,御书楼落成于绵潭方家(特指宋末尚丹仙公主的驸马、方村派方太墅)墓前。十二月二十四日,翁方纲为撰《新安汪氏恭建御书楼记》并书丹篆额。

不仅藏书,而且刻书,如刻宋代夏竦《古文四声韵》《附录》、郑樵《通志略》等。

工吟咏,风格似西泠十子,年甫冠即能以诗笔与宿儒争雄长。入西湖吟社、东皋吟社,与厉鹗、杭世骏等交契于心。

善岐黄之术,立论著书皆发前人所未尽。其辨温热痰饮脚气成方折中先贤,更出心裁。四方就诊纷纷不绝,汪启淑不惮劳苦,无钱患者赠药,人称"伯休(即汉代名医韩康)再世"。获赠浙派篆刻开山鼻祖丁敬(别号龙泓山人)刻仿汉铜印"霍去病",欣喜数月依然不止,嘱黄易刻仿汉印"愿学未能",足见其学问渊博,且虚怀若谷。

一剧出名方成培

方成培(1731—1789),字仰松,又字后岩,号岫云,别署岫云词逸,歙县环山人,民国《歙县志》卷七《人物志·文苑》误为横山人。终生不仕,布衣终老。清乾隆四十五年(1780)《重校尔雅翼》自跋称"时年五十",辄生于雍正九年(1731)。乾隆五十六年(1791)八月歙县周暟《布衣词合稿序》称"己酉春,岫云殁于客邸",民国《歙县志》卷七《人物志·文苑》"客游汉皋,卒于其地",辄乾隆五十四年(1789)卒于汉皋客邸。

方成培改定本《雷峰塔传奇》(俗称《白蛇传》)让其一剧成名,在中国戏曲界奠定了重要地位,如今昆曲、京剧等舞台上仍在演出的《雷峰塔》、台湾拍摄的电影《新白娘子传奇》、香港拍摄的电影《青蛇》就出自方成培改定本。方成培除改编《雷峰塔传奇》外,还创作有《双泉记传奇》等。

《雷峰塔传奇》所载白娘子与许仙爱情故事由来已久,不知何人所撰,其事散见明万历四十二年(1614)常州学人吴从先《小窗自纪》、清雍正九年(1731)会稽探花傅王露《西湖志》等书,好事者据此口口相传。乾隆三十六年(1771)十一月,恭遇崇庆皇太后八旬万寿,普天同庆,淮商得以恭襄盛典,文华殿大学士高晋语通政司李公,令商人于祝嘏新剧外,开演《雷峰塔传奇》,只候承应。

《雷峰塔传奇》方成培改定本分四卷三十四出,卷一有十出,分别为《开宗》《付钵》《出山》《上冢》《收青》《舟遇》《订盟》《避吴》《设邸》《获赃》;卷二有七出,分别为

《远访》《开行》《夜话》《赠符》《逐道》《端阳》《求草》；卷三有八出，分别为《疗惊》《虎阜》《审配》《再访》《楼诱》《化香》《谒禅》《水斗》；卷四有九出，分别为《断桥》《腹婚》《重谒》《炼塔》《归真》《塔叙》《祭塔》《捷婚》《佛圆》。

《雷峰塔传奇》方成培改定本在下场中大量运用唐诗，精致准确。全剧独出机杼，文学价值高，舞台效果好，加上一改旧本辞鄙调讹之风，成功塑造白娘子集爱、善、美、坚、勇于一身的中国女性典型形象，完全消解之前版本中白娘子的满身妖气，彻底改变白娘子的本质形象，从而使《白蛇传》故事主旨由宣扬宗教传统观念转变为追求爱情婚姻自由，所以《雷峰塔传奇》方成培改定本成为《白蛇传》故事演变史上的经典，是《白蛇传》故事历代文本中无法跨越的巅峰，被列为中国十大古典悲剧之一。吴士岐（号凤山）《雷峰塔传奇题辞》称"臭腐可化神奇，黄金点于瓦砾"，洪肇泰（号茹亭）《雷峰塔传奇后跋》称"镂琼裁雪聊歌对酒之怀，香草幽兰无失寓言之意"，王季烈（号君九）《螾庐曲谈》称"《雷峰塔》新安方成培有改本刊行，词旨实胜原作。兹谱所录者，即依方氏改本也"，赵景深《读曲小记》称"《雷峰塔》以他（指方成培）的改本为最好"。

方成培不仅在词曲方面功力精湛深厚，而且明岐黄之学，研讨《内经》，颇具卓识。耻赴童子试，因而肆情于诗、古文辞，尤嗜填词。笔力柔艳，才思优丽，宗姜夔（号白石）、张炎（号玉田）格律派，清空典雅，杂入词集，几不能辨。体质虽弱，而遇名山佳境，必策杖冥搜幽奥，累月经旬亦忘返。暇则出其余技，寓兴刻印，师法程邃，极古致磊落，然非知音、工书画、佳石旧冻不屑奏刀。博览经传及诸子百家，尤精于《乐经》。认为"工尺即律吕，乐器无古今"，歙县县城荷池程瑶田、古城关汪龙极为赞同。元代熊朋来《瑟谱》六卷谬语脱漏较多，方成培不消一日即补完残缺部分。

乾隆十六年（1751）春夏之交，沿新安江水路经停建德县（今浙江省建德市），作《减字木兰花·游仇池坞留题石壁》《点绛唇·游澄溪院》，重阳节后游西湖，作《卜算子·登北高峰绝顶》。乾隆四十年（1775）八月十六日，同人燕集扬州康山。乾隆四十四年（1779）七月初九，所撰《双泉记》12部、板片24块遭禁毁。同年，偶于扬州故纸堆中觅得师成子《灵药秘方》，于是以善价购入，并悉心改订。乾隆四十八年（1783），第五次游汉皋，与歙县县城荷池程瑶田晤于此，并以所得之《灵药秘方》出示，得以付梓。乾隆五十一年（1786）冬，与周暟同客汉皋。乾隆五十二年（1787），客游巴陵。

方成培对徽州历史遗迹颇为关注,比如歙县富登渡口元代庐州余阙篆字"郑公钓台"因年久而被棘刺所罟、苔藓所封,他人欲求其字,居人无知其处,方成培得见明成化拓本,于是发兴往寻,至则剪除棘刺,疏剔苔藓,沃水溉濯,字形复现。

方成培著有《听弈轩小稿》《香研居词矩》《香研居词麈》《香研居谈咫》《镜古续录》《后岩印谱》《后岩学诗》《诵诗纪疑》《梦拙草堂稿》《静胜山房稿》《金华金石文字记》等。

画鬼奇才罗聘

罗聘（1733—1799），字遯夫，号两峰（因黄山有天都、莲花两峰），别号花之寺僧等。祖籍歙县呈坎（今属安徽省黄山市徽州区），生于扬州。

罗聘刚满周岁，父亲去世。母亲去世也早。他是第四子，在叔父罗愫关照和长兄罗克均抚养下长大。父亲、叔父都喜欢金石书画，家庭浓郁的文化氛围，加上扬州盐商好儒之风，使罗聘从小就受到诗词书画的文化熏陶。现存罗聘最早的作品《水仙扇面》，就是他于清乾隆十四年（1749年）所作。时年17岁的他，绘画技法尚显稚嫩。由于叔父引领，他经常参加当地文人雅集，结识了马氏兄弟、郑板桥、闵华、陈章等文化名人，特别是得到了程梦星、金农的赏识。程梦星是当时诗坛宗师，金农更是名满东南的艺术家。乾隆十八年（1753），罗聘娶祖籍同为歙县的方婉仪为妻。方婉仪是才女，13岁写诗，诗风清丽流畅，书画方面也有较高的天赋。婚后，两人情趣相投，虽然粗茶淡饭，但两人谈书画，游山水，赋诗词，琴瑟和谐。

乾隆二十二年（1757），罗聘以诗为礼，正式拜71岁的金农为师，追随杖履，不离左右。先学画梅，继而画佛画竹画人画鬼。不数年，尽得金农艺术衣钵。金农诗书画三绝，嗜好金石考古，喜爱旅行，淡于科名，入禅学佛，罗聘也亦步亦趋。师生风范志趣如出一辙，不少人说见罗聘如见金农。乾隆二十八年（1763）秋，金农在扬州逝世。罗聘倾心料理丧事，直到次年九月，他亲自护送金农灵柩归葬故里杭州黄鹤山，才算完成一桩大事。

乾隆二十三年(1768),两淮盐引案发,与扬州盐商和文人关系密切的两淮盐政使卢见曾受到牵连伏法。新盐政使尤世拔严查扬州盐商,盐商人人自危,往日灯红酒绿、莺歌燕舞的扬州变得死寂清冷,依赖盐商讨生活的当地文人生活大受影响。于是,罗聘在乾隆三十六年(1771)离开扬州,北上京都。拜访旧友礼部侍郎钱载,并先后结识了刑部尚书英廉、内阁学士翁方纲、礼部主事姚鼐、编修程晋芳、詹事钱大昕等京城显宦名流。此时的他,历经过漂泊不定的云游生活,饱尝了世间的曲折坎坷,见识了官场的虚伪狡诈,体会到人情的冷暖莫测,为谋生所画花鸟山水已不足以表达这种特殊情感,于是创作《鬼趣图》以示人,用画鬼这种特殊方式宣泄自己的情绪。

乾隆三十八年(1773)春,罗聘离京南下,在天津逗留近一年。次年途经山东泰安时,受太守朱孝纯挽留客居三个月,三登泰山,作游岱诗,画《登岱图》。秋天才回到了一别四年的扬州。罗聘这次北上,不仅结交了大批京师名流,观摩了友人诸多旧藏,又在沿途游山访水,积累了许多素材,并留下了大量传世之作,收获匪浅。

罗聘南归后,一直在扬州卖画为生。但两淮盐引案迟迟不结,盐商广受牵连,没有精力与财力附庸风雅,书画市场不景气。加上此时扬州八怪健在者无多,高手云散,扬州画家很难占据上风。乾隆四十二年(1777),罗聘前往江西游历卖画,虽然销路一般,但拜望了正在那里讲学的老友蒋心余,结识了万廉山,大家一起吟诗作画,颇有乐趣。逗留年余才回到扬州。

乾隆四十四年(1779)五月初六,罗聘再次北上京城。离家之时,妻子方婉仪已重病卧床。五月十九日,他还在途中,妻子就不幸离世。八月初三,罗聘得知噩耗,如晴天霹雳,万分悲痛之下,赋诗悼念:"月缺有圆夜,花落有开枝。尔死无生理,我出有归时。欲归予未得,纵归尔不知。"方婉仪是罗聘生命中最为重要的女性,她把自己全部的生命和情感都献给了罗聘及其艺术事业。她的离世对罗聘打击巨大。为纪念爱妻,罗聘不仅请大儒翁方纲为方婉仪撰写了《女士方氏墓志铭》,还为自己起了"衣云和尚""衣云道人"的别号,表现出失去爱妻后孤苦无依、四处飘零的苦况。扬州妻榇待葬,稚儿弱女无人照料,而他身在旅途,欲归不能,有说不尽的烦愁,发出"空有千秋业,曾无十日资,欲归归未得,何以慰儿痴"的悲叹。乾隆四十五年(1780)冬,罗聘动身南返。

在扬州期间,罗聘的生活过得很是拮据。著名文人袁枚与其友善,知道他家境艰难,特地以米相赠。乾隆四十八年(1783),扬州建重宁寺。次年,扬州盐商以数百金的巨额笔润请罗聘在寺中画了一幅壁画,对罗聘来说,这不啻于雪中送炭。

乾隆五十五年(1790)夏,罗聘带着小儿子罗允缵第三次到北京,住在宣武门外琉璃厂观音禅寺。这时的罗聘已是年近花甲南北著名的大画师。士林中以一交罗聘为荣,当时名士如张问陶、王文治、孙星衍等,都成了他的翰墨朋友。他经常出入翁方纲、姚鼐、法式善宅第。求购作品的人很多,甚至朝鲜人也以重金求画。但罗聘生性落拓不羁,有钱不是吃酒,就是买古董,随来随去,视金钱如草芥,年复一年,始终过着清寒的生活。

嘉庆三年(1798)深秋,靠着老友曾燠资助,大儿子罗允绍接思乡情切的罗聘回扬州。此时,贫病交迫的罗聘已是66岁的老人。又碰上胞兄罗秀峰逝去,更加伤怀。嘉庆四年(1799)七月初三,他在"朱草诗林"寓所去世。对罗聘的离世,许多文人都很怀念。翁方纲、法式善都有诗悼怀。吴锡麒正在扬州安定书院讲学,也有《哭罗两峰》诗。

罗聘诗书画三绝,金农称赞他画梅时"放胆作大干,极横斜之妙"。吴锡麒称赞他"活梅花于腕下"。他的妻子儿女都能画梅,时人称为"罗家梅派"。他的画路宽博在扬州八怪中是少见的,人物、写真、山水、梅竹,都有很高造诣。王昶说他"画罗汉足与陈洪绶、崔丹颔颃"。他所画的《鬼趣图》,讽世警俗,更为士林所推崇。诗作以含蓄见称,风格多样,尤以平易亲切、清旷峭寒两种截然不同的诗风为主。

篆刻家巴慰祖

巴慰祖(1744—1793),字予藉、子安,号隽堂、晋堂、莲舫,巴廷梅之子,徽州府城西街古槐里人。祖巴维琪,县廪生,父巴廷梅,业盐淮汉之间,扬州城南引市街有巴总门巷,即为居住处。与贤士大夫游,桐城刘大櫆曾寓居其家中,每称其诗。

巴慰祖为人通敏,眉目疏秀。从小喜好刻印,务穷其学。工隶书,劲险飞动,有建宁延熹遗意。又搜集古书画器用之类,以及雕砚制墨等,皆极精美,罗列左右,入室粲然可观。巴廷梅见巴慰祖分心读书,题其居室"可惜",聘请危焕枢授经于武汉寓居之地,以诗文书画相长。

巴慰祖于篆刻最初从学汪肇龙,悉得篆法,取薛尚功《钟鼎彝器款识法帖》范金代石摹拓如薛本,名为《款识追》,郑虎文、汪肇龙为撰序,今已不可见。巴慰祖今存印谱数种,如《巴隽堂印存》(五层套印谱)一册、《四香堂摹印》两卷、《予藉摹古印稿》一册、《百寿图印谱》一册、《四香堂印余》八册八卷、《巴莲舫先生摹汉印谱》。巴慰祖作《古香堂摹印》序云:"印章之祖秦汉,如寻山之有昆仑,问水之于星宿海也。"可见巴慰祖之篆刻宗于秦汉。巴慰祖印风工致挺秀,温润秀雅,后人对其评价很高,张廷济称:"不粘不离,形神俱到。"赵之谦称:"浙、皖两派可数人,丁、黄、邓、蒋、巴、胡、陈(曼生)。"

巴慰祖擅仿铸铜印,董洵《多野斋印说》载汉阳陈铨能仿古铸铜印,"铸成涂以青绿,宛然自土中出也"。清乾隆四十五年(1780),董洵在汉阳,与巴慰祖、胡唐手刻印模，铸子母印及两面印。歙县博物馆藏巴慰祖所刻"莲舫"铜印，气息醇古，或为自仿。

巴慰祖长于书法，于汉碑用功最勤，曾临过《曹全碑》《西狭颂》《尹宙碑》《华山碑》等。歙县汪灼在《汉隶编年阙年序》中称"我朝汉隶雄视前人者，则有南海谭汉东，东吴顾苓，金陵郑簠，秀水朱竹垞，芦墟陆虙翁，四明万讷庵，歙之郡城巴慰祖亦未失汉人结体，用笔波折之妙，皆可俾学者有准则，不犹见中郎虎贲于今日哉"。

武汉天都庵为盐商公所，旧有巴慰祖隶书"蜡腊宴饮处"五大榜额，笔势古劲。四方名士道经汉口，莫不访其寸田尺宅斋，一时题襟雅集，觞咏无虚日，一如天津查为仁、江都马曰琯。曾公祠在武昌城外，为冠盖往来必经之路，祠因岁久而弊，巴慰祖不欲独善其名，作《募修曾公祠疏》，其文简峭，书法瘦劲。

巴慰祖收藏书法名画、钟鼎尊彝甚夥，著声东南。曾藏宋代拓片砖塔铭拓，楮墨精妙。明代及清初鉴赏家钤印遍布，尾部有何义门、姜西溟的题识，定为海内第一本。不想被徽州知府见到，非要夺去不可。于是摹写了一本，以原本给知府。又刊刻上石，精彩如一，并拓片存世，送给亲友十数本。后巴慰祖将刻石带到武汉，不想毁于火。其后，孙巴小孟搜购拓本以保存。

汉竟宁雁足镫，原为扬州马氏玲珑山馆物，后归巴慰祖，汪中曾撰释语。其后，又为程洪溥所有。上海图书馆藏释达受《竟宁元年铜雁足灯两面全图》拓本，有巴慰祖孙巴达生所题："此器旧为扬州马氏玲珑山馆所藏，后归予家蟫藻阁。先君子持视木翁，木翁见而欲之，即割爱赠焉。今见此拓本如理旧书，如晤故人，因乐志数言，以复六舟禅丈。时道光辛丑七月，巴达生。"

巴慰祖琢砚造墨，穷极精美。首创石鼓墨，以及仿古币墨、摹散氏盘大圆墨，与江秋史合制即墨刀墨，与黄钺等合制金涂塔墨，俱极精好。乾隆五十七年（1792）四月初八浴佛节，巴慰祖与黄洙、胡唐、朱文翰集紫阳书院黄钺处，观钱忠懿王金涂塔拓本，缩摹四面之一，属汪节庵鉴古斋制墨纪事，阅十日墨成，又联句题汪节庵《墨薮》。所造《金涂塔墨》，塔形漆边，一面为塔纹，一面楷书阳识。

巴慰祖擅诗，著《隽堂诗集》，今存《黄海吟秋录》诗，为乾隆三十九年（1774）巴慰祖游黄山所作。巴慰祖之父巴廷梅与江丽田相交。江丽田隐居黄山，巴慰祖与族兄希霞游黄山，浴汤泉，宿茅篷，于重阳节入云谷，江丽田相陪，巴慰祖以"吟秋"两字，镌于丽田琴台旁之石上。在黄山，巴慰祖绘龙峰图，并为江丽田制始信峰图，回家后，复为颠道人绘探海图。紫阳书院山长郑虎文为撰序，称巴慰祖诗思清入骨，造化山灵托其笔幻作韵语，以乱游人耳目。可见对巴慰祖之诗亦多有赞赏。

汪中为巴慰祖撰传,称其"善交游,自通人名德、胜流畸士,下至工师乐伎、偏材曲艺之美,莫不一见洒然,如旧相识,周旋款密,久而不衰。或欺绐攫夺,予藉憪憪不知校,他日遇之则又如故"。巴慰祖与诗人袁枚关系颇密。袁枚妾金姬有妹叫凤龄,自幼出卖当婢女使唤。14岁时,袁枚为之赎出,出嫁给隋氏。不想为隋氏正妻所虐待,自经而亡。袁枚撰诗哭祭,和者颇多,巴慰祖亦撰有和诗,有"恼鸦打凤海难填,桃叶离根泪珠落""因情割爱反成悔,缔非其偶尤堪悲"之句,嗟叹佳人命运不偶。乾隆四十八年(1783),袁枚游黄山,与巴慰祖意外相见,巴慰祖留宿家中七日,才前往游览黄山,"君更依依送出城,下车握手难为情"。

乾隆五十五年(1790),黄钺考来主紫阳书院山长,与巴慰祖交往。巴慰祖之女嫁西溪南吴文桂,巴慰祖曾带黄钺游西溪南,游吴氏园亭,游仁义院观吴仲道、郑千里画壁,连宿其地,又陪黄钺游黄山,往返十日。黄钺作《画友录》称巴慰祖"时伪作古器,脱手如数百年物。虽精鉴者莫能辨。能画山水花鸟,皆工。然不耐皴染,成幅者绝少。人得其残稿,犹珍重爱惜之。家丰于财,坐不治生产,日益贫。晚出其书画之副者,犹卖千金。好客,别业在城中古槐里,余为紫阳山长时,时相过从。犹记同游黄山,登始信峰,令侍者吹洞箫,子安倚声而歌,其乐可以忘死"。

汪中称巴慰祖"好棋及驰马度曲,遇名山胜地,佳时令节,可喜可愕之事,未尝不身在其间。竟数十年,由是大亡其财,且日病,晚为人作书自给,数年卖其碑刻尚三千金。然其爱之弥甚,节啬衣食,时复买之"。

巴慰祖子巴树谷,穷极经学,精通律吕,八分书尤能世其家学,亦不屑屑为,断纸零缣,珍同乃父。好收藏,擅长篆刻。著《今有录》《管具四声说》《小尔雅疏证》《艺斋说经记》及《金石文释》六卷、《蟫藻阁金石文字记》,留存于世印谱有《还香室印存》。孙巴小孟工分书篆刻,能世其家学。曾孙达生,诸生,以书法名于时,中年后专力于诗。

篆刻书画双大师奚冈

奚冈(1746—1803),初名钢,字纯章,号萝龛、蝶野子,后号铁生,别号鹤渚生、蒙泉外史、蒙道士、奚道士、散木居士、冬花庵主等。黟县宏村镇际村人,因排行第九,人亦称之奚九。清代著名篆刻家、书画家、"西泠八家"之一。

奚冈出身于徽商之家,自幼随父亲奚元璇经商,寓居于浙江杭州,故后人多称其为钱塘人。奚冈少时天资聪慧,9岁便作隶书,长大工行书、篆刻,真书法褚遂良,兼通诗词,而于画尤为擅长。他爱好丹青,因家道中落,生活窘困,缺少可以参考临摹的古人真迹,便经常流连于裱画铺中,细心观摩名迹中的山川林壑,骨法用笔,并默记于心,归而摹写,如此往返多次,直至形态逼肖后乃止。奚冈在书画篆刻方面有着极高天赋,20岁时在杭州就已经很有名气;在科举应试方面,奚冈却漠然置之。

直到乾隆三十年(1765),奚冈才参加童子试,恰逢乾隆第四次南巡赴杭州。杭州知府王瑞为迎接圣驾,在西湖旁依山傍水建造了南巡行宫。为陪衬风雅,欲在白粉涂刷的墙壁上绘上彩画,因此便派人前去将奚冈唤来行宫作画。当时,奚冈正应童子试,虽画名显赫,但性情耿介,自然是一口回绝。知府当即大怒,派人将他捆绑押到行宫的白墙前,勒令他赶紧作画。奚冈勃然大怒,大声说道:"哪里一边请人作画,一边却又把人捆绑到这里的道理?"他在白墙下面睡了三天,坚决不画。大声说:"头可以断,画不可得!"押解他的人慨然而叹:"你这哪里是童生,你是铁生呀!"于是,奚冈便自号为"铁生"。这件事一时在艺苑中传为佳话,也使得奚冈十分痛恶官场。从此奚冈绝意仕进,不再参加科试,与官场彻底无缘;毕生只是钻研篆刻、书画艺术,终身为一布衣。桐城汪志伊担任浙江布政使时,曾以赠"孝廉方正"为条件延聘奚冈入幕辅佐,也被他婉言谢绝。

乾隆三十四年(1769),奚冈游艺扬州,曾受邀为富家子画像,深感后悔,并以此为耻,发誓再也不为富家子画像。经此事后,奚冈改名由"钢"至"冈"。从此,奚冈闭门谢客,即使是地位显要的人投递名帖求请书画,不是他认为合适的人,也是不可能得到的。

奚冈是清代印坛一代杰出人物,他的篆刻,以宗法秦汉古印为经,以博采文彭、何震、巴慰祖、胡唐等名家之长为纬,善用切刀,所作篆刻具有枯涩中寓坚挺之意,在茂密处见通透,在浑成中见散逸,开创了一代浙派阳刚之风。后人评说"奚铁生以淡雅胜",就是说奚冈对汉印的认识和理解具有开拓性,读出了汉印的奥妙:"近世论印,动辄秦汉,而不知秦汉印刻,浑朴严整之外,特用强屈传神。"奚冈与丁敬、黄易、蒋仁,被誉为"西泠四家",随着陈豫钟、陈鸿寿、赵之琛、钱松等人相继崛起,又合称"西泠八家"。

奚冈是浙派印风传播的关键人物,他的篆刻艺术为人称道,虽然未能留下印学专著,但在奚冈印章款识与诗词中记录了他大量有关印学思想、交往与治印琐事的资料,为后来人们学习、研究奚冈的篆刻艺术提供了一手文献资料。

奚冈还是乾嘉时期浙中画家之巨擘,他书画善山水,讲究"六法"(气韵生动、骨法用笔、应物象形、随类赋彩、经营位置、传移摹写),笔墨超逸松秀,以潇洒自得为宗,深得董其昌、李流芳之法。他的山水作品充满了个人特色,显示出他深厚的人文素养和独特的审美情趣,往往表现出一种超脱尘俗的自然和谐,以及一种布衣生活的无拘无束,显示出他对于传统绘画技法的深刻理解和独到创新。

奚冈的花鸟画,既有传统绘画的深厚底蕴,又有其个人独特的艺术风格;奚冈的花鸟画,细腻入微,色彩运用大胆而富有变化,既注重写意,又不失工笔的精细。奚冈善于捕捉自然界中花鸟的灵性,在作品中常常表现出一种生动活泼的气氛,以及对生命自然的热爱和赞美。

奚冈也擅长花卉、兰竹,亦极超然脱俗,颇具恽寿平之韵。

奚冈所作《松亭论道图》《五柳先生像》《春江棹舟图》《溪山春秋图》《留春小舫卷》《春林归翼图》《仿黄子久秋山图》《溪山秋霁图》《蕉竹幽兰图》《蕉林学书图》《题襟馆图》等轴卷,均神形兼备,气韵生动,在中国绘画史上都占有重要地位。

乾隆四十一年(1776),奚冈31岁,他生活消沉;尤其是在这一年,奚冈发妻去世,更使他的情绪低落,每每以酒浇愁,以艺事慰藉内心。他写给好朋友黄易的信中说:"冈自丧妇已来,楼居一室,惟卖画奉亲,读书养志,饮酒忘机,三者之外悉不与世俗营营相关切也。"之后,奚冈又接连遭受了丧弟、失子的打击,随即家宅又毁于火灾,生活更是凄楚。他的传世书画中有用"丙后之作"四字小印者,皆为火后所为。

嘉庆八年(1803),奚冈去世,终年58岁。著有《冬花庵烬余稿》行世。

方志大家洪亮吉

洪亮吉(1746—1809),初名莲,又名礼吉,小字符,字君直,一字稚存,号北江,又号藕庄、梦殊、对岩、华封,晚号更生居士,祖父洪公寀由歙县洪源(今属安徽省黄山市徽州区)入赘武进(1724年析置阳湖)赵氏,因而籍于斯。生于清乾隆十一年(1746)九月初三常州中河桥东南兴隆里赁宅,卒于嘉庆十四年(1809)五月十二日。三游黄山,登天都,上莲花,在慈光寺观明朝郑贵妃所赐袈裟,访益然大师墓,皆以诗记。开北江学派先河,与黄景仁(字仲则)并称"洪黄"。

6岁丧父,随母寄居外祖蒋家。勤学苦读,有文名,但科考不顺利,长期以教书为生,在朱筠、毕沅(祖籍休宁)、王杰等处为幕宾,为毕沅校勘《华岳》《关中胜迹图》等。乾隆三十年(1765),在外家团瓢书屋授表弟读经籍,岁得钱2800文。乾隆三十一年(1766),在外家教表弟读书,岁得钱7000文。乾隆三十三年(1768)九月十六日,娶舅舅蒋实君之女,五日后追悼其师、寄籍昭文县的休宁翰林邵齐焘。乾隆三十四年(1769)五月,应童子试,被录取为阳湖县学附生。乾隆三十六年(1771)十一月,以教馆不敷养亲,赴安徽太平府(今属安徽省当涂县)访学政朱筠,知府沈业富留入府署。十二月初八,抵太平府朱筠学政署,与入朱筠幕中皆通古义的戴震、汪中、王念孙、章学诚、邵晋涵相交,因而立志穷经。乾隆三十七年(1772)在安徽学政署,一有余暇则游览徽州、池州、庐州、安庆、宁国、凤阳、六安等地名山胜水。乾隆三十八年(1773),四库全书馆在安徽省设局太平府,洪亮吉受聘总司其事,并兼太平府书记。七月，洪亮吉陪朱筠至徽州府、宁国府考试诸生。九月，自徽州偕祖籍歙县丛睦坊之汪端光归里，游新安江、富春江及钱塘山水。十二月，乘船至太平府送朱筠离任返京，贫不能归，在知府沈业富及袁枚的资助下，才于除夕抵达家中。

乾隆五十五年(1790)殿试，其卷条对详明，读卷大臣进呈第一，高宗钦定一甲第二名，榜眼及第，授翰林院编修，充国史馆纂修官。乾隆五十六年(1791)，洪亮吉任石经馆收掌官。乾隆五十七年(1792)，充顺天乡试同考官，授贵州学政，未散馆翰林外放学政自其始。黔省僻远，书籍缺乏，为购经史、通典、文选等书，分发各府书院，敦厉实学，此后黔人好古不倦。乾隆六十年(1795)，任满启行，诸生相送，自图宁关至贵定，三日中常不绝。

嘉庆元年(1796)，散馆授咸安宫官学总裁，协修《高宗实录》。嘉庆二年(1797)，奉旨在上书房行走，教授皇曾孙奕纯读书。嘉庆三年(1798)正月，参加大考，作《征邪教疏》，列二等前茅。因力陈弊政，语多激切，触犯显宦，被降为三等二名。是月，适逢弟丧，于是托病辞官归里。嘉庆四年(1799)，起任实录馆纂修官，撰《高宗实录》。初稿成，与同官意见不合而辞职。临行之前，认为权私蒙蔽，事事不得其平，风俗日趋卑下，赏罚仍不严明，言路似通未通，吏治俗肃未肃，仁宗视朝稍晏，小人荧惑圣听，于是上书成亲王转呈仁宗，指责内外大臣误国害民，贪赃枉法。仁宗御览，怒其语气刚直，交军机处指问。军机大臣会同刑部严审，拟以大不敬律斩立决，仁宗施恩改判为革职充军伊犁，管教五年。洪亮吉遭流成后，朝堂言事者日少，下情复壅，为害甚巨。仁宗为表明自己非拒谏饰非之祖，于是下令赦回洪亮吉，并宣示洪亮吉原书，承认洪亮吉所言实足启沃帝王之心，故铭诸座右，时常观览，以勤政远佞时时警惕自己。洪亮吉得以回籍，因而自号更生居士。嘉庆七年(1802)二月至嘉庆十年(1805)，任旌德洋川毓文书院山长。间因盐政之聘，改主扬州梅花书院数月，与诸生讲经谈艺，远近闻风从游者日众。嘉庆九年(1804)四月，自旌德洋川至歙县洪源谒先祠，祭扫曾祖洪璟墓。

洪亮吉擅长地理学，为厚古派方志代表人物。纂有《毓文书院志》八卷，《补三国疆域志》两卷，《十六国疆域志》十六卷，《乾隆府厅州县图志》五十卷，延安、怀庆、常州、宁国等府志，淳化、长武、澄城、固始、登封、泾县等县志。河南巡抚毕沅认为其编纂的《登封县志》与宋敏求、孟元老所著同称，非近今方志可同日而语。

洪亮吉不仅在修志实践上经验丰富，而且在方志理论上见解独到。他认为方志的作用是正疆圉，著作势，识地利，稽户口，定赋役，别风土，彰人物，记沿革兴废之故，析政教治乱之由，盖化民成俗之要，而考镜得失之林；方志是为政之书，土地之更迁、户口之登耗、风俗之移易、水利之修废概当据实征信,使父母官能够披卷而识因地制宜之道。有鉴于此,他要求方志编纂苟简不可,滥收亦不可,因为苟简则舆图、疆域容有不详,滥收则或采传闻,不搜载籍,借人才于异地,侈景物于一方,以致以讹传讹,误中复误。提出方志编纂贵因而不贵创,信载籍而不信传闻,博考旁稽,义归一是,搜采幽隐,详求遗佚,此方士君子之责;记录故实必详赅而雅驯,其采取事迹必一秉诸大公而不谬。做到这些方志编纂要求,才能算得上是一部好志,于是非之正,然后可以昭信垂远,无愧古良史。

除在方志上颇有建树外,于经学、小学、史学、文学、地理学靡不参稽钩贯,是著名的诗人、骈文家、书法家、人口论学者,穷日著述,老而不倦。工文辞,朴质如袁宏道,遒宕似鲍照。篆书学李阳冰,兼工隶书,能画,具书卷气。

指斥宋明理学空疏,认为语录盛而经学衰、讲章盛而圣人之旨益晦,强调欲救其弊,非研心于六经训诂之书,不能挽,倡研经史训诂之学,要求弟子博览古今,搜采异同,增广见闻。深感民俗衰颓,士风败坏,吏治腐败,提倡廉耻,砥砺名节,亲写书院讲义,主张正心术、正学术、正师道。

著有《春秋左传诂》二十卷、《比雅》十卷、《六书转注录》十卷、《晓读书斋杂录》八卷、《汉魏音》四卷、《贵州水道考》三卷、《传经表》两卷、《通经表》两卷、诗文集八十三卷、诗话六卷、乐府三卷、词两卷等。

嘉庆十四年(1809)十二月二十四日葬于武进县(今江苏省常州市武进区)德泽乡前桥祖茔左侧,同年友无锡秦瀛撰《原任翰林院编修洪君墓表》。洪亮吉为世人景仰,如翰林院编修、怀宁县洪钧因钦慕洪亮吉学问、品质而改名思亮,不料在衢州知府任上因涉诬杀西安知县吴季清而遭发配新疆,经历几与洪亮吉同。

诗书印三绝胡唐

胡　唐

胡唐(1759—1838)，初名唐，后名长庚，字子西、西甫、咏陶，号子辟翁，木雁居士，歙县东关人，故晚号城东老人，排行十四，人称"胡十四"，刻有"城东十四郎"印。早年受业于胡赓善。擅诗文，精篆书，善治印，与程邃、巴慰祖、汪肇龙并称篆刻"歙四子"。

胡唐少年读私塾，就爱八分书。13岁学制艺，业科举，父兄勤于教导，晨诵夕读，其间亦命学书法，摹写黄庭坚、王献之。胡唐以己下笔无骨力，非所喜爱。后见唐代名相裴休书丹的《韩敕碑》，默默记诵，摩挲笔画，废寝忘食，朝夕念念不已。郑虎文于清乾隆三十三年(1768)来徽州主紫阳书院，与汪肇龙相交好。汪肇龙擅篆刻，与胡赓善、郑虎文相交好，时常到讲堂走动。胡唐刚弱冠，拱侍其旁，拜问书法，汪肇龙爽快解答，胡唐"始知两汉间，妙擅有中郎"。汪肇龙又教胡唐治印，"秘贵过琳琅"。胡唐还与程瑶田、金榜等硕儒相交，拓展了知识面。

朱筠任安徽学政，认为《小学》是读书通经的基础，强调文字训诂的重要性，所取士多通六书及注疏家言。特别重视东汉许慎所著的《说文解字》，到安徽任，即考订刊刻，广布学宫，令诸生学习。因此，胡唐也得到了一函《说文解字》，朝夕放在案几，用心学习。

胡唐擅长八分书及大篆、小篆，洪梧称"城东篆法则直轶周秦而上。自都下公卿夫士及乡曲所与游处，罔不知重"，与巴慰祖齐名。胡唐所著《木雁集》内，多有题辞,如"为曾少尹题子华画梅""题子华梅花画帧""书胡乐山所藏董书真迹后""书叔民所临文衡山小楷册子后""书姜西溟所书册子后""书筱渔双钩石鼓文后""戚氏巴小孟以其大父画钟馗像属题""青父属题云亭司马山水直帧(燕庇)"等,可见胡唐书法为时人所重。

胡唐的篆刻成就,李思航《清代早期中期金文书法研究》载:"胡唐的篆书明显在小篆的结体上借鉴了金文元素,多扭曲,动态感十足,笔画和同时代书家相比,明显更加粗壮,虽无过多的大小粗细变化,但总体看来,气势压人。从他这里开始,学习金文的书家逐渐开启用笔厚重的思路,和钱坫等笔画偏细的书家形成了鲜明的对比。"胡唐对于童年后念念不忘三十年的篆刻,在嘉庆九年(1804)前后,因视力衰弱而放弃。

胡唐擅诗文,刘嗣绾称"小诗清绝数城东"。先年客居京城,与余集、吴锡麒、赵怀玉、洪亮吉、赵秉冲、汪瑞光、张问陶、吴鼐、朱文治等为文酒会,月无虚日。胡唐所咏黄叶有"书客门前秋树老,酒人坟上夕阳多",同时赋诗者皆为赞叹而搁笔,有"胡黄叶"之名。乾隆五十八年(1793)中秋在京师,集陈肖生斋赏月,有问七言古诗起法得,张问陶应曰"秋风兔子飞上天"即是其法,胡城江遂续为十二辰诗,颇有思致。其后,依巴慰祖客寓武汉,以诗名噪,作歌行,酷似李贺。曾过六安沟,作《泊六安沟作》七言绝句四首,风格清绝,将六安沟十里数百家的村民活动形象地勾勒出来,堪称村居图。其友为绘图写意,刘嗣绾、乐钧等为之和诗。嘉庆十五年(1810)胡唐寓居苏州,体弱多病,加上思慕亲人,作《秋怀绝句十五首》,令人读而醉心,抚节哀歌,"同人见者,争属钞录"。嘉庆十六年(1811),紫阳书院山长王泽及沂州知府歙县洪梧等为撰序,吏部员外郎程振甲、户部侍郎程恩泽以及歙县吴榕、吴文桂、胡士雄等为题辞。

胡唐弱冠之时,即喜学作长短句,未敢示人。乾隆四十八年(1783)至四十九年(1784),往来于金陵、扬州,与蒋宗海、金兆燕、吴鼐等朝夕相处,酬答颇多,开始做长短句。其后,西溯荆楚,北走燕赵,凭吊赠答,多作长短句,计近千阕,不注重收集,随做随弃。其后年老回乡,无人作长短句,即不复作。道光六年(1826),与吴汝谟击掌甚欢于程奂轮家,偶然论及昔年所作长短句。吴汝谟称胡唐所作词,颇有南宋人之风趣,然所存不及十分之一,遂编为《岭云词胜稿》。

胡唐为人率真有傲骨,自我独行,任人诽谤,与程振甲关系最真挚。两人同岁同里,父辈即少年交。程振甲官吏部时,胡唐为其幕僚,与沈铨同随程振甲出塞三个月。程振甲卒后,胡唐为撰诔词并序,称程振甲"有平仲之风,爱客有孟公之雅。

意气所及,然诺所重,虽万金不吝也"。

胡唐诗书印皆擅长,与之交游者亦皆名流。如乾隆五十二年(1787)秋,胡唐至湖南,与李凤相知。李凤当时已48岁,常年在外当幕僚,工篆刻,喜吟咏,商盘周鼎汉度秦权,法帖古画,一寓目而真赝判然。十月归,胡唐为撰归序。朱文治官至海宁学正,所绘兰竹,以篆法书写,别具规模。著有《绕竹山房诗稿》,与胡唐同在京城,"六街同踏月",称胡唐治印"篆隶空秦汉,雕镌妒鬼神"。

乾嘉时期著名诗人、书画家张问陶与胡唐交往颇为频繁。乾隆五十九年(1794),胡唐为张问陶刻"船山"狮钮玉印一枚,张问陶作《胡城东唐刻船山小印见赠作歌谢之》诗:"胡君镌石石不死,一片灵光聚十指。得心应手有神力,不怕酸风射眸子。浅镂深锼疑鬼工,精妙直过王山农。黄金一簋镌一字,红泥的的真能事……"不料才一个月,张问陶府上遭贼入窃,不仅丢失砚台、印章数件,胡唐所赠的玉印亦在其内,心痛不已。

布衣诗人杨铸,才气纵横,张问陶赞为"短句长篇无不好,举杯惊叹此全才",巡盐御史曾燠请至扬州选订《淮海英灵集》,其后两海盐运使郑祖琛请选正《正声集》,所作《胡城东明经》诗:"莹然碧眼貌如玉,花下横琴酒边哭。金石刻画靡不精,公卿求之每遭辱。迂狂怪癖世共仇,素心莫逆唯程侯(也园丈)。松坪云海弃不返,敝裘缩瑟淹扬州。赠余楹贴胜琼玖,凤舞龙缠字如斗。"写出了胡唐的外貌形态及孤傲的性格,身怀绝艺,穷愁离乡,但绝不畏权贵的狂狷书生形象。

胡唐晚年回到歙县,与教谕侯云松、棠樾鲍有莱等交往。侯云松道光六年(1826)来歙县任职,能诗擅画。鲍有莱在棠樾筑欣所遇斋,胡唐时居其处。侯云松前往棠樾,必留下与胡唐谈艺。或觞咏圣僧庵,或赏花于稠墅修园。道光八年(1828)三月,程翰青邀侯云松等蜀源看昙花,次年三月,鲍有莱复邀侯云松等至蜀源青莲庵赏花开宴,主宾凡二十人,且各有才艺,或能诗,或能画,或善弈,或善歌,又皆能饮酒而不乱,并汇为诗画册,胡唐分别为撰记。著有《木雁斋诗集》四卷、《木雁斋杂著》一卷、《岭云词賸稿》一卷;休宁程芝华所编《古蜗篆居印述》卷四摹胡唐篆刻。

乾嘉时期女诗人汪婖

汪婖(1781—1842),字雅安,歙县槐塘人,出生于扬州。据说,汪婖出生前一日,其母郑太孺人,梦游蓬莱仙岛,见"雅安书屋"额,有童女出来迎接她,次日,汪婖出生。因以"雅安"为字,后遂以"雅安书屋"名其诗文集。

自幼聪颖,过目成诵,五六岁时就能诵读唐诗,并会解释诗句。7岁跟从扬州名宿黄秋平学诗,师母张净因是乾隆年间的著名才女,诗画俱佳。黄秋平、张净因与阮元、黄承吉等名流交往时,往往也带着汪婖,这对汪婖的成长很有影响。

清嘉庆六年(1801),21岁的汪婖与同村的程鼎调结婚。汪婖性格温和贤淑,知书达理。婚后逾年,生下长子程荽,然而程荽早逝,汪婖悲痛万分,写诗悼念:"今年梅蕊故迟开,一夜凄风又落梅。开早开迟同是落,无言到底费疑猜。"过了三年,次子程葆出生,汪婖非常高兴,慈爱万分。嘉庆十五年(1810),考虑到教育环境,汪婖带着程葆回到老家歙县槐塘。在对程葆的教育上,汪婖付出了极大心血,训子极严,每晚都会在灯下督促儿子复习白天在私塾学习的内容,并为其讲解其中的微言大义。

汪婖在老家安心教子,丈夫程鼎调没有内顾之忧,在扬州经商颇为放心。谁知天有不测风云,嘉庆二十年(1815)程鼎调突然生病在扬州去世,卒年49岁。其时汪婖35岁,儿子程葆年仅11岁。汪婖闻讯噩耗,痛不欲生,她从小受《女戒》《女史箴》等儒家礼教的教诲,意欲殉夫。兄弟姐妹和族人纷纷以抚养遗孤事大,劝其不要轻易放弃生命。汪婪只得摒弃殉夫的念头,为夫守节,抚养孤儿。她在《葆儿获售,忆儿十一失怙计》诗中写道:"我闻此信悲意外,我遭此境身奚赖。儿家祖训夙彰彰,饿死事小失节大。独坐妆台泪盈袖,死生难决夜复昼。"可以看出,汪婪受礼教的影响至深。身处闺中,又独自带着孩子生活的一弱女子实属不易。

汪婪夫家和娘家都是歙县望族,程鼎调经营盐业,侨居扬州。汪婪在闺中时就曾受到良好的教育。早年生活闲适安逸,无忧无虑。程鼎调去世后,家道中落,生活困顿,只好靠为人做针线活补贴家用,生活艰难。即便这样,汪婪毅然担负起抚孤教读的重任。程葆幼时,汪婪督课严格,耐心教导。程葆稍微长大,族亲都希望程葆能够弃学从商,改变家庭贫困的面貌。但汪婪宁愿家境贫穷,也希望程葆读书求功名,光宗耀祖。在汪婪的嘱托下,嘉庆二十三年(1818)春,程葆背负行囊前往扬州投靠舅舅汪近垣。在扬州求学期间,汪婪经常寄示诗文勉励:"初入学,须加意读书,虚心进取,勿以秀才自足。"

道光八年(1828)秋,程葆乡试考中秀才。为了感谢母亲的教导,程葆专门绘了一幅《秋灯课子图》,描绘秋天的晚上,母亲在灯下为其讲授课文的情景。道光九年(1829)春,程葆会试未过,汪婪又赋诗作文鼓励。道光十三年(1833),程葆考取进士,担任工部主事。次年,接母亲汪婪入京师,安享晚年。汪葆为官之后,汪婪常常教诲程葆为官做人处事之道:"凡事据理准情,总期无愧于己,有利于物,是在虚心省察,不可偏听,不可轻举。"并专门写了《居官十则》:"一、兴利首重农桑。二、利在兴其所急。三、居官必坐大堂,乃便于民。四、督抚至州县,地方情形熟悉,然后措施不少差谬。五、稽查保甲以防盗贼害民。六、士人最宜作养,读书敦品始独善其一身,积久浸成为风俗。七、官与民宜亲近,不宜疏远。八、居官宜实心办事,务去欺之一字,上不欺君,下不欺民。九、居官最宜忠恕,随事虚心省察,不可偏听,不可轻举。十、居官宜清心洁己,俭以养廉。"在汪婪的督导下,程葆为官期间,立身行己,克己奉公,孝思纯笃,不忘先人。可见,汪婪不仅是一位母亲,更是一位严格的人生导师。

汪婪的媳妇夏玉珍也擅长吟咏,在京期间,夏玉珍得到汪婪的教诲,婆媳时常互相唱和。汪婪在京城安然平和度过余生,道光二十二年(1842)七月初三卒于京城。去世后,程葆回忆母亲为自己成才所付出的艰辛,请当时的名人、好友为其道光八年(1828)绘制的《秋灯课子图》赋诗,汇集编成《秋灯课子图题咏集》,用来纪念自己的母亲。道光十三年(1833)状元汪鸣相为《秋灯课子图》题诗曰:"母昔读诗兼六经,今悉为儿口授之。读书不熟如未读,熟读精微久自知。一灯荧荧秋夜长,四壁虫声助太息。儿吟母绩儿不饥,十载名成皆母力。"《秋灯课子图题咏集》也成为记录汪婺教子成才的荣誉册。

汪婺生性好学,读书甚多,工诗能文,虽然终日手不释卷,但所作诗文信笔为之,不轻易留稿。晚年每有诗文,儿媳夏玉珍都会索取,让程士铨(汪婺侄孙)缮写端正,珍重收藏。后经汪婺整理,编为《雅安书屋诗集》四卷,其自述云:"余幼受业黄秋平师,兼从师母张净因孺人,学诗专务实功,不持妙悟。"与丈夫程鼎调论诗云:"人非有真性情,不能得诗之本源,学之既深,即性天内亦自有怡然焕然之乐。"

汪婺去世后,程葆将其遗稿整理成《雅安书屋诗集》四卷、《雅安书屋文集》两卷。并请名人阮元、黄爵滋为《诗集》作序,请汪婺同门姐妹江月娥为《诗文集》作后序,妻子夏玉珍为《诗文集》作跋。另外还附录《雅安书屋赠言录》《秋灯课子图题咏集》,道光二十四年(1844)秋刊刻印行。阮元在《雅安书屋诗集序》评价:"其五言古近体,风格大抵与有唐初、盛为近,辞气温厚和平,质而不陋,清而不纤,粹然几于儒者之言。至于七言长句及咏史诸律,则放笔为之,雄豪跌宕,迥非寒俭家所能望见。"

"海上三杰"之一虚谷

虚谷（1824—1896），俗姓朱，名怀仁，僧名虚白，字虚谷，号倦鹤，别号紫阳山民，室名觉非庵、古柏草堂、三十七峰草堂。歙县城里人，旅居扬州。

虚谷出身于一个富裕的大户人家，从小衣食无忧。青年时曾在清军任参将，在镇江、扬州一带与太平军作战。清咸丰三年（1853），太平军攻克南京，虚谷忽有顿悟，欲效法先贤渐江遁入空门，啸傲山林，寄情书画。乃皈依佛门，在九华山出家为僧，拜衡峰和尚为师。但他不礼佛，唯以书画自娱。

出家后，虚谷以职业画家身份，往来于上海、扬州和苏州等地，以作画卖画为生。自谓"闲来写出三千幅，行乞人间作饭钱"。杨逸《海上墨林》说他"来沪时流连辄数月，求画者云集，倦即行"。可见其作品享有较高声誉，也多次参加上海慈善会赈灾义卖。但他性情孤僻，非相处情深者不能得其片纸。与任伯年、吴昌硕并称"海上三杰"（"海上"指上海，犹言"沪上"）。

晚年，虚谷寓居上海城西关帝庙，与当时名画家任伯年、胡公寿、高邕、顾鹤逸、吴昌硕、倪墨耕等过从甚密，常有诗画相赠。吴昌硕曾在虚谷《佛手图轴》上题跋"十指参成香色味，一拳打破古来今"，对虚谷绘画既继承传统，又开拓创新的精神予以肯定。任伯年对虚谷人品、画艺十分钦佩，曾为虚谷画肖像、画扇题字。虚谷对任伯年出众的艺术才华同样钦佩，光绪二十一年（1895）任伯年病逝，虚谷闻讣，失声痛哭，作挽联云："笔无常法，别出新机，君艺称极也；天夺斯人，谁能继起，吾道其衰乎。"次年,虚谷在上海关帝庙坐化。其弟子苏州狮林寺方丈恬庵闻讯,将其安葬在苏州光福镇石壁山。高邕为其编《虚谷和尚诗录》一卷刊行。

虚谷绘画题材广泛,早年钻研界画,之后以画山水、蔬果和禽鱼闻名。亦擅诗,工隶书。作画有苍秀之趣,敷色活泼清新,造型自出胸臆、生动简练,形态夸张而情趣动人。落笔冷峭隽雅,独具风格。

他的山水画受新安画派影响,空灵恬淡。但因虚谷身处繁华都市,也受西方画法影响,舍弃传统的高远、深远、平远等构图程式,而如西方风景写生一样取平视角度,对视觉所及的景物表现,有着敏锐而独特的感受。又因他多生活在扬、苏、沪一带,所绘多为江南的自然、园林等锦绣风光,入画的山石林木、梅花书屋、板桥修竹、芦草篱笆、房舍楼台、塔影风帆等生活常景,给人以真实、亲切的感受。

虚谷最擅长画花卉、鱼类和翎毛。所画金鱼不似常规突出其大尾巴,而以破笔的淡淡几笔将尾巴画得很小,着力表现金鱼头部和那对大眼睛,特别是以焦墨一点,将其眼神表现得活灵活现。金鱼或取正面游弋之态,栩栩迎人,颇有一种向前奋游的力度;或取垂直向下急蹿之姿,并常题诗句"水面风波鱼不知"。所画松鼠,脱胎于华岩,但又别具生机。松鼠皮毛以苦涩的干笔皴擦,突出其蓬松硬挺,使人倍感真实,富有活力。笔下的白鹤,或自由翱翔,或傲然伫立,头颈画得并不长,而是注意刻画其内在精神,给人以浑穆超然之感。他画松树,松针向外,似乎触手可及。所画枇杷,枝叶蓬勃向上,累累硕果挺立于枝头。总体上,虚谷善于从不引人注目的细节处,摄取对象的精神特质,并用枯笔焦墨和富于颤抖的笔触,夸张概括的造型,素雅清新的设色,把所要描绘的事物画得情趣十足,创造出清虚静穆、冷峭新奇且秀雅鲜活的效果。故评者谓其"画有内美",堪称晚清画苑第一家。

虚谷的肖像画比较侧重于面部刻画,造型精准且富有立体感,衣纹则借鉴其花鸟画松秀洒脱的画法,两者和谐融洽,非常别致。《衡峰和尚像》是他为传法师傅写真,颇受外来画法影响。背景空灵蕴藉,衣纹凝重练达,人像圆头高颧,鼻宇丰隆,极有生气。而眼睛明暗变化微妙,显得炯炯有神,将一位释门高僧的神韵表现得生动之至。他也曾为曾国藩、张鸣柯等人写照,可见其有深厚的写真功底。

作为一位全能型的画家,虚谷运奇思于画面,抒深情于笔端。他"落笔冷隽",显现了"其性孤峭"的内心世界中蕴含着炽热的感情和执着追求。他善用"战笔""断笔",中锋、侧锋、逆锋互用,线条断续顿挫,笔断而气连,苍劲而清秀。构图上,打破中国画的传统布局,吸收西洋画的手法,深得虚实相生、知白守黑之妙,形成清虚冷隽而富于变化,质朴又耐人寻味的艺术格调。如《梅花金鱼图》《松鹤菊花图》,

大有"密不透风,疏可走马"之趣。梅枝、松叶、菊花布满画幅大半,又疏疏地留出一片空白,使画面气韵流通、浑然一体。有的则是将所画对象密集于画之中央,而四周留有空白。如《枇杷》《带叶桃》等册页,均是写生之作,含蕴生动。有的超乎常理、出奇制胜,如《柳枝松鼠图轴》,画面最上部横斜一柳枝,一松鼠掀尾跳跃其上,双目俯视,下面大半画幅仅画一垂柳枝,凌虚之下,几片柳叶,疏疏淡淡,令人叹为观止。就连他的篆印,也与其画有异曲同工之妙,他常用的"虚谷""虚谷书画"两方篆印,有意加大"虚"与"谷"二字间空白,将笔画压向四边,显得空灵疏宕,别有意趣。

虚谷善于吸收前辈艺术大师的精华,同为新安画家的渐江、程邃的画风对他都有影响。但他师古而不泥古,承古创新,成为晚清"海派"画坛杰出画家之一。他在一幅画竹图中题道:"其本清虚,其性刚直。"这既是他艺术生涯的总结,也是其人格的真实写照。他的绘画丰富和发展了中国画的艺术趣味,加强了中国画的艺术表现力和作品的创造力,在中国画坛取得了他人无法取代、独特鲜明的艺术成就。

诗人、戏曲家郑由熙

郑由熙(1830—1898),字伯庸、晓涵,号坚庵、啸岚,室名安遇轩、晚学斋、暗香楼。歙县丰口人,寄籍江宁(今属江苏省南京市)。清道光十七年(1837),随父从歙县迁往江宁定居,与端木埰、夏家镐等人相识,一起同窗苦读,生活相对开心富足。道光三十年(1850),21岁回家乡歙县娶其元配妻子宋禄,之后又回到南京。年少时就喜欢诗词,经常进行诗词创作。早年曾多次参加科举考试,均落第。

咸丰、同治年间,太平天国运动爆发。咸丰三年(1853年),太平军攻占南京,郑由熙偕妻儿父母逃难回到家乡歙县。但不久歙县也被太平军攻占,于是开始四处逃难,到过黄山、休宁等地。同治二年(1863),逃到江西信州,成为信州太守钟世桢的宾客。钟世桢是湖南武冈州人,湘军将领,十分爱惜人才。郑由熙作有《信州解元呈钟仲甫观察世帧兼视保之静山》《信州留别诸友兼呈仲甫观察》两首诗,写两人的友情,从诗中还可以体会到两人抵御太平军,实现和平安定的渴望。小注中"避乱入城者以万计",更是形象具体地描绘出当时战乱的真实场景。

郑由熙在信州认识了许多文人知识分子及官职人员,如冯誉聪、胡克念等人。同治三年(1864),曾随军出征,同太平军作战,积累有军功,被保举候补知县。同治四年(1865),元配宋禄去世,迎眷归歙。然而经过太平天国战乱,家乡十室九毁,十分荒凉,郑由熙在家乡无立足之地,开始四处游历,先后到过吴江、兴化、泰州、太平等地。同治六年(1867),迎娶继室孟氏。次年,重回儿时故地江宁。

同治八年(1869),在保举候补知县期间,奉命前往江西许湾的金溪县管理抚州盐税。同治九年(1870),担任乡试誊录官。光绪元年(1875),奉命在江西泰和县监管搜剿私盐。光绪七年(1881),候补知县得到实授,任瑞金知县。次年,转任新昌知县。光绪十九年(1893),调良江县主政良江榷局。光绪二十二年(1896)正月二十三日,奉命监管滁槎榷局(位于南昌市)。次年,任靖安知县。光绪二十四年(1898),卒于靖安知县任上。晚年时期的郑由熙基本都在江西做官度过,其诗文集和戏曲作品很大一部分都是在江西完成的。

在江西为官期间,与担任信州知府的戏曲家许善长相识,二人都酷爱戏曲,经常在一起诗词酬唱,进行戏曲创作交流。郑由熙的诗文集中载有不少两人间的唱和赠答之作,如《题许季仁观察(善长)灵娲石原本》《又题神仙引院本》《又题茯苓仙院本》《喜雪和季仁太守次韵》等。著名书画家、篆刻家赵之谦曾在江西任鄱阳、奉新、南城知县,郑由熙与之相识。两人都喜爱诗词书画,互酬唱。赵之谦卒于南城任上,郑由熙有《哭赵扨叔大令(之谦)》诗。另有《赵扨叔大令(之谦)》一文。

著有《晚学斋集》二十六卷,包括《晚学斋诗初集》两卷、《晚学斋诗二集》十二卷、《晚学斋诗续集》一卷、《晚学斋文集》两卷、《晚学斋外集》四卷、《莲漪词》两卷、《暗香楼乐府》三卷(即《木樨香》《雾中人》《雁鸣霜》三种传奇)。另有《晚学斋诗钞》四卷和《安遇轩诗钞》。

郑由熙是一位多产的诗词作家,保存下来的诗词有1500多首,内容丰富多样,类型广泛,体裁有五言七言古体、律诗、绝句,题材内容包含咏物、咏史、寄怀、送别、悼亡、酬唱等。不少诗词记述了咸同兵燹时期徽州民生的艰难和叹息,其中《米珠谣》诗前序称"皖浙米贵于珠,流亡至信州者络绎,惨于闻见,因成是语"。郑由熙身处动乱的年代,诗词创作抒发作者内心的情感,更能够切身体验战乱的辛酸苦涩,将这种情感融入其诗词创作中,抒发内心的愁闷与哀怨,寄予自己对家国大事的关心。

郑由熙亲身经历了徽州的咸同兵燹,创作了大量诗词和戏曲,以诗词、戏曲等文学形式记述战乱中的徽州官员、民众和社会情态。乐府作品主要有《木樨香》《雾中人》《雁鸣霜》各一卷,合为《暗香楼乐府》三种。

《木樨香》主要记载咸丰五年(1855),太平军初次攻陷徽州府城,歙县知县廉骥元和县丞张君殉难事迹。是年,太平军由祁门县樨根岭攻入徽州,守岭之江长贵兵力单薄,一战即溃,太平军长驱直入,一举攻克徽州府城,徽州兵备道徐荣战死,歙县知县廉骥元上任未久,倡练团练尚未成功,乃亲自出城门劝导民众抵抗,但无人响应,被迫遣部下将县印封存送至绩溪,而自己则自缢于县衙桂花树下,县丞张某亦自焚而死。《木樨香曲为邑侯星瞻廉公骥元作》,就是为记录和表彰廉骥元死节之事而创作的。

《雾中人》也是记载和反映咸同兵燹中湘军首领李元度丢失徽州城的文学作品。咸丰十年(1860)八月,李元度受命防守徽州,为太平军侍王李世贤攻克,因被革职拿问。《雾中人》得名系由郑由熙奉亲避乱黄山曹竹寺中,太平军已临其门,依赖大雾侥幸逃脱。咸丰四年(1854)张芾奉命守徽州,筹饷练兵,严扼入徽各岭险隘,使徽州免遭兵燹者三年。而李元度于咸丰十年(1860)取代张芾后,载书数十箧至徽州,自诩知兵,尽撤各岭防务,一意守城。徽州本为山城,无险可扼,虽经官绅泣诉力争,但不被刚愎自用的李元度所听,城乡团练亦被李元度所解散。这样,咸丰十年(1860)九月,太平军攻破丛山关,长驱直入进攻徽州府城。李元度知城不可御,亲率骑兵由紫阳门仓皇逃遁,徽州府城失陷。此次府城沦陷,徽州受创尤惨,故徽州人对李元度也怨恨尤深。《雾中人》就是在这一背景下撰写而成的,一方面描述自己一家侥幸靠大雾逃脱的经历,一方面颂扬张芾的守城练兵之功,而对李元度,则极力丑诋之。

《雾中人》和《木樨香》两种传奇皆为写实剧,都根据真实事件和现实人物进行创作,但并未堕入单纯写史的窠臼,剧中暗用人名、巧妙映射,而且增加了神仙要素,刻意出奇。《雾中人》和《木樨香》题材上取材于史实,据实而作,反映了太平天国战火蔓延下,众多百姓在战乱中的生存状态,以及各种人物在这个特殊时期的不同表现。

晚清奇士程秉钊

程秉钊(1838—1891),又名秉钰,字公勖,号蒲荪。绩溪县仁里村人。从小立志求学,以小学通经学,由经学发为词章。父亲在杭州经营盐业,故其拥有杭郡商籍,稍长便在杭州读书,为杭郡诸生,同时又在杭州紫阳书院学习。在杭州读书期间,访友问学,相继结识赵之谦、谭廷献、沈方熙、戴望等名流,相互切磋经义,学识不断长进。30岁时,学已大成,虽为诸生,但名著海内,与会稽赵之谦、同邑胡澍,各以奇古相尚,人称"三俊"。

太平天国战乱开始以后,程秉钊安逸的读书生涯受到影响。清咸丰十年(1860)二月十七日,忠王李秀成率军攻陷武林、钱塘等门。数日后,守军尽数溃散,城中百姓仓皇出逃,凤山、候潮两门外钱塘江中数以万计的船只争相渡水,风雨交加,舟小而人多,落水者无数。三月初六,程秉钊也逃出杭城,前往江北通州投靠亲友。

战乱结束以后,程家在杭州和绩溪仁里两地的家业都受战乱影响,毁于兵燹,家境逐渐窘迫。同治七年(1868)六月妻卒,子女幼弱,生计更加困难。这年的冬天,出游上海、苏州,投靠亲友。次年春,抵达杭州,居住九月有余,境遇窘困。同治九年(1870)至光绪四年(1878),受聘参与修纂《江西通志》。

程秉钊虽学问一流,但科举仕途并不顺利,光绪五年(1879),参加乡试,考取举人时已经42岁。次年,为赵之谦《勇卢闲诘》作序。其后,多次参加会试,均未能被录取。只能往来京师、江南,为人充当幕僚,先后被徐树人、谭云卿、勒悟九、李若农、汪鸣銮等名流聘用。光绪八年(1882),寓居上海期间,与《淞隐漫录》《淞滨琐话》的编辑王韬相识。两人交往密切,经常在一起聚餐观剧。王韬极为赏识程秉钊的才华,称赞他"工诗善词,所作古文,瓣香庐陵,盖于桐城望溪间参一席焉。于经尤精小学,每谈文字禅,必高踞最上乘,或谓夺戴凭席,折朱云角,洵无多让焉。以是名闻远近,大江南北,无与抗手"。邀请程秉钊在他主编的文言小说集《淞隐漫录》《淞滨琐话》中撰稿。

早期在杭州的富裕生活,养成程秉钊泛湖饮茶、沽酒买醉、形骸放荡的纨绔性格。所作《记事珠》日记,是他咸丰十年(1860)至十一年(1861)间的生活记事,其中就有这方面的记载。《淞隐漫录》《淞滨琐话》发表的作品,基本上是描写近代上海的市井生活,充满烟花粉黛、沽酒放荡的气息。虽说是小说集,实则收录近代上海风情,保留了晚清上海的生活史料。这种题材符合程秉钊早年的生活经历,当时的生活窘态也促使他提笔写作,获取报酬。他以瑷瑅居士的笔名,写了不少作品,如《二十四花史》《三十六鸳鸯谱》《瑶台小咏》等。王韬在《二十四花史·上》开篇介绍说:"瑷瑅居士,当今名流之杰出者也。以云霞之逸趣,为风月之主盟,跌宕花天酒地,固已阅历深矣。"

程秉钊还以瑷瑅轩主和花影词人笔名,在《申报》上刊载诗词作品。如光绪十一年(1885)十月初六《申报》刊载花影词人《海上喜晤江颉云农部同年招引剧谈即席赋赠时乙酉十月初三日也》诗中有句云:"天涯久断故人书,黄粱声中此索居。"光绪十二年(1886)夏,徽州老乡汪鸣銮任广东学政,程秉钊随其上任,著有《知一斋日记》记其赴广东的经历。次年至琼州(今海南省海口市),留下百首七言诗,记琼州历史人文风物,辑为《琼州杂事诗》。《琼州杂事诗》是一部以组诗形式写成的海南岛简史,海南岛有史以来的重要事件和一些重要人物,在诗中大多被加以描述和评论,为研究海南历史文化提供了珍贵资料。其中琼州王二娘生活在宋朝,巾帼不让须眉,成功统领三十六峒,其家族连续几代管辖黎峒,在维护地方稳定方面发挥了极其重要的作用,可谓是一代女杰。程秉钊在《琼州杂事诗》中吟咏:"遍抚群黎布义声,承恩三世笃忠贞。千秋巾帼谁堪例,石硅英雄女总兵。"诗人借用明朝末年著名女将军秦良玉来比拟宋朝时的王二娘,可见对其极为推崇。在海南期间,还时不时寄诗沪上。光绪十三年(1887)闰四月二十二日《申报》上刊载[金缕曲]《萧斋对酒顿触羁愁萍絮漫漫谁为息壤谱此寄海上红棠馆主》等。

光绪十六年(1890),参加贡院考试,终于成为贡士,殿试为二甲第八名,钦定为一等第二名,授翰林院庶吉士。次年春,为同邑汪渊的《麝尘莲寸集》作序。是年冬,在杭郡旅邸脑卒中暴卒。

生前著述颇多,计有《绩溪志乘》《淮南子补注》《龚定庵年谱》《龚学斋古今体诗》《知一斋尺牍》《丹荃馆诗余》《少思长室文存》等,可惜程秉钊在世时均未能刊刻,正式刊刻行世的只有《琼州杂事诗》。去世后,其子程宗沂将父亲的所有著作编订成《绩溪程蒲孙先生遗集》,谋划刊刻出版,并请蔡元培为《绩溪程蒲孙先生遗集》作序。民国十四年(1925),胡适亦曾写信给程宗沂,希望将程秉钊的遗著交由上海亚东图书馆出版。但均未能实施。

学术上,深研《春秋》《论语》微言大义,探求古今政治得失、治乱渊源,旁及名物之细、性道之微,靡不精研。闲暇考定金石文字,所辨六书流变,颇为精审,当时的金石大家翁同龢、潘世恩、李文田皆折节与之论交。其对当时流行的桐城文派极为看重,曾言:"论诗转贵桐城派,比似文章孰重轻。"称赞姚鼐的诗:"精深博大,足为正宗。"对中国改良主义运动的先驱人物龚自珍尤为推崇,著《龚定庵年谱》,对其生平思想进行钩沉阐扬。称龚自珍由训诂入手,以求西汉之微言,很有成就,故为文亦不落寻常蹊径,是清代乾嘉以来的第一人。他自己在创作《琼州杂事诗》过程中,力求做到诗与史统一,并且把这种统一建立在社会功用的基础上,对社会历史进行批评,其风格与龚自珍《己亥杂诗》如出一辙。

开宗立派篆刻家黄士陵

　　黄士陵(1849—1908),字牧甫,又作穆甫、牧父、穆父,号倦叟、黟山人、黟山民、倦游窠主、息倦窠主、黟山病叟等,斋名蜗篆居、延清芬室、旧德邻屋、古槐邻屋等,黟县碧阳镇黄村人。其父亲黄德华,字仲和,号印川,曾出任宁国府教授,工诗文,长书画,精通说文,擅长小篆,著有《竹瑞堂诗钞》四册十八卷、《竹瑞堂诗钞》续集三卷、《归田录》六卷、《冷斋录》一卷、《文钞》两卷、《槐花吟馆诗钞》一卷。由于家学渊深,耳濡目染,黄士陵自幼便读书、写字、制印、绘画并举,更对篆学发生兴趣。黄士陵八九岁始操刀习印,年未二十就已经在乡里成为知名人士。

　　清同治二年(1863),太平军与清军在四都黄村一带激战数月,兵燹所及,黄士陵家境顿生变故。尤其父亲黄德华新丧不久,黄士陵嫡出之兄嫂,即提出分家,并要独占其一半。黄士陵为妾室所出,其生母与黄士陵及五个弟妹只能共得另一半,生母为此负气而自缢身亡。按当地俗例,非正常死亡者不得入祀祠堂,经黄士陵哭争,始获准暂厝于家祠。生母去世,黄士陵悲痛万分,他睡在生母棺侧,守灵半年,其孝行闻于乡里。父母双亡,兄长分家,为了照顾弟妹们生活,还没到20岁的黄士陵被迫离开了家乡,前往江西南昌谋生。

　　在南昌,黄士陵曾为一家书店誊写书签,后又在一家照相馆当店员,也曾失业,住在胞弟黄厚甫处,靠卖字卖印过活。一年腊月二十八日,有人拿来一本汉碑拓本求售,索价8元。黄士陵和弟弟正在吃饭,身无分文,他不顾弟妇的阻止,脱下皮袍,马上到当铺典钱,将拓本买下来。黄士陵热切追求艺术的寒士生涯,由此可见。不久,黄士陵的书法受到江西学政汪鸣銮赏识,由此得以结交了当时不少社会名流,不仅得到不少名家指点,而且观览了更多的金石彝器和著录以及书画珍品,使得其眼界大开,学识大进。28岁左右,他在南昌出版了第一本印谱《般若波罗蜜多心经印谱》,充分显示了黄士陵在篆刻上的异禀天赋与扎实功底,同时也标志着黄士陵印艺事业的正式起步。

光绪八年(1882),黄士陵从南昌移居广州,或延入府幕,或为座上客,又结识了一批文人名士,如名士符子琴,文士沈泽棠、梁肇煌、梁鼎芬、文廷式等,尤其是结识了长善将军及其子志锐。他们不仅给黄士陵提供习艺的金石资料,而且在生活上也给予支持,这对黄士陵后来在艺术上的发展,起到了十分重要的推动作用。由于得到了如志锐那样有力人物的揄扬荐举和大力资助,黄士陵得有机会在光绪十一年(1885)至十三年(1887)到北京国子监求学。在国子监期间,黄士陵主要致力于金石学。

在京城三年,黄士陵广泛研求周金汉石,转益多师,从中领悟"印中求印"的不足,而努力探索"印外求印"的途径。光绪十二年(1886)八月起,黄士陵以国子监祭酒盛昱之命摹宋本《石鼓文》。这个时期,黄士陵的作品出现了新的意趣。

光绪十三年(1887),两广总督张之洞、广东巡抚吴大澂在广州设立广雅书局从事经史的校刻,黄士陵应邀回到广州,参加广雅书局校书堂工作。广雅书局所刻几百种书籍,其扉页篆书,多出黄士陵之手;遇上得意之笔,黄士陵还在背面写上"光绪某年黄士陵署"字样。此间,黄士陵还抽出一定时间协助吴大澂辑《十六金符斋印谱》,撰集模拓,重刻《刘熊碑》。吴大澂调河东河道总督后,黄士陵仍留在广雅书局校书堂。张之洞在广州还创办了广雅书院,院长梁鼎芬是黄士陵旧好,因此广雅书院特制的印有"广雅书院"青砖和印有"广雅"瓦当,都出自黄士陵手笔。此次,黄士陵在广州共停留了13年。经过长时期艰苦细致的探索,黄士陵遍摹了古印和当时多位名家印,终于形成自己独特风格,从而成为名重岭南的篆刻和书画大师。黄士陵的篆刻艺术对岭南篆刻发展,起到很大影响,时人称之为"粤派"。

光绪二十六年(1900),黄士陵谢绝多方人士挽留,回到故乡黟县黄村,修筑了"旧德邻屋"。两年后,他又应湖北巡抚、署湖广总督端方所邀,同长子黄少牧一道来到武昌,协助端方从事《匋斋吉金录》等书的技术性辑著工作。端方的《匋斋吉金录》《匋斋藏石记》,倾注了黄士陵父子不少心血。

光绪三十年(1904),黄士陵再次回到家乡黄村。光绪三十四年(1908)正月初四,黄士陵病逝于家,享年60岁。长子黄少牧(1879—1953),字廷荣,号问经,又号肖牧、黄石、黄山、笑没老人。早年随侍其父,子承父业;中年曾五任江西永丰、南城等县县长,正直清廉,两袖清风;晚年潜心金石,操刀不辍,66岁竟致眇去一目,自改名"了然老人"。黄士陵殁后,民国二十四年(1935),黄少牧辑《黟山人黄牧甫先生印存》四卷行世。1953年,黄少牧病逝于家,终年75岁。

  黄士陵是晚清时期印坛一代宗师,"黟山派"篆刻艺术创始人。他治印最初受邓石如和吴熙载影响,以后日渐成熟,逐渐从古玺和商周铜器文字里推陈出新,为篆艺继承传统开拓一条全新的路径。特别是他突破笼罩艺坛多年的皖、浙两大流派,创立独具一格的"黟山派",在徽州篆刻低谷之时脱颖崛起,在徽州篆刻衰竭之际独树一帜,使徽州篆刻走向了第三个高潮。

集词成奇书的汪渊、程淑伉俪

汪渊(1851—1920)，字时甫，号诗圃，别号词痴，原绩溪县郎家桥村人，祖上于清乾隆年间迁居休宁县商山，与宋代吴儆所居竹洲为邻。父汪桂，咸丰九年(1859)举人。母陈润霖，工吟咏，著《荻画楼诗》。

汪渊幼年从父汪桂读书，崭露头角。同治三年(1864)14岁，以遭寇乱，家室如洗，以学徒糊口。因其父挚友王金崖相劝，重继书香，从朱穆(雨春)苦攻，同治七年(1868)考中徽州府学生员。光绪元年(1875)，太平府黄广嗣来任徽州府学教授，从之游。光绪三年(1877)前后，受知于祁寯藻之子内阁学士、督安徽学政祁世长，接连科试，皆得冠军。然而赴举人考试12次，被推荐7次，终未能考取。光绪十五年(1889)优选拔贡，例授教职。因官场腐败，汪渊"宦情本已淡于云"，绝意功名，先后在休宁胡、夏、吴、汪家及上海等地授徒。汪渊喜好诗词，坐馆之余，少年时即撰有《藕丝词》四卷，被谭献收入《箧中词》六首，名声大噪。其后，又著有《味菜堂诗集》四卷，《味菜堂外集》两卷、《瑶天笙鹤词》一卷，又有未刊稿《蘁盐词》二卷，《诗稿》一卷，另有数学著述《九章算代》一卷。

光绪三年(1877)，汪渊娶休宁诸生程金鉴次女程淑(1858—1899)为继室。程淑原名文淑，避夫家讳去"文"，字秀乔，号绣桥，幼聪慧，9岁通四声，耽吟咏。父奇爱之，择偶甚苛，因赏识汪渊人品文章而嫁之。程淑于归汪渊，见汪渊所著《藕丝词》，喜而洛诵，从汪渊学填词，出语即楚楚有致。汪渊以授徒为生，仅能糊口，程淑安之若素,并无半点言辞责怪与嫌弃之色。

程淑出嫁时,汪渊正在搜集晚唐至元人之词句为词。程淑于家务之余,帮助搜集并为之校笺,以"捣麝成尘,芳馨之性不改;拗莲作寸,高洁之致长留"之意取书名为《麝尘莲寸集》,书成于光绪十一年(1885),共四卷加《补遗》一卷,收词156调284首,程淑典卖首饰以助刊刻,于光绪十六年(1890)前后刻成。由学者歙县汪宗沂、绩溪程秉钊、杭州谭献以及程淑撰序。

关于集句为诗,始于晋代傅咸,载于《艺文类聚》者皆寥寥数句。到了北宋的石延年、王安石,不过间以为之,并未成集行世。此后,有分集诸家为诗词,或专集一家为诗词,无所不有,然所作亦不多。到了清代黄之隽集《香屑集》,"杂取诸家之成句,而对偶工整,意气通贯,排比联络,浑若天成""一一如己出",现代著名古典文学家萧继宗评点《麝尘莲寸集》时说:"集句极费精神、极花工夫的,一首集句要'集'得很巧妙,可能比'作'十首还难。"对于汪渊的集词,萧继宗总结为四个特点:其一,体例严格,集词为词,不集同调,一人一句,原句完整;其二,所集各词,气格浑成,"天衣无缝";其三,声律谨严;其四,对仗工妙。对于汪渊所集之词,程秉钊认为是借他人杯酒,浇自己块垒,达到了"无缝天衣,针线尽灭"之境;程淑深为推崇:"其句偶之工,声律之巧,气格之浑成,一一如自己出,殆所谓人巧极而天工错者乎!"萧继宗认为"比那些自以为是'创作'的作品,反而高出百倍""四库诸公还欣赏黄之隽的'记诵之博,运用之巧',夸赞为'前无古人而后无来者',认为'不可无一之才',而汪渊呢,由于出生时代太晚……如果四库全书收了《麝尘莲寸集》,那么,当他们执笔写《香屑集提要》的时候,恐怕就不会再慷慨地用'后无来者'四个字了"。可见,《麝尘莲寸集》虽为集句,远胜于一般的创作,而其奇巧工整,决不输于黄之隽之《香屑集》。

程淑参与编校《麝尘莲寸集》,为详订出处,务使撰者不欺,读者有考,并希望此集刊出后,成为古今集词之大观。集中收录程淑三首集句词,其中两首为夫妻唱和之作,萧继宗点评道:"此其夫人程淑之作,其中八句相重,往复回还,似补语意之不足,已极文字游戏三昧。"对于夫妇所唱称之《喝火令》,萧继宗点评时对程淑的才情大为赞叹,比作赵明诚与李清照,"不能不让闺中人出一头地也"。

程淑爱读史震林所著《西青散记》,有感于绡山女子徐双卿身负绝世才学,又秉绝代姿貌:"尚以粉笔书写于芦叶上,不欲留稿于世间。现在我所作之诗词,有数首附于夫君集中,以传永久,亦足够了。"所以平时所作,随手丢弃,并不吝惜。

程淑去世时,汪渊在休宁县五城岳家坐馆将十年,于是辞馆归家。此年秋,经人介绍,坐馆休宁城北,当凉风吹起,汪渊凄惨不已,作《春声碎》有云:"单衾梦冷,便泪滴重泉,也难寄。魂断际,纵写千叠蛮笺,奈莫写悲秋意。"表达了对妻子深情的思念。汪渊为了让妻子的诗词作品流传于世,从"书叶及针线帖中搜得"诗91首、词21阕、联句1首、集词3阕,于民国八年(1919)为刊成《绣桥诗存》一卷,附《词存》一卷,今安徽省图书馆有藏。徐乃昌作序,缪荃孙题词,汪渊撰传。

沪上女画家吴淑娟

吴淑娟(1853—1930),字杏芬,自署杏芬女士,晚号杏芬女史、杏芬老人等。歙县昌溪村人。

其父吴鸿勋,曾入曾国藩幕。善画兰竹,笔意秀润;书学梁同书,几欲乱真。尽管人生经历颇为波折,不失文士超脱的风骨。吴淑娟自幼随父习画,在这样充满艺术氛围的家庭环境熏陶下,加上天资聪颖、练习刻苦,少女时代她的山水、花鸟、人物、虫鱼作品的艺术水平已直追其父,乡人皆称她为"出蓝"小才女。清咸丰十一年(1861),吴淑娟同父亲一起寓居上海,协助父亲卖画。

成年以后,吴淑娟嫁给了歙县郡城人唐光照。唐光照,字昆华,系盐商子弟,曾以江苏候补知府身份代理过江宁知府一职。他虽深耕官场多年,却不能算是一个成功的从政者,但家庭经济条件优越,也是画坛中人(擅长画蝴蝶),又精于楷书,还收藏有不少书画名迹。光绪五年(1879)辑印《蝴蝶秋斋画谱》,收录郑板桥、奚冈、任颐等人山水、人物、花鸟画。这使得吴淑娟婚后不仅能潜心作画,还得以精心研摹,深谙名家笔法。夫妻两人也常一起写诗作画。《细竹》一画,便由唐光照画竹,吴淑娟补山、水、泉、石,全幅青竹娟秀茂密,山重水复,画面开阔,意境深远。

吴淑娟气质爽健,喜爱旅游,丈夫支持与家境丰厚,也让她有了游览名山大川的机会。吴淑娟许多山水画作品都源于其亲身游历。她曾说:"写真山真水,极造化自然之梦,不可方物也。昔人谓取法古人,不如取法造化,信然。"她游览过十八省,且每游一地,回来后就根据印象和感受铺纸摹绘,《十八省名胜图》由此而作。《西湖图》落墨绵渺,景色清雅,处理精到。她还曾多次进黄山写生,作有24幅《黄山图》传世。

随着吴淑娟在画坛声誉日渐卓著,不少人想拜师学艺。出身大家的李祖韩和李秋君兄妹就曾师从于她。宣统三年(1911),吴淑娟的画作参加意大利都朗万国博览会展出,受到包括意大利王后在内的观众好评。民国四年(1915),她又集其生平精品百余幅,制成珂罗版发行国内外,中外报界争相发表专评文章,誉之为"近世空前手笔"。民国八年(1919)成立的天马会,在国粹画系审查员选举中,吴淑娟和吴昌硕、王一亭、刘海粟、诸闻韵一起当选,吴淑娟得五票,仅低于王一亭七票,而高于吴昌硕和刘海粟的三票,可见吴淑娟在画坛地位之高。吴淑娟成名以后,热心社会公益,民国六年(1917)第一次世界大战期间,她义卖作品10余幅,得款1000余元,捐献给国际红十字会。民国九年(1920),中南地区大灾,她捐画数幅以救济灾民。

民国十二年(1923),吴淑娟七十大寿,上海著名画家王一亭、吴昌硕、黄宾虹、汪鞠友、任堇叔、沈心海等均登堂以书画庆贺。时年79岁的吴昌硕在王一亭所作《杏芬老人七十小像》上欣然题诗:"杏芬老人未识面,丹青著纸烟云变。倚窗读画性情见,先后南楼共石研。苍松泼翠泉飞寒,仿佛唐韵书采鸾。黄山白岳根深蟠,王郎写生真好手。不悦而禅不胫走,诗成我亦三叩首。"吴昌硕还与钱瘦铁合制了"杏芬老人七十以后书画"阴篆纪念闲章一枚,印的四边刻有铭文和无量寿佛图,异常精致。民国总统黎元洪特书"林下风高"四字,制匾祝贺。民国十四年(1925),吴淑娟受聘为上海城东女学图画专修科教授。

吴淑娟绘画题材多样,山水、花鸟、虫鱼、人物无不精通。光绪七年(1881),29岁的吴淑娟作《百花图》长卷,含工笔、写意与没骨三种画法,其中以工笔、没骨画法居多。画色生香,天然丽质,是其花鸟作品中的代表之作。表现出女性婉约、清雅与含蓄的韵味,令人回味无穷,得到吴昌硕等众多名流题咏。

吴淑娟的人物画,形神兼备。有以神话故事为题材的《天神图》,有画平民百姓风俗的《豆棚闲话图》,有正襟危坐的肖像画《管夫人小像》,并有佛像、仕女等。技法上,有以粗笔填实、随形密布的写意,也有疏爽传神的兼工带写,学古而不泥古。所作《仕女四条幅》,分别以月下赋诗、观花寻趣、心欢意愿、楼台思情为题,刻画古代少女日常生活场景。仕女脸部线描细致柔和,画面秀逸,柔秀而不柔媚。仕女衣纹刻画非常精细,设色艳丽。作品中亭台、树木也刻画得丝丝入扣。画面气氛欢愉,令观者赏心悦目。

吴淑娟的山水画作品有临仿有创作,取法不一,笔法随景而变,都可感受到作者很深的绘画功底。《黄海松风图》涵盖了黄山奇松、怪石、云海、温泉四绝。画面近景是一株盘根于石的老松,劲干粗韧,树冠扁平,松针短硬,苍劲挺拔。虬枝斜出伸向泉边,树下碎石林立,石头棱角分明,刚劲有力,用墨色浓淡表现出石头的前后关系,立体感强。泉水澄清净洁,水波有泉水涌流的动感。山峰呈垂直状,山体峻峭,山体与石头运用了斧劈皴与披麻皴结合的方式,没有繁复渲染,花岗岩视觉质感强。山峰与老松间用云雾隔开,云雾没有刻意描绘,用空白代替,加上湿笔在山体周围的过渡,使得云雾升腾的感觉非常生动,给人以充分的想象空间。不仅衬托了黄山的高耸入云,也让画面的阳刚之中增添了若隐若现的妩媚之美。

吴淑娟也擅诗、擅书。《清画家诗史》收录其《辛巳二月自题百花图画卷》两首:"墙阴隙地净无埃,觅得名花次第栽。自笑化工归腕底,千红万紫一齐开。""濡毫吮墨学南田,私淑于今二十年。愧我写生功未到,聊从家学溯渊源。"这两首诗题于她的《百花图》上,将她的绘画经验与创作心得糅合其中。

吴淑娟绘画题款一般用行楷,结体端丽,秀润精到,平和简静。从娟秀、工整的题款字体中,能感受到女性温婉、典雅的传统闺阁气质。她的楷书作品《临杨大眼造像记》作于民国九年(1920),法度严谨、结字雅正、笔力清劲。作品抓住了下笔重,结体中敛而外张,点画轻重对比明显,有斩钉截铁的力度特征,更给人一种刚柔并济、雍容大度、端庄雅正之气。吴淑娟去世后,其子唐熊将她不少作品与诗收入《杏芬老人遗集》,由黄太玄作传传世。

一代宗师黄宾虹

黄宾虹（1865—1955），谱名懋质，别名质、元吉，字朴存、朴人，以号行，另有予问、虹庐、虹叟等别号40余个，歙县潭渡人，父黄定华擅长书法、绘画，经商于金华，黄宾虹出生于其地。

黄宾虹5岁入塾读书，即喜绘画篆刻，6岁临摹家藏沈廷瑞的山水画册，后来从画家倪逸甫学画和篆刻。黄宾虹8岁时，进士潭渡黄崇惺迁道拜见黄定华，对黄宾虹赞赏有加，在福建任官，屡寄所著之书给黄宾虹。清光绪三年（1877），返歙应童子试，名列高等。在故里逗留月余，欣赏临摹董其昌、查士标、渐江真迹。光绪六年（1880），入金华丽正书院，后肄业。光绪九年（1883），游杭州西湖、池州九华山等地，写生作画。光绪十一年（1885），返歙应院试，补廪贡生，任扬州两淮盐运使署录事。其间，从怀宁郑珊（号雪湖）学山水，从义乌陈若水学花鸟。光绪二十一年（1895）夏，结识谭嗣同，订为文字交。

光绪二十三年（1897）黄宾虹回徽州。先是康熙五十七年（1718）黄以镎建怀德堂，光绪二十四年（1898）夏，因黄以镎已无后嗣，遂将此堂典质于黄宾虹。黄宾虹重加修葺，上溯建造年月，刚好为三个甲子。正屋为三开间楼屋，前有庑廊、小天井，左廊通冰上飞鸿馆，屋前为小院，出左院门为三间平屋玉森斋，院内有假山石名石芝。黄宾虹居怀德堂读书作画，常题"写于宾虹草堂""虹庐""写于石芝室""石芝阁"等。20世纪80年代辟为黄宾虹纪念馆，属安徽省重点文物保护单位。

光绪二十五年(1899),黄宾虹遭控告疑为维新派,被迫出走,后返里隐居。光绪二十六年(1900)冬,汪宗沂在歙西圣僧庵办团练,黄宾虹与郑揩书共同襄办军事。因筹饷困难,歙县知县许崇贵以东乡庆丰堨处潭渡黄族义田居多数,荐委廪生黄宾虹筹款重修庆丰堨,次年竣工。黄宾虹撰《任耕感言》一卷记其事。光绪三十二年(1906),黄宾虹执教新安中学堂,牵头在怀德堂创办私立惇素初等小学堂。其后,为了扩大规模和提高影响力,将校舍迁至三门厅,以黄生之号白山改校名为"黄氏白山两等小学堂"。黄宾虹任校长,经费由黄氏族产开支。后与同事陈去病等成立黄社(反清组织),暗中发展军事武装,在家中为黄社铸造铜圆。民国三十三年(1944),黄宾虹私铸钱币事被人告发,于是逃亡上海,后加入神州国光社、国学保存会,编辑《中国美术丛书》4集160册、《中国画家人名大辞典》等,协助邓实等编辑《政艺通报》《国粹学报》《国学丛书》等。

民国二十六年(1937),黄宾虹迁居北平,被聘为故宫古物鉴定委员,兼任国画研究院导师,及北平艺专教授。民国三十七年(1948)返杭州,任国立杭州艺专教授。中华人民共和国成立后任中国美术家协会华东分会副主席,中央美术学院教授。曾被国家授予"中国人民优秀的画家"荣誉称号,当选全国政协委员,有"再举新安画派大旗,终成一代宗师"之誉。

黄宾虹是20世纪中国画坛上承前启后的大家。黄宾虹的山水画创作道路经历了师古人、师造化和融化古人、造化形成独创风格三个阶段。50岁前驰纵百家,溯追唐宋。其后饱游饫看,九上黄山、五上九华、四上泰山,又登五岭、雁荡,畅游巴蜀,足迹半天下。60~70岁以师造化为主;70岁以后融会贯通,卓然成一代名匠。

黄宾虹的画融汇古今,穷极变化,自成浑厚华滋之独特面貌。用笔融入篆籀之意,凝重高古,刚健婀娜;又精墨法,好用破墨、积墨、宿墨;其章法繁而不闷,疏而不空,尤善以"黑、密、厚、重"之繁体抒写山川浑然之气趣。间作花鸟虫鱼,妍雅清逸,别有水流花开之妙。

黄宾虹在论画中提出墨法有多种,即所谓"七墨":浓墨法、淡墨法、破墨法、渍墨法、积墨法、焦墨法和宿墨法。黄宾虹运用比较出众的首先是破墨法,包括淡破浓,浓破淡,水破墨,墨破水,墨破色,色破墨;其次是渍墨法、积墨法和宿墨法。破墨法是在纸上以浓墨渗破淡墨,或以淡墨渗破浓墨,直笔以横笔渗破之,横笔则以直笔渗破之,均于将干未干时行之。利用其水分之自然渗化。说明破墨法,除浓淡变化外,用笔的不同方向,也影响到破墨的效果。

文艺评论家傅雷说:"(黄)宾虹则是广收博取,不宗一家一派,浸淫唐宋,集历代各家精华之大成,而构成自己面目……他的概括与综合的智力极强。所以他一生的面目也最多,而成功也最晚。六十左右的作品尚未成熟,直至七十、八十、九十,方始登峰造极。我认为在综合前人方面,石涛以后,宾翁一人而已。"中国当代油画艺术家靳尚谊称黄宾虹的山水画"非常厚重,有独到之处,用浓密的墨色表现自然的滋润和苍浑,笔墨的层次很丰富,代表了中国山水画的一个高峰"。

黄宾虹一生著述丰富,主要绘画作品有《蜀江归舟图》《焦墨山水》《九子山》等;出版画册有《黄宾虹纪游画册》《黄宾虹山水画册》《黄宾虹山水画集》《黄宾虹写生画册》《黄宾虹山水写生画册》《黄宾虹画集》等;出版著作有《陶玺文字合证》《古印概论》《古籀论证》《古文字释》《古画微》《虹庐画谈》《鉴古名画论》《黄山画家源流》《画法要旨》《宾虹草堂印谱》《画学编》《宾虹杂著》《宾虹诗草》《美术丛书》《神州大观》《神州国光集》《中国名画集》等。

1955年3月25日,黄宾虹在杭州逝世,享年91岁。家人遵照他的遗愿,向浙江省博物馆捐赠了一万余件黄宾虹的个人藏品和书画作品。1990年1月,浙江省博物馆举行黄宾虹诞辰125周年纪念活动。1月18日,在黄宾虹纪念室前举行黄宾虹雕像揭幕仪式。

1956年3月,浙江省人民政府决定,将黄宾虹居住过的栖霞岭32号,辟为"黄宾虹先生纪念馆"。1964年,"画家黄宾虹纪念室"正式更名为"画家黄宾虹故居"。歙县黄宾虹纪念馆成立于1987年,2009年被国家列为免费对外开放单位。2011年被评为黄山市爱国主义教育基地。

"新安三雄"之一张翰飞

张翰飞(1884—1939),名鹏翎,以字行,号新安居士、黄山居士、息庐老人,歙县定潭人。父张恩诰,字训臣,诗书画印俱佳,为著名经学大师吴承仕的启蒙教师,并以次女嫁吴承仕为妻,妹张庆云擅诗,嫁徽州府城小北街诗人汪定执。以孝义著称,民国《歙县志》有传。

张翰飞自幼聪颖,在家族的熏陶之下,能诗擅绘。清光绪三十四年(1908),吴承仕、许承尧先后到北京,两人往来颇密。张翰飞亦考进北京银行学堂,与许承尧相交往。张翰飞学养深厚,崭露头角,当时学校中能诗者颇多,张翰飞与曹经沅、彭醇士、罗超凡、李筱瀛数人最著,而张翰飞与彭醇士兼擅丹青,尤为难得。民国初,曾担任北京政府铁路局总局局长叶恭绰的高级助理,铁路局沿线产品展览会总务主任及北京《晨报》编辑、故宫文物管理委员会成员等要职。民国三年(1914)考取民国政府乙等县知事任职资格,签分于江西省尽先即用。

张翰飞为叶恭绰助手及家族渊源,接触历代名家书画颇多,且生平豪侠好义,广交海内书画名家。民国九年(1920)5月,与金城、陈师曾、王梦白、周肇祥等著名画家共同发起成立"中国画学研究会",与王世澂、叶恭绰、陈师曾、溥心畬、王梦白等探究诗书画印诸学。张翰飞视野开阔,思想通达,左勤在上海经营,事务繁多,此年张翰飞为书《求是》以助力:"人能实事求是,则遇事不设成心,不参己见。互以礼为权衡,攸往咸宜矣。左勤海上经营,事生繁也,题此以助之。"其意为做人要实事求是,做事要公平不设成心,不以自己为主见,以道理来权衡,如此行事,就无所不宜,体现出了张翰飞为人处世的原则。

张翰飞画宗元王蒙、吴镇、倪瓒、黄公望四家,由元及宋,博采众长。笔苍墨润,纵逸多姿,章法谨严,同时又继承新安画派清逸空灵的特色。尤擅长用墨用色,达到墨不碍色,色不碍墨,二者相融不悖,互为衬托的境界。民国十八年(1929)4月,首届中华民国美术大展在上海举办,张翰飞国画作品《云栈泉声图》《杪秋图》参展,获最优秀奖并被高价抢购,为当时中国画坛较具影响的画家。次年3月,著名史学家邓之诚为其山水画题诗:"谁比黄山老画师,梦魂常在水之涯。江南乱后人文变,未必峦容似旧时。"

民国二十四年(1935),张翰飞在北京荣宝斋、上海荣宝斋、南京、武汉等地出版发行山水画集并举办画展。每到一地,其作品出售大幅120银圆,小幅60银圆,很快抢购一空,轰动一时。时人称黄宾虹、汪采白、张翰飞为"新安三雄"。当代著名评论家孙克在《拂去历史的尘埃》一书中评价道:"张翰飞中年在黄宾虹之上。"

张翰飞晚年作品多描绘家乡山川风物,笔法锤炼凝重,气势磅礴,风格沉雄浑厚,感情深沉真挚。张翰飞姑父汪定执在歙县时,经常骑马到定潭游玩,与张翰飞父亲张恩诰吟诗唱和。妻子张庆云去世后,汪定执侨居吴县(今江苏省苏州市)。张恩诰曾撰定潭八景诗邮寄给汪定执索和诗。汪定执回忆起与张庆云在定潭的种种往事,感慨不已,为撰八景诗,分别为磐石垂纶、定水观鱼、魁楼文宴、福地传钟、双峰架月、古木啼莺、翠屏烟雨、永桥晴雪。民国二十八年(1939),张翰飞在家创作《定潭八景图》,自为题款介绍景物,许承尧为撰题五绝。

张翰飞书法入晋王法,得魏碑韵。许宏泉《边缘语录》载张翰飞精擅章草,称其所作章草"古趣盎然,功力弥深,在传统的基础上,兼融碑版简牍,极力破除点画大小雷同、匀称,结字多有跌宕、疏密之变化。如果说沈曾植、王蘧常的书风以苍茫取胜,那么张翰飞则在古朴典雅的格调上有所追求。尤其用笔,圆劲质拙,神采飞扬,绝无一般作章草书失之拘谨、囿于章法之弊,堪与并时名家雁行"。

张翰飞擅长围棋。过旭初撰《弈林漫谈》载:"20年来薄游苏浙皖赣湘鄂幽燕等处,各方名手均与弈焉。如浙之顾水如、张静江……闽之吴清源,徽之张翰飞、吴希亮、吴逸宾、许伯龙、许石秋、方观我等,此其人之弈力各有擅长。"民国十三年(1924),张翰飞任省长公署秘书,与安徽省议员婺源江友白一起敦促段祺瑞的外甥陈众乎向段祺瑞举荐过旭初与其下棋。当时陈众乎写了介绍信,上海地皮大王歙县程霖生为过旭初资助路费。

张翰飞善于扶携晚辈。启功曾向张翰飞请教过绘画,其后,张翰飞推荐启功向书画家吴镜汀拜师。启功后来与其子张君逸成为知交。1936年冬,深渡姚维逸为其父建墓,唐模许承尧撰写墓表并且书丹,请江兆申镌刻。江兆申在姚家刻碑时,张翰飞也到了姚家。一次江兆申在画画,张翰飞走了过来,笑着说:"我好久没有画了,让我试试看。"于是在江兆申画松树的纸上添上荒村野店,山陬水湄,构图饱满而完整,这对江兆申后来山水画构图颇有启迪。

民国二十四年(1935)12月,北平爆发"一二·九"抗日救亡运动,大批学生和进步人士被捕。张翰飞受二姐夫吴承仕委托,利用自己的身份,多次从狱中营救出被捕学生和进步人士。安徽沿江一带山洪暴发,张翰飞出资在歙县会馆招待书画界名流,作品公开义卖后,所得全部捐赠给安徽,为灾民渡过难关尽绵薄之力。民国二十六年(1937)7月北平沦陷,张翰飞拒绝出任伪职,返归故里,潜心诗词书画。见村里没有学校,遂与几位长者想方设法创办初级小学"定山小学",以祠堂宝善堂为校址。民国二十七年(1938)2月底正式开学,当年有学生40人左右,学校根据学生的水平分为一、二、三、四年级。张翰飞为学校主持,张用和任董事长,张正霞任校长兼教算术。

张翰飞诗书画印堪称四绝,从所作题画诗来看,其诗宗唐人,清新隽永;印承歙派程邃诸家。可惜民国二十八年(1939)因病早逝。其子张君逸,毕业于燕京、清华大学,获工科双学位。幼年受父亲影响,显露出绘画天赋。常往故宫博物院临摹名家真迹,精于鉴别。又得到陈师曾、黄宾虹、汪采白、王梦白诸先生指导,博采众长,卓尔不群,创造出自己的画风,构图新颖,挺拔俏丽,秀逸清幽,山水、花鸟俱佳,受到书画界一致推崇,溥杰对其尤为欣赏,曾为其父子题词"翰逸神飞"。张君逸生前曾向歙县博物馆赠送与张大千、黄宾虹、徐燕孙、溥松窗、吴镜汀、汪溶、汪采白等人合作扇面及其他古玩字画计17件。张翰飞孙张仲平,秉承家学,工山水,擅写黄山,著名画家侯北人赞其为"清湘后又一人也"。2011年张仲平将自己和父亲、祖父的书画精品130幅,无偿捐赠给安徽省博物院,其经济价值无法估算。2011年11月4日安徽省博物院为新安张氏三代举办书画收藏展并出版收藏专集。

新安画派殿军汪采白

汪采白(1887—1940),名孔祁,号澹庵,别署洗桐居士,以字行,歙县西溪人,汪宗沂孙。生于清光绪十三年(1887)六月十三日,卒于民国二十九年(1940)六月十九日,次日《徽州日报》第二版刊登消息《一代艺人汪采白病逝》,17天后开辟《悼采白画师专辑》一期,随后连续刊登三期。

少从其父汪福熙学四体书,造其堂奥;从叔父汪律本习诗画,得其精髓。光绪二十九年(1903),为徽州府学附生。光绪三十二年(1906),入徽州府城崇一学堂,与陶文澍、姚文采等同窗。次年,入南京两江师范学堂图画手工科。宣统二年(1910)六月,获优字第677号毕业文凭,部试奖给举人。返歙县西溪韬庐,游黄山。次年,绘《秋江晚照图》,为现知其最早作品。

民国元年(1912),偕杨禾甫测绘黄山,民国《歙县志》卷首附《歙县全图》即以此为蓝本制作。其间数游黄山,皆以食宿不便仅留数日而返。民国四年(1915),以绘事受聘武昌高等师范学校,主讲投影、写生。民国十年(1921),任北京师范学校图画教员,寓居宣武门外歙县会馆,常于南院兰心轩绘画,与吴承仕、汪慎生时相过从。其间观摩临习故宫所藏精品,画境日渐开拓,其画作北京人士争相购藏,亦时流海外,名声益噪。民国十二年(1923)秋,法梅清作《莲花峰图》。民国十五年(1926)六月,于中央公园(今中山公园)举行画展,后从展品中精选21幅印成《采白画存》。民国十八年(1929),返歙。民国十九年(1930),任中央大学艺术系教授,初住城北,后移居马府街徽州会馆后院。任东南大学艺术系教授,与徐悲鸿、张玉良、吕凤子等人共事。民国二十一年(1932)夏返西溪,秋任安徽省立第二中学校长,延请名师任教。于校园西隅构屋数楹为教室,而难其名,众请额之为"仲伊斋",仲伊乃其祖父宗沂字。汪采白认为不妥,鲍幼文劝道"学术天下之公,君岂以私其祖为嫌"。民国二十二年(1933)秋,辞职返里,作《西溪图》《秋庵图》二帧以纪许承尧得厉鹗《宋诗纪事》百卷稿本胜事。冬离歙复至南京,仍居马府街,长子汪克劭(字勖予)执教安徽中学,随侍左右。

民国二十三年(1934),复任中央大学国画系主任。民国二十四年(1935)春返里,游黄山,不久回南京。十月,从其友人之请,将佳作百余帧在南京玄武湖畔举办画展。虽阴雨连朝,观者仍络绎不绝,交相称许,争购几空,咸推为画展冠冕。德国驻华大使托德曼慕其名天亮即往,欣赏忘倦,并出重金购入《风柳鸣蝉图》。日本商人对《风柳鸣蝉图》亦叹服,欲出2000银圆请其再绘一帧,汪采白以"我非机器"毅然拒绝,傲骨铮铮。

民国二十五年(1936)春,游黄山,不久返南京。秋,任北平艺术专科学校绘画科国画组教授,住西单北大街132号,与齐璜、溥儒等名家时相过从。鉴于黄山能宿之处甚少,乃欲于虎头岩上、鸣弦泉边其祖父所置地筑屋数间读书息影,并为友朋游山驻足谈艺之所,名为韬社,以此纪念祖父。然其囊中羞涩,建筑非易,许世英怂恿其将青绿黄山图36帧用色版精印成书,代订值公诸同好,集微资为名山点缀,想大雅亦乐观厥成。画既绝尘,事亦远俗。

民国二十六年(1937)二月,偕季子汪承侃至北平,居西城文昌胡同,仍执教艺专。五月,《黄海卧游集》在姚文采支持下印成,由上海发两箱共200册至北平。经亨颐、梅贻琦、孙洪芬、陶行知、洪范五、许世英、赵元任、王苏宇、王去病、程永言、王鲲徒、黄伯度、刘国钧、许恪士、姚文采力推,同作《介绍汪采白先生精绩〈黄海卧游集〉启事》。七月,因卢沟桥事变爆发而南还。秋,避居歙县西溪韬庐,以时艰道梗不复出。十二月,倭氛日炽,奉二亲避居蜀源鲍锡邕绿雨楼半载有余。服侍卧病在床之母数月,未尝少懈。及亡,丧葬尽礼,其笃行如此。民国二十七年(1938)三月,至唐模为许承尧作《眠琴别圃图》。倡办剑华小学,汪克劭任校长。秋,游休宁屯溪(后改隶安徽省黄山市屯溪区),姚文采已将南京安徽中学迁至阳湖柏山。

抗日战争期间,徽州偏安一隅,战火远离,屯溪尤为繁盛,权贵云集,冠盖塞道,争斥重资索其书画,然而汪采白风骨清逸,不轻许诺,从不以书画结交权贵,却肯以书画作为学生体育运动会优胜者奖品。或遇故人招之辄往,酒酣兴至,伸纸濡笔,观者环列,诙谐间作,风趣滑稽,胸藏丘壑,洒翰不停,作画极快,数十幅顷刻完成。天都挺拔,云海荡漾,争赴腕下。诚善貌黄山,抑其忧国疾时,伊郁不平之气充于胸中,非黄山恢奇,殆无足发其意。

精写山水,尤擅青绿,不蹈袭古人而有矩镬,于中西画学皆深造自得,艳而冷隽,秀旷雄奇,高古清逸,气韵悠然,驰誉艺坛,中央大学教授胡光炜称"无古无今,造化在手,高处直可上视石涛,平揖渐江",人欲得其画,托姚文采必如愿。为其师李瑞清仿王蒙巨幅山水挂故宫博览会,精鉴家皆莫能辨。墨得黄山之韵,与古人并辔艺林,各擅胜场,无分轩轾,此为画苑公言,并非阿好之语。胡适《黄海卧游集序》"近人作山水画,多陈陈相因,其层峦叠嶂,不是临摹旧本,即是闭门造山。汪采白先生此册,用青绿写他最熟悉的黄山山水,胆大而笔细,有剪裁而无夸张,是中国现代画史上的一种有意义的尝试"。偶作花鸟虫鱼,形神兼备,亦善绘西洋画。间作诗文,风力遒逸,清新可诵,篆分书得秦汉人法,治印法程邃,惜均为画名所掩。

民国二十八年(1939)春,复至屯溪,不久返西溪。民国二十八年(1939)夏,在歙县县城举行义卖,售画所得用于沦陷区失学儿童救济。后遭毒蚊叮咬,红肿溃烂,因来徽城就诊,不幸为庸医所误。及返西溪,病情恶化。冬游徽城,为汪己文作《风柳鸣蝉图》,并书汪律本"白门何有"小词于另一条幅以赠。民国二十九年(1940)春,病情恶化,痛苦万状,卧床不起。移送屯溪市民医院,医治无效而逝,黄宾虹手书"云海英光"痛悼,许承尧撰挽联"汗漫卢敖,大荒披发;凄凉王宰,能事留名",鲍锡邕撰挽联"泉石记游踪,半年昙谷桃源客;雪泥留印爪,一幅青山绿雨图"。权厝四载后,鲍幼文撰《公葬汪采白先生启》,皖南行署主任张宗良集各方硕彦会葬卜地西干,并手书"洗桐居士汪采白先生之墓",苏浙皖边区挺进军副总司令陶广书墓门碑"山高水长",罗长铭撰《洗桐居士墓表》。筑亭墓侧,手书许楚西干诗稿及汪克劭自写先父遗像刻诸壁端,郑韶九撰《汪采白先生纪念亭记》,以垂永久。

"新剧健将"汪优游

汪优游(1888—1937),名效曾,字仲贤,艺名优游,笔名陆名悔、UU、哀鸣等。婺源县人,寓居上海马浪路崇一里(今马当路291弄)。清光绪三十一年(1905)冬,就读于上海民立中学的汪优游,利用寒假时间,组织民立中学与他校的新剧(又称文明戏)爱好者,建立中国第一个学生业余戏剧团体——文友会。翌年元宵节,文友会在上海城东昼锦坊举行公演,剧目有《捉拿安德海》《江西教案》等时政剧与即兴编的时装滑稽剧,引起社会广泛关注。

光绪三十二年(1906)底,他与朱双云、王幻身、瞿保年等人在上海南洋公学组织"开明演剧会",并于次年农历新年,在城东仁和里道前小学举行赈灾公演,演出六场宣传改良主义政治主张的剧目,总题曰《六大改良》。即反映五大臣出洋考察宪政的政治改良戏,表演操练新兵的军事改良戏,主张破除迷信的僧道改良戏,号召禁烟禁赌的社会改良戏,诫劝盲婚的家庭改良戏,讽刺私塾的教育改良戏。演出集得票款全部捐给灾区。正月,开明演剧会联合"益友会",在上海最大的公共活动场所"张园"进行义演,收入亦全部用于赈灾。由于他们所演剧目多取材于现实生活,在表演上运用写实的手法模拟现实生活,故这种从戏曲高难度歌舞程式中解放出来的新剧,对人们产生巨大的吸引力,为戏剧上演时事开启了方便之门。光绪三十四年(1908)夏,汪优游又和任天树等人创立"一社";次年初,"一社"与其他剧社合并为"上海演剧联合会"。

宣统二年（1910）十一月，汪优游与陆镜若、王幻身、萧天呆、顾无为、陈大悲等一道，相助任天知在上海创立"进化团"。进化团是中国早期话剧（新剧）第一个职业剧团。由于任天知是同盟会会员，剧团成员也多是倾向革命的青年，因此进化团的戏剧活动具有浓厚的革命色彩。次年春节，剧团打出"天知派新剧"旗号首演于南京升平戏园，接着又到苏州、芜湖、安庆、汉口等地，相继演出《血蓑衣》《东亚风云》《新茶花》等剧，大获成功。然因剧目内容抨击时政、宣传爱国思想，故而遭到清朝政府查禁。辛亥革命爆发后，进化团成员积极投入光复上海的武装斗争。民国元年（1912）3月，进化团解散，汪优游于次年加入"新民社"。新民社是一家商业化的职业剧团，演出剧目大多展现市民生活，情节曲折离奇，表演贴切自然。其间，汪优游主演的《空谷兰》，当时在上海卖座甚佳。民国五年（1916）初，新民社被"民鸣社"兼并，汪优游随之成为民鸣社的成员，他主演的《空谷兰》也成为该社的保留剧目。两社合一后的民鸣社，为早期话剧商业化之后最具实力的新剧团体，社会影响非常大。汪优游作为一名杰出的话剧演员，不仅能演各种角色，且所扮角色各具神韵，同时编有《新跳加官》《劫后姻缘》等新剧，被欧阳予倩誉为"新剧健将"。民国六年（1917），早期话剧（新剧）日趋衰落，剧业萧条，新剧团体大部分也都解散，汪优游因之转入京剧界，与欧阳予倩、刘艺舟等一起于民国七年（1918）受聘上海"新舞台"。在新舞台，他既演过改良京剧海派新戏，也主演过《阎瑞生》等现代话剧，就连《阎瑞生》一剧的新式布景都是由汪优游设计的。

五四运动爆发后，汪优游受新文化运动的影响，积极参加现代话剧的许多重要活动，助力推动戏曲改良和中国现代话剧的产生。民国十年（1921）5月，由汪优游发起组织的"民众戏剧社"在上海成立，主要成员有沈雁冰（茅盾）、徐半梅、陈大悲、熊佛西、张聿光、欧阳予倩、郑振铎、沈冰血等13人。民众戏剧社是五四运动以后第一个新戏剧团体，下设研究、实行两部，创办有中国现代第一个戏剧文学刊物《戏剧》月刊（共出六期后停刊）。这个月刊由中华书局发行，每期都刊有汪优游用"汪仲贤"或"陆明梅"署名的文章和译作，如《化装术一得》《西洋编剧和布景关系的小史》《怎样演习剧本》《好儿子（独幕剧）》以及译作《英国名优菲波士事略》《西洋的剧场轶闻》《美国最近组织的小剧场》等。同时，针对戏剧日益商业化的倾向，汪优游和陈大悲从为建设中国现代话剧出发，提出"爱美的戏剧"的演剧主张，倡导学习西方戏剧，特别是19世纪末欧洲小剧场运动的经验，提倡现实主义的现代话剧和非营业性的小型戏剧演出，并主张严格遵守剧本和排演制度，以提高戏剧的艺术质量和教育作用。这一主张在当时戏剧界影响非常大，对于中国现代话剧的兴起与传播起到积极的推进作用。

民国十二年(1923),汪优游加入"戏剧协社"。该社原为黄炎培主持的中华职业学校附属职工教育馆的剧团,演出过《泼妇》《终身大事》《少奶奶的扇子》《威尼斯商人》《怒吼吧中国》等剧目,并在革除文明戏陋习、设立导演制和排演制、提高演出质量方面发挥了积极作用,对当时非职业剧社和学生演剧活动有较大影响。在戏剧协社,汪优游编排了反映上海平民生活的现代独幕话剧《好儿子》,风行于话剧舞台。民国十四年(1925)至十六年(1927)间,他与徐卓呆合办"开心影片公司",自己或编剧或导演或参加演出,将一些早期话剧如《临时公馆》《隐身衣》《爱神之肥料》《神仙棒》《活动银箱》《怪医生》《凌波仙子》《红玫瑰》《雄媳妇》《济公活佛》和《千里眼》《剑侠奇中奇》《猪八戒游沪记》《三哑奇闻》等,搬上舞台。

汪优游另著有《我的俳优生活》《上海俗语图说》《艺海沧桑》《恼人春色》《歌场冶史》《朱八嫁》《贞与淫》等。

古籍标点第一人汪原放

汪原放(1897—1980),学名家瑾,乳名麟书,笔名士敏、白石、严约、方泉。现代著名出版家、翻译家,标点古籍第一人。出身于绩溪县华阳镇白石鼓的一个书香世家,1980年4月1日在上海逝世。

汪原放的父亲汪希颜和叔叔汪孟邹,都是新文化运动领袖陈独秀和胡适的挚友。光绪二十八年(1902),父亲汪希颜病逝时,汪原放只有5岁,由叔叔汪孟邹抚养长大。宣统二年(1910),汪原放从仁里思诚两等小学堂毕业后,到叔叔创建的芜湖科学图书社当学徒。他特别爱看邹容的《革命军》和《苏报》等书刊。1913年,随叔叔去上海创建亚东图书馆并留在那里工作。汪原放是一个刻苦学习、奋进向上的青年。在沪期间,他边工作,边在上海青年会的夜校学习外文四年。通过刻苦学习,他成长为一名掌握英语、日语、德语等多国语言、精通业务的出色编辑。民国二十五年(1936)后,专门从事译著工作。

汪原放受新文化运动影响,特别是受到胡适《论白话》《论标点符号》等文章启发,决心做第一个吃螃蟹的人——将中国古典小说用新式标点断句、分段后翻印出版。汪原放在胡适、陈独秀的支持下勇立"潮头",争当新式标点的"弄潮儿",他努力学习他人之长,充满了强烈的时代气息和文化指向,符合新文化运动的发展方向。民国九年(1920)起,汪原放开始用新式标点整理《水浒传》,与胡适多次在书信中讨论新式标点事宜。他尝试着反复阅读原版《水浒传》,认真断句,删掉了金圣叹批注,然后多次修改,最终成功完稿。胡适、陈独秀二人看后大为赞赏,分别作《水浒传考证》《水浒传新叙》刊印于书中。1921年,汪原放为出版《胡适文存》去北京,住在胡适家里,两个人又讨论标点符号、分段、排式等等。汪原放接受胡适的建议,在每本小说正文前加上"句读符号说明",并专门著文,向读者介绍标点符号的类型及其使用方法。民国十年(1921)8月20日,经汪原放和员工们7个多月的辛苦工作,使用新式标点符号标点、分段的《水浒传》在亚东图书馆出版。新书一上市,立即受到了广大读者的欢迎。全国文化学术界好评如潮,鲁迅、邵力子、叶圣陶、陈望道、茅盾以及日本学者青木正儿等都大力赞扬他的历史性创举。继《水浒传》之后,他又相继翻印了《儒林外史》《红楼梦》《西游记》等10多部古典小说名著。随后,汪原放校点整理的亚东版《红楼梦》的出版,标志着《红楼梦》传播、接受新时代的到来。

用新式标点断句、分段排版的古典小说,一改原来版面密密麻麻、阅读起来费脑费眼的缺陷,新版面令人耳目一新,使人读来轻松、愉悦,大大推动了中国古典名著以现代方式走向更广大读者。也使更多的学生从这些课外读物的阅读过程中,直接得到了标点符号使用方法的训练,对推行国语教育、促进教育普及,起到了强有力的推动作用。汪原放的新式标点古典小说,是新文化运动的一个重要组成部分,在我国出版史乃至文化史上,都具有划时代意义。著名学者张静庐在自传中曾说:"亚东版的谨勤工作,我们不能抹杀汪原放先生的苦干精神!为一部小说的校点,费一年半载的时间和十次八次重复的校对,是常有的事。"可见汪原放为标点十多部小说,付出许多艰辛和血汗。

汪原放除了从事中国古典文学整理在新式标点上取得突出贡献外,还是一位优秀的翻译家,译著有《一千零一夜》《我的旅伴》《鲁滨孙漂流记》《伊索寓言》《印度七十四故事》等20多部外国文学作品。他还进行了古代诗文的今译工作,编辑出版了《诗经今译》第1册。汪原放通过自学成才,成为一位著名的出版家、翻译家。

民国十四年(1925)由陈乔年介绍加入中国共产党,任亚东图书馆党支部书记。民国十五年(1926)4月,汪原放受党委派去武汉后,担任《汉口民国日报》经理和编辑,后担任中共中央第二任出版局长。党的八七会议后,临时中央政治局决定,中央驻地从武汉迁回上海,汪原放与党组织失去联系,回到亚东图书馆继续担任编辑,直到1953年亚东图书馆停业。1956年1月去新文艺出版社担任编辑,并加入中国民主同盟会。他先后在上海文艺出版社、古典文学出版社、中华书局上海编辑所、上海出版文献资料编辑所任编辑,直至1963年退休,毕生从事中国古典文学的整理和外国文学作品的翻译工作。晚年著有《回忆亚东图书馆》。

新式标点的推行成功,释放了时代精神,引领中国文化发展新方向,开创了阅读新时代,形成了文明进步的氛围,掀起了"红学"等古典文学研究的新高潮。现代书评家、上海《书城》杂志主编倪墨炎评价说:"汪原放是一位属于'人虽死了却活着的人'。"这个评价是朴实确切的。汪原放整理标点的出版物获得了巨大成功,为古典小说的传承作出了积极贡献。这种成功有社会大背景的因素,如新文化运动对白话文的提倡和对古代小说的褒扬,坚定了他下大气力整理古典小说的信念,同时,更离不开汪原放深耕新式标点的艰辛付出。正如苗怀明所言,时代文化新风,为汪原放的新标点本小说做了良好的铺垫,但这只是提供了某种可能性和基础,能否抓住这一良机,则需要个人的眼光和智慧。而迎难而上的勤奋耕耘,孜孜不倦的求学精神,是良机之下践行标点梦想的真正保障。

文学才女苏雪林

苏雪林(1897—1999),小名瑞奴、瑞庐、小妹,学名苏小梅、苏梅,字雪林,笔名绿漪、灵芬、老梅、天婴、杜若、杜芳、野隼、绿天、绿漪女士、雪林女士等。太平县岭下苏村(今属安徽省黄山市黄山区)人。生于浙江省瑞安县(今瑞安市),其祖父时任瑞安县知县。

幼时,祖父专门请了女塾师教她读《三字经》《千字文》《四女书》,她又从家塾的男孩处接触到了新兴学堂中的国文、英语、算术、史地等新式教科书和《伊索寓言》之类外来的近现代幼童启蒙读物,以及中国古典小说、笔记和时髦的林琴南的译著小说乃至报纸,较早地得以稍通文理,略知新知识与新思潮。

民国二年(1913),她随祖父返回岭下苏村。同年,又随父母暂居安庆,进入安庆培媛女学读书。仅读了一学期,便随母亲返回岭下苏村。次年春,省立第一女子师范学校复学,她以"苏小梅"名报考,成为省立第一女子师范学校的本科生,同时也是该校的高才生,小有名气的才女。毕业后,被聘为省立第一女子师范学校附属小学教师,不久又兼任省立第一女子师范学校预科的国文教员。民国八年(1919),她以"苏梅"之名进入北京高等女子师范本科学习。

在北京,适逢五四运动发生不久,受新文化思潮的影响,加之受教于胡适之、李大钊、周作人、陈衡哲等知名教授、学者,很快抛弃"之乎者也",学起白话文,研究《红楼梦》《水浒传》。还拼命地阅读各种西洋名著,模仿叶圣陶,在《益世报》上发表文章，开始显露文学才华。发表于《晨报》副刊、《时事新报》副刊、《益世报》特刊等处的文章，以"渊雅清逸、名满一时"，成为当时北京高等女子师范最擅文学的"四大金刚"之一，"安徽才女苏梅"之名在京盛传。

民国十年(1921)，她在父亲的支持下到法国留学，入里昂中法大学艺术学院，学习西方文学和绘画艺术。民国十四年(1925)春夏之交，因闻母病，辍学返国回里，并遵母愿与张宝龄完婚。苏雪林的婚姻很不幸，婚事由祖父做主，从结婚，到苏雪林1949年离开大陆的25年中，她与张宝龄仅三度生活在一起，前后不及4年时间。离别后，没有子嗣，此后都没有另婚。

从法国回国后，由陈钟凡举荐，出任苏州景海女子师范学校的国文主任。又在东吴大学兼授"诗词选"，还应邀在私立振华女中教国文。在东吴大学讲授李商隐诗作时，写下了第一篇学术性论稿《李商隐与女道士恋爱事迹考证》，开始了她的学术生涯。民国十六年(1927)，开始对屈赋的研究。民国三十二年(1943)在《论文月刊》首次刊布授课稿《天问整理之初步》。为了研究屈赋，毅然抛弃工作，自费、独身再度赴法国，研读波斯、埃及、希伯来、印度、希腊的古文化，搜集各种传说、宗教故事、天文知识、历史典故、地理沿革等上古史料，用比较文化学、比较宗教学、比较神话学来研究同时代的屈赋。1952年，她到台湾省立师范学院执教。1959年开始，依托台湾"长期发展科学委员会"的支持，陆续出版《河泊与水主》《天问疏证》《离骚新诂》《离骚疏证》《九章》《远游与招魂》等一批专题，并在马来西亚、新加坡等地大学讲授屈赋。1974年退休后，集中精力，陆续整理出版了《天问正简》《楚辞新诂》《屈赋论丛》。最后在1980年汇成180万字的《屈赋新探》，独辟蹊径，探幽揭秘，使世人通过她的研究，对屈赋有了全新的认识，第一次从她的研究中见到屈赋里保存众多的古代域外文化，认识到古老的中华文化的兼容性。

苏雪林的学术研究是多方面的，出版了《唐诗概论》《辽金元文学》《1500种近代中国小说与戏剧》《文坛旧话》《中国二三十年代作家》等书。

在教学、教研的同时，她还特别关注当代文坛，并以自己的文学创作和评述，投身当代中国文学事业，成为20世纪早期中国知名的女作家。苏雪林的第一部成名作是自传体小说《棘心》。伴随《棘心》问世的，是她的第一部散文集《绿天》。这两部文学作品，在20世纪二三十年代，风靡大江南北，令无数读者倾倒，使苏雪林与当时活跃于文坛的冰心、凌叔华、冯沅君、丁玲一起，被誉为"最有成就的五大女作家"。她一生笔耕不已，从17岁开笔写作，一直写到100岁，各种作品总计不下1000万字，为中国文坛20世纪不可多得的硕果。

苏雪林自幼爱画，六七岁时就开始涂鸦，在法国里昂中法大学艺术学院专修过法国的绘画技艺。1950年，第二次赴法期间，偶尔作的几张画，竟卖上7000余法郎，一幅《九老图》，一直被保留在天主教"在俗服务团"的巴黎国际女生宿舍里。虽不以绘事为职，但她的画，师法自然，以家乡黄山的山水为师，并为此留下了《黄海壮观》《天都顶上看莲花》《掷钵庵消夏图》等画作。

出于对故土的眷恋，102岁时，她回到故乡太平。1998年5月28日，坐着轮椅，登上了阔别62年的黄山，尽情地观赏梦萦魂牵的云海、奇松、怪石，企盼105岁时再登黄山。并嘱咐身边的弟子与友人，在她百年之后，将她的骨灰送回大陆、送回故乡，安葬在生母的墓旁。1999年4月21日，苏雪林在台南逝世，享年103岁。逝世后，遵照她的遗嘱，1999年8月24日在岭下苏村举行骨灰安葬仪式。此前的8月21日，两岸学人近百人，聚集在黄山区太平国际大酒店召开海峡两岸苏雪林教授学术研讨会。

文学才子章衣萍

章衣萍(1901—1946),乳名灶辉,谱名洪熙,西关章氏二十世。中国现代著名作家、翻译家,南社和左翼作家联盟成员。

章衣萍6岁入蒙童馆读书。清光绪三十四年(1908),因父亲章志棠在休宁县潜阜开"同德仁"中药店,遂负笈前往读书。12岁,父亲开店折本,不得不辍学在店做伙计。14岁,入安徽省立第二师范学校。民国六年(1917),因与同学柯庆施等爱读《新青年》杂志,崇尚白话文,思想活跃,反对读经,毕业前被校长胡晋接以"一时谬误"勒令退学。

章衣萍的人生高起点有赖于绩溪县同乡胡适。同为绩溪人的胡适比章衣萍大9岁。1918年,章衣萍在东南大学当书记期间与胡适有书信来往,此年夏天,胡适到南京演讲,章衣萍闲暇时挤去听胡适的课。当时,胡适住在东南大学校园内的梅庵,章衣萍遂前去与胡适第一次见面。

1920年2月,章衣萍在父母的要求之下,回到老家北村,娶邻村许村的许姣娣为妻。婚后不久,章衣萍独自辗转到上海,投奔亚东图书馆老板汪孟邹。父亲托亚东图书馆汪孟邹转请胡适将其收入北京大学预科,住斗鸡坑工读互助团。

章衣萍自此离开后再没有回过北村。21岁那年,胡适不仅安排章衣萍进北京大学听课,听课之余,与胡适侄胡思永一同替胡适抄书稿,给予厚酬。这样一来,章衣萍不仅生活无忧,而且更容易接近一些著名教授,获益匪浅。胡适不仅在生活上给章衣萍以帮助,在学问上也是不遗余力。每当晚上有时间,胡适就给胡思永、章衣萍等人讲《诗经》《楚辞》,还给他们改文章。章衣萍在北京大学听课,以自修的能力用英文看书,接触了一些欧洲的思想和学术,又以"胡适秘书"的身份,与当时社会上的五四新文化健将相熟悉,如孙伏园、鲁迅、周作人等。

在北京期间,章衣萍与绩溪同乡章铁民、汪静之、胡思永等组织读书会,胡适挤出时间给他们演讲,主要有《诗经的研究》和《楚辞》等。民国十一年(1922)7月23日,章衣萍、胡思永等联名写信给胡适,建议把《努力》改造成《每周评论》一样,谈政治,谈文艺,要求政治进步。同年8月,汪静之的爱情诗集《蕙的风》经胡适介绍出版,21岁的汪静之一举成名。东南大学的胡梦华率先写文章发难,章衣萍出来为汪静之打抱不平,胡梦华又以《悲哀的青年——答章鸿熙君》阐明自己的立场。后来鲁迅也加入了这场热闹非凡的文坛纠纷,写出《反对"含泪"的批评家》一文,对胡梦华的观点逐条批驳,支持汪静之、章衣萍。

从北京大学毕业后,在北京中华教育改进社任编辑(社长是陶行知),主编《教育杂志》。民国十三年(1924)11月,与鲁迅、周作人等朋友发起创办《语丝》周刊,并成为《语丝》的经常撰稿人。民国十四年(1925)章衣萍的成名作《桃色的衣裳》问世,这是由吴曙天的那件粉红色的衣裳而激发灵感写成的,很有韵味。据说在东南大学期间,章衣萍就结识"翼城才女"吴曙天。吴曙天,原名吴冕藻,1903年出生于山西省翼城县,祖父曾任甘肃道尹。吴曙天不愿意依从父母婚配而逃婚到南京求学。

多年未回乡的章衣萍,在父亲的调停下于民国十四年(1925)与许姣娣离婚。民国十六年(1927)夏,与吴曙天正式结婚。同年,至上海大东书局任总编辑,吴曙天也一同到大东书局任编辑,并成为南社和左翼作家联盟成员。次年任暨南大学校长秘书兼文学系教授,讲授国学概论和修辞学,同时任上海新世纪函授学社社长,参与鲁迅组织的普罗文学作家联盟。

这段时间,章衣萍写新诗,弄翻译,写评论,做古籍点校,几乎是全方位出击,成为一个多产作家。短篇小说集《情书一束》民国十四年(1925)6月由北新书局初版,至民国十九年(1930)3月已印10版,发行近2万册,还被译成俄文,成为当时主要畅销书之一。

他的文学成就以散文为最,出版十余种散文集,主要有《樱花集》《枕上随笔》《窗下随笔》《古庙集》《随笔三种》《衣萍书信》《我的儿时日记》等。章衣萍的散文大抵是议论人生,探索学识,抒情且富含哲理的韵味,如诗人的低吟,似情人的絮语,像亲切的谈心。他嘲笑那些现代诗人只做诗而不思诗,只写糊涂诗而不写明白诗。在《浪漫的与写实的》一文中把徐志摩、余小沅、梁实秋诸君都调侃了一番。

民国二十五年(1936)春,章衣萍由沪入川,任省政府咨议,旋转任军校教官等职。是年,与出版家邵洵美创刊《论语》(半月刊),著有《柳眉君情书选》《给小萍的二十封信》《秋风集》(散文集),译有《苦儿努力记》(法国莫泊桑著),点校《珂雪斋近集》(明袁中道著)。民国二十五年(1936)版《中国新文学大系》列全国作家124名,其中绩溪有胡适、汪静之、胡思永和章衣萍4人。民国二十六年(1937)出版旧体诗词集《磨刀集》。同年出版《孙中山先生》(传记),与陈若水合译《未来世界》(威尔士·拉文全著)。民国二十九年(1940)著《我的祖国》。

抗日战争前夕,章衣萍到四川成都工作,担任成都大学教授,兼任四川成都军界邓锡侯军长秘书等职。抗日战争初期,吴曙天和养女张小萍也到成都。民国三十一年(1942)仅39岁的吴曙天病逝于成都。两人并未生育子女。两年后,继娶伍廷芳之女伍玉仙(四川大学教授)为妻,并开设书店。这是章衣萍的第三次婚姻。民国三十五年(1946)3月,章衣萍因脑出血逝于成都,年仅47岁,可谓英年早逝。次年《衣萍文存》散文集由天下书店出版发行。伍玉仙携子章念天去香港定居。

章衣萍文思敏捷,著作颇丰,是五四运动后期新文坛小有名气的作家。他的作品真实,毫无做作,是他自己思想经历与当时社会现状的再现。出版短篇小说集、散文集、诗集、学术著作、少儿读物、译作和古籍整理等50多部,数百万字,并有同名漫画出版。其中少儿读物《中国名人故事》中的《王安石》《郑和》《关云长》《杜甫》《岳飞》《包拯》《朱子》《管仲》《孔子》《诸葛亮》《苏东坡》等更是一版再版,成为民国小学的经典课外读物。2014年,中国书籍出版社编辑出版《中国文学馆·大师经典》《章衣萍精品选》,对章衣萍的评价是"章衣萍作品大多是质朴简练而生动的短章,或追忆故乡的往事,或叙说凡人哀乐,往往在平常文字中体现出高贵雅致的格调,堪称大师经典"。

农学教授曹诚英

曹诚英(1902—1973),乳名丽娟,字佩声。绩溪旺川人。遗传育种学教授,中国农学界第一位留美女教授,九三学社社员,第一届至第六届(1955—1965年)沈阳市政协委员。

曹诚英出身于旺川徽商之家,出生后即被寄养在宅坦一户农家,5岁时才回自己家读私塾,后又被大哥曹诚克接到汉口,在家塾学习传统文化。民国七年(1918),16岁的曹诚英遵母命与指腹为婚的宅坦富家子弟胡冠英成亲。后因胡冠英纳妾,曹诚英不能接受,婚姻告破,未再婚。民国九年(1920)经奋力抗争得以到杭州就读于浙江女子师范学校。民国十四年(1925)考入东南大学农艺系学习,民国二十年(1931)毕业留校任教。民国二十三年(1934)入美国康奈尔大学农学院主修遗传育种,民国二十六年(1937)获硕士学位回国。先后在安徽大学农学院、四川大学农学院、重庆白沙大学先修班任教,民国三十一年(1942),进入复旦大学农学院,受聘为教授,一直从事教学工作。1952年,沈阳农学院重新组建,曹诚英自愿随复旦大学农学院迁往沈阳,是沈阳农学院创办之初的17位教授之一。曹诚英在沈阳农学院工作生活了17年,1958年因病主动申请提前退休。1969年,回故乡绩溪。1973年,因肺癌在上海逝世,归葬旺川。

曹诚英1937年留美学成回国,正值全面抗日战争爆发,遍地硝烟,她就职的安徽大学农学院内迁。随后她一直生活在奔波、动荡之中,又重病缠身,生活凄凉悲苦。这致使她一度很颓废,甚至想出家、自杀。在哥哥的劝导和帮助下,在身边朋友的关心、爱护下,才顽强地活了下来,境况渐渐改善。

中华人民共和国成立后,曹诚英得到组织的关心,获得了很大的慰藉。到沈阳农学院后,她讲授的"遗传育种学"被"米丘林遗传学"和"达尔文进化主义选种及良种繁育"取代,她主动提出改教"作物栽培学"。她曾是一位棉花专家,到沈阳后,放弃了原来的研究,转向马铃薯。她说"东北的自然条件正适合于马铃薯的栽培"。当时马铃薯退化问题严重制约了生产的发展,世界上许多科学家着手研究这一问题。曹诚英主持了当时农学系的十项科研项目之一——"马铃薯正方丛播"试验,进行马铃薯品种选育和栽培技术研究。作为北方马铃薯品种选育及栽培技术研究推广的主持人,她在马铃薯细胞遗传的研究和改进工作中取得卓越成绩,培育出了为东北地区广泛种植的高产马铃薯品种。1954年,试验地的正方丛播马铃薯取得了成功,这项试验使马铃薯亩产达到了2163千克,而当时马铃薯平均亩产仅为605千克。马铃薯选种、栽培研究取得了公认的成果,为东北马铃薯生产示范提供了先进的品种、栽培技术和方法。曹诚英开设的这门课程也成为沈阳农学院农学、园艺、植保、土化等各个专业学生作物栽培学生产实习的一门专业补充课。

曹诚英是一位遗传学教授。这个学科发展在20世纪50年代曾有一段异样的坎坷——苏联的农学家李森科自创的伪科学借助政治权势,压制和排斥不同学术观点的其他学派,给生物学科特别是遗传学科带来了灾难。在我国初期学习苏联的背景下,西方的孟德尔-摩尔根学说和苏联的李森科学说两个学派的斗争也使得中国的遗传学教学和科研进入了一个非常时期。曹诚英在这个所谓的学派辩争中,是农学院教授中第一个公开站出来批判李森科学说的。由沉默对抗到大胆争鸣,再到创办遗传学会她功不可没。

曹诚英的大智慧还表现在她抓得住当时国家发展的主要矛盾。她说:"就国家建设来说,为了要把一个科学落后的农业国在短期内改变成一个科学发达的工业国,首先就要培养大量的科学建设人才。而旧中国留给我们的师资是如此的贫乏,因此扩大师资队伍便是先决条件。"曹诚英一贯重视对青年教师的培养,十分关心、爱护他们。

曹诚英在沈阳农学院认真教学,关爱学子,她也受到学校的照顾,领导的关怀和学生的爱戴,尽管时有病痛,仍经常能看到她脸上挂着由衷的微笑。

曹诚英自幼"偏爱文学,尤爱诗词、小说",在浙江女子师范学校读书期间即参加了汪静之等人组织的"晨光社""明天社"等文学团体。后潜心学农,专业之余,仍不废吟咏,一生未辍。她一生写下了大量诗词,可惜大多散佚,现搜集到的仅50余首。曹诚英这样说过:"本人的历史是一本灾难史、痛苦史,受尽精神痛苦和疾病的折磨,是旧社会的牺牲样板之一。"曹诚英的苦难经历和不幸遭遇在她诗词中得到了充分的反映。曹诚英观察生活细心,词作的语言清新,不用典故;词语组织灵活,显得自然生动;感情细腻,词句柔美,属婉约之作,更有着女性特有的风格。曹诚英的诗词没有丝毫的无病呻吟,无一字不是真情的流涌,多是有境界的佳作。

曹诚英一生热爱家乡,关爱乡亲。1969年,她听说家乡发洪水,便汇款1800元,支援乡亲抗洪救灾。不久她回故乡居住,了解到村民加工粮食有困难,她就拿出千元退休金,为村里买了一台碾米机。1971年,山洪暴发,冲毁了上庄杨林桥桥墩,曹诚英为修复杨林桥捐款千元。她自己省吃俭用,把节约的钱全部捐赠给了家乡。

曹诚英把一生献给了农学的研究和教学事业,她是中国较早的作物遗传育种专家,为我国遗传育种学的科研与教学作出了卓越的贡献,为我们留下了不少宝贵的精神财富。

曹诚英在大哥曹诚克的帮助下到杭州读书,从此走上了自立自由之路。从绩溪大山中走出去的曹诚英虽为女性,但性格较为倔强,她本来是想做个小学老师,后来却改变了初衷,正如她所说:"仰面求人,不如低头拜土。""半生勤苦学,温饱为苍生。"一个纤弱女子,大胆地改学农科,而且坚持一生,在20世纪二三十年代确实是奇迹。曹诚英一生都在与自己的情感和疾病抗争。她是一个受五四运动影响的新的知识女性,却生活在一个封建传统浓厚的环境中,各种矛盾纵横交错,注定了一生命运艰难。在动荡和多事的年代,她说"穷和病像两只豺狼一样,向我张开贪婪的血口"。曹诚英的大哥曹诚克说她是一个"富贵不能淫,贫贱不能移,威武不能屈,道德不能感,舆论不能裁,人情不能透的怪物"。曹诚英有着刚毅的反抗精神,又有"仁恕"的思想,既侠义奔放,又海涵情长。她是一位平凡而伟大的才女,是一位徽州的奇女子。她多侧面、多角度、多色彩的传奇人生,对事业的追求,对爱情的渴望,对亲情的依恋,对友情的珍惜,都给她的同事、老师、朋友、学生、乡亲留下了深刻的印象,让他们久久怀念。

"湖畔诗人"汪静之

汪静之(1902—1996),名立安。绩溪县余川村人。著名作家、诗人。

汪静之因是独子,在家很受宠。清光绪三十四年(1908)7岁在家乡入私塾,开始学写旧体诗。14岁家里让他到武汉茶叶店里学做生意,但他不愿意,父母只好让他回家。民国八年(1919)春入读屯溪茶务学校,这时候新文化运动风起云涌,他深受新思潮的影响,如饥似渴地阅读《新青年》《新潮》等刊物。对这些刊物上发表的鲁迅、胡适等人的新诗特别感兴趣,受新思想的影响,他开始学写新诗。民国八年(1919)至九年(1920),他创作了近30首新诗,还将部分诗作寄给倡导新诗的胡适,受到胡适的赞扬和鼓励。民国九年(1920)考入浙江省第一师范学校,由于深受五四运动新思潮的影响,民国十年(1921)十月与柔石、魏金枝、潘漠华发起成立文学社,以汪静之的新作《晨光》为社名,邀请叶圣陶、朱自清、刘延陵为顾问,有本校及邻校20多位同学参加。

民国十一年(1922)四月,与潘漠华、应修人、冯雪峰等人成立了我国现代文学史上最早的新诗团体——湖畔诗社,五月出版诗集《湖畔》。同年八月,诗集《蕙的风》由上海亚东图书馆出版。《蕙的风》的出版,让他的"湖畔诗人"之名一夜之间风靡大江南北。胡适在《蕙的风·序言》中,将康白情和俞平伯划归为新文化运动中第一代少年诗人,第二代的代表人物就是汪静之这批"湖畔诗人"。在胡适的心目中,汪静之是"这些少年诗人之中最有希望的一个"。

民国十一年(1922)8月,诗集《蕙的风》出版后,短期内加印4次,销量2万余册,仅次于郭沫若的诗集《女神》。在新文化运动那么多风云人物中,汪静之成名时年龄最小,盛名来得最不可思议。也可以说胡适为《蕙的风》写的这篇序言,奠定了汪静之在现代诗歌史上的地位。《蕙的风》是一本情诗集,内容对于当时的封建礼教具有很大冲击力,在全国掀起巨大反响,在我国文艺界引发了一场"文艺与道德"的论战。朱自清认为《蕙的风》是"向旧社会道德投下了一颗猛烈无比的炸弹"。

民国十二年(1923),因父母店铺亏本破产,不能供他继续读书,民国十三年(1924)起,他辗转多地主要以教书谋生。先后任武昌旅鄂湖南中学、保定育德中学、芜湖安徽第二农业学校国文教师,在武昌北伐军总司令部政治部宣传科编纂《革命军日报》《劳工月刊》刊物,暨南大学中文系教授、上海建设大学教授、安徽大学教授,青岛中学、上海浦东中学语文教师,商务印书馆特约编辑,国民党中央军校广州分校国文教官。

在文学研究方面,汪静之也颇有建树,民国十六年(1927)出版《诗歌的原理》和《李杜研究》。《诗歌的原理》从诗歌创作的基本原理着手,在说明诗歌的特征中,强调诗歌的情感、想象、思想与形式,对当时诗歌理论的探讨作出了贡献。《李杜研究》立足于两位诗人的人生遭际,论析他们的思想与艺术风格,对两位诗人的个性分析的深入,使这部著作达到较高的学术水平。民国二十五年(1936)出版《作家的条件》,朱自清在序言中说:"你以作家为主,来贯串那些散碎的材料,确是推陈出新,别开生面。"

民国三十六年(1947)起任复旦大学中文系教授。1952年调入人民文学出版社古典文学编辑部任编辑,1955年调入中国作协成为专业作家,1965年回杭州,1975年退休。1981年湖畔诗社恢复活动,汪静之担任社长。1992年,经汪静之多方努力,湖畔诗社纪念馆在杭州西湖畔开馆。汪静之亲自布置展室,撰写解说词。

汪静之被誉为中国现代情诗的拓荒者。他写爱情诗并不是偶然的。他有一个指腹为婚的未婚妻曹初菊,比他小半岁,12岁时病故。未婚妻的小姑母叫曹诚英,比他大半岁。曹诚英也是指腹为婚,她的婚配对象是邻村的胡冠英。曹诚英嫁给了胡冠英不久,就到杭州女子师范学校读书。胡冠英也随即来到杭州,就读于杭州第一师范学校。可是曹诚英对胡冠英根本没有一点感情,两人最终以离婚收场。汪静之爱慕曹诚英,在曹诚英离婚后,曾写过一首表达自己爱意的诗赠给曹诚英。曹诚英看了诗,对汪静之说:"你发疯了?我是你的长辈,你还叫我'小姑姑'哩!你怎么可以写这种诗给我?还给你!"其实,此时曹诚英心目中的情人是胡适,当然看不上汪静之。虽然曹诚英没有接受汪静之的爱意,但与汪静之一直以非常要好的朋友相处,并为汪静之介绍女朋友。

民国二十一年(1932),汪静之写了1000首新体格律诗,记录自己与曹诚英、符竹因等六位姑娘的感情波澜或恋爱经过,编成一本诗集,题名为《六美缘》,一直没有发表。随着抗日战争和解放战争的爆发,汪静之将诗稿带到杭州,后来又辗转带到故乡绩溪。他怕这些作品湮没,1980年3月,与爱妻符竹因一起立下遗嘱:我们两人死后,尸灰合并,分撒于孤山每一棵梅树根部,作为肥料,臭腐化神奇。箱底珍藏《六美缘》诗稿,儿孙务必妥善保管,可能出版的时候一定要出版。让汪静之欣慰的是,1994年北京十月文艺出版社将《六美缘》纳入出版计划。汪静之不顾92岁的高龄,日夜伏案挥毫,删掉400首,以加工整理过的600首付梓。

汪静之主要作品,诗歌有《蕙的风》《寂寞的国》《诗廿一首》《六美缘》,小说有《耶苏的吩咐》《翠英及其夫的故事》《鬻命》《人肉》《父与女》,文艺理论有《作家的条件》《诗歌原理》《李杜研究》,还选编了《爱国诗选》《爱国文选》等。黄源认为:从五四时期发起成立湖畔诗社,到20世纪80年代重新恢复湖畔诗社,建立湖畔诗社纪念馆,汪静之的一生都在搞先进文化,为先进文化服务。贺敬之评价汪静之是我国新诗发展史上的先行者,为中国新诗和新文学的发展作出了重要贡献。

文化战线猛将张曙

张　曙

张曙(1908—1938),原名恩袭,字绍裘,乳名五喜。歙县柔川村人。

歙县坑口一带有逢年过节唱戏的习惯,柔川的邻村就有民间艺人张树滋主持的徽戏班子"唱灯班"。张曙出身于商人家庭,五六岁时就表现出对民间音乐的强烈兴趣和特殊天赋。张树滋乃破例吸收这个小演员,指导他学习工尺谱和二胡、三弦、笛子等民族乐器。张曙学习很用功,即便是后来进了私塾读书,也没有放弃日常的音乐基本功练习,因而他习艺进步很快,8岁已能登台操琴伴奏。

张曙父亲张瑞祥虽在浙江衢州做的生意不算大,但对培养儿子很上心。民国十一年(1922)2月,他将15岁的张曙带到他的经商地,进入衢州第一高等小学二年级插班读书,接受近代新式教育。民国十三年(1924)9月,张曙考入浙江省立第八中学(今衢州第一中学前身)。当时的浙江省立第八中学聚集了不少思想进步的青年教师,校风进步开明、师生思想活跃,这对张曙后来选择救国、献身民族解放事业的道路产生极为深刻的影响。在校期间,张曙和几位师生组织了"国声社",演出传统昆曲及自编的进步剧目,开展义演募捐。民国十五年(1926),在纪念"五卅惨案"一周年之际,张曙撰文《民国十五年五月三十日书感》,表明他的爱国主义思想日趋成熟。

民国十六年(1927),张曙考入上海艺术大学音乐系。但是,这所私立艺术类学校因管理问题,校务难以维持,于次年1月宣告停办。尽管该校外国文学教授田汉随后另组建南国艺术学院,但也只是勉强维持了4个月。也就是这段时间,张曙在田汉介绍下,参加"南国社"的演出,开始走入进步戏剧等社会艺术领域。

民国十七年(1928),张曙考入国立音乐学院师范科,主修声乐,兼学钢琴、大提琴,并师从黄自学作曲,向朱德英学二胡,接受系统的音乐教育。同时开始了他的音乐创作——昆曲音调的小型歌剧《王昭君》,为田汉写的话剧《南归》《火之舞蹈》《苏州夜话》等谱写插曲。

在大学学习期间,张曙积极参与田汉创建的南国社的社会演出。民国十八年(1929)1月,南国社赴南京公演。为保证演出效果,张曙不仅为《南归》编曲,还特地请国立音乐学院同学冼星海来乐队帮忙拉小提琴。演出取得巨大成功,有论者称:一剧《南归》,倾倒南京。就连晓庄师范学校校长陶行知也亲自写信热情邀请南国社到晓庄演出:"自从诸先生来到首都,城里民众唤不醒,乡下民众睡不着。……欢迎诸先生下乡现身说法,以慰渴望。"可见南国社话剧演出的社会影响之巨大。

此一时期,张曙还遭受两次牢狱之灾。民国十七年(1928),他莫名其妙地被当作"谋杀蒋介石案"嫌疑犯而入狱月余,因田汉斡旋而出狱。第二次是因其为"南国社"主要成员且又参加"自由运动大同盟"活动,于民国二十年(1931)春在街上遭国民党特务逮捕,关押进龙华淞沪警备司令部,曾与柔石、殷夫、胡也频等24烈士同监。判刑后,押解漕河泾监狱关押,次年底才经田汉设法营救出狱。出狱后,张曙加入上海早期进步音乐组织——"苏联之友社"音乐组。又与聂耳、吕骥、任光等一道,成立中国新兴音乐研究会,专门从事革命群众歌曲的创研活动。《欢迎巴比塞歌》可能是他的第一首群众歌曲,以后相继创作了《在绿星旗下》(世界语会会歌)、《干!干!干!》(刘半农词)等歌曲。民国二十二年(1933),经田汉介绍,张曙加入了中国共产党,并开始使用田汉为他起的"张曙"一名。

民国二十三年(1934)5月,张曙应邀到长沙明德中学任音乐教员。他在教学之余,倡议一些中小学音乐教师组织"紫东艺社",在公园等地开展群众性歌咏活动。之后两年,张曙主要在南京参加中国舞台协会组织的话剧演出,也由此进入了自己的创作高产期。仅在民国二十四年(1935),就为田汉的话剧《洪水》谱写了多首插曲,并创作了《救灾歌》《农夫苦》《车夫曲》等歌曲。

卢沟桥事变后,中国人民投入如火如荼的抗日斗争中。田汉创作了四幕话剧《卢沟桥》,由张曙编曲。在插曲之一《卢沟问答》中,张曙独辟蹊径,选用民间小戏《小放牛》曲牌改编,借用村姑问路、牧童考问、两人对歌对舞的表演形式,对唱卢沟桥的由来,最终道出主题"自相残杀万年还遗恨""只有抗战救国千古美名扬"。张曙又创作了抗战歌曲《保卫国土》,采用八度大跳喊出战斗呼号:"同胞们起来,保卫国土!"再采用切分节奏,通过模进及同音重复,将音乐主题变化发展,最终发出疾呼:"要生存只有斗争!"歌曲有力,听众无不为之感染。

民国二十六年(1937)12月,张曙在武汉参与田汉新作《最后的胜利》的排演。张曙编曲时,采用山歌音调写下插曲《日落西山》。由于风格清新、曲调优美,很快风行全国,成为一支著名的抗战抒情歌曲。次年初,张曙应郭沫若之邀,与冼星海共同参加了国民政府军事委员会政治部第三厅文艺宣传处的工作,领导歌咏团体在武汉三镇开展群众歌咏活动。在武汉的10个月,是他音乐创作的黄金阶段。他一生中大部分音乐佳作都是在这段时间创作出来的。《保卫祖国》《战鼓在敲》《抗战进行曲》《壮丁上前线》《丈夫去当兵》等歌曲,深刻地表现了中华民族宁折不弯的坚强意志,给人以一种不可战胜的精神力量。9月,因前线形势日渐紧张,张曙随第三厅南撤,12月16日到达桂林,却不料在24日日寇飞机的猛烈轰炸中,他和大女儿张达真不幸遇难。

张曙的遇难,震动整个文艺界。郭沫若亲自来桂林主持其追悼大会。1940年9月3日,郭沫若、田汉、老舍等50余人发起,在重庆电影制片厂举行"纪念张曙同志逝世两周年追悼大会",周恩来参加大会,并在讲话中对张曙给予极高评价:"张曙先生之可贵,在于和聂耳同为文化战线上的两名猛将。"郭沫若在挽诗中亦称颂他"九歌传四海,一死足千秋"。

国画大师江兆申

江兆申(1925—1996),字椒原、茮原、茮公,号揭涉园丁,祖父江国模为国学生,勤读书,擅绘事,志在有以树立,不愿久袭世荫,自食其力,于是由歙县梅口迁居岩镇(今属安徽省黄山市徽州区)下街,蓑笠力稼薄田30亩,树漆脯枣,养鱼豢羊,又开商铺江亦农号。生于民国十四年(1925)八月二十六日岩镇下街,1996年5月12日于沈阳鲁迅美术学院讲学,因突发心肌梗死而病逝。其诗书画印俱擅,尤精于画,秀而能厚,以"迥出天机,笔意纵横"享誉画坛。自刻书画印"安徽歙县人""歙州江氏""黄山麓""岩寺"。

民国二十年(1931)冬,随父江吉昌学篆刻,由汉入手,中锋进刀。民国二十一年(1932),从三舅父方国伟(字叔甫)学画。冬天,随父营商旅居上海。民国二十二年(1933),为人书扇及联,颇受老辈赞誉。随四舅父方国修(字雪江)拜谒黄宾虹,得其面授。民国二十三年(1934)返里,偶为人治印,少年老成,受邓散木等前辈称赏。民国二十四年(1935),从凤山小学辍学鬻印贴补家用,为鲍月帆钞金石款识。民国二十六年(1937),为歙县末代翰林许承尧补《杜甫草堂诗集》,许氏赠诗"亭亭擢奇秀,十三工作书。腕力渐劲健,篆刻亦已劬。古来干霄才,皆自尺寸始。愿汝学有成,博汝父母喜"。民国三十年(1941),偶作诗,鲍家骏(字倬云)见而喜录为诗弟子。民国三十六年(1947)二月二十四日,任监察院浙江监察区监察使署科员,八级,月俸100元。民国三十七年(1948)五月二十三日,与章桂娜订婚,并合影于杭州慧光照相馆。民国三十八年(1949)春,调任监察院上海浙闽监察使署,娶章桂娜。五月,任基隆一中国文教员,偕妻定居台湾。读陆游《剑南诗钞》,作诗渐多。1950年冬,溥儒(字心畬)称其书"求之今世,真如星凤",赞其诗"取径至高,择言至雅"。江兆申拜谒溥儒于台北,从其学画,技艺大进。1957年,执教宜兰头城中学。1959年,执教台北成功中学。1965年5月,在台北中山堂举办第一次个人画展,展出书画60件、印拓6册,悉被订购,一时洛阳纸贵。9月,因陈雪屏、叶公超举荐而为台北故宫博物院书画处副研究员。1968年7月,作《花莲纪游册》。1969年7月,升任台北故宫博物院书画处研究员。8月,应美国密歇根大学邀请,前往讲学一年,完成16世纪苏州地区画家活动情形研究卡片3000张,正本存密歇根大学数据室,复制副本携归。归台后,补充研究卡片800张。1970年9月25日,在台北故宫博物院举办旅美作品展,展陈诗、书、画约60件。1972年9月,升任台北故宫博物院书画处处长。1973年5月,主持台北故宫博物院珍藏在韩国汉城展出两周。1975年5月,应日本产经新闻社邀请,书海社协赞,在东京银座中央美术馆举办江兆申、曾绍杰书画篆刻展,并印行《江兆申诗文书画篆刻选目录》。1976年1月,应美国密歇根大学艺术史系邀请参加文徵明书画研讨会并发表论文。1977年,兼代副院长。1978年8月,获韩国庆熙大学文学荣誉博士学位。11月,正式升任副院长。1980年5月,应韩国亚东日报社之邀在汉城(今首尔市)世宗会馆举办江兆申画伯特别展。1985年5月,参加美国纽约大都会博物馆举办的中国诗书画之间关系主题国际研讨会,并发表《从唐寅的际遇来看他的诗书画》。会后经斯德哥尔摩、巴黎、伦敦、罗马、新德里各大博物馆提件观赏。1988年5月9日至14日,应日本顶尖古玩店壶中居(位于日本东京中央区日本桥)之邀举办近作展。1990年12月,在台北历史博物馆举办个展,展出书画精品62件100余张。

1991年9月,从台北故宫博物院退职,卜居南投县埔里鲤鱼潭揭涉园,创作益勤。1992年5月,《江兆申戊辰山水》册被英国大不列颠博物馆东方文物馆出资购藏。1993年8月,在北京中国美术馆举办画展,展出佳作50件。9月,在黄山市博物馆举办画展。首返岩镇,篆书"凤山",瞻拜祖坟,初游黄山。捐人民币10万元为徽州艺术奖励基金,后多次来大陆进行学术交流。1994年1月,在香港艺术中心举办书画展。5月中旬,手书擘窠大字"卧石披云"刻成于黄山风景区天海至西海途中,江兆申与妻章桂娜应邀前往游览。6月,在新加坡文物馆举办书画展。11月,翻建岩镇祖宅怀永堂,取祖父江国模(字心如)、父江吉昌(字岫庵)字之首名此宅为心岫山居,并题石镶墙以传永久。

以清人之笔墨，运宋人之丘壑，而泽以时代之精神气韵。长期从事中国绘画史研究，精通美术史论及书画鉴定，从画家构图意念看中国山水画旧有进展。应邀赴美国、加拿大、日本、韩国、意大利等国家讲学，名扬海外。

大印朴实雄健，富有刚强之貌。小印娟秀可爱，极具娉婷之姿。其名章有"江兆申""江兆申印""兆申之印""兆申清寄""江兆申字椒原""兆申椒原""椒原意造""椒原画记""椒原私记""椒原题记""椒园染翰""椒园翰墨""椒原钵""椒原信钵""椒原近况""椒公幻驻""老椒行一""椒原""江押""埔里""灵沤""灵沤馆""灵沤馆印""揭涉园""揭涉园丁""双菩提龛""双菩提树庵"等，其闲章有"无法""无忧""好梦""染于苍""无声之诗""大方无禺""直心颂事""快然自足""聊以自娱""仓头异军""人谓之桴""目送归鸿""带月荷锄""物外真游""略无丘壑""日利千万""质有趋灵""门外沧浪""折芳馨兮""即事多所欣""犹有蓬之心""行经处了无痕""万人如海一身藏""一琴一砚成双宋""欹枕时惊落蠹鱼""墨池飞出北溟鱼""追逐世好称书工""灵衣镜里紫鲛绡""系臂琅玕琥珀龙""老松阅世卧云壑""心游目想移晷忘倦""我于维也歛衽无间言""孤光自照肝胆皆冰雪"等。

著有《文徵明年谱》《文徵明与苏州画坛》《关于唐寅的研究》《双溪读画随笔》《江兆申作品集》《灵沤馆印辑存》等，另有《灵沤馆手抄书》《江兆申唐诗书画合册》各两种，辑有《宋画精华》《元赵孟頫墨迹》《元人墨迹集册》《明人墨迹集册》《董其昌墨迹》《文徵明墨迹》《文徵明画系年》《江兆申诗文书画篆刻选目录》等，合编《林柏寿先生藏兰千山馆书画目录》。

第六编

武术杂艺

徽州名人传

南宋武状元程鸣凤

程鸣凤(1225—?),字朝阳,号梧冈,祁门北乡善和人(今祁山镇六都村)。少时聪颖,学习勤奋,博学多闻,饱读经史,习练书画。他不仅文才出众,还刻苦习武,一面拜名师学武艺,一面熟读历代兵书,经常推演阵法,曾对人说:"人生在世,欲有所作为,应文武兼备。文可治理国家,武可安邦定国,缺一不可。"就这样,他既拥有广博的学识,又练就了一身好武艺,成为远近闻名的能文能武人物。

南宋淳祐六年(1246),程鸣凤参加乡试,顺利考中武举。宝祐元年(1253),赴临安(今浙江省杭州市)参加武选会试和殿试。据《宋史·选举志》记载,当时武选考试科目,武有步射、马射、马上武艺,文有孙、吴兵法,还要考校时务边防策令等,"先阅其骑射而试之,以策为去留,弓马为高下"。也就是必须骑射武艺与策略俱佳、文武双全才行。而程鸣凤在武试中,马上马下,转换自如,弯弓搭箭,箭无虚发;在文试时,经义与策论挥毫而成,洋洋洒洒,妙笔生花。武压众举,文冠群芳,一举夺得头名武状元。当时的徽州知府魏克愚曾特地在祁门县城为其竖起一座状元牌坊,可惜这座牌坊于明代倾圮。

高中状元后,程鸣凤被授职秉义郎,并授殿前司同正将。宝祐三年(1255)和六年(1258),又以经学两次参加漕举,均名列前茅,被授阁门宣赞舍人。以武举出身而经学亦佳,足见其文武兼备,时人将其与歙县文进士程元凤合称为"程氏二凤"。

程鸣凤品行端正,为人刚直,忧国爱民。步入仕途时,正值南宋朝廷偏安一隅,积贫积弱,人民生活困苦,心中极为忧虑,他在向朝廷陈述时策时,绝不回避矛盾以迎合权贵,而是指陈时弊,并提出许多应对之策。三年后,他被调外任,出任广南东路德庆府(今广东省德庆县)知府。赴任前夕,那里正发生叛乱,动荡不堪,甚至有朝廷命官被杀,因此朋友都劝他暂避一下,延缓上任。程鸣凤听罢,认真地说:"方天下多事之秋,正臣子奋志之日,仗马木鹰,吾不忍为也!"他认为国家现在处于内忧外患之际,作为朝廷命官不能如同木偶一般无所作为,而应该义不容辞地挺身而出,为民除害,造福一方。他毅然整理行装,火速赶去赴任,一到职他就详细探明情况,与部下商议妙计,果断采取措施,出奇掩击,一举擒斩魁首,平定了叛乱,恢复好当地秩序,得到了当地士民的交口称颂。

此后,程鸣凤因耿直的性格而受到当权者排斥,一直不被重用,其救国救民的政治抱负无法实现,便萌生去意,以代管建昌军都观辞职。回归故里祁门六都,筑室隐居,自题匾曰"盘隐",以示自己要将余生寄于山水,终老于此,不再过问凡尘世事。但不久之后,朝廷又令其任广东南雄知州,他上表辞谢,皇帝好言抚慰,奖谕再三。无奈之下,只得就任,以朝辞之机进《无逸说》,试图劝告皇帝励精图治,振兴国家。在南雄知州任上,程鸣凤关心百姓疾苦,屡次上书为民请命,请求免除常赋之外的"折银钱",以减轻百姓负担,深受百姓爱戴,政声斐然。然而这次复出,值奸臣贾似道当宰相,程鸣凤满腔报国之志与一身超群武艺依然无法施展,眼见蒙古军队围襄阳、围合州,节节进逼,而当权者却不顾百姓死活,依旧过着荒淫无耻、醉生梦死的生活,国家大局越发不可收拾。三年后,失望至极的程鸣凤又一次愤而辞职归里,在六都村旁的梧冈山上筑了一个书院,取名为"梧冈书院",每日在其中写诗作画,悉心教授村中子弟,直至卒于家中。

程鸣凤不仅武功盖世,在经史学、诗词方面均颇有造诣,亦工书画,尤精草书。著有《读史发微》三十卷及《盘隐》《梧冈》诗文两集。惜均不存。唯有诗作四首留存下来,让今人可以从中欣赏到这位武状元不俗的文采,明永乐《祁阊志》载有其《和方岳题龙兴观韵》七绝诗云:"懒读人间壁上诗,自循松径弄春扉。仙人恍惚不招我,竟欲乘风举袖飞。"意趣超然,表达了自己因壮志难酬而欲隐逸避世的想法。《中华诗词·全宋诗》还辑录其写的《晦庵亭》《明妃》《杨历岩》三首诗,其中《明妃》七律诗云:"汉宫粉黛应无数,明妃却向毡城路。自怜倾国不用金,翻被一生颜色误。世间哪有真妍媸,明妃马上休伤悲。不信但看奇男子,多少尘埋未见知。"借古喻今,用王昭君空负绝代容颜却不为君王所知而远赴塞外和亲的典故,抒发了自己怀才不遇、报国无门的愤懑与无奈之情,读后让人唏嘘不已。

琵琶国手查鼐

查鼐,生卒年不详,活动于明正德、嘉靖年间,字廷和,休宁县城北门人。相传母亲刘氏梦见一只灵龟进入卧室而怀孕,生他的时候,恰逢祖父八十大寿,大喜,命名"八十",人称"查八十"。

其祖父经商起家,父亲继承祖业从商。查鼐成年后,也随着父亲、哥哥一块经商,行走江湖。少年时代个性极强,做事必求比别人强。一次在常州妓楼喝酒,命妓弹奏琵琶陪客佐酒。明末妓女颇具才情,琴棋书画样样精通,看重才子,对商人很是鄙视。一妓怀抱琵琶出场以后,见是一帮商贾,觉得很是没趣,目视查鼐,久久没有弹奏。查鼐大怒,将酒洒于地上,对妓说:弹奏琵琶没有什么稀奇,我以后一定会成为琵琶弹奏大师,否则就像这杯酒一样。

之后,他拜乐师张老六和谢彦明为师,尽得两人琵琶弹奏技法。当时,弹奏琵琶最有名的是寿州钟山,张老六和谢彦明的琵琶弹奏技艺均在钟山之下,查鼐想拜钟山为师。自称"侍生"求见钟山,钟山叫人回复说,如果是平常人来见我,称"侍生"我接受。但你查八十以琵琶弹奏技艺行走江湖,要见我必须行弟子礼,否则我是不会见你的。查鼐回答,我虽然知道你以弹奏琵琶闻名,但没有听你弹奏过,如果真像人们传说的那样神奇,我再行弟子礼也不迟。钟山于是取琵琶在照壁后弹奏一曲,曲音悠扬婉转,如高山流水,泉水叮咚,查鼐佩服之至,向前跪拜自称弟子。适逢钟山做寿,奉送千金贺寿,博得钟山好感,正式收他为徒。不久,他得到钟山的真传。早起晚睡,勤学苦练,日夜不绝音,弹奏技艺飞速提高。钟山感慨地说:你现在的水平远远超过了我,都可以当我的老师了!查鼐再次来到常州妓楼,弹奏琵琶,其音激越如天籁一般,客人纷纷离座鞠躬,以为乐神。原来鄙视查鼐的娼妓拜服于地,涕泣不敢仰视。

经过这件事情以后,查鼐更加自负,事事务求超过别人。当时,滑人李贵擅长技击,襄阳吴奇擅长骑射,豫章(今属江西省南昌市)孙景擅长蹴鞠,金陵(今江苏省南京市)马清擅长吹箫,苏州张大本擅长弹琴,均独步一时。查鼐都想跟他们学,并超过他们。朋友劝他说:舜帝时期的音乐天才夔也有精力不济的时候,你样样都学,恐怕也会力绌的。查鼐听了朋友的劝告,觉得有道理,便抛弃其他杂念,专心琵琶弹奏技艺,将琵琶技艺提高到神乎其技的水平。当时的诗人黄姬水描写查鼐弹奏琵琶:"据床拂袖奋逸响,叩商激羽高梁上。联线曲折抽芳绪,凄锵寒劫生孤怆。欲舒逸气更促柱,切切嘈嘈作人语。炎天洌洌满屋霜,白日飒飒半窗雨。云停雾结池波摇,木叶槭槭鸟翔舞。回飙惊电指下翻,三峡倒注黄河奔。胡沙黯黯吹落月,千山万骑夜不发。调本弦夔太苦酸,相思马上关陇寒。从来慷慨易成泣,况复秦声向客弹。"王稚登有"查翁琵琶天下闻,奇妙不数康昆仑"的赞誉。

在行商过程中,每到一地,人人都渴望与查鼐亲近,以听查鼐弹奏一曲为荣。在苏州,与名士祝允明、杨慎、王庞、唐寅、文徵明以友相交。到开封,周王派使者召查鼐进王府,查鼐对使者说:你回去告诉周王,如果把我当客人,我可以去周王府相叙做客,若只是相召,就免了。周王听了回话,以贵宾礼仪接待查鼐,两人相叙尽欢。名妓窦得意得到鄢陵王的宠幸,平时深居简出,不对外接客。但听闻查鼐大名,私下结交,弹奏歌舞,相交甚欢。查鼐交往应酬很多,花费也很大,但在与窦得意的交往过程中,窦得意不仅不让查鼐花一文钱,还常常资助查鼐银两。两人交往七年,窦得意常侍左右,对查鼐照顾得非常细致,曾对查鼐说,愿意托付终身,但查鼐以自身贫穷且有妻室加以推脱。在扬州,富商李从尧拿出巨资,想向查鼐学习弹奏琵琶。查鼐笑着说,这样一来我不是收了个富家翁弟子,成了一个卖艺的人了!婉言加以谢绝。

嘉靖中叶,查鼐已经老了。一次过金陵,家乡友人王亮卿前往探访,约定在妓馆宴请查鼐,并提出要听查鼐琵琶弹奏。查鼐说,妓楼内妓女所用的琵琶都不中用,我只要用指头一扫,四弦都会断。你既然想听我弹奏,须带上我的专用琵琶。王亮卿于是在他熟悉的杨家妓院设宴招待查鼐,杨家妓院以弹奏琵琶名扬金陵。酒过半巡,查鼐取琵琶弹奏,请一妓女占板,才弹奏到一二段,内院有位瞎妈妈最为知音,连忙派人传话,这位官人所弹琵琶与众不同,占板全错了。半曲过后,瞎妈妈被搀扶着来到前面,询问查篪的来历,查篪回答是钟山的徒弟。瞎妈妈曾与钟山相处,与查篪相持而泣,流连不忍分别。

晚年,查篪回到休宁。歙县人王寅有《过休阳访查八十不遇》诗二首:"桃李山城未落花,怀君来访听琵琶。定随年少青钱伴,何处妖姬卖酒家。""年来匹马走燕云,听尽琵琶尽让君,白发紫檀须自惜,稀教弹与世人闻。"因为没有儿子,继室多次劝他纳妾。他感叹道:天地让我获得绝妙的琵琶音乐,给我以长寿,使我有广泛的交游,还给了我崇高的声誉,对我来说已经是很眷顾的了,怎么还会让我昌兴后代呢?于是,于后嗣之事看开,每天与邻里的少年游戏,斗黄雀,种花木,安享晚年。

武术名家程冲斗

程冲斗(1561—?),字宗猷,又字伯嘉,号新都耕叟。休宁县汊口村人。出身于徽商之家,父母盼望他能继承家业,从事经营,但他胸怀大志,无意商贾之道,而是有志于疆场,到处求师习武。

程冲斗臂长额宽,身材雄健,力气惊人,但谈吐温文尔雅,给人以儒生印象。由于家资丰厚,为得真艺,凡闻名师,不远千里,挟资往而求教。祖父给他3000两银子,让他去做生意,他却携银前往河南嵩山少林寺投师学艺。

他在少林寺学艺达10年,先是拜少林洪纪为师,打基础,学习各种武技。当时,寺中武僧洪转已经80多岁,特别擅长棍法,被推为武僧之尊。于是他又拜洪转为师,专门学习少林棍法。僧人宗恕、宗岱同时在洪转的门下学习,经常与程冲斗交流切磋,使程冲斗获益很大。另一位洪转的高足广按,尽得洪转真传,对程冲斗也是特别看重,耳提面命,经常向程冲斗提示武术精要,使得程冲斗的武艺突飞猛进。

少林弟子练成浑身本事后,必须凭一身绝技打出"木人巷",才有资格下山闯江湖。因此作为少林弟子是否能够通过"木人巷"的考验,本身也是一种验证实力的过程。程冲斗艺成之后,遵守少林俗家弟子学武惯例,独力打出"木人巷"出寺。

出少林寺后,回到自己家族经商的地方六安。但他对自己在少林寺学到的功夫并不满意,又请少林异僧到六安为自己专门授课。除此之外,还到处访师寻友,不断提升自己的武术造诣,在武术器械棍、枪、刀、弩等领域,都有自己独到的技法。

他在吸收众家棍法的基础上创制出一套"程氏棍法",为了使自己独创的"程氏棍法"能够流传于世,将"程氏棍法"依势绘图,并附文说明,公布于世。但在书名上斟酌再三,并没有以"程氏棍法"为名,依然使用了"少林棍法"的名称。对此,他在《少林棍法阐宗》一书"问答篇"中解释,他的棍法源自嵩山少林寺,冠以"少林"二字,实以明其渊源所自。程冲斗将自己的棍法标为"少林棍法",以表明衣钵传承之有自。

他的长枪法学自河南人李克复和刘光度,再加上他自己善于融会贯通,推陈出新,是中国枪术发展史上有突出贡献的改革创新家。程氏枪法突出了以力度见长的大封大劈和猛崩硬扎的特点,从而使力度与技巧有机地融为一体,提高枪法的整体技击威力和实用技击价值,进入"大而不笨,巧而不浮,精妙实用,刚柔兼备"的上乘阶段。程冲斗大力提倡的"崩枪法"有霸王上弓、铁牛耕地、崩靠、活崩对、死崩对、活崩退、翻身崩退,现代枪术中的定步崩枪,活步崩枪,转体崩枪,上、中、下三路崩枪法尽涵其中。

程氏单刀传自一代倭刀大师刘云峰,平时使用重长的双手刀进行训练,在练习招法的同时练习臂力与耐力。日久天长,在招法熟练的同时,臂力与耐力也会逐渐得到提高。在临敌实战时用轻巧的带弩之刀,速度自然要比挥重刀的速度快,自然骁快轻利。对攻击速度的提高,效果十分显著。程氏所用长刀形制与日本刀相似,但外部装具及刀柄结构与之不同。其长刀技法源自日本,又糅进了少林宗法和个人见解,是对前人刀法的继承、总结和升华。

他曾偶然间得到一具铜制弩机,通过琢磨,改进制作出了一种效力强大、便于携带的新型弩机,腰肘均可携藏,非常实用。他在所著《蹶张心法》一书中,特别强调"弩之制度",详细说明了弩的构件形状、制作方法、使用方法。其中既有"法古""改古新制"的铜弩机全图,又有展示匣、钩、拨机等重要构件的"散图",还有关于尺寸、制作的说明。

程冲斗武艺高强,族人程伯诚喻为:"其击刺时,虽山崩潮激,未足喻其勇也;烈风迅雷,未足喻其捷也;积水层冰,未足喻其严且整也。"出少林寺后,一次随父前往北京经商,路上遇到强盗,父亲非常恐惧,躲到草丛中,程冲斗独自一人力敌数十人。数十名强盗不一会儿都被他打倒在地。强盗头子拜伏在地上,磕头求饶,并邀请程冲斗父子一行到山寨中,设宴赔罪并返还所劫财物。酒至半酣,闻门外有喧哗之声,程冲斗急跃起如飞鸟掠檐间,忽然不见,群盗非常惊惧。不一会儿,他自门外进来从容说道:"我听到喧哗声,以为是你们要试试我的本领,于是出去看看,原来是下面的人嘈杂。"众盗听了大为恐惧,归还财物,恭恭敬敬送其父子下山。

随着声名远播,许多人来请他出任军职。明天启二年(1622),天津巡抚李公特聘其为都司金书,程冲斗遂率家族子弟八十余人,自带粮饷赴军门从戎,以所创强弩及刀枪诸法日夜训练津兵,殊见成效。后李公调任内地,程冲斗亦请求还乡。晚年,程冲斗因志向无法实现,返乡教授乡里子弟武术,并组织子弟兵保卫家乡,当时汉口一带盗贼潜迹,百姓安居乐业。县令侯安国赞道:"宗猷所携子弟兵,虽不及数十人,然可当数千之用。"

为了使自己的武术能够传承下去,他将一生所学编成《耕余剩技》一书传世。全书包括《少林棍法阐宗》三卷、《蹶张心法》一卷、《长枪法选》一卷、《单刀法选》一卷,分别讲述棍、弩、枪、刀四种武器的制作与技艺。据书前诸序,《少林棍法阐宗》先于万历四十四年(1616)刊行,天启元年(1621)四书合刊。民国年间周越然影印出版时,更名为《国术四书》,是享誉武林的名著。另有《射史》一书传世。

围棋国手程兰如

程兰如(1690—约1765),名天桂,又名慎诒,字兰如、纯根,歙县槐塘人。少年时,师从歙县堨田棋师郑国任,极有围棋天赋,很快超过郑国任的棋艺,以致郑国任感到沮丧,不再下棋。程兰如在家乡找不到对手,于是到全国各地游历,专门找强手对弈,弈技迅速提高,20岁左右已经闻名天下。曾在北京与年过花甲的徐星友对弈十局,当时徐星友号称国手,天下第一。见程兰如如此年轻,存轻视之心,连败数局,程兰如大胜而归。也有记载称,棋局的主办方嫉妒徐星友的盛名,暗中唆使众棋手帮助程兰如,所以程兰如才胜了徐星友。但从晚清王存善《寄青霞馆弈选》中记载两人的对局棋谱来看,徐之"醇正"与程之"浑厚"(施襄夏语),发挥得淋漓尽致,棋局并不存在猫腻。其精深细微处多与当今围棋招式暗合,尤见功力。施襄夏因此将其中六局收入他的《手批十八局》,细加评述,推阐入微。

清雍正、乾隆时期,程兰如与梁魏今、施襄夏、范西屏并称围棋四大国手。四人相交甚密,梁、程年长于范、施,对两位后辈大加提携。雍正八年(1730),程兰如和梁魏今结伴游历,在湖州知府处遇到施襄夏,施襄夏当时还很年轻,程兰如、梁魏今与之对局,施襄夏受先。每下一盘,两人都予以讲解,使施襄夏获益甚多。后来施襄夏青出于蓝,成就大大超越了两位前辈。程兰如与梁魏今留有二十三局弈谱,邓元鏸所辑《梁程十四局》中,程兰如胜十局,表明程兰如在清代中期弈坛的弈技水平与地位。与施襄夏留有五局棋谱,当时施襄夏还未臻绝顶境界,但已经有后来居上之势,其中的第二局双方搏杀极为激烈,棋至中盘,成为九龙共舞之局,九条大龙相互纠缠,生死不明,棋局之复杂,叹为观止。虽然该局最终施襄夏获胜,但程兰如的高超技艺也得到了充分体现。

程兰如曾与当时棋界17名高手争夺天下大国手称号,连克16人之后,相遇棋界天才范西屏。该局经过两天对弈,尚未出结果。此时程兰如通盘筹划点目,预测自己最终可能会输半子。但适逢范西屏酒后,误收官子,反负半子。程兰如因此获得"大国手"称号,声名达到顶点,一时公卿缙绅纷纷重资聘请,入幕讲席。清人龚炜《巢林笔谈》记载,范西屏、施襄夏在一段时间里,与程兰如鼎足而立。歙县人鲍鼎曾对清代四大国手的共同特征作过评价:"于弈之远神大意,转换变化之法,可谓推阐无遗。"特别是对程兰如的棋局评价,认为其细腻风光,不必标新立异而落落词高,令人有阳春白雪之叹。吴峻在《弈妙》序中称:"兰如先生,体大思精。"徐珂《清稗类钞》也说:"程兰如思深以精致。"棋风刚柔兼济,思路清晰,算路深远,以着法浑厚见称。属于力战型,中盘杀伤力极强。

乾隆十九年(1754),程兰如年逾六旬,但仍丰神闲静,与韩学之、黄及侣前往扬州拜望江南河道总督高东轩,在晚香亭对弈一月有余。其间有韩、黄对局,也有程兰如同两人受先对局。在程兰如的悉心指导下,韩、黄二人进步很快。后来选其中十五局辑撰成《晚香亭弈谱》,其中韩学之与黄及侣对弈八局,程兰如与韩学之受先对弈两局,与黄及侣受先对弈五局。每局之后,均有程兰如的点评。从布局开始,着着讲解,既指出每着的不当之处,应该如何行棋,又肯定得意的着法。评析棋局,既能从大处着手,又能细致入微,与其行棋之风如出一辙。这对棋手提高棋技,很有帮助。当时现场观棋的高东轩在《晚香亭弈谱序》中称:"予谛观三子之弈,兰如固老手也,与予旧识三十余年,今寿逾花甲,而丰神闲静如曩时;韩、黄二子,则年方及壮,颇能相与颉颃。予观其静对之余,矜心既平,躁心悉化,拟之而后应,审之而后成,可谓慎之又慎者矣。"施襄夏盛推"此谱与徐星友所著《兼山堂》同为弈学大宗"。光绪二十二年(1896),歙县人鲍鼎重印《晚香亭弈谱》。

程兰如讲评棋局也非常有水平,曾给清代休宁人汪秩所辑的《弈理妙悟》作点评,毛孝光对程兰如的点评给予很高评价:"盖兰如晚年所取同人成局,反复研讨,得失不爽圭黍,令人有观止之叹,其精深可知矣。"可见程兰如棋艺之高。

程兰如对弈广泛,不仅与国手名家对弈,还与二三流乃至不入流的棋手下让子棋。晚清围棋丛谱内的《寄青霞馆弈选》《国弈二刊》中,辑录其与大盐商胡兆麟的多局受二子棋。胡肇麟性酷嗜弈,好浪战,不大胜则大败,棋界同仁称为胡铁头。

胡肇麟财力雄厚,与人对局,负一子,则赠白金一两。曾与程兰如对十六局,皆受二子,让程兰如赚得盆满钵满。还与名叫绣琴的金陵(今江苏省南京市)女棋手下让九子棋,这在国手中很是少见。在让子棋上他也有深刻的见解,曾说:"国工对子如两山对峙,两水分流,各有高深,乏倾江倒峡之势者,以工力悉敌,故两不得逞。至于出奇制胜,履险如夷,法在弈中。神游局外之妙,则多于受子见之。"

尤其值得一提的是,顺治十六年(1659)汪汉年、周东侯、盛大有、程仲容四国手在杭州吴山峨眉庵进行六十局循环赛,其中汪汉年、程仲容是徽州人。弈谱随赛事的进行同时刊刻,为比赛造势。由于弈谱随弈随梓随时散发,未能流传。难得的是对局者周东侯保存了全套棋谱,四十年后交给了徐星友。徐星友有感前辈托付之情,在上面细作点评,传给了程兰如。程兰如又作补评"贴签于旁",传给自己的儿子程枫麓,使得这次比赛的棋谱得以保存下来,光绪二十一年(1895)被王存善收入《寄青霞馆弈选》中。有意思的是,程兰如之子程枫麓对徐星友在棋评中批评汪汉年颇为不满,说徐星友"其评汉年各局尤多妄加雌黄,盖汉年天分高,用意曲,其精微奥妙之着,尚有非徐氏之所能猝喻者,安可轻加评驳"。同乡之谊,溢于言表。

程兰如不仅围棋下得好,而且也精于象棋。李斗《扬州画舫录》载:"程兰如弈棋不如施、范,而象棋称国手。"说明程兰如资质不凡,围棋、象棋都能达到极高的境界。

子程祖韬,字封六,号枫麓,工诗,亦善弈。

琵琶宗师汪昱庭

汪昱庭（1872—1951），名敏，号子夷。休宁板桥杨林湾人，为上海派琵琶（亦称汪氏琵琶）创始人，是南派琵琶后起之秀，堪称一代琵琶宗师。

清光绪十一年（1885），年仅14岁的汪昱庭随村人到上海学徒谋生，虽然学徒生活较苦，但他自幼好绘画、音律，其画虽略显稚嫩，却有板桥之法，而音律尤佳。学徒之余，他每每以吹拉弹唱为乐。光绪二十六年（1900），一面经商，一面学习箫、三弦的汪昱庭，生意开始有所发迹。随后，又先后担任上海恒丰纱厂业务经理、华裔纱布交易所新亨花号经理等，收入颇丰，为业余学习琵琶提供了相当厚实的经济基础。生活富足后，他搬到上海东门外王家码头街居住，发现邻居王惠生擅弹琵琶，便拜其为师，专心学习琵琶演奏。王惠生曾师从浦东陈子敬，因此可以说王惠生是汪昱庭的启蒙老师，而陈子敬则是其师爷。王惠生经常带着他去也是园茶楼观摩当时的琵琶名家周永纲的演奏。

几年后，汪昱庭琵琶技艺大进，又得到浦东派倪青泉、曹静楼传授，后又师从平湖派李芳园、殷纪平等名家，兼收并蓄，集浦东、平湖两派之长，逐渐形成自己独特的风格，自成一家。民国九年（1920）大同乐会邀请汪昱庭教授琵琶，随后一些国乐社团纷纷请他担任琵琶教师，一时名声大振，久而久之便创造了近代重要的琵琶流派——汪派。汪氏教授学生从不保守，尽心尽力，他常把琵琶古谱根据实际演奏花音编写出演奏谱（工尺谱），亲笔抄写后送给学生，现已成为珍贵的墨宝。他教授学生既严肃认真，又鼓励学生大胆创新。后来的琵琶名家，多数出自汪门，如李廷松、王恩韶、卫仲乐、孙裕德、程午嘉、柳尧章、金祖礼、陈天乐、张萍舟、陈永禄等著名琵琶演奏家都是他的得意弟子。因此，人们都奉汪昱庭为"近代琵琶艺术一代宗师"。

汪昱庭善于弹奏琵琶文武套曲，曾对李芳园传谱的《浔阳琵琶》一曲加工润色，改名《浔阳夜月》，又名《浔阳曲》，删弃了李谱每段结尾的长段捺音和繁音花指，使曲调更为质朴典雅，被人称为"汪派琵琶"。他对琵琶演奏的主要贡献有：在技巧方面，首次运用上出轮，从而奠定了当代琵琶右手手型结构的基础；在夹弹方面，他提出的"龙眼""凤眼"确定了夹弹的手形框架，可以说，汪氏对于琵琶技艺的发展起了承上启下的作用；在乐曲方面，他不拘泥于传统奏法，对古谱加以精心修改，使之更为精练，如他把《李氏谱》的10段《阳春古曲》改编为7段，全曲焕然一新，结构紧凑，现已成为广为流传的琵琶名曲。他对《浔阳琵琶》删减润色，使乐曲显得更为质朴典雅，现在蜚声国内外乐坛的民族管弦乐曲《春江花月夜》，最初就是以他的版本为基础改编的。在《十面埋伏》中，他创造了"凤点头""哆罗子"等指法，现已成为流传最广的版本。

由他编订的琵琶手抄谱《汪昱庭琵琶谱》中，主要载有《淮阴平楚》《郁轮袍》《阳春白雪》《塞上曲》《夕阳箫鼓》《月儿高》《灯月交辉》《青莲乐府》等曲。其中《阳春白雪》是汪派琵琶的代表作。另外，他根据锣鼓套曲《灯月交辉》改编的琵琶曲《寿亭侯》《跨海东征》是汪派的特有曲目。汪氏的传谱，经中央音乐学院收集整理，1980年编成《汪昱庭琵琶谱》。

有专家撰文评价说：汪昱庭所创立的琵琶演奏艺术流派，是20世纪初以来我国近现代琵琶流派中成就最高、影响最大的流派。20世纪上半叶汪昱庭琵琶演奏艺术流派的崛起，可视为我国琵琶历史上第三次高潮的到来。这是琵琶演奏历史上首次以个人命名的流派，被称为"汪派"。由于汪昱庭长期居住在上海，故亦被称为"上海派"。"汪派"作为传统琵琶演奏艺术集大成的流派，达到了传统琵琶艺术的高峰。

之所以有这样的成就，是因为汪昱庭谦虚好学，能者为师，博采众长，融会贯通，因而能独树一帜，创立出新的流派来。他不仅能在演奏上创新，而且能认真钻研乐谱使之古谱新奏。他虚心好学不故步自封，不拘泥旧谱与一派之长。他在为弟子王恩韶所抄《琵琶古谱》所作之序中说："学艺皆具两方面，一方面则求其普遍，另一方面则须求深造，音乐何独不然？顾求普遍提倡尚矣，若顾深造则非古谱入手不为功。是则欧洲古学复兴后方有近世文化之进步。"他能看到欧洲文艺复兴所带来的文艺革命的巨大能量,借他人之长补自身之短。因而,他对传统乐曲经过不断的演奏实践,认真揣摩总结经验,最后做出了必要的删减提炼加工,使乐曲结构更为严谨,手法组织更为顺畅,演出效果更为出色。

汪昱庭成名之后,从不以师尊自居,而以互相切磋为乐。凡喜爱琵琶并向其学艺者,他无不欣然接受,且不收任何费用。他不要求学生必须弹得和自己一模一样,也不阻止学生师从其他名家,对于学生的独创精神还鼓励有加。其人品和治艺精神,令人钦佩不已。他年轻时经常参加在上海江湾叶家花园举行的琵琶音乐会,在向平湖派传人殷纪平学习,与园主叶澄宸之子、琵琶高手叶寿臣交流中,每得一谱,总是请账房誊写几份,与同好者传阅,也不反对学生们辗转翻抄或流传于外。正因汪昱庭为人宽厚,技艺高超,所以大家都喜爱跟他学艺。到20世纪40年代末50年代初汪昱庭晚年时,他的许多弟子及再传弟子已成为全国著名的琵琶演奏家和民族音乐家。汪昱庭打破农村乡镇的小圈圈,依托大都市的现代气息,博采众长,融会贯通,取得丰硕成果。难能可贵的是,他不止步于独享其乐,而是像春雨一样"润物细无声",不仅泽被于众多弟子,而且对我国琵琶演奏艺术的发展也作出了重大贡献。

近代武术名家吴志青

吴志青(1887—1951),歙县昌溪人。幼年时期家中贫困,9岁便进入金箔铺学徒。贫穷的生活,阻挡不了他好学上进的决心。学徒之余,他一边练武,一边学习文化知识,20余岁考入巡警学堂。不久,转入上海体操学校深造,毕业后从事学校体育教育。清宣统三年(1911),他出任浙江省平湖商团及守望团司令兼武技教练。后来,他响应武昌起义,参与光复上海战斗,领兵光复浏河、平湖。此后,先后受聘为南京第四师范学校体育主任,江苏省第一工业、第一农业两学校体育主任,上海民立中学体育主任,上海青年会国术指导。

民国四年(1915),吴志青在江苏省体育传习所结识查拳名师于振声,跟从于振声学习谭腿、查拳等。吴志青学习武术极为刻苦,寒暑不辍,技艺日精,成为精武体育会早期学员。民国六年(1917),当选为江苏省体育研究会副会长。民国七年(1918),师从杨澄甫精研太极拳,常年习练,技艺日深。8月,发起筹组中华武侠会,次年2月正式成立,以提倡习武强身健体魄为宗旨,提出"以锻炼身心、修养心性为体,见义勇为、济世利人为用,养成公平为善之人格"。后改名中华武术会,总会办事处与第一传习所设在当时上海大东门外紫霞路普益社内,二区教练所设在西门外体育场。

吴志青希望通过创办中华武术会,来达到研究和传承中国武术的目的。中华武术会是继精武体育会之后的上海第二大民间武术团体,宗旨是:发抒道德,锻炼体魄,起衰振弱,互相辅助,服务社会。吴志青邀请名师到中华武术会教授武艺,著名拳师杨鸿修、于振声、马锦标、何玉山等先后在武术会执教。当时,民众入会者极多,不少社会名流也以入会为荣。该会初期会员有千余人,南洋、法国华侨梁德屏、梁砥中等先后入会。民国九年(1920)后,曾在各侨居地设立分会,海内外会员号称数以万计。中华武术会得到了孙中山的关注,孙中山十分赞赏吴志青创办中华武术会倡导武术,勉励"以努力进展,以培成革命势力之组合",并为中华武术会题写了"尚武楼"匾。中华武术会还创设了附属学校——上海体育师范学校,吴志青担任校长,顾问为美国人麦克乐(C. H. McCLoy),以培养武术人才为宗旨。

民国十年(1921),在上海举办第五届远东运动会。吴志青带领中华武术会和养正等学校学生,在运动会上参加中国新体操、叠罗汉、拳术三项表演项目。中国新体操是吴志青自己编创的一套动作,中国新体操和叠罗汉均由养正等学校学生表演,而拳术则由中华武术会的成员表演。此次表演相当成功,获得中外人士的一致赞赏,《第五次远东运动会会务日报》报道:"他们的表演,极博中外人士的赞美。因为他们精神的活泼,操练的娴熟和动作的整齐,实在可以令人称赞。他们在很多外国人的面前,将本国国粹尽力表现出来,使外人可以知道我国固有武术的真价值,真可谓'为国增光了'!"这次的表演将中国武术带入国际运动会,获得如此高的评价,吴志青功不可没。

吴志青虽是武术名人,但颇有儒侠气概,从不以武炫耀和傲气凌人。《国术名人录》记载,有四川技士某甲(特隐其名),听闻吴志青武艺高强,想与之较技。吴志青则晓以大义,对他说:我们习武之人,在国弱民贫之际,都有提倡国粹,发扬民族精神的责任,为什么要彼此倾轧,妄事较技。何况二虎相争,必有一伤,大可不必。从这个故事可以看出,吴志青学习武术,并非出于好勇斗狠,而是为弘扬国粹,发扬民族精神。

民国十三年(1924),吴志青追随孙中山北上参加国民革命军,任第五军参议兼全军武术总教练及学兵团代团长,后任第十一路军少将参议兼军械处长等职。民国十七年(1928),任南京中央国术馆董事兼上海市国术馆筹备处主任委员、全国国术考试筹备处副主任、中央国术馆教务处副主任、全国运输会国术裁判、中国国术馆编审处处长。抗日战争爆发,担任军事委员会西南进出口物资运输总经理处视察,奔走于广东、香港、江西、湖南等地组织军运。民国三十一年(1942),任西南联大体育教授,仍致力于武术的普及工作,在联大及昆明商会积极推广太极拳运动,当时李公朴、闻一多等名流从其学太极拳。晚年皈依佛门,后随活佛入藏,途中不幸染疾,病逝于入藏途中。

吴志青在武术上有一定造诣,亦精通文墨。在积极参加武术活动的同时,编写了不少武术专著,有《教门弹腿图说》《查拳图说》《国术教范七星剑》《太极正宗》《国术理论概要》《国术理论体系》《六合刀》《戚门十三剑》《科学化的国术》等20余部,其中既有武术教材,也有武术理论专著。《教门弹腿图说》参照西方兵操和徒手体操教练法,将传统武术套路改编成按口令进行教练的教本。《查拳图说》原为中央国术馆教授班讲义,吴志青早年曾学习查拳和教门弹腿,具有一定的造诣,加之他本人的钻研,对这两门武艺有着个人的理解和认识,书中所编均是他多年研习心得。

《太极正宗》是一部太极拳研究中具有重要影响的著作,民国二十四年(1935),由大东书局出版发行,同门陈微明、胡朴安评定。此书发行后颇受欢迎,于是又编写了《太极正宗铨真》,广为流传。《太极正宗》针对当时太极拳在流传过程中拳势纷杂不一,从拳势和拳理上加以厘定,以他的老师杨澄甫姿势为标准,故推为"正宗"。《太极正宗铨真》主要在于理论的阐发以及推手练习法的介绍,对修习太极拳极有帮助。

吴志青强调武术套路与其他学科之间的关系,倡导"国术科学化"。在当时西方体育传入,中国武术日渐式微的情况下,主张通过探索武术与其他学科的关系,从而论证国术的"科学性"。在《国术理论概要》第七章,谈及武术与心理学、教育学、数学等学科之间的关系。在《太极正宗》中将太极拳和生理学、心理学这两个学科结合在一起。他认为"国术科学化"有助于在西方体育冲击中国武术的过程中,平缓过渡,最终达到传承武术、弘扬中华国粹的目的。

围棋神童过旭初

过旭初(1903—1992),其先祖无锡人,祖过梦钊,清咸丰五年(1855)任徽州府教授,父过铭轩在郡城开设古玩字画店兼教私塾。因店中生意清淡,闲暇时便与棋友对局。

过旭初7岁学棋,有次父亲与皖南高手斗山街许甫庭对弈,有块棋走不活,过旭初脱口而出:"这么走才能活。"父亲斥责他不懂礼貌。许甫庭见过旭初能出如此妙招,赞许道:"这着棋是能救活这块子。"其后常在一起切磋,过旭初的棋艺大有长进,后来连许甫庭都难以匹敌,一时间过旭初被歙县人誉为"神童"。

过旭初20岁时,安徽省议员江友白到访歙县,见过旭初的棋艺精湛,便带到安庆家中陪自己下棋,每月除食宿外,还给10元钱零用。后来江友白离开安庆去了北京,过旭初回到歙县。

民国十二年(1923),过旭初去上海谋生,借住在同乡许承尧长子许伯龙家里,没有固定收入,仅靠围棋"下彩",生活过得十分清苦。民国十三年(1924),张翰飞在安徽省省长公署当秘书,和段祺瑞的外甥陈众孚是同事。他们让陈众孚写介绍信,推荐过旭初到段祺瑞那里去下棋。

在此期间,中日棋手在八宝胡同举行围棋比赛,过旭初去参加后,取得冠军。消息被报纸公布,段祺瑞的儿子段宏业知道后,就告诉父亲说想与过旭初下棋。这样,过旭初就去陪段氏父子下棋,每月由段氏给过旭初生活费。

陪达官贵人下棋也是苦差事，赢多了不高兴，输多了说你棋技不好，输赢只能掌握在一二目之间。民国十五年（1926）"三一八"惨案发生后，段祺瑞被迫下野，过旭初离京前往上海。

民国十八年（1929），过旭初在粤汉铁路局任职员，与弟弟过惕生等人创办了中华围棋社。民国二十年（1931），武汉闹水灾，他又回到歙县老家。

民国二十四年（1935），过旭初前往北平，第二年成立北平围棋社，任理事长，创办《北平围棋社特刊》，一时盛况空前。民国二十六年（1937）卢沟桥事变后，棋社停办，过旭初又返回歙县。

民国二十八年（1939）至民国三十二年（1943），过旭初兄弟应胡检汝邀请去江西棋会担任指导员，并与胡检汝出版《围棋布局要则》。民国三十二年（1943），过旭初在屯溪担任中国围棋协会东南分会总干事兼围棋指导员。抗日战争胜利后，过旭初来到上海组织上海棋社，直到中华人民共和国成立。

新中国尚未正式成立，过旭初只身来到北京，住在歙县人开设的吴德丰茶庄中，后来搬至宣外大街歙县会馆居住。过旭初分别拜访黄炎培、李济深。过旭初向李济深提出了组织棋社的想法，李济深说道："新中国将要成立，百废待兴，此事需要时间，不可能马上建立，但可以继续做工作。"在李济深推荐下，过旭初拜见沈钧儒、郭沫若、沈雁冰等。郭沫若则提出过旭初"先由私人发起，后由公家补助"的主张。

在拜会文化部长沈雁冰时，沈雁冰介绍过旭初去见北京市副市长张友渔，政务院副秘书长申伯纯。过旭初为棋社的建立及有关批准手续等奔走。到1951年，棋社筹建工作进展顺利，李济深派他的秘书郑卓人并正式邀请过旭初兄弟和在京的一些棋手参与筹备工作。

1952年，新中国第一个棋社——北京棋艺研究社正式在北京成立，公推李济深任名誉社长，黄绍任社长，过旭初、过惕生、金亚贤、崔云趾、雷葆申任指导员。社址设在什刹海张之洞的公寓，每到节假日，来棋社下棋的人络绎不绝。

1952年，过旭初担任了新中国第一个棋社的围棋指导员，与此同时，经李济深、陈叔通两人介绍又担任全国政协文化俱乐部围棋指导。

1960年9月，过旭初与围棋名手汪振雄在上海的一局围棋比赛，可以说轰动了整个上海滩。汪振雄是广西桂林人，精研《兼山堂》《桃花泉》《弈理指规》等古谱，对日本新法也颇有研究。过旭初执白胜二子，当时陈毅市长在上海看到这局棋，便向老棋手杨寿生问起过旭初的情况。此后，陈毅同志每次来京开会，得空便邀过旭初对弈。后来陈毅回北京任国务院副总理,公余之暇,常邀过旭初兄弟探讨棋艺。

陈毅对过旭初兄弟说:"你们老棋手要为新中国努力培养年轻的围棋国手,争取早日赶上日本。"过氏兄弟遵照陈毅的指示,留心物色和扶植棋坛好苗子。当时,聂卫平的家与政协文化俱乐部很近,常到俱乐部找过旭初学棋,有时聂卫平的父亲还将过氏兄弟接到家里去住,这样可以随时请教。聂卫平天赋过人,加上有过旭初的指点,取得很大的进步,13岁就获得全国少儿冠军。

陈毅知道聂卫平的进步,高兴地对过旭初说:"大有希望!大有希望!不久的将来,小聂可以成为大国手!你们老同志也还要继续努力,要多培养一些新苗啊!"

为了普及围棋知识,1963年,过旭初兄弟与林志可合作选编了《围棋名谱精选》,陈毅亲笔为该书作了题词:"纹枰对坐,从容谈兵。研究棋艺,推陈出新。棋虽小道,品德最尊。中国绝艺,源远根深。继承发扬,专赖后昆。敬待能者,夺取冠军。"过旭初作七绝一首答谢曰:"战略深沉寓弈枰,四言难撼比长城。不须名勒燕然石,小施阴符已可惊。"

"文革"时期,北京棋队停止活动,过旭初停发工资,一时生活十分困难,但过旭初从不悲观。

1978年,党的十一届三中全会胜利召开,拨乱反正,平反冤假错案,全国政协机关为过旭初办理了正式退休手续,并陆续补发了所欠工资。1980年,过旭初当选为宣武区政协委员,1980年底,北京棋院成立,过旭初被聘为顾问。1987年,过旭初被北京市政府聘为北京市文史研究馆特约馆员。

过旭初出身于围棋世家,对书画艺术亦有偏好,与黄宾虹结交甚厚。早在1948年,过旭初与83岁的黄宾虹在沪上共同切磋棋艺,品评画理。过旭初创办《北平围棋社特刊》,国内外时贤名宿纷纷题字,其中就有黄宾虹录明代张大风的题画,阐明了琴棋书画是相通的。黄宾虹还为他绘《松阴对弈图》,另有当时北平棋坛高手、军界、政要等21位名家的题词。

过旭初为了推广棋道,光大围棋,奔走终生,虽屡经挫折仍奋斗不息,并且为发现、培养人才和中国的围棋事业作出了巨大贡献。时任中国围棋协会名誉主席方毅专门书赠过氏兄弟"继往开来"四个大字,以示表彰鼓励。过氏兄弟传世著作有《围棋布局要则》《围棋名谱精选》《吴清源围棋全局》《布局读本》等。

后　记

徽州文风昌盛,教育发达,孕育了灿烂辉煌的徽州文化。在社会、经济、教育、哲学、经学、医学、绘画、艺术、印刷、雕刻、戏曲、文学、饮食、科技、工艺、建筑等几乎涉及社会文化生活的所有领域,徽州人占尽风流,贡献卓著,文成风、学成派、商成帮、俗益雅,独领风骚千百年。他们智慧高超,贡献卓越,不仅为徽州文化奉献了璀璨耀世的成果,而且为中华传统文化写下了浓墨重彩的遒劲一笔。这些杰出历史人物,不仅在徽州影响很大,在全国乃至世界也都有重大影响。

徽州历史文化名人是我们重要的文化遗产资源,具有传承文化、教化民众甚至促进经济发展等多重价值功能。形象诠释、广泛传播徽州历史文化名人的事迹,对继承和发扬中华传统文化的精髓、增强文化自信具有深远意义。徽州历史人物资源是历史馈赠给今人的珍贵财富,通过这些历史人物的规律传播,凸显徽州文化的价值导向、传承自己的文化精神、展现自己的审美风范,让这笔来自历史的巨大馈赠泽被当代与后世。

为了出版本书,从2023年底开始筹备相关工作,确定历史文化名人范围,并邀请相关领域专家对徽州优秀的历史人物进行梳理,最后确定了219个人物,分政治军事、经济实业、社会科学、科学技术、文学艺术、武术杂艺等六部分进行撰写。按照"史求真实,文须出彩"的原则,在审稿过程中进行极其严格的把关,提出了一些建设性意见,部分作品甚至经过了5次以上的修改。力求深入细致研究、准确把握后才下笔撰写。

撰写本书过程中,我们定期召开协调会,就撰写时遇到的问题进行交流。我们本着对历史负责的原则,还要跳出史料,以文学的形式把人物写活,写出历史文化名人的精、气、神。为徽州历史人物树碑立传,总结他们思想、文化方面的贡献,用生动形象的语言文字来诠释和反映徽州文化基本精神,继承发扬徽州文化精髓,对建设社会主义文化强国具有深远意义。

  在本书的编撰过程中,我们邀请徽学专家撰稿,他们是翟屯建、陈琪、方光禄、张艳红、汪顺生、倪群、方有正、毕新丁、方静、陈爱中、陈朝曙、舒育玲等先生,其中邀请了翟屯建、陈琪对全书进行统稿。虽然我们在历史人物选择上有一些不同的意见和想法,在行文的语言风格上也有所差异,但是我们本着求同存异的原则进行了必要的协调。当然,编撰出版《徽州名人传》是项系统的文化工作,需要一定的徽州专业文化知识和理论水平。限于时间紧张和专业资料有限等因素,难免存在遗漏与不足,敬请读者批评指正。